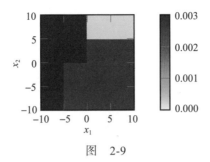

图 2-9

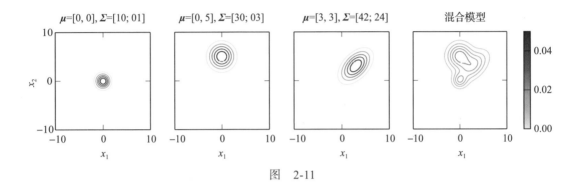

图 2-11

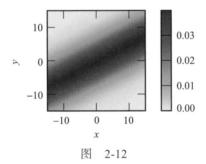

图 2-12

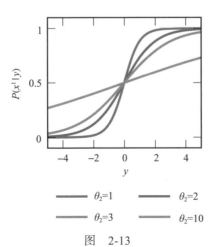

图 2-13

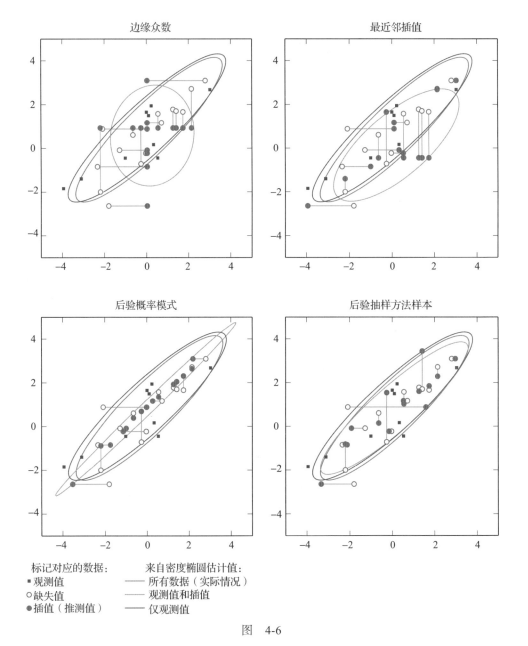

边缘众数　　　　　　　　　　　　　最近邻插值

后验概率模式　　　　　　　　　　　后验抽样方法样本

标记对应的数据：　来自密度椭圆估计值：
■ 观测值　　　　　　── 所有数据（实际情况）
○ 缺失值　　　　　　── 观测值和插值
● 插值（推测值）　　── 仅观测值

图　4-6

图　6-2

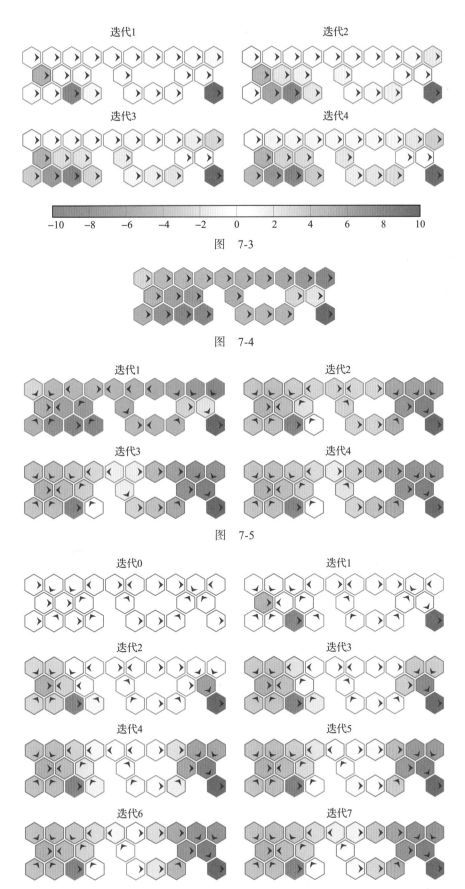

迭代1　　　　　　　　迭代2

迭代3　　　　　　　　迭代4

图　7-3

图　7-4

迭代1　　　　　　　　迭代2

迭代3　　　　　　　　迭代4

图　7-5

迭代0　　　　　　　　迭代1

迭代2　　　　　　　　迭代3

迭代4　　　　　　　　迭代5

迭代6　　　　　　　　迭代7

图　7-6

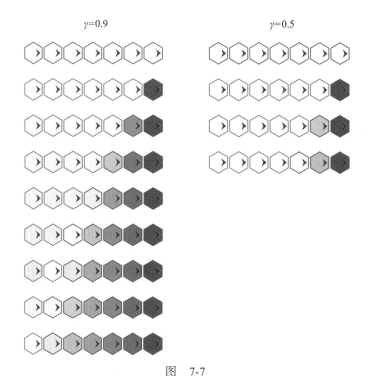

图　7-7

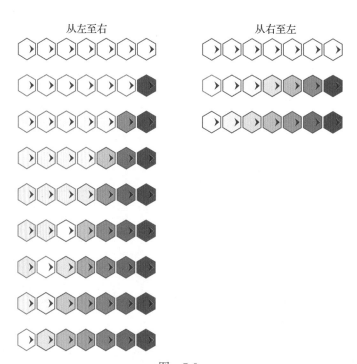

图　7-8

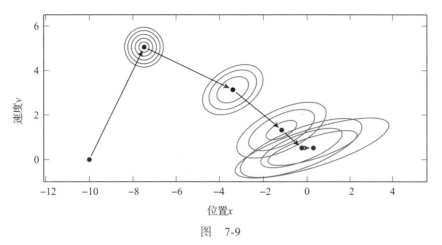

图　7-9

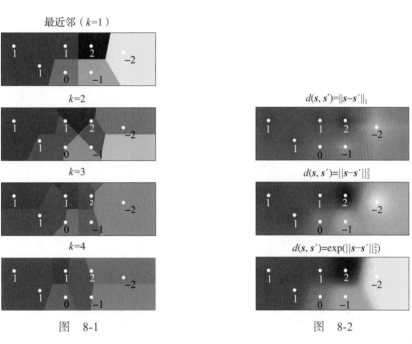

最近邻（k=1）

k=2

k=3

k=4

图　8-1

$d(\boldsymbol{s}, \boldsymbol{s}') = \|\boldsymbol{s} - \boldsymbol{s}'\|_1$

$d(\boldsymbol{s}, \boldsymbol{s}') = \|\boldsymbol{s} - \boldsymbol{s}'\|_2^2$

$d(\boldsymbol{s}, \boldsymbol{s}') = \exp(\|\boldsymbol{s} - \boldsymbol{s}'\|_2^2)$

图　8-2

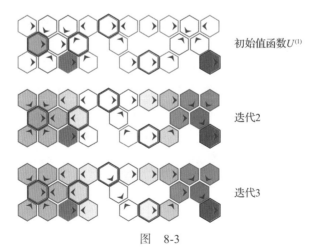

初始值函数$U^{(1)}$

迭代2

迭代3

图　8-3

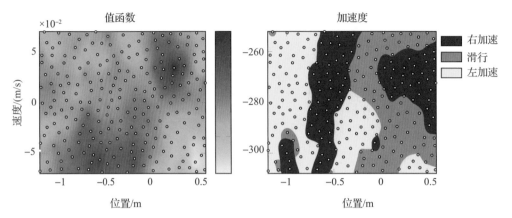

图 8-4

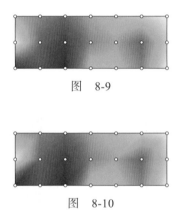

图 8-9

图 8-10

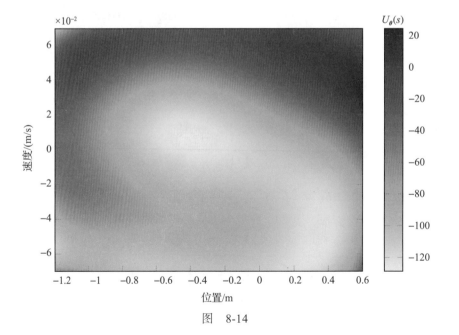

图 8-14

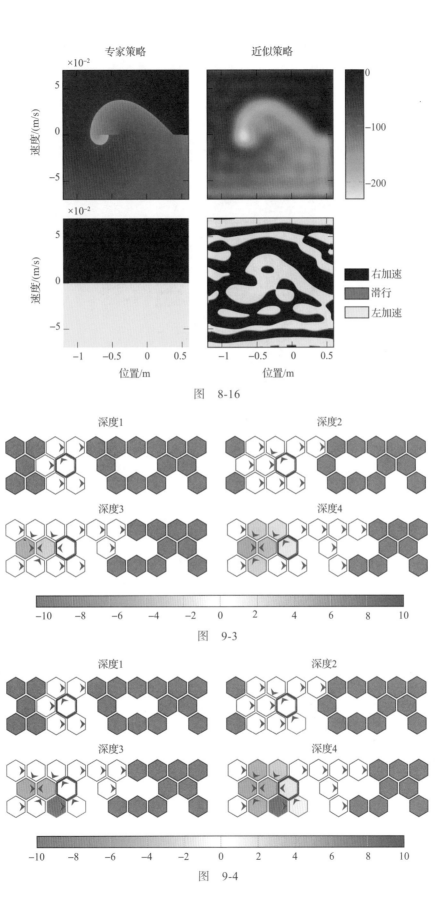

专家策略   近似策略

速度/(m/s)   位置/m

右加速
滑行
左加速

图　8-16

深度1   深度2

深度3   深度4

−10 −8 −6 −4 −2 0 2 4 6 8 10

图　9-3

深度1   深度2

深度3   深度4

−10 −8 −6 −4 −2 0 2 4 6 8 10

图　9-4

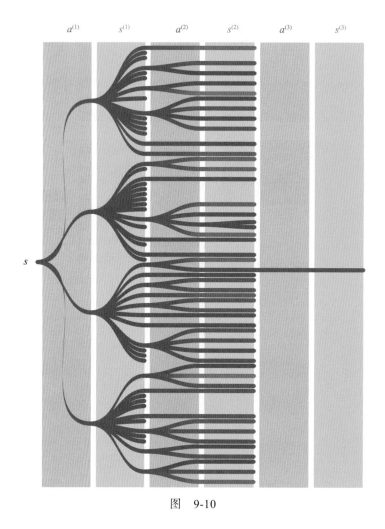

图 9-10

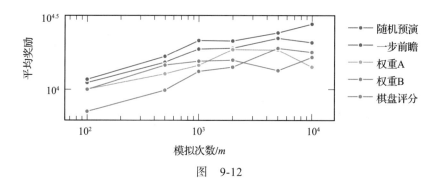

图 9-12

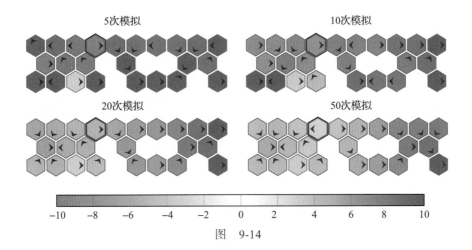

图　9-14

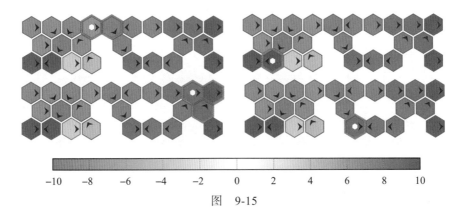

图　9-15

图　9-16

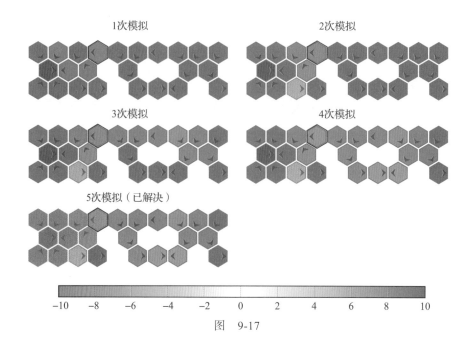

图　9-17

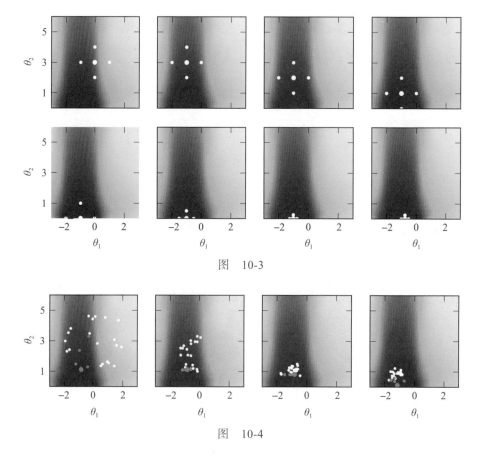

图　10-3

图　10-4

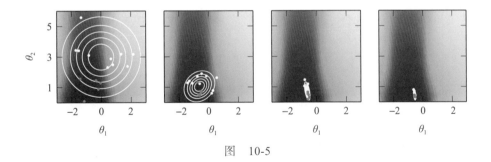

图　10-5

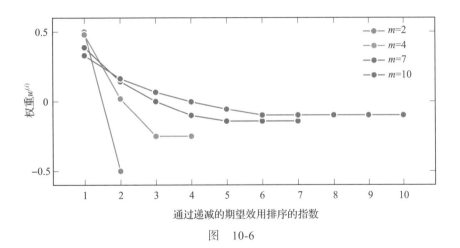

图　10-6

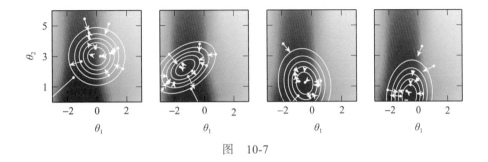

图　10-7

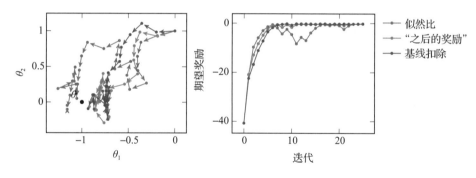

图　11-6

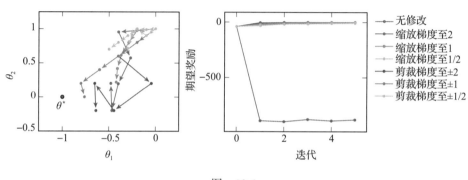

图　12-1

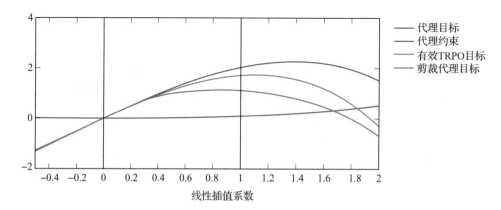

图　12-7

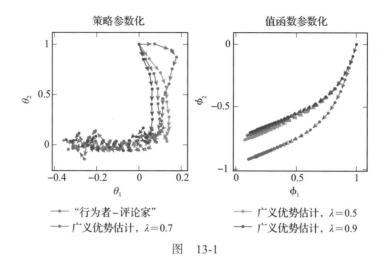

图 13-1

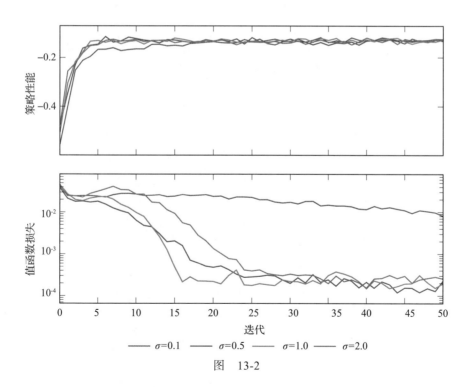

图 13-2

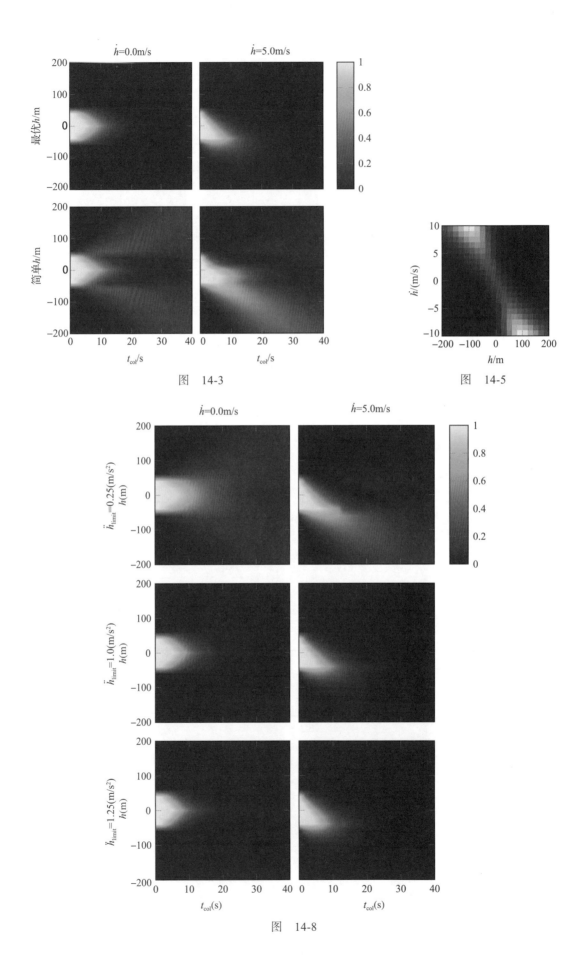

图　14-3

图　14-5

图　14-8

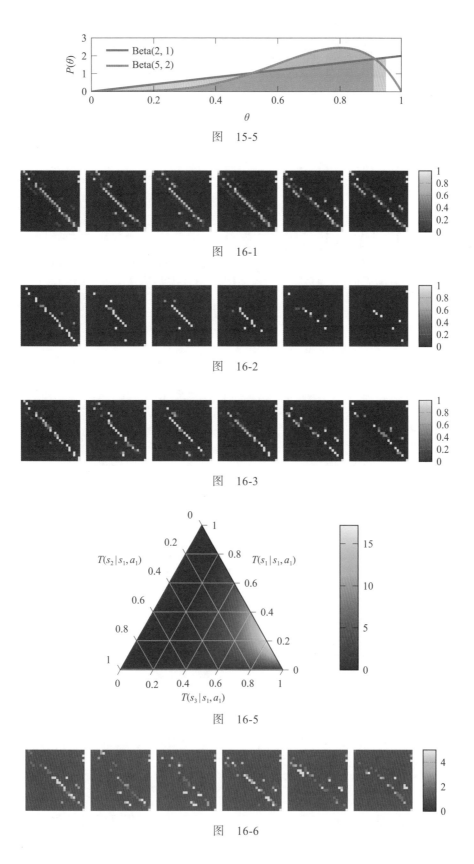

图　15-5

图　16-1

图　16-2

图　16-3

图　16-5

图　16-6

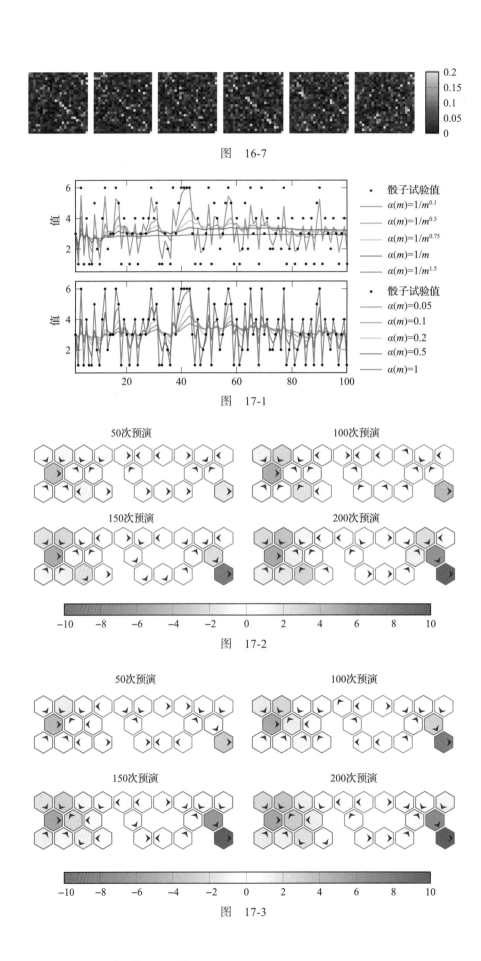

图 16-7

图 17-1

图 17-2

图 17-3

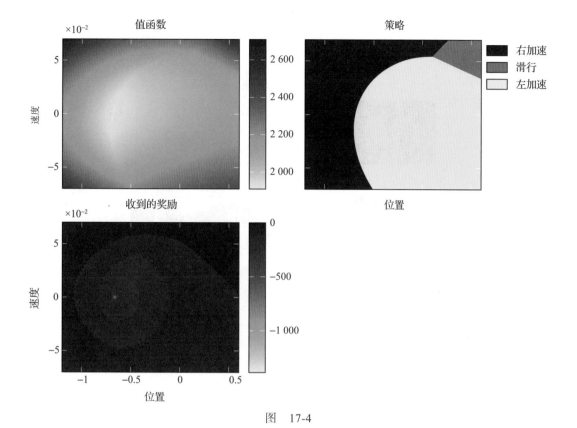

图　17-4

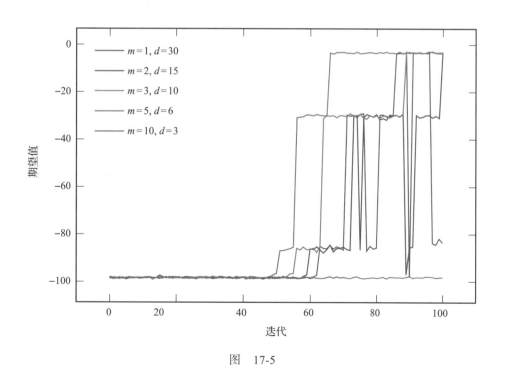

图　17-5

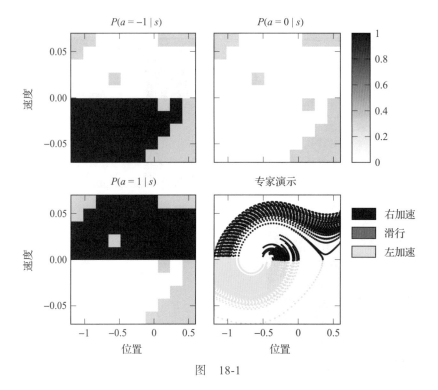

图   18-1

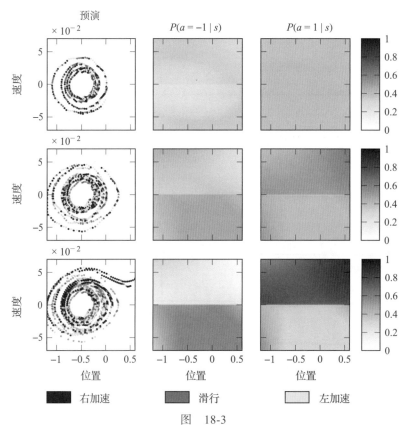

图   18-3

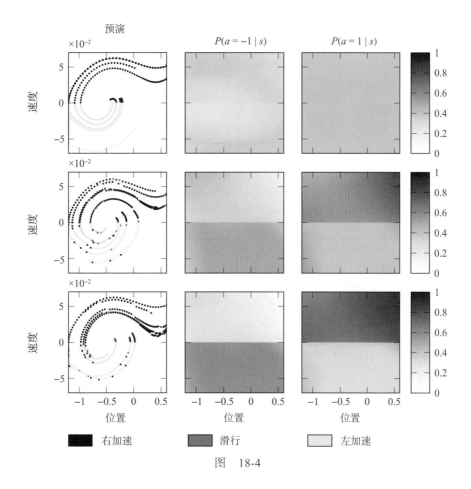

图　18-4

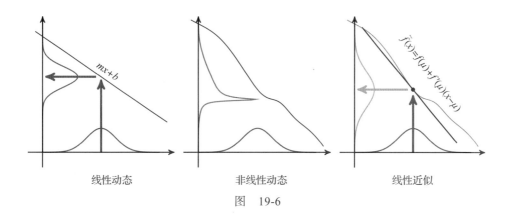

图　19-6

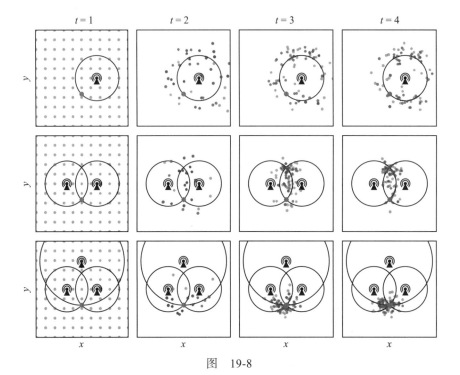

图　19-8

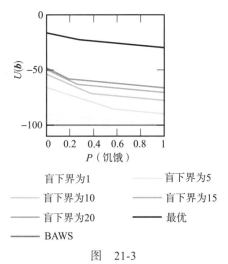

图　21-3

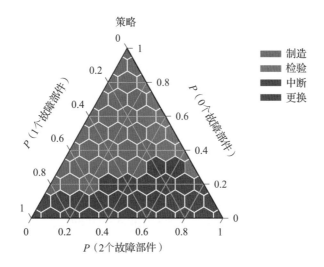

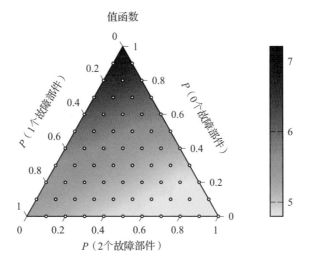

图　21-11

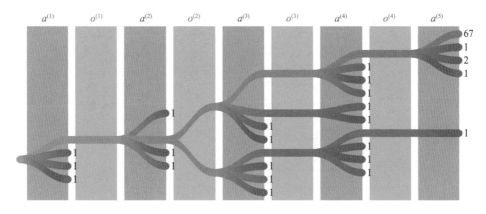

图　22-2

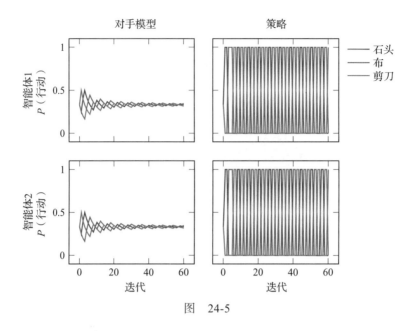

图　24-5

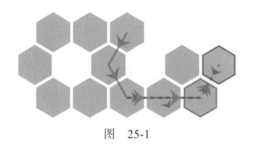

图　25-1

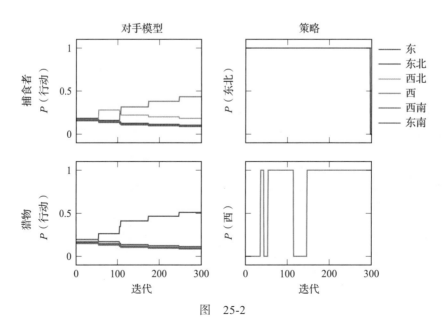

图　25-2

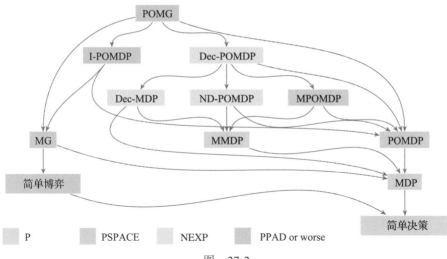

图　27-2

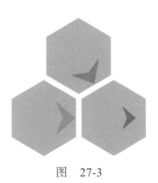

图　27-3

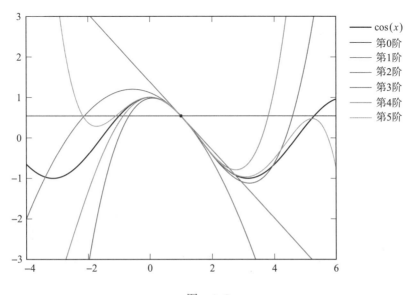

图　A-5

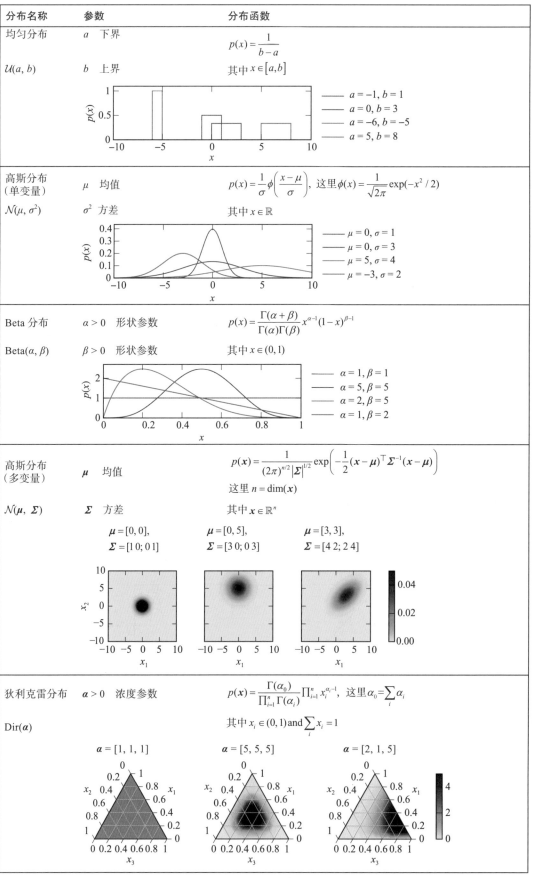

分布名称	参数	分布函数
均匀分布	a 下界	$p(x) = \dfrac{1}{b-a}$
$\mathcal{U}(a, b)$	b 上界	其中 $x \in [a, b]$

$a = -1, b = 1$
$a = 0, b = 3$
$a = -6, b = -5$
$a = 5, b = 8$

高斯分布（单变量）	μ 均值	$p(x) = \dfrac{1}{\sigma}\phi\left(\dfrac{x-\mu}{\sigma}\right)$，这里 $\phi(x) = \dfrac{1}{\sqrt{2\pi}}\exp(-x^2/2)$
$\mathcal{N}(\mu, \sigma^2)$	σ^2 方差	其中 $x \in \mathbb{R}$

$\mu = 0, \sigma = 1$
$\mu = 0, \sigma = 3$
$\mu = 5, \sigma = 4$
$\mu = -3, \sigma = 2$

Beta 分布	$\alpha > 0$ 形状参数	$p(x) = \dfrac{\Gamma(\alpha+\beta)}{\Gamma(\alpha)\Gamma(\beta)} x^{\alpha-1}(1-x)^{\beta-1}$
Beta(α, β)	$\beta > 0$ 形状参数	其中 $x \in (0, 1)$

$\alpha = 1, \beta = 1$
$\alpha = 5, \beta = 5$
$\alpha = 2, \beta = 5$
$\alpha = 1, \beta = 2$

高斯分布（多变量）	$\boldsymbol{\mu}$ 均值	$p(\boldsymbol{x}) = \dfrac{1}{(2\pi)^{n/2}\lvert\boldsymbol{\Sigma}\rvert^{1/2}}\exp\left(-\dfrac{1}{2}(\boldsymbol{x}-\boldsymbol{\mu})^{\top}\boldsymbol{\Sigma}^{-1}(\boldsymbol{x}-\boldsymbol{\mu})\right)$
		这里 $n = \dim(\boldsymbol{x})$
$\mathcal{N}(\boldsymbol{\mu}, \boldsymbol{\Sigma})$	$\boldsymbol{\Sigma}$ 方差	其中 $\boldsymbol{x} \in \mathbb{R}^n$

$\boldsymbol{\mu} = [0, 0]$, $\boldsymbol{\Sigma} = [1\,0;\,0\,1]$
$\boldsymbol{\mu} = [0, 5]$, $\boldsymbol{\Sigma} = [3\,0;\,0\,3]$
$\boldsymbol{\mu} = [3, 3]$, $\boldsymbol{\Sigma} = [4\,2;\,2\,4]$

狄利克雷分布	$\boldsymbol{\alpha} > 0$ 浓度参数	$p(\boldsymbol{x}) = \dfrac{\Gamma(\alpha_0)}{\prod_{i=1}^{n}\Gamma(\alpha_i)}\prod_{i=1}^{n} x_i^{\alpha_i-1}$，这里 $\alpha_0 = \sum_i \alpha_i$
Dir$(\boldsymbol{\alpha})$		其中 $x_i \in (0, 1)$ and $\sum_i x_i = 1$

$\boldsymbol{\alpha} = [1, 1, 1]$
$\boldsymbol{\alpha} = [5, 5, 5]$
$\boldsymbol{\alpha} = [2, 1, 5]$

图 B-1

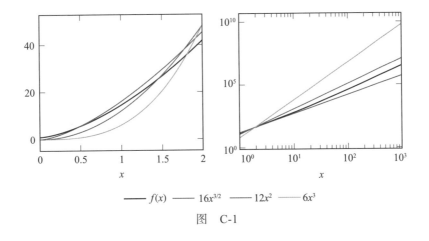

图　C-1

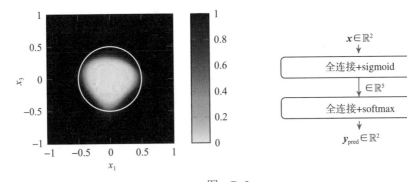

图　D-5

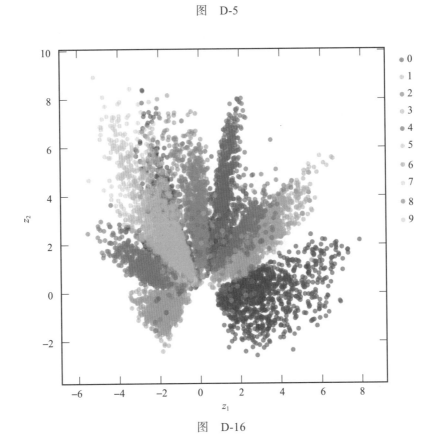

图　D-16

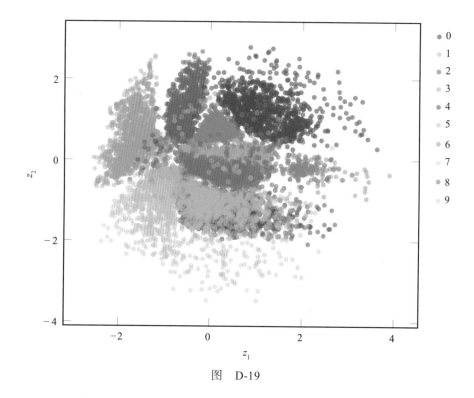

图 D-19

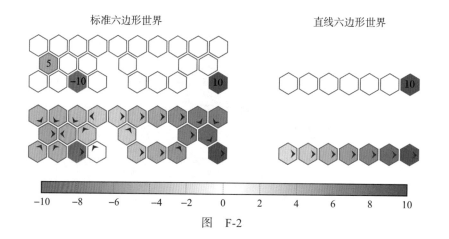

图 F-2

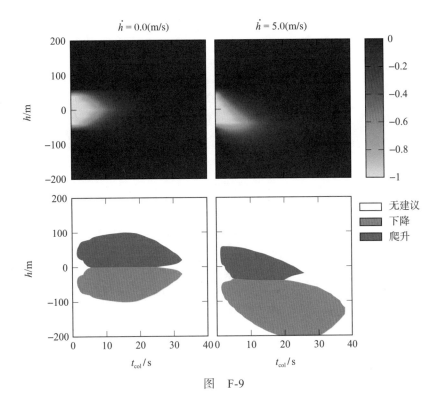

图　F-9

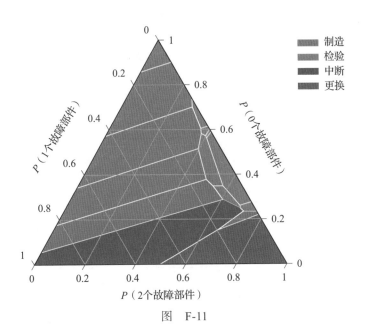

图　F-11

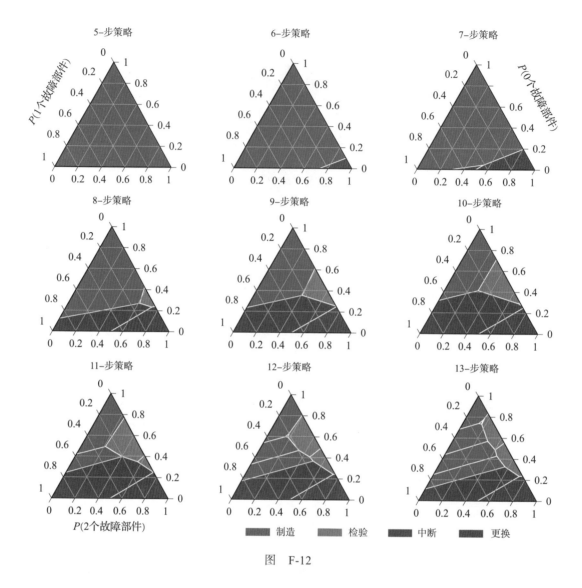

图 F-12

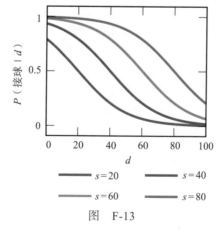

图 F-13

计 算 机 科 学 丛 书

决策算法

[美] 米凯尔·J. 科申德弗（Mykel J. Kochenderfer）

[美] 蒂姆·A. 惠勒（Tim A. Wheeler）　　　著

[美] 凯尔·H. 雷（Kyle H. Wray）

余青松 江红 余靖 译

Algorithms for Decision Making

机械工业出版社
CHINA MACHINE PRESS

图书在版编目（CIP）数据

决策算法／（美）米凯尔·J. 科申德弗（Mykel J. Kochenderfer），（美）蒂姆·A. 惠勒（Tim A. Wheeler），（美）凯尔·H. 雷（Kyle H. Wray）著；余青松，江红，余靖译.—北京：机械工业出版社，2024.5
（计算机科学丛书）
书名原文：Algorithms for Decision Making
ISBN 978-7-111-75658-3

Ⅰ. ①决⋯　Ⅱ. ①米⋯ ②蒂⋯ ③凯⋯ ④余⋯ ⑤江⋯ ⑥余⋯　Ⅲ. ①决策模型—算法理论　Ⅳ. ①C934

中国国家版本馆 CIP 数据核字（2024）第 080757 号

机械工业出版社（北京市百万庄大街 22 号　邮政编码 100037）
策划编辑：曲　熠　　　　　　　　　责任编辑：曲　熠
责任校对：张慧敏　李可意　张　薇　　责任印制：常天培
北京机工印刷厂有限公司印刷
2024 年 8 月第 1 版第 1 次印刷
185mm×260mm·30 印张·14 插页·764 千字
标准书号：ISBN 978-7-111-75658-3
定价：149.00 元

电话服务　　　　　　　　　　　网络服务
客服电话：010-88361066　　　机 工 官 网：www.cmpbook.com
　　　　　010-88379833　　　机 工 官 博：weibo.com/cmp1952
　　　　　010-68326294　　　金 书 网：www.golden-book.com
封底无防伪标均为盗版　　机工教育服务网：www.cmpedu.com

在大数据和人工智能时代，许多重要的问题均涉及不确定状态下的决策，即智能决策。决策模型和决策算法是设计和构建自动决策系统以及决策支持系统的基石。不确定状态下的决策面临诸多挑战，如必须仔细平衡多个目标，同时还需要考虑不确定性因素的各种来源等。

本书涵盖与决策相关的各种主题，包括决策模型和计算方法所蕴含的相关理论。本书详细介绍了解决决策相关问题所涉及的基本数学公式和算法，广泛而深入地研究了不确定性状态下的决策算法。

本书主要分为以下五个部分：

- 第一部分讨论单步决策问题，即在单个时间点对简单决策中的不确定性和实现目标进行推理。
- 第二部分讨论序列决策问题，许多重要问题必须根据有关行为结果的信息做出一系列的决策。
- 第三部分讨论模型不确定性。模型并不是完全已知的，智能体必须通过学习以及与环境的交互来采取行动。通过观察状态转变和奖励形式的行为结果，智能体将选择能够最大化其长期奖励积累的行为。强化学习可以用于解决这类模型不确定性的问题。
- 第四部分讨论状态不确定性，不完善的感知信息会影响我们对完整环境状态的了解和掌握。
- 第五部分讨论多智能体系统，将其他智能体建模作为潜在的盟友或对手并随着时间的推移对决策算法进行相应的调整。

本书还提供了决策算法相关的各类图表以及大量的应用示例和练习题，以便向读者传达各种决策方法所隐含的直观思想。本书使用 Julia 程序设计语言实现相应的算法，读者可以免费使用本书中提供的所有代码片段，前提是明确指出代码的来源。

本书要求读者具有扎实的数学基础，附录中提供了相关的参考资料。本书主要面向高年级本科生、研究生以及专业人士，特别适用于数学、统计学、计算机科学、航空航天、电气工程和运筹学等学科领域。

本书源于斯坦福大学开设的一门名为"不确定性状态下的决策"的课程。作者 Mykel J. Kochenderfer 教授负责的斯坦福智能系统实验室主要研究和设计鲁棒决策系统的先进算法和分析方法，重点关注如何从高维、概率的问题中推导出最优的策略决策。

本书由华东师范大学的余青松、江红和余靖共同翻译。翻译也是一种再创造，同样需要艰辛的付出，感谢朋友、家人以及同事的理解和支持。在翻译过程中我们力求忠于原著，但由于时间和学识有限且本书涉及各个领域的专业知识，故书中的不足之处在所难免，敬请诸位同行、专家和读者指正。

余青松、江红、余靖
2023 年 7 月

　　本书广泛而深入地介绍不确定性状态下的决策算法，涵盖与决策相关的各种主题，阐述解决相关问题所涉及的基本数学公式和算法。本书还提供各类图表以及大量的应用示例和练习题，以便向读者传达各种方法所隐含的直观思想。

　　本书面向高年级本科生、研究生以及专业人士，要求读者具有扎实的数学基础，并假设读者已经掌握了多变量微积分、线性代数和概率论等方面的相关概念和知识。附录中提供了相关的参考资料。本书适用于数学、统计学、计算机科学、航空航天、电气工程和运筹学等学科领域。

　　算法是本书的基础。本书使用 Julia 程序设计语言来实现书中的算法。Julia 程序设计语言非常适合以人类可读的形式来描述算法。算法实现的设计重点是可解释性，而不是执行的效率。对于工业应用程序等，则可以使用替代的实现方案以提高效率。读者可以免费使用本书中提供的所有代码片段，但前提是必须明确指出代码的来源。

Mykel J. Kochenderfer

Tim A. Wheeler

Kyle H. Wray

加利福尼亚州斯坦福

2022 年 2 月 28 日

本书源于斯坦福大学开设的一门名为"不确定性状态下的决策"的课程。本书作者非常感谢在过去六年中帮助完善该课程的所有学生和助教。

首先，感谢为本书的早期版本提供宝贵反馈意见的各位同人，包括 Dylan Asmar、Drew Bagnell、Safa Bakhshi、Edward Balaban、Jean Betterton、Raunak Bhattacharyya、Kelsey Bing、Maxime Bouton、Austin Chan、Simon Chauvin、Shushman Choudhury、Jon Cox、Matthew Daly、Victoria Dax、Richard Dewey、Dea Dressel、Ben Duprey、Torstein Eliassen、Johannes Fischer、Rushil Goradia、Jayesh Gupta、Arec Jamgochian、Rohan Kapre、Mark Koren、Liam Kruse、Tor Lattimore、Bernard Lange、Ritchie Lee、Sheng Li、Michael Littman、Robert Moss、Joshua Ott、Oriana Peltzer、Francesco Piccoli、Jeffrey Sarnoff、Marc Schlichting、Ransalu Senanayake、Chelsea Sidrane、Chris Strong、Zach Sunberg、Abiy Teshome、Alexandros Tzikas、Kemal Ure、Josh Wolff、Anıl Yıldız 和 Zongzhang Zhang。其次，感谢 Sydney Katz、Kunal Menda 和 Ayan Mukhopadhiyay，感谢他们对第 1 章中相关讨论所做出的贡献。感谢 Ross Alexander 为本书提供了大量的练习题。此外，在准备出版本书的过程中，很高兴能与麻省理工学院出版社的 Elizabeth Swayze 合作。

本书的写作风格受到 Edward Tufte 的启发。在 Edward Tufte 所使用的风格元素中，我们采用了他的宽边距和多面板可视化方式。本书的排版基于 Kevin Godby、Bil Kleb 和 Bill Wood 的 Tufte-LaTeX 软件包。本书的配色方案改编自 Sublime Text（sublime-text. com 网站）中 Jon Skinner 的 Monokai 主题，并且采用能够更好地适应色盲患者的调色板。对于绘图⊖，我们使用由 Stéfan van der Walt 和 Nathaniel Smith 定义的 viridis 色彩映射图。

本书还充分使用了附录 G 中提供的开源软件包。代码的排版借助于 pythontex 软件包，该软件包由 Geoffrey Poore 维护。本书算法的描述统一使用 JuliaMono 字体（github. com/corstuff/JuliaMono），绘图则使用 pgfplots 软件包进行处理，该软件包由 Christian Feuersänger 维护。

⊖ B. Wong，"Points of View：Color Blindness，" *Nature Methods*，vol. 8，no. 6，pp. 441-442，2011.

目　录

Algorithms for Decision Making

导　论

许多重要的问题均涉及不确定状态下的决策，包括飞机防撞控制系统、森林火灾控制系统和灾难应对系统等。在设计自动决策系统或决策支持系统时，必须仔细平衡多个目标，同时还需要考虑不确定性的各种来源。我们将从计算的角度讨论这些挑战，旨在提供决策模型和计算方法中蕴含的相关理论。本章首先引入不确定性状态的决策问题，然后提供相关的应用实例，并概述计算方法所涉及的应用领域。接着总结各类学科领域对于智能决策的不同理解，并强调智能决策潜在的社会影响领域。最后概述本书其余部分的主题。

1.1　决策

智能体（agent）是一个实体，该实体基于对环境的观测而采取相应的操作。智能体可以是物理实体，诸如人类或机器人；也可以是非物理实体，例如完全通过软件实现的决策支持系统。智能体和环境之间的交互遵循观测-操作行为循环（observe-act cycle or loop），如图 1-1 所示。

智能体在时间 t 接收到一个关于环境的观测（observation），记为 o_t。例如，可以通过生物传感过程（诸如人类的行为）或者通过传感器系统（诸如空中交通控制系统的雷达）接收到观测。观测结

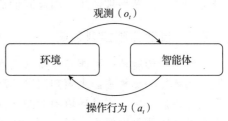

图 1-1　智能体与环境之间的交互

果往往不完整或者包含噪声。例如，人类可能没有观察到逐渐靠近的飞机，或者雷达系统可能由于电磁干扰而错过了检测。随后，智能体将通过一些决策过程选择一个相应的操作行为 a_t。相应的操作行为（例如发出警报）可能会对环境产生不确定的影响。

我们关注的重点是智能体。随着时间的推移，智能体能够与环境进行智能交互以逐渐实现目标。给定曾经发生的一系列观测序列 $o_1, \cdots, o_t$，以及对环境的了解，智能体必须在存在各种不确定因素的情况下，选择一个最能实现其目标的操作行为[⊖]。不确定因素包括以下内容：

- 结果不确定性（outcome uncertainty），操作行为的影响结果是不确定的。
- 模型不确定性（model uncertainty），问题的模型是不确定的。
- 状态不确定性（state uncertainty），环境的真实状态是不确定的。
- 交互不确定性（interaction uncertainty），在环境中相互交互的其他智能体的行为是不确定的。

本书将围绕这四个不确定性来源因素展开相关的阐述。在存在不确定性的情况下做出决策是人工智能（artificial intelligence）[⊖]领域的核心，同时也是许多其他领域的核心（如

⊖　此处重点讨论离散时间问题，连续时间问题属于控制理论领域的研究范畴。具体参见 D. E. Kirk, *Optimal Control Theory*：*An Introduction*. Prentice-Hall, 1970。

⊖　Russell and P. Norvig, *Artificial Intelligence*：*A Modern Approach*, 4th ed. Pearson, 2021, 提供了对人工智能的全面概述。

1.4 节所述）。我们将讨论各种算法（即计算过程的具体描述），以实现对不确定性具有鲁棒性的决策。

1.2 应用

上一节介绍的决策框架可以应用于各种领域。本节将讨论一些实际应用程序的示例。附录 F 概述了本书中用于演示所讨论算法的其他概念性问题。

1.2.1 飞机防撞控制系统

为了有效阻止飞机在空中相撞，我们希望设计这样一种系统，该系统能够提醒飞行员潜在的威胁，并指导飞行员操纵飞机以避免空中相撞的威胁[一]。该系统与其他飞机的应答器进行通信，以一定程度的精确性识别其他飞机的位置。如何决定向飞行员提供什么样的指导是一项具有挑战性的任务。飞行员的反应有多快，他们是否愿意完全根据指导做出反应，这些都是不确定的。除此之外，其他飞机的行为也存在不确定性。我们希望所设计的系统可以足够早地发出警报，以便为飞行员提供足够的时间来操纵飞机以避免碰撞，但我们不希望系统过早地发出警报，因为这会导致许多不必要的操纵行为。由于该系统将在全球范围内不间断地被使用，因此我们需要确保该系统能够提供卓越的安全水准。

1.2.2 自动驾驶控制系统

我们希望制造一种能够在城市交通环境中安全驾驶的自动驾驶汽车[二]。该自动驾驶车辆必须依靠一套传感器来感知周围的环境，以便做出安全的决策。其中一种类型的传感器是激光雷达，用于测量环境中的激光反射，以确定自动驾驶车辆到障碍物的距离。另一种类型的传感器是摄像头，通过计算机视觉算法，摄像头可以检测到行人和其他车辆。这两种类型的传感器都存在缺陷，并且都很容易受到噪声和障碍物的影响。例如，一辆停放着的卡车可能会挡住试图穿过人行横道的行人。我们的系统必须根据其他车辆、行人和其他道路使用者的可观测行为，预测他们的意图和他们将要行进的路线，以便安全导航到目的地。

1.2.3 乳腺癌筛查

在全世界范围内，乳腺癌是在女性中最常见的癌症。早期发现乳腺癌有助于挽救生命，而乳房 X 光检查是目前最有效的筛查工具。然而，乳房 X 光检查具有潜在的风险，比如假阳性，这可能导致随后不必要的侵入性诊断。多年来的研究结果表明，可以基于不同年龄和不同人群实施筛查计划，以平衡检测所带来的益处和风险。开发一个能够根据个人风险特征和筛查历史来提出相应建议的系统，有可能带来更好的健康结果[三]。与全民筛查计划相比较，在总预期质量调整寿命、乳房 X 光检查的数量、假阳性率以及未发现的侵袭性癌症的风险等各个方面，该系统同样取得了巨大的成功。

[一] M. J. Kochenderfer, *Decision Making Under Uncertainty：Theory and Application*. MIT Press, 2015 中讨论了这一应用。

[二] M. Bouton, A. Nakhaei, K. Fujimura, and M. J. Kochenderfer, "Safe Reinforcement Learning with Scene Decomposition for Navigating Complex Urban Environments," in *IEEE Intelligent Vehicles Symposium（Ⅳ）*, 2019 探讨了类似的应用。

[三] T. Ayer, O. Alagoz, and N. K. Stout, "A POMDP Approach to Personalize Mammography Screening Decisions," *Operations Research*, vol. 60, no. 5, pp. 1019-1034, 2012 首先提出了该思想。

1.2.4　金融消费与投资组合配置

假设我们计划构建一个系统，针对个人的财富收入，建议其当年的消费占比和投资占比 ⊖。投资组合可能包括具有不同风险水平和预期回报的股票和债券。由于收入和投资的不确定性，财富的变化是随机的，通常会先增加，直到投资者接近退休，然后稳步减少。一年中单位财富的消费所带来的享受通常会随着消费量的增加而减少，从而产生在个人一生中平稳消费的愿望。

1.2.5　分布式森林火灾监控系统

在扑灭森林火灾时，态势感知（situational awareness）是所面临的主要挑战之一。火灾的状态随着时间不断演变，并且受风和环境中燃料分布等因素的影响。许多森林火灾跨越的地理区域很大。监测森林火灾的一种方法是使用一组配备传感器的无人机在森林火灾区域上方飞行 ⊖。单个无人机的感知范围是有限的，但无人机团队的信息可以被融合，以提供统一的态势快照，从而有效地驱动关于资源分配的决策。我们希望无人机团队成员能够自主决定如何相互协作，以提供最佳的火灾覆盖范围。有效的监测需要决定如何操纵无人机以覆盖对于新传感器信息可能有用的区域，而没有必要在已经确定火灾存在（或已经确定不存在）的区域浪费时间。为了确定需要探索的重要区域，必须对火灾的随机演变进行推理，因为对其当前状态的了解并不完善。

1.2.6　火星科学探测

漫游者（火星探测车）在火星上取得了重要发现，并增进了人类对火星的了解。然而，科学探测遇到的一个主要瓶颈是漫游者和地球上的操作团队之间的通信链路问题。从火星向地球发送传感器信息以及从地球向火星发送命令都可能需要至少半小时的传送时间。除此之外，轨道飞行器是行星之间的信息中继站，但是由于轨道飞行器位置的变化，并且火星的上传和下载时间窗口都存在限制，所以需要提前规划对火星探测漫游者的各种指导。最近的研究表明，通过引入更大程度的自主性，科学探索任务的效率可以提高五倍 ⊜。人类操作员仍将为任务目标提供高水平的指导，但漫游者可以灵活地使用最新信息选择自己的科学目标。此外，火星探测漫游者最好能在没有人为干预的情况下，对各种危险和系统故障做出适当的反应。

1.3　方法

我们可以使用许多不同的方法来设计决策智能体。根据不同的应用场景，每种方法都有其更适用的场合。这些方法针对不同的设计者提出不同的要求，并且针对不同的自动化

⊖　R. C. Merton 研究了与此相关的问题，参见 R. C. Merton, "Optimum Consumption and Portfolio Rules in a Continuous-Time Model," *Journal of Economic Theory*, vol. 3, no. 4, pp. 373-413, 1971。

⊖　K. D. Julian and M. J. Kochenderfer, "Distributed Wildfire Surveillance with Autonomous Aircraft Using Deep Reinforcement Learning," *AIAA Journal of Guidance*, *Control*, *and Dynamics*, vol. 42, no. 8, pp. 1768-1778, 2019 中探索了该应用。

⊜　D. Gaines, G. Doran, M. Paton, B. Rothrock, J. Russino, R. Mackey, R. Anderson, R. Francis, C. Joswig, H. Justice, K. Kolcio, G. Rabideau, S. Schaffer, J. Sawoniewicz, A. Vasavada, V. Wong, K. Yu, and A. -a. Agha-mohammadi, "Self-Reliant Rovers for Increased Mission Productivity," *Journal of Field Robotics*, vol. 37, no. 7, pp. 1171-1196, 2020 中提出并验证了该思想。

系统所实现的任务也有所不同。本节将简要概述这一系列的方法。本书将主要关注规划和强化学习，其中一些技术将涉及监督学习和优化。

1.3.1　显式编程

设计决策智能体的最直接方法是考虑智能体可能遇到的所有场景，并明确编写程序以指定智能体应该如何应对每个场景。显式编程方法可以很好地解决简单的问题，但需要提供一个完整的策略，这将给设计者带来很大的负担。目前已经研究并提出了各种智能体编程语言和框架来简化智能体编程。

1.3.2　监督式学习

在处理某些问题时，相比于编写程序让智能体去遵循，采用"直接向智能体展示应该做什么"的方法可能会更容易。设计者提供了一组训练示例，自动学习算法必须通过这些示例进行泛化。这种方法被称为监督式学习（supervised learning），并已广泛应用于分类问题。当这种技术被应用于学习从观测到操作行动的映射时，有时被称为行为克隆（behavioral cloning）。当一位专家级设计师知道一系列典型情况的最佳行动方案时，行为克隆就可以很好地完成任务。尽管已经存在多种不同的学习算法，但在新的情况下，这些学习算法的表现通常不会超越人类设计师。

1.3.3　优化

另一种方法是由设计者指定可能存在的决策策略空间以及需要最大化的性能度量。评估决策策略的性能通常需要运行一系列的模拟行为。然后，优化算法在该决策策略空间中搜索最优策略。如果决策策略空间相对较小，并且性能度量并没有很多的局部最优值，那么各种局部或全局搜索方法可能是适用的。虽然通常假设动态模型的知识会用于运行模拟，但却不会用于指导搜索，这一点对于复杂问题非常重要。

1.3.4　规划

规划是一种优化形式，它使用问题动态模型来指导搜索。有大量文献对各种规划问题进行了探讨，其中大部分文献集中于确定性问题。对于某些问题，使用确定性模型来对动态问题进行近似求解或许是可以接受的，前提条件是假设确定性模型允许我们使用更容易扩展到高维问题的方法。对于其他问题，考虑未来的不确定性则至关重要。本书重点讨论不确定性，并将其视为至关重要的问题。

1.3.5　强化学习

强化学习（reinforcement learning）不再强调规划方法中模型已知的这一假设。相反，智能体是在与环境交互的过程中学习相关的决策策略的。设计者只需提供性能指标，由学习算法负责优化智能体的行为。强化学习中出现的一个有趣的复杂性是，行为的选择不仅直接影响智能体在实现其目标方面是否成功，而且还影响智能体对环境的了解以及识别其可以利用的问题特征的能力。

1.4　自动化决策过程的历史

自动化决策过程的理论源于早期哲学家、科学家、数学家和作家的梦想。早在公元前

800 年,古希腊人就开始将自动化融入神话和故事中。自动化（automaton）一词最早出现在荷马的《伊利亚特》中,其中提到了自动机器的概念,包括用来招待晚宴客人的机械三脚机器人[⊖]。在 17 世纪,哲学家提出使用逻辑规则来自动解决分歧。他们的思想为机械化推理奠定了基础。

18 世纪后期,发明家开始创造自动机器来完成劳作。特别是,纺织行业的一系列创新促进了自动纺织机的发展,这为第一批工厂机器人奠定了基础[⊖]。19 世纪初,科幻小说开始描写使用智能机器实现劳作自动化的情景。机器人一词起源于捷克作家卡雷尔·恰佩克的剧作《罗素姆万能机器人》,该剧描述了这样的机器,它可以用于执行人类不愿从事的工作。这部剧启发了其他科幻作家将机器人融入他们的写作中。在 20 世纪中叶,著名作家兼教授艾萨克·阿西莫夫在其著名的"机器人"系列作品中阐述了他对机器人的愿景。

在自动化决策的具体实施中,一个主要挑战是不确定性。即使在 20 世纪末,以开发单纯形算法而闻名的乔治·丹齐格在 1991 年也写道:

回想起来,有趣的是,促使我进行研究的最初问题仍然悬而未决,即随着时间推移的动态规划或调度问题,特别是在不确定性状态下的动态规划问题。如果能够成功解决这一问题,那么将有助于（最终通过更好的规划）实现世界的福祉和稳定[⊜]。

在不确定状态下做出决策仍然是一个活跃的研究领域,在过去的几个世纪中,研究人员和工程师已经几乎接近使这些早期梦想家提出的概念成为现实。当前最先进的决策算法依赖于多学科概念的融合,包括经济学、心理学、神经科学、计算机科学、工程学、数学和运筹学。本节将重点介绍这些学科的主要贡献。不同学科之间的交叉影响促进了许多新的进展,并可能在未来继续支持决策算法的演进。

1.4.1 经济学

经济学需要人类决策模型。建立这种模型的方法之一涉及效用理论,该理论首先于 18 世纪末被提出[⊛]。效用理论提供了一种建模以及比较各种结果可取性的方法。例如,效用可以用来比较货币数量的可取性。杰里米·边沁在 *Theory of Legislation*（《立法理论》）中总结了货币效用的非线性原则:

第一个原则,每一份财富都对应一份幸福。

第二个原则,如果两个人拥有不同数量的财富,那么拥有较多财富的人将拥有更多的幸福。

第三个原则,富人的财富数量可以非常巨大,但富人的幸福感不会像财富数量一样巨大^⑤。

通过将效用的概念与理性决策的概念相结合,20 世纪中叶的经济学家为最大期望效用原则奠定了基础。这一原则是创建自主决策智能体的一个关键概念。效用理论也促进了

⊖ S. Vasileiadou, D. Kalligeropoulos, and N. Karcanias, "Systems, Modelling and Control in Ancient Greece: Part 1: Mythical Automata," *Measurement and Control*, vol. 36, no. 3, pp. 76-80, 2003.

⊖ N. J. Nilsson, *The Quest for Artificial Intelligence*. Cambridge University Press, 2009.

⊜ G. B. Dantzig, "Linear Programming," *Operations Research*, vol. 50, no. 1, pp. 42-47, 2002.

⊛ G. J. Stigler, "The Development of Utility Theory. I," *Journal of Political Economy*, vol. 58, no. 4, pp. 307-327, 1950.

⑤ J. Bentham, *Theory of Legislation*. Trübner & Company, 1887.

博弈论的发展，博弈论试图理解多个智能体在彼此共存情况下的行为[⊖]以实现利益最大化。

1.4.2 心理学

同样，心理学家通常从人类行为的角度来研究人类如何进行决策。自 19 世纪以来，通过研究动物对刺激的反应，心理学家致力于研发试误式学习（trial-and-error learning，或称为选择学习或联结学习）理论。研究人员注意到，动物倾向于根据它们在之前类似情况下所经历的动机满足或行为不适来做出决策。俄罗斯心理学家伊万·巴甫洛夫在观察狗被喂食时的唾液分泌模式之后，将这一想法与强化的概念结合起来。心理学家发现，通过对特定刺激的持续强化，一种行为模式可以得到加强或削弱。在 20 世纪中叶，数学家和计算机科学家艾伦·图灵阐述了允许机器以同样的方式进行学习的可能性：

> 对于包含干扰事项的事务安排，如果涉及很少的输入，那么将机器组织成一台通用的机器将是一件最令人印象深刻的事情。人类对儿童的训练在很大程度上取决于奖励和惩罚系统，这表明，在事务的组织安排过程中，应该可以只使用两个干扰输入，一个用于"快乐"（pleasure）或"奖励"（reward）（R），另一个用于"痛苦"（pain）或"惩罚"（punishment）（P）[⊜]。

心理学家的研究工作为强化学习领域奠定了基础。强化学习是一种用于教导智能体在不确定的环境中做出决策的关键技术[⊜]。

1.4.3 神经科学

心理学家重点研究人类产生的行为，而神经科学家关注的是用来创造行为的生物过程。在 19 世纪末，科学家发现大脑是由一个相互连接的神经元网络组成的，从而使得大脑具有感知和推理世界的能力。人工智能先驱尼尔斯·尼尔森描述了这些发现在决策中的应用，如下所述：

> 由于动物的**大脑**负责将感官信息转化为行为，因此可以预期，神经生理学家和神经解剖学家在研究大脑及其基本组成部分——神经元的工作中会发现一些优秀的思想方法[⊕]。

在 20 世纪 40 年代，研究人员首次提出，神经元可以被视为单个"逻辑单元"，当多个神经元被连接成一个网络时，"逻辑单元"能够执行计算操作。这项工作为神经网络奠定了基础。神经网络被广泛应用于人工智能领域，可以实现各种复杂的任务。

1.4.4 计算机科学

在 20 世纪中叶，计算机科学家开始将智能决策问题表述为通过形式逻辑进行符号操作的问题。在同一时期，为执行自动推理而编写的计算机程序 Logic Theorist 使用这种思维方式来证明数学定理。其发明者之一赫伯特·西蒙通过将其与人类思维联系起来，从而阐述该程序的符号本质：

⊖ O. Morgenstern and J. von Neumann, *Theory of Games and Economic Behavior*. Princeton University Press, 1953.

⊜ A. M. Turing, "Intelligent Machinery," National Physical Laboratory, Report, 1948.

⊜ R. S. Sutton and A. G. Barto, *Reinforcement Learning: An Introduction*, 2nd ed. MIT Press, 2018.

⊕ N. J. Nilsson, *The Quest for Artificial Intelligence*. Cambridge University Press, 2009.

我们开发了一种能够进行非数值思维的计算机程序，从而解决了古老的身心问题，解释了由物质组成的系统如何具有思维的特性[一]。

这些符号系统在很大程度上依赖于人类的专业知识。另一种智能方法称为联结主义（connectionism）。联结主义的部分灵感来自神经科学的发展，侧重于使用人工神经网络作为智能的基础。由于已知神经网络可以被训练用于模式识别，联结主义的研究者试图从数据或经验中学习智能行为，而不是从专家的硬编码知识中尝试学习。联结主义范式为AlphaGo（一个在围棋比赛中击败人类专业选手的自主程序）的成功以及自动驾驶汽车的发展奠定了基础。结合符号主义和联结主义范式的算法至今仍然是一个活跃的研究领域。

1.4.5　工程

工程领域重点关注的是如何让物理系统（诸如机器人）做出智能决策。世界著名的机器人专家塞巴斯蒂安·特龙对这些系统的各个组件进行了如下描述：

机器人系统的共同点是，它们都位于物理世界中，通过传感器感知环境，并通过移动的物体来操纵环境[二]。

为了设计这些系统，工程师必须解决感知、规划和行为问题。通过使用传感器来创建其环境显著特征的表征，物理系统可以感知周围的世界。状态评估领域的重点是使用传感器测量构建关于世界状态的信念。规划则需要对设计以及执行任务的方式进行推理。数十年来半导体行业的进步推动了规划过程的发展[三]。一旦规划被设计出来，自主的智能体必须在现实世界中执行该规划。所执行的任务需要硬件（表现为制动器的形式）以及算法一起来控制制动器并防止干扰。控制理论领域重点关注的是通过反馈控制来稳定机械系统[四]。自动控制系统广泛应用于工业领域，从烤箱温度的调节到航空航天系统的导航。

1.4.6　数学

为了在不确定的环境中做出明智的决策，智能体必须能够对其不确定性进行量化。决策领域在很大程度上依赖于概率论来完成这项任务。值得一提的是，贝叶斯统计在本书中发挥了重要的作用。1763 年，托马斯·贝叶斯的一篇论文在其去世后被发表，该论文中包含了后来被称为贝叶斯规则的相关内容。直到 20 世纪中叶，研究人员发现贝叶斯方法在许多环境中都非常有用，此时，托马斯·贝叶斯所提出的概率推理方法才受到人们的青睐[五]。在第二次世界大战期间，数学家伯纳德·库普曼发现了该理论的实际用途：

搜索中的每一项操作都充满了不确定性，只能使用……的概率来定量地理解。现在，这一发现可能被视为一个真理，这似乎也已经从第二次世界大战时运筹学的发展回归到其本身的实际意义[六]。

作为曼哈顿项目的一部分，20 世纪初为大规模计算开发的蒙特卡罗方法（Monte

○ Quoted by J. Agar, *Science in the 20th Century and Beyond*. Polity, 2012.

○ S. Thrun, "Probabilistic Robotics," *Communications of the ACM*, vol. 45, no. 3, pp. 52-57, 2002.

○ G. E. Moore, "Cramming More Components onto Integrated Circuits," *Electronics*, vol. 38, no. 8, pp. 114-117, 1965.

○ D. A. Mindell, *Between Human and Machine: Feedback, Control, and Computing Before Cybernetics*. JHU Press, 2002.

○ W. M. Bolstad and J. M. Curran, *Introduction to Bayesian Statistics*. Wiley, 2016.

○ B. O. Koopman, *Search and Screening: General Principles with Historical Applications*. Pergamon Press, 1980.

Carlo method）是一类基于抽样的方法，该方法的采用使得一些以前难以处理的推断技术成为可能。这些理论基础为贝叶斯网络奠定了基石。在 20 世纪后期，贝叶斯网络在人工智能领域日益普及。

1.4.7 运筹学

运筹学（operations research）关注的是找到决策问题的最优解决方案，这些决策问题涉及资源分配、资产投资和维护调度等。在 19 世纪末，研究人员开始探索数学和科学分析在商品和服务生产中的应用。在工业革命期间，当公司开始将其管理层细分为不同方面的各个部门并为总体决策提供服务时，这一领域得到了加速发展。在第二次世界大战期间，决策优化被应用于向军队分配物资。战争结束后，企业开始注意到，以前用于军事决策的运筹学概念可以帮助他们优化业务决策。这一认识推动了管理科学的发展，正如组织理论家哈罗德·孔茨所描述的：

该群体的坚定信念是，如果管理、组织、规划或决策是一个逻辑过程，那么就可以使用数学符号和数学关系来表达。该学派的核心方法是模型，因为正是通过这些模型，问题才能表示为其基本关系和选定的目标或目的[⊖]。

这种能够更好地对商业决策进行建模和理解的期望激发了线性规划、动态规划和排队理论[⊜]等概念的发展，而这些概念至今仍在被广泛使用。

1.5 社会影响

决策算法已经改变了社会，并且未来可能还会继续影响社会。本节将简要概述决策算法对社会做出的一些贡献，并介绍在确保取得更大利益时仍然存在的挑战[⊜]。

决策算法有助于环境的可持续性发展。例如，在能源管理的背景下，贝叶斯优化已应用于家庭能源管理自动化系统。来自多智能体系统领域的算法被用于预测智能电网的运作，设计能源交易市场，并预测屋顶太阳能的使用。另外，还开发了保护生物多样性的算法。例如，神经网络被用于进行野生动物的自动普查，博弈论方法被用于打击森林中的偷猎行为，优化技术则被用于为栖息地的管理合理分配资源。

数十年来，决策算法在医学领域也取得了成功。这类算法已被用于将居民与医院进行相互匹配，以及用于将器官捐献者与有需要的患者进行相互匹配。贝叶斯网络的一种早期应用是疾病诊断，我们将在本书的第一部分中予以介绍。在此之后，贝叶斯网络在医学中被广泛用于疾病的诊断和预测。此外，医学图像处理领域已经被深度学习所改变，决策算法近来在理解疾病传播方面发挥了重要作用。

决策算法使我们能够理解城市地区的发展并改善城市设计。数据驱动算法已被广泛用于改善公共基础设施。例如，随机过程被用于预测输水管道的故障，深度学习被用于改善交通管理，马尔可夫决策过程和蒙特卡罗方法被用于改善应急响应。分布式多智能体系统的思想被用于优化旅行路线，路径规划技术被用于优化货物的交付。决策算法被用于自动驾驶汽车以及提高飞机的安全性。

⊖ H. Koontz, "The Management Theory Jungle," *Academy of Management Journal*, vol. 4, no. 3, pp. 174-188, 1961.

⊜ F. S. Hillier, *Introduction to Operations Research*. McGraw—Hill, 2012.

⊜ 更深入的讨论参见 Z. R. Shi, C. Wang, and F. Fang, "Artificial Intelligence for Social Good: A Survey," 2020. arXiv: 2001.01818v1。

无论用户的意图如何，优化决策算法都可以扩大对用户的影响。例如，如果这些算法所涉及的用户希望在政治选举期间传播错误信息，那么优化过程可以帮助用户实现这一目标。然而，类似的算法还可以用于监控和抵消虚假信息的传播。有时，这些决策算法的实施可能会导致意料之外的下游效应[⊖]。

尽管决策算法有可能带来显著优势，但在现实社会中将决策算法付诸实现也存在着一定的挑战。这是由于数据的收集方式和数据驱动的算法常常存在固有的偏差和盲点。随着决策算法日益成为我们生活中的一部分，了解如何降低偏差的风险以及如何以公平和公正的方式分配算法实施后所产生的利益，都变得至关重要。决策算法也可能非常易于受到对抗性的操纵，我们所设计的算法是否对此类攻击具有鲁棒性也至关重要。同时，还必须增强道德和法律框架，以防止意外的后果以及责任的分配。

1.6　本书组织结构

本书共分为五部分：第一部分讨论在单个时间点对简单决策中的不确定性和实现目标进行推理的问题；第二部分将决策扩展到序列问题，即必须在处理过程中根据有关行为结果的信息做出一系列的决策；第三部分主要针对模型不确定性，即并不是从已知模型开始，而是学习如何通过与环境的交互来采取行动；第四部分针对状态不确定性，即不完善的感知信息会影响我们对完整环境状态的了解和掌握；最后一部分将讨论涉及多个智能体的决策情形。

1.6.1　概率推理

理性的决策需要对不确定性和实现目标进行推理。本书的第一部分首先讨论如何将不确定性表示为概率分布。现实世界的问题需要对多变量的分布进行推理，我们将讨论如何构建这些模型，如何使用这些模型进行推断，以及如何从数据中学习这些模型的参数和结构。然后，我们将介绍效用理论（utility theory）的基础知识，并通过最大期望效用原则展示如何在不确定性条件下形成理性决策及其相关的理论基础。然后，我们将讨论如何将效用理论的概念结合到本章前面介绍的概率图模型中，以形成所谓的决策网络（decision network）。

1.6.2　序列问题

许多重要问题需要我们做出一系列的决策。虽然最大期望效用原则仍然适用，但在连续环境中的最佳决策需要对未来一系列的行为和观测进行推理。在本书的第二部分中，我们将讨论随机环境中的序列问题，其中行为结果具有不确定性。假设在模型已知并且环境完全可观测的前提下，我们将重点讨论序列问题的通用公式。在本书后面的讨论中，我们将放宽这两个假设。首先，我们的讨论将从介绍马尔可夫决策过程（Markov Decision Process, MDP）开始。马尔可夫决策过程是序列问题的标准数学模型。我们将讨论若干方法，以寻找这类问题的精确解。由于大型问题有时无法有效地找到精确解，因此我们将讨论离线以及在线近似算法的集合，以及一种涉及直接搜索参数化决策策略空间的方法。最后，为了验证决策策略在现实世界中部署时是否能够按预期执行，我们将讨论相应的验证方法。

⊖　有关更一般性的讨论，请参见 B. Christian, *The Alignment Problem*. Norton & Company, 2020。另外，可参见以下论文中的相关讨论：D. Amodei, C. Olah, J. Steinhardt, P. Christiano, J. Schulman, and D. Mané, "Concrete Problems in AI Safety," 2016. arXiv: 1606.06565v2。

1.6.3 模型不确定性

到目前为止，在讨论序列问题时，我们假设状态迁移（transition，或称为转移）和奖励（reward，或称为激励、回报）模型是已知的。然而，在许多问题中，动态性和奖励机制并不明确，智能体必须通过经验学会实施何种行为。通过观测状态迁移和奖励机制的行为结果，智能体将选择使其长期奖励机制最大化的行为。解决这种存在模型不确定性的问题是强化学习（reinforcement learning）领域的主题，也是本书第三部分的重点。我们将讨论解决模型不确定性所面临的挑战。首先，智能体一方面需要对环境进行探索（exploration），另一方面需要学习如何通过经验获得对知识的利用（exploitation，或称为开发），智能体必须在这两个方面上做出谨慎的抉择。其次，奖励可能会在做出重要决策之后很长时间才会得到，因此，稍后的奖励必须归功于先前的决策。最后，智能体必须根据有限的经验进行泛化。我们将进一步讨论解决这些挑战的理论和关键算法。

1.6.4 状态不确定性

在本书第四部分中，我们将不确定性扩展到包括状态的不确定性。我们无法准确地观测状态，而是接收到与状态只有概率关系的观测结果。此类问题可以建模为部分可观测的马尔可夫决策过程（Partially Observable Markov Decision Process，POMDP）。解决POMDP的一种常见方法包括在当前时间步骤（time step）的状态上推断信念分布（belief distribution），然后应用策略将信念映射到行为。在本书第四部分中，我们首先将讨论如何根据过去的观测和行为序列更新信念分布，然后将讨论求解POMDP的各种精确方法以及近似方法。

1.6.5 多智能体系统

在本书的前四个部分中，我们仅仅讨论了只有一个智能体在环境中所做出的决策。在本书的第五部分中，我们将前面四个部分的阐述扩展到多个智能体，讨论多个智能体间不确定性的交互所带来的挑战。首先，我们将讨论最简单的情况，一组智能体同时选择执行同一个行为。最终的结果是基于联合行为对每个智能体进行单独的奖励。马尔可夫博弈（Markov Game，MG）代表对多个状态的简单博弈和对多个智能体马尔可夫决策过程的泛化。因此，智能体选择可以随机改变共享环境状态的相关操作行为。由于对其他智能体策略的不确定性，马尔可夫博弈相关算法依赖于强化学习。部分可观测马尔可夫博弈（Partially Observable Markov Game，POMG）引入了状态不确定性，从而进一步推广了马尔可夫博弈和POMDP，因为智能体目前只接收有噪声的局部观测。分布式的部分可观测马尔可夫决策过程（Decentralized Partially Observable Markov Decision Process，Dec-POMDP）将POMG专注于一个协作的多智能体团队，其中各个智能体之间存在共享的奖励。本书的第五部分将介绍这四类问题，并讨论解决这些问题的精确算法和近似算法。

概 率 推 理

理性的决策需要对不确定性状态和目标进行推理。不确定性源于我们预测未来事件的能力在实践和理论上的限制。例如，如果要准确预测人类操作员将如何回应决策支持系统的建议，除了其他因素外，还需要关于人脑如何工作的详细模型。事实上，卫星的路径也很难预测。尽管牛顿物理学允许对卫星轨道进行高度精确的预测，但姿态推进器（attitude thruster）的偶发故障可能会导致卫星轨道与标准路径的较大偏差。即使是很小的不精确性，也会随着时间的推移而加剧偏差。为了实现其目标，对于当前的状态和未来的事件，一个强健的（robust，或鲁棒的）决策系统必须考虑到其中的各种不确定性来源。在本书的第一部分中，我们将首先讨论如何使用概率分布来表示不确定性。现实世界的问题需要对多变量的分布进行推理，我们还将讨论如何构建这些模型、使用模型进行推理并从数据中学习模型的参数和结构。然后，我们将讨论效用理论的相关基础知识，并展示效用理论如何在不确定性条件下形成理性决策的理论基础。我们可以将效用理论结合到前面介绍的概率图模型中，以形成所谓的决策网络。本书第一部分将专注于单步决策（single-step decision），有关顺序决策问题的讨论将在本书第二部分中展开。

表　　示

对不确定性的计算和说明需要一种比较正式的表示方式。本章将讨论如何表示不确定性[一]。首先，我们将介绍信念度的概念，并展示如何通过一组公理和使用概率分布来量化不确定性[二]。其次，将分别讨论离散变量和连续变量上的几种实用的概率分布形式。由于许多重要的问题均涉及多变量上的概率分布，我们还将讨论一种有效表示联合概率分布的方法，该方法利用了变量之间的条件独立性。

2.1　信念度和概率

在涉及不确定性的问题中，必须能够比较不同陈述的合理性。例如，我们希望能够表示命题 A 比命题 B 更合理。如果命题 A 表示"我的制动器存在故障"，命题 B 表示"我的传感器存在故障"，那么我们将命题 A 和命题 B 之间的关系表述为 $A \succ B$。使用这个基本关系式，我们可以定义几个关于命题之间的其他关系：

$$A \prec B, \text{当且仅当} B \succ A \text{成立} \tag{2.1}$$

$$A \sim B, \text{当且仅当} A \succ B \text{和} B \succ A \text{都不成立} \tag{2.2}$$

$$A \succeq B, \text{当且仅当} A \succ B \text{或} A \sim B \text{成立} \tag{2.3}$$

$$A \preceq B, \text{当且仅当} B \succ A \text{或} A \sim B \text{成立} \tag{2.4}$$

此处我们需要对由运算符 $\succ$、$\sim$ 和 $\prec$ 所构成的关系做出一些假设。假设普遍可比性（universal comparability）要求以下各项中的某一项成立：$A \succ B$、$A \sim B$ 或 $A \prec B$。传递性（transitivity）要求如果 $A \succeq B$ 和 $B \succeq C$，则 $A \succeq C$。基于普遍可比性和传递性的假设，我们可以通过具有以下两个性质的实值函数 P 来表示合理性[三]：

$$P(A) > P(B), \text{当且仅当} A \succ B \text{成立} \tag{2.5}$$

$$P(A) = P(B), \text{当且仅当} A \sim B \text{成立} \tag{2.6}$$

如果我们对实值函数 P 的形式做了一组额外的假设[四]，那么就可以证明 P 必须满足有关概率的基本公理（具体请参见附录 A.2）。如果可以确定命题 A 成立，那么 $P(A)=1$。如果我们认为命题 A 不可能成立，那么 $P(A)=0$。有关命题 A 真值的不确定性由两个极值之间的值表示。因此，概率质量（probability mass）的值必须介于 0 和 1 之间，即 $0 \leqslant P(A) \leqslant 1$。

2.2　概率分布

概率分布（probability distribution）将概率分配给不同的结果[五]。根据是否涉及离散或连续的结果，可以使用不同的方法来表示概率分布。

[一] 各种表示不确定性的方法请参见 F. Cuzzolin, *The Geometry of Uncertainty*. Springer, 2021。

[二] 更全面的阐述参见 E. T. Jaynes, *Probability Theory: The Logic of Science*. Cambridge University Press, 2003。

[三] 具体讨论请参见 E. T. Jaynes, *Probability Theory: The Logic of Science*. Cambridge University Press, 2003。

[四] P. C. Fishburn, "The Axioms of Subjective Probability," *Statistical Science*, vol. 1, no. 3, pp. 335-345, 1986 提出了主观概率公理化。有关公理化的最新研究成果，请参见 M. J. Dupré and F. J. Tipler, "New Axioms for Rigorous Bayesian Probability," *Bayesian Analysis*, vol. 4, no. 3, pp. 599-606, 2009。

[五] 有关概率论的介绍，请参见 D. P. Bertsekas and J. N. Tsitsiklis, *Introduction to Probability*. Athena Scientific, 2002。

2.2.1　离散概率分布

离散概率分布（discrete probability distribution）是一组离散值上的概率分布。我们可以将这样的概率分布表示为概率质量函数（probability mass function），该函数将概率分配给其输入变量的每一个可能的赋值。例如，假设我们有一个变量 X，X 可以取 $1,\cdots,n$，或者使用冒号表示法（colon notation）表示为 $1\!:\!n^\ominus$。与 X 相关的概率分布指定了该变量的各种赋值的 n 个概率，即 $P(X=1),\cdots,P(X=n)$。图 2-1 为离散概率分布的一个示例。

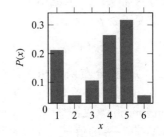

与离散分布相关的概率质量存在一些约束条件，即质量总和必须为 1：

$$\sum_{i=1}^{n} P(X=i) = 1 \qquad (2.7)$$

图 2-1　变量取值为 $1\!:\!6$ 上分布的概率质量函数

并且对于所有的 i，满足 $0\leqslant P(X=i)\leqslant 1$。

为了便于表示，在讨论变量的赋值时，我们将使用小写字母和上标的形式作为赋值的速记符号。例如，$P(x^3)$ 是 $P(X=3)$ 的速记形式。如果 X 是二元变量（binary variable，或称为二值变量、二分变量），则其取值可以为真（true）或假（false）$^\ominus$。我们将用 0 表示假，用 1 表示真。例如，我们用 $P(x^0)$ 表示 X 取值为假时的概率。

概率分布的参数（parameter）控制不同赋值相关的概率。例如，如果我们用 X 表示一个六面骰子的投掷结果，那么将得到 $P(x^1)=\theta_1,\cdots,P(x^6)=\theta_6$，其中 $\theta_{1:6}$ 是概率分布的六个参数。然而，我们只需要五个独立的参数（independent parameter）来唯一地指定投掷结果的概率分布，因为我们知道概率分布的总和必须为 1。

2.2.2　连续概率分布

连续概率分布（continuous probability distribution）是一组连续值上的概率分布。相对于表示离散变量的概率分布，对连续变量概率分布的表示要稍微复杂一些。例如，在许多连续分布中，变量具有特定值的概率非常小。表示连续概率分布的一种方法是使用概率密度函数（probability density function）（见图 2-2），使用小写字母表示。如果 $p(x)$ 是 X 上的概率密度函数，则 $p(x)\mathrm{d}x$ 是当 $\mathrm{d}x{\to}0$ 时 X 落在区间 $(x,x+\mathrm{d}x)$ 内的概率。与离散概率分布相关的概率质量之和必须为 1 相类似，连续概率分布的概率密度函数 $p(x)$ 的积分结果必须为 1：

$$\int_{-\infty}^{\infty} p(x)\mathrm{d}x = 1 \qquad (2.8)$$

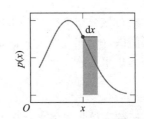

图 2-2　使用概率密度函数表示连续概率分布。如果 $p(x)$ 是概率密度，则由矩形的面积表示的 $p(x)\mathrm{d}x$ 是当 $\mathrm{d}x{\to}0$ 时，随机变量的样本落在区间 $(x,x+\mathrm{d}x)$ 内的概率

⊖　大多数情况下，为了简洁，我们将使用冒号表示法。在其他文献中，有时会使用符号 $[1,\cdots,n]$ 表示从 1 到 n 的整数区间值。我们也将使用冒号表示法来表示向量和矩阵的索引值（下标值），例如 $x_{1:n}$ 表示 $x_1,\cdots,$ x_n。诸如 Julia 和 MATLAB 等程序设计语言也使用这种冒号表示法。

⊖　与许多其他程序设计语言一样，在数值运算中，Julia 语言也将布尔值视为 0 和 1。

表示连续分布的另一种方法是使用累积分布函数（cumulative distribution function）（见图 2-3）。累积分布函数指定了与低于某个阈值的值相关的概率质量。如果我们有一个与变量 X 相关的累积分布函数 P，那么 $P(x)$ 表示与 X 相关（X 取值小于或等于 x）的概率质量。基于概率密度函数 p，累积分布函数可以定义如下：

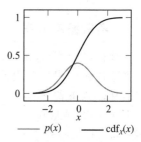

$$\mathrm{cdf}_X(x) = P(X \leqslant x) = \int_{-\infty}^{x} p(x')\mathrm{d}x' \qquad (2.9)$$

图 2-3　标准高斯分布的概率密度函数和累积分布函数

与累积分布函数相关的是分位数函数（quantile function），或称为逆累积分布函数（inverse cumulative distribution function）（见图 2-4）。$\mathrm{quantile}_X(\alpha)$ 的计算结果是使得 $P(X \leqslant x) = \alpha$ 的值 x。换句话说，分位数函数返回累积分布值大于或等于 α 的 x 的最小值。当然，必须满足 $0 \leqslant \alpha \leqslant 1$。

存在许多不同的参数化分布类型，我们将在附录 B 中概述其中几个类型的分布方式。一种简单的分布类型是均匀分布（uniform distribution）$\mathcal{U}(a,b)$。均匀分布在 a 和 b 之间均匀分配概率密度，在 a 和 b 之外的其他情况下概率密度为零。因此，对于区间 $[a,b]$ 中的 x，其概率密度函数为

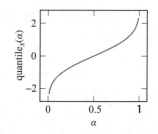

图 2-4　标准高斯分布的分位数函数

$p(x) = 1/(b-a)$。我们可以使用 $\mathcal{U}(x|a,b)$ 来表示 x 处的密度$^{\ominus}$。分布的支撑集（support，或支持集、支集）是密度不为 0 的一组值。在 $\mathcal{U}(a,b)$ 的情况下，支撑集取值区间为 $[a, b]$。参见示例 2-1。

示例 2-1　下限为 0、上限为 10 的均匀分布示例。 均匀分布 $\mathcal{U}(0,10)$ 使用以下概率密度函数，为取值范围 $[0,10]$ 内的所有数据分配相等的概率：

$$\mathcal{U}(x|0,10) = \begin{cases} 1/10, & 0 \leqslant x \leqslant 10 \\ 0, & \text{其他} \end{cases} \qquad (2.10)$$

来自该分布的随机样本等于常数 π 的概率约为零。然而，我们可以定义样本在某个区间内（例如 $[3,5]$）的非零概率。例如，给定此处所绘制的分布，样本位于 3 和 5 之间的概率为：

$$\int_{3}^{5} \mathcal{U}(x|0,10)\mathrm{d}x = \frac{5-3}{10} = \frac{1}{5} \qquad (2.11)$$

此分布的支撑集是区间 $[0,10]$（见图 2-5）。

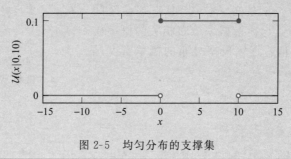

图 2-5　均匀分布的支撑集

$\ominus$　在有些文献中，使用分号来分隔分布的参数。例如，$\mathcal{U}(x|a,b)$ 也可以记作 $\mathcal{U}(x;a,b)$。

连续变量的另一个常见分布是高斯分布（Gaussian distribution）[或称为正态分布（normal distribution）]。高斯分布包括两个参数，分别为平均值 μ 和方差 σ^2：

$$p(x) = \mathcal{N}(x\,|\,\mu, \sigma^2) \tag{2.12}$$

其中，σ 是标准差（standard deviation），即方差的平方根。方差也可使用 ν 来表示。我们使用 $\mathcal{N}(\mu, \sigma^2)$ 表示具有参数 μ 和 σ^2 的高斯分布，$\mathcal{N}(x\,|\,\mu, \sigma^2)$ 表示 x 处的概率密度，其定义如下所示：

$$\mathcal{N}(x\,|\,\mu, \sigma^2) = \frac{1}{\sigma}\phi\left(\frac{x-\mu}{\sigma}\right) \tag{2.13}$$

其中，ϕ 是标准正态密度函数（standard normal density function）：

$$\phi(x) = \frac{1}{\sqrt{2\pi}}\exp\left(-\frac{x^2}{2}\right) \tag{2.14}$$

附录 B 给出了具有不同参数的高斯密度函数图。

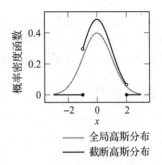

高斯分布通常易于使用，因为该分布函数仅由两个参数来定义，使得其计算和推导都非常容易，但它也有一定的局限性。高斯分布会将非零概率分配给较大的正值和负值，这可能不适用于我们试图建模的量值。例如，我们不希望为在地面以下飞行或超出可飞行高度飞行的飞机分配非零概率。我们可以使用截断高斯分布（truncated Gaussian distribution）（见图 2-6）来限制可能值的支撑集，即分配非零概率的值的范围。其密度函数由下式定义：

图 2-6　单位高斯分布的概率密度函数以及在 -1 和 2 之间截断的相同分布

$$\mathcal{N}(x\,|\,\mu, \sigma^2, a, b) = \frac{\frac{1}{\sigma}\phi\left(\frac{x-\mu}{\sigma}\right)}{\varPhi\left(\frac{b-\mu}{\sigma}\right) - \varPhi\left(\frac{a-\mu}{\sigma}\right)} \tag{2.15}$$

其中，x 位于区间 (a, b) 内。

函数 $\varPhi$ 是标准正态累积分布函数（standard normal cumulative distribution function），其定义如下所示：

$$\varPhi(x) = \int_{-\infty}^{x} \phi(x')\,\mathrm{d}x' \tag{2.16}$$

高斯分布是单模态的（unimodal），这意味着在数据分布中只存在一个峰值点，数据密度在一侧增加，在另一侧则减少。可以使用不同的方式来表示多模态（multimodal）数据的连续分布。其中一种方法是使用混合模型（mixture model），该模型是多种分布的混合，它将多个单模态分布混合在一起以获得一个多模态分布。高斯混合模型（Gaussian mixture model）是一种混合模型，该模型仅仅是各种高斯分布的加权平均值。高斯混合模型的参数包括高斯分布分量 $\mu_{1:n}$ 和 $\sigma_{1:n}^2$ 的参数以及这些参数的权重 $\rho_{1:n}$。其概率密度由下式定义：

$$p(x\,|\,\mu_{1:n}, \sigma_{1:n}^2, \rho_{1:n}) = \sum_{i=1}^{n} \rho_i \mathcal{N}(x\,|\,\mu_i, \sigma_i^2) \tag{2.17}$$

其中，权重之和必须为 1。示例 2-2 为具有两个分量的高斯混合模型。

> **示例 2-2 高斯混合模型的一个示例。**我们可以创建一个高斯混合模型，包括如下
> 两组分量：$\mu_1=5$、$\sigma_1=2$ 和 $\mu_2=-5$、$\sigma_2=4$，并且基于 $\rho_1=0.6$ 和 $\rho_2=0.4$ 进行加权。
> 我们绘制了这两组分量的概率密度（按其权重进行了缩放），如图 2-7 所示。
>
>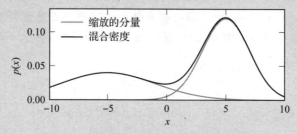
>
> 图 2-7 高斯混合模型两组分量的概率密度

表示多模态连续分布的另一种方法是离散化。例如，我们可以将连续变量上的分布表示为分段均匀密度（piecewise-uniform density）。其中，密度由箱边界指定，概率质量与每个箱相关。这种分段均匀分布是混合模型，其中的分量是均匀分布的。

2.3 联合分布

联合分布（joint distribution）是多个变量的概率分布。在单个变量上的分布称为单变量分布（univariate distribution，或称为一元分布、一维分布），在多个变量上的分布称为多变量分布（multivariate distribution，或称为多元分布、多维分布）。如果在两个离散变量 X 和 Y 上具有联合分布，则 $P(X,Y)$ 表示 $X=x$ 和 $Y=y$ 的概率。

根据联合分布，我们可以使用全概率法则（law of total probability，或称为全概率公式、全概率定律、总概率法则等），通过计算所有其他变量的概率之和，得出一个变量或一组变量的边缘分布（marginal distribution）[⊖]：

$$P(x) = \sum_y P(x,y) \tag{2.18}$$

该属性的使用将贯穿全书。

现实中的决策通常需要对涉及多个变量的联合分布进行推理。有时变量之间存在复杂的关系，且这些关系非常重要。根据变量所取的数值是离散的还是连续的，我们可以使用不同的策略来表示联合分布。

2.3.1 离散联合分布

如果变量是离散数据，那么联合分布可以使用表 2-1 所示的数据来表示。表 2-1 列出了 3 个二元变量（binary variable）的所有可能赋值。每个二元变量的取值只能是 0 或 1，结果存在 $2^3=8$ 种可能。与其他离散分布一样，表 2-1 中的概率总和必须为 1。因此，尽管表 2-1 中有 8 个数据条目，但只有 7 个数据条目是独立的。如果用 θ_i 表示表 2-1 中第 i 行的概率，那么我们只需要用参数 $\theta_1, \cdots, \theta_7$ 表示分布，因为可以根据下式计算出 θ_8 的概率值：$\theta_8=1-(\theta_1+\cdots+\theta_7)$。

⊖ 如果分布是连续的，那么通过求其他变量的概率的积分来计算边缘分布。例如：$p(x) = \int p(x,y)\mathrm{d}y$。

如果有 n 个二元变量，那么需要多达 2^n-1 个独立参数来指定联合分布。参数数量的这种指数增长特性使得在内存中对分布进行存储变得非常困难。在某些情况下，我们可以假设变量是独立的（independent），这意味着一个变量的实现不会影响另一个变量的概率分布。如果变量 X 和变量 Y 是相互独立的（有时记作 $X \perp Y$），那么对于所有 x 和 y 满足 $P(x,y)=P(x)P(y)$。假设 n 个二元变量 $X_1,\cdots,X_n$ 相互独立，从而得出

表 2-1　包括 3 个二元变量 X、Y 和 Z 的联合分布示例

X	Y	Z	$P(X,Y,Z)$
0	0	0	0.08
0	0	1	0.31
0	1	0	0.09
0	1	1	0.37
1	0	0	0.01
1	0	1	0.05
1	1	0	0.02
1	1	1	0.07

$P(x_{1:n})=\prod_i P(x_i)$。这种因式分解允许我们仅用 n 个独立参数来表示联合分布。当不能假设变量之间存在独立性时，则需要 2^n-1 个参数（见表 2-2）。虽然独立性可以大大降低表达式的复杂性，但这个假设通常过于苛刻。

表 2-2　如果我们知道表 2-1 中的各个变量之间是相互独立的，那么可以使用乘积 $P(X)P(Y)$ $P(Z)$ 来表示 $P(X,Y,Z)$ 的值。对于三个单变量分布中的每一个分布，这种表示只需要一个参数

X	$P(X)$		Y	$P(Y)$		Z	$P(Z)$
0	0.85		0	0.45		0	0.20
1	0.15		1	0.55		1	0.80

我们可以使用因子来表示联合分布。一组变量上的因子（factor）ϕ 是将这些变量赋值为实数的函数。为了表示概率分布，因子中的实数必须是非负的。具有非负值的因子可以被归一化（normalized），从而表示概率分布。算法 2-1 提供了离散因子的实现，示例 2-3 演示了离散因子是如何工作的。

算法 2-1　与处理一组离散变量上的因子相关的类型和函数。变量被赋予一个名称（用一个符号表示），取值为 1 到 m 之间的整数。赋值是一种映射，即从变量名称映射到整数值。因子由因子表定义，因子表将一组不同的值分配给一组变量，它是赋值到实值的映射。此映射由字典表示，其中未包含的任何赋值都被设置为 0。这个算法中还包括一些实用函数，用于返回与因子相关的变量名称、选择所赋值的子集、枚举可能的赋值以及归一化因子。如附录 G.3.3 所述，product 用于计算一组集合的笛卡儿乘积，可以从 Base.Iterators 导入该函数

```
struct Variable
    name::Symbol
    r::Int # 可能值数量
end

const Assignment = Dict{Symbol,Int}
const FactorTable = Dict{Assignment,Float64}

struct Factor
    vars::Vector{Variable}
    table::FactorTable
end

variablenames(φ::Factor) = [var.name for var in φ.vars]
```

```
select(a::Assignment, varnames::Vector{Symbol}) =
    Assignment(n⟹a[n] for n in varnames)

function assignments(vars::AbstractVector{Variable})
    names = [var.name for var in vars]
    return vec([Assignment(n⟹v for (n,v) in zip(names, values))
                    for values in product((1:v.r for v in vars)...)])
end

function normalize!(ϕ::Factor)
    z = sum(p for (a,p) in ϕ.table)
    for (a,p) in ϕ.table
        ϕ.table[a] = p/z
    end
    return ϕ
end
```

示例 2-3 构造离散因子。利用附录 G.5 中定义的实用函数，使用命名元组构建因子表。我们可以以表 2-1 为例，使用 **Factor** 类型编写如下代码。

```
# 需要使用附录G.5中定义的实用函数
X = Variable(:x, 2)
Y = Variable(:y, 2)
Z = Variable(:z, 2)
ϕ = Factor([X, Y, Z], FactorTable(
    (x=1, y=1, z=1) ⟹ 0.08, (x=1, y=1, z=2) ⟹ 0.31,
    (x=1, y=2, z=1) ⟹ 0.09, (x=1, y=2, z=2) ⟹ 0.37,
    (x=2, y=1, z=1) ⟹ 0.01, (x=2, y=1, z=2) ⟹ 0.05,
    (x=2, y=2, z=1) ⟹ 0.02, (x=2, y=2, z=2) ⟹ 0.07,
))
```

为了有效地减少具有重复值的联合分布所需的存储空间，我们还可以使用决策树（decision tree）。涉及三个离散变量的决策树如示例 2-4 所示。虽然在这个示例中，参数数量的减少并不显著，但在存在许多变量和重复值的情况下，参数数量的减少可能会变得相当可观。

示例 2-4 与表相比，决策树可以更有效地表示联合分布。假设表 2-3 表示联合概率分布。我们可以使用右侧的决策树来更简洁地表示表中的值。当变量值为 0 时，跟随灰色箭头，当变量值为 1 时，跟随黑色箭头。使用树的表示只需存储如图 2-8 所示的 5 个概率，无须存储 8 个概率。

表 2-3 联合概率分布

X	Y	Z	$P(X,Y,Z)$
0	0	0	0.01
0	0	1	0.01
0	1	0	0.50
0	1	1	0.38
1	0	0	0.02
1	0	1	0.03
1	1	0	0.02
1	1	1	0.03

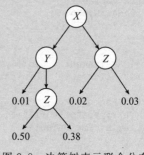

图 2-8 决策树表示联合分布

2.3.2 连续联合分配

我们还可以定义多个连续变量的联合分布。一个非常简单的分布是多变量均匀分布（multivariate uniform distribution），该分布为支撑集中的每个值分配一个恒定的概率密度。我们可以使用 $\mathcal{U}(a,b)$ 表示长方体上的均匀分布，这也是各个区间的笛卡儿乘积，其中第 i 个区间间隔表示为 $[a_i,b_i]$。这个均匀分布类型是一种特殊类型的多变量乘积分布（multivariate product distribution），是以单变量分布的乘积来定义的一种分布。在上述情况下，满足公式：

$$\mathcal{U}(\boldsymbol{x}|\boldsymbol{a},\boldsymbol{b}) = \prod_i \mathcal{U}(x_i|a_i,b_i) \tag{2.19}$$

我们可以从多变量均匀分布的加权集合中创建一个混合模型，就像可以使用单变量分布一样。如果存在一个联合分布，包含 n 个变量和 k 个混合分量，那么需要定义 $k(2n+1)-1$ 个独立参数。对于 k 个分量，我们需要定义每个变量的上限、下限以及权重。参数的个数可以减去 1，因为权重之和必须等于 1。图 2-9 为一个由 5 个分量表示的混合模型示例。

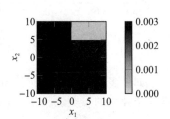

图 2-9　多变量均匀分布混合的密度函数

还有一种常见的方法是通过独立地对每个变量进行离散化来表示分段恒定密度函数。离散化由每个变量的一组箱边界表示。这些箱边界定义了变量上的网格。然后，我们将恒定的概率密度与每个网格单元相关联。箱边界不必均匀分隔。在某些情况下，可能需要在某些值附近增加分辨率。不同的变量可能具有与变量相关联的不同的箱边界。如果存在 n 个变量，每个变量分成 m 个箱，那么除了定义箱边界的值之外，我们还需要 $m^n - 1$ 个独立参数来定义分布。

在某些情况下，与离散联合分布类似，将连续联合分布表示为决策树可能会更节省内存。内部节点将变量与阈值进行比较，叶节点是密度值。图 2-10 为图 2-7 中密度函数所对应的决策树。

另一种实用的分布是多变量高斯分布，其密度函数定义如下：

$$\mathcal{N}(\boldsymbol{x}|\boldsymbol{\mu},\boldsymbol{\Sigma}) = \frac{1}{(2\pi)^{n/2}|\boldsymbol{\Sigma}|^{1/2}}\exp\left(-\frac{1}{2}(\boldsymbol{x}-\boldsymbol{\mu})^{\mathrm{T}}\boldsymbol{\Sigma}^{-1}(\boldsymbol{x}-\boldsymbol{\mu})\right) \tag{2.20}$$

其中，$\boldsymbol{x}$ 属于 $\mathbb{R}^n$，$\boldsymbol{\mu}$ 是均值向量（mean vector），$\boldsymbol{\Sigma}$ 是协方差矩阵（covariance matrix）。此处给出的密度函数要求 $\boldsymbol{\Sigma}$ 是正定的（positive definite）[⊖]。独立参数的数量为 $n+(n+1)n/2$，即 $\boldsymbol{\mu}$ 的分量数量加上矩阵 $\boldsymbol{\Sigma}$ 上三角（upper

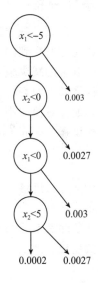

图 2-10　一个决策树的示例，表示区间 $[-10,10]^2$ 上 x_1 和 x_2 上定义的分段恒定联合概率密度

⊖　定义见附录 A.5。

triangle）的分量数量[⊖]。附录 B 中包含了不同的多变量高斯密度函数的图。我们还可以定义多变量高斯混合模型（multivariate Gaussian mixture model）。图 2-11 为一个包含三个分量的多变量高斯混合模型的示例。

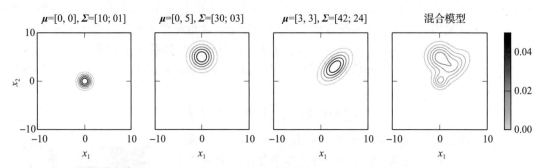

图 2-11   具有三个分量的多变量高斯混合模型。各分量分别以 0.1、0.5 和 0.4 的权重混合在一起

如果多变量高斯分布的所有变量都是相互独立的，那么协方差矩阵 $\boldsymbol{\Sigma}$ 是对角矩阵，只有 n 个独立的参数。事实上，我们可以将密度函数写成单变量高斯密度的乘积：

$$\mathcal{N}(\boldsymbol{x}\,|\,\boldsymbol{\mu}\,,\boldsymbol{\Sigma}) = \prod_i \mathcal{N}(x_i\,|\,\mu_i\,,\Sigma_{ii}) \tag{2.21}$$

2.4 条件分布

上一节介绍了独立性的概念，独立性将有助于减少用于定义联合分布的参数数量。然而，正如前面所提到的，独立性可能是一种过于苛刻的假设。本节将介绍条件独立性的概念，它可以帮助减少独立参数的数量，从而避免做出与独立性同样苛刻的假设。在讨论条件独立性之前，我们将首先介绍条件分布（conditional distribution）的概念：若给定一个或多个其他变量值，则某个变量上的分布称为条件分布。

条件概率（conditional probability）的定义如下所示：

$$P(x\,|\,y) = \frac{P(x,y)}{P(y)} \tag{2.22}$$

其中，$P(x\,|\,y)$ 可解读为"当给定 y 时，x 的概率"。在某些情况下，通常将 y 作为证据（evidence）。

由于条件概率分布是在给定某些证据的前提下一个或多个变量的概率分布，因此如果 X 是离散变量，那么以下公式成立：

$$\sum_x P(x\,|\,y) = 1 \tag{2.23}$$

如果 X 是连续变量，那么上述公式求和的结果为 1。

我们可以将条件概率的定义纳入式（2.18）中，即可得到离散的全概率法则形式：

$$P(x) = \sum_y P(x\,|\,y)P(y) \tag{2.24}$$

注意，该公式只针对离散分布。

根据条件概率的定义可以推导出另一个有用的关系公式，即贝叶斯规则（Bayes' rule）[⊖]：

⊖   如果已知 $\boldsymbol{\Sigma}$ 的上三角中的各个参数，那么可以得到其下三角中的各个参数，因为 $\boldsymbol{\Sigma}$ 是对称的。
⊖   以英国统计学家托马斯·贝叶斯（Thomas Bayes，约 1701—1761 年）命名，他提出这一定理的公式。其历史参见 S. B. McGrayne，*The Theory That Would Not Die*. Yale University Press，2011。

$$P(x \,|\, y) = \frac{P(y \,|\, x)P(x)}{P(y)} \tag{2.25}$$

如果我们有一个条件分布 $P(y \,|\, x)$，那么就可以应用贝叶斯规则来交换 y 和 x，以获得条件分布 $P(x \,|\, y)$。

接下来，我们将分别讨论表示离散变量和连续变量的条件概率分布的各种方法。

2.4.1　离散条件模型

离散变量上的条件概率分布可以使用表格数据来表示。事实上，我们可以使用 2.3.1 节中用于联合分布的离散因子来表示。表 2-4 为使用所有二元变量表示 $P(X \,|\, Y, Z)$ 的表格示例。与联合分布表（例如表 2-1）相比，$P(X \,|\, Y, Z)$ 的表格示例不要求包含概率的所有列之和为 1。然而，如果对条件一致的概率求和，那么结果必须得到 1。例如，在条件 y^0 和 z^0（证据）上，我们有：

$$P(x^0 \,|\, y^0, z^0) + P(x^1 \,|\, y^0, z^0) = 0.08 + 0.92 = 1 \tag{2.26}$$

表 2-4　包含二元变量 X、Y 和 Z 的条件分布示例

X	Y	Z	$P(X \,|\, Y, Z)$
0	0	0	0.08
0	0	1	0.15
0	1	0	0.05
0	1	1	0.10
1	0	0	0.92
1	0	1	0.85
1	1	0	0.95
1	1	1	0.90

条件概率表可能会变得很大。如果我们要创建一个类似于表 2-4 的表，其中所有变量都可以接受 m 个值，我们将 n 个变量作为条件，那么表中将包含 m^{n+1} 行的数据。然而，由于这 m 个值（不作为条件变量）的和必须为 1，因此只有 $(m-1)m^n$ 个独立参数。我们所依据的变量数量仍呈指数增长。当条件概率表中有许多重复值时，决策树（在 2.3.1 节中介绍）可能是更有效的表示。

2.4.2　条件高斯模型

如果给定一个或多个离散变量，则可以使用条件高斯模型（conditional Gaussian model）来表示连续变量上的分布。例如，如果有一个取值为 $1 : n$ 的连续变量 X 和一个离散变量 Y，则可以定义如下的条件高斯模型[⊖]：

$$p(x \,|\, y) = \begin{cases} \mathcal{N}(x \,|\, \mu_1, \sigma_1^2) & \text{如果 } y = y^1 \\ \quad \vdots & \\ \mathcal{N}(x \,|\, \mu_n, \sigma_n^2) & \text{如果 } y = y^n \end{cases} \tag{2.27}$$

其中，参数向量 $\boldsymbol{\theta} = [\mu_{1:n}, \sigma_{1:n}]$。所有 $2n$ 个参数都可以独立变化。如果我们想在多个离散

⊖　这一定义只适用于单变量高斯分布的混合模型，但这一概念很容易推广到多维高斯分布的混合模型。

变量上设置条件，则只需要添加更多的条件和相关参数。

2.4.3 线性高斯模型

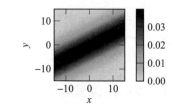

$P(X|Y)$ 的线性高斯（linear Gaussian）模型将连续变量 X 上的分布表示为高斯分布，均值为连续变量 Y 值的线性函数。条件密度函数为：

$$p(x|y) = \mathcal{N}(x|my + b, \sigma^2) \qquad (2.28)$$

其中，参数 $\boldsymbol{\theta}=[m, b, \sigma]$。均值是关于 y 的线性函数，由参数 m 和 b 定义。方差是常数。图 2-12 为一个线性高斯模型的示例。

图 2-12   一个线性高斯模型：$p(x|y)=\mathcal{N}(x|2y+1, 10^2)$

2.4.4 条件线性高斯模型

条件线性高斯（conditional linear Gaussian）模型结合了条件高斯模型和线性高斯模型的思想，能够将离散变量和连续变量作为一个连续变量的条件。假设我们要表示 $p(X|Y, Z)$，其中 X 和 Y 是连续变量，Z 是离散变量（取值为 $1:n$），那么条件密度函数可以定义为：

$$p(x|y, z) = \begin{cases} \mathcal{N}(x|m_1 y + b_1, \sigma_1^2), & \text{如果 } z = z^1 \\ \quad\vdots \\ \mathcal{N}(x|m_n y + b_n, \sigma_n^2), & \text{如果 } z = z^n \end{cases} \qquad (2.29)$$

其中，参数向量 $\boldsymbol{\theta}=[m_{1:n}, b_{1:n}, \sigma_{1:n}]$ 包含 $3n$ 个分量。

2.4.5 sigmoid 模型

我们可以使用 sigmoid[⊖] 模型来表示以连续变量为条件的二元变量上的分布。例如，我们可能想表示 $P(x^1|y)$，其中 x 是二元离散变量，y 是连续变量。当然，我们可以设置一个阈值 θ，如果 $y<\theta$，则 $P(x^1|y)=0$；否则 $P(x^1|y)=1$。然而，在许多应用中，我们可能不希望设置这样一个硬阈值，这会导致当 y 为某些特定值时，x^1 的概率会被赋值为零。

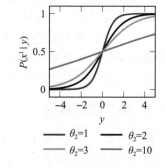

我们可以使用软阈值（soft threshold）来代替硬阈值。在使用软阈值的情况下，当低于阈值时赋以低概率值，当高于阈值时赋以高概率值。表示软阈值的一种方法是使用 logit 模型，该模型生成 S 形曲线：

$$P(x^1|y) = \cfrac{1}{1 + \exp\left(-2\cfrac{y - \theta_1}{\theta_2}\right)} \qquad (2.30)$$

其中，参数 θ_1 控制阈值的位置，θ_2 控制概率的"软度"或扩散度。图 2-13 为具有 logit 模型的 $P(x^1|y)$。

图 2-13   logit 模型（$\theta_1=0$，θ_2 取不同值）

2.4.6 确定性变量

一些问题可能涉及确定性变量（deterministic variable）。确定性变量的值在给定证据

⊖ sigmoid 形曲线是 S 形曲线。数学上有不同的方法来定义这样的曲线，但我们将重点关注 logit 模型。

的情况下是固定的。换而言之，如果一个值是其证据的确定性函数，那么该值的概率为 1。可以使用条件概率表来表示确定性离散变量，但这会造成内存浪费。对于单个变量实例化，对于每个父级实例化，其概率为 1，其余概率为 0。我们可以利用这种稀疏性来实现更紧凑的表示。在本书中，使用离散因子的算法将因子表中缺失的任何赋值视为 0，因此我们只需要存储具有非零概率的赋值。

2.5　贝叶斯网络

　　贝叶斯网络（Bayesian network）可用于表示联合概率分布[⊖]。贝叶斯网络的结构由节点和有向边组成的有向非循环图（directed acyclic graph）来定义[⊖]。每个节点对应一个变量。有向边连接成对的节点，图中不允许存在循环。有向边表示直接的概率关系[⊜]。与每个节点 X_i 相关的是条件分布 $P(X_i \mid \mathrm{Pa}(X_i))$，其中 $\mathrm{Pa}(X_i)$ 表示图中 X_i 的父节点。算法 2-2 提供了贝叶斯网络数据结构的实现。示例 2-5 演示了贝叶斯网络在卫星监测问题中的应用。

　　算法 2-2　使用一组变量、因子和图表示的离散贝叶斯网络。图数据结构由 Graphs.jl 提供

```
struct BayesianNetwork
    vars::Vector{Variable}
    factors::Vector{Factor}
    graph::SimpleDiGraph{Int64}
end
```

　　示例 2-5　卫星监测问题的贝叶斯网络。此示例中贝叶斯网络的结构表示为有向无环图，如图 2-14 所示。与每个节点相关联的是条件概率分布。示例 2-5 是一个贝叶斯网络，用于解决涉及 5 个二元变量的卫星监测问题。幸运的是，电池故障和太阳能电池板故障都非常罕见，尽管太阳能电池板故障比电池故障更容易发生。电池故障和太阳能电池板故障都有可能导致电气系统故障。除了电池故障或太阳能电池板故障之外，可能还有其他导致电气系统故障的原因，例如电源管理单元的问题。电气系统故障可能会导致轨道偏离，这可以通过望远镜从地球上观察到。它还将会导致通信中断，从而中断遥测和任务数据向各个地面站的传输。不涉及电气系统的其他异常可能会导致轨迹偏差和通信丢失。

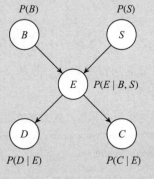

B 电池故障
S 太阳能电池板故障
E 电气系统故障
D 轨迹偏差
C 通信丢失

图 2-14　贝叶斯网络的结构表示为有向无环图

⊖　有关贝叶斯网络和其他形式的概率图模型的深入讨论，请参见 D. Koller and N. Friedman，*Probabilistic Graphical Models：Principles and Techniques*. MIT Press，2009。
⊖　有关图论中的常用术语，请参见附录 A.16。
⊜　在因果网络（causal network）中，边的方向表示变量之间的因果关系。然而，在一般贝叶斯网络中不需要因果关系。具体请参见 J. Pearl，*Causality：Models，Reasoning，and Inference*，2nd ed. Cambridge University Press，2009。

与 5 个变量中的每一个相关的是 5 个条件概率分布。因为 B 和 S 没有父对象，所以我们只需要指定 $P(B)$ 和 $P(S)$。如下的实现代码创建了一个贝叶斯网络结构，其中包含相关因子表元素的示例值。因子表中的元组索引到变量的值域中，所有变量的值域都是 $\{0,1\}$。例如，$(e=2,b=1,s=1)$ 对应于 (e^1,b^0,s^0)。

```
# 需要使用附录G.5中定义的实用函数
B = Variable(:b, 2); S = Variable(:s, 2)
E = Variable(:e, 2)
D = Variable(:d, 2); C = Variable(:c, 2)
vars = [B, S, E, D, C]
factors = [
    Factor([B], FactorTable((b=1,) ⇒ 0.99, (b=2,) ⇒ 0.01)),
    Factor([S], FactorTable((s=1,) ⇒ 0.98, (s=2,) ⇒ 0.02)),
    Factor([E,B,S], FactorTable(
        (e=1,b=1,s=1) ⇒ 0.90, (e=1,b=1,s=2) ⇒ 0.04,
        (e=1,b=2,s=1) ⇒ 0.05, (e=1,b=2,s=2) ⇒ 0.01,
        (e=2,b=1,s=1) ⇒ 0.10, (e=2,b=1,s=2) ⇒ 0.96,
        (e=2,b=2,s=1) ⇒ 0.95, (e=2,b=2,s=2) ⇒ 0.99)),
    Factor([D, E], FactorTable(
        (d=1,e=1) ⇒ 0.96, (d=1,e=2) ⇒ 0.03,
        (d=2,e=1) ⇒ 0.04, (d=2,e=2) ⇒ 0.97)),
    Factor([C, E], FactorTable(
        (c=1,e=1) ⇒ 0.98, (c=1,e=2) ⇒ 0.01,
        (c=2,e=1) ⇒ 0.02, (c=2,e=2) ⇒ 0.99))
]
graph = SimpleDiGraph(5)
add_edge!(graph, 1, 3); add_edge!(graph, 2, 3)
add_edge!(graph, 3, 4); add_edge!(graph, 3, 5)
bn = BayesianNetwork(vars, factors, graph)
```

贝叶斯网络的链式规则（chain rule）规定了如何根据局部条件概率分布来构造联合分布。假设我们有变量 $X_{1:n}$ 并希望计算关于所有这些变量特定赋值的概率值 $P(X_{1:n})$。根据链式规则：

$$P(x_{1:n}) = \prod_{i=1}^{n} P(x_i \mid \mathrm{pa}(x_i)) \tag{2.31}$$

其中，$\mathrm{pa}(x_i)$ 是 X_i 父节点的特定赋值。算法 2-3 提供了贝叶斯网络的实现，该算法中使用离散因子表示条件概率分布。

算法 2-3　给定贝叶斯网络 bn，用于计算其赋值概率的函数。例如，如果 bn 如示例 2-5 中所定义，那么 a =(b = 1, s = 1, e = 1, d = 2, c = 1)，probability (bn, assignment (a)) 将返回值 0.034228655999999996

```
function probability(bn::BayesianNetwork, assignment)
    subassignment(ϕ) = select(assignment, variablenames(ϕ))
    probability(ϕ) = get(ϕ.table, subassignment(ϕ), 0.0)
    return prod(probability(ϕ) for ϕ in bn.factors)
end
```

在卫星监测的示例中，假设我们想计算不出现任何故障的概率，即 $P(b^0,s^0,e^0,d^0,c^0)$。根据链式法则：

$$P(b^0,s^0,e^0,d^0,c^0) = P(b^0)P(s^0)P(e^0 \mid b^0,s^0)P(d^0 \mid e^0)P(c^0 \mid e^0) \tag{2.32}$$

如果需要完全指定 5 个变量 B、S、E、D 和 C 的联合分布，那么我们将需要 $2^5 - 1 = 31$

个独立参数。贝叶斯网络中假设的结构允许我们仅使用 $1+1+4+2+2=10$ 个独立参数来指定联合分布。这里 10 和 31 之间的差异并不显著，但在更大的贝叶斯网络中，这种在参数数量上的内存节省可能会变得巨大。贝叶斯网络的强大之处在于其减少指定联合概率分布所需参数数量的能力。

2.6　条件独立性

贝叶斯网络表示的联合分布所需要的独立参数比一般的表示方法更少，其原因在于贝叶斯网络图结构中编码的条件独立性（conditional independence）假设[⊖]。条件独立性是 2.3.1 节中引入的独立性概念的泛化。当且仅当 $P(X,Y|Z)=P(X|Z)P(Y|Z)$ 时，变量 X 和 Y 在给定 Z 时条件独立。变量 X 和 Y 在给定 Z 时是条件独立的断言，可以记述为 $(X \perp Y | Z)$。从这个定义可以证明，当且仅当 $P(X|Z)=P(X|Y,Z)$ 时，$(X \in Y | Z)$。给定 Z，关于 Y 的信息不提供关于 X 的附加信息，反之亦然。示例 2-6 为这种情况的一个示例。

> **示例 2-6　卫星跟踪问题中的条件独立性。** 假设卫星轨迹偏差（D）的存在有条件地独立于是否存在通信损失（C），前提条件是已知是否存在电气系统故障（E）。我们将上述情况记作 $(D \perp C | E)$。如果已知电气系统发生了故障，那么观察到通信中断的事实不会影响我们认为存在轨迹偏差的信念。我们可能对轨道偏差有更高的期望，但这只是因为事先知道电气系统故障的发生。

我们可以使用一组规则来判断贝叶斯网络的结构是否需要满足在给定一组其他证据变量的情况下，两个变量必须是条件独立的[⊖]。假设我们希望检查贝叶斯网络结构是否隐含关系 $(A \perp B | C)$，其中 C 是一组证据变量。我们必须检查从 A 到 B 的所有可能的无向路径，这就是所谓的 d-分离（d-separation）。如果以下任一条件成立，则 A 和 B 之间的路径被 C 进行 d-分离：

1. 路径包含节点链（chain）$X \to Y \to Z$，使得 Y 在 C 中。
2. 路径包含一个分叉（fork）$X \leftarrow Y \to Z$，使得 Y 在 C 中。
3. 路径包含一个倒叉（invertedfork，或称为 v 结构）$X \to Y \leftarrow Z$，使得 Y 不在 C 中并且 Y 的后代不在 C 中。示例 2-7 为该规则提供了一些直观演示。

如果 A 和 B 之间的所有路径都被 C 进行 d-分离，则 A 和 B 被 C 进行 d-分离。这种分隔意味着 $(A \perp B | C)$[⊜]。示例 2-8 演示了检查该图是否包含特定条件独立性假设的过程。

> **示例 2-7　节点链、分叉和倒叉中隐含（以及非隐含）的条件独立性假设的直观演示。** 如果 $X \to Y \to Z$（链）或 $X \leftarrow Y \to Z$（分叉）在 Y 处有证据，则 X 和 Z 是条件独立的，这意味着 $P(X|Y,Z)=P(X|Y)$。有趣的是，如果箭头的方向略有不同，如 $X \to Y \leftarrow Z$（倒叉），则给定 Y 时，X 和 Z 可能不再是条件独立的。换而言之，可能存在

[⊖] 如果贝叶斯网络所做的条件独立性假设是无效的，那么我们将面临无法正确对联合分布建模的风险，这将在第 5 章中讨论。

[⊜] 即使贝叶斯网络的结构中并没有蕴含条件独立性，由于条件概率分布的选择，仍然可能存在条件独立性。具体参见练习题 2-10。

[⊜] 有效确定 d-分离的实现算法比较复杂。具体请参见文献 D. Koller and N. Friedman, *Probabilistic Graphical Models：Principles and Techniques*. MIT Press，2009 中的算法 3.1。

$P(B|E) \neq P(B|S,E)$ 的情况。为了表述更加直观，考虑从电池故障 B 到太阳能电池板故障 S，通过电气系统故障 E 的反向分叉（倒叉）路径。假设我们事先知道发生了电气故障。如果事先知道并不存在电池故障，那么我们更倾向于相信目前存在太阳能电池板故障，因为这是电气故障的另一个原因。相反，如果发现确实存在电池故障，那么我们对太阳能电池板故障的判断力就会降低。这种效应被称为通过解释排除原因（explaining away）。通过观察太阳能电池板是否故障可以排除电气系统故障的原因。

有时，使用节点 X 的马尔可夫毯（Markov blanket）[⊖]表示满足下列条件的节点的最小集合：如果已知各个节点的值，则使 X 有条件地独立于其他所有节点。一个特定节点的马尔可夫毯由其父节点、子节点以及子节点的其他父节点组成。

示例 2-8　图 2-15 所示的结构隐含了条件独立性假设。假设我们想确定图 2-15 中所示的网络是否隐含条件 $(D \perp B | F)$。从 D 到 B 有两条无向路径。我们需要检查这两条路径上是否存在 d-分离。

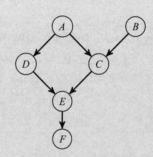

图 2-15　隐含条件独立性假设的网络结构

路径 $D \leftarrow A \rightarrow C \leftarrow B$ 涉及分叉 $D \leftarrow A \rightarrow C$，然后是倒叉 $A \rightarrow C \leftarrow B$。在 A 处不存在任何证据，因此分叉处不存在 d-分离。由于 F 是 C 的后代，所以沿着倒叉也不存在 d-分离。因此，这条路径上不存在 d-分离。

第二条路径 $D \rightarrow E \leftarrow C \leftarrow B$ 涉及倒叉 $D \rightarrow E \leftarrow C$ 和节点链 $E \leftarrow C \leftarrow B$。因为 F 是 E 的后代，所以沿着倒叉不存在 d-分离。因为沿着这条路径的节点链中也不存在 d-分离，所以沿着从 D 到 B 的这条路径也不存在 d-分离。

对于给定 F 的条件独立的 D 和 B，必须沿着从 D 到 B 的所有无向路径进行 d-分离。在这种情况下，两条路径上都不存在 d-分离。因此，网络结构中并不隐含条件独立性。

2.7　本章小结

- 将不确定性表示为概率分布，其背后的动机是一组公理，这组公理用于比较不同陈述的合理性。
- 存在许多类型的离散概率分布和连续概率分布。
- 可以使用密度函数来表示连续概率分布。
- 各种类型的概率分布可以混合在一起，用以创建更加灵活的混合模型分布。
- 联合分布是多个变量的分布。
- 条件分布是给定证据变量值的一个或多个变量的分布。
- 贝叶斯网络由图结构和一组条件分布来定义。
- 根据贝叶斯网络的结构以及条件独立性的假设，我们可以使用较少的参数来表示联合分布。

⊖　以俄罗斯数学家 Andrey Andreyevich Markov（1856—1922）命名。参见 J. Pearl，*Probabilistic Reasoning in Intelligent Systems：Networks of Plausible Inference*. Morgan Kaufmann，1988。

2.8 练习题

练习题 2-1 假设有一个连续随机变量 X，X 服从参数为 λ 的指数分布（exponential distribution），其密度函数为 $p(x|\lambda) = \lambda\exp(-\lambda x)$，其支撑集为非负区间。请计算变量 X 的累积分布函数。

参考答案：我们从累积分布函数的定义开始考虑。由于分布的支撑集下限为 $x=0$，因此区间 $(-\infty,0)$ 中没有概率质量，从而可以将积分的下限调整为 0。积分计算后，可以得到 $\mathrm{cdf}_X(x)$：

$$\mathrm{cdf}_X(x) = \int_{-\infty}^{x} p(x')\mathrm{d}x'$$

$$\mathrm{cdf}_X(x) = \int_{0}^{x} \lambda\mathrm{e}^{-\lambda x'}\mathrm{d}x'$$

$$\mathrm{cdf}_X(x) = -\left.\mathrm{e}^{-\lambda x'}\right|_{0}^{x}$$

$$\mathrm{cdf}_X(x) = 1 - \mathrm{e}^{-\lambda x}$$

练习题 2-2 对于图 2-7 中的概率密度函数，混合模型的五种分量是什么？（存在多种合理的参考答案。）

参考答案：一个解决方案是 $\mathcal{U}([-10,-10],[-5,10])$，$\mathcal{U}([-5,0],[0,10])$，$\mathcal{U}([-5,-10],[0,0])$，$\mathcal{U}([0,-10],[10,5])$ 和 $\mathcal{U}([0,5],[10,10])$。

练习题 2-3 给定如表 2-5 表示的 $P(X,Y,Z)$，请生成其等价的决策树以更简洁地表示表中的值。

参考答案：我们从最常见的两个概率开始：0.13（当 $Z=0$ 和 $Y=0$ 时的概率）和 0.05（当 $Z=1$ 和 $Y=1$ 时的概率）。我们选择将 Z 作为决策树的根，当 $Z=0$ 时，将 Z 连接到 Y 节点。根据 Y 的值，得到两个分支 0.13 和 0.05。接下来，继续处理 $Z=1$ 时的情况。此时最常见的两个概率分别为 0.02（当 $Z=1$ 和 $X=0$ 时的概率）和 0.12（当 $Z=2$ 和 $X=2$ 时的概率）。因此，当 $Z=1$ 时，将 Z 连接到 X 节点。根据 X 是 0、1 还是 2，继续分别连接到 0.02、Y 节点或 0.12。最后，根据 Y 的值，将 Y 连接到两个分支 0.01 和 0.17，最终所生成的决策树如图 2-16 所示。

表 2-5　$P(X,Y,Z)$

X	Y	Z	$P(X,Y,Z)$
0	0	0	0.13
0	0	1	0.02
0	1	0	0.05
0	1	1	0.02
1	0	0	0.13
1	0	1	0.01
1	1	0	0.05
1	1	1	0.17
2	0	0	0.13
2	0	1	0.12
2	1	0	0.05
2	1	1	0.12

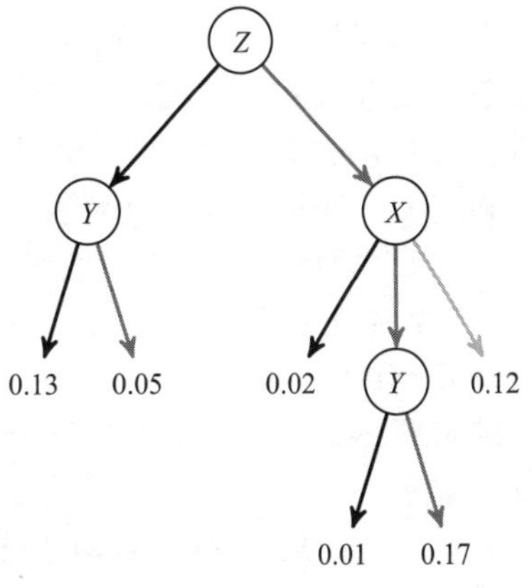

图 2-16　练习题 2-3 生成的决策树

练习题 2-4 假设我们需要指定一个多变量高斯混合模型，其中在 4 个变量上定义三个分量。要求存在三个高斯分布，其中的两个高斯分布假设 4 个变量之间存在独立性，而另一个高斯分布则定义 4 个变量之间不存在任何独立性假设。请问确定这样一个混合模型需要多少个独立参数？

参考答案：对于具有独立性假设的 4 个变量（$n=4$）上的高斯分布，我们需要指定 $n+n=2n=8$ 个独立参数；均值向量需要 4 个参数，协方差矩阵需要 4 个参数（相当于 4 个独立的单变量高斯分布的均值和方差参数）。对于不存在独立性假设的 4 个变量上的高斯分布，我们需要指定 $n+n(n+1)/2=14$ 个独立参数；均值向量需要 4 个参数，协方差矩阵需要 10 个参数。此外，对于混合模型的三个分量（$k=3$），我们需要为权重指定 $k-1=2$ 个独立参数。因此，我们总共需要 $2×8+1×14+2=32$ 个独立参数来指定该多变量高斯混合模型的分布。

练习题 2-5 假设有 3 个独立变量 $X_{1,3}$，分别由具有 4、7 和 3 个箱边界的分段恒定密度所定义。请问总共需要多少个独立参数来指定其联合分布？

参考答案：对于一个具有 m 个箱边界的分段恒定密度，存在 $m-1$ 个箱（bin）和 $m-2$ 个独立参数。对于本题，将有（$4-2$）+（$7-2$）+（$3-2$）$=8$ 个独立参数。

练习题 2-6 假设有 4 个连续的随机变量 X_1、X_2、Y_1 和 Y_2，并且希望在给定 $Y=Y_{1,2}$ 的情况下构造一个 $X=X_{1,2}$ 的线性高斯模型，即 $p(X|Y)$。请问该模型需要多少个独立参数？

参考答案：在这种情况下，高斯分布的均值向量是二维的，需要 4 个独立的参数用于变换矩阵 M，同时需要 2 个独立的参数用于偏置向量 b。我们还需要 3 个独立的参数用于协方差矩阵 Σ。因此，我们总共需要 $4+2+3=9$ 个独立参数来指定该模型：

$$p(x|y)=\mathcal{N}(x|My+b,\Sigma)$$

练习题 2-7 给定如图 2-17 所示的贝叶斯网络，其中每个节点可以取 4 个值中的 1 个，请问总共存在多少个独立的参数？与使用完全联合概率表相比，使用如图所示的贝叶斯网络时，所需的独立参数数量减少了百分之多少？

参考答案：每个节点的独立参数数量等于 $(k-1)k^m$，其中 k 是节点可以接受的值的数量，m 是节点拥有的父节点数。变量 A 有 3 个独立参数，变量 B 有 12 个独立参数，变量 C 有 48 个独立参数，变量 D 有 3 个独立参数，变量 E 有 12 个独立参数，变量 F 有 48 个独立参数。因此，这个贝叶斯网络总共有 126 个独立参数。

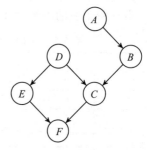

指定 n 个变量的联合概率表所需的独立参数的数量等于 k^n-1。因此，指定联合概率表需要 $4^6-1=4096-1=4095$ 个独立参数。所需独立参数数量减少的百分比为 $(4095-126)/4095≈96.9\%$。

图 2-17   练习题 2-7 的贝叶斯网络

练习题 2-8 给定如图 2-18 所示的贝叶斯网络，在给定 C 的情况下，A 是否与 E 形成 d-分离？

参考答案：从 A 到 E 有两条路径：$A→D→E$ 和 $A→C→E$。沿着第二条路径存在 d-分离，而第一条路径中不存在 d-分离。因此，在给定 C 的情况下，A 与 E 不形成 d-分离。

练习题 2-9 给定如图 2-19 所示的贝叶斯网络，请确定 B 的马尔可夫毯。

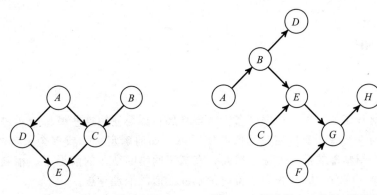

图 2-18　练习题 2-8 的贝叶斯网络　　　　图 2-19　练习题 2-9 的贝叶斯网络

参考答案：从 B 到 A 的路径只能在给定 A 的情况下进行 d-分离。从 B 到 D 的路径只能在给定 d 的情况下进行 d-分离。从 B 到 E 的路径，以及从 B 到 F、G 和 H 的路径，可以在给定 E 的情况下有效地进行 d-分离。由于存在 v 结构，从 B 到 C 的路径自然地实现了 d-分离；然而，由于 E 必须包含在马尔可夫毯中，给定 E，从 B 到 C 的路径只能在给定 C 的情况下进行 d-分离。因此，B 的马尔可夫毯是 $\{A,C,D,E\}$。

练习题 2-10　在具有结构 $A\rightarrow B$ 的贝叶斯网络中，请问 A 是否有可能独立于 B？

参考答案：因为存在一个从 A 到 B 的直接箭头，这表明独立性不是隐含的。然而，这并不意味着 A 和 B 不满足独立性。A 和 B 是否满足独立性取决于条件概率表的选择。我们可以选择存在独立性的条件概率表。例如，假设两个变量都是二元数据，并且 $P(a)=0.5$ 是均匀分布，$P(b|a)=0.5$。显然，$P(A)P(B|A)=P(A)P(B)$，这意味着 A 和 B 是相互独立的。

推　　理

上一章解释了如何表示概率分布。本章将展示如何使用这些概率表示进行推理，这将涉及在给定与一组观测变量相关的值的情况下，如何确定一个或多个未观测变量的分布。本章首先将介绍精确的推理方法。然而，在基于网络的结构的前提下，精确的推理在计算上可能非常难于实现，因此我们还将讨论几种近似的推理算法。

3.1　贝叶斯网络中的推理

在推理问题中，我们希望在给定一些观察到的证据变量（evidence variable）的情况下，推断出查询变量（query variable）的分布。其他节点被称为隐藏变量（hidden variable）。我们通常将查询变量上的分布称为在给定证据情况下的后验分布（posterior distribution）。

为了说明推理中所涉及的计算，请回顾一下示例 2-5 中的贝叶斯网络，其结构如图 3-1 所示。假设我们将 B 作为查询变量，证据变量为 $D=1$ 和 $C=1$。推理任务是计算 $P(b^1 \mid d^1, c^1)$，即在给定观测到的轨迹偏差和通信损失的情况下，计算电池故障的概率。

根据式（2.22）中引入的条件概率的定义，可以得出：

$$P(b^1 \mid d^1, c^1) = \frac{P(b^1, d^1, c^1)}{P(d^1, c^1)} \tag{3.1}$$

为了计算分子的值，我们必须使用一个称为边缘化（marginalization）的过程，即对未涉及的变量（在本例中为 S 和 E）进行汇总：

$$P(b^1, d^1, c^1) = \sum_s \sum_e P(b^1, s, e, d^1, c^1) \tag{3.2}$$

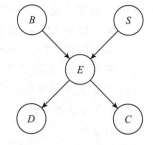

图 3-1　来自示例 2-5 的
贝叶斯网络结构

根据式（2.31）中引入的贝叶斯网络的链式规则，可以得出：

$$P(b^1, s, e, d^1, c^1) = P(b^1)P(s)P(e \mid b^1, s)P(d^1 \mid e)P(c^1 \mid e) \tag{3.3}$$

公式右侧的所有分量指定为与贝叶斯网络中的节点相关联的条件概率分布。我们可以使用相同的方法计算式（3.1）中分母的值，但需要对 B 的值进行额外的求和。

使用条件概率定义、边缘化以及应用链式规则的过程可以用于任何贝叶斯网络中执行精确的推理，我们也可以使用因子来实现它。回想一下，因子代表离散的多元分布。我们使用以下三种因子操作来实现：

- 可以使用因子的乘积（factor product，算法 3-1）来组合两个因子，以产生更大的因子，其范围是输入因子的组合范围。如果我们有 $\phi(X, Y)$ 和 $\psi(Y, Z)$，那么 $\phi \cdot \psi$ 将覆盖范围 X、Y 和 Z，其中 $(\phi \cdot \psi)(X, Y, Z) = \phi(X, Y)\psi(Y, Z)$。示例 3-1 中展示了因子乘积的过程。

算法 3-1　因子乘积的一种实现。算法构造了表示两个较小因子（ϕ 和 ψ）联合分布的因子。如果我们想计算 ϕ 和 ψ 的因子乘积，则只需要使用表达式 $\phi * \psi$

```
function Base.:*(ϕ::Factor, ψ::Factor)
    ϕnames = variablenames(ϕ)
    ψnames = variablenames(ψ)
```

```
        ψonly = setdiff(ψ.vars, φ.vars)
        table = FactorTable()
        for (φa,φp) in φ.table
            for a in assignments(ψonly)
                a = merge(φa, a)
                ψa = select(a, ψnames)
                table[a] = φp * get(ψ.table, ψa, 0.0)
            end
        end
        vars = vcat(φ.vars, ψonly)
        return Factor(vars, table)
    end
```

示例 3-1 演示如何将表示为 $\phi_1(X,Y)$ 和 $\phi_2(Y,Z)$ 的两个因子组合在一起, 生成表示为 $\phi_3(X,X,Z)$ 因子的因子乘积, 计算过程如图 3-2 所示。

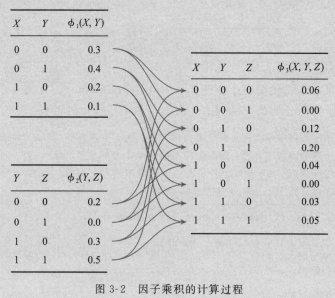

图 3-2　因子乘积的计算过程

- 在整个因子表中, 可以使用因子边缘化 (factor marginalization, 算法 3-2) 对特定的变量进行汇总, 并将其从结果范围中删除。示例 3-2 演示了因子边缘化的过程。

算法 3-2 将名为 name 的变量通过因子 φ 边缘化的一种方法

```
function marginalize(φ::Factor, name)
    table = FactorTable()
    for (a, p) in φ.table
        a' = delete!(copy(a), name)
        table[a'] = get(table, a', 0.0) + p
    end
    vars = filter(v → v.name != name, φ.vars)
    return Factor(vars, table)
end
```

示例 3-2　演示因子边缘化。回顾表 2-1 中的联合概率分布 $P(X, Y, Z)$。对于 X 和 Z 具有匹配赋值的每一行，我们可以通过将每一行的概率求和来对 Y 进行边缘化，边缘化的过程如图 3-3 所示：

X	Y	Z	$\phi(X, Y, Z)$
0	0	0	0.08
0	0	1	0.31
0	1	0	0.09
0	1	1	0.37
1	0	0	0.01
1	0	1	0.05
1	1	0	0.02
1	1	1	0.07

X	Z	$\phi(X, Z)$
0	0	0.17
0	1	0.68
1	0	0.03
1	1	0.12

图 3-3　因子边缘化的过程

- 可以针对某些证据使用因子条件化（factor conditioning，算法 3-3）来删除表中与该证据不一致的任何行。示例 3-3 演示了因子条件化的过程。

算法 3-3　根据给定证据实现因子条件化的两种方法。第一个函数带一个参数，即一个因子 φ，并返回一个新的因子，其表中的数据项与值为 value 的变量 name 一致。第二个函数带一个参数，即一个因子 φ，并以命名元组的形式应用证据。如果一个名为 name 的变量在因子 φ 的范围内，则 in_ scope 方法返回 true

```
in_scope(name, φ) = any(name == v.name for v in φ.vars)

function condition(φ::Factor, name, value)
    if !in_scope(name, φ)
        return φ
    end
    table = FactorTable()
    for (a, p) in φ.table
        if a[name] == value
            table[delete!(copy(a), name)] = p
        end
    end
    vars = filter(v → v.name != name, φ.vars)
    return Factor(vars, table)
end

function condition(φ::Factor, evidence)
    for (name, value) in pairs(evidence)
        φ = condition(φ, name, value)
    end
    return φ
end
```

示例 3-3　演示如何设置证据。在本例中，Y 是一个因子，结果值必须重新归一化。因子条件化包括删除与证据不一致的各个行。以下是来自表 2-1 中的因子，我们假设 $Y=1$。删除 $Y \neq 1$ 的所有行，过程如图 3-4 所示：

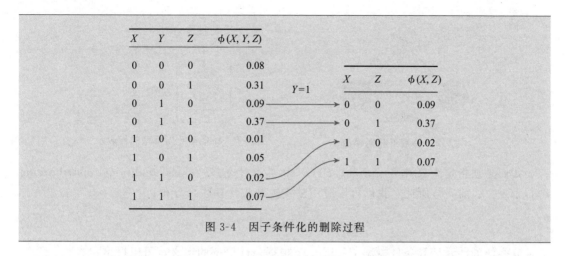

图 3-4　因子条件化的删除过程

在算法 3-4 中,上述三种因子运算被综合使用以执行更精确的推理。算法首先计算所有因子的乘积,并以证据为条件,边缘化被隐藏的变量,然后进行归一化操作。这种方法产生的一个潜在的问题是所有因子乘积的大小规模。因子乘积的大小规模等于每个变量假设值的乘积。对于卫星监测示例问题,只有 $2^5 = 32$ 个可能的赋值;但对于许多相关的问题,其因子乘积可能会过于庞大,从而无法进行枚举计算。

算法 3-4　一种用于离散贝叶斯网络 bn 的朴素精确推理算法。该算法将一组查询变量 query 以及与观测变量关联的证据 evidence 作为输入。算法以因子的形式计算查询变量的联合分布。我们引入 ExactInference 类型,以允许使用不同的推理方法调用 infer,我们将在本章的其余部分中讨论其他推理方法

```
struct ExactInference end

function infer(M::ExactInference, bn, query, evidence)
    ϕ = prod(bn.factors)
    ϕ = condition(ϕ, evidence)
    for name in setdiff(variablenames(ϕ), query)
        ϕ = marginalize(ϕ, name)
    end
    return normalize!(ϕ)
end
```

3.2　朴素贝叶斯模型中的推理

上一节介绍了在贝叶斯网络中执行精确推理的一般方法。本节将讨论如何使用相同的方法来解决被称为朴素贝叶斯(naive Bayes)模型的分类(classification)问题。朴素贝叶斯模型是一种特殊类型的贝叶斯网络结构。该结构如图 3-5 所示。图 3-6 中显示了一种等效但更紧凑的表示,其中使用了板(plate),在图中显示为圆形框。框底部的 $i = 1:n$ 指定变量名下标中的 i 从 1 到 n 重复。

在朴素贝叶斯模型中,类 C 是查询变量,观测特征 $O_{1:n}$ 是证据变量。朴素贝叶斯模型之所以被称为朴素,是因为该模型假设给定类的证据变量之间存在条件独立性。使用 2.6 节中引入的符号,我们可以记作:对所有 $i \neq j$,$(O_i \perp O_j | C)$。当然,如果这些条件独立性假设不成立,那么我们可以在观测特征之间添加必要的有向边。

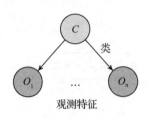

图 3-5 朴素贝叶斯模型

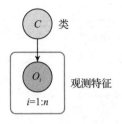

图 3-6 朴素贝叶斯模型的板表示

我们必须指定先验概率（prior）$P(C)$ 和类条件分布（class-conditional distribution）$P(O_i | C)$。如前一节所述，我们可以应用链式规则来计算联合分布：

$$P(c, o_{1:n}) = P(c) \prod_{i=1}^{n} P(o_i | c) \tag{3.4}$$

分类任务涉及计算条件概率 $P(c | o_{1:n})$。根据条件概率的定义，可以得出：

$$P(c | o_{1:n}) = \frac{P(c, o_{1:n})}{P(o_{1:n})} \tag{3.5}$$

我们可以通过边缘化联合分布来计算分母的值：

$$P(o_{1:n}) = \sum_c P(c, o_{1:n}) \tag{3.6}$$

式（3.5）中的分母不是 C 的函数，因此可以视为常数。所以，我们可以得出：

$$P(c | o_{1:n}) = \kappa P(c, o_{1:n}) \tag{3.7}$$

其中，κ 是归一化常数（normalization constant），使得 $\sum_c P(c | o_{1:n}) = 1$。通常情况下，我们忽略 κ，记作：

$$P(c | o_{1:n}) \propto P(c, o_{1:n}) \tag{3.8}$$

其中，成正比符号 $\propto$ 用于表示左侧与右侧成比例。示例 3-4 说明了如何将推理应用于雷达跟踪分类问题。

示例 3-4　雷达目标分类，确定雷达跟踪轨迹的目标是飞鸟还是飞机。假设有一个雷达跟踪轨迹，确定该轨迹是由飞鸟还是飞机产生的。我们的推断基于飞机的空速和航向波动量。飞机的空速代表了我们的信念，即在没有任何轨迹信息的情况下，目标是飞鸟还是飞机。图 3-7 是根据雷达数据估算的飞机空速 v 所对应的类别条件分布示例图。

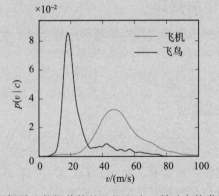

图 3-7　根据雷达数据估算的飞机空速 v 所对应的类别条件分布

假设根据链式法则，我们确定：

$P(\text{bird},\text{slow},\text{little heading fluctuation})=0.03$，

$P(\text{aircraft},\text{slow},\text{little heading fluctuation})=0.01$

当然，这些概率之和不等于 1。如果我们想在给定的证据下确定目标是飞鸟的概率，那么我们将进行以下的计算：

$P(\text{bird}\mid\text{slow},\text{little heading fluctuation})=0.03/(0.03+0.01)=0.75$

我们可以使用这种方法推断类的分布，但对于许多应用程序，我们必须提交到特定的类。通常根据具有最高后验概率（$\arg\max_c P(c\mid o_{1:n})$）的类进行分类。然而，选择一个类别实际上是一个决策问题，因此通常应该考虑错误分类的后果。例如，如果使用我们的分类器来过滤出不是用于空中交通控制飞机的目标，那么可以偶尔让一些飞鸟和其他杂波通过我们的过滤器。然而，我们希望避免过滤掉任何真实的飞机，因为这可能会导致碰撞。在这种情况下，只有当后验概率接近 1 时，我们才可能希望将轨迹分类为飞鸟。我们将在第 6 章中讨论决策问题。

3.3 "和-积" 变量消除

在更复杂的贝叶斯网络中，可以使用不同的方法执行有效的推理。其中一种方法被称为 "和-积" 变量消除（sum-product variable elimination），该方法将消除隐藏变量（求和）与链式规则（乘积）的应用交织在一起的行为。这里建议尽早将变量边缘化，以避免产生大的因子，从而获得更好的效率。

我们将通过计算图 3-1 中贝叶斯网络的分布 $P(B\mid d^1,c^1)$ 来演示说明变量消除的算法实现。与网络中的节点相关联的条件概率分布可以采用以下因子来表示：

$$\phi_1(B),\phi_2(S),\phi_3(E,B,S),\phi_4(D,E),\phi_5(C,E) \tag{3.9}$$

由于 D 和 C 是观测变量，通过设置证据 $D=1$ 和 $C=1$，最后两个因子可以使用 $\phi_6(E)$ 和 $\phi_7(E)$ 来替代。

然后，我们依次消除所隐藏的各个变量。可以使用不同的策略来选择消除顺序，但在本例中，我们先任意选择 E，然后选择 S。为了消除 E，我们取涉及 E 的所有因子的乘积，然后将 E 边缘化，从而得到一个新的因子：

$$\phi_8(B,S) = \sum_e \phi_3(e,B,S)\phi_6(e)\phi_7(e) \tag{3.10}$$

现在可以丢弃 ϕ_3、ϕ_6 和 ϕ_7，因为我们需要的所有信息都包含在 ϕ_8 中。

接下来，我们消除 S。同样，我们收集涉及 S 的所有剩余因子并从这些因子的乘积中排除 S：

$$\phi_9(B) = \sum_s \phi_2(s)\phi_8(B,s) \tag{3.11}$$

我们丢弃 ϕ_2 和 ϕ_8，剩下 $\phi_1(B)$ 和 $\phi_9(B)$。最后，我们对这两个因子的乘积进行归一化，得到表示 $P(B\mid d^1,c^1)$ 的因子。

这个过程相当于计算以下内容：

$$P(B\mid d^1,c^1) \propto \phi_1(B)\sum_s \left(\phi_2(s)\sum_e \left(\phi_3(e\mid B,s)\phi_4(d^1\mid e)\phi_5(c^1\mid e)\right)\right) \tag{3.12}$$

其结果与采取朴素过程的结果相同，但这个过程的效率更高。朴素过程先计算所有因子的乘积，然后边缘化：

$$P(B\,|\,d^1,c^1)\propto\sum_s\sum_e\phi_1(B)\phi_2(s)\phi_3(e\,|\,B,s)\phi_4(d^1\,|\,e)\phi_5(c^1\,|\,e) \qquad (3.13)$$

在算法 3-5 中，对"和-积"变量消除算法进行实现。该算法将贝叶斯网络、一组查询变量、观察值列表以及变量消除的顺序作为输入。首先设置所有观察值。然后，对于每个变量，将包含该变量的所有因子相乘，接下来将该变量边缘化。这个新的因子取代了处理之前的因子，然后对下一个变量重复这个过程。

算法 3-5   "和-积"变量消除算法的一种实现。该算法采用贝叶斯网络 bn、查询变量列表 query 和证据 evidence 作为参数，各个变量按照 ordering 给出的消除顺序依次进行处理

```
struct VariableElimination
    ordering # 变量索引数组
end

function infer(M::VariableElimination, bn, query, evidence)
    Φ = [condition(φ, evidence) for φ in bn.factors]
    for i in M.ordering
        name = bn.vars[i].name
        if name ∉ query
            inds = findall(φ→in_scope(name, φ), Φ)
            if !isempty(inds)
                φ = prod(Φ[inds])
                deleteat!(Φ, inds)
                φ = marginalize(φ, name)
                push!(Φ, φ)
            end
        end
    end
    return normalize!(prod(Φ))
end
```

对于许多网络，变量消除允许在一段时间内完成推理，该时间与网络的大小规模成线性缩放，但在最坏的情况下，变量消除算法具有指数级的时间复杂度。变量的消除顺序将会影响算法的计算量。选择变量消除的最佳顺序是 NP-困难（NP-hard）问题[⊖]，这意味着在最坏的情况下，变量消除算法不能在多项式时间内完成（参见 3.5 节）。即使我们找到了变量消除的最佳顺序，变量消除仍然需要指数级的计算量。变量消除启发式方法通常试图最小化算法生成的中间因子中所涉及的变量数量。

3.4   信念传播

一种称为信念传播（belief propagation）的推理方法通过使用"和-积"算法（sum-product algorithm）在网络中传播"消息"来计算查询变量的边缘分布[⊖]。信念传播的时间复杂度为线性时间，但仅当网络不存在无向环路时才提供准确答案。如果网络中存在无向环路，则可以通过使用所谓的联结树算法（junction tree algorithm）将多个变量组合成单个节点来将其转换为树。如果必须组合到结果网络中任何一个节点中的变量数量很少，那么可以有效地进行推理。信念传播的一种变体，称为循环信念传播（loopy belief propagation），可以

⊖   S. Arnborg, D. G. Corneil, and A. Proskurowski, "Complexity of Finding Embeddings in a k-Tree," *SIAM Journal on Algebraic Discrete Methods*, vol. 8, no. 2, pp. 277-284, 1987.

⊖   关于"和-积"算法的教程以及"和-积"算法与独立社区中开发的许多其他算法之间联系的讨论，请参见文献 F. Kschischang, B. Frey, and H.-A. Loeliger, "Factor Graphs and the Sum-Product Algorithm," *IEEE Transactions on Information Theory*, vol. 47, no. 2, pp. 498-519, 2001。

在存在无向环路的网络中提供近似解。虽然这种方法不能提供任何保证也可能不收敛，但在实践中还是可以很好地完成任务的[⊖]。

3.5 计算复杂度

通过使用名为 3SAT 的 NP-完全问题（NP-complete problem），我们可以证明贝叶斯网络中的推理是 NP-困难问题[⊜]。从任意一个 3SAT 问题可以很容易地构造一个贝叶斯网络。例如，考虑以下的 3SAT 公式[⊜]：

$$F(x_1,x_2,x_3,x_4) = \begin{matrix} (\ x_1 & \vee & x_2 & \vee & x_3) & \wedge \\ (\neg x_1 & \vee & \neg x_2 & \vee & x_3) & \wedge \\ (\ x_2 & \vee & \neg x_3 & \vee & x_4) \end{matrix} \tag{3.14}$$

其中，符号 ¬ 表示逻辑非（logical negation）"not"，∧ 表示逻辑与（logical conjunction）"and"，而 ∨ 表示逻辑或（logical disjunction）"or"。该公式由多条子句（clause）连接组成，这些子句之间是由字面量（literal）所构成的析取关系。所谓的字面量只是一个变量或变量的否定式。

图 3-8 显示了相应的贝叶斯网络表示。变量使用 $X_{1,4}$ 来表示，子句使用 $C_{1,3}$ 来表示。变量的分布是均匀的。表示子句的节点将参与变量作为其父节点。因为这是一个 3SAT 问题，所以每个子句节点正好有三个父节点。每个子句节点将概率值 0 分配给不满足子句的赋值，将概率值 1 分配给所有满足子句的赋值。如果所有的父节点都为真，则其余节点将概率值 1 指定为真。当且仅当 $P(y^1) > 0$ 时，原始问题是可满足的。因此，贝叶斯网络中的推理至少与 3SAT 一样困难。

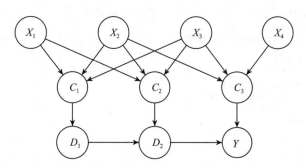

图 3-8　贝叶斯网络表示为一个 3SAT 问题

之所以努力证明贝叶斯网络中的推理是 NP-困难问题，是因为我们需要避免浪费时间去寻找适用于所有贝叶斯网络的高效的、精确的推理算法。因此，过去几十年的研究主要集中在近似推理方法上，接下来将对其进行展开讨论。

3.6 直接抽样

由于精确推理在计算上很难处理，因此我们开发了许多近似的推理方法。最简单的方

⊖ 关于信念传播和相关算法的详细讨论，请参见文献 D. Barber，*Bayesian Reasoning and Machine Learning*. Cambridge University Press，2012。

⊜ G. F. Cooper，"The Computational Complexity of Probabilistic Inference Using Bayesian Belief Networks，" *Artificial Intelligence*，vol. 42，no. 2-3，pp. 393-405，1990. 本节中的贝叶斯网络结构遵循该文献中的相关描述。关于复杂性类的简要回顾，请参见附录 C。

⊜ 该公式也出现在附录 C 的示例 C-3 中。

法之一是基于直接抽样（direct sampling）的推理，其中来自联合分布的随机样本用于获得概率估计[○]。为了说明这一点，假设我们希望从来自联合分布 $P(b,s,e,d,c)$ 的一组（n 个）样本中推断 $P(b^1 | d^1, c^1)$。我们使用括号上标表示样本的索引，其中第 i 个样本可以记作 $(b^{(i)}, s^{(i)}, e^{(i)}, d^{(i)}, c^{(i)})$。直接抽样的估算值为：

$$P(b^1 | d^1, c^1) \approx \frac{\sum_i (b^{(i)} = 1 \land d^{(i)} = 1 \land c^{(i)} = 1)}{\sum_i (d^{(i)} = 1 \land c^{(i)} = 1)} \tag{3.15}$$

我们采用以下惯例：括号中的逻辑语句在结果为真时被作为数值 1 处理，在结果为假时被作为数值 0 处理。分子是当 b、d 和 c 均设置为 1 时的样本总数，分母是当 d 和 c 都设置为 1 时的样本总数。

我们可以从贝叶斯网络表示的联合分布中直接抽样。第一步涉及在贝叶斯网络中找到节点的拓扑排序（topological sort）。有向无环图中节点的拓扑排序是一个有序列表，即如果存在 $A \rightarrow B$ 的一条边，则在列表中表示 A 位于 B 的前面[○]。例如，图 3-1 中网络的拓扑排序是 B、S、E、D、C。拓扑排序总是存在的，但可能唯一。图 3-1 中网络的另一种拓扑排序是 S、B、E、C、D。

一旦有了拓扑排序，就可以从条件概率分布开始抽样。算法 3-6 演示了在贝叶斯网络中，如果给定一个代表拓扑排序的排序 $X_{1:n}$，将如何进行抽样。如果给定已分配的父项的值，我们从与 X_i 相关的条件分布中抽取一个样本。因为 $X_{1:n}$ 是一种拓扑排序，所以我们知道 X_i 的所有父元素都已经被实例化，从而可以实现这种抽样。在算法 3-7 中，实现了直接抽样；而在示例 3-5 中，演示了直接抽样的具体应用。

算法 3-6   一种从贝叶斯网络 bn 中对赋值进行抽样的方法。这里还提供了一种从因子 φ 中对赋值进行抽样的方法

```
function Base.rand(φ::Factor)
    tot, p, w = 0.0, rand(), sum(values(φ.table))
    for (a,v) in φ.table
        tot += v/w
        if tot >= p
            return a
        end
    end
    return Assignment()
end

function Base.rand(bn::BayesianNetwork)
    a = Assignment()
    for i in topological_sort(bn.graph)
        name, φ = bn.vars[i].name, bn.factors[i]
        a[name] = rand(condition(φ, a))[name]
    end
    return a
end
```

○ 有时涉及随机抽样的方法被称为**蒙特卡罗方法**（Monte Carlo method）。这个名字来自摩纳哥的蒙特卡洛赌场。在 R. Motwani and P. Raghavan, *Randomized Algorithms*. Cambridge University Press, 1995 中介绍了随机化算法及其在各种问题领域的应用。

○ A. B. Kahn, "Topological Sorting of Large Networks," *Communications of the ACM*, vol. 5, no. 11, pp. 558-562, 1962 中所描述的 Graphs.jl 包中提供了拓扑排序的实现。

算法 3-7 直接抽样推理方法。此推理方法接收贝叶斯网络 bn、查询变量列表 query 和证据 evidence 作为参数。方法从贝叶斯网络中抽取 m 个样本，并保留与证据一致的样本。返回查询变量上的因子。如果没有找到符合证据的样本，这种方法可能会失败

```
struct DirectSampling
    m # 样本的总数
end

function infer(M::DirectSampling, bn, query, evidence)
    table = FactorTable()
    for i in 1:(M.m)
        a = rand(bn)
        if all(a[k] == v for (k,v) in pairs(evidence))
            b = select(a, query)
            table[b] = get(table, b, 0) + 1
        end
    end
    vars = filter(v→v.name ∈ query, bn.vars)
    return normalize!(Factor(vars, table))
end
```

示例 3-5 演示如何将贝叶斯网络中的直接样本用于推断的示例。假设从图 3-1 中的网络中随机抽取 10 个样本。我们的目的是推断 $P(b^1 \mid d^1, c^1)$。10 个样本中只有 2 个（在表 3-1 中指出）与观察结果 d^1 和 c^1 一致。一个样本的 $b=1$，另一个样本的 $b=0$。从这些样本中，可以推断 $P(b^1 \mid d^1, c^1) = 0.5$。当然，我们希望使用两个以上的样本来准确估算 $P(b^1 \mid d^1, c^1)$ 的值。

表 3-1 贝叶斯网络中的直接样本

B	S	E	D	C
0	0	1	1	0
0	0	0	0	0
1	0	1	0	0
1	0	1	1	1	←
0	0	0	0	0
0	0	0	1	0
0	1	1	1	1	←
0	0	0	0	0
0	0	0	0	0

3.7 似然加权抽样

直接抽样存在的问题是，我们可能会生成与观测结果不一致的样本，这将浪费时间，尤其是在不太可能的观测结果情况下。另一种取而代之的方法被称为似然加权抽样（likelihood weighted sampling），该方法包括生成与观测值一致的加权样本。

为了说明似然加权抽样方法，我们将再次尝试推断 $P(b^1 \mid d^1, c^1)$。假设有 n 个样本构成的一组数据，同样我们假设其中第 i 个样本表示为 $(b^{(i)}, s^{(i)}, e^{(i)}, d^{(i)}, c^{(i)})$。第 i 个样本

的权重为 w_i。加权估算值为：

$$P(b^1 \mid d^1, c^1) \approx \frac{\sum\limits_i w_i(b^{(i)} = 1 \wedge d^{(i)} = 1 \wedge c^{(i)} = 1)}{\sum\limits_i w_i(d^{(i)} = 1 \wedge c^{(i)} = 1)} \qquad (3.16)$$

$$= \frac{\sum\limits_i w_i(b^{(i)} = 1)}{\sum\limits_i w_i} \qquad (3.17)$$

为了生成这些加权样本，我们从拓扑排序开始，并按顺序从条件分布中进行采样。似然加权的唯一区别是对观察到的变量的处理方式。我们不是从条件分布中对观察到的变量值进行采样，而是为这些观测值分配变量，并适当调整样本的权重。样本的权重仅仅是观测节点处条件概率的乘积。算法 3-8 实现了似然加权抽样。示例 3-6 演示了使用似然加权抽样进行推断的过程。

算法 3-8   似然加权抽样推理方法。算法接收贝叶斯网络 bn、查询变量列表 query 和证据 evidence 作为参数。该方法从贝叶斯网络中提取 m 个样本，但在可能的情况下从证据中设置值，同时跟踪条件概率。这些概率用于对样本进行加权，以保证最终推断估算的准确性。算法返回查询变量上的因子

```
struct LikelihoodWeightedSampling
    m # 样本的总数量
end

function infer(M::LikelihoodWeightedSampling, bn, query, evidence)
    table = FactorTable()
    ordering = topological_sort(bn.graph)
    for i in 1:(M.m)
        a, w = Assignment(), 1.0
        for j in ordering
            name, φ = bn.vars[j].name, bn.factors[j]
            if haskey(evidence, name)
                a[name] = evidence[name]
                w *= φ.table[select(a, variablenames(φ))]
            else
                a[name] = rand(condition(φ, a))[name]
            end
        end
        b = select(a, query)
        table[b] = get(table, b, 0) + w
    end
    vars = filter(v→v.name ∈ query, bn.vars)
    return normalize!(Factor(vars, table))
end
```

示例 3-6   贝叶斯网络的似然加权样本。表 3-2 显示了图 3-1 中网络的 5 个似然加权样本。和直接抽样的操作方式相同，我们从 $P(B)$、$P(S)$ 和 $P(E \mid B, S)$ 中抽样。当计算 D 和 C 时，我们指定 $D=1$ 和 $C=1$。如果抽样样本具有 $E=1$，则权重为 $P(d^1 \mid e^1)P(c^1 \mid e^1)$；否则，权重为 $P(d^1 \mid e^0)P(c^1 \mid e^0)$。如果我们假设：

$$P(d^1 \mid e^1)P(c^1 \mid e^1) = 0.95,$$
$$P(d^1 \mid e^0)P(c^1 \mid e^0) = 0.01$$

那么可以根据表中的样本进行近似计算：

$$P(b^1 \mid d^1, c^1) = \frac{0.95}{0.95 + 0.95 + 0.01 + 0.01 + 0.95} \approx 0.331$$

表 3-2　5 个似然加权样本和各自的权重

B	S	E	D	C	w_i
1	0	1	1	1	$P(d^1 \mid e^1)P(c^1 \mid e^1)$
0	1	1	1	1	$P(d^1 \mid e^1)P(c^1 \mid e^1)$
0	0	0	1	1	$P(d^1 \mid e^0)P(c^1 \mid e^0)$
0	0	0	1	1	$P(d^1 \mid e^0)P(c^1 \mid e^0)$
0	0	1	1	1	$P(d^1 \mid e^1)P(c^1 \mid e^1)$

尽管似然加权方法使得所有样本都与观测值一致，但这种方法仍然可能存在浪费现象。考虑图 3-9 所示的简单化学成分检测贝叶斯网络，假设检测到了感兴趣的化学物质，我们想推断 $P(c^1 \mid d^1)$。因为这个网络很小，因此我们可以很容易地使用贝叶斯规则精确计算出这个概率：

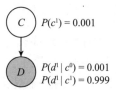

图 3-9　化学成分检测贝叶斯网络，C 表示是否存在化学物质，D 表示是否检测到化学物质

$$P(c^1 \mid d^1) = \frac{P(d^1 \mid c^1)P(c^1)}{P(d^1 \mid c^1)P(c^1) + P(d^1 \mid c^0)P(c^0)} \tag{3.18}$$

$$= \frac{0.999 \times 0.001}{0.999 \times 0.001 + 0.001 \times 0.999} \tag{3.19}$$

$$= 0.5 \tag{3.20}$$

如果我们使用似然加权方法，那么 99.9% 的样本将具有 $C=0$ 并且权重为 0.001。在我们得到一个 $C=1$ 的样本（其相关权重为 0.999）之前，对 $P(c^1 \mid d^1)$ 的估算值将为 0。

3.8　吉布斯抽样

另一种推断方法是使用吉布斯抽样（Gibbs sampling）[一]，这是一种马尔可夫链蒙特卡罗技术（Markov chain Monte Carlo）。吉布斯抽样包括采用不涉及加权的方式抽取与证据一致的样本。从这些样本中，我们可以推断出查询变量的分布。

吉布斯抽样包括生成一系列样本，从初始样本 $x_{1:n}^{(1)}$ 开始，随机生成证据变量并将其设置为观察值。第 k 个样本 $x_{1:n}^{(k)}$ 在概率上取决于前一个样本 $x_{1:n}^{(k-1)}$。我们修改 $x_{1:n}^{(k-1)}$，以获得随后的 $x_{1:n}^{(k)}$。使用未观测变量的任何排序（不必是拓扑排序），从 $P(X_i \mid \boldsymbol{x}_{-i}^{(k)})$ 表示的分布中对 $\boldsymbol{x}_i^{(k)}$ 进行抽样。此处，$\boldsymbol{x}_{-i}^{(k)}$ 表示样本 k 中除 X_i 之外的所有其他变量的值。这可以有效地从 $P(X_i \mid \boldsymbol{x}_{-i}^{(k)})$ 中取样，因为我们只需要考虑变量 X_i 的马尔可夫毯（具体请参见 2.6 节）。

与目前讨论的其他抽样方法不同，这个方法所产生的样本不是独立的。然而，可以证

[一]　以美国科学家乔西亚·威拉德·吉布斯（Josiah Willard Gibbs，1839—1903）命名，他与詹姆斯·克拉克·麦克斯韦（James Clerk Maxwell）和路德维希·波尔兹曼（Ludwig Boltzman）一起合作，共同开创了统计力学领域。

明，在极限条件下，样本是从给定观测值的未观测变量的联合分布中精确抽取而得。算法 3-9 显示了如何计算 $P(X_i | \boldsymbol{x}_{-i})$ 的因子。在算法 3-10 中实现了吉布斯抽样。

算法 3-9 给定当前赋值 a，获得贝叶斯网络 bn 的 $P(X_i | x_{-i})$ 的一种方法

```
function blanket(bn, a, i)
    name = bn.vars[i].name
    val = a[name]
    a = delete!(copy(a), name)
    Φ = filter(φ → in_scope(name, φ), bn.factors)
    φ = prod(condition(φ, a) for φ in Φ)
    return normalize!(φ)
end
```

吉布斯抽样可以应用于我们的运行示例中。我们可以使用 m 个样本来对下式进行估算：

$$P(b^1 | d^1, c^1) \approx \frac{1}{m} \sum_i (b^{(i)} = 1) \qquad (3.21)$$

算法 3-10 为贝叶斯网络 bn 实施吉布斯抽样。接收证据 evidence 和排序 ordering 作为参数，每迭代 m 次更新赋值 a

```
function update_gibbs_sample!(a, bn, evidence, ordering)
    for i in ordering
        name = bn.vars[i].name
        if !haskey(evidence, name)
            b = blanket(bn, a, i)
            a[name] = rand(b)[name]
        end
    end
end

function gibbs_sample!(a, bn, evidence, ordering, m)
    for j in 1:m
        update_gibbs_sample!(a, bn, evidence, ordering)
    end
end

struct GibbsSampling
    m_samples # 需要使用的样本数量
    m_burnin  # 老化阶段中需要被丢弃的样本数量
    m_skip    # 为了稀释样本需要跳过的样本数量
    ordering  # 变量索引的数组
end

function infer(M::GibbsSampling, bn, query, evidence)
    table = FactorTable()
    a = merge(rand(bn), evidence)
    gibbs_sample!(a, bn, evidence, M.ordering, M.m_burnin)
    for i in 1:(M.m_samples)
        gibbs_sample!(a, bn, evidence, M.ordering, M.m_skip)
        b = select(a, query)
        table[b] = get(table, b, 0) + 1
    end
    vars = filter(v→v.name ∈ query, bn.vars)
    return normalize!(Factor(vars, table))
end
```

图 3-10 比较了化学成分检测网络中 $P(c^1 | d^1)$ 估算值的收敛性，分布使用直接抽样

方法、似然加权抽样方法和吉布斯抽样方法。直接抽样方法的收敛时间最长。直接抽样方法的曲线具有较长的周期，在该周期内，由于样本与观测值不一致，因此估算值不会发生变化。在本例中，似然加权抽样方法收敛得更快。当生成 $C=1$ 的样本时，会出现峰值，然后逐渐减少。在本例中，吉布斯抽样方法很快收敛到真值 0.5。

如前所述，吉布斯抽样方法与其他马尔可夫链蒙特卡罗方法一样，在极限条件下的期望分布中产生样本。实际上，在收敛到稳态分布之前，我们必须将吉布斯抽样方法持续运行一段时间，这段时间被称为老化阶段（burn-in period）。老化阶段过程中所产生的样本通常会被丢弃。如果要从一个吉布斯抽样系列中使用多个样本，由于样本之间的潜在相关性，一般通过每 h 个样本中只保留一个样本来稀释样本（thin the sample）。

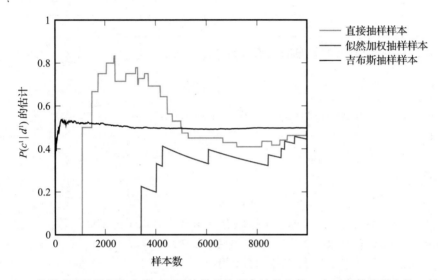

图 3-10　化学成分检测网络中基于不同抽样的推理方法的比较。由于事件的稀少性，似然加权抽样方法和直接抽样方法都具有较差的收敛性，而吉布斯抽样方法能够有效地收敛到真实值，即使没有老化阶段或稀疏化处理

3.9　高斯模型中的推理

如果联合分布是高斯分布，那么可以采用解析方法进行精确推理。两个联合高斯随机变量 a 和 b 可以写成：

$$\begin{bmatrix} a \\ b \end{bmatrix} \sim \mathcal{N}\left(\begin{bmatrix} \boldsymbol{\mu}_a \\ \boldsymbol{\mu}_b \end{bmatrix}, \begin{bmatrix} \boldsymbol{A} & \boldsymbol{C} \\ \boldsymbol{C}^{\top} & \boldsymbol{B} \end{bmatrix} \right) \tag{3.22}$$

多元高斯分布的边缘分布也是高斯分布：

$$a \sim \mathcal{N}(\boldsymbol{\mu}_a, \boldsymbol{A}) \quad b \sim \mathcal{N}(\boldsymbol{\mu}_b, \boldsymbol{B}) \tag{3.23}$$

多元高斯的条件分布也是高斯分布，具有合理并且可行的封闭形式解：

$$p(a \mid b) = \mathcal{N}(a \mid \boldsymbol{\mu}_{a \mid b}, \boldsymbol{\Sigma}_{a \mid b}) \tag{3.24}$$

$$\boldsymbol{\mu}_{a \mid b} = \boldsymbol{\mu}_a + \boldsymbol{C} \boldsymbol{B}^{-1} (b - \boldsymbol{\mu}_b) \tag{3.25}$$

$$\boldsymbol{\Sigma}_{a \mid b} = \boldsymbol{A} - \boldsymbol{C} \boldsymbol{B}^{-1} \boldsymbol{C}^{\top} \tag{3.26}$$

算法 3-11 显示了如何使用这些方程来推断给定证据下的一组查询变量的分布。示例 3-7 演示了如何从多变量高斯分布中提取边缘分布和条件分布。

算法 3-11　多变量高斯分布 D 中的推断。参数 query 是一个整数向量，指定查询参数中的查询变量；参数 evidencevars 是一个整数向量，用于指定证据变量。证据变量的值包含在向量 evidence 中。Distributions.jsl 包定义了 MvNormal 分布

```
function infer(D::MvNormal, query, evidencevars, evidence)
    μ, Σ = D.μ, D.Σ.mat
    b, μa, μb = evidence, μ[query], μ[evidencevars]
    A = Σ[query,query]
    B = Σ[evidencevars,evidencevars]
    C = Σ[query,evidencevars]
    μ = μ[query] + C * (B\(b - μb))
    Σ = A - C * (B \ C')
    return MvNormal(μ, Σ)
end
```

示例 3-7　多变量高斯分布的边缘分布和条件分布。假设有：

$$\begin{bmatrix} x_1 \\ x_2 \end{bmatrix} \sim \mathcal{N}\left(\begin{bmatrix} 0 \\ 1 \end{bmatrix}, \begin{bmatrix} 3 & 1 \\ 1 & 2 \end{bmatrix}\right)$$

x_1 的边缘分布为 $\mathcal{N}(0,3)$，x_2 的边缘分布是 $\mathcal{N}(1,2)$。

给定 $x_2=2$，x_1 的条件分布为：

$$\boldsymbol{\mu}_{x_1\,|\,x_2=2} = 0 + 1 \cdot 2^{-1} \cdot (2-1) = 0.5$$

$$\boldsymbol{\Sigma}_{x_1\,|\,x_2=2} = 3 - 1 \cdot 2^{-1} \cdot 1 = 2.5$$

$$x_1\,|\,(x_2 = 2) \sim \mathcal{N}(0.5, 2.5)$$

我们可以使用算法 3-11，通过构造联合分布来执行以下的推断计算：

D= MvNormal ([0.0, 1.0], [3.0 1.0; 1.0 2.0])

然后调用 infer (D, [1], [2], [2.0])。

3.10　本章小结

- 推理涉及确定给定某些证据下的查询变量的概率。
- 可以通过计算变量的联合分布、设置证据以及对任何隐藏变量进行边缘化来进行精确推理。
- 在朴素贝叶斯模型中（其中单个父节点影响许多条件独立的子节点），可以高效地进行推理。
- 变量消除算法可以通过按顺序边缘化变量来提高精确推理的效率。
- 信念传播代表另一种推理方法，其中信息在各个因子之间迭代传递以获得结果。
- 通过简化到 3SAT 问题，贝叶斯网络中的推理可以被证明是 NP-困难的问题，从而推动近似推理方法的发展。
- 可以通过从贝叶斯网络表示的联合分布中直接抽样来进行近似推断，但这可能需要丢弃许多与证据不一致的样本。
- 通过仅生成与证据一致的样本并相应地对每个样本进行加权，似然加权抽样方法可以减少近似推理所需的计算。
- 吉布斯抽样生成一系列与证据一致的未加权样本，从而大大加快近似推理的速度。
- 当联合分布为高斯分布时，可以通过矩阵运算有效地进行精确推理。

3.11 练习题

练习题 3-1 给定以下贝叶斯网络及其相关的条件概率分布（如图 3-11 所示），写出为查询 $P(a^1 \mid d^1)$ 执行精确推理所需的公式。

$$A \longrightarrow B \longrightarrow C \longrightarrow D$$

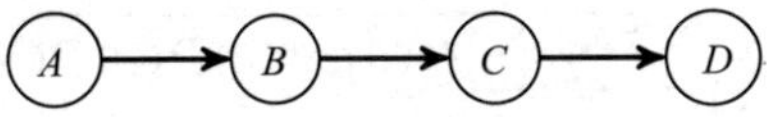

图 3-11 练习题 3-1 的贝叶斯网络

参考答案：首先使用条件概率的定义来扩展推理表达式。

$$P(a^1 \mid d^1) = \frac{P(a^1, d^1)}{P(d^1)}$$

进一步可以将分子重写为隐藏变量的边缘化，也可以将分母重写为隐藏变量和查询变量的边缘化。

$$P(a^1 \mid d^1) = \frac{\sum_b \sum_c P(a^1, b, c, d^1)}{\sum_a \sum_b \sum_c P(a, b, c, d^1)}$$

分子和分母中联合概率的定义可以使用贝叶斯网络的链式规则来重写，并且可以通过从求和中移除常数来简化所得到的公式：

$$
\begin{aligned}
P(a^1 \mid d^1) &= \frac{\sum_b \sum_c P(a^1) P(b \mid a^1) P(c \mid b) P(d^1 \mid c)}{\sum_a \sum_b \sum_c P(a) P(b \mid a) P(c \mid b) P(d^1 \mid c)} \\[2mm]
&= \frac{P(a^1) \sum_b \sum_c P(b \mid a^1) P(c \mid b) P(d^1 \mid c)}{\sum_a \sum_b \sum_c P(a) P(b \mid a) P(c \mid b) P(d^1 \mid c)} \\[2mm]
&= \frac{P(a^1) \sum_b P(b \mid a^1) \sum_c P(c \mid b) P(d^1 \mid c)}{\sum_a P(a) \sum_b P(b \mid a) \sum_c P(c \mid b) P(d^1 \mid c)}
\end{aligned}
$$

练习题 3-2 给定如图 3-12 所示的贝叶斯网络及其相关的条件概率分布，写出为查询 $P(c^1, d^1 \mid a^0, f^1)$ 执行精确推理所需的公式。

参考答案：首先使用条件概率的定义来扩展推理表达式：

$$P(c^1, d^1 \mid a^0, f^1) = \frac{P(a^0, c^1, d^1, f^1)}{P(a^0, f^1)}$$

进一步可以将分子重写为隐藏变量的边缘化，也可以将分母重写为隐藏变量和查询变量的边缘化。

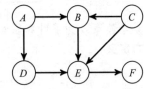

图 3-12 贝叶斯网络及其相关的条件概率分布

$$P(c^1, d^1 \mid a^0, f^1) = \frac{\sum_b \sum_e P(a^0, b, c^1, d^1, e, f^1)}{\sum_b \sum_c \sum_d \sum_e P(a^0, b, c, d, e, f^1)}$$

分子和分母中联合概率的定义可以使用贝叶斯网络的链式规则来重写，并且可以通过从求和中移除常数来简化所得到的公式。注意，在最终的公式中，求和的顺序有多种可能。

$$P(c^1,d^1 \mid a^0,f^1) = \frac{\sum_b \sum_e P(a^0)P(b \mid a^0,c^1)P(c^1)P(d^1 \mid a^0)P(e \mid b,c^1,d^1)P(f^1 \mid e)}{\sum_b \sum_c \sum_d \sum_e P(a^0)P(b \mid a^0,c)P(c)P(d \mid a^0)P(e \mid b,c,d)P(f^1 \mid e)}$$

$$= \frac{P(a^0)P(c^1)P(d^1 \mid a^0)\sum_b \sum_e P(b \mid a^0,c^1)P(e \mid b,c^1,d^1)P(f^1 \mid e)}{P(a^0)\sum_b \sum_c \sum_d \sum_e P(b \mid a^0,c)P(c)P(d \mid a^0)P(e \mid b,c,d)P(f^1 \mid e)}$$

$$= \frac{P(c^1)P(d^1 \mid a^0)\sum_b P(b \mid a^0,c^1)\sum_e P(e \mid b,c^1,d^1)P(f^1 \mid e)}{\sum_c P(c)\sum_b P(b \mid a^0,c)\sum_d P(d \mid a^0)\sum_e P(e \mid b,c,d)P(f^1 \mid e)}$$

练习题 3-3 假设我们正在开发一个用于城市中自动驾驶车辆的目标检测系统。我们的车辆感知系统报告目标的大小 S 和速度 V，其中，大小 S 取值为 small（小）、medium（中）或 large（大），速度 V 取值为 slow（慢速）、moderate（中速）或 fast（快速）。我们想设计一个模型，通过观察物体的大小和速度来确定物体的类别 C，即确定物体是 vehicle（车辆）、pedestrian（行人）还是 ball（球）。假设表 3-3 是一个具有类先验和类条件分布的朴素贝叶斯模型，给定观测值 $S=$ medium（中）和 $V=$ slow（慢速），那么检测到的类别 C 是什么？

表 3-3　具有类先验和类条件分布的朴素贝叶斯模型

C	P(C)	C	S	P(S|C)	C	V	P(V|C)
vehicle	0.80	vehicle	small	0.001	vehicle	slow	0.2
pedestrian	0.19	vehicle	medium	0.009	vehicle	moderate	0.2
ball	0.01	vehicle	large	0.990	vehicle	fast	0.6
		pedestrian	small	0.200	pedestrian	slow	0.5
		pedestrian	medium	0.750	pedestrian	moderate	0.4
		pedestrian	large	0.050	pedestrian	fast	0.1
		ball	small	0.800	ball	slow	0.4
		ball	medium	0.199	ball	moderate	0.4
		ball	large	0.001	ball	fast	0.2

参考答案：为了计算后验分布 $P(c \mid o_{1:n})$，我们使用式 (3.4) 中朴素贝叶斯模型的联合分布定义：

$$P(c \mid o_{1:n}) \propto P(c)\prod_{i=1}^n P(o_i \mid c)$$

$P(\text{vehicle} \mid \text{medium},\text{slow}) \propto P(\text{vehicle})P(S=\text{medium} \mid \text{vehicle})P(V=\text{slow} \mid \text{vehicle})$

$P(\text{vehicle} \mid \text{medium},\text{slow}) \propto (0.80)(0.009)(0.2) = 0.00144$

$P(\text{pedestrian} \mid \text{medium},\text{slow}) \propto P(\text{pedestrian})P(S=\text{medium} \mid \text{pedestrian})P(V=\text{slow} \mid \text{pedestrian})$

$P(\text{pedestrian} \mid \text{medium},\text{slow}) \propto (0.19)(0.75)(0.5) = 0.07125$

$P(\text{ball} \mid \text{medium},\text{slow}) \propto P(\text{ball})P(S=\text{medium} \mid \text{ball})P(V=\text{slow} \mid \text{ball})$

$P(\text{ball} \mid \text{medium},\text{slow}) \propto (0.01)(0.199)(0.4) = 0.000796$

由于 $P(\text{pedestrian} \mid \text{medium}, \text{slow})$ 的概率最大，因此物体被分类为 pedestrian。

练习题 3-4　给定式（3.14）中的 3SAT 公式和图 3-1 中的贝叶斯网络结构，$P(c_3^1 \mid x_2^1, x_3^0, x_4^1)$ 和 $P(y^1 \mid d_2^1, c_3^0)$ 的值分别是多少？

参考答案：$P(c_3^1 \mid x_2^1, x_3^0, x_4^1) = 1$，因为 x_2^1, x_3^0, x_4^1 使得第三个子句为真，而 $P(y^1 \mid d_2^1, c_3^0) = 0$，因为 $Y=1$ 要求 D_2 和 C_3 均为真。

练习题 3-5　给出图 3-13 中两个有向图的拓扑排序：

参考答案：第一个有向图（贝叶斯网络）有三种有效的拓扑排序，即 (F, D, A, B, C, E)、(D, A, F, B, C, E) 和 (D, F, A, B, C, E)。第二个有向图没有有效的拓扑排序，因为该图是循环图。

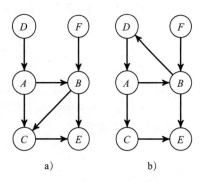

图 3-13　两个有向图

练习题 3-6　假设有如图 3-14 所示的贝叶斯网络，并且我们希望使用似然加权抽样方法来生成推断查询 $P(e^1 \mid b^0, d^1)$ 的近似值。给定如表 3-4 所示的样本，请写出每个样本权重的表达式。此外，还需要写出根据样本权重 w_i 估算 $P(e^1 \mid b^0, d^1)$ 的公式。

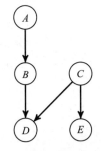

图 3-14　练习题 3-6 的贝叶斯网络

表 3-4　练习题 3-6 中的样本

A	B	C	D	E
0	0	0	1	0
1	0	0	1	0
0	0	0	1	1
1	0	1	1	1
0	0	1	1	0
1	0	1	1	1

参考答案：对于似然加权抽样，样本权重是基于其父值的证据变量分布的乘积。因此，权重的一般形式是 $P(b^0 \mid a)P(d^1 \mid b^0, c)$。然后，我们将联合分布中每个样本与每个值进行匹配，如表 3-5 所示：

表 3-5　将联合分布中每个样本与每个值进行匹配

A	B	C	D	E	w_i
0	0	0	1	0	$P(b^0 \mid a^0)P(d^1 \mid b^0, c^0)$
1	0	0	1	0	$P(b^0 \mid a^1)P(d^1 \mid b^0, c^0)$
0	0	0	1	1	$P(b^0 \mid a^0)P(d^1 \mid b^0, c^0)$
1	0	1	1	1	$P(b^0 \mid a^1)P(d^1 \mid b^0, c^1)$
0	0	1	1	0	$P(b^0 \mid a^0)P(d^1 \mid b^0, c^1)$
1	0	1	1	1	$P(b^0 \mid a^1)P(d^1 \mid b^0, c^1)$

为了估算 $P(d^1 \mid b^0, c)$，我们只需对与查询变量一致的样本的权重求和，然后将权重求和除以所有权重的总和：

$$P(e^1\,|\,b^0,d^1) = \frac{\sum_i w_i(e^{(i)}=1)}{\sum_i w_i} = \frac{w_3 + w_4 + w_6}{w_1 + w_2 + w_3 + w_4 + w_5 + w_6}$$

练习题 3-7　每一年，我们都会收到学生在标准化数学考试 M、阅读考试 R 和写作考试 W 中的成绩。使用前几年的成绩数据，我们创建了以下的分布：

$$\begin{bmatrix} M \\ R \\ W \end{bmatrix} \sim \mathcal{N}\left(\begin{bmatrix} 81 \\ 82 \\ 80 \end{bmatrix}, \begin{bmatrix} 25 & -9 & -16 \\ -9 & 36 & 16 \\ -16 & 16 & 36 \end{bmatrix} \right)$$

请计算学生数学考试成绩和阅读考试成绩的条件分布参数，假设写作成绩为 90 分。

参考答案：如果使用 a 表示数学成绩和阅读成绩的向量，b 表示写作成绩，则联合分布和条件分布如下：

$$\begin{bmatrix} a \\ b \end{bmatrix} \sim \mathcal{N}\left(\begin{bmatrix} \boldsymbol{\mu}_a \\ \boldsymbol{\mu}_b \end{bmatrix}, \begin{bmatrix} \boldsymbol{A} & \boldsymbol{C} \\ \boldsymbol{C}^\top & \boldsymbol{B} \end{bmatrix} \right)$$
$$p(a\,|\,b) = \mathcal{N}(a\,|\,\boldsymbol{\mu}_{a\,|\,b}, \boldsymbol{\Sigma}_{a\,|\,b})$$
$$\boldsymbol{\mu}_{a\,|\,b} = \boldsymbol{\mu}_a + \boldsymbol{C}\boldsymbol{B}^{-1}(b - \boldsymbol{\mu}_b)$$
$$\boldsymbol{\Sigma}_{a\,|\,b} = \boldsymbol{A} - \boldsymbol{C}\boldsymbol{B}^{-1}\boldsymbol{C}^\top$$

在示例中，我们有以下定义：

$$\boldsymbol{\mu}_a = \begin{bmatrix} 81 \\ 82 \end{bmatrix} \quad \boldsymbol{\mu}_b = \begin{bmatrix} 80 \end{bmatrix} \quad \boldsymbol{A} = \begin{bmatrix} 25 & -9 \\ -9 & 36 \end{bmatrix} \quad \boldsymbol{B} = \begin{bmatrix} 36 \end{bmatrix} \quad \boldsymbol{C} = \begin{bmatrix} -16 \\ 16 \end{bmatrix}$$

因此，给定 $b = W = \begin{bmatrix} 90 \end{bmatrix}$ 时，条件分布的参数为：

$$\boldsymbol{\mu}_{M,R\,|\,W=90} = \begin{bmatrix} 81 \\ 82 \end{bmatrix} + \begin{bmatrix} -16 \\ 16 \end{bmatrix} \frac{1}{36}(90-80) \approx \begin{bmatrix} 76.5 \\ 86.4 \end{bmatrix},$$

$$\boldsymbol{\Sigma}_{M,R\,|\,W=90} = \begin{bmatrix} 25 & -9 \\ -9 & 36 \end{bmatrix} - \begin{bmatrix} -16 \\ 16 \end{bmatrix} \frac{1}{36} \begin{bmatrix} -16 & 16 \end{bmatrix}$$

$$\approx \begin{bmatrix} 25 & -9 \\ -9 & 36 \end{bmatrix} - \begin{bmatrix} 7.1 & -7.1 \\ -7.1 & 7.1 \end{bmatrix} = \begin{bmatrix} 17.9 & -1.9 \\ -1.9 & 28.9 \end{bmatrix}$$

根据我们的条件分布，假设学生在写作测试中成绩为 90 分，得到学生在数学测试中成绩的期望为 76.5 分，其中标准差为 $\sqrt{17.9}$，阅读测试成绩的期望为 86.4 分，其中标准差为 $\sqrt{28.9}$。

参数学习

到目前为止，我们假设概率模型的参数和结构都是已知的。本章将讨论从数据中学习（learning）或拟合（fitting）模型参数的问题[⊖]。首先，我们将引入一种方法构建可以最大化观测数据似然性的模型，然后确定该模型所需的参数。在讨论这种方法的局限性之后，我们引入另一种方法——贝叶斯方法。贝叶斯方法从未知参数上的概率分布开始，然后使用概率定律（the law of probability，或概率法则、概率律等）并基于观测数据更新该分布。最后，我们将讨论避免使用固定数量参数的概率模型。

4.1 最大似然参数学习

在最大似然参数学习（maximum likelihood parameter learning）中，我们试图找到一个分布的参数，该分布可以最大化观测数据的似然性。如果 θ 表示该分布的参数，则最大似然估计（maximum likelihood estimate）为：

$$\hat{\theta} = \arg \max_{\theta} P(\boldsymbol{D}|\theta) \tag{4.1}$$

其中，$P(\boldsymbol{D}|\theta)$ 是当模型的参数被设置为 θ 时，概率模型分配给所发生数据 $\boldsymbol{D}$ 的似然性[⊖]。我们经常使用"hat"符号"^"来表示参数的估算值。

最大似然参数学习面临两个挑战。其中的一个挑战是选择一个合适的概率模型来定义 $P(\boldsymbol{D}|\theta)$。我们通常假设数据 $\boldsymbol{D}$ 中的样本是独立同分布的（independently and identically distributed），这意味着我们的样本 $\boldsymbol{D} = o_{1:m}$ 是从具有以下的概率分布中抽样而得：

$$P(\boldsymbol{D}|\theta) = \prod_i P(o_i|\theta) \tag{4.2}$$

例如，概率模型可以包括前面章节中提到的类别分布（categorical distribution）或高斯分布。

最大似然参数学习面临的另一个挑战是求解式（4.3）中的最大化值。对于许多常见的概率模型，我们可以使用解析方法执行此优化求解。对于其他概率模型，解析方法可能非常困难。一种常见的方法是最大化对数似然（log-likelihood），通常表示为 $\ell(\theta)$。由于对数变换是单调递增的，所以最大化对数似然等效于最大化似然[⊜]：

$$\hat{\theta} = \arg \max_{\theta} \sum_i \log P(o_i|\theta) \tag{4.3}$$

与计算许多小概率质量或密度的乘积相比，计算对数似然之和通常在数值上更稳定。在接下来的章节中，我们将演示如何针对不同类型的分布来优化式（4.3）。

_⊖ 本章侧重于从数据中学习模型的参数，这是机器学习领域的一个重要组成部分。K. P. Murphy, *Probabilistic Machine Learning：An Introduction*. MIT Press, 2022 中，对该领域进行了全面的介绍。

_⊖ 此处，我们将 $P(\boldsymbol{D}|\theta)$ 记作与离散分布相关的概率质量函数。然而，概率模型可能是连续的，在这种情况下，我们使用的是密度函数。

_⊜ 在这个公式中，对自然对数（以 e 为底）求最大化还是对普通对数（以 10 为底）求最大化并不重要，在本书中，我们将使用 $\log(x)$ 来表示以 e 为底的 x 的对数。

4.1.1 类别分布的最大似然估计

假设随机变量 C 表示某次飞行是否会导致空中碰撞，我们的目标是估算分布 $P(C)$ 的值。因为 C 的值是 0 或 1，所以只要估算参数 $\theta = P(c^1)$ 就足够了。我们希望从数据 D 中推断出 θ。我们有一个跨度为十年的历史数据库，其中包括 m 次飞行和 n 次空中碰撞的数据。当然，直觉告诉我们，如果给定数据 D，θ 的最佳估算值是 n/m。假设各次飞行结果之间彼此独立，那么 D 中 m 个结果序列与 n 次空中碰撞的概率为：

$$P(D|\theta) = \theta^n (1-\theta)^{m-n} \tag{4.4}$$

最大似然估计 θ 是最大化式（4.4）的 θ 值，相当于最大化似然对数：

$$\ell(\theta) = \log\left(\theta^n (1-\theta)^{m-n}\right) \tag{4.5}$$

$$= n\log\theta + (m-n)\log(1-\theta) \tag{4.6}$$

我们可以使用标准技术，通过设置 ℓ 的一阶导数为 0 然后再求 θ 的方法，求函数的最大值。导数由下式给出：

$$\frac{\partial}{\partial\theta}\ell(\theta) = \frac{n}{\theta} - \frac{m-n}{1-\theta} \tag{4.7}$$

可以通过将导数设置为 0 来求解 $\hat{\theta}$：

$$\frac{n}{\hat{\theta}} - \frac{m-n}{1-\hat{\theta}} = 0 \tag{4.8}$$

经过几个代数步骤后，的确得到结果 $\hat{\theta} = n/m$。

如果可以假设 k 的取值时，计算变量 X 的最大似然估算值也很简单。如果 $n_{1:k}$ 是 k 个不同值的观测计数，则 $P(x^i|n_{1:k})$ 的最大似然估算值如下所示：

$$\hat{\theta}_i = \frac{n_i}{\sum\limits_{j=1}^{k} n_j} \tag{4.9}$$

4.1.2 高斯分布的最大似然估计

在高斯分布中，均值为 μ 和方差为 σ^2 的 m 个样本的对数似然性由下式给出：

$$\ell(\mu,\sigma^2) \propto -m\log\sigma - \frac{\sum\limits_i (o_i - \mu)^2}{2\sigma^2} \tag{4.10}$$

同样，我们可以将关于参数的导数设置为 0 并求解最大似然估算值：

$$\frac{\partial}{\partial\mu}\ell(\mu,\sigma^2) = \frac{\sum\limits_i (o_i - \hat{\mu})}{\hat{\sigma}^2} = 0 \tag{4.11}$$

$$\frac{\partial}{\partial\sigma}\ell(\mu,\sigma^2) = -\frac{m}{\hat{\sigma}} + \frac{\sum\limits_i (o_i - \hat{\mu})^2}{\hat{\sigma}^3} = 0 \tag{4.12}$$

经过一些代数运算，我们得到：

$$\hat{\mu} = \frac{\sum\limits_i o_i}{m} \qquad \hat{\sigma}^2 = \frac{\sum\limits_i (o_i - \hat{\mu})^2}{m} \tag{4.13}$$

图 4-1 提供了一个将高斯拟合到数据的示例。

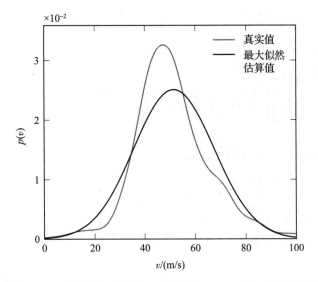

图 4-1　假设我们从 m 条飞机跑道上获得了空速测量值 $o_{1:m}$，并且希望拟合高斯模型。该图显示了具有最大似然估算值 $\mu=51.5\mathrm{m/s}$ 和 $\sigma=15.9\mathrm{m/s}$ 的高斯分布。图中显示了真实值的分布以供比较。在这种情况下，高斯分布是真实分布的一个相当合理的近似值

4.1.3　贝叶斯网络的最大似然估计

我们可以将最大似然参数学习应用于贝叶斯网络。此处，假设我们的网络由一组 n 个离散变量组成，并将这 n 个离散变量表示为 $X_{1:n}$。数据 $D=\{o_1,\cdots,o_m\}$ 由这些变量的观测样本组成。在结构为 G 的网络中，r_i 是 X_i 的实例化数目，q_i 是 X_i 父节点的实例化数目。如果 X_i 没有父节点，那么 $q_i=1$。X_i 父节点的第 j 个实例化表示为 π_{ij}。

因此，X_i 的因子表具有 $r_i q_i$ 个条目，所以贝叶斯网络的参数总数为 $\sum_{i=1}^{n} r_i q_i$。每个参数可记作 θ_{ijk} 并确定：

$$P(X_i=k\,|\,\pi_{ij})=\theta_{ijk} \tag{4.14}$$

尽管参数的数量为 $\sum_{i=1}^{n} r_i q_i$，但只有 $\sum_{i=1}^{n}(r_i-1)q_i$ 个参数是相互独立的。我们使用 $\boldsymbol{\theta}$ 表示所有参数的集合。

我们使用 m_{ijk} 表示数据集中给定父实例 j 的 $X_i=k$ 的次数。算法 4-1 提供了用于从数据集提取这些计数或统计信息的函数的实现。似然性表示为 m_{ijk}：

$$P(\boldsymbol{D}\,|\,\boldsymbol{\theta},G)=\prod_{i=1}^{n}\prod_{j=1}^{q_i}\prod_{k=1}^{r_i}\theta_{ijk}^{m_{ijk}} \tag{4.15}$$

算法 4-1　一种从离散数据集 D 中提取统计信息或计数的函数，假设贝叶斯网络具有变量 vars 和结构 G。数据集是一个 $n\times m$ 的矩阵，其中 n 是变量的数量，m 是数据点的数量。此函数返回长度为 n 的数组 M。第 i 个分量由一个计数的 $q_i\times r_i$ 矩阵组成。sub2ind (siz, x) 函数将线性索引返回到一个数组中。对于给定的坐标 x，数组的维数由 siz 指定。该函数用于标识哪个父实例与特定数据点和变量相关

```
function sub2ind(siz, x)
    k = vcat(1, cumprod(siz[1:end-1]))
```

```
            return dot(k, x .- 1) + 1
    end

    function statistics(vars, G, D::Matrix{Int})
        n = size(D, 1)
        r = [vars[i].r for i in 1:n]
        q = [prod([r[j] for j in inneighbors(G,i)]) for i in 1:n]
        M = [zeros(q[i], r[i]) for i in 1:n]
        for o in eachcol(D)
            for i in 1:n
                k = o[i]
                parents = inneighbors(G,i)
                j = 1
                if !isempty(parents)
                    j = sub2ind(r[parents], o[parents])
                end
                M[i][j,k] += 1.0
            end
        end
        return M
    end
```

与式（4.9）中单变量分布的最大似然估计相似，离散贝叶斯网络模型中的最大似然估算值为：

$$\hat{\theta}_{ijk} = \frac{m_{ijk}}{\sum_{k'} m_{ijk'}} \tag{4.16}$$

示例 4-1 演示了该过程。

示例 4-1   使用 statistics 函数从数据集中提取统计信息。 贝叶斯参数学习可以用来避免 NAN 值，但我们必须指定一个先验值。假设有一个小规模网络 $A{\rightarrow}B{\leftarrow}C$。我们希望从数据矩阵 D 中提取统计信息。我们可以使用以下代码：

```
G = SimpleDiGraph(3)
add_edge!(G, 1, 2)
add_edge!(G, 3, 2)
vars = [Variable(:A,2), Variable(:B,2), Variable(:C,2)]
D = [1 2 2 1; 1 2 2 2; 2 2 2 2]
M = statistics(vars, G, D)
```

输出是由这三个计数矩阵组成的数组 **M**，每个矩阵的大小为 $q_i \times r_i$：

$$\begin{bmatrix} 2 & 2 \end{bmatrix} \quad \begin{bmatrix} 0 & 0 \\ 0 & 0 \\ 2 & 0 \\ 0 & 2 \end{bmatrix} \quad \begin{bmatrix} 0 & 4 \end{bmatrix}$$

我们可以通过归一化 **M** 中各个矩阵的行数据来计算最大似然估计：

```
θ = [mapslices(x→normalize(x,1), Mi, dims=2) for Mi in M]
```

结果将产生：

$$\begin{bmatrix} 0.5 & 0.5 \end{bmatrix} \quad \begin{bmatrix} \text{NAN} & \text{NAN} \\ \text{NAN} & \text{NAN} \\ 1 & 0 \\ 0 & 1 \end{bmatrix} \quad \begin{bmatrix} 0 & 1 \end{bmatrix}$$

正如结果所示，第二个变量 B 的第一个父实例和第二个父实例导致 NAN（not a number，不是数字）估算值。因为在数据中没有观测到这两个父节点实例，所以式（4.16）的分母等于零，使得参数估算值未定义。大多数其他参数的值都不是 NAN。例如，参数 $\theta_{112}=0.5$ 表示 $P(a^2)$ 的最大似然估算值为 0.5。

4.2　贝叶斯参数学习

　　贝叶斯参数学习（Bayesian parameter learning）可以解决最大似然估计的一些缺点，特别是当数据量有限时。例如，假设我们的航空安全数据库仅限于过去一周发生的事件，并且我们没有发现空中相撞的相关记录。如果 θ 是飞行导致空中碰撞的概率，则最大似然估算值为 $\hat{\theta}=0$。除非我们的先验假设是，例如，所有的飞行都是完全安全的，否则，相信空中相撞的可能性为零绝对不是一个合理的结论。

　　参数学习的贝叶斯方法涉及估算 $p(\theta|\boldsymbol{D})$ 的值，即给定数据 $\boldsymbol{D}$ 的 θ 上的后验分布。我们不是像最大似然估计那样获得点的估算值 $\hat{\theta}$，而是获得点的分布。这种分布可以帮助我们量化 θ 真实值的不确定性。通过计算期望值，我们可以将该分布转换为点的估算值：

$$\hat{\theta} = E_{\theta\sim p(\cdot|\boldsymbol{D})}[\theta] = \int \theta p(\theta|\boldsymbol{D})\mathrm{d}\theta \tag{4.17}$$

　　然而，在某些情况下，如图 4-2 所示，期望值可能不是可接受的估计值。另一种方法是使用最大后验（maximum a posteriori）估计：

$$\hat{\theta} = \arg\max_{\theta} p(\theta|\boldsymbol{D}) \tag{4.18}$$

该估算值对应于 θ 值，该值被指定为最大密度。这通常被称为分布的众数（mode）。如图 4-2 所示，众数可能并不是唯一的。

　　贝叶斯参数学习可以被视为贝叶斯网络中的推理，这类贝叶斯网络具有图 4-3 所示的结构。图 4-3 中假设观察到的变量在条件上彼此独立。与任何贝叶斯网络类似，我们必须指定 $p(\theta)$ 和 $P(O_i|\theta)$。我们经常使用均匀分布的先验概率 $p(\theta)$。在本章后续的章节中，我们讨论如何将贝叶斯参数学习应用于 $P(O_i|\theta)$ 的不同模型。

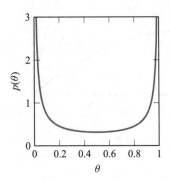

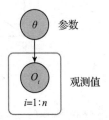

图 4-2　θ 的期望值不是最佳估算值的分布示例。期望值为 0.5 的密度低于极值 0 或 1 时的密度。这个分布恰好是一个参数为（0.2,0.2）的贝塔分布。我们稍后将讨论贝塔分布类型

图 4-3　表示参数学习的贝叶斯网络

4.2.1 二元分布的贝叶斯学习

假设我们希望学习二元分布的参数。因此，我们将使用 $P(o^1|\theta) = \theta$。为了对图 4-3 中贝叶斯网络中 θ 的分布进行推理，我们可以继续使用第 3 章中讨论的标准推理方法。此处，我们将假设一个均匀分布的先验概率：

$$p(\theta|o_{1:m}) \propto p(\theta, o_{1:m}) \tag{4.19}$$

$$= p(\theta) \prod_{i=1}^{m} P(o_i|\theta) \tag{4.20}$$

$$= \prod_{i=1}^{m} P(o_i|\theta) \tag{4.21}$$

$$= \prod_{i=1}^{m} \theta^{o_i} (1-\theta)^{1-o_i} \tag{4.22}$$

$$= \theta^n (1-\theta)^{m-n} \tag{4.23}$$

后验概率与 $\theta^n (1-\theta)^{m-n}$ 成比例，其中 n 是 $O_i = 1$ 的次数。为了寻找归一化常数，我们将进行如下的积分运算：

$$\int_0^1 \theta^n (1-\theta)^{m-n} d\theta = \frac{\Gamma(n+1)\Gamma(m-n+1)}{\Gamma(m+2)} \tag{4.24}$$

其中，Γ 是伽马函数（Gamma function）。伽马函数是阶乘的实值泛化。如果 m 是整数，则 $\Gamma(m) = (m-1)!$。考虑到归一化的要求，我们得到：

$$p(\theta|o_{1:m}) = \frac{\Gamma(m+2)}{\Gamma(n+1)\Gamma(m-n+1)} \theta^n (1-\theta)^{m-n} \tag{4.25}$$

$$= \text{Beta}(\theta|n+1, m-n+1) \tag{4.26}$$

贝塔分布 $\text{Beta}(\alpha, \beta)$ 由参数 α 和 β 定义，该分布曲线如图 4-4 所示。分布 $\text{Beta}(1,1)$ 对应于从 0 到 1 的均匀分布。

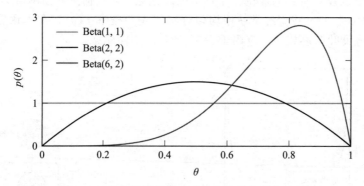

图 4-4   几个贝塔概率密度分布曲线的叠加显示

贝塔分布 $\text{Beta}(\alpha, \beta)$ 的均值为：

$$\frac{\alpha}{\alpha+\beta} \tag{4.27}$$

当 α 和 β 均大于 1 时，众数为：

$$\frac{\alpha-1}{\alpha+\beta-2} \tag{4.28}$$

通常情况下，如果贝塔分布用作二元分布参数的先验概率分布，那么后验概率分布也是一个贝塔分布。特别地，如果先验概率分布为 $\text{Beta}(\alpha,\beta)$ 并且我们观测到 o_i，那么如果 $o_i=1$，我们将得到后验概率分布 $\text{Beta}(\alpha+1,\beta)$；如果 $o_i=0$，我们将得到后验概率分布 $\text{Beta}(\alpha,\beta+1)$。因此，如果从 $\text{Beta}(\alpha,\beta)$ 给出的先验概率分布开始，并且数据显示 m 次飞行中发生了 n 次碰撞，那么后验概率分布为 $\text{Beta}(\alpha+n,\beta+m-n)$。先验概率分布中的 α 和 β 参数有时被称为伪计数（pseudocount），因为这样的处理类似于后验概率分布中两个不同结果类别的观察计数，尽管伪计数不必是整数。

原则上，当计算后验概率时，在数据未知的情况下，应该选择先验概率分布。在实践中采用均匀分布的先验概率分布通常很有效，尽管如果可以使用专家知识，那么可以将其编码到先验概率分布中。例如，假设我们有一枚略微弯曲的硬币，我们想估算 θ 的值，即硬币头部落地的概率。在我们通过投掷硬币收集任何数据之前，我们将从某个 θ 值开始，θ 值可能在 0.5 左右。我们可以使用 $\text{Beta}(2,2)$（如图 4-4 所示），而不是从均匀分布的先验概率分布 $\text{Beta}(1,1)$ 开始，这为接近 0.5 的值赋予了更大的权重。如果我们对接近 0.5 的估算值更有信心，那么就可以通过增加伪计数来减少先验分布的方差。先验概率分布 $\text{Beta}(10,10)$ 比 $\text{Beta}(2,2)$ 更为陡峭。然而，一般而言，随着用于计算后验概率分布数据量的增加，先验概率分布的重要性会降低。如果我们观察到 m 次抛掷硬币的结果中 n 次是硬币头部落地，那么如果我们观察了数千次抛掷硬币的情况，$\text{Beta}(1+n,1+m-n)$ 和 $\text{Beta}(10+n,10+m-n)$ 之间的差异可以忽略不计。

4.2.2 类别分布的贝叶斯学习

狄利克雷分布（Dirichlet distribution）[⊖] 是贝塔分布的推广，可以用于估算类别分布的参数。假设 X 是一个离散随机变量，取值是从 1 到 n 的整数值，我们将分布的参数定义为 $\theta_{1:n}$，其中 $P(x^i)=\theta_i$。当然，这些参数的总和必须为 1，因此只有前 $n-1$ 个参数是独立的。狄利克雷分布可用于表示先验概率分布和后验概率分布，其参数为 $\alpha_{1:n}$。密度由下式给出：

$$\text{Dir}(\theta_{1:n}\,|\,\alpha_{1:n}) = \frac{\Gamma(\alpha_0)}{\prod\limits_{i=1}^{n}\Gamma(\alpha_i)}\prod\limits_{i=1}^{n}\theta_i^{\alpha_i-1} \tag{4.29}$$

其中，α_0 用于表示参数 $\alpha_{1:n}$ 的总和[⊖]。如果 $n=2$，则很容易看出式（4.29）等效于贝塔分布。

在所有狄利克雷参数 $\alpha_{1:n}$ 都设置为 1 的情况下，通常使用均匀分布的先验概率分布。与贝塔分布一样，狄利克雷分布中的参数通常被称为伪计数（pseudocount）。如果 $\theta_{1:n}$ 上的先验概率分布为 $\text{Dir}(\alpha_{1:n})$，并且有 m_i 个 $X=i$ 的观测值，则后验概率分布为：

$$p(\theta_{1:n}\,|\,\alpha_{1:n},m_{1:n}) = \text{Dir}(\theta_{1:n}\,|\,\alpha_1+m_1,\cdots,\alpha_n+m_n) \tag{4.30}$$

概率分布 $\text{Dir}(\alpha_{1:n})$ 具有均值向量，其第 i 个分量为：

$$\frac{\alpha_i}{\sum\limits_{j=1}^{n}\alpha_j} \tag{4.31}$$

⊖ 这个分布是以德国数学家约翰·彼得·古斯塔夫·勒杰恩·狄利克雷（1805—1859）的名字命名的。

⊖ 不同参数的狄利克雷分布密度图请参见附录 B。

当 $\alpha_i > 1$ 时，众数的第 i 个分量为：

$$\frac{\alpha_i - 1}{\displaystyle\sum_{j=1}^{n} \alpha_j - n} \tag{4.32}$$

正如我们所看到的，贝叶斯参数估计对于二元随机变量和离散随机变量是直接的，因为只需要对数据中的各种结果进行计数。贝叶斯规则可以用于推断其他类型参数分布的参数分布。根据先验概率分布的选择和参数分布的形式，也可以通过解析的方式计算参数空间上的后验概率分布。

4.2.3 贝叶斯网络的贝叶斯学习

我们可以将贝叶斯参数学习方法应用于离散贝叶斯网络。贝叶斯网络参数 $\boldsymbol{\theta}$ 上的先验概率可分解如下：

$$p(\boldsymbol{\theta} \mid G) = \prod_{i=1}^{n} \prod_{j=1}^{q_i} p(\boldsymbol{\theta}_{ij}) \tag{4.33}$$

其中，$\boldsymbol{\theta}_{ij} = (\theta_{ij1}, \cdots, \theta_{ijr_i})$。在一些弱假设下，先验概率 $p(\boldsymbol{\theta}_{ij})$ 可以显示为遵循狄利克雷分布 $\mathrm{Dir}(\alpha_{ij1}, \cdots, \alpha_{ijr_i})$。算法 4-2 提供了一种实现，用于创建并保存 α_{ijk} 数据结构，其中所有数据条目都是 1，对应于均匀分布的先验概率。

算法 4-2   一种用于生成先验概率 α_{ijk} 的函数，先验概率所有数据条目的值均为 1。此函数返回的矩阵数组采用与算法 4-1 生成的统计数据相同的形式。为了确定合适的维度，函数将变量 vars 和结构 G 的列表作为输入参数。

```
function prior(vars, G)
    n = length(vars)
    r = [vars[i].r for i in 1:n]
    q = [prod([r[j] for j in inneighbors(G,i)]) for i in 1:n]
    return [ones(q[i], r[i]) for i in 1:n]
end
```

在以 m_{ijk} 计数的形式观测数据后（如 4.1.3 节所述），后验概率为：

$$p(\boldsymbol{\theta}_{ij} \mid \alpha_{ij}, m_{ij}) = \mathrm{Dir}(\boldsymbol{\theta}_{ij} \mid \alpha_{ij1} + m_{ij1}, \cdots, \alpha_{ijr_i} + m_{ijr_i}) \tag{4.34}$$

类似于式（4.30）。示例 4-2 演示了该过程。

示例 4-2   计算贝叶斯网络中的后验概率参数。注意，与示例 4-1 不同，这里没有 NAN 值。我们可以通过简单地添加先验参数和计数来计算与贝叶斯网络相关的后验概率参数［式（4.34）］。如果使用示例 4-1 中获得的计数矩阵 M，我们可以将其添加到先验概率参数矩阵 $\alpha = \mathrm{prior}(\mathrm{vars}, G)$ 中，以获得后验概率参数集 M+α，如下所示。

$$\begin{bmatrix} 3 & 3 \end{bmatrix} \quad \begin{bmatrix} 1 & 1 \\ 1 & 1 \\ 3 & 1 \\ 1 & 3 \end{bmatrix} \quad \begin{bmatrix} 1 & 5 \end{bmatrix}$$

4.3 非参数学习

在前两节中，我们假设概率模型是固定形式的，并且要从数据中学习一组固定的参数。另一种可以取而代之的方法是基于非参数的方法，其中参数的数量随数据量而变化。一种常见的非参数方法是核密度估计（kernel density estimation)(算法 4-3)。给定观测值 $o_{1:m}$，核密度估计表示的密度如下：

$$p(x) = \frac{1}{m} \sum_{i=1}^{m} \phi(x - o_i) \tag{4.35}$$

其中，ϕ 是一个核函数（kernel function），其积分值为 1。核函数用于为观测数据点附近的值分配更大的密度。核函数通常是对称的，这意味着 $\phi(x) = \phi(-x)$。一个常用的核函数是均值为 0 的高斯分布。当使用这样的核函数时，标准差通常被称为带宽（bandwidth），可以通过调整带宽来控制密度函数的平滑度。较大的带宽通常会导致更平滑的密度。贝叶斯方法可以应用于基于数据选择适当的带宽。带宽选择的效果如图 4-5 所示。

算法 4-3   gaussian_kernel 方法返回具有带宽 b、均值为 0 的高斯核函数 $\phi(x)$。同样，针对核 ϕ 和观测值列表 O 来实现核密度估计

```
gaussian_kernel(b) = x→pdf(Normal(0,b), x)

function kernel_density_estimate(φ, O)
    return x → sum([φ(x - o) for o in O])/length(O)
end
```

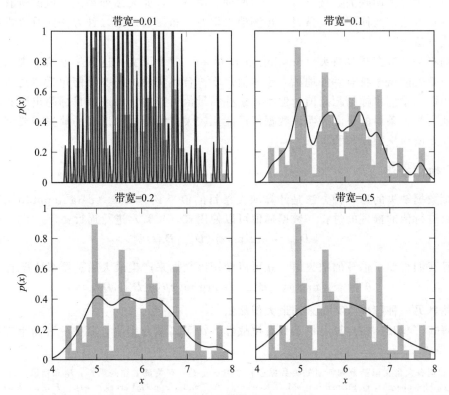

图 4-5   使用具有不同带宽、均值为 0 的高斯核函数对同一数据集应用核密度估计。直方图显示了基础数据集频率，黑线表示核密度估计的概率密度。较大的带宽平滑了估算值，而较小的带宽可能会过度拟合到特定样本

4.4 缺失数据的学习

当学习概率模型的参数时，我们的数据中可能会存在缺失（missing）条目[一]。例如，如果我们正在进行问卷调查，一些受访者可能会跳过一个问题。表 4-1 显示了包含缺失条目的数据集示例，该数据集包含三个二元变量（A、B 和 C）。处理缺失数据的一种方法是丢弃所有不完整（incomplete）的实例，即丢弃那些存在一个或多个缺失的数据项。根据数据的缺失程度，我们可能必须丢弃其中的大部分数据项。在表 4-1 中，我们必须丢弃除第一行之外的所有其他行，这可能会造成数据浪费。

表 4-1　由四个实例和六个缺失条目组成的数据示例

A	B	C
1	1	0
?	1	1
1	?	?
?	?	?

我们可以使用最大似然或贝叶斯方法从缺失数据中学习模型的参数。如果采用贝叶斯最大后验方法，我们希望找到估算值：

$$\hat{\theta} = \arg \max_{\theta} p(\theta \,|\, \boldsymbol{D}_{\mathrm{obs}}) \tag{4.36}$$

$$= \arg \max_{\theta} \sum_{\boldsymbol{D}_{\mathrm{mis}}} p(\theta \,|\, \boldsymbol{D}_{\mathrm{obs}}, \boldsymbol{D}_{\mathrm{mis}}) P(\boldsymbol{D}_{\mathrm{mis}} \,|\, \boldsymbol{D}_{\mathrm{obs}}) \tag{4.37}$$

其中，$\boldsymbol{D}_{\mathrm{obs}}$ 和 $\boldsymbol{D}_{\mathrm{mis}}$ 分别包含所有的观测数据和缺失数据。如果数据是连续的，那么需要使用积分代替求和。缺失数据的边缘化可能会耗费大量的计算资源。同样的边缘化也会影响贝叶斯方法的计算可行性。

本节将讨论使用缺失数据进行学习的两种通用方法，而无须列举缺失值的所有可能组合。第一种方法涉及使用缺失条目的预测值来学习分布参数。第二种方法涉及改进参数估计的迭代方法。

我们将关注数据随机缺失（missing at random）的上下文，这意味着给定观测变量的值，条目缺失的概率将有条件地独立于其值。不符合此假设的情况可能包括雷达数据，这些数据用以测量到目标的距离值，但是，这些测量值可能由于噪声或目标超出感测范围而缺失。缺失数据条目的事实表明该数据值可能比较大。解释这种形式的缺失需要借助不同于我们此处所讨论的模型和算法[二]。

4.4.1 数据插值

处理数据缺失的另一种方法是计算缺失条目的值。数据插值（data imputation）是为缺失条目进行值的推理的过程。数据插值可以使用式（4.37）进行逼近：

$$\hat{\boldsymbol{D}}_{\mathrm{mis}} = \arg \max_{\boldsymbol{D}_{\mathrm{mis}}} p(\boldsymbol{D}_{\mathrm{mis}} \,|\, \boldsymbol{D}_{\mathrm{obs}}) \tag{4.38}$$

一旦我们得到了估算的缺失值，就可以使用该数据来产生最大后验概率估算值：

$$\hat{\theta} = \arg \max_{\theta} p(\theta \,|\, \boldsymbol{D}_{\mathrm{obs}}) \approx \arg \max_{\theta} p(\theta \,|\, \boldsymbol{D}_{\mathrm{obs}}, \hat{\boldsymbol{D}}_{\mathrm{mis}}) \tag{4.39}$$

当然，另一种解决方案是采用最大似然法。

求解式（4.38）在计算上仍然具有挑战性。针对离散数据集，其中一种简单方法是使

[一]　目前有大量文献涉及如何对缺失数据进行学习的主题。有关该主题的综合介绍和回顾，请参见文献 G. Molenberghs, G. Fitzmaurice, M. G. Kenward, A. Tsiatis, and G. Verbeke, eds., *Handbook of Missing Data Methodology*. CRC Press, 2014。

[二]　有关不同的缺失机制和相关的推理技术，请参见文献 R. J. A. Little and D. B. Rubin, *Statistical Analysis with Missing Data*, 3rd ed. Wiley, 2020。

用最常见的观测值——边缘众数（marginal mode），替换缺失的数据条目。例如，在表 4-1 中，我们可以将 A 的所有缺失值替换为其边缘众数 1。

连续数据通常会缺少重复数据。我们可以将分布拟合为连续值，然后使用结果分布的众数。例如，我们可以使用高斯分布拟合表 4-2 中的数据，然后使用与每个变量相关的观测值的平均值来填充缺失的数据条目。图 4-6 中的左上图说明了这种方法对二维数据的影响。红线显示了缺少第一个或第二个分量的值如何与其估算的对应值相配对。

表 4-2　具有连续值的数据示例

A	B	C
−6.5	0.9	4.2
?	4.4	9.2
7.8	?	?
?	?	?

然后，我们可以使用观测数据和插值数据来获得联合高斯分布参数的最大似然估计。正如我们所看到的，这种数据插值方法并不总是可以产生合理的预测，而且学习的模型并不理想。

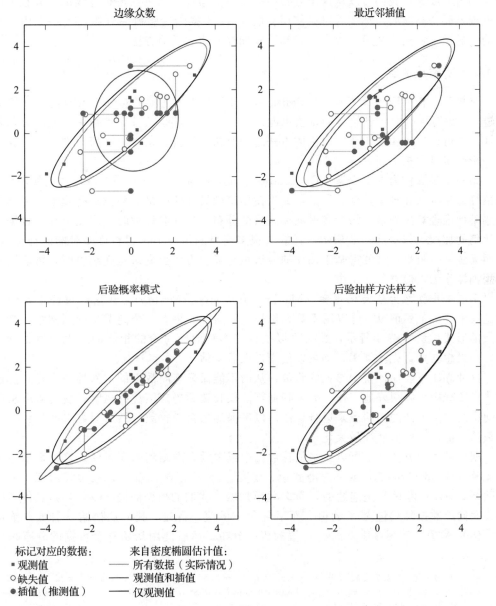

图 4-6　数据推断（插值）技术演示。这里显示的是椭圆，其中联合分布的最大似然估计的密度等于 0.02

如果考虑观测变量和未观测变量之间的概率关系，我们通常可以做得更好。在图 4-6 中，两个变量之间存在明显的相关性，因此，已知一个变量的值可以帮助预测另一个变量的值。一种常见的数据插值方法，称为最近邻插值（nearest-neighbor imputation），是使用与实例相关的值，相对于在观测变量上定义的距离度量值，该实例是最接近的。图 4-6 中右上角的图使用欧几里得距离进行数据插值。这种方法往往导致更好的数据插值和学习分布。

另一种可取而代之的方法是将分布拟合到完全观察到的数据，然后使用该分布推测缺失的值。我们可以使用上一章中的推理算法来执行此推理。例如，如果数据是离散的并且可以假设是一种贝叶斯网络结构，那么我们可以使用变量消除或吉布斯抽样来从观察到的变量中产生某个实例的缺失变量的分布。从这个分布中，我们可以使用均值或众数来估算缺失的值。或者，我们可以从这个分布中抽取一个样本。如果数据是连续的，并且可以假设数据是联合高斯的，那么就可以使用算法 3-11 来推断后验概率分布。图 4-6 中下半部分的图显示了使用这些后验概率模式和后验抽样方法的插值方法。

4.4.2　期望最大化

期望最大化（Expectation-Maximization，EM）类方法涉及对分布参数估计 $\hat{\theta}$ 的迭代改进[⊖]。我们从初始 $\hat{\theta}$ 开始。初始值可能是一个猜测值，是从分布参数中的先验分布随机抽样。也可以使用 4.4.1 节中讨论的方法之一对初始值进行估算。在每次迭代中，我们执行一个两步过程来更新 $\hat{\theta}$。

第一个步骤称为期望步骤（Expectation step，E-step），在这一过程中我们使用 θ 的当前估算值来推断和补全数据。例如，如果使用离散贝叶斯网络对数据进行建模，那么可以使用某种推理算法来推断每个实例缺失条目的分布。当提取计数时，应用与补全数据概率成比例的加权，如示例 4-3 所示。在缺失很多变量的情况下，存在许多可能的补全数据，从而无法一一枚举，这使得基于抽样的方法很有吸引力。当变量是连续值时，可能还希望使用抽样作为近似方法。

第二个步骤称为最大化步骤（Maximization step，M-step），在这一过程中我们试图找到一个新的似然值 $\hat{\theta}$，可以用于最大化补全数据。如果有一个离散贝叶斯网络，其加权计数的形式如示例 4-3 所示，那么可以执行与本章前面讨论的相同的最大似然估计。或者，如果想要融合先验概率，则可以使用最大后验估计。

这种方法不能保证模型参数的收敛，从而不能保证观测数据的似然性最大化，但这种方法在实践中可以很好地工作。为了降低算法仅收敛到局部最优的风险，我们可以从参数空间中的许多不同的初始点来运行算法，以确保算法全局收敛。然后只需选择最终得到的参数估算值，以使似然性最大化。

期望最大化方法甚至可以用来估算数据中根本没有观测到的变量值。这种变量称为潜在变量（latent variable，或称为潜变量、隐变量）。为了加以说明，假设我们有一个贝叶斯网络 $Z \rightarrow X$，其中 X 是连续的，而 Z 是离散的。我们的模型假设 $p(x|z)$ 是条件高斯分布。我们的数据集只包含 X 的值，而不包含 Z 的值。首先，我们从初始 $\hat{\theta}$ 开始。给定每个实例的 X 值，使用该值来推断 Z 值的概率分布。然后使用初始补全数据的分布来更新

⊖　期望最大化方法参见文献 A. P. Dempster，N. M. Laird，and D. B. Rubin，"Maximum Likelihood from Incomplete Data via the EM Algorithm," *Journal of the Royal Statistical Society*，Series B（*Methodological*），vol. 39，no. 1，pp. 1-38，1977。

对 $P(Z)$ 和 $P(X|Z)$ 参数的估算值，如示例 4-4 所示。算法不断迭代直到收敛，通常收敛过程很快。我们在本示例中获得的参数定义了高斯混合模型，该模型在 2.2.2 节中介绍。

示例 4-3　**使用假设的模型参数来补全不完整的数据集。**假设我们有一个二元贝叶斯网络 $A \rightarrow B$。首先，假设一个 $\hat{\theta}$ 值使得：

$$P(a^1) = 0.5 \quad P(b^1|a^0) = 0.2 \quad P(b^1|a^1) = 0.6$$

使用这些参数，我们可以将缺失值的数据集（图 4-7 左侧）扩展为具有所有可能的单个补全的加权数据集（图 4-7 右侧）：

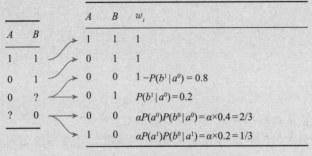

图 4-7　补全不完整的数据集

在此处的计算中，使用的 α 是一个归一化常数，该常数强制将每个实例扩展为权重总和为 1 的实例。然后，计数矩阵为：

$$\left[(2+2/3) \quad (1+1/3) \right] \begin{bmatrix} (0.8+2/3) & 1.2 \\ 1/3 & 1 \end{bmatrix}$$

示例 4-4　**将期望最大化方法应用于学习高斯混合模型的参数。**假设有一个贝叶斯网络 $Z \rightarrow X$，其中 Z 是具有三个值的离散潜在变量，X 是连续的条件高斯分布模型 $p(x|z)$。因此，针对不同的 Z 值，我们提供用于定义 $P(z^1)$、$P(z^2)$ 和 $P(z^3)$ 的参数，以及与三个高斯分布关联的每个 μ_i 和 σ_i。在本示例中，我们使用初始参数向量 $\hat{\theta}$，对于所有的 i，指定 $P(z^i)=1/3$ 和 $\sigma_i=1$。我们使用 $\mu_1=-4$、$\mu_2=0$ 和 $\mu_3=4$ 展开均值。

假设数据中的第一个实例 $X=4.2$。我们希望推断该实例在 Z 上的分布：

$$P(z^i|X=4.2) = \frac{P(z^i)\mathcal{N}(4.2|\mu_i, \sigma_i^2)}{\sum_j P(z^j)\mathcal{N}(4.2|\mu_j, \sigma_j^2)}$$

我们为数据集中的所有实例计算这个分布。对于加权补全数据，可以获得 $\hat{\theta}$ 的新估算值。通过计算数据集中所有实例的均值来估算 $P(z^i)$ 的值。为了估算 μ_i 和 σ_i 的值，使用数据集中各个实例的 X 值的均值和标准差，通过与各种实例相关的 z^i 概率进行加权。

重复这个过程，直到算法收敛。图 4-8 显示了三次迭代过程。直方图由 X 值生成。黑色函数曲线表示推理的密度。通过第三次迭代，我们的高斯混合模型参数非常接近地表示了数据分布。

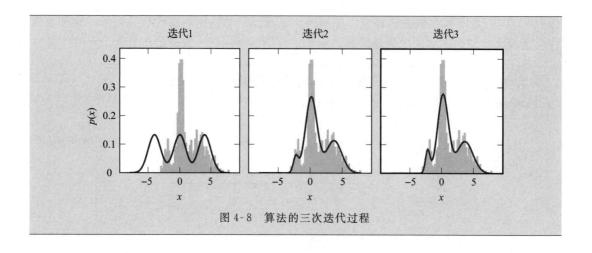

图 4-8   算法的三次迭代过程

4.5   本章小结

- 参数学习包括从数据中推断概率模型的参数。
- 参数学习的最大似然方法涉及最大化似然函数，对某些模型可以采用解析的方法来实现。
- 参数学习的贝叶斯方法包括使用贝叶斯规则推断基础参数的概率分布。
- 贝塔分布和狄利克雷分布是贝叶斯先验的示例，并且很容易使用证据来更新。
- 与假设概率模型的固定参数化的参数化学习不同，非参数学习使用随数据量增长的参数来表示。
- 我们可以使用数据插值或期望最大化等方法来解决从缺失数据中学习参数的问题，在这些方法中，我们根据观测值进行数据推断。

4.6   练习题

练习题 4-1   假设安娜在投篮罚球。在观看她的罚球之前，我们先从独立均匀分布开始分析，计算她每一次投篮成功得分的概率。我们观察到她有三次投篮，其中两次投篮成功。那么她下一次投篮成功的概率是多少？

参考答案：我们将投篮成功的概率表示为 θ。因为我们从一个均匀的先验概念分布 Beta(1,1) 开始，并观察到 2 次投篮成功和 1 次投篮失误，所以我们的后验概率分布为 Beta(1+2,1+1)＝Beta(3,2)。我们希望计算投篮成功的概率如下：

$$P(\text{basket}) = \int P(\text{basket}|\theta)\text{Beta}(\theta|3,2)\mathrm{d}\theta = \int \theta \text{Beta}(\theta|3,2)\mathrm{d}\theta$$

这个表达式只是贝塔分布的期望值（或均值），其结果为 $P(\text{basket})＝3/5$。

练习题 4-2   考虑一个连续随机变量 X，该变量遵循由 μ 和 b 参数化的拉普拉斯分布（Laplace distribution），其概率密度为：

$$p(x|\mu,b) = \frac{1}{2b}\exp\left(-\frac{|x-\mu|}{b}\right)$$

在给定 m 个独立观测值 $x_{1:m}$ 的数据集 $\boldsymbol{D}$ 的情况下，计算拉普拉斯分布参数的最大似然估计。注意，$\partial|u|/\partial x＝\text{sign}(u)\,\partial u/\partial x$，其中 sign 函数返回其参数的符号。

参考答案：由于观测值是独立的，我们可以将对数似然函数写成以下的求和方式：

$$\ell(\mu,b) = \sum_{i=1}^{m} \log\Big[\frac{1}{2b}\exp\Big(-\frac{|x_i-\mu|}{b}\Big)\Big]$$

$$= -\sum_{i=1}^{m}\log 2b - \sum_{i=1}^{m}\frac{|x_i-\mu|}{b}$$

$$= -m\log 2b - \frac{1}{b}\sum_{i=1}^{m}|x_i-\mu|$$

为了获得真实参数 μ 和 b 的最大似然估算值，我们对每个参数取对数似然的偏导数，将偏导结果设置为零并求解每个参数。首先，我们求 $\hat{\mu}$：

$$\frac{\partial}{\partial\mu}\ell(\mu,b) = \frac{1}{\hat{b}}\sum_{i=1}^{m}\text{sign}(x_i-\mu)$$

$$0 = \frac{1}{\hat{b}}\sum_{i=1}^{m}\text{sign}(x_i-\hat{\mu})$$

$$0 = \sum_{i=1}^{m}\text{sign}(x_i-\hat{\mu})$$

$$\hat{\mu} = \text{median}(x_{1:m})$$

然后，求 $\hat{b}$：

$$\frac{\partial}{\partial b}\ell(\mu,b) = -\frac{m}{b} + \frac{1}{b^2}\sum_{i=1}^{m}|x_i-\hat{\mu}|$$

$$0 = -\frac{m}{\hat{b}} + \frac{1}{\hat{b}^2}\sum_{i=1}^{m}|x_i-\hat{\mu}|$$

$$\frac{m}{\hat{b}} = \frac{1}{\hat{b}^2}\sum_{i=1}^{m}|x_i-\hat{\mu}|$$

$$\hat{b} = \frac{1}{m}\sum_{i=1}^{m}|x_i-\hat{\mu}|$$

因此，拉普拉斯分布的参数的最大似然估计值为 $\hat{\mu}$，即观测值的中值，而 $\hat{b}$ 为中值的绝对偏差的平均值。

练习题 4-3 本练习题探讨最大似然估计在截尾数据（censored data，或称为删失数据）中的应用，截尾数据是指某些测量值仅部分已知。假设我们正在为一架四旋翼无人机建造电动机，希望构建一个模型，说明电动机在故障前的可持续工作时间。尽管可能有更合适的分布来建模组件的可靠性[⊖]，但是我们将使用由 λ 参数化的指数分布（exponential distribution），其概率密度函数为 $\lambda\exp(-\lambda x)$，累积分布函数为 $1-\exp(-\lambda x)$。我们驾驶 5 架无人机进行测试。其中 3 个电动机分别在 132h、42h 和 89h 后出现故障。200h 后，我们停止测试另外 2 个四旋翼无人机，并且没有出现任何故障。因此我们不知道这 2 个四旋翼无人机电动机何时会出现故障，只知道这 2 个电动机持续运作时间超过了 200h。给定以上的数据，请问 λ 的最大似然估算值是多少？

参考答案：这个问题有 $n=3$ 个完全观测的测量值和 $m=2$ 个截尾的测量值。使用 t_i 表示第 i 个完全观察到的测量，使用 t_j 表示第 j 个截尾测量值。t_j 以上的单个测量的可能性是累积分布函数的互补，可以简单地为记作 $\exp(-\lambda t_j)$。因此，数据的似然性为：

$$\Big(\prod_{i=1}^{n} \lambda e^{-\lambda t_i} \Big) \Big(\prod_{j=1}^{m} e^{-\lambda \underline{t}_j} \Big)$$

使用最大化对数似然的标准方法，结果为：

$$\ell(\lambda) = \sum_{i=1}^{n} (\log \lambda - \lambda t_i) + \sum_{j=1}^{m} -\lambda \underline{t}_j$$

λ 的导数为：

$$\frac{\partial \ell}{\partial \lambda} = \frac{n}{\lambda} - \sum_{i=1}^{n} t_i - \sum_{j=1}^{m} \underline{t}_j$$

将此导数设置为 0，可以求解 λ 以获得最大似然估算值：

$$\hat{\lambda} = \frac{n}{\displaystyle\sum_{i=1}^{n} t_i + \sum_{j=1}^{m} \underline{t}_j} = \frac{3}{132 + 42 + 89 + 200 + 200} \approx 0.004\,52$$

指数分布的均值是 $1/\lambda$，从而可以得出该问题中的均值为 221 小时。

练习题 4-4 假设有一个贝叶斯网络（如图 4-9 左侧所示），其中变量 $X_{1:3}$ 的取值范围为 $\{1,2\}$，X_4 的取值范围为 $\{1,2,3\}$。给定如图 4-9 右侧所示的观测值 $o_{1,m}$ 的数据 $\boldsymbol{D}$，生成相关条件分布参数 θ 的最大似然估算值。

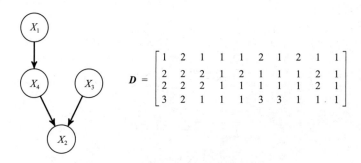

图 4-9 贝叶斯网络以及观测值的数据集

参考答案：通过迭代数据集并存储计数，我们可以为每个节点生成大小为 $q_i \times r_i$ 的计数矩阵 $\boldsymbol{M}_i$。然后，我们将计数矩阵中的每一行归一化，以生成包含参数的最大似然估计的矩阵：

$$\boldsymbol{M}_1 = \begin{bmatrix} 7 & 3 \end{bmatrix} \quad \boldsymbol{M}_2 = \begin{bmatrix} 3 & 1 \\ 0 & 0 \\ 2 & 0 \\ 0 & 2 \\ 0 & 1 \\ 0 & 1 \end{bmatrix} \quad \boldsymbol{M}_3 = \begin{bmatrix} 6 & 4 \end{bmatrix} \quad \boldsymbol{M}_4 = \begin{bmatrix} 5 & 0 & 2 \\ 1 & 1 & 1 \end{bmatrix}$$

$$\hat{\boldsymbol{\theta}}_1 = \begin{bmatrix} 0.7 & 0.3 \end{bmatrix} \quad \hat{\boldsymbol{\theta}}_2 = \begin{bmatrix} 0.75 & 0.25 \\ \text{NAN} & \text{NAN} \\ 1.0 & 0.0 \\ 0.0 & 1.0 \\ 0.0 & 1.0 \\ 0.0 & 1.0 \end{bmatrix} \quad \hat{\boldsymbol{\theta}}_3 = \begin{bmatrix} 0.6 & 0.4 \end{bmatrix} \quad \hat{\boldsymbol{\theta}}_4 \approx \begin{bmatrix} 0.71 & 0.0 & 0.29 \\ 0.33 & 0.33 & 0.34 \end{bmatrix}$$

练习题 4-5 假设有一个存在偏差的硬币，我们希望估计伯努利参数 ϕ 的值，该参数指定投掷硬币结果为头部的概率。如果第一次投掷结果为头部（$o_1 = 1$），请回答以下问题：

- ϕ 的最大似然估算值是多少？
- 使用均匀先验概率分布，ϕ 的最大后验概率分布估计是多少？
- 使用均匀先验概率分布，ϕ 的后验概率分布的数学期望是什么？

参考答案：由于第一次硬币投掷结果成功，我们有 $n = 1$ 次成功和 $m = 1$ 次尝试。

- ϕ 的最大似然估算值为 $n/m = 1$。
- 使用均匀的 Beta$(1,1)$ 先验概率分布，后验概率分布为 Beta$(1+n, 1+m-n)=$ Beta$(2,1)$。ϕ 的最大后验估算值或众数计为：

$$\frac{\alpha - 1}{\alpha + \beta - 2} = \frac{2 - 1}{2 + 1 - 2} = 1$$

- 后验概率分布的均值为：

$$\frac{\alpha}{\alpha + \beta} = \frac{2}{2 + 1} = \frac{2}{3}$$

练习题 4-6　假设给定如表 4-3 所示的数据集，其中包含一个缺失值。假设边缘分布为高斯分布，如果使用边缘众数插值方法，所计算的插值是多少？如果使用最近邻插值方法，所计算的插值是多少？

参考答案：假设 X_1 上的边缘分布是高斯分布，我们可以计算边缘众数，这是高斯分布的均值参数：

$$\mu = \frac{1}{m} \sum_{i=1}^{m} x_i = \frac{0.5 - 0.6 + 0.1}{3} = 0$$

因此，如果使用边缘众数插值方法，那么缺失值将设置为 0。如果使用最近邻插值方法，那么 $X_2 = 0.3$ 的最近邻样本是第 4 个样本，因此缺失值将设置为 0.1。

表 4-3　练习题 4-6 的数据集

X_1	X_2
0.5	1.0
?	0.3
−0.6	−0.3
0.1	0.2

练习题 4-7　假设给定两个变量 $X_{1:2}$ 上的数据集，其中包含几个缺失值。假设 $X_{1:2}$ 是联合高斯分布的数据，并使用完全观测到的样本来拟合以下分布：

$$\begin{bmatrix} X_1 \\ X_2 \end{bmatrix} \sim \mathcal{N}\left(\begin{bmatrix} 5 \\ 2 \end{bmatrix}, \begin{bmatrix} 4 & 1 \\ 1 & 2 \end{bmatrix} \right)$$

如果使用后验众数插值方法，那么样本 $X_2 = 1.5$ 的 X_1 插值是多少？后验样本插值需要从什么样的分布中抽样？

参考答案：由于我们假设 $X_{1:2}$ 是联合高斯分布，因此给定 X_2 的 X_1 上的后验概率分布也是高斯分布的，其众数是后验概率分布的均值参数。我们可以采用以下方法计算后验概率分布的均值：

$$p(x_1 \mid x_2) = \mathcal{N}(x_1 \mid \mu_{x_1 \mid x_2}, \sigma^2_{x_1 \mid x_2})$$

$$\mu_{x_1 \mid x_2 = 1.5} = 5 + (1)(2)^{-1}(1.5 - 2) = 4.75$$

因此，如果使用后验众数插值方法，那么缺失值将设置为 4.75。如果使用后验样本插值方法，那么将值 $X_1 \sim \mathcal{N}(4.75, 3.5)$ 进行抽样。

结 构 学 习

在前面的章节中，概率模型的结构是已知的。本章将讨论从数据中学习模型结构的方法[一]。首先，我们将解释如何在给定数据的情况下计算图结构的概率。通常情况下，我们希望最大化这个概率。由于可能的图形结构的解空间通常因太大而无法枚举，因此我们还将讨论对该解空间进行有效搜索的方法。

5.1 贝叶斯网络评分

我们希望能够根据网络结构 G 对数据的建模程度进行评分。结构学习的最大后验概率方法包括寻找最大化 $P(G|\boldsymbol{D})$ 的网络结构 G。首先，我们将解释如何基于 $P(G|\boldsymbol{D})$ 计算贝叶斯评分，用以衡量网络结构 G 对数据的建模程度。然后，我们将解释如何在网络解空间中搜索得分最高的网络。与贝叶斯网络中的推理一样，可以表明，对于一般的图和输入数据，学习贝叶斯网络的结构是 NP- 困难问题[二]。

我们使用贝叶斯规则和全概率法则计算 $P(G|\boldsymbol{D})$：

$$P(G|\boldsymbol{D}) \propto P(G)P(\boldsymbol{D}|G) \tag{5.1}$$

$$= P(G)\int P(\boldsymbol{D}|\theta,G)p(\theta|G)\mathrm{d}\theta \tag{5.2}$$

其中，θ 包含上一章中介绍的各个网络参数。关于 θ 的积分结果为[三]：

$$P(G|\boldsymbol{D}) = P(G)\prod_{i=1}^{n}\prod_{j=1}^{q_i}\frac{\Gamma(\alpha_{ij0})}{\Gamma(\alpha_{ij0}+m_{ij0})}\prod_{k=1}^{r_i}\frac{\Gamma(\alpha_{ijk}+m_{ijk})}{\Gamma(\alpha_{ijk})} \tag{5.3}$$

其中，α_{ijk} 的值是伪计数，m_{ijk} 是计数，如前一章所述。我们还定义：

$$\alpha_{ij0} = \sum_{k=1}^{r_i}\alpha_{ijk} \qquad m_{ij0} = \sum_{k=1}^{r_i}m_{ijk} \tag{5.4}$$

寻找能够满足最大化式（5.2）的 G，等效于寻找能够最大化所谓的贝叶斯评分的 G：

$$\log P(G|\boldsymbol{D}) = \log P(G) + \sum_{i=1}^{n}\sum_{j=1}^{q_i}\left(\log\left(\frac{\Gamma(\alpha_{ij0})}{\Gamma(\alpha_{ij0}+m_{ij0})}\right)+\sum_{k=1}^{r_i}\log\left(\frac{\Gamma(\alpha_{ijk}+m_{ijk})}{\Gamma(\alpha_{ijk})}\right)\right)$$

$$\tag{5.5}$$

在数值上而言，计算贝叶斯评分更加方便，因为将小数字的对数相加，比将小数字相乘更容易。许多软件库提供了可以直接计算伽马函数的对数的功能。

多个文献中已经探索了各种图先验概率，尽管在实践中经常使用均匀的先验概率，在

⊖ 有关贝叶斯网络结构学习的综述，可以参考文献 D. Koller and N. Friedman, *Probabilistic Graphical Models*：*Principles and Techniques*. MIT Press, 2009. R. E. Neapolitan, *Learning Bayesian Networks*. Prentice Hall, 2003。

⊜ D. M. Chickering, "Learning Bayesian Networks is NP-Complete," in *Learning from Data*：*Artificial Intelligence and Statistics* V, D. Fisher and H. -J. Lenz, eds., Springer, 1996, pp. 121- 130. D. M. Chickering, D. Heckerman, and C. Meek, "Large-Sample Learning of Bayesian Networks is NP- Hard," *Journal of Machine Learning Research*, vol. 5, pp. 1287-1330, 2004.

⊜ 有关推导过程，请参见附录中的文献 G. F. Cooper and E. Herskovits, "A Bayesian Method for the Induction of Probabilistic Networks from Data," *Machine Learning*, vol. 4, no. 9, pp. 309-347, 1992。

这种情况下，可以根据式（5.5）计算贝叶斯评分，然后从中删除 $\log P(G)$。算法 5-1 提供了其中一种实现方法。

算法 5-1　　一种用于在给定数据 D 的情况下，同时给定变量列表 vars 和图 G，计算贝叶斯评分的算法。该方法使用算法 4-2 生成的均匀先验 $\alpha_{ijk}=1$（对所有 i、j 和 k）。loggamma 函数由 SpecialFunctions.jl 提供。第 4 章介绍了 statistics 函数和 prior 函数。注意，$\log(\Gamma(\alpha)\ /\Gamma(\alpha+ m))= \log \Gamma(\alpha)- \log \Gamma(\alpha+ m)$，并且 $\log \Gamma(1) = 0$

```
function bayesian_score_component(M, α)
    p = sum(loggamma.(α + M))
    p -= sum(loggamma.(α))
    p += sum(loggamma.(sum(α,dims=2)))
    p -= sum(loggamma.(sum(α,dims=2) + sum(M,dims=2)))
    return p
end

function bayesian_score(vars, G, D)
    n = length(vars)
    M = statistics(vars, G, D)
    α = prior(vars, G)
    return sum(bayesian_score_component(M[i], α[i]) for i in 1:n)
end
```

根据贝叶斯评分对网络结构进行优化的副作用是，在给定可用数据的情况下，我们能够找到模型复杂性的正确平衡。我们希望每一个模型都能够捕捉变量之间的重要关系，但是不希望模型有太多的参数，因为太多的参数将会导致无法从有限的数据中充分学习。

为了说明贝叶斯评分方法如何帮助我们平衡模型复杂性，考虑图 5-1 中的网络。A 的值对 B 的值影响很小，C 与其他变量无关。我们从这个"真实"模型中进行采样以生成数据 D，然后尝试对模型结构进行学习。涉及三个变量的网络结构存在 25 种可能性，但我们将重点关注图 5-2 中各个模型的得分。

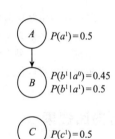

图 5-1　　一个简单的贝叶斯网络，用于演示贝叶斯评分如何帮助我们平衡模型复杂性

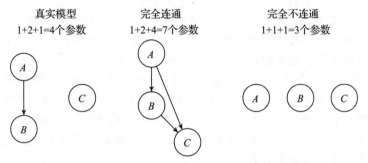

图 5-2　　三种不同复杂度的贝叶斯网络结构

图 5-3 显示了随着数据量的增加，完全连通模型和完全不连通模型的贝叶斯评分与真实模型的比较情况。在图中，我们减去了真实模型的分数，因此值大于 0 表明，在给定可用数据的情况下，模型提供了比真实模型更好的表示。该图还显示，当样本数少于 5×10^3

时，完全不连通模型比真实模型的表现更好。完全连通模型不会比真实模型表现更好，直到在大约 10^4 个样本数据时，完全连通模型的表现开始超越未连通模型，因为有足够的数据来充分估计其 7 个独立的参数。

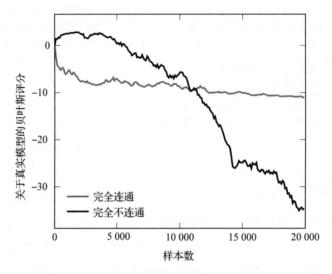

图 5-3   贝叶斯网络结构的学习可以实现模型复杂性和可用数据之间的平衡。完全连通的模型永远不会超过真实模型，而当抽取超过 5×10^3 个样本时，完全不连通的模型最终表现不佳。这一结果表明，即使在更复杂的模型生成样本的情况下，当数据稀缺时，简单的模型也可以优于复杂的模型

5.2   有向图搜索

在有向图搜索（directed graph search）中，我们在有向无环图的解空间中搜索可以最大化贝叶斯评分的图。可能的贝叶斯网络结构的解空间呈超指数级增长趋势[⊖]。如果有 10 个节点，那么存在 4.2×10^{18} 个可能的有向无环图。如果有 20 个节点，那么存在 2.4×10^{72} 个可能的有向无环图。除了具有很少节点的贝叶斯网络，我们无法枚举所有可能结构的解空间以找到最高得分的网络。因此，我们必须依靠网络搜索策略。幸运的是，搜索是一个普遍的问题，历年来已经研究出各种通用的搜索算法。

最常见的搜索策略之一称为 K_2[⊖]。该搜索（算法 5-2）的时间复杂度为多项式时间级别，但不能保证找到全局最优网络结构。K_2 搜索策略可以使用任何评分函数，但该搜索策略经常与贝叶斯评分一起使用，因为贝叶斯评分能够根据可用的数据量来平衡模型的复杂性。K_2 搜索策略从一个不包含有向边的图开始，然后根据所提供的顺序迭代变量，使用贪婪算法向节点添加父节点，从而最大限度地增加评分。通常，K_2 搜索策略会对任意一个节点的父节点数量规定一个上限值，从而减少所需的计算。最初的 K_2 算法先假设对于所有的 i、j 和 k，$\alpha_{ijk}=1$，存在一个满足单位均匀的狄利克雷先验概率分布，但原则上可以使用任何类型的先验概率分布。

⊖   R. W. Robinson，"Counting Labeled Acyclic Digraphs," in *Ann Arbor Conference on Graph Theory*，1973.
⊜   其名称来源于一个名为 Kutató 的系统的演变。提出该算法的文献为 G. F. Cooper and E. Herskovits，"A Bayesian Method for the Induction of Probabilistic Networks from Data," *Machine Learning*，vol. 4，no. 9，pp. 309-347，1992.

算法 5-2 K_2 搜索策略使用指定的变量排序对有向无环图的解空间进行搜索。这种变量排序在生成的图中规定了拓扑排序。拟合函数采用一个有序列表变量 vars 和一个数据集 D 作为参数。该方法从一个空的图开始，迭代添加下一个可以最大程度提高贝叶斯得分的父节点

```
struct K2Search
    ordering::Vector{Int} # 指定变量排序方式
end

function fit(method::K2Search, vars, D)
    G = SimpleDiGraph(length(vars))
    for (k,i) in enumerate(method.ordering[2:end])
        y = bayesian_score(vars, G, D)
        while true
            y_best, j_best = -Inf, 0
            for j in method.ordering[1:k]
                if !has_edge(G, j, i)
                    add_edge!(G, j, i)
                    y′ = bayesian_score(vars, G, D)
                    if y′ > y_best
                        y_best, j_best = y′, j
                    end
                    rem_edge!(G, j, i)
                end
            end
            if y_best > y
                y = y_best
                add_edge!(G, j_best, i)
            else
                break
            end
        end
    end
    return G
end
```

一个通用的搜索策略是局部搜索 (local search)，有时也称为爬山 (hill climbing) 算法。算法 5-3 提供了该思想的一种实现。首先，我们从一个初始图开始，然后移动到得分最高的邻居。这个初始图的邻居由只有一个基本图操作的图组成，其中，基本的图操作包括引入边、移除边和反转边。当然，并不是所有的操作都可以从一个特定的图中开始，并且任何将环路引入图中的操作都是无效的。搜索继续进行，直到当前图形的得分不低于其任何一个邻居的得分。

算法 5-3 局部有向图搜索。算法从初始有向图 G 开始，随机选择图中的一个邻居，每当该图邻居的贝叶斯得分较大时，就移动到这个随机选择的图邻居。算法对这个过程进行 k_max 次的迭代。通过添加或删除单个边来生成随机的图邻居。该算法可以扩展到包括反转边的方向。边的添加操作可能会生成带有环路的图，在这种情况下，我们指定了一个值为 $-\infty$ 的评分

```
struct LocalDirectedGraphSearch
    G      # 初始图
    k_max # 迭代的次数
end

function rand_graph_neighbor(G)
    n = nv(G)
```

```
    i = rand(1:n)
    j = mod1(i + rand(2:n)-1, n)
    G′ = copy(G)
    has_edge(G, i, j) ? rem_edge!(G′, i, j) : add_edge!(G′, i, j)
    return G′
end

function fit(method::LocalDirectedGraphSearch, vars, D)
    G = method.G
    y = bayesian_score(vars, G, D)
    for k in 1:method.k_max
        G′ = rand_graph_neighbor(G)
        y′ = is_cyclic(G′) ? -Inf : bayesian_score(vars, G′, D)
        if y′ > y
            y, G = y′, G′
        end
    end
    return G
end
```

　　算法 5-3 提供了局部搜索算法的机会主义（opportunistic）版本的一种实现。该方法不是在每次迭代时生成所有图邻居，而是生成单个随机邻居，如果其贝叶斯得分大于当前图的贝叶斯得分，则接受该邻居。

　　局部搜索可能陷入局部最优状态，从而无法找到全局最优的网络结构。在相关的研究文献中提出了解决局部最优问题的各种策略，其中包括[○]：

- 随机重启（randomized restart）。一旦找到了局部最优，只需在搜索空间中的随机点重新开始搜索。

- 模拟退火（simulated annealing）。搜索可以根据一些随机探索策略，访问拟合度较低的邻居，而不是总是移动到拟合度最高的邻居。随着搜索的进行，探索的随机性会根据特定的调度安排而降低。这种方法被称为模拟退火，因为它的灵感来自冶金术中的退火原理。

- 遗传算法（genetic algorithm）。遗传算法的搜索过程开始于搜索空间中以二进制字符串表示的点的初始随机填充。字符串中的每个二进制位指示两个节点之间是否存在箭头。因此，字符串操作允许搜索有向图的解空间。种群中的个体以与其得分成比例的速度繁殖。被选择用于繁殖的个体通过基因交叉将其字符串随机重组，这包括在两个随机选择的个体上选择交叉点，然后在该点之后交换字符串。变异（mutation）也通过随机翻转字符串中的二进制位随机引入种群。这种进化的过程继续，直到在搜索解空间中找到令人满意的点为止。

- 文化基因算法（memetic algorithm）。这种方法有时被称为遗传局部搜索（genetic local search），实质上是遗传算法和局部搜索的一种结合体。在遗传算法之后再将局部搜索策略应用于个体。

- 禁忌搜索（tabu search）。可以通过扩充先前的方法，以维护包含搜索解空间中最近访问点的禁忌列表（tabu list）。搜索算法将避开禁忌列表中的邻居。

在某些数据集上，有些搜索策略可能比其他搜索策略更有效，但总的来说，寻找全局

○　优化领域涉及的范围非常广，已经开发了许多解决局部最优问题的方法。有关该主题的综述，请参见文献 M. J. Kochenderfer and T. A. Wheeler, *Algorithms for Optimization*. MIT Press, 2019.

最优仍然是 NP-困难问题。然而，许多应用并不需要全局最优的网络结构。局部最优结构通常是可接受的解决方案。

5.3　马尔可夫等价类

如前所述，贝叶斯网络结构包含一组条件独立性假设。当试图学习贝叶斯网络结构时，需要做的一个重要观察是，两个不同的图可以包含相同的独立性假设。作为一个简单的例子，假设双变量网络 $A{\rightarrow}B$ 具有与 $A{\leftarrow}B$ 相同的独立性假设。仅仅根据数据，我们无法证明 A 和 B 之间的边方向是否正确。

如果两个网络包含相同的条件独立性假设，那么我们称两个网络是马尔可夫等价 (Markov equivalent) 的。可以证明，两个图如果是马尔可夫等价的，当且仅当这两个图满足以下两个条件：具有相同的边，不考虑边的方向；包含一组不道德的 v 结构 (immoral v-structure)。不道德的 v 结构是一个形如 $X{\rightarrow}Y{\leftarrow}Z$ 的 v 结构，其中 X 和 Z 未直接连接，如图 5-4 所示。马尔可夫等价类是一个集合，该集合包含所有满足相互马尔可夫等价的有向无环图。算法 5-4 给出了一种检查马尔可夫等价性的方法。

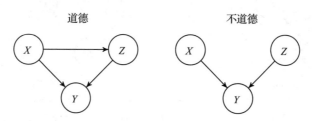

图 5-4　道德和不道德的 v 结构

算法 5-4　一种确定有向无环图 G 和 H 是否为马尔可夫等价的方法。IterTools.jl 的 subsets 函数返回给定集合和指定大小的所有子集

```
function are_markov_equivalent(G, H)
    if nv(G) != nv(H) || ne(G) != ne(H) ||
        !all(has_edge(H, e) || has_edge(H, reverse(e))
                                    for e in edges(G))
        return false
    end
    for (I, J) in [(G,H), (H,G)]
        for c in 1:nv(I)
            parents = inneighbors(I, c)
             for (a, b) in subsets(parents, 2)
                if !has_edge(I, a, b) && !has_edge(I, b, a) &&
                   !(has_edge(J, a, c) && has_edge(J, b, c))
                    return false
                end
            end
        end
    end

    return true
end
```

通常，属于同一马尔可夫等价类的两个结构可以被赋予不同的评分。然而，如果贝叶斯评分与狄利克雷先验分布结合在一起，使得 $\kappa = \sum_j \sum_k \alpha_{ijk}$ 对于所有 i 都是常数，那么这

两个马尔可夫等价结构被赋予相同的评分[1]。这样的先验分布被称为 BDe，其中一个特例是 BDeu 先验分布[2]，用于指定 $\alpha_{ijk} = \kappa/(q_i r_i)$。尽管通常使用的统一先验分布 $\alpha_{ijk} = 1$ 并不总是导致相同的评分被赋予同一等价类中的结构，但最终的评分通常相当接近。为同一类中的所有结构赋予相同评分的评分函数称为评分等值函数（score equivalent）。

5.4　部分有向图搜索

马尔可夫等价类可以表示为部分有向图（partially directed graph），有时称为基本图（essential graph）或有向非循环图模式（directed acyclic graph pattern）。部分有向图可以包含有向边和无向边。图 5-5 显示了对马尔可夫等价类的部分有向图进行编码的示例。有向非循环图 G 是由部分有向图 G' 编码的马尔可夫等价类的成员，当且仅当 G 具有与 G' 相同的边。

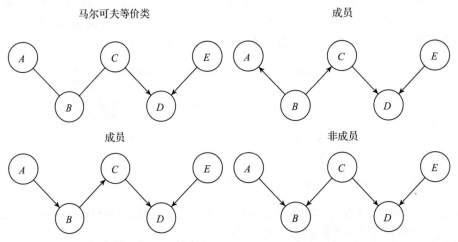

图 5-5　马尔可夫等价类以及成员和非成员的示例。非成员不属于马尔可夫等价类，因为它引入了不道德的 v 结构 $A \rightarrow B \leftarrow C$，这在部分有向图中未标识

实际上对于有向无环图，我们不用搜索其解空间，搜索由部分有向图表示的马尔可夫等价类的解空间[3]即可。尽管马尔可夫等价类的解空间比有向无环图的解空间小，但也并没有显著减小。有向无环图与等价类的比率相当快地渐近 3.7 左右[4]。在有向无环图的空间中，爬山算法存在的一个问题是，邻域可能由同一等价类中具有相同评分的其他图组成，这可能导致搜索陷入局部最优。搜索等价类的解空间允许我们跳转到当前等价类之外的不同有向无环图。

我们可以使用 5.2 节中介绍的任何一种通用搜索策略。如果确定使用一种形式的局部搜索，那么我们需要定义一系列的局部图操作，用以对图的邻域进行操作。局部图形操作

---

[1]　D. Heckerman, D. Geiger, and D. M. Chickering, "Learning Bayesian Networks: The Combination of Knowledge and Statistical Data," *Machine Learning*, vol. 20, no. 3, pp. 197-243, 1995.

[2]　W. L. Buntine, "Theory Refinement on Bayesian Networks," in *Conference on Uncertainty in Artificial Intelligence* (*UAI*), 1991.

[3]　有关如何搜索此解空间的详细信息，请参考文献 D. M. Chickering, "Learning Equivalence Classes of Bayesian-Network Structures," *Journal of Machine Learning Research*, vol. 2, pp. 445-498, 2002。

[4]　S. B. Gillispie and M. D. Perlman, "The Size Distribution for Markov Equivalence Classes of Acyclic Digraph Models," *Artificial Intelligence*, vol. 141, no. 1-2, pp. 137-155, 2002.

的示例包括：

- 如果 X 和 Y 之间不存在一条边，那么添加 $X{-}Y$ 或 $X{\to}Y$。
- 如果 $X{-}Y$ 或 $X{\to}Y$，那么移除连接 X 和 Y 之间的边。
- 如果 $X{\to}Y$，那么反转边的方向得到 $X{\leftarrow}Y$。
- 如果 $X{-}Y{-}Z$，那么添加 $X{\to}Y{\leftarrow}Z$。

为了对部分有向图进行评分，我们生成其马尔可夫等价类的一个成员，并计算其评分。

5.5 本章小结

- 将贝叶斯网络拟合到数据需要选择合适的贝叶斯网络结构，用以指示变量之间的条件依赖性。
- 结构学习的贝叶斯方法的目的是最大化贝叶斯评分，这与给定数据集的图形结构的概率有关。
- 对于较小的数据集，贝叶斯评分可以提升简单的网络结构；对于较大的数据集，贝叶斯评分支持更复杂的网络结构。
- 可能的网络结构的数量是可能存在的变量的超指数，而且寻找一个网络结构以最大化其贝叶斯得分也是 NP- 困难问题。
- 类似 K_2 的有向图搜索算法和局部搜索可以是有效的方法，但不能保证最优性。
- 类似部分有向图搜索等方法可以遍历马尔可夫等价类的空间，这可能比搜索更大的有向无环图空间更加有效。

5.6 练习题

练习题 5-1 具有 m 个节点的无边有向无环图有多少个邻居？

参考答案：在三个基本图形操作中，我们只能添加边。可以将任何边添加到一个无边有向无环图中，该图将保持无环。得到 $m(m-1)=m^2-m$ 个节点对，因此有相同数量的邻居。

练习题 5-2 请问如图 5-6 所示的贝叶斯网络的邻居有多少个网络？

参考答案：我们可以执行以下的图形操作：

- 添加：$A{\to}D$，$D{\to}A$，$D{\to}C$
- 移除：$A{\to}B$，$A{\to}C$，$B{\to}C$，$D{\to}B$
- 翻转：$A{\to}B$，$B{\to}C$，$D{\to}B$

因此，其邻居有 10 个贝叶斯网络。

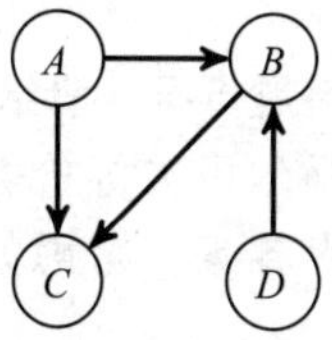

图 5-6 练习题 5-2 的贝叶斯网络

练习题 5-3 如图 5-7 所示，假设我们从贝叶斯网络 G 开始进行局部搜索。为了收敛到最优贝叶斯网络 G^*，可以执行的局部搜索的最少迭代次数是多少？

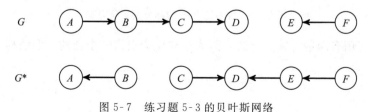

图 5-7 练习题 5-3 的贝叶斯网络

参考答案：在每次迭代中，局部搜索可以从原始网络移动到其附近的网络，这最多是原始网络的一个边的相关操作。由于 G 和 G^* 的边之间有三个差异，从 G 执行局部搜索将需要至少三次迭代才能到达 G^*。局部搜索迭代的一个可能的最小序列是翻转 $A{\rightarrow}B$、移除 $B{\rightarrow}C$，并添加 $E{\rightarrow}D$。我们假设使用这些边操作形成的图在所考虑的邻域中产生所有图的最高贝叶斯评分。

练习题 5-4　绘制一个部分有向无环图，如图 5-8 所示，用以表示以下贝叶斯网络的马尔可夫等价类。这个马尔可夫等价类中有多少个图？

参考答案：马尔可夫等价类可以由如图 5-9 所示的部分有向无环图来表示。

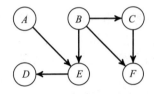
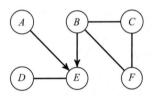

图 5-8　练习题 5-4 的部分有向无环图 （一）　　图 5-9　练习题 5-4 的部分有向无环图 （二）

该马尔可夫等价类中有六个网络，如图 5-10 所示。

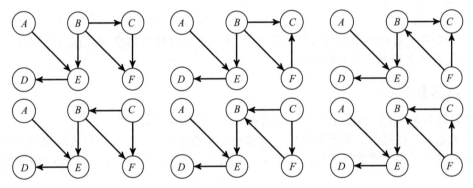

图 5-10　马尔可夫等价类中的六个网络

练习题 5-5　请给出一个具有四个节点的部分有向无环图的例子，该图无法定义一个非空的马尔可夫等价类。

参考答案：考虑如图 5-11 所示的部分有向无环图。

图 5-11　练习题 5-5 的部分有向无环图

我们不能使用有向边替换无向边，因为这样做会引入一个新的 v 型结构。

简 单 决 策

本章介绍简单决策（simple decision）的概念，即在不确定性的状态下做出单个决策[一]。我们将从效用理论（utility theory）的角度研究决策问题。效用理论涉及将智能体的偏好建模为不确定性结果的实值函数[二]。首先，本章将讨论理性偏好（rational preference）上的少量相关约束集如何导致效用函数的产生。效用函数可以从一系列的偏好查询中推断出来。然后，我们将最大期望效用原则作为理性化的定义，这是决策理论（decision theory）中的一个核心概念，本书中将其用作决策的驱动原则[三]。我们还将展示如何将决策问题表示为决策网络，并介绍求解最优决策的算法。本章将引入信息价值（value of information）的概念，用于衡量通过观测附加变量而获得的效用。最后，本章将简要讨论人类所做的决策并不总是符合最大期望效用原则的相关问题。

6.1 理性偏好上的约束

在第 2 章中，我们首次讨论不确定性，通过对相关需求进行确定，以比较不同陈述的信念度。本章要求能够比较两种不同结果的合意程度（the degree of desirability）。我们使用以下运算符来声明偏好：

- $A \succ B$，表明我们更倾向于 A 而不是 B。
- $A \sim B$，表明我们对 A 和 B 没有偏好的倾向性。
- $A \succeq B$，表明我们更倾向于 A，或者对 A 和 B 没有偏好的倾向性。

正如信念度是主观的，偏好也是主观的。

除了比较事件之外，偏好运算符还可以用于比较不确定结果的偏好。中彩概率（lottery）是与一组结果相关联的一组概率。例如，如果 $S_{1:n}$ 是一组结果，$p_{1:n}$ 是这组结果的相关概率，那么涉及这些结果和中彩概率将记作：

$$[S_1 : p_1 ; \cdots ; S_n : p_n] \tag{6.1}$$

之所以存在"效用的实值度量"这一概念，主要源于一组关于偏好的假设[四]。根据效用函数的相关理论，我们可以定义在不确定性下做出理性决策的意义。正如在信念度上施加一系列约束一样，我们也会对偏好施加一些约束条件[五]：

[一] 与顺序问题相比，简单决策问题相对比较简单。顺序问题是本书其余章节讨论的重点。不过，简单决策并不一定容易解决。

[二] 有关效用理论发展例程的综述，请参见文献 P. J. H. Schoemaker, "The Expected Utility Model: Its Variants, Purposes, Evidence and Limitations," *Journal of Economic Literature*, vol. 20, no. 2, pp. 529-563, 1982. 有关效用理论的详细论述，请参见文献 P. C. Fishburn, "Utility Theory," *Management Science*, vol. 14, no. 5, pp. 335-378, 1968。

[三] M. Peterson 提供了决策理论领域的综述，参见文献 *An Introduction to Decision Theory*. Cambridge University Press, 2009。

[四] 预期效用理论由瑞士数学家和物理学家丹尼尔·伯努利（1700—1782）于 1738 年提出，具体请参见文献 D. Bernoulli, "Exposition of a New Theory on the Measurement of Risk," *Econometrica*, vol. 22, no. 1, pp. 23-36, 1954。

[五] 这些约束有时被称为冯·诺伊曼-摩根斯坦公理，以匈牙利裔美国数学家和物理学家约翰·冯·诺伊曼（John von Neumann, 1903—1957）和奥地利裔美国经济学家奥斯卡·莫根斯坦（Oskar Morgenstern, 1902—1977）的名字命名。他们制定了这些公理的变体。具体请参见文献 J. von Neumann and O. Morgenstern, *Theory of Games and Economic Behavior*. Princeton University Press, 1944. Critiques of these axioms are discussed by P. Anand, "Are the Preference Axioms Really Rational?" *Theory and Decision*, vol. 23, no. 2, pp. 189-214, 1987。

- 完整性（completeness）。必须符合以下条件之一：$A>B$、$B>A$ 或 $A\sim B$。
- 传递性（transitivity）。如果 $A\geq B$ 并且 $B\geq C$，那么 $A\geq C$。
- 连续性（continuity）。如果 $A\geq C\geq B$，则存在一个概率 p，使得 $[A:p;B:1-p]\sim C$。
- 独立性（independence）。如果 $A>B$，则对于任何 C 和概率 p，$[A:p;C:1-p]\geq [B:p;C:1-p]$。

这些是对理性偏好的约束条件。这些约束条件与现实生活中人类的偏好无关。事实上，有强有力的证据表明人类并不总是理性的（6.7 节将进一步讨论这一点）。本书的目标是从计算角度理解理性决策，以便能够构建实用的系统。将这一理论扩展到理解人类决策的可能性实际上并不太重要。

6.2 效用函数

正如对不同陈述的合理性进行比较的约束条件导致实值概率测量值的存在，对理性偏好的约束将导致实值效用测量值的存在。根据我们对理性偏好上所施加的约束条件，存在实值效用函数 U，满足：

- $U(A)>U(B)$，当且仅当 $A>B$；
- $U(A)=U(B)$，当且仅当 $A\sim B$。

在不考虑正仿射变换（positive affine transformation）的情况下，效用函数是唯一的。换而言之，对于任何常数 $m>0$ 和 b，$U'(S)=mU(S)+b$，当且仅当 U' 引起的偏好与 U 相同。效用函数与温度类似：我们可以使用不同的温度单位，例如开尔文温度、摄氏温度或华氏温度来对温度进行比较，所有这些温度都是彼此之间的仿射变换。

根据对理性偏好的约束，中彩概率的效用函数如下所示：

$$U([S_1:p_1;\cdots;S_n:p_n]) = \sum_{i=1}^{n} p_i U(S_i) \tag{6.2}$$

示例 6-1 应用式（6.2）计算涉及防撞控制系统结果的效用。

示例 6-1 涉及防撞控制系统结果的中彩概率。 假设我们正在构建一个飞机防撞控制系统。飞机遭遇的结果由系统是否发出警报（A）和是否发生碰撞（C）来定义。因为 A 和 C 是二元数据类型，所以有四种可能的组合结果。只要我们的偏好是理性的，就可以根据四个参数在可能的中彩概率空间上编写如下的效用函数：$U(a^0,c^0)$、$U(a^1,c^0)$、$U(a^0,c^1)$ 和 $U(a^1,c^1)$。例如：

$$U([a^0,c^0:0.5;\quad a^1,c^0:0.3;\quad a^0,c^1:0.1;\quad a^1,c^1:0.1])$$

等价于

$$0.5U(a^0,c^0) + 0.3U(a^1,c^0) + 0.1U(a^0,c^1) + 0.1U(a^1,c^1)$$

如果效用函数是有界的，那么我们可以定义一个归一化效用函数（normalized utility function），其中最好的可能结果被赋值为效用 1，最坏的可能结果被赋值为效用 0。其他结果的效用值会根据需要进行缩放和转换。

6.3 效用诱导

在构建决策或决策支持系统时，从一个或一群人中推断效用函数通常是有帮助的。这种方法被称为效用诱导（utility elicitation）或偏好诱导（preference elicitation）[⊖]。实现这一点的一种方法是将最差结果 $\underline{S}$ 的效用值固定为 0，将最佳结果 $\overline{S}$ 的效用值固定为 1。只要结果的效用值是有限的，我们就可以在不改变偏好的情况下转换和扩展效用值。如果我们想确定结果 S 的效用值，那么首先确定概率 p，使得 $S\sim[\overline{S}:p;\underline{S}:1-p]$。然后，$U(S)=p$。示例 6-2 应用此过程来确定与防撞控制问题相关的效用函数。

> **示例 6-2 应用于防撞控制的效用诱导。** 在我们的防撞控制示例中，最好的可能事件是不发出警报并且没有发生碰撞，因此我们将设置 $U(a^0,c^0)=1$。最坏的可能事件是发出警报并且发生碰撞，因此我们将设置 $U(a^1,c^1)=0$。我们将中彩概率 $L(p)$ 定义为 $[a^0,c^0:p;a^1,c^1:1-p]$。为了确定 $U(a^1,c^0)$，必须找到 p，使得 $(a^1,c^0)\sim L(p)$。类似地，为了确定 $U(a^0,c^1)$，必须找到 p，使得 $(a^0,c^1)\sim L(p)$。

使用货币价值来推断效用函数可能很有吸引力。例如，如果我们正在创建一个管理森林火灾的决策支持系统，那么可根据两种货币成本来定义效用函数，其中一种是财产损失产生的货币成本，另一种是用于部署灭火资源的货币成本。然而，众所周知，在经济学中，财富的效用通常不满足线性关系[⊖]。如果效用和财富之间存在线性关系，则应根据最大化预期货币价值来做出决策。对保险行业而言，试图使预期货币价值最大化将毫无用处，因为保险单据（insurance policy，或称为"保险证券"，简称"保单"）的预期货币价值通常为负值。

我们通常希望最大化财富的预期效用，而非最大化预期财富。当然，不同的人有不同的效用函数。图 6-1 显示了效用函数的示例。对于少量的财富，曲线大致呈线性关系，100 美元的效用是 50 美元的两倍。然而，对于更大量的财富，曲线趋于平缓；毕竟，1 000 美元对亿万富翁的价值相比于普通人的价值而言要低。曲线的平坦化有时被称为边缘效用递减（diminishing marginal utility）。

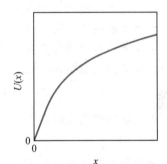

图 6-1 财富 x 的效用通常被建模为针对较小值呈现线性变化关系，然后对于较大值则呈现凹形变化关系，表现出风险规避态势

在讨论货币效用函数时，经常使用以下所列的三个术语。为了便于说明，假设 A 代表直接获得 50 美元，B 代表 50% 的机会可以赢得 100 美元。

- **风险中性（risk neutral）**。效用函数呈线性变化关系。在 50 美元和 50% 的机会赢得 100 美元（$A\sim B$）之间没有倾向性。

- **风险寻求（risk seeking）**。效用函数是凸形函数。人们更倾向于 50% 的机会赢得 100 美元（$A\prec B$）。

- **风险规避（risk averse）**。效用函数是凹形函数。人们更倾向于直接获得 50 美元（$A\succ B$）。

⊖ 有关各种效用诱导方法的综述，请参见文献 P. H. Farquhar, "Utility Assessment Methods," *Management Science*, vol. 30, no. 11, pp. 1283-1300, 1984。

⊖ H. Markowitz, "The Utility of Wealth," *Journal of Political Economy*, vol. 60, no. 2, pp. 151-158, 1952。

有几种常用的函数形式可以模拟标量的风险规避[⊖]，例如财富或病床的可用性。其中一种函数是二次效用函数（quadratic utility）：

$$U(x) = \lambda x - x^2 \tag{6.3}$$

其中，参数 $\lambda > 0$ 用于控制风险规避。由于在对类似于财富等可定量的效用进行建模时，我们通常希望该效用函数单调递增，因此将该函数设为 $x = \lambda/2$。在这一点之后，效用开始减少。另一个简单的函数形式是指数效用函数（exponential utility）：

$$U(x) = 1 - e^{-\lambda x} \tag{6.4}$$

其中，$\lambda > 0$。虽然其数学形式非常简捷，但通常不被视为财富效用的合理模型。另一种模拟风险规避的函数是乘幂效用函数（power utility）：

$$U(x) = \frac{x^{1-\lambda} - 1}{1 - \lambda} \tag{6.5}$$

其中，$\lambda \geqslant 0$ 并且 $\lambda \neq 1$。对数效用函数（logarithmic utility）为：

$$U(x) = \log x \tag{6.6}$$

其中，$x > 0$ 时可被视为 $\lambda \to 1$ 时的乘幂效用函数的特殊情况。

图 6-2 显示了不同参数的乘幂效用函数。其中，对数效用是乘幂效用的一种特殊情况。

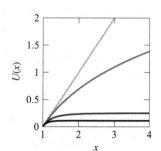

图 6-2 乘幂效用函数

6.4 最大期望效用原则

我们所感兴趣的问题是在对世界状况不完全了解的情况下如何做出理性的决策。假设有一个概率模型 $P(s'|o,a)$，该模型表示假设观测到 o 并采取行为 a 下，世界状态变为 s' 的概率。我们有一个效用函数 $U(s')$，表示在结果空间上的偏好。如果给定观测 o，我们所采取行为的期望效用（expected utility）由以下公式给出：

$$EU(a|o) = \sum_{s'} P(s'|a,o)U(s') \tag{6.7}$$

最大期望效用原则表明，理性的智能体应该选择使期望效用最大化的操作行为：

$$a^* = \arg\max_a EU(a|o) \tag{6.8}$$

因为我们的目标是构建理性的智能体，所以式（6.8）在本书中起着核心的作用[⊖]。示例 6-3 将此原则应用于一个简单的决策问题。

> **示例 6-3　将最大期望效用原则应用于是否带雨伞的简单决策。** 假设根据目的地的天气情况，我们考虑是否在度假时携带雨伞。我们观察天气预报 o，天气预报可能是雨天，也可能是晴天。我们所采取的行为 a 要么携带雨伞，要么不携带雨伞。由此产生的结果状态 s' 是如下两种情况的组合：我们是否携带了雨伞，以及目的地是晴天或雨天。概率模型如表 6-1 所示。

⊖　这些函数形式在经济学和金融学中得到了深入的研究。具体请参考文献 J. E. Ingersoll, *Theory of Financial Decision Making*. Rowman and Littlefield Publishers, 1987。
⊖　有关最大期望效用原则对人工智能领域重要性的讨论，请参见文献 S. Russell and P. Norvig, *Artificial Intelligence: A Modern Approach*, 4th ed. Pearson, 2021。

　　假设天气预报并不是完全准确的：降雨的预报 90% 是正确的，晴天的预报 80% 是正确。此外，我们假设随身带着伞并不会影响天气的变化，尽管有些人可能会质疑这一假设。效用函数如表 6-2 所示。

<table>
<tr><th colspan="4" style="text-align:center">表 6-1　是否带雨伞的概率模型</th></tr>
<tr><th>o</th><th>a</th><th>s'</th><th>P(s'|a,o)</th></tr>
<tr><td>预报降雨</td><td>携带雨伞</td><td>降雨带伞</td><td>0.9</td></tr>
<tr><td>预报降雨</td><td>未携带雨伞</td><td>降雨未带伞</td><td>0.9</td></tr>
<tr><td>预报降雨</td><td>携带雨伞</td><td>晴天带伞</td><td>0.1</td></tr>
<tr><td>预报降雨</td><td>未携带雨伞</td><td>晴天未带伞</td><td>0.1</td></tr>
<tr><td>预报晴天</td><td>携带雨伞</td><td>降雨带伞</td><td>0.2</td></tr>
<tr><td>预报晴天</td><td>未携带雨伞</td><td>降雨未带伞</td><td>0.2</td></tr>
<tr><td>预报晴天</td><td>携带雨伞</td><td>晴天带伞</td><td>0.8</td></tr>
<tr><td>预防晴天</td><td>未携带雨伞</td><td>晴天未带伞</td><td>0.8</td></tr>
</table>

<table>
<tr><th colspan="2" style="text-align:center">表 6-2　是否带雨伞的效用函数</th></tr>
<tr><th>s'</th><th>U(s')</th></tr>
<tr><td>降雨带伞</td><td>−0.1</td></tr>
<tr><td>降雨未带伞</td><td>−1</td></tr>
<tr><td>晴天带伞</td><td>0.9</td></tr>
<tr><td>晴天未带伞</td><td>1</td></tr>
</table>

　　如果我们使用式（6.7）来预测是否降雨，那么可以计算携带雨伞的期望效用：

$$EU(\text{带伞} \mid \text{预测降雨}) = 0.9 \times (-0.1) + 0.1 \times 0.9 = 0$$

同样，如果使用式（6.7）来预测是否降雨，我们可以计算不携带雨伞的期望效用：

$$EU(\text{不带伞} \mid \text{预测降雨}) = 0.9 \times (-1) + 0.1 \times 1 = -0.8$$

因此，我们需要携带雨伞。

6.5　决策网络

　　决策网络（decision network），有时称为影响图（influence diagram），是贝叶斯网络的一种推广，包括行为节点和效用节点，因此我们可以紧凑地表示定义决策问题的概率和效用模型[⊖]。前一节中的状态空间、行为空间和观测空间都可以被考虑在内，决策网络的结构可以捕捉各个组件之间的关系。

　　决策网络由以下三种类型的节点组成：

- 机会节点（chance node）：对应于随机变量（使用圆圈表示）。
- 行为节点（action node）：对应于决策变量（使用正方形表示）。
- 效用节点（utility node）：对应于效用变量（使用菱形表示），注意不能有子节点。

　　决策网络中存在以下三种有向边：

- 条件边（conditional edge）以机会节点结尾，表示该机会节点中的不确定性取决于其所有父节点的值。
- 信息边（informational edge）以行为节点结尾，表示与该节点相关的决策是在了解其父节点的值的情况下做出的。（这些边通常使用虚线绘制，为了简化，有时会从图中省略信息边。）
- 功能边（functional edge）以效用节点结尾，表示效用节点是由其父节点的结果所决定的。

⊖　关于决策网络的深入讨论，请参见文献 F. V. Jensen and T. D. Nielsen, *Bayesian Networks and Decision Graphs*, 2nd ed. Springer，2007。

像贝叶斯网络一样，决策网络中不能存在有环路。与行为关联的效用等于所有效用节点处的值之和。示例6-4说明在给定诊断测试结果的情况下，决策网络对是否治疗疾病的问题如何进行建模。

示例 6-4　一个决策网络的示例，用于根据诊断测试中的信息，对是否治疗疾病进行建模。 假设我们有一组诊断测试的结果，如表6-3所示，这些结果可能表明某种特定疾病的存在。鉴于对这些测试的了解，我们需要决定是否对该疾病进行治疗。效用取决于是否进行治疗以及疾病是否实际存在。条件边将 D 连接到 O_1、O_2 和 O_3。图6-3中未明确显示信息边，但信息边将观测结果与 T 相连接。功能边将 T 和 D 与 U 相连接。

表 6-3　诊断测试结果

T	D	$U(T, D)$
0	0	0
0	1	-10
1	0	-1
1	1	-1

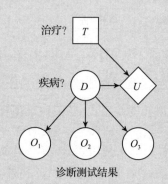

图 6-3　是否治疗疾病的决策网络

解决一个简单的问题（算法6-1）需要对所有可能的决策实例进行迭代，以找到最大化期望效用的决策。对于每个实例化，我们评估相关的期望效用。首先，实例化行为节点和观测到的机会节点。然后，对于输入效用函数中的数据，我们可以应用任何推理算法计算相应的后验概率。期望效用是效用节点处的值之和。示例6-5显示如何将此过程应用于我们正在运行的示例。

算法 6-1　决策网络的一个简单问题。决策网络是包含机会变量、决策变量和效用变量的贝叶斯网络。效用变量被视为确定性变量。因为贝叶斯网络中的变量取值范围为 $1:r_i$，所以效用变量通过 utilities 字段映射到实际值。例如，如果有一个效用变量 ": u1"，那么与该变量相关联的第 i 个效用是 utilities [: u1] [i]。solve 函数将问题、证据和推理方法作为输入参数，并返回决策变量及其相关期望效用的最佳赋值

```
struct SimpleProblem
    bn::BayesianNetwork
    chance_vars::Vector{Variable}
    decision_vars::Vector{Variable}
    utility_vars::Vector{Variable}
    utilities::Dict{Symbol, Vector{Float64}}
end

function solve(𝒫::SimpleProblem, evidence, M)
    query = [var.name for var in 𝒫.utility_vars]
    U(a) = sum(𝒫.utilities[uname][a[uname]] for uname in query)
    best = (a=nothing, u=-Inf)
    for assignment in assignments(𝒫.decision_vars)
        evidence = merge(evidence, assignment)
        ϕ = infer(M, 𝒫.bn, query, evidence)
        u = sum(p*U(a) for (a, p) in ϕ.table)
```

```
        if u > best.u
            best = (a=assignment, u=u)
        end
    end
    return best
end
```

目前已经开发多种方法来提高决策网络的评估效率[1]。其中一种方法是如果这些节点不存在通过条件边、信息边或功能边所定义的子节点，则从决策网络中删除行为节点和机会节点。在示例 6-5 中，我们可以移除节点 O_2 和 O_3，因为这两个节点没有子节点。我们无法移除节点 O_1，因为我们将其视为观察到的结果，这表明从 O_1 到 T 之间存在一条信息边（尽管图 6-3 中并没有明确绘制）。

示例 6-5 对诊断测试问题进行评估的决策网络。 对于示例 6-4 中的决策网络，我们可以使用式（6.7）来计算其关于疾病治疗的期望效用。现在，我们假设只得到了第一次诊断测试的结果，结果是阳性。如果想将第一次诊断测试的结果明确地标识在决策网络图中，那么可以绘制一条从 O_1 到 T 的信息边，并且得到下式：

$$EU(t^1 \mid o_1^1) = \sum_{o_3} \sum_{o_2} \sum_d P(d, o_2, o_3 \mid t^1, o_1^1) U(t^1, d, o_1^1, o_2, o_3)$$

我们可以使用贝叶斯网络的链式规则和条件概率的定义来计算 $P(d, o_2, o_3 \mid t^1, o_1^1)$。因为效用节点仅仅取决于是否存在该疾病以及是否治疗该疾病，所以可以将 $U(t^1, d, o_1^1, o_2, o_3)$ 简化为 $U(t^1, d)$。因此得到下式：

$$EU(t^1 \mid o_1^1) = \sum_d P(d \mid t^1, o_1^1) U(t^1, d)$$

上一章中介绍的任何精确推断方法或近似推断方法都可以用于评估 $P(d \mid t^1, o_1^1)$。为决定是否对疾病采取治疗，计算 $EU(t^1 \mid o_1^1)$ 和 $EU(t^0 \mid o_1^1)$，并做出可以提供最高期望效用的决策。

6.6 信息价值

我们可以根据观测结果做出最终的决策。在许多应用中，很自然地需要量化信息的价值（value of information），即观测到的额外变量是否会增加效用，具体增加多少值[2]。例如，在示例 6-5 的疾病治疗应用中，假设只观测到 o_1^1。考虑仅一次诊断测试的阳性结果，我们可能会决定不接受治疗。然而，如果疾病真正存在，进行额外的诊断测试可能会降低不治疗的风险。

在计算信息值时，将使用 $EU^*(o)$ 表示给定观测值 o 的最优行为的期望效用。给定值 o，变量 o' 的信息价值为：

---

[1] R. D. Shachter, "Evaluating Influence Diagrams," *Operations Research*，vol. 34，no. 6，pp. 871-882，1986. R. D. Shachter, "Probabilistic Inference and Influence Diagrams," *Operations Research*，vol. 36，no. 4，pp. 589-604，1988.

[2] R. A. Howard, "Information Value Theory," *IEEE Transactions on Systems Science and Cybernetics*，vol. 2，no. 1，pp. 22-26，1966. 有关决策网络的应用参见文献 S. L. Dittmer and F. V. Jensen, "Myopic Value of Information in Influence Diagrams," in *Conference on Uncertainty in Artificial Intelligence* (UAI)，1997. R. D. Shachter, "Efficient Value of Information Computation," in *Conference on Uncertainty in Artificial Intelligence* (UAI)，1999.

$$VOI(O'|o) = \left(\sum_{o'} P(o'|o)EU^*(o,o') \right) - EU^*(o) \tag{6.9}$$

换而言之，如果观测到某个变量，那么该变量的信息价值就是期望效用的增加值。算法 6-2 提供了该思想的实现。

算法 6-2 一种决策网络评估方法。该方法接收的参数包含：一个简单的问题 $\mathcal{P}$，查询变量列表 query，包含观测到的机会变量及其值的字典 evidence，以及推理策略 M。该方法返回一个决策值的赋值，该赋值在给定证据的情况下最大化期望效用

```
function value_of_information(𝒫, query, evidence, M)
    φ = infer(M, 𝒫.bn, query, evidence)
    voi = -solve(𝒫, evidence, M).u
    query_vars = filter(v→v.name ∈ query, 𝒫.chance_vars)
    for o' in assignments(query_vars)
        oo' = merge(evidence, o')
        p = φ.table[o']
        voi += p*solve(𝒫, oo', M).u
    end
    return voi
end
```

信息的价值永远不可能是负值。只有当额外的观测能够导致不同的最优决策时，期望效用才会增加。如果观测一个新变量 O' 对行为的选择并没有任何影响，则对所有 O'，$EU^*(O,O') = EU^*(O)$，在这种情况下，式（6.9）的求值结果为 0。例如，如果无论诊断测试的结果如何，最佳决策都是治疗疾病，那么观察测试结果的值为 0。

信息的价值只反映来自观察的期望效用的增加。成本可能与特定的观察相关。一些诊断测试可能成本很低，例如测量体温；其他诊断测试的成本可能会很高，并且可能具有侵入性，例如腰椎穿刺。腰椎穿刺所获得的信息价值可能远远大于体温测量所获得的信息价值，但应考虑测试成本。

信息的价值是选择哪些对象以进行观测的一个重要指标。有时，信息的价值度量用于确定适当的观测序列。在每次观测之后，确定剩余未观测变量的信息价值。然后选择具有最大信息值的未观测变量进行观测。如果在进行不同观测时产生成本，则在确定需要观测的变量时，需从信息价值中减去这些成本。这个过程一直持续到观测更多的变量不再对信息价值产生影响为止。然后选择最佳行为。这种贪婪的观测选择只是一种启发式的方法，可能不代表真正的最佳观测序列。观测值的最佳选择可以通过后面章节中介绍的序列决策技术来确定。

6.7 非理性

决策理论是一种规范性理论（normative theory），规范性理论是约定俗成的规定，而不是描述性理论（descriptive theory），描述性理论是对人类行为的预测。人类的判断和偏好通常不遵循 6.1 节中概述的理性规则[⊖]。即使是人类专家也可能存在不一致的偏好，这在设计试图最大化期望效用的决策支持系统时可能会出现问题。

示例 6-6 表明，与发生可能性小的损失相比，确定性往往夸大了确定的损失。这种确定性效应（certainty effect）也会带来收益。一个确定的较小的收益往往比一个发生的可

⊖ 卡尼曼（Kahneman）和特维斯基（Tversky）对期望效用理论提出批评，并引入一种称为前景理论（prospect theory，也称为展望理论）的替代模型，这似乎更符合人类的行为。D. Kahneman and A. Tversky, "Prospect Theory: An Analysis of Decision Under Risk," *Econometrica*, vol. 47, no. 2, pp. 263-292, 1979。

能性很小的更大收益更可取，这必然违背了理性的公理。

示例 6-6　一项实验表明，确定性往往夸大了相对于发生的可能性小的损失而言的确定损失[⊖]。特维斯基和卡尼曼研究了在课堂环境中回答调查问卷的大学生的偏好。他们向大学生提出应对疫情的问题。学生们将在以下两种结果之间展示他们的偏好：

- A：失去 75 条生命的可能性为 100%。
- B：失去 100 条生命的可能性为 80%。

大多数学生偏向 B 而不是 A。从式（6.2），我们知道：

$$U(\text{lose } 75) < 0.8U(\text{lose } 100) \tag{6.10}$$

然后要求学生们在以下两种结果中进行选择：

- C：失去 75 条生命的可能性为 10%。
- D：失去 100 条生命的可能性为 8%。

大多数学生选择 C 而不是 D。因此，$0.1U(\text{losc } 75) > 0.08U(\text{lose } 100)$。将两边乘以 10，得到：

$$U(\text{lose } 75) > 0.8U(\text{lose } 100) \tag{6.11}$$

当然，式（6.10）和式（6.11）会产生矛盾。我们没有对 $U(\text{lose } 75)$ 和 $U(\text{lose } 100)$ 的实际值做出任何假设——甚至没有假设失去 100 条生命比失去 75 条生命更糟糕。因为式（6.2）直接遵循 6.1 节中给出的冯·诺伊曼-摩根斯坦公理，所以必须至少违反其中一个公理，即使许多选择 B 和 C 的人似乎认为这些公理是一致的。

示例 6-7 演示了框架效应（framing effect），即人们根据选项是作为损失还是作为收益来决定取舍。许多其他认知偏差可能导致偏离效用理论的规定[⊜]。当试图从人类专家那里获取效用函数来构建决策支持系统时，必须特别注意这一点。尽管决策支持系统的建议可能是合理的，但在某些情况下，这些建议可能并不完全反映人类的偏好。

示例 6-7　一个演示框架效应的实验[⊜]。特维斯基和卡尼曼使用一个假设情景演示了框架效应。在该情景中，一场流行病预计将导致 600 人死亡。他们向学生展示了以下两种结果：

- E：将拯救 200 人。
- F：600 人获救的概率为 1/3，没有人获救的概率为 2/3。

大多数学生选择了 E 而不是 F。接着，学生们被要求在以下选项中进行选择：

- G：400 人将死亡。
- H：没有人死亡的概率为 1/3，600 人死亡的概率为 2/3。

大多数学生选择 H 而不是 G，尽管 E 相当于 G，F 相当于 H。导致这种不一致性的原因是由于问题的框架效应。

⊖ A. Tversky and D. Kahneman, "The Framing of Decisions and the Psychology of Choice," *Science*, vol. 211, no. 4481, pp. 453-458, 1981.

⊜ 讨论人类明显的非理性请参见文献 D. Ariely, *Predictably Irrational：The Hidden Forces That Shape Our Decisions*. Harper, 2008. J. Lehrer, *How We Decide*. Houghton Mifflin, 2009。

⊜ A. Tversky and D. Kahneman, "The Framing of Decisions and the Psychology of Choice," *Science*, vol. 211, no. 4481, pp. 453-458, 1981.

6.8 本章小结

- 理性决策结合了概率理论和效用理论。
- 效用函数的存在源于对理性偏好的约束。
- 合理的决策是使期望效用最大化的决策。
- 决策问题可以使用决策网络进行建模。决策网络是贝叶斯网络的扩展，包括行为和效用。
- 解决一个简单的决策问题涉及贝叶斯网络中的推理，因此是 NP- 困难问题。
- 如果观察到新变量，信息的价值将衡量期望效用的增加。
- 人类并不总是能够做出理性的决策。

6.9 练习题

练习题 6-1 假设我们有一个效用函数 $U(s)$，具有有限的最大值 $\overline{U}$ 和有限的最小值 $\underline{U}$，请问保持相同偏好的相应归一化效用函数 $\hat{U}(s)$ 是什么？

参考答案：归一化效用函数的最大值为 1，最小值为 0。偏好在仿射变换下保持不变，因此，如果 $U(s)$ 与单位边界相匹配，我们就可以确定 $U(s)$ 的仿射变换。其仿射变换公式为：

$$\hat{U}(s) = \frac{U(s) - \underline{U}}{\overline{U} - \underline{U}} = \frac{1}{\overline{U} - \underline{U}} U(s) - \frac{\underline{U}}{\overline{U} - \underline{U}}$$

练习题 6-2 如果 $A \geq C \geq B$，并且各自结果的效用是 $U(A) = 450$，$U(B) = -150$，$U(C) = 60$，那么 A 和 B 的中彩概率值是多少时，可以使得该中彩概率与 C 相同？

参考答案：对 A 和 B 的中彩概率定义为 $[A;p;B;1-p]$。为了确保中彩概率和 $C([A;p;B;1-p] \sim C)$ 的值相同，我们必须满足 $U([A;p;B;1-p]) = U(C)$。因此，必须计算满足以下等式的 p：

$$U([A;p;B;1-p]) = U(C)$$
$$pU(A) + (1-p)U(B) = U(C)$$
$$p = \frac{U(C) - U(B)}{U(A) - U(B)}$$
$$p = \frac{60 - (-150)}{450 - (-150)} = 0.35$$

这意味着中彩概率 $[A;0.35;B;0.65]$ 与 C 一样理想。

练习题 6-3 假设对于三个结果 A、B 和 C 上的效用函数 U，$U(A) = 5$，$U(B) = 20$，$U(C) = 0$。一种中彩概率的选择是 50% 的 B 概率和 50% 的 C 概率，另一种选择是确保 A 的中彩概率。请计算优选中彩概率，并证明在 m=2 和 B=30 的正仿射变换下，我们保持对同一中彩概率的偏好。

参考答案：第一种中彩概率由 $[A;0.0;B;0.5;C;0.5]$ 给出，第二种中彩概率由 $[A;1.0;B;0.0;C;0.0]$ 给出。每个中彩概率原始效用的计算公式为：

$$U([A;0.0;B;0.5;C;0.5]) = 0.0U(A) + 0.5U(B) + 0.5U(C) = 10$$
$$U([A;1.0;B;0.0;C;0.0]) = 1.0U(A) + 0.0U(B) + 0.0U(C) = 5$$

由于 $U([A;0.0;B;0.5;C;0.5]) > U([A;1.0;B;0.0;C;0.0])$，因此我们倾向于第一种中彩概率。在 m=2 和 B=30 的正仿射变换下，新效用值的计算公式为 $U' = 2U + 30$。

因此，新的效用值分别为 U′(A)=40、U′(B)=70 和 U′(C)=3。每个中彩概率的新效用值分别为：

$$U'([A{:}0.0{;}B{:}0.5{;}C{:}0.5]) = 0.0U'(A) + 0.5U'(B) + 0.5U'(C) = 50$$

$$U'([A{:}1.0{;}B{:}0.0{;}C{:}0.0]) = 1.0U'(A) + 0.0U'(B) + 0.0U'(C) = 40$$

由于 U′([A:0.0;B:0.5;C:0.5])>U′([A:1.0;B:0.0;C:0.0])，我们保持对第一种中彩概率的偏好。

练习题 6-4 请证明式 (6.5) 中的乘幂效用函数对于所有 $x>0$ 以及 $\lambda>0$ 并且 $\lambda \neq 1$ 具有风险规避性。

参考答案：风险规避意味着效用函数是凹函数，这要求效用函数的二阶导数是负值。效用函数及其导数的计算公式如下：

$$U(x) = \frac{x^{1-\lambda} - 1}{1 - \lambda}$$

$$\frac{dU}{dx} = \frac{1}{x^{\lambda}}$$

$$\frac{d^2U}{dx^2} = \frac{-\lambda}{x^{\lambda+1}}$$

对于 $x>0$ 以及 $\lambda>0$ 且 $\lambda \neq 1$，即 x 是一个正数，$\lambda+1$ 也是一个正数，因此可以确保 $x^{\lambda+1}$ 的结果为正。将其乘以 $-\lambda$ 保证二阶导数为负。因此，对于所有 $x>0$ 以及 $\lambda>0$ 且 $\lambda \neq 1$，乘幂效用函数具有风险规避性。

练习题 6-5 使用示例 6-3 中给出的参数，计算天气预报为晴天时携带雨伞的期望效用，以及天气预报为晴天时不携带雨伞的期望效用。如果天气预报为晴天，最大化期望效用的行为是什么？

参考答案：

$$EU(\text{带伞} \mid \text{预测晴天}) = 0.2 \times (-0.1) + 0.8 \times 0.9 = 0.7$$

$$EU(\text{不带伞} \mid \text{预测晴天}) = 0.2 \times (-1.0) + 0.8 \times 1.0 = 0.6$$

如果天气预报为晴天，最大化期望效用的行为就是携带雨伞。

练习题 6-6 假设我们试图根据小狗饥饿的可能性（Hungry，H）来对是否喂养（Feed，F）小狗做出最优的决策。我们可以观察小狗是否在哀鸣（Whining，W），以及最近是否有人投喂过小狗（Recently fed，R）。表 6-4 提供了喂养和饥饿每种组合的效用，图 6-4 则提供了喂养和饥饿的决策网络。

表 6-4　喂养和饥饿每种组合的效用

F	H	$U(F,H)$
0	0	0.0
0	1	−1.0
1	0	−0.5
1	1	−0.1

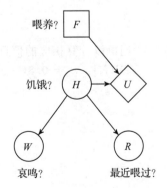

图 6-4　喂养和饥饿的决策网络

假设 $P(h^1|w^1)=0.78$，如果我们观察到小狗在哀鸣（w^1），那么不喂养小狗（f^0）和喂养小狗（f^1）的期望效用是什么？请问最佳行为是什么？

参考答案：我们从期望效用的定义开始，并认识到效用的结果仅仅取决于 H 和 F 的取值：

$$EU(f^0|w^1)=\sum_h P(h|w^1)U(f^0,h)$$

接下来，我们可以计算给小狗喂食的期望效用，并采用相同的方式，计算不给小狗喂食时的期望效用：

$$EU(f^0|w^1)=0.22\times 0.0+0.78\times(-1.0)=-0.78$$
$$EU(f^1|w^1)=0.22\times(-0.5)+0.78\times(-0.1)=-0.188$$

因此，最佳的行为是喂养小狗（f^1），因为我们得到了最大化的期望效用 $EU^*(w^1)=-0.188$。

练习题 6-7　使用练习题 6-6 的结果，如果 $P(r^1|w^1)=0.2$、$P(h^1|w^1,r^0)=0.9$，并且 $P(h^1|w^1,r^1)=0.3$，假设我们观察到小狗在哀鸣（w^1），请问此时询问其他人是否最近喂食过小狗会提供什么样的信息价值？

参考答案：我们的目标是计算

$$\mathrm{VOI}(R|w^1)=(\sum_r P(r|w^1)EU^*(w^1,r))-EU^*(w^1)$$

首先，针对所有的 f 和 r，计算 $EU(f|w^1,r)$。根据练习题 6-6 中的类似推导，我们得到：

$$EU(f^0|w^1,r^0)=\sum_h P(h|w^1,r^0)U(f^0,h)$$

因此，对于 F 和 R 的每一种组合，得到如下关于期望效用的计算公式：

$$EU(f^0|w^1,r^0)=\sum_h P(h|w^1,r^0)U(f^0,h)=0.1\times 0.0+0.9\times(-1.0)=-0.9$$
$$EU(f^1|w^1,r^0)=\sum_h P(h|w^1,r^0)U(f^1,h)=0.1\times(-0.5)+0.9\times(-0.1)=-0.14$$
$$EU(f^0|w^1,r^1)=\sum_h P(h|w^1,r^1)U(f^0,h)=0.7\times 0.0+0.3\times(-1.0)=-0.3$$
$$EU(f^1|w^1,r^1)=\sum_h P(h|w^1,r^1)U(f^1,h)=0.7\times(-0.5)+0.3\times(-0.1)=-0.38$$

最佳期望效用为：

$$EU^*(w^1,r^0)=-0.14$$
$$EU^*(w^1,r^1)=-0.3$$

现在，我们可以计算相应的信息价值：

$$\mathrm{VOI}(R|w^1)=0.8(-0.14)+0.2(-0.3)-(-0.188)=0.016$$

序 列 问 题

　　到目前为止,我们假设在一个时间点做出单个决策,但许多重要问题需要我们做出一系列决策。前面章节中讨论的最大期望效用原则仍然适用,但在连续环境中的最佳决策需要对未来的行为和观测序列进行推理。本书的第二部分将讨论随机环境中的序列问题。我们将在模型已知并且环境完全可观测的假设下,重点讨论序列问题的通用公式。在本书的后续章节中,将放宽这两个假设。我们的讨论将从介绍马尔可夫决策过程(Markov Decision Process,MDP)开始。马尔可夫决策过程是序列问题的标准数学模型。我们将讨论求解精确解的几种方法。由于大型问题有时不能有效地寻找到精确的解决方案,因此我们将讨论若干离线和在线的近似解决方案,以及一种涉及直接搜索参数化决策策略空间的方法。最后,我们将讨论和比较若干方法,以验证决策策略在实际部署时是否可以按预期执行。

精确求解方法

本章介绍马尔可夫决策过程（Markov Decision Process，MDP）模型，以表示行为效果不确定的序列问题[⊖]。首先，我们将对模型进行描述，该模型规定系统的随机动力学原理以及与其演化相关的效用。可以使用不同的算法来计算与决策策略相关联的效用，并搜索最优策略。在某些假设下，我们可以找到马尔可夫决策过程的精确解决方案。后面的章节将讨论更易于扩展到更大问题的近似方法。

7.1 马尔可夫决策过程

在马尔可夫决策过程（算法 7-1）中，我们根据在时间 t 观测到的状态 s_t 选择操作行为 a_t。然后，我们获得奖励 r_t。操作行为空间（action space）A 是所有可能操作行为的集合，状态空间（state space）S 是所有可能状态的集合。有一些算法假设这些集合是有限的，但这通常不是必需的。基于当前状态和所采取的操作行为，状态会概率性地演变。下一个状态仅取决于当前状态和操作行为而非取决于任何先前状态或操作行为的假设被称为马尔可夫假设（Markov assumption）。

算法 7-1 马尔可夫决策过程的数据结构。我们稍后将使用 TR 对给定当前状态和操作行为的下一个状态和奖励进行采样：s′, r= TR(s,a)。在数学表达方式中，马尔可夫决策过程有时定义为一个元组，该元组由马尔可夫决策过程的各个组成部分组成，记作 (S, A, T, R, γ)

```
struct MDP
    γ  # 折扣系数
    S  # 状态空间
    A  # 操作行为空间
    T  # 转移函数
    R  # 奖励函数
    TR # 采样转换和奖励
end
```

马尔可夫决策过程可以使用决策网络表示，如图 7-1 所示。从 $A_{1:t-1}$ 和 $S_{1:t}$ 到 A_t 存在信息边（此图中未显示）。效用函数被分解为奖励 $R_{1:t}$。我们关注的是平稳（stationary）马尔可夫决策过程，其中 $P(S_{t+1} | S_t, A_t)$ 和 $P(R_t | S_t, A_t)$ 不随时间变化。如图 7-2 所示，平稳马尔可夫决策过程可以使用动态决策图紧凑地表示。状态转移模型（state transition model）$T(s′|s,a)$ 表示在执行操作行为 a 之后，从状态 s 转换到 $s′$ 的概率。奖励函数 $R(s,b)$ 表示从状态 s 执行操作行为 a 时收到的预期奖励，奖励函数 $R(s,a)$ 表示从状态 s 执行操作行为 a 时收到的期望奖励。奖励函数是 s 和 a 的确定性函数，因为奖励函

⊖ 最初研究这种模型的时间是 20 世纪 50 年代，参见 R. E. Bellman, *Dynamic Programming*. Princeton University Press, 1957。有关该模型的最新讨论，请参考文献 M. L. Puterman, *Markov Decision Processes：Discrete Stochastic Dynamic Programming*. Wiley, 2005。

数表示的是一种期望，但奖励可能会在环境中随机产生，甚至取决于产生的下一个状态[⊖]。示例 7-1 展示了如何将防撞控制问题表示为马尔可夫决策过程。

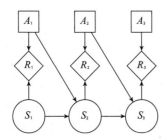

图7-1 马尔可夫决策过程的决策网络图

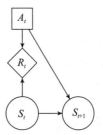

图 7-2 平稳马尔可夫决策过程决策网络图。所有马尔可夫决策过程都具有这种通用结构

> **示例 7-1** **将飞机防撞控制系统表示为马尔可夫决策过程**[⊖]。飞机防撞控制问题可以表述为马尔可夫决策过程。状态表示飞机和入侵飞机的位置和速度，操作行为表示飞机是否爬升、下降还是努力保持水平状态。我们会因为和其他飞机相撞而获得很大的负面奖励，而因为爬升或下降则获得很小的负面奖励。
>
> 给定对当前状态的了解，我们必须决定是否需要一个回避策略。这个问题很有挑战性，因为飞机的位置可能会发生变化，并且我们希望确保尽早开始采取行动以避免碰撞事件，但又不能太早，以避免采取不必要的行动。

马尔可夫决策过程中的奖励被视为可加性分解效用函数（additively decomposed utility function）的组成部分。在具有 n 个决策的有限时域（finite horizon）问题中，与奖励序列 $r_{1:n}$ 相关的效用可以简单地表示为：

$$\sum_{t=1}^{n} r_t \tag{7.1}$$

奖励的总和有时被称为回报（return）。

在无限时域（infinite horizon）问题中，决策的数量是无限的，奖励的总和可能也是无限的[⊜]。存在有几种方法可以根据无限时域问题的个人奖励来定义效用。一种方法是在 0 和 1 之间设置折扣系数（discount factor，或称为折扣因子）γ。于是，效用的定义公式为：

$$\sum_{t=1}^{\infty} \gamma^{t-1} r_t \tag{7.2}$$

这个值有时被称为折扣回报（discounted return）。只要 $0 \leq \gamma < 1$ 并且奖励是有限的，那么效用将是有限的。折扣系数使得现在的奖励比未来的奖励更有价值，这一概念也出现在经济学中。

⊖ 例如，如果奖励取决于 $R(s,a,s')$ 给出的下一个状态，那么期望的奖励函数将是 $R(s,a) = \sum_{s'} T(s' \mid s,a) R(s,a,s')$。

⊖ 有关许多其他实际应用程序，请参见文献：D. J. White, "A Survey of Applications of Markov Decision Processes," *Journal of the Operational Research Society*, vol. 44, no. 11, pp. 1073-1096, 1993。

⊜ 假设策略 A 导致每个时间步的奖励为 1，而策略 B 导致每个时间步的奖励为 100。直觉上，理性的智能体应该更倾向于策略 B 而不是策略 A，但两者都提供了相同的无限预期效用。

在无限时域问题中定义效用的另一种方法是使用平均奖励 (average reward)，或称为平均回报 (average return)，其定义公式为：

$$\lim_{n \to \infty} \frac{1}{n} \sum_{t=1}^{n} r_t \tag{7.3}$$

这种公式可能很有吸引力，因为我们不必选择折扣系数，但这种公式与折扣系数接近1的折扣回报率之间通常没有实际差异。因为折扣回报通常在计算上更简单，所以我们将重点关注折扣公式。

制定策略的目的是，根据过去的状态和行为来选择接下来的行为。给定历史 $h_t = (s_{1:t}, a_{1:t-1})$，在时间 t 选择的行为记作 $\pi_t(h_t)$。由于未来的状态和奖励仅取决于当前状态和行为（如图 7-1 中的条件独立性假设所示），我们可以将注意力限制在仅取决于目前状态的策略上。此外，我们将主要关注确定性策略，因为马尔可夫决策过程中保证存在确定性的最优策略。后面的章节将讨论随机策略，其中 $\pi_t(a_t | s_t)$ 表示策略分配给在时间 t 位于状态 s_t 时采取行为 a_t 的概率。

在具有平稳转换和奖励的无限时域问题中，我们可以进一步将注意力限制在不依赖于时间的平稳策略上。我们将把状态 s 中与平稳策略 π 相关的行为记作 $\pi(s)$，不带时间下标。然而，在有限时域问题中，根据剩余的时间步骤选择不同的操作行为可能是更明智之举。例如，当打篮球时，除非比赛时间只剩下几秒钟，否则尝试半场投篮通常不是一种好的策略。我们可以通过将时间作为一个状态变量，使平稳策略考虑到时间因素。

从状态 s 执行 π 的期望效用表示为 $U^\pi(s)$。在马尔可夫决策过程的上下文中，U^π 通常被称为值函数 (value function)。对于所有的状态 s，最优策略 (optimal policy) π^* 是使期望效用最大化的策略⊖：

$$\pi^*(s) = \arg\max_{\pi} U^\pi(s) \tag{7.4}$$

根据模型的不同，可能存在多种最优策略。与最优策略 π^* 相关的值函数称为最优值函数 (optimal value function)，表示为 U^*。

通过使用动态规划 (dynamic programming) 的计算技术⊜，可以寻找到最优策略，该技术以递归方式将复杂问题分解为更简单的子问题来对问题进行简化。我们将重点关注马尔可夫决策过程的动态规划算法。动态规划是一种通用技术，可以应用于各种其他问题。例如，动态规划可以用于计算斐波那契序列和查找两个字符串之间最长的公共子序列⊜。通常，使用动态规划来解决马尔可夫决策过程的算法比蛮力方法更加有效。

7.2 策略评估

在讨论如何计算最优策略之前，我们将讨论策略评估 (policy evaluation)。策略评估用于计算值函数 U^π。策略评估可以采用迭代方式来完成。如果策略执行一个步骤，则效用为 $U_1^\pi(s) = R(s, \pi(s))$。进一步的步骤可以通过前瞻公式 (lookahead equation，或称为先行公式) 获得：

⊖ 计算方法符合 6.4 节中介绍的最大期望效用原则。

⊜ "动态规划"一词由美国数学家理查德·欧内斯特·贝尔曼 (Richard Ernest Bellman, 1920—1984) 创造。动态是指问题随时间而变化，而规划是指找到最佳方案或决策策略的方法。R. Bellman, *Eye of the Hurricane: An Autobiography*. World Scientific, 1984。

⊜ T. H. Cormen, C. E. Leiserson, R. L. Rivest, and C. Stein, *Introduction to Algorithms*, 3rd ed. MIT Press, 2009.

$$U_{k+1}^{\pi}(s) = R(s,\pi(s)) + \gamma \sum_{s'} T(s'|s,\pi(s))U_k^{\pi}(s') \tag{7.5}$$

算法 7-2 实现了该公式。算法 7-3 实现了迭代式的策略评估。在图 7-3 中，显示了若干次迭代过程。

算法 7-2 给定行为 a，使用马尔可夫决策过程 $\mathcal{P}$ 的值函数 U 的估算值，从状态 s 计算前瞻状态-行为值的函数。第二个版本处理 U 是向量时的情况

```
function lookahead(𝒫::MDP, U, s, a)
    𝒮, T, R, γ = 𝒫.𝒮, 𝒫.T, 𝒫.R, 𝒫.γ
    return R(s,a) + γ*sum(T(s,a,s')*U(s') for s' in 𝒮)
end
function lookahead(𝒫::MDP, U::Vector, s, a)
    𝒮, T, R, γ = 𝒫.𝒮, 𝒫.T, 𝒫.R, 𝒫.γ
    return R(s,a) + γ*sum(T(s,a,s')*U[i] for (i,s') in enumerate(𝒮))
end
```

算法 7-3 迭代式的策略评估，使用 k_max 次迭代，迭代计算具有离散状态和行为空间的马尔可夫决策过程 $\mathcal{P}$ 的策略 π 的值函数

```
function iterative_policy_evaluation(𝒫::MDP, π, k_max)
    𝒮, T, R, γ = 𝒫.𝒮, 𝒫.T, 𝒫.R, 𝒫.γ
    U = [0.0 for s in 𝒮]
    for k in 1:k_max
        U = [lookahead(𝒫, U, s, π(s)) for s in 𝒮]
    end
    return U
end
```

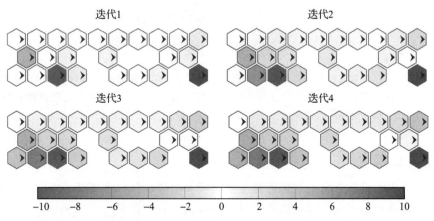

图 7-3 六边形世界问题的东移策略迭代策略评估（具体请参见附录 F.1）。箭头指示策略建议的方向（即始终向东移动），颜色指示与状态相关的值。值随每次迭代而变化

如果对前瞻公式迭代足够多的次数，值函数 U^{π} 可以计算到任意精度。由于式（7.5）中的更新是收缩映射（contraction mapping）（具体请参见附录 A.15）[⊖]，因此可以保证收敛。收敛时，以下等式成立：

$$U^{\pi}(s) = R(s,\pi(s)) + \gamma \sum_{s'} T(s'|s,\pi(s))U^{\pi}(s') \tag{7.6}$$

⊖ 具体请参见练习题 7-12。

这个等式被称为贝尔曼期望方程（Bellman expectation equation）[⊖]

通过直接求解贝尔曼期望方程中的方程组，无须迭代，就可以直接进行策略评估。式（7.6）定义了一组 $|\mathcal{S}|$ 线性方程，其中包含 $|\mathcal{S}|$ 个未知数，分别对应每个状态下的值。求解该方程组的一种方法是首先将其转换为矩阵形式：

$$\boldsymbol{U}^{\pi} = \boldsymbol{R}^{\pi} + \gamma \boldsymbol{T}^{\pi} \boldsymbol{U}^{\pi} \tag{7.7}$$

其中，$\boldsymbol{U}^{\pi}$ 和 $\boldsymbol{R}^{\pi}$ 是包含由 $|\mathcal{S}|$ 个分量以向量形式表示的效用函数和奖励函数。$|\mathcal{S}| \times |\mathcal{S}|$ 矩阵 $\boldsymbol{T}^{\pi}$ 包含状态转移概率，其中 T^{π}_{ij} 是从第 i 个状态转移到第 j 个状态的概率。

值函数如下所示：

$$\boldsymbol{U}^{\pi} - \gamma \boldsymbol{T}^{\pi} \boldsymbol{U}^{\pi} = \boldsymbol{R}^{\pi} \tag{7.8}$$

$$(\boldsymbol{I} - \gamma \boldsymbol{T}^{\pi}) \boldsymbol{U}^{\pi} = \boldsymbol{R}^{\pi} \tag{7.9}$$

$$\boldsymbol{U}^{\pi} = (\boldsymbol{I} - \gamma \boldsymbol{T}^{\pi})^{-1} \boldsymbol{R}^{\pi} \tag{7.10}$$

算法 7-4 实现了该方法。采用这种方法求解 $\boldsymbol{U}^{\pi}$，时间复杂度为 $O(|\mathcal{S}|^3)$。该方法用于评估图 7-4 中的策略。

算法 7-4　精确的策略评估，计算具有离散的状态和行为空间的马尔可夫决策过程 $\mathcal{P}$ 的策略 π 的值函数

```
function policy_evaluation(𝒫::MDP, π)
    𝒮, R, T, γ = 𝒫.𝒮, 𝒫.R, 𝒫.T, 𝒫.γ
    R' = [R(s, π(s)) for s in 𝒮]
    T' = [T(s, π(s), s') for s in 𝒮, s' in 𝒮]
    return (I - γ*T')\R'
end
```

图 7-4　六边形世界问题的东移策略的精确的策略评估。精确的解决方案包含的值低于图 7-3 中迭代策略评估的前几个步骤中包含的值。如果我们运行更多次迭代策略评估，结果将收敛到相同的值函数

7.3　值函数策略

在上一节中，我们介绍了如何计算与策略相关的值函数。本节将介绍如何从值函数中提取策略，稍后我们将在生成最优策略时使用该值函数。给定一个值函数 U（可能是最优值函数也可能不是最优值函数），我们可以构造一个策略 π，使式（7.5）中引入的前瞻公式最大化：

$$\pi(s) = \arg\max_{a} \left(R(s,a) + \gamma \sum_{s'} T(s'|s,a) U(s') \right) \tag{7.11}$$

我们将此策略称为关于 U 的贪婪策略（greedy policy）。如果 U 是最优值函数，则提取的策略也是最优的。算法 7-5 实现了这种设想。

算法 7-5 从马尔可夫决策过程 $\mathcal{P}$ 的值函数 U 中提取的值函数策略。greedy 函数将用于其他算法

```
struct ValueFunctionPolicy
    𝒫 # 决策问题
    U # 效用函数
end

function greedy(𝒫::MDP, U, s)
    u, a = findmax(a→lookahead(𝒫, U, s, a), 𝒫.𝒜)
    return (a=a, u=u)
end

(π::ValueFunctionPolicy)(s) = greedy(π.𝒫, π.U, s).a
```

表示策略的另一种方法是使用行为值函数（action value function），有时称为 Q 函数（Q-function）。行为值函数表示从状态 s 开始，执行行为 a，然后继续执行关于 Q 的贪婪策略时的预期回报：

$$Q(s,a) = R(s,a) + \gamma \sum_{s'} T(s'\,|\,s,a)U(s') \tag{7.12}$$

基于该行为值函数，我们可以得到值函数：

$$U(s) = \max_a Q(s,a) \tag{7.13}$$

同样可以得到策略：

$$\pi(s) = \arg\max_a Q(s,a) \tag{7.14}$$

为离散问题显式存储 Q 所需的空间复杂度为 $O(|\mathcal{S}| \times |\mathcal{A}|)$，而不是存储 U 所需的空间复杂度 $O(|\mathcal{S}|)$，但我们不必使用 R 和 T 来提取策略。

还可以使用优势函数（advantage function）来表示策略，该函数量化所采取的行为与贪婪行为相比后的优势。根据 Q 和 U 之间的差异来定义优势函数：

$$A(s,a) = Q(s,a) - U(s) \tag{7.15}$$

贪婪的行为具有零优势，而非贪婪的行为则具有负优势。我们将在本书稍后讨论一些使用 U 表示的算法，而在其他算法中将使用 Q 或 A 的表示。

7.4 策略迭代

策略迭代（policy iteration）（算法 7-6）是计算最优策略的一种方法。该方法涉及通过贪婪策略（算法 7-5）在策略评估（7.2 节）和策略改进之间进行迭代。在给定任何初始策略的情况下，策略迭代都保证收敛。因为策略的数量有限，如果可以改进，则每次迭代都会改进策略，因此策略迭代在有限次数的迭代中收敛。尽管可能的策略数量在状态的数量上是指数级的，但策略迭代通常会很快收敛。图 7-5 演示了六边形世界问题的策略迭代。

算法 7-6 策略迭代，通过迭代方法来改进初始策略 π，最终获得具有离散状态和行为空间马尔可夫决策过程 $\mathcal{P}$ 的最优策略

```
struct PolicyIteration
    π # 初始策略
    k_max # 最大迭代次数
end

function solve(M::PolicyIteration, 𝒫::MDP)
    π, 𝒮 = M.π, 𝒫.𝒮
```

```
    for k = 1:M.k_max
        U = policy_evaluation(𝒫, π)
        π′ = ValueFunctionPolicy(𝒫, U)
        if all(π(s) == π′(s) for s in 𝒮)
            break
        end
        π = π′
    end
    return π
end
```

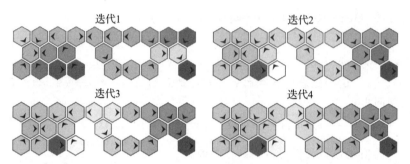

图 7-5 策略迭代过程演示，通过迭代方式来改进六边形世界问题中的初始东移策略，以获得最优策略。在第一次迭代中，我们看到与东移策略相关联的值函数和箭头，这些箭头指示对该值函数的贪婪策略。策略迭代在 4 次迭代后收敛，如果我们运行第 5 次或更多次的迭代，将得到相同的策略

　　策略迭代往往非常耗时，因为我们必须在每次迭代中对策略进行评估。一种策略迭代变体——改进的策略迭代（modified policy iteration）⊖，使用迭代策略评估而不是精确策略评估来逼近值函数。我们可以在策略改进的步骤之间选择策略评估迭代次数。如果我们在步骤之间只使用一次迭代，那么这种方法与值迭代相同。

7.5 值迭代

　　值迭代（value iteration）是策略迭代的一种替代方案。值迭代非常简单，因此经常被采用。与策略改进不同，值迭代直接更新值函数。值迭代以任何有界值函数 U 开始，这意味着对于所有 s，满足 $|U(s)| < \infty$。一种常用的初始化设置方法是对于所有的 s，$U(s) = 0$。

　　可以通过应用贝尔曼备份（Bellman backup），或称为贝尔曼更新（Bellman update），来改进值函数⊖：

$$U_{k+1}(s) = \max_a \left(R(s,a) + \gamma \sum_{s'} T(s'|s,a)U_k(s')\right) \qquad (7.16)$$

算法 7-7 实现了该备份过程。

算法 7-7 应用于马尔可夫决策过程 𝒫 的备份过程，主要用于改善状态 s 下的值函数 U

```
function backup(𝒫::MDP, U, s)
    return maximum(lookahead(𝒫, U, s, a) for a in 𝒫.𝒜)
end
```

⊖ M. L. Puterman and M. C. Shin, "Modified Policy Iteration Algorithms for Discounted Markov Decision Problems," *Management Science*, vol. 24, no. 11, pp. 1127-1137, 1978.
⊖ 之所以称其为备份操作，是因为该操作将信息从将来的状态传回至现在的状态。

重复应用此更新可以保证收敛到最佳值函数。与迭代策略评估一样，我们可以利用更新是一种收缩映射这一事实来证明其收敛性[○]。该最优策略保证满足贝尔曼最优方程（Bellman optimality equation）：

$$U^*(s) = \max_a (R(s,a) + \gamma \sum_{s'} T(s'|s,a)U^*(s')) \tag{7.17}$$

一旦该方程成立，进一步应用贝尔曼备份将不会改变值函数。可以使用式（7.17）从 U^* 中提取最优策略。值迭代在算法 7-8 中实现，并应用于图 7-6 中的六边形世界问题。

算法 7-8 值迭代，利用迭代来改进值函数 U 以获得具有离散状态和行为空间马尔可夫决策过程 $\mathcal{P}$ 的最优策略。该方法在迭代 k_max 次后终止

```
struct ValueIteration
    k_max # 最大的迭代次数
end

function solve(M::ValueIteration, 𝒫::MDP)
    U = [0.0 for s in 𝒫.S]
    for k = 1:M.k_max
        U = [backup(𝒫, U, s) for s in 𝒫.S]
    end
    return ValueFunctionPolicy(𝒫, U)
end
```

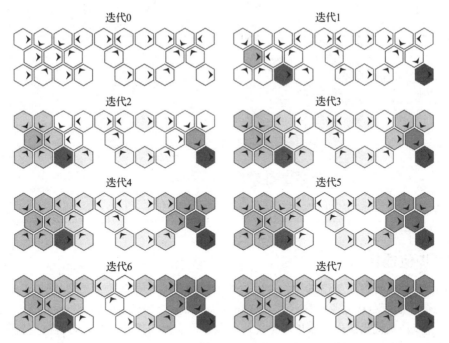

迭代0   迭代1   迭代2   迭代3   迭代4   迭代5   迭代6   迭代7

图 7-6 六边形世界问题中的值迭代以获得最优策略。每个六边形根据值函数着色，箭头表示相对于该值函数所采取的贪婪策略

算法 7-8 中的实现在迭代了规定的次数后停止，但也通常会根据值 $\|U_{k+1}-U_k\|_\infty$［称为贝尔曼残差（Bellman residual）］的最大变化而提前终止迭代。如果贝尔曼残差低于

○ 具体请参见练习题 7-13。

阈值 δ，则迭代终止。δ 的贝尔曼残差保证通过值迭代获得的最优值函数位于 U^* 的 $\epsilon = \delta\gamma/(1-\gamma)$ 范围内[−]。接近于 1 的折扣系数会显著增加这一误差，从而导致收敛速度减慢。如果我们对未来的回报（γ 接近于 0）大打折扣，那么我们就不需要对未来进行如此多的迭代。示例 7-2 证明了这种效果。

在已知估计值函数与最优值函数的最大偏差为 $\|U_k - U^*\|_\infty < \epsilon$ 的情况下，允许我们对在提取策略 π 下获得的奖励与最优策略 π^* 之间的最大偏差适当地加以限制。该策略损失（policy loss）$\|U^\pi - U^*\|_\infty$ 可以限定为 $2\epsilon\gamma/(1-\gamma)$[−]。

示例 7-2 折扣系数对值迭代收敛性的影响。在每种情况下都会运行值迭代，直到贝尔曼残差小于 1。 考虑如图 7-7 六边形世界问题的一个简单变体，该变体由连成一条直线的单元格组成，所用到的最后一个单元格（称为消费单元格）将产生 10 个单位的奖励。折扣系数直接影响从消费单元格到其他单元格的奖励传播速度，从而影响值迭代收敛的速度。

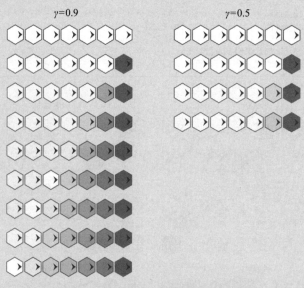

图 7-7 六边形世界问题的一个简单变体

7.6 异步值迭代

值迭代往往是计算密集型的操作，因为为了获得 U_{k+1} 的值，需要在每次迭代中更新值函数 U_k 中每个项的值。在异步值迭代（asynchronous value iteration）中，每次迭代只更新状态的子集。异步值迭代仍然保证收敛于最优值函数，但前提条件是每个状态将被更新无限次。

一种常见的异步值迭代方法是高斯-塞德尔值迭代（Gauss-Seidel value iteration）（算法 7-9），通过对状态的排序进行扫描，并在适当的位置应用贝尔曼更新：

$$U(s) \leftarrow \max_a \left(R(s,a) + \gamma \sum_{s'} T(s'|s,a)U(s') \right) \tag{7.18}$$

⊖ 具体请参见练习题 7-8。

⊖ S. P. Singh and R. C. Yee, "An Upper Bound on the Loss from Approximate Optimal-Value Functions," *Machine Learning*, vol. 16, no. 3, pp. 227-233, 1994.

计算上的节省在于不必当每次迭代时在内存中构造第二个值函数。高斯-塞德尔值迭代可以比标准值迭代更快地收敛，这取决于所选择的排序方式[○]。在某些问题中，状态包含一个时间索引，该索引在时间上确定性地向前递增。如果我们从最后一个时间索引开始应用高斯-塞德尔值迭代，并向后进行迭代，这个过程有时被称为逆向诱导值迭代（backward induction value iteration）。示例 7-3 给出了状态排序的影响示例。

算法 7-9　异步值迭代，该迭代方法采用与值迭代不同的方式更新状态，通常情况下会节省计算时间。该方法在迭代 k_max 次后终止

```
struct GaussSeidelValueIteration
    k_max # 最大迭代次数
end

function solve(M::GaussSeidelValueIteration, 𝒫::MDP)
    U = [0.0 for s in 𝒫.S]
    for k = 1:M.k_max
        for (i, s) in enumerate(𝒫.S)
            U[i] = backup(𝒫, U, s)
        end
    end
    return ValueFunctionPolicy(𝒫, U)
end
```

示例 7-3　状态的排序方式对异步值迭代收敛性的影响。在这种情况下，从右到左的求值方式可以在更少的迭代中进行收敛。考虑示例 7-2 中六边形世界问题的线性变化。我们可以使用异步值迭代来解决相同的问题。状态的排序方式直接影响消费单元格沿着线路传播到其他单元格所得到的奖励速度，从而影响该方法收敛的速度，如图 7-8 所示。

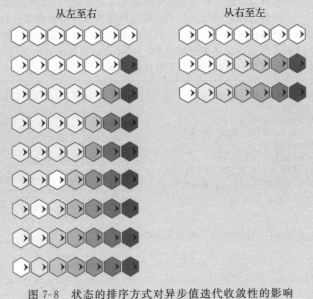

图 7-8　状态的排序方式对异步值迭代收敛性的影响

○ 高斯-塞德尔值迭代中如果排序方式不当，不会导致算法比标准值迭代慢。

7.7　线性规划方程

找到最优策略的问题可以明确地表述为线性规划（linear program），这是一个具有线性目标函数和一组线性等式或不等式约束的优化问题。一旦问题被表示为线性规划，我们就可以使用诸多线性规划求解方案之一来进行求解[⊖]。

为了说明如何将贝尔曼最优方程转换为线性规划，我们首先使用一组不等式约束替换贝尔曼最优方程中的等式，同时最小化每个状态 s 下的 $U(s)$[⊖]：

$$\min \quad \sum_s U(s) \tag{7.19}$$

$$\text{s.t.} \quad \text{对于所有的 } s,\ U(s) \geqslant \max_a \left(R(s,a) + \gamma \sum_{s'} T(s'|s,a) U(s') \right)$$

优化中的变量是每个状态下的效用。一旦知道这些效用函数，我们可以使用公式（7.11）得出最优策略。

不等式约束中的最大值可以用一组线性约束，使其成为线性规划：

$$\min \quad \sum_s U(s) \tag{7.20}$$

$$\text{s.t.} \quad \text{对于所有的 } s \text{ 和 } a,\ U(s) \geqslant R(s,a) + \gamma \sum_{s'} T(s'|s,a) U(s')$$

在式（7.20）所示的线性规划中，变量的数量等于状态的数量，约束的数量等于行为的数量乘以状态的数量。因为线性规划求解的时间复杂度为多项式时间[⊜]，所以马尔可夫决策过程的求解时间复杂度也是多项式时间。尽管线性规划方法提供了这种渐近复杂性的保证，但在实践中，使用值迭代通常更简单更有效。算法 7-10 提供了线性规划方法的实现。

算法 7-10　一种使用线性规划方程求解离散马尔可夫决策过程的方法。为了方便指定线性规划，我们定义一个函数，用于将马尔可夫决策过程转换为其张量形式，其中状态和行为由整数索引组成，奖励函数是一个矩阵，而转移函数是一个三维张量。算法使用 JuMP.jl 包进行数学规划。优化器设置为使用 GLPK.jsl，也可以使用其他优化器。为方便马尔可夫决策过程使用此规划，我们还定义了默认的求解行为

```
struct LinearProgramFormulation end

function tensorform(𝒫::MDP)
    𝒮, 𝒜, R, T = 𝒫.𝒮, 𝒫.𝒜, 𝒫.R, 𝒫.T
    𝒮' = eachindex(𝒮)
    𝒜' = eachindex(𝒜)
    R' = [R(s,a) for s in 𝒮, a in 𝒜]
    T' = [T(s,a,s') for s in 𝒮, a in 𝒜, s' in 𝒮]
    return 𝒮', 𝒜', R', T'
end

solve(𝒫::MDP) = solve(LinearProgramFormulation(), 𝒫)
```

⊖　有关线性规划的综述，参见文献 R. Vanderbei, *Linear Programming, Foundations and Extensions*, 4th ed. Springer, 2014。

⊖　直觉上，我们希望将所有状态下的值 $U(s)$ 向下推，以便将不等式约束转换为等式约束。因此，我们将所有效用的总和最小化。

⊜　具体证明过程参见文献 L. G. Khachiyan, "Polynomial Algorithms in Linear Programming," *USSR Computational Mathematics and Mathematical Physics*, vol. 20, no. 1, pp. 53-72, 1980。在实践中，现代算法的效率往往更高。

```
function solve(M::LinearProgramFormulation, 𝒫::MDP)
    𝒮, 𝒜, R, T = tensorform(𝒫)
    model = Model(GLPK.Optimizer)
    @variable(model, U[𝒮])
    @objective(model, Min, sum(U))
    @constraint(model, [s=𝒮,a=𝒜], U[s] ≥ R[s,a] + 𝒫.γ*T[s,a,:]⋅U)
    optimize!(model)
    return ValueFunctionPolicy(𝒫, value.(U))
end
```

7.8　具有二次型奖励的线性系统

到目前为止，我们假设状态和行为空间均为离散形式。本节将放宽这一假设，允许连续的向量值状态和行为。离散问题的贝尔曼最优公式可以修改如下[一]：

$$U_{h+1}(s) = \max_a \left(R(s,a) + \int T(s'\,|\,s,a)U_h(s')\mathrm{d}s' \right) \tag{7.21}$$

其中，式（7.16）中的 s 和 a 使用其等价的向量所替代，求和则使用求积分来替代，T 表示概率密度而不是概率质量。对于一个任意连续转移分布（transition distribution）和奖励函数，计算式（7.21）并不简单。

在某些情况下，对于具有连续状态和行为空间的马尔可夫决策过程，确实存在精确的解决方法[二]。特别地，如果问题具有线性动态（linear dynamic）和二次型奖励（quadratic reward），那么可以有效地以封闭形式找到最优策略。在控制理论中，这样的系统被称为线性二次型调节器（Linear Quadratic Regulator，LQR），并且已经得到了深入的研究[三]。

一个问题包含线性动态的条件是其转移函数具有如下的形式：

$$T(s'\,|\,s,a) = T_s s + T_a a + w \tag{7.22}$$

其中，T_s 和 T_a 是在给定 s 和 a 时，确定下一状态 s' 的均值的矩阵；w 是从零均值有限方差分布中提取的随机扰动，不依赖于 s 和 a。一个常见的选择是多变量高斯分布。

如果奖励函数可以写成以下形式，则该函数是二次型函数[四]：

$$R(s,a) = s^\top R_s s + a^\top R_a a \tag{7.23}$$

其中，R_s 和 R_a 是确定状态和行为分量组合如何对奖励做出贡献的矩阵。我们还要求 R_s 是半负定的，R_a 是负定的。这种奖励函数对偏离 0 的状态和行为进行惩罚。

线性动态和二次型奖励的问题在控制理论中非常常见，人们经常试图对过程进行调节，使其不会偏离期望值太远。二次型成本为远离原点的状态所分配的成本远高于接近原点的状态。线性动态和二次型奖励问题的最优策略有一个可解析的封闭式解。许多马尔可夫决策过程可以使用线性二次型马尔可夫决策过程来近似并求解，通常能够为原始问题提供比较合理的策略。

将转移函数和奖励函数代入式（7.21）中，将得到如下的公式：

[一]　本节假设该问题是无折扣的且时域有限，这些方程可以很容易被进一步推广。

[二]　有关详细概述，请参见以下文献的第 1 卷第 4 章：D. P. Bertsekas, *Dynamic Programming and Optimal Control*. Athena Scientific，2007。

[三]　有关线性二次型调节器和其他相关控制问题的简要概述，请参见文献 A. Shaiju and I. R. Petersen, "Formulas for Discrete Time LQR, LQG, LEQG and Minimax LQG Optimal Control Problems," *IFAC Proceedings Volumes*, vol. 41, no. 2, pp. 8773-8778, 2008。

[四]　也可以包含第 3 个术语 $2s^\top R_{sa}a$。有关示例请参见 Shaiju and Petersen (2008)。

$$U_{h+1}(s) = \max_a(s^\top R_s s + a^\top R_a a + \int p(w)U_h(T_s s + T_a a + w)\mathrm{d}w) \qquad (7.24)$$

其中，$p(w)$ 是随机零均值扰动 w 的概率密度。

最优的一步值函数为：

$$U_1(s) = \max_a(s^\top R_s s + a^\top R_a a) = s^\top R_s s \qquad (7.25)$$

其中，最优行为为 $a = 0$。

我们将通过归纳法证明，$U_h(s)$ 具有二次型的形式，即 $s^\top V_h s + q_h$，其中 V_h 为对称矩阵。对于一步的值函数，$V_1 = R_s$，$q_1 = 0$。

将此二次型代入式（7.24），得到：

$$U_{h+1}(s) = s^\top R_s s + \max_a(a^\top R_a a + \int p(w)((T_s s + T_a a + w)^\top V_h (T_s s + T_a a + w) + q_h)\mathrm{d}w)$$
$$(7.26)$$

这可以通过扩展并使用 $\int p(w)\mathrm{d}w = 1$ 和 $\int wp(w)\mathrm{d}w = 0$ 的事实来简化：

$$U_{h+1}(s) = s^\top R_s s + s^\top T_s^\top V_h T_s s$$
$$+ \max_a(a^\top R_a a + 2s^\top T_s^\top V_h T_a a + a^\top T_a^\top V_h T_a a) \qquad (7.27)$$
$$+ \int p(w)(w^\top V_h w)\mathrm{d}w + q_h$$

通过对 a 进行微分并将其设置为 0，我们可以获得最优行为[一]：

$$0 = (R_a + R_a^\top)a + 2T_a^\top V_h T_s s + (T_a^\top V_h T_a + (T_a^\top V_h T_a)^\top)a$$
$$= 2R_a a + 2T_a^\top V_h T_s s + 2T_a^\top V_h T_a a \qquad (7.28)$$

求解最优行为，将导致[二]：

$$a = -(R_a + T_a^\top V_h T_a)^{-1} T_a^\top V_h T_s s \qquad (7.29)$$

将最优行为代入 $U_{h+1}(s)$，将得到我们所寻求的二次型方程 $U_{h+1}(s) = s^\top V_{h+1} s + q_{h+1}$，并且[三]：

$$V_{h+1} = R_s + T_s^\top V_h^\top T_s - (T_a^\top V_h T_s)^\top (R_a + T_a^\top V_h T_a)^{-1}(T_a^\top V_h T_s) \qquad (7.30)$$

以及

$$q_{h+1} = \sum_{i=1}^{h} E_w[w^\top V_i w] \qquad (7.31)$$

如果 $w \sim \mathcal{N}(0, \Sigma)$，那么：

$$q_{h+1} = \sum_{i=1}^{h} \mathrm{Tr}(\Sigma V_i) \qquad (7.32)$$

我们可以计算从 $V_1 = R_s$ 和 $q_1 = 0$ 开始直到任何时域 h 的 V_h 和 q_h，并使用式（7.30）和式（7.31）进行迭代。第 h 步策略的最优行为直接来自式（7.29）：

$$\pi_h(s) = -(T_a^\top V_{h-1} T_a + R_a)^{-1} T_a^\top V_{h-1} T_s s \qquad (7.33)$$

注意，最佳行为与零均值扰动分布无关[四]。然而，扰动的方差确实会影响期望效用。算法 7-11 提供了一种实现。示例 7-4 在线性高斯动力学的简单问题上演示了该过程。

[一] 请注意：$\nabla_x Ax = A^\top$，$\nabla_x x^\top Ax = (A + A^\top)x$。

[二] 矩阵 $R_a + T_a^\top V_h T_a$ 是负定的，因此是可逆的。

[三] 该方程有时被称为离散时间 Riccati 方程，取名于威尼斯数学家 Jacobo Riccati（1676—1754）。

[四] 在这种情况下，我们可以使用其期望值替换随机扰动，而不改变最优策略。这种性质被称为确定性等价（certainty equivalence）。

算法 7-11 一种计算第 h_max 步时域马尔可夫决策过程最优策略的方法，该马尔可夫决策过程具有
由矩阵 Ts 和 Ta 参数化的随机线性动态以及由矩阵 Rs 和 Ra 参数化的二次型奖励。该
方法返回策略向量，其中项 h 在 h 步策略中产生最优的第一个行为

```
struct LinearQuadraticProblem
    Ts # 关于状态的转移矩阵
    Ta # 关于行为的转移矩阵
    Rs # 关于状态的转移矩阵（半负定）
    Ra # 关于行为的转移矩阵（负定）
    h_max # 时域
end

function solve(𝒫::LinearQuadraticProblem)
    Ts, Ta, Rs, Ra, h_max = 𝒫.Ts, 𝒫.Ta, 𝒫.Rs, 𝒫.Ra, 𝒫.h_max
    V = zeros(size(Rs))
    πs = Any[s → zeros(size(Ta, 2))]
    for h in 2:h_max
        V = Ts'*(V - V*Ta*((Ta'*V*Ta + Ra) \ Ta'*V))*Ts + Rs
        L = -(Ta'*V*Ta + Ra) \ Ta' * V * Ts
        push!(πs, s → L*s)
    end
    return πs
end
```

示例 7-4　求解具有线性转移函数和二次型奖励的有限时域马尔可夫决策过程。示
例演示了系统从 [−10,0] 的决策过程，如图 7-9 所示。黑色等高线显示了每次迭代时
状态的高斯分布。最初的信念度是圆形的，但当我们使用卡尔曼滤波器向前传播信念
度时，信念度会变形为非圆形。考虑连续的马尔可夫决策过程，其中状态由标量位置
和速度 $s=[x,v]$ 组成。行为是在时间步长 $\Delta t=1$ 上执行的标量加速度 a。给定二次型
奖励，从 $s_0=[−10,0]$ 找到最优的五步策略：

$$R(s,a)=-x^2-v^2-0.5a^2$$

使得系统趋向于在 $s=0$ 时静止。

转移动态为：

$$\begin{bmatrix} x' \\ v' \end{bmatrix}=\begin{bmatrix} x+v\Delta t+\frac{1}{2}a\Delta t^2+w_1 \\ v+a\Delta t+w_2 \end{bmatrix}=\begin{bmatrix} 1 & \Delta t \\ 0 & 1 \end{bmatrix}\begin{bmatrix} x \\ v \end{bmatrix}+\begin{bmatrix} 0.5\Delta t^2 \\ \Delta t \end{bmatrix}[a]+\boldsymbol{w}$$

其中，$\boldsymbol{w}$ 由协方差为 $0.1\boldsymbol{I}$ 的零均值多变量高斯分布得出。

奖励矩阵为 $\boldsymbol{R}_s=-\boldsymbol{I}$ 和 $\boldsymbol{R}_a=-[0.5]$。

由此产生的最优策略是：

$$\pi_1(\boldsymbol{s})=\begin{bmatrix} 0 & 0 \end{bmatrix}\boldsymbol{s}$$
$$\pi_2(\boldsymbol{s})=\begin{bmatrix} -0.286 & -0.857 \end{bmatrix}\boldsymbol{s}$$
$$\pi_3(\boldsymbol{s})=\begin{bmatrix} -0.462 & -1.077 \end{bmatrix}\boldsymbol{s}$$
$$\pi_4(\boldsymbol{s})=\begin{bmatrix} -0.499 & -1.118 \end{bmatrix}\boldsymbol{s}$$
$$\pi_5(\boldsymbol{s})=\begin{bmatrix} -0.504 & -1.124 \end{bmatrix}\boldsymbol{s}$$

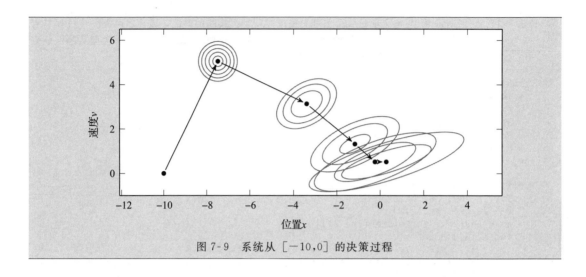

图 7-9 系统从 $[-10,0]$ 的决策过程

7.9 本章小结

- 具有有限奖励的离散马尔可夫决策过程可以通过动态规划精确地求解。
- 此类问题的策略评估可以通过逆矩阵的方式来精确求解，也可以通过迭代算法进行近似求解。
- 策略迭代可通过在策略评估和策略改进之间迭代来求解最优策略。
- 值迭代和异步值迭代通过直接迭代值函数来节省计算时间。
- 寻找最优策略的问题可以被构造为线性规划，其求解时间复杂度为多项式时间。
- 可以精确地求解具有线性转移函数和二次型奖励的连续问题。

7.10 练习题

练习题 7-1 证明对于无限序列的常数奖励（对所有 t，$r_t = r$），无限时域折扣回报收敛于 $r/(1-\gamma)$。

参考答案：通过以下步骤，我们可以证明折扣常数奖励的无限序列收敛到 $r/(1-\gamma)$：

$$\sum_{t=1}^{\infty} \gamma^{t-1} r_t = r + \gamma^1 r + \gamma^2 r + \cdots$$

$$= r + \gamma \sum_{t=1}^{\infty} \gamma^{t-1} r_t$$

我们可以将右侧的求累加和项移到左侧并提取因子 $(1-\gamma)$：

$$(1-\gamma) \sum_{t=1}^{\infty} \gamma^{t-1} r = r$$

$$\sum_{t=1}^{\infty} \gamma^{t-1} r = \frac{r}{1-\gamma}$$

练习题 7-2 假设我们有一个马尔可夫决策过程，由五个状态（$s_{1:5}$）和两个行为 [（保持（stay, a_S）和继续（continue, a_C）] 组成。假设以下条件成立：

$$T(s_i | s_i, a_S) = 1 \text{ 对于 } i \in \{1,2,3,4\}$$

$$T(s_{i+1} | s_i, a_C) = 1 \text{ 对于 } i \in \{1,2,3,4\}$$

$$T(s_5 | s_5, a) = 1 \text{ 对于所有行为 } a$$

$$R(s_i,a) = 0 \text{ 对于 } i \in \{1,2,3,5\} \text{ 和对于所有行为 } a$$
$$R(s_4,a_S) = 0$$
$$R(s_4,a_C) = 10$$

如果最优值 $U^*(s_1) = 1$，那么折扣系数 γ 是多少？

参考答案：$U^*(s_1)$ 的最优值与从 s_1 开始遵循最优策略 π^* 相关。给定转移模型，从 s_1 开始最优策略是继续到达 s_5，这是一个终端状态，此时不能再转移到另一个状态或累积额外的奖励。因此，s_1 的最优值计算方法如下所示：

$$U^*(s_1) = \sum_{t=1}^{\infty} \gamma^{t-1} r_t$$
$$U^*(s_1) = R(s_1,a_C) + \gamma^1 R(s_2,a_C) + \gamma^2 R(s_3,a_C) + \gamma^3 R(s_4,a_C) + \gamma^4 R(s_5,a_C) + \cdots$$
$$U^*(s_1) = 0 + \gamma^1 \times 0 + \gamma^2 \times 0 + \gamma^3 \times 10 + \gamma^4 \times 0 + 0$$
$$1 = 10\gamma^3$$

因此，折扣系数 $\gamma = 0.1^{1/3} \approx 0.464$。

练习题 7-3　执行 k 个迭代策略评估步骤的时间复杂度是多少？

参考答案：迭代式策略评估需要计算前瞻公式：

$$U_{k+1}^{\pi}(s) = R(s,\pi(s)) + \gamma \sum_{s'} T(s'|s,\pi(s)) U_k^{\pi}(s')$$

更新单个状态的值需要对所有 $|\mathcal{S}|$ 个状态求和。对于所有状态的一次迭代，我们必须执行此操作 $|\mathcal{S}|$ 次。因此，迭代式策略评估 k 个步骤的时间复杂度为 $O(k|\mathcal{S}|^2)$。

练习题 7-4　假设我们有一个马尔可夫决策过程，其中包含有六个状态（$s_{1:6}$）和四个行为（$a_{1:4}$）。使用表 7-1 形式的行为值函数 $Q(s,a)$，计算 $U(s)$、$\pi(s)$ 和 $A(s,a)$。

表 7-1　行为值函数

$Q(s,a)$	a_1	a_2	a_3	a_4
s_1	0.41	0.46	0.37	0.37
s_2	0.50	0.55	0.46	0.37
s_3	0.60	0.50	0.38	0.44
s_4	0.41	0.50	0.33	0.41
s_5	0.50	0.60	0.41	0.39
s_6	0.71	0.70	0.61	0.59

参考答案：我们可以使用以下公式计算 $U(s)$、$\pi(s)$ 和 $A(s,a)$，具体如表 7-2 所示：

$$U(s) = \max_a Q(s,a) \qquad \pi(s) = \arg \max_a Q(s,a) \qquad A(s,a) = Q(s,a) - U(s)$$

表 7-2　计算 $U(s)$、$\pi(s)$ 和 $A(s,a)$

s	$U(s)$	$\pi(s)$	$A(s,a_1)$	$A(s,a_2)$	$A(s,a_3)$	$A(s,a_4)$
s_1	0.46	a_2	-0.05	0.00	-0.09	-0.09
s_2	0.55	a_2	-0.05	0.00	-0.09	-0.18
s_3	0.60	a_1	0.00	-0.10	-0.22	-0.16
s_4	0.50	a_2	-0.09	0.00	-0.17	-0.09
s_5	0.60	a_2	-0.10	0.00	-0.19	-0.21
s_6	0.71	a_1	0.00	-0.01	-0.10	-0.12

练习题 7- 5 假设我们有一个由三个平铺的直线型六边形世界（具体请参见附录 F.1），其中最右边的单元格是一种吸收状态（absorbing state，指一种只进不出的状态）。当我们在最右边的状态采取任何行为时，将获得 10 的奖励，然后将被传输到第四个终端状态，在终端状态将不再获得任何奖励。使用 $\gamma=0.9$ 的折扣系数，执行策略迭代的单个步骤，其中初始策略 π 使我们在第一个单元格向东移动，在第二个单元格向东北移动，而在第三个单元格向西南移动。对于策略评估步骤，请写出转移矩阵 T^π 和奖励向量 R^π，然后直接使用矩阵求逆来求解无限时域值函数 U^π。对于策略改进步骤，通过最大化前瞻公式来计算更新的策略 π'。

参考答案： 对于策略评估步骤，我们使用公式（7.10），重复计算下式：
$$U^\pi = (I - \gamma T^\pi)^{-1} R^\pi$$

利用终端状态的附加状态来构造转移矩阵 T^π 和奖励向量 R^π，我们可以求解无限前瞻值函数 $U^{\pi\ominus}$：

$$U^\pi = \left[\begin{bmatrix} 1 & 0 & 0 & 0 \\ 0 & 1 & 0 & 0 \\ 0 & 0 & 1 & 0 \\ 0 & 0 & 0 & 1 \end{bmatrix} - (0.9) \begin{bmatrix} 0.3 & 0.7 & 0 & 0 \\ 0 & 0.85 & 0.15 & 0 \\ 0 & 0 & 0 & 1 \\ 0 & 0 & 0 & 1 \end{bmatrix} \right]^{-1} \begin{bmatrix} -0.3 \\ -0.85 \\ 10 \\ 0 \end{bmatrix} \approx \begin{bmatrix} 1.425 \\ 2.128 \\ 10 \\ 0 \end{bmatrix}$$

对于策略改进步骤，我们使用更新的值函数，应用式（7.11）。arg max 项中的操作行为对应于 a_E、a_{NE}、a_{NW}、a_W、a_{SW} 和 a_{SE}：

$$\pi(s_1) = \arg\max(1.425, 0.527, 0.283, 0.283, 0.283, 0.527) = a_E$$
$$\pi(s_2) = \arg\max(6.575, 2.128, 0.970, 1.172, 0.970, 2.128) = a_E$$
$$\pi(s_3) = \arg\max(10, 10, 10, 10, 10, 10) (\text{所有行为同样可取})$$

练习题 7-6 针对练习题 7-5 中的问题，从所有 s 的初始值函数 $U_0(s)=0$ 开始，执行两次值迭代的步骤。

参考答案： 我们需要使用贝尔曼备份（式（7.16））来对更新值函数进行迭代。最大项中的行为对应于 a_E、a_{NE}、a_{NW}、a_W、a_{SW} 和 a_{SE}。对于第一次迭代，所有状态的值函数都为零，因此只需要考虑奖励成分：

$$U_1(s_1) = \max(-0.3, -0.85, -1, -1, -1, -0.85) = -0.3$$
$$U_1(s_2) = \max(-0.3, -0.85, -0.85, -0.3, -0.85, -0.85) = -0.3$$
$$U_1(s_3) = \max(10, 10, 10, 10, 10, 10) = 10$$

对于第二次迭代：

$$U_2(s_1) = \max(-0.57, -1.12, -1.27, -1.27, -1.27, -1.12) = -0.57$$
$$U_2(s_2) = \max(5.919, 0.271, -1.12, -0.57, -1.12, 0.271) = 5.919$$
$$U_2(s_3) = \max(10, 10, 10, 10, 10, 10) = 10$$

练习题 7-7 针对练习题 7-5 中的问题，从所有 s 的初始值函数 $U_0(s)=0$ 开始，应用一次异步值迭代扫描。从右到左更新状态。

参考答案： 我们使用贝尔曼备份（式（7.16）），根据排序方式对每个状态的值函数进行迭代更新。最大项中的行为对应于 a_E、a_{NE}、a_{NW}、a_W、a_{SW} 和 a_{SE}：

$$U(s_3) = \max(10, 10, 10, 10, 10, 10) = 10$$

$\ominus$ 六边形世界问题定义了 $R(s, a, s')$，因此为了生成 R^π 的项，我们必须计算：$R(s, a) = \sum_{s'} T(s' \mid s, a) R(s, a, s')$。例如，$-0.3$ 来自向东移动导致与边界发生碰撞的可能性为 30%，成本为 -1。

$$U(s_2) = \max(6, 0.5, -0.85, -0.3, -0.85, 0.5) = 6$$

$$U(s_1) = \max(3.48, -0.04, -1, -1, -1, -0.04) = 3.48$$

练习题 7-8　请证明 δ 的贝尔曼残差可以确保值迭代得到的值函数在每个状态 s 下都在 $U^*(s)$ 的 $\delta\gamma/(1-\gamma)$ 范围内。

参考答案：对于给定的 U_k，假设已知 $\|U_k - U_{k-1}\|_\infty < \delta$。然后，我们在下一次迭代中限制了改进：

$$
\begin{aligned}
U_{k+1}(s) - U_k(s) &= \max_a\Big(R(s,a) + \gamma\sum_{s'}T(s'|s,a)U_k(s')\Big) \\
&\quad - \max_a\Big(R(s,a) + \gamma\sum_{s'}T(s'|s,a)U_{k-1}(s')\Big) \\
&< \max_a\Big(R(s,a) + \gamma\sum_{s'}T(s'|s,a)U_k(s')\Big) \\
&\quad - \max_a\Big(R(s,a) + \gamma\sum_{s'}T(s'|s,a)(U_k(s') - \delta)\Big) \\
&= \delta\gamma
\end{aligned}
$$

同理

$$
\begin{aligned}
U_{k+1}(s) - U_k(s) &> \max_a\Big(R(s,a) + \gamma\sum_{s'}T(s'|s,a)U_k(s')\Big) \\
&\quad - \max_a\Big(R(s,a) + \gamma\sum_{s'}T(s'|s,a)(U_k(s') + \delta)\Big) \\
&= -\delta\gamma
\end{aligned}
$$

因此，无限次迭代后累积改进的界限范围为：

$$\|U^*(s) - U_k(s)\|_\infty < \sum_{i=1}^{\infty}\delta\gamma^i = \frac{\delta\gamma}{1-\gamma}$$

因此，δ 的贝尔曼残差可以确保值迭代得到的值函数在每个状态 s 下都在 $U^*(s)$ 的 $\delta\gamma/(1-\gamma)$ 范围内。

练习题 7-9　假设我们对一个专家策略运行策略评估以获得值函数。如果对该值函数的贪婪行为等同于专家策略，那么可以从专家策略中推断出什么结论？

参考答案：从贝尔曼最优方程中得知，贪婪的前瞻最优值函数具有平稳性。如果贪婪策略与专家策略匹配，那么贪婪策略就是最优的。

练习题 7-10　请演示如何将一个使用二次型奖励函数 $R(s,a) = s^\top R_s s + a^\top R_a a$ 的线性二次型调节器问题进行重新构建，以使得奖励函数包含 s 和 a 中的线性项。

参考答案：我们可以引入一个总是等于 1 的额外状态维度，从而产生一个具有线性动态的新系统：

$$\begin{bmatrix} s' \\ 1 \end{bmatrix} = \begin{bmatrix} T_s & \mathbf{0} \\ \mathbf{0}^\top & 1 \end{bmatrix}\begin{bmatrix} s \\ 1 \end{bmatrix} + T_a a \quad.$$

增强系统的奖励函数现在包含若干线性状态奖励项：

$$\begin{bmatrix} s \\ 1 \end{bmatrix}^\top R_{\text{augmented}}\begin{bmatrix} s \\ 1 \end{bmatrix} = s^\top R_s s + 2r_{s,\text{linear}}^\top s + r_{s,\text{scalar}}$$

类似地，我们可以包括一个总是 1 的额外行为维度，以获得线性行为奖励项。

练习题 7-11　为什么示例 7-4 中获得的最优策略在时域更大时会产生更大幅度的行为？

参考答案：示例 7-4 中的问题具有惩罚偏离原点的二次型奖励。时域越大，可以累积的负回报就越大，越有可能更快地到达原点。

练习题 7-12 证明迭代式策略评估收敛于式 (7.6) 的解。

参考答案：考虑应用于策略 π 的迭代式策略评估，如式 (7.5) 所示：

$$U_{k+1}^\pi(s) = R(s,\pi(s)) + \gamma \sum_{s'} T(s'|s,\pi(s)) U_k^\pi(s')$$

让我们定义一个算子 B_π，并将其重写为 $U_{k+1}^\pi = B_\pi U_k^\pi$。可以证明 B_π 是一个收缩映射：

$$B_\pi U^\pi(s) = R(s,\pi(s)) + \gamma \sum_{s'} T(s'|s,\pi(s)) U^\pi(s')$$

$$= R(s,\pi(s)) + \gamma \sum_{s'} T(s'|s,\pi(s))(U^\pi(s') - \hat{U}^\pi(s') + \hat{U}^\pi(s'))$$

$$= B_\pi \hat{U}^\pi(s) + \gamma \sum_{s'} T(s'|s,\pi(s))(U^\pi(s') - \hat{U}^\pi(s'))$$

$$\leqslant B_\pi \hat{U}^\pi(s) + \gamma \, \| U^\pi - \hat{U}^\pi \|_\infty$$

因此，对于 $\alpha = \gamma$，$\| B_\pi U^\pi - B_\pi \hat{U}^\pi \|_\infty \leqslant \alpha \| U^\pi - \hat{U}^\pi \|_\infty$，这意味着 B_π 是一个收缩映射。正如附录 A.15 中所讨论的，对于 $U^\pi = B_\pi U^\pi$，$\lim_{t \to \infty} B_\pi^t U_1^\pi$ 收敛到一个固定的点 U^π。

练习题 7-13 证明值迭代收敛于一个唯一的解。

参考答案：值迭代更新（式 (7.16)）过程为：

$$U^{k+1}(s) = \max_a \left(R(s,a) + \gamma \sum_{s'} T(s'|s,a) U_k(s') \right)$$

我们将贝尔曼算子表示为 B，并将贝尔曼备份的应用重写为 $U_{k+1} = B U_k$。与前面的问题一样，如果 B 是收缩映射，那么重复应用 B 到 U 将收敛到唯一的固定点。

我们可以证明 B 是收缩映射：

$$BU(s) = \max_a \left(R(s,a) + \gamma \sum_{s'} T(s'|s,a) U(s') \right)$$

$$= \max_a \left(R(s,a) + \gamma \sum_{s'} T(s'|s,a)(U(s') - \hat{U}(s') + \hat{U}(s')) \right)$$

$$\leqslant B\hat{U}(s) + \gamma \max_a \sum_{s'} T(s'|s,a)(U(s') - \hat{U}(s'))$$

$$\leqslant B\hat{U}(s) + \alpha \| U - \hat{U} \|_\infty$$

对于 $\alpha = \gamma \max_s \max_a \sum_{s'} T(s'|s,a)$，$0 \leqslant \alpha < 1$。因此，$\| BU - B\hat{U} \|_\infty \leqslant \alpha \| U - \hat{U} \|_\infty$，这意味着 B 是一个收缩映射。

练习题 7-14 证明值迭代收敛的点对应于最优值函数。

参考答案：设 U 是值迭代产生的值函数。我们希望证明 $U = U^*$。在收敛时，我们有 $BU = U$。设 U_0 是一个将所有状态映射到 0 的值函数。对于任何策略 π，根据 B_π 的定义，$B_\pi U_0 \leqslant BU_0$。类似地，$B_\pi^t U_0 \leqslant B^t U_0$。由于当 $t \to \infty$ 时，$B_\pi^t U_0 \to U^*$ 且 $B^t U_0 \to U$，因此，$U^* \leqslant U$，只有当 $U = U^*$ 时才成立。

练习题 7-15 假设我们有一个具有扰动 $w \sim \mathcal{N}(0, \Sigma)$ 和二次型奖励的线性高斯问题。证明效用函数中的标量项具有以下形式：

$$q_{h+1} = \sum_{i=1}^h E_w [w^\top V_i w] = \sum_{i=1}^h \mathrm{Tr}(\Sigma V_i)$$

我们可能需要使用如下的矩阵迹技巧（trace trick）：

$$x^\top Ax = \mathrm{Tr}(x^\top Ax) = \mathrm{Tr}(Axx^\top)$$

参考答案：当 $E_w[w^\top V_i w] = \mathrm{Tr}(\boldsymbol{\Sigma} V_i)$ 成立时，该方程式成立。推导过程如下所示：

$$
\begin{aligned}
\underset{w \sim \mathcal{N}(0, \boldsymbol{\Sigma})}{E}\left[w^\top V_i w\right] &= \underset{w \sim \mathcal{N}(0, \boldsymbol{\Sigma})}{E}\left[\mathrm{Tr}(w^\top V_i w)\right] \\
&= \underset{w \sim \mathcal{N}(0, \boldsymbol{\Sigma})}{E}\left[\mathrm{Tr}(V_i w w^\top)\right] \\
&= \mathrm{Tr}(\underset{w \sim \mathcal{N}(0, \boldsymbol{\Sigma})}{E}\left[V_i w w^\top\right]) \\
&= \mathrm{Tr}(V_i \underset{w \sim \mathcal{N}(0, \boldsymbol{\Sigma})}{E}\left[w w^\top\right]) \\
&= \mathrm{Tr}(V_i \boldsymbol{\Sigma}) \\
&= \mathrm{Tr}(\boldsymbol{\Sigma} V_i)
\end{aligned}
$$

练习题 7-16　如式（7.31）所示，标量项 q 在线性二次型调节器最优值函数中的作用是什么？

$$q_{h+1} = \sum_{i=1}^{h} E_w\left[w^\top V_i w\right]$$

参考答案：矩阵 M 是正定的，如果对于所有非零 x，$x^\top Mx > 0$。在式（7.31）中，每个 V_i 都是半负定的，因此对于所有 w，$w^\top Vw \leqslant 0$。因此，这些 q 项保证是非正的。这应该是意料之中的，因为在线性二次型调节器问题中不可能获得正回报，我们转而寻求成本最小化。

q 标量是二次型最优值函数中的偏移量：

$$U(s) = s^\top Vs + q$$

每个 q 代表 $s^\top Vs$ 项波动的基线奖励。我们已知 V 是负定的，所以 $s^\top Vs \leqslant 0$，因此 q 表示如果位于原点（$s=0$），那么可以获得的期望回报。

近似值函数

到目前为止，我们假设值函数可以使用表格数据来表示。表格数据仅对规模较小的离散问题有用。具有较大状态空间的问题可能需要超过实际配置的内存量，而上一章讨论的精确方法可能需要超过实际的计算量。对于此类问题，我们通常不得不求助于近似动态规划（approximate dynamic programming）。近似动态规划的解决方案可能并不精确[⊖]。求近似解的一种方法是使用值函数近似（value function approximation），这是本章介绍的主题。我们将讨论对值函数进行近似的不同方法，以及如何结合动态规划来导出近似最优策略。

8.1 参数化表示

我们将用 $U_\theta(s)$ 对值函数进行参数化表示（parametric representation），其中 θ 是由参数构成的向量。有许多方法可以表示 $U_\theta(s)$，其中一些将在本章后半部分讨论。假设我们有这样的近似值，则可以根据以下公式提取一个操作行为：

$$\pi(s) = \arg\max_a \left(R(s,a) + \gamma \sum_{s'} T(s'|s,a)U_\theta(s') \right) \tag{8.1}$$

值函数近似通常用于具有连续状态空间的问题，在这种情况下，上述求和可以使用积分来替代。进一步可以使用转移模型样本对积分进行近似。

式（8.1）中计算的替代方案是对行为值函数 $Q(s,a)$ 的近似。如果我们使用 $Q_\theta(s,a)$ 来表示参数化近似，则可以根据以下公式提取一个操作行为：

$$\pi(s) = \arg\max_a Q_\theta(s,a) \tag{8.2}$$

本章将讨论如何在有限状态集（$S = s_{1:m}$）上应用动态规划，以在整个状态空间上实现值函数的参数化近似。此集合可以使用不同的方案来生成。一种方法是在状态空间相对低维的情况下，我们可以定义一个网格。另一种方法是使用来自状态空间的随机采样。然而，某些状态比其他状态更容易遇到，因此在构造值函数时更重要。我们可以通过使用某种策略（可能最初是随机的）从一组看似合理的初始状态开始运行模拟，从而将采样偏向更重要的状态。

我们可以使用迭代方法来增强对 S 状态下的值函数的近似，在通过动态规划改进 S 状态下值的估计和修改这些状态下的近似值之间进行交替。算法 8-1 提供了一种实现，其中动态规划步骤由贝尔曼备份组成，就如同值迭代中实现的过程（具体请参见 7.5 节）。同样，对于行为的近似值 Q_θ，可以创建类似的算法[⊖]。

⊖ 有关该主题的更深入讨论，请参考文献 W. B. Powell, *Approximate Dynamic Programming：Solving the Curses of Dimensionality*，2nd ed. Wiley，2011。各领域的相关见解请参考文献 W. B. Powell, *Reinforcement Learning and Stochastic Optimization*. Wiley，2022。

⊖ 有关如何对值函数近似进行优化的其他几种方法的综述，请参考文献 A. Geramifard, T. J. Walsh, S. Tellex, G. Chowdhary, N. Roy, and J. P. How, "A Tutorial on Linear Function Approximators for Dynamic Programming and Reinforcement Learning," *Foundations and Trends in Machine Learning*，vol. 6，no. 4，pp. 375-451，2013。

算法 8-1　对于具有参数化值函数近似 Uθ 的马尔可夫决策过程，本算法提供一种近似值迭代方法。我们在 S 中的状态执行备份（在算法 7-7 中定义），以获得由效用值 U 构成的向量。然后调用 fit! (Uθ, S, U) 函数来修改参数化表示 Uθ，以更好地将 S 中的状态值与 U 中的效用值相匹配。不同的参数化近似有不同的 fit! 函数实现

```
struct ApproximateValueIteration
    Uθ    # 支持fit!的初始参数化值函数
    S     # 执行备份的一组离散状态
    k_max # 最大迭代次数
end

function solve(M::ApproximateValueIteration, 𝒫::MDP)
    Uθ, S, k_max = M.Uθ, M.S, M.k_max
    for k in 1:k_max
        U = [backup(𝒫, Uθ, s) for s in S]
        fit!(Uθ, S, U)
    end
    return ValueFunctionPolicy(𝒫, Uθ)
end
```

本章中讨论的所有参数化表示均可用于算法 8-1。为了与该算法一起使用，参数化表示需要支持对 U_θ 的评估以及对 U_θ 与 S 中各点的效用估计的拟合。

我们可以将参数化表示分为两类方法。第一类包括局部近似（local approximation）方法，其中 θ 对应于 S 中状态的值。为了评估任意状态 S 下的 $U_\theta(S)$，我们对存储在 S 中的值进行加权求和。第二类包括全局近似（global approximation）方法，其中 θ 与 S 中状态的值没有直接关系。事实上，θ 的分量可能比 S 中的状态少得多，或者多得多。

无论是局部近似还是许多全局近似，都可以被视为线性函数近似（linear function approximation）$U_\theta(s) = \theta^\top \beta(s)$，只是这两种方法在定义向量函数 β 的方式上有所不同。在局部近似方法中，$\beta(s)$ 决定如何对状态 S 的效用进行加权，以对状态 s 的效用值进行近似计算。权重通常为非负值，并且所有权重之和为 1。在许多全局近似方法中，$\beta(s)$ 被视为一组基函数，这些基函数以线性方式进行组合以获得对任意一个 s 的近似值。

我们还可以使用线性函数 $Q_\theta(s,a) = \theta^\top \beta(s,a)$ 来近似计算行为值函数的值。在局部近似的情况下，我们可以通过选择一组有限的行为 $A \subset \mathcal{A}$ 来提供连续行为空间上的近似。参数向量 θ 将由 $|\mathcal{S}| \times |\mathcal{A}|$ 分量组成，每个分量对应于一个状态-行为值。函数 $\beta(s,a)$ 将返回一个具有相同数量分量的向量，该向量指定如何将状态-行为值的有限集合加权在一起，以获得与状态 s 和行为 a 相关的效用估算值。

8.2　最近邻

局部近似的一种简单方法是使用 S 中的状态值，其中 S 是 s 的最近邻（nearest neighbor）。为了使用这种方法，我们需要一个距离度量（distance metric）（具体请参见附录 A.3）。我们使用 $d(s,s')$ 表示两个状态 s 和 s' 之间的距离。因此，近似值函数是 $U_\theta(s) = \theta_i$，其中 $i = \arg\min_{j \in 1:m} d(s_j, s)$。图 8-1 显示了使用最近邻方案表示值函数的示例。

我们可以将这种方法推广到平均 k 个最近邻（k-nearest neighbor）的值。这种方法仍然可以得到分段常量值函数，如果 k 取不同的值，则可以得到更好的近似值。图 8-1 显示了使用不同的 k 值所得到的不同近似值函数的示例。算法 8-2 提供了该思想的实现。

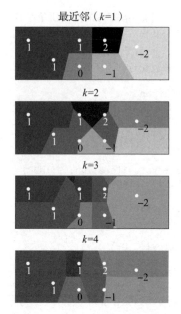

图 8-1 根据欧几里得距离，使用其 k 个最近邻的效用值的平均值来近似计算二维连续状态空
间中的状态值。得到值函数的结果是分段常数

算法 8-2 k-最近邻方法，根据 S 中的 k 个最近邻的状态来近似计算状态 s 的值，距离由距离函数 d
确定。向量 θ 包含 S 中状态的值。通过使用专门的数据结构（例如在 `NearestNeigh-`
`bors.jl` 中实现 kd 树），可以获得更高的效率

```
mutable struct NearestNeighborValueFunction
    k # 邻居的数量
    d # 距离函数d(s,s')
    S # 离散状态的集合
    θ # 中状态值的向量
end

function (Uθ::NearestNeighborValueFunction)(s)
    dists = [Uθ.d(s,s') for s' in Uθ.S]
    ind = sortperm(dists)[1:Uθ.k]
    return mean(Uθ.θ[i] for i in ind)
end

function fit!(Uθ::NearestNeighborValueFunction, S, U)
    Uθ.θ = U
    return Uθ
end
```

8.3 核平滑

另一种局部近似方法是核平滑（kernel smoothing），其中 S 中状态的效用在整个状态
空间上被平滑。该方法需要定义一个核函数（kernel function）$k(s, s')$，该函数将一对状
态 s 和 s' 关联起来。我们通常希望 $k(s, s')$ 对于更接近的状态其值更高，因为这些值告诉
我们如何将与 S 中状态相关的效用加权在一起。该方法将导致以下的线性近似：

$$U_{\boldsymbol{\theta}}(\boldsymbol{s}) = \sum_{i=1}^{m} \theta_i \beta_i(\boldsymbol{s}) = \boldsymbol{\theta}^{\top} \boldsymbol{\beta}(\boldsymbol{s}) \tag{8.3}$$

其中：

$$\beta_i(s) = \frac{k(s, s_i)}{\sum\limits_{j=1}^{m} k(s, s_j)} \tag{8.4}$$

算法 8-3 提供了该思想的一种实现。

算法 8-3 通过核函数 k 和 S 状态的效用向量θ定义的局部加权值函数近似值

```
mutable struct LocallyWeightedValueFunction
    k # 核函数k(s, s')
    S # 离散状态的集合
    θ # 状态S下的值向量
end

function (Uθ::LocallyWeightedValueFunction)(s)
    w = normalize([Uθ.k(s,s') for s' in Uθ.S], 1)
    return Uθ.θ · w
end

function fit!(Uθ::LocallyWeightedValueFunction, S, U)
    Uθ.θ = U
    return Uθ
end
```

我们可以采用多种方法定义核函数，这里将核函数定义为状态之间距离的倒数：

$$k(s, s') = \max(d(s, s'), \epsilon)^{-1} \tag{8.5}$$

其中，ϵ 是一个小的正常数，用于避免在 $s = s'$ 时被零除。图 8-2 显示了使用几个距离函数后得到的近似值。正如我们所看到的，与 k 最近邻相比，核平滑可以产生平滑的值函数近似值。图 8-3 将此核应用于离散的六边形世界问题并展示近似值迭代（算法 8-1）的若干次迭代结果。图 8-4 展示在连续状态空间下为山地车问题（附录 F.4）学习提供的值函数和策略。

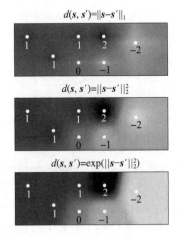

图 8-2 基于具有已知值的若干状态而获得的邻近距离来赋值，在二维连续状态空间中，使用几个距离函数来计算状态的近似值

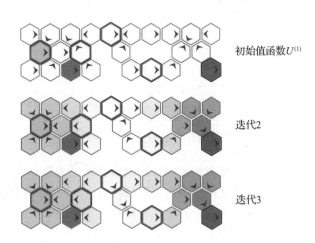

图 8-3 局部近似值迭代，用于迭代改进六边形世界问题的近似值函数。值函数的近似值通过五种概述状态的值来计算，剩余的状态值使用距离函数 $\| s - s' \|_2^2$ 来近似计算。由此产生的策略是合理的，但却不是最优策略。正奖励显示为蓝色，负奖励显示为红色

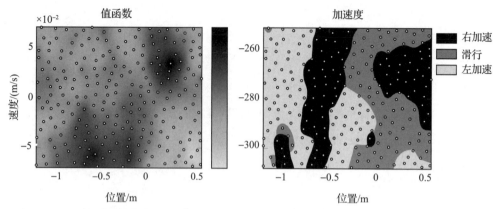

图 8-4 通过使用距离函数 $\|\boldsymbol{s}-\boldsymbol{s'}\|_2+0.1$ 学习山地车问题中有限状态集（白色显示）的行为值而获得的效用函数和策略

另一个常见的核是高斯核（Gaussian kernel）：

$$k(\boldsymbol{s},\boldsymbol{s'}) = \exp\left(-\frac{d(\boldsymbol{s},\boldsymbol{s'})^2}{2\sigma^2}\right) \tag{8.6}$$

其中，σ 控制平滑度。

8.4 线性插值

线性插值（linear interpolation）是另一种常用的局部近似方法。对于一维情况很简单，对于两个状态 s_1 和 s_2 之间的状态 s，其近似值为：

$$U_{\boldsymbol{\theta}}(s) = \alpha\theta_1 + (1-\alpha)\theta_2 \tag{8.7}$$

其中，$\alpha=(s_2-s)/(s_2-s_1)$。图 8-5 和图 8-6 表明了这种情况。

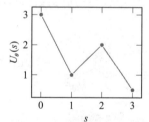

图 8-5 一维线性插值方法沿着连接两点的线段生成插值

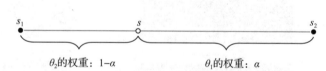

图 8-6 指定给一维数据中每个点的权重与插值状态另一边的线段长度成比例

线性插值可以扩展到多维网格。在二维的情况下，称为双线性插值（bilinear interpolation），我们在四个顶点之间进行插值。双线性插值是通过一维线性插值完成的，每个轴进行一次线性插值，需要在网格顶点使用四个状态的效用值。双线性插值如图 8-7 所示。

给定坐标为 $s_1=(x_1,y_1)$、$s_2=(x_1,y_2)$、$s_3=(x_2,y_1)$ 和 $s_4=(x_2,y_2)$ 的四个顶点以及一个采样状态 $s=(x,y)$，插值的计算公式为：

$$U_{\boldsymbol{\theta}}(s) = \alpha\theta_{12} + (1-\alpha)\theta_{34} \tag{8.8}$$

$$= \frac{x_2-x}{x_2-x_1}\theta_{12} + \frac{x-x_1}{x_2-x_1}\theta_{34} \tag{8.9}$$

$$= \frac{x_2-x}{x_2-x_1}(\alpha\theta_1 + (1-\alpha)\theta_2) + \frac{x-x_1}{x_2-x_1}(\alpha\theta_3 + (1-\alpha)\theta_4) \tag{8.10}$$

$$= \frac{x_2 - x}{x_2 - x_1}\left(\frac{y_2 - y}{y_2 - y_1}\theta_1 + \frac{y - y_1}{y_2 - y_1}\theta_2\right) + \frac{x - x_1}{x_2 - x_1}\left(\frac{y_2 - y}{y_2 - y_1}\theta_3 + \frac{y - y_1}{y_2 - y_1}\theta_4\right) \quad (8.11)$$

$$= \frac{(x_2 - x)(y_2 - y)}{(x_2 - x_1)(y_2 - y_1)}\theta_1 + \frac{(x_2 - x)(y - y_1)}{(x_2 - x_1)(y_2 - y_1)}\theta_2 +$$

$$\frac{(x - x_1)(y_2 - y)}{(x_2 - x_1)(y_2 - y_1)}\theta_3 + \frac{(x - x_1)(y - y_1)}{(x_2 - x_1)(y_2 - y_1)}\theta_4 \quad (8.12)$$

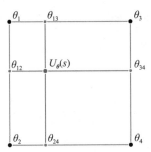

图 8-7　二维网格上的线性插值通过依次在每个轴上进行线性插值来实现

生成的插值根据其相对象限的面积对每个顶点进行加权，如图 8-8 所示。

类似地，通过沿每个轴进行线性插值，可以实现 d 维的多线性插值。d 维的多线性插值需要 2^d 个顶点。当然，每个顶点的效用也根据相对的超矩形的体积进行加权。多线性插值在算法 8-4 中进行实现。图 8-9 在二维状态空间上演示了这种方法。

图 8-8　二维网格上的线性插值导致每个顶点的贡献等于其相对象限的相对面积：$U_{\theta}(s) = \alpha_1\theta_1 + \alpha_2\theta_2 + \alpha_3\theta_3 + \alpha_4\theta_4$

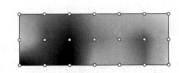

图 8-9　3×7 网格上的二维线性插值

算法 8-4　执行多线性插值的方法。在由左下角顶点 o 和宽度 δ 构成的向量所定义的网格上，假设已知状态值 θ，估算状态向量 s 的值的方法。对于某些非负积分向量 i，网格的顶点都可以写成 o＋δ.*i。包 Interpolations.jsl 还提供了多重线性插值方法和其他插值方法

```
mutable struct MultilinearValueFunction
    o # 左下角的位置
    δ # 向量的宽度
    θ # 状态S下的值向量
end

function (Uθ::MultilinearValueFunction)(s)
    o, δ, θ = Uθ.o, Uθ.δ, Uθ.θ
    Δ = (s - o)./δ
    # 左下角单元格的多维索引
```

```
    i = min.(floor.(Int, Δ) .+ 1, size(θ) .- 1)
    vertex_index = similar(i)
    d = length(s)
    u = 0.0
    for vertex in 0:2^d-1
        weight = 1.0
        for j in 1:d
            # 检查第j位是否为1
            if vertex & (1 << (j-1)) > 0
                vertex_index[j] = i[j] + 1
                weight *= Δ[j] - i[j] + 1
            else
                vertex_index[j] = i[j]
                weight *= i[j] - Δ[j]
            end
        end
        u += θ[vertex_index...]*weight
    end
    return u
end

function fit!(Uθ::MultilinearValueFunction, S, U)
    Uθ.θ = U
    return Uθ
end
```

8.5   单纯形插值

在高维空间中，多线性插值可能效率低下。与加权 2^d 点的贡献不同，单纯形插值（simplex interpolation）只考虑给定状态附近的 $d+1$ 个点，以生成与已知采样点匹配的连续曲面。

我们从多维网格开始，将每个单元格划分为 $d!$ 个单纯形（simplex），单纯形是由 $d+1$ 个顶点的凸包（convex hull）定义的三角形的多维推广。这一过程被称为 Coxeter-Freudenthal-Kuhn 三角化（Coxeter-Freudenthal-Kuhn triangulation）[⊖]，该过程确保共享一个面的任何两个单纯形将在整个面上产生相等的值，从而在插值时产生连续性，如图 8-10 所示。

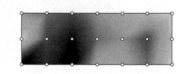

图 8-10   3×7 网格上的二维单纯形插值

为了更好地说明，假设我们已经平移并缩放了包含状态的单元格，使得最低顶点为 0，与其相对的对角顶点为 1。对于 $1:d$ 的每个置换都有一个单纯形。置换 p 给出的单纯形是满足下式的点的集合：

$$0 \leqslant x_{p_1} \leqslant x_{p_2} \leqslant \cdots \leqslant x_{p_d} \leqslant 1 \qquad (8.13)$$

图 8-11 展示了为单位立方体获得的单纯形。

首先，单纯形插值将状态向量 s 平移并缩放到其对应单元的单位超立方体，以获得 s'。然后对 s' 中的

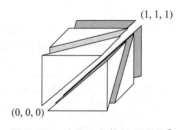

图 8-11   单位立方体的三角化[⊖]

⊖ A. W. Moore，"Simplicial Mesh Generation with Applications，" Ph. D. dissertation，Cornell University，1992.

⊜ 图 8-11 源自文献 A. W. Moore，"Simplicial Mesh Generation with Applications，" Ph. D. dissertation，Cornell University，1992 中的图 2-1。

条目进行排序，以确定哪个单纯形包含 s'。接着，s' 处的效用可以通过该单纯形顶点的唯一线性组合来表示。

示例 8-1 提供了单纯形插值的示例。该过程在算法 8-5 中实现。

> **示例 8-1 三维单纯形插值。** 考虑由置换 $\boldsymbol{p} = (3,1,2)$ 给出的三维单纯形，使得单纯形内的点满足 $0 \leq x_3 \leq x_1 \leq x_2 \leq 1$。此单纯形包含顶点 $(0,0,0)$、$(0,1,0)$、$(1,1,0)$ 和 $(1,1,1)$，如图 8-12 所示。
>
> 因此，属于单纯形的任何点可以通过顶点的加权来表示：
>
> $$\begin{bmatrix} s_1 \\ s_2 \\ s_3 \end{bmatrix} = w_1 \begin{bmatrix} 0 \\ 0 \\ 0 \end{bmatrix} + w_2 \begin{bmatrix} 0 \\ 1 \\ 1 \end{bmatrix} + w_3 \begin{bmatrix} 1 \\ 1 \\ 0 \end{bmatrix} + w_4 \begin{bmatrix} 1 \\ 1 \\ 1 \end{bmatrix}$$
>
> 我们可以依次确定最后三个权重的值：
>
> $$w_4 = s_3 \quad w_3 = s_1 - w_4 \quad w_2 = s_2 - w_3 - w_4$$
>
> 通过强制权重和为 1 来获得 w_1。
>
> 如果 $\boldsymbol{s} = (0.3, 0.7, 0.2)$，则权重为：
>
> $$w_4 = 0.2 \quad w_3 = 0.1 \quad w_2 = 0.4 \quad w_1 = 0.3$$

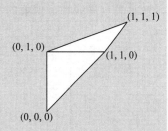

图 8-12 单纯形及各个顶点

> **算法 8-5** 在由左下角顶点 o 和宽度 δ 构成的向量所定义的网格上，假设已知状态值 θ，利用单纯形插值以估算状态向量 s 的值的方法。对于某些非负积分向量 i，网格的顶点都可以写成 o + δ.*i。单纯形插值也在通用的 GridInterpolations.jl 包中实现

```
mutable struct SimplexValueFunction
    o # 左下角的位置
    δ # 向量的宽度
    θ # 状态S的值向量
end

function (Uθ::SimplexValueFunction)(s)
    Δ = (s - Uθ.o)./Uθ.δ
    # 右上角单元格的多维索引
    i = min.(floor.(Int, Δ) .+ 1, size(Uθ.θ) .- 1) .+ 1
    u = 0.0
    s′ = (s - (Uθ.o + Uθ.δ.*(i.-2))) ./ Uθ.δ
    p = sortperm(s′) # 递增顺序
    w_tot = 0.0
    for j in p
        w = s′[j] - w_tot
        u += w*Uθ.θ[i...]
        i[j] -= 1
        w_tot += w
    end
    u += (1 - w_tot)*Uθ.θ[i...]
    return u
end

function fit!(Uθ::SimplexValueFunction, S, U)
    Uθ.θ = U
    return Uθ
end
```

8.6 线性回归

一种简单的全局近似方法是线性回归（linear regression），其中 $U_\theta(s)$ 是基函数（basis function）的线性组合，通常也被称为特征（feature）。这些基函数通常是状态 s 的非线性函数，并组合成向量函数 $\boldsymbol{\beta}(s)$ 或 $\boldsymbol{\beta}(s,a)$，从而得到近似值：

$$U_\theta(s) = \boldsymbol{\theta}^\top \boldsymbol{\beta}(s) \quad Q_\theta(s,a) = \boldsymbol{\theta}^\top \boldsymbol{\beta}(s,a) \tag{8.14}$$

尽管我们的近似值相对于基函数是线性的，但所得到的近似值对于基础状态变量可能是非线性的。图 8-13 说明了这一概念。示例 8-2 提供了使用连续山地车问题的多项式基函数计算全局线性近似值的示例，结果为关于状态变量的非线性值函数近似。

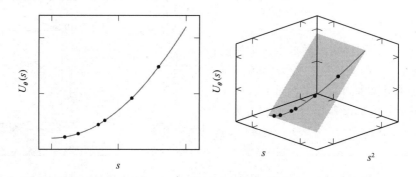

图 8-13 具有非线性基函数的线性回归在较高维度上是线性的。此处，多项式回归可以被视为三维空间中的线性回归。该函数存在于由其基部形成的平面中，但并不占据整个平面，因为这些项不是独立的

添加额外的基函数通常会提高在 S 状态下匹配目标效用的能力，但过多的基函数会导致其他状态下的近似值变差。存在一些为我们的回归模型选择一组适当的基函数的原则性方法[⊖]。

拟合线性模型涉及如何确定向量 $\boldsymbol{\theta}$，该向量用于最小化 $S = s_{1:m}$ 状态下预测的平方误差。如果与这些状态相关的效用表示为 $u_{1:m}$，那么需要找到用于最小化以下公式的 $\boldsymbol{\theta}$：

$$\sum_{i=1}^m (\hat{U}_\theta(s_i) - u_i)^2 = \sum_{i=1}^m (\boldsymbol{\theta}^\top \boldsymbol{\beta}(s_i) - u_i)^2 \tag{8.15}$$

> **示例 8-2** 使用线性近似方法计算山地车值函数的近似值。选择不同的基函数会导致很大的差异。山地车的最优值函数是非线性的，具有螺旋形状和不连续性。即使是六次型多项式也不会产生完美的拟合。对于山地车问题，我们使用线性近似方法计算其值函数的近似值。山地车问题具有一个连续的状态空间，其中涉及二维的数据：位置 x 和速度 v。以下是从零次到六次多项式基函数：

⊖ 请参考以下文献的第 14 章：M. J. Kochenderfer and T. A. Wheeler, *Algorithms for Optimization*. MIT Press, 2019。或者参考以下文献的第 7 章：T. Hastie, R. Tibshirani, and J. Friedman, *The Elements of Statistical Learning: Data Mining, Inference, and Prediction*, 2nd ed. Springer Series in Statistics, 2001。

$$\boldsymbol{\beta}(s) = \begin{bmatrix} 1, \\ x, & v, \\ x^2, & xv, & v^2, \\ x^3, & x^2v, & xv^2, & v^3, \\ x^4, & x^3v, & x^2v^2, & xv^3, & v^4, \\ x^5, & x^4v, & x^3v^2, & x^2v^3, & xv^4, & v^5, \\ x^6, & x^5v, & x^4v^2, & x^3v^3, & x^2v^4, & xv^5, & v^6 \end{bmatrix}$$

图 8-14 是近似值函数的图示，该函数拟合专家策略的状态值对。

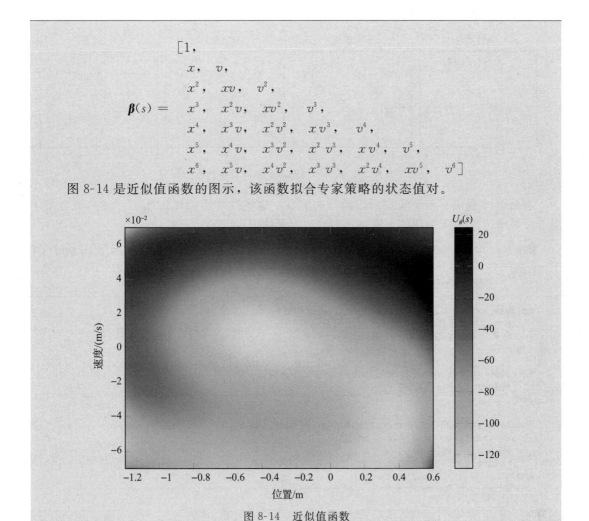

图 8-14 近似值函数

可以通过一些简单的矩阵运算来计算最优 $\boldsymbol{\theta}$ 的值。首先，我们构造一个矩阵 $\boldsymbol{X}$，矩阵的各 m 行 $\boldsymbol{X}_i$ 包含 $\boldsymbol{\beta}(s_i)^\top$ [一]。可以看出，使平方误差最小化的 $\boldsymbol{\theta}$ 值为：

$$\boldsymbol{\theta} = (\boldsymbol{X}^\top \boldsymbol{X})^{-1} \boldsymbol{X}^\top u_{1:m} = \boldsymbol{X}^+ u_{1:m} \qquad (8.16)$$

其中，$\boldsymbol{X}^+$ 是矩阵 $\boldsymbol{X}$ 的 Moore-Penrose 伪逆矩阵（Moore-Penrose pseudoinverse）。该伪逆矩阵通常通过首先计算奇异值分解（Singular Value Decomposition，SVD）$\boldsymbol{X} = \boldsymbol{U}\boldsymbol{\Sigma}\boldsymbol{U}^*$ 来实现。然后我们得到：

$$\boldsymbol{X}^+ = \boldsymbol{U}\boldsymbol{\Sigma}^+ \boldsymbol{U}^* \qquad (8.17)$$

对角矩阵 $\boldsymbol{\Sigma}$ 的伪逆矩阵是通过取对角的每个非零元素的倒数，然后对结果矩阵进行转置来获得的。

图 8-15 显示了 S 中所有状态的效用如何与几个基函数族相匹配。选择不同的基函数将产生不同的误差。

一 有关线性回归中所涉及的数学知识以及更高级相关技术的概述，请参考文献 T. Hastie, R. Tibshirani, and J. Friedman, *The Elements of Statistical Learning*: *Data Mining*, *Inference*, *and Prediction*, 2nd ed. Springer Series in Statistics, 2001。

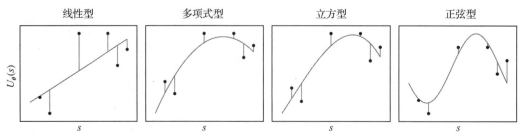

图 8-15　具有不同基函数族的线性回归

算法 8-6 提供了若干线性回归模型的实现，这些线性回归模型用于评估和拟合值函数。示例 8-3 演示了使用该方法解决山地车问题的过程。

算法 8-6　计算线性回归值函数的近似值，由基向量函数 β 和参数向量 θ 定义。函数 pinv 实现伪逆矩阵算法。Julia 和其他程序设计语言支持反斜杠运算符，因此允许我们在 fit! 函数中使用 X\ U 代替 pinv(X)*U

```
mutable struct LinearRegressionValueFunction
    β # 基向量函数
    θ # 由参数构成的向量
end

function (Uθ::LinearRegressionValueFunction)(s)
    return Uθ.β(s) ⋅ Uθ.θ
end

function fit!(Uθ::LinearRegressionValueFunction, S, U)
    X = hcat([Uθ.β(s) for s in S]...)'
    Uθ.θ = pinv(X)*U
    return Uθ
end
```

示例 8-3　线性回归示例。对于山地车问题，使用傅里叶基函数计算值函数的近似值（参见附录 F.4）。本例中给出值函数（第一行）和结果策略（最后一行）。尽管使用了八阶傅里叶基函数，但全局近似值函数的拟合性较差。由此产生的近似策略与专家策略并不十分接近。山地车问题的小时间步长导致值函数的微小变化也会影响策略。最优效用函数通常具有复杂的几何结构，因此难以使用全局基函数捕捉。我们可以应用线性回归来学习山地车问题的值函数。最优值函数呈螺旋形，因此很难使用多项式基函数来计算近似值（具体请参见示例 8-2）。我们将使用傅里叶基函数，其各个分量采用以下的形式：

$$b_0(x) = 1/2$$
$$b_{s,i}(x) = \sin(2\pi ix/T) \quad i = 1,2,\cdots$$
$$b_{c,i}(x) = \cos(2\pi ix/T) \quad i = 1,2,\cdots$$

其中，T 是分量域的宽度。多维傅里叶基函数是跨越状态空间轴的一维分量的所有组合。此处我们使用八阶傅里叶基函数来计算近似值，因此 i 的取值范围为 1~8。专家策略朝着运动的方向加速，如图 8-16 所示。

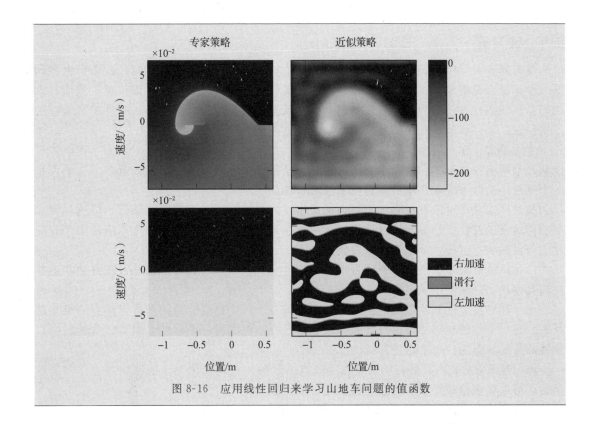

图 8-16　应用线性回归来学习山地车问题的值函数

8.7　神经网络回归

神经网络回归（neural network regression）放宽了条件，无须构造线性回归所需的基函数。在神经网络回归中，我们使用神经网络来表示值函数。关于神经网络的综述，请参见附录 D。神经网络的输入是状态变量，输出是效用估计值。参数 θ 对应神经网络中的权重。

如附录 D 中所述，我们可以优化网络权重以实现特定的目标。在近似动态规划的背景下，我们希望尽量减少预测的误差，正如在上一节中所做的那样。然而，平方误差不能通过简单的矩阵运算来最小化，相反，通常必须依靠梯度下降之类的优化技术。幸运的是，通过直接应用链式求导法则，可以精确地计算神经网络的梯度。

8.8　本章小结

- 对于大型或连续的问题，我们可以尝试寻找由值函数的参数化模型表示的近似策略。
- 本章中采用的方法包括在有限状态集中迭代应用动态规划的各个步骤，并优化参数近似。
- 局部近似技术基于具有已知值的近邻状态的值来计算值函数的近似值。
- 各种局部近似技术包括最近邻、核平滑、线性插值和单纯形插值。
- 全局近似技术包括线性回归和神经网络回归。
- 当线性回归与适当的非线性基函数相结合时，可以获得非线性效用函数。
- 使用神经网络回归时，我们不必指定基函数，但拟合过程会更加复杂，通常需要使用梯度下降来调整值函数的参数化近似。

8.9　练习题

练习题 8-1　本章介绍的值函数近似方法大多假设是连续的状态空间。六边形世界问题（具体请参见附录 F.1）是离散的，但其大多数状态都可以映射到二维位置。然而，六边形世界问题存在一个额外的终端状态，终端状态将产生值为 0 的奖励，并且没有对应的二维位置。如何修改本章中的连续值函数近似方法来处理这种状态？

参考答案：在六边形世界问题中，智能体在二维六边形网格中导航。然而，智能体可以从几个网格六边形之一进入单个终端状态。这种单个终端状态对值函数近似方法来说是一个挑战，这些方法通常依赖接近度来推断状态的值。

虽然终端状态可以被投影到与其他状态相同的状态空间，可能距离很远，但这种黑客方法仍然会迫使终端状态的值在计算过程中存在某种形式的接近。为一个本应与多个先前状态等距的状态选择一个位置会产生偏差。

一种解决方法是将终端状态视为一种特殊情况。核函数可以被修改，以在终端状态和任何其他状态之间产生无限距离。

另一种解决方法是调整问题的本身，使得每一个产生终端奖励的六边形都有一个终端状态。每一个终端状态都可以与其前一个状态重合，但在另一个维度上偏移。这种转换以牺牲额外的状态为代价来保持接近度。

练习题 8-2　表格数据表示是线性近似值函数的一种特殊情况。请证明对于任何离散问题，可以将表格数据表示构建为线性近似值函数。

参考答案：考虑具有 m 个状态 $s_{1:m}$ 和 n 个行为 $a_{1:n}$ 的离散马尔可夫决策过程。表格数据表示将一个值与每个状态或状态-行为对相关联。我们可以使用线性近似值函数来恢复相同的行为。将一个指示符函数与每个状态或状态-行为对相关联，当输入是给定的状态或状态-行为对时，其值为 1，否则为 0：

$$\beta_i(s) = (s = s_i) = \begin{cases} 1, & \text{如果 } s = s_i \\ 0, & \text{其他} \end{cases}$$

或者

$$\beta_{ij}(s,a) = ((s,a) = (s_i,a_j)) = \begin{cases} 1, & \text{如果}(s,a) = (s_i,a_j) \\ 0, & \text{其他} \end{cases}$$

练习题 8-3　假设我们有一个关于连续状态和行为空间的问题，对于行为值函数 $Q(s,a) = \boldsymbol{\theta}^{\mathsf{T}} \boldsymbol{\beta}(s,a)$，希望构造其局部近似，同时又是全局近似。对于全局近似，我们选择基函数：

$$\boldsymbol{\beta}(s,a) = [1,s,a,s^2,sa,a^2]$$

给定一组 100 个状态 $S = s_{1:100}$ 和一组五个行为 $A = a_{1:5}$，对于局部近似方法，$\boldsymbol{\theta}$ 中有多少个参数？对于指定的全局近似方法，$\boldsymbol{\theta}$ 中有多少参数？

参考答案：在局部近似方法中，状态-动作值是参数。我们将有 $|\mathcal{S}| \times |\mathcal{A}| = 100 \times 5 = 500$ 个 $\boldsymbol{\theta}$ 参数。在全局近似方法中，基函数的系数是参数。由于在 $\boldsymbol{\beta}(s,a)$ 中有六个分量，因此在 $\boldsymbol{\theta}$ 中会有六个参数。

练习题 8-4　给定状态 $s_1 = (4,5)$、$s_2 = (2,6)$ 和 $s_3 = (-1,-1)$ 及其相对应的值 $U(s_1) = 2$、$U(s_2) = 10$ 和 $U(s_3) = 30$。使用具有 L_1 距离度量、L_2 距离度量和 L_∞ 距离度量的 2-最近邻局部近似算法，计算状态 $s = (1,2)$ 处的值。

参考答案：我们将从 s 到点 $s' \in S$ 的距离制作成如表 8-1 所示的表格数据。

表 8-1 从 s 到点 s' 的距离

$s' \in S$	L_1	L_2	L_∞
$s_1 = (4,5)$	6	$\sqrt{18}$	3
$s_2 = (2,6)$	5	$\sqrt{17}$	4
$s_3 = (-1,-1)$	5	$\sqrt{13}$	3

使用 L_1 范数,估算 $U(s)=(10+30)/2=20$。使用 L_2 范数,估算 $U(s)=(10+30)/2=20$。使用 L_∞ 范数,估算 $U(s)=(2+30)/2=16$。

练习题 8-5 假设存在由两个状态 $S=\{s_1,s_2\}$ 所组成的集合,对于该集合中的值,我们希望估算状态 s 处的值。如果希望使用局部近似值迭代,请问以下哪些加权函数是有效的? 如果加权函数是无效的,请问应该如何修改加权函数使其有效?

- $\boldsymbol{\beta}(s) = [1,1]$
- $\boldsymbol{\beta}(s) = [1-\lambda,\lambda]$,其中 $\lambda \in [0,1]$
- $\boldsymbol{\beta}(s) = \left[e^{(s-s_1)^2}, e^{(s-s_2)^2}\right]$

参考答案:第一组加权函数无效,因为它违反了约束 $\sum_i \beta_i(s)=1$。我们可以使用将加权函数的和归一化的方法来修改加权函数:

$$\boldsymbol{\beta}(s) = \left[\frac{1}{1+1}, \frac{1}{1+1}\right] = \left[\frac{1}{2}, \frac{1}{2}\right]$$

第二组加权函数有效。第三组加权函数无效,因为它违反了约束 $\sum_i \beta_i(s)=1$。我们可以使用将加权函数的和归一化的方法来修改加权函数:

$$\boldsymbol{\beta}(s) = \left[\frac{e^{(s-s_1)^2}}{e^{(s-s_1)^2} + e^{(s-s_2)^2}}, \frac{e^{(s-s_2)^2}}{e^{(s-s_1)^2} + e^{(s-s_2)^2}}\right]$$

练习题 8-6 证明双线性插值在(非零)线性网格缩放下是不变的。

参考答案:很显然,对于一个或两个轴上的线性缩放,插值是不变的。例如,$\widetilde{U}_{\boldsymbol{\theta}}(\widetilde{s}) = U_{\boldsymbol{\theta}}(s)$。我们通过将所有 x 和 y 值替换为缩放版本 $\widetilde{x}=\beta x$ 和 $\widetilde{y}=\gamma y$ 来证明这一点,并证明网格缩放可以抵消:

$$\widetilde{U}_{\boldsymbol{\theta}}(\widetilde{s}) = \frac{(\widetilde{x}_2-\widetilde{x})(\widetilde{y}_2-\widetilde{y})}{(\widetilde{x}_2-\widetilde{x}_1)(\widetilde{y}_2-\widetilde{y}_1)}\theta_1 + \frac{(\widetilde{x}_2-\widetilde{x})(\widetilde{y}-\widetilde{y}_1)}{(\widetilde{x}_2-\widetilde{x}_1)(\widetilde{y}_2-\widetilde{y}_1)}\theta_2$$
$$+ \frac{(\widetilde{x}-\widetilde{x}_1)(\widetilde{y}_2-\widetilde{y})}{(\widetilde{x}_2-\widetilde{x}_1)(\widetilde{y}_2-\widetilde{y}_1)}\theta_3 + \frac{(\widetilde{x}-\widetilde{x}_1)(\widetilde{y}-\widetilde{y}_1)}{(\widetilde{x}_2-\widetilde{x}_1)(\widetilde{y}_2-\widetilde{y}_1)}\theta_4$$

$$\widetilde{U}_{\boldsymbol{\theta}}(\widetilde{s}) = \frac{\beta(x_2-x)\gamma(y_2-y)}{\beta(x_2-x_1)\gamma(y_2-y_1)}\theta_1 + \frac{\beta(x_2-x)\gamma(y-y_1)}{\beta(x_2-x_1)\gamma(y_2-y_1)}\theta_2$$
$$+ \frac{\beta(x-x_1)\gamma(y_2-y)}{\beta(x_2-x_1)\gamma(y_2-y_1)}\theta_3 + \frac{\beta(x-x_1)\gamma(y-y_1)}{\beta(x_2-x_1)\gamma(y_2-y_1)}\theta_4$$

$$\widetilde{U}_{\boldsymbol{\theta}}(\widetilde{s}) = \frac{(x_2-x)(y_2-y)}{(x_2-x_1)(y_2-y_1)}\theta_1 + \frac{(x_2-x)(y-y_1)}{(x_2-x_1)(y_2-y_1)}\theta_2$$
$$+ \frac{(x-x_1)(y_2-y)}{(x_2-x_1)(y_2-y_1)}\theta_3 + \frac{(x-x_1)(y-y_1)}{(x_2-x_1)(y_2-y_1)}\theta_4$$

$$\widetilde{U}_{\boldsymbol{\theta}}(\widetilde{s}) = U_{\boldsymbol{\theta}}(s)$$

练习题 8-7 给定四个状态 $s_1=(0,5)$,$s_2=(0,25)$,$s_3=(1,5)$ 和 $s_4=(1,25)$,以及样本状态 $s=(0.7,10)$,生成任意 $\boldsymbol{\theta}$ 的插值公式 $U_{\boldsymbol{\theta}}(s)$。

参考答案：双线性插值的一般形式在式（8.12）中给出。为了生成插值，我们将值代入式（8.12）中并进行简化：

$$U_{\boldsymbol{\theta}}(s) = \frac{(x_2-x)(y_2-y)}{(x_2-x_1)(y_2-y_1)}\theta_1 + \frac{(x_2-x)(y-y_1)}{(x_2-x_1)(y_2-y_1)}\theta_2$$
$$+ \frac{(x-x_1)(y_2-y)}{(x_2-x_1)(y_2-y_1)}\theta_3 + \frac{(x-x_1)(y-y_1)}{(x_2-x_1)(y_2-y_1)}\theta_4$$

$$U_{\boldsymbol{\theta}}(s) = \frac{(1-0.7)(25-10)}{(1-0)(25-5)}\theta_1 + \frac{(1-0.7)(10-5)}{(1-0)(25-5)}\theta_2$$
$$+ \frac{(0.7-0)(25-10)}{(1-0)(25-5)}\theta_3 + \frac{(0.7-0)(10-5)}{(1-0)(25-5)}\theta_4$$

$$U_{\boldsymbol{\theta}}(s) = \frac{9}{40}\theta_1 + \frac{3}{40}\theta_2 + \frac{21}{40}\theta_3 + \frac{7}{40}\theta_4$$

练习题 8-8 根据示例 8-1，状态 $s=(0.4, 0.95, 0.6)$ 的单纯形插值权重是多少？

参考答案：对于给定的状态 s，我们有 $0 \leqslant x_1 \leqslant x_3 \leqslant x_2 \leqslant 1$，因此置换向量是 $p=[1,3,2]$。单纯形的各个顶点可以通过从 $(0,0,0)$ 开始并按排列向量的相反顺序将每个 0 变为 1 来生成。因此，单纯形的顶点是 $(0,0,0)$、$(0,1,0)$、$(0,1,1)$ 和 $(1,1,1)$。

因此，属于单纯形的任何点 s，可以通过顶点的加权来表示：

$$\begin{bmatrix} s_1 \\ s_2 \\ s_3 \end{bmatrix} = w_1 \begin{bmatrix} 0 \\ 0 \\ 0 \end{bmatrix} + w_2 \begin{bmatrix} 0 \\ 1 \\ 0 \end{bmatrix} + w_3 \begin{bmatrix} 0 \\ 1 \\ 1 \end{bmatrix} + w_4 \begin{bmatrix} 1 \\ 1 \\ 1 \end{bmatrix}$$

我们可以按相反的顺序确定权重值，最后通过应用权重总和必须为 1 的约束来求解 w_1。然后，可以计算 $s=(0.4, 0.95, 0.6)$ 的权重：

$$w_4 = s_1 \quad w_3 = s_3 - w_4 \quad w_2 = s_2 - w_3 - w_4 \quad w_1 = 1 - w_2 - w_3 - w_4$$
$$w_4 = 0.4 \quad w_3 = 0.2 \quad w_2 = 0.35 \quad w_1 = 0.05$$

在 线 规 划

到目前为止，我们讨论的解决方法是在实际问题中执行任何操作之前以离线的方式计算策略。在许多高维问题中，甚至采用离线近似的方法也很难处理。本章讨论在线规划（online planning）方法，这些方法基于对从当前状态可到达状态的推理来找到相应的操作行为。可达的状态空间（reachable state space）通常比完整的状态空间要小若干个数量级。因此，与离线方法相比较，在线规划方法可以显著减少存储需求和计算需求。我们将讨论旨在提高在线规划效率的各种算法，包括修剪状态空间和采样等，并沿离目标更近的轨迹更深入地进行规划。

9.1 滚动时域规划

在滚动时域规划（receding horizon planning）中，我们从当前状态规划到最大固定范围或深度 d。然后，从目前状态执行操作行为并转换到下一状态，然后重新规划。本章所讨论的在线规划方法遵循这一滚动时域规划方案。这些方法在探索不同的行为方案方面有所不同。

应用滚动时域规划的一个挑战是确定适当的深度。所做的规划越深入，通常越需要更多的计算。对于某些问题，较浅深度的规划可能会非常有效，因为在每一步都重新规划这一事实可以弥补缺乏长期建模的不足。在其他问题中，可能需要更大的规划深度，以便规划能够朝着目标前进或远离不安全的状态，如示例 9-1 所示。

示例 9-1 应用于飞机防撞系统的滚动时域规划，其中采用了不同的规划深度。在这个问题中，有四个状态变量。图 9-1 显示假设飞机当前处于水平状态并且尚未收到操作行为建议时的状态空间切片。水平轴表示碰撞时间 t_{col}，垂直轴表示飞机相对于入侵者的高度 h。附录 F.6 提供了有关此问题的其他详细信息。假设我们想将滚动时域规划应用于飞机防撞系统。目的是在必要时提供飞机下降或爬升的操作行为建议，以避免与入侵者相互碰撞。当相对于入侵飞机的高度 h 在 ± 50 米以内，并且潜在碰撞时间 t_{col} 为零时，就会发生两机碰撞。我们希望规划得足够深入，以便能够尽早为飞机的操作行为提供建议，以避免高置信度的碰撞。图 9-1 还展示了不同深度的滚动时域规划将采取的行为。

如果深度为 $d=10$，我们仅在碰撞后 10 秒内为飞机提供关于操作行为的建议。由于车辆动力学的限制以及其他飞机行为的不确定性，在如此短的时间内为飞机提供关于操作行为的建议会影响飞行的安全性。如果深度为 $d=20$，我们可以做得更好，但在某些情况下，可能需要提前一点发出警报，以进一步降低飞机之间相互碰撞的风险。但没有必要采取比深度 $d=40$ 更深入的规划，因为我们不需要在潜在碰撞之前为飞机提供任何关于机动操作行为的建议。

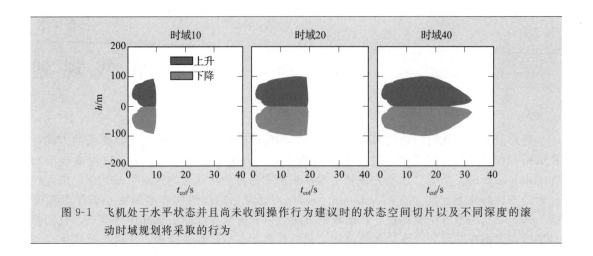

图 9-1　飞机处于水平状态并且尚未收到操作行为建议时的状态空间切片以及不同深度的滚
　　　　动时域规划将采取的行为

9.2　基于预演的前瞻算法

　　第 7 章通过使用一步前瞻算法提取对近似值函数 U 的贪婪策略[⊖]。一个简单的在线策略通过模拟到深度 d 估算的值贪婪地操作。我们需要采用一个适当的策略来进行模拟，比如可以使用预演（rollout，或称为展开）策略。当然，我们采用的并不一定是最优策略。预演策略通常是随机的，其行为来自分布 $a\sim\pi(s)$。为了生成这些预演模拟，我们使用生成模型（generative model）$s'\sim T(s,a)$，从分布 $T(s'|s,a)$ 生成后继状态 s'。该生成模型可以通过从随机数生成器中抽取来实现。与显式表示分布 $T(s'|s,a)$ 相比，生成模型在实践中更容易实现。

　　算法 9-1 将一步前瞻方法与通过预演策略得到的估算值相结合。这种方法通常会产生比原始预演策略更好的行为，但不能保证最优性。这种方法可以被视为策略迭代算法（7.4 节）中使用的一种近似形式的策略改进。该算法的一个简单变体是多次应用预演策略，以获得对预期折扣回报的更好估算值。如果我们对每个行为和结果状态运行 m 次模拟，那么时间复杂度为 $O(m\times|\mathcal{A}|\times|\mathcal{S}|\times d)$。

　　算法 9-1　一个函数，执行问题 $\mathcal{P}$ 中的预演策略 π，从状态 s 到深度 d。算法返回总的折扣奖励。该
　　　　　　　函数可以与 greedy 函数（具体请参见算法 7-5）一起使用，与原始预演策略相比，生成
　　　　　　　可能有所改进的操作行为。稍后将使用此算法来解决除马尔可夫决策过程之外的其他问
　　　　　　　题，只需适当修改 randstep 随机步骤值即可

```
struct RolloutLookahead
    𝒫 # 决策问题
    π # 预演策略
    d # 深度
end

randstep(𝒫::MDP, s, a) = 𝒫.TR(s, a)

function rollout(𝒫, s, π, d)
    ret = 0.0
    for t in 1:d
```

⊖　预演策略最初是在算法 7-2 中引入的，作为我们对精确解方法讨论的一部分。

```
            a = π(s)
            s, r = randstep(𝒫, s, a)
            ret += 𝒫.γ^(t-1) * r
        end
        return ret
    end

    function (π::RolloutLookahead)(s)
        U(s) = rollout(π.𝒫, s, π.π, π.d)
        return greedy(π.𝒫, U, s).a
    end
```

9.3 正向搜索

正向搜索（forward search，或称为前向搜索）通过将所有可能的转移扩展到深度 d 来确定从初始状态 s 采取的最佳操作行为。这些扩展形成一棵搜索树（search tree）[⊖]。这种搜索树在最坏情况下的分支因子为 $|\mathcal{S}| \times |\mathcal{A}|$，计算的时间复杂度为 $O((|\mathcal{S}| \times |\mathcal{A}|)^d)$。图 9-2 为应用于具有三个状态和两个操作行为问题的搜索树。图 9-3 对六边形世界问题采用正向搜索方式访问的状态进行可视化的展示。

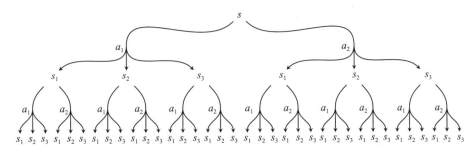

图 9-2　应用于具有三个状态和两个操作行为问题的正向搜索树

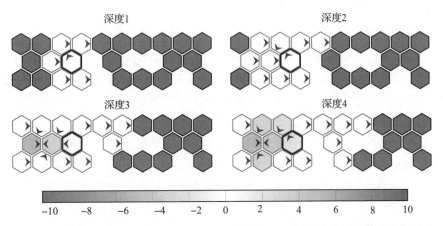

图 9-3　正向搜索应用于具有四个最大深度的六边形世界问题。搜索可以多次访问节点。访问状态的操作和颜色是根据该状态的搜索树中最浅、最高值的节点选择的。初始状态有一个额外的黑色边框

[⊖] 对树的探索通常采用深度优先搜索策略。附录 E 回顾了在确定性环境中的深度优先搜索和其他标准搜索算法。

算法 9-2 递归地调用自身直到指定的深度。一旦到达指定的深度，算法就使用函数 U 提供的效用估算值。如果我们只想规划到指定的范围，那么可以将 $U(s)$ 设置为 0。对于所要解决的问题必须做出相应的规划，但是如果所做的规划超出可以在线计算的深度，那么我们可以使用离线方式所获得的值函数的估算值，例如，使用上一章中描述的一种值函数近似值。这种将在线规划和离线规划相结合的方法有时被称为混合规划（hybrid planning）。

算法 9-2 正向搜索算法，用于在线寻找问题 $\mathcal{P}$ 的一个近似最优行为，从当前状态 s 执行搜索直到深度 d，此时使用近似值函数 U 估计终端值。所返回的命名元组由最优行为 a 及其有限时域预期值 u 组成。问题类型不限于马尔可夫决策过程，22.2 节在部分可观察问题的情况下使用相同的算法，并使用不同的预演策略来实现

```
struct ForwardSearch
    𝒫 # 决策问题
    d # 深度
    U # 深度d处的值函数
end

function forward_search(𝒫, s, d, U)
    if d ≤ 0
        return (a=nothing, u=U(s))
    end
    best = (a=nothing, u=-Inf)
    U'(s) = forward_search(𝒫, s, d-1, U).u
    for a in 𝒫.𝒜
        u = lookahead(𝒫, U', s, a)
        if u > best.u
            best = (a=a, u=u)
        end
    end
    return best
end

(π::ForwardSearch)(s) = forward_search(π.𝒫, s, π.d, π.U).a
```

9.4 分支定界法

分支定界法（branch and bound）（算法 9-3）试图避免正向搜索的指数级计算时间复杂度。算法通过对值函数的边界进行推理来修剪分支。该算法需要事先获取值函数 $\underline{U}(s)$ 的下界和行为值函数 $\overline{Q}(s,a)$ 的上界。下界用于评估位于最大深度处的状态。通过贝尔曼更新，此下界通过树向上传播。如果发现某个状态下某个行为的上界低于该状态下先前探索的行为的下界，那么就不需要探索该行为，从而考虑修剪（prune）相关联的子树。

算法 9-3 分支定界法应用于在线求解一个离散马尔可夫决策过程 $\mathcal{P}$ 的从当前状态 s 的近似最佳行为。搜索算法利用值函数下限 Ulo 和动作值函数上限 Qhi 执行搜索到深度 d。返回的命名元组由最佳行为 a 及其有限范围期望值 u 组成。此算法也可用于 POMDP

```
struct BranchAndBound
    𝒫   # 决策问题
    d   # 深度
    Ulo # 位于深度d的值函数下界
    Qhi # 行为值函数的上界
end

function branch_and_bound(𝒫, s, d, Ulo, Qhi)
    if d ≤ 0
```

```
            return (a=nothing, u=Ulo(s))
        end
        U'(s) = branch_and_bound(𝒫, s, d-1, Ulo, Qhi).u
        best = (a=nothing, u=-Inf)
        for a in sort(𝒫.𝒜, by=a→Qhi(s,a), rev=true)
            if Qhi(s, a) < best.u
                return best # safe to prune
            end
            u = lookahead(𝒫, U', s, a)
            if u > best.u
                best = (a=a, u=u)
            end
        end
        return best
    end

(π::BranchAndBound)(s) = branch_and_bound(π.𝒫, s, π.d, π.Ulo, π.Qhi).a
```

分支定界法将提供与正向搜索相同的结果，但鉴于分支定界法对分支数量的修剪，该方法可能更有效。在最坏的情况下，分支定界法的复杂度仍然与正向搜索相同。为了便于修剪，按上界的降序方式进行遍历。如果采用更严格的上下界限，通常会导致更多分支数量的修剪，如示例 9-2 所示。

> **示例 9-2　分支定界法应用于山地车问题（具体参见附录 F.4）。分支定界法可以实现比正向搜索显著的速度提升。** 考虑将分支定界法应用于山地车问题。我们可以对下界 $\underline{U}(s)$ 使用启发式策略的值函数，例如总是在运动方向上加速的启发式策略。对于上界 $\overline{Q}([x,v],a)$，可以使用在没有斜坡的情况下向目标加速时的预期回报。分支定界法访问所需时间大约是正向搜索的三分之一。

9.5　稀疏抽样

稀疏抽样（sparse sampling）[⊖]（算法 9-4）方法试图减少正向搜索和分支定界法的分支因子。我们只考虑下一状态中有限数量的样本，而不是在所有可能的下一状态中进行分支。尽管下一状态的采样会产生近似值，但这种方法在实践中可以有效运行，并且可以显著减少计算量。如果我们为搜索树中的每个行为节点抽取下一个状态的 m 个样本，则计算的时间复杂度为 $O((m \times |\mathcal{A}|)^d)$，其中在深度上仍然是指数级别的复杂度，但不再取决于状态空间的大小。图 9-4 显示了一个示例。

算法 9-4　稀疏抽样算法，在线寻找离散问题 𝒫 的近似最优行为，从当前状态 s 直到深度 d，每个行为有 m 个样本。返回的命名元组由最优操作行为 a 及其有限时域预期值 u 组成

```
struct SparseSampling
    𝒫 # 决策问题
    d # 深度
    m # 抽样的数量
    U # 位于深度d处的值函数
end
```

⊖　M. J. Kearns, Y. Mansour, and A. Y. Ng, "A Sparse Sampling Algorithm for Near-Optimal Planning in Large Markov Decision Processes," *Machine Learning*, vol. 49, no. 2-3, pp. 193-208, 2002.

```
function sparse_sampling(𝒫, s, d, m, U)
    if d ≤ 0
        return (a=nothing, u=U(s))
    end
    best = (a=nothing, u=-Inf)
    for a in 𝒫.𝒜
        u = 0.0
        for i in 1:m
            s', r = randstep(𝒫, s, a)
            a', u' = sparse_sampling(𝒫, s', d-1, m, U)
            u += (r + 𝒫.γ*u') / m
        end
        if u > best.u
            best = (a=a, u=u)
        end
    end
    return best
end

(π::SparseSampling)(s) = sparse_sampling(π.𝒫, s, π.d, π.m, π.U).a
```

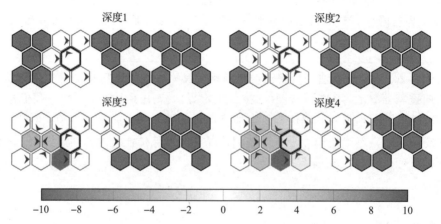

图 9-4　$m=10$ 的稀疏抽样应用于六边形世界问题。所访问的单元格根据其估算值进行着
　　　　色。有边框的单元格是初始状态。与图 9-3 中的正向搜索进行比较

9.6　蒙特卡罗树搜索

　　蒙特卡罗树搜索（Monte Carlo tree search）（算法 9-5）通过从当前状态运行 m 次模拟来避免时域内的指数复杂性[⊖]。在这些模拟过程中，算法更新了行为值函数 $Q(s,a)$ 的估算值以及特定状态-行为对被选择的次数 $N(s,b)$ 的相关记录。在当前状态 s 运行 m 次模拟之后，我们只需选择能够使 $Q(s,a)$ 估算值最大化的行为。

　　　　　　　算法 9-5　从当前状态 s 找到近似最优行为的蒙特卡罗树搜索策略

```
struct MonteCarloTreeSearch
    𝒫 # 决策问题
    N # 访问计数
```

⊖　有关该主题的综述，请参见文献 C. B. Browne，E. Powley，D. Whitehouse，S. M. Lucas，P. I. Cowling，
　　P. Rohlfshagen，S. Tavener，D. Perez，S. Samothrakis，and S. Colton，"A Survey of Monte Carlo Tree Search
　　Methods," *IEEE Transactions on Computational Intelligence and AI in Games*，vol. 4，no. 1，pp. 1-43，2012。

```
    Q # 估算的行为值
    d # 深度
    m # 模拟的次数
    c # 探索常数
    U # 估算的值函数
end

function (π::MonteCarloTreeSearch)(s)
    for k in 1:π.m
        simulate!(π, s)
    end
    return argmax(a→π.Q[(s,a)], π.𝒫.𝒜)
end
```

模拟（算法 9-6）从遍历探索的状态空间开始，该状态空间由包含 Q 和 N 估算值的状态组成。我们遵循探索策略从各种状态中选择相应的行为。一种常见的方法是选择最大化启发式 UCB1 探索（UCB1 exploration heuristic）[⊖] 的行为：

$$Q(s,a) + c\sqrt{\frac{\log N(s)}{N(s,a)}} \tag{9.1}$$

其中，$N(s) = \sum_a N(s,a)$ 是对 s 的总访问计数，c 是对未探索行为值进行缩放的探索参数，第二项对应于探索奖励金（exploration bonus）。如果 $N(s,a)=0$，则奖励金被定义为无限值。当分母为 $N(s,a)$ 时，对于没有频繁尝试的行为，探索奖励金的值更大。算法 9-7 实现了这种探索策略。稍后，我们将在第 15 章讨论更多其他的探索策略。

算法 9-6　一种从状态 s 到深度 d 运行蒙特卡罗树搜索模拟的方法

```
function simulate!(π::MonteCarloTreeSearch, s, d=π.d)
    if d ≤ 0
        return π.U(s)
    end
    𝒫, N, Q, c = π.𝒫, π.N, π.Q, π.c
    𝒜, TR, γ = 𝒫.𝒜, 𝒫.TR, 𝒫.γ
    if !haskey(N, (s, first(𝒜)))
        for a in 𝒜
            N[(s,a)] = 0
            Q[(s,a)] = 0.0
        end
        return π.U(s)
    end
    a = explore(π, s)
    s′, r = TR(s,a)
    q = r + γ*simulate!(π, s′, d-1)
    N[(s,a)] += 1
    Q[(s,a)] += (q-Q[(s,a)])/N[(s,a)]
    return q
end
```

⊖ UCB 代表置信区间上界（Upper Confidence Bound）。该策略源自文献 P. Auer, N. CesaBianchi, and P. Fischer, "FiniteTime Analysis of the Multiarmed Bandit Problem," *Machine Learning*, vol. 47, no. 2-3, pp. 235-256, 2002。该方程由 Chernoff Hoeffding 界导出。

算法9-7   蒙特卡罗树搜索中使用的一种探索策略，用于确定要遍历的搜索树的节点。该策略由状
态-行为访问计数 N 和值 Q 所组成的字典以及探索参数 c 确定。当 N[(s,a)]=0 时，策略
将返回无穷大

```
bonus(Nsa, Ns) = Nsa == 0 ? Inf : sqrt(log(Ns)/Nsa)

function explore(π::MonteCarloTreeSearch, s)
    𝒜, N, Q, c = π.𝒫.𝒜, π.N, π.Q, π.c
    Ns = sum(N[(s,a)] for a in 𝒜)
    return argmax(a→Q[(s,a)] + c*bonus(N[(s,a)], Ns), 𝒜)
end
```

当采取算法9-7指定的行为时，即进入从生成模型 $T(s,a)$ 抽样的新状态，类似于稀疏抽样方法。通过增加访问计数 $N(s,a)$ 并更新 $Q(s,b)$ 以保持均值。

在某个时刻，我们将达到最大的深度，或者达到尚未探索的状态。如果达到未探索状态 s，则将每个行为 a 的 $N(s,a)$ 和 $Q(s,b)$ 初始化为零。我们可以基于先验专家知识，通过修改算法9-6将这些计数和值估算并初始化为一些其他的值。初始化 N 和 Q 后，返回状态 s 的估算值。我们通常使用9.2节中概述的过程通过一些策略的预演来估算该值。

示例9-3～示例9-7通过2048问题的应用，演示蒙特卡罗树的搜索过程。

示例9-3   使用蒙特卡罗树搜索求解2048问题的一个示例。 考虑使用蒙特卡罗树搜索2048问题（具体参见附录F.2），其中最大深度 $d=10$，探索参数 $c=100$，并采用10步随机预演来估算 $U(s)$ 的值。第一次模拟（如图9-5所示）扩展了起始状态。其中，有4种行为：left（向左移动），down（向下移动），right（向右移动）和 up（向上移动）。从初始状态开始，为每个行为初始化计数和值。

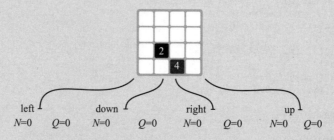

图9-5   在2048问题上运行蒙特卡罗树搜索所生成的搜索树（第一次模拟）

示例9-4   使用蒙特卡罗树搜索求解2048问题的示例（续）。 第二次模拟（如图9-6所示）首先根据式（9.1）中的探索策略从初始状态中选择最优行为。因为所有状态都具有相同的值，所以可以任意选择一个行为作为第一个行为 left。然后，对一个新的后继者状态进行抽样并加以扩展，初始化相关的计数和估算值。从后继者状态运行预演，其值用于更新 left 的值。

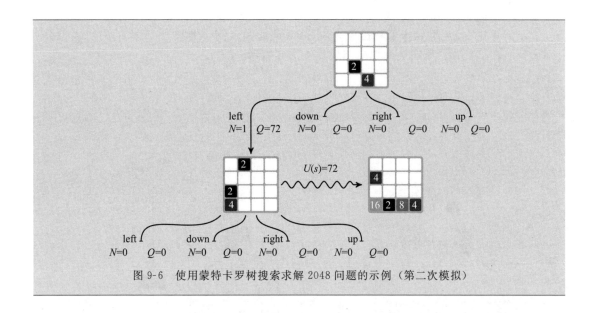

图 9-6　使用蒙特卡罗树搜索求解 2048 问题的示例（第二次模拟）

示例 9-5　使用蒙特卡罗树搜索求解 2048 问题的示例（续）。 第三次模拟（如图 9-7所示）首先选择第二个行为 down，因为未探索的行为会获得探索奖励金，所以这些行为具有无穷大值。第一个行为具有有限的取值：

$$Q(s_0, \text{left}) + c\sqrt{\frac{\log N(s_0)}{N(s_0, \text{left})}} = 72 + 100\sqrt{\frac{\log 2}{1}} \approx 155.255$$

我们采取行为 down，并对一个新的后继者进行抽样，然后进行扩展。从后继者状态运行预演，其值用于更新 down 的值。

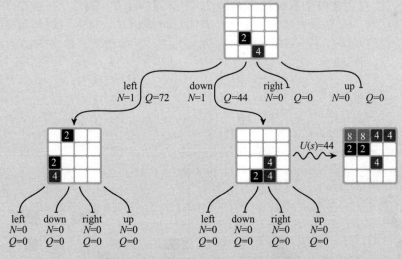

图 9-7　使用蒙特卡罗树搜索求解 2048 问题的示例（第三次模拟）

示例 9-6   使用蒙特卡罗树搜索求解 2048 问题的示例（续）。接下来的两次模拟分别选择 right 和 up。第四次模拟的结果如图 9-8 所示。

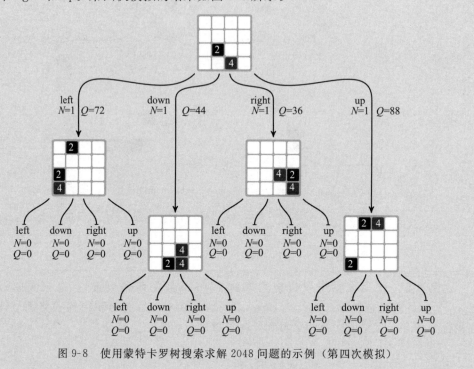

图 9-8   使用蒙特卡罗树搜索求解 2048 问题的示例（第四次模拟）

示例 9-7   使用蒙特卡罗树搜索求解 2048 问题的示例（续）。在第五次模拟（如图 9-9 所示）中，up 的取值最大。进入源状态后的后继者状态不一定与第一次选择的状态相同。我们评估 $U(s) = 44$ 并将访问计数更新为 2，将估算值更新为 $Q \leftarrow 88 + (44 - 88)/2 = 66$，然后创建新的后继节点。

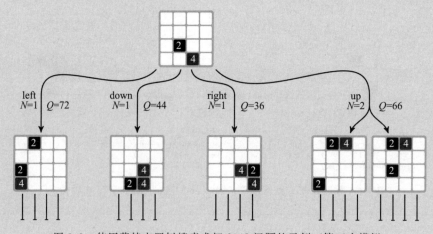

图 9-9   使用蒙特卡罗树搜索求解 2048 问题的示例（第五次模拟）

图 9-10 显示在 2048 问题上运行蒙特卡罗树搜索所生成的搜索树。示例 9-8 讨论使用不同策略对估算值的影响。

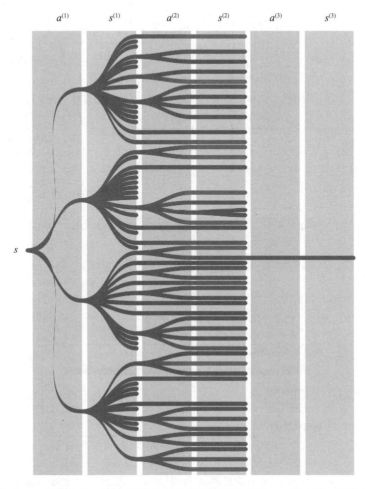

$a^{(1)}$ $s^{(1)}$ $a^{(2)}$ $s^{(2)}$ $a^{(3)}$ $s^{(3)}$

图 9-10　经过 100 次模拟后，2048 问题上的蒙特卡罗树搜索树。一般来说，蒙特卡罗树搜索的马尔可夫决策过程会生成一个搜索图，因为可以采用多种不同的方法达到相同的状态。树中的颜色表示节点处的估算值，高值以蓝色表示，低值以红色表示。树的深度不大但具有相当高的分支因子，因为 2048 问题对于每个行为都存在许多可到达的状态

> 示例 9-8　蒙特卡罗树搜索的性能随着模拟次数的变化以及棋盘式评估方法的变化而变化。采用棋盘进行启发式评估往往是有效的，尤其是当运行次数较少时效果更好。预演评估比启发式评估耗时长约 18 倍。预演策略并不是我们在蒙特卡罗树搜索中估算效用值的唯一方法。通常可以针对特定问题构建自定义的评估函数，以指导算法的执行。例如，我们可以鼓励蒙特卡罗树搜索使用评估函数在 2048 问题中对其单元格进行排序，该评估函数返回各个单元格中值的加权和，如图 9-11 所示。
>
> 图 9-12 比较针对 2048 问题的蒙特卡罗树搜索，使用均匀随机策略的预演、一步前瞻策略的预演，两个评估函数，以及使用当前棋盘评分值。

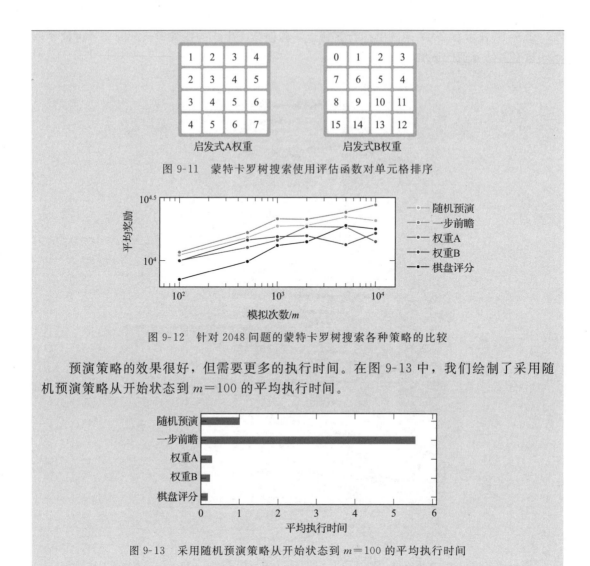

图 9-11   蒙特卡罗树搜索使用评估函数对单元格排序

图 9-12   针对 2048 问题的蒙特卡罗树搜索各种策略的比较

预演策略的效果很好，但需要更多的执行时间。在图 9-13 中，我们绘制了采用随机预演策略从开始状态到 $m=100$ 的平均执行时间。

图 9-13   采用随机预演策略从开始状态到 $m=100$ 的平均执行时间

这种基本的蒙特卡罗树搜索算法有多种变体，可以更好地处理复杂的行为空间和状态空间。我们可以对行为使用渐进式扩展（progressive widening）方式，而不是一次扩展所有的行为。从状态 s 考虑的行为数量的极限为 $\theta_1 N(s)^{\theta_2}$，其中 θ_1 和 θ_2 是超参数。类似地，我们可以使用所谓的双渐进扩展（double progressive widening），以相同的方式限制从状态 s 采取行为 a 所产生的状态数量。如果在行为 a 之后从状态 s 模拟的状态数低于 $\theta_3 N(s, a)^{\theta_4}$，则对一个新状态进行采样；否则，以与访问次数成比例的概率对先前采样的其中一个状态进行采样。该策略可用于处理大型以及连续的行为空间和状态空间⊖。

9.7 启发式搜索

启发式搜索（heuristic search）（算法 9-8）使用贪婪策略的 m 次模拟，该贪婪策略涉

⊖   A. Couëtoux, J.‐B. Hoock, N. Sokolovska, O. Teytaud, and N. Bonnard, "Continuous Upper Confidence Trees," in *Learning and Intelligent Optimization* (*LION*), 2011.

及当前状态的值函数 $U^\ominus$。将值函数的上界 $\overline{U}$ 作为值函数 U 的初始值，这被称为启发式。运行这些模拟时，通过使用预演策略更新对 U 的估算值。运行这些模拟后，只需从 s 中选择相对于 U 的贪婪行为。图 9-14 显示了 U 和贪婪策略如何随着模拟次数的变化而变化。

算法 9-8 启发式搜索从初始状态 s 到深度 d 运行 m 次模拟。搜索由启发式初始值函数 Uhi 所指导，如果得到最优值函数的上界，则会导致模拟极限的最优性

```
struct HeuristicSearch
    𝒫   # 决策问题
    Uhi # 值函数的上界
    d   # 深度
    m   # 模拟的次数
end

function simulate!(π::HeuristicSearch, U, s)
    𝒫 = π.𝒫
    for d in 1:π.d
        a, u = greedy(𝒫, U, s)
        U[s] = u
        s = rand(𝒫.T(s, a))
    end
end

function (π::HeuristicSearch)(s)
    U = [π.Uhi(s) for s in π.𝒫.𝒮]
    for i in 1:π.m
        simulate!(π, U, s)
    end
    return greedy(π.𝒫, U, s).a
end
```

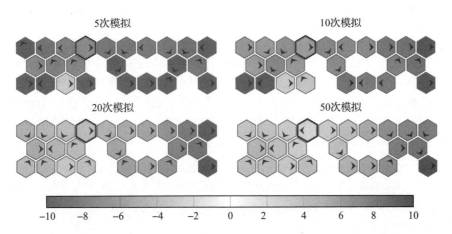

图 9-14 启发式搜索使用贝尔曼更新运行模拟来改进六边形世界问题的值函数，进而从初始状态获得策略，此处显示了一个额外的黑色边界。这些模拟在启发式 $\overline{U}(s)=10$ 的情况下运行到深度 8。每个六边形都根据该迭代中的效用函数值着色。算法最终找到最优策略

⊖ A. G. Barto, S. J. Bradtke, and S. P. Singh, "Learning to Act Using RealTime Dynamic Programming," *Artificial Intelligence*, vol. 72, no. 1-2, pp. 81-138, 1995. 有关其他启发式搜索算法的讨论，请参见文献 Mausam and A. Kolobov, *Planning with Markov Decision Processes: An AI Perspective*. Morgan & Claypool, 2012。

只要启发式 $\overline{U}$ 确实是值函数的上界，启发式搜索就能保证收敛到最优效用函数[⊖]。搜索的效率取决于上界的严密性。遗憾的是，在实践中很难获得严格的上下界。虽然没有采用真正上界的启发式算法可能不会收敛到最优策略，但算法仍可能收敛到一个性能良好的策略，其时间复杂度为 $O(m \times d \times |\mathcal{S}| \times |\mathcal{A}|)$。

9.8 标记启发式搜索

标记启发式搜索（labeled heuristic search）（算法 9-9）是启发式搜索的一种变体，该算法在根据状态的值是否得到解决来标记状态的同时，使用值更新来运行模拟[⊖]。一般认为，如果状态 s 的效用残差低于阈值 $\delta(\delta>0)$，则视状态 s 得到解决：

$$|U_{k+1}(s) - U_k(s)| < \delta \tag{9.2}$$

算法 9-9 标记启发式搜索，从当前状态到深度 d 运行模拟，直到解决当前状态。搜索由值函数上的启发式上界来指导，并保持一组不断增长的已解状态。当状态的效用残差低于 δ 时，将状态视为已解决。返回值函数策略

```
struct LabeledHeuristicSearch
    𝒫       # 决策问题
    Uhi     # 值函数的上界
    d       # 深度
    δ       # 残差阈值
end

function (π::LabeledHeuristicSearch)(s)
    U, solved = [π.Uhi(s) for s in 𝒫.𝒮], Set()
    while s ∉ solved
        simulate!(π, U, solved, s)
    end
    return greedy(π.𝒫, U, s).a
end
```

使用值更新运行模拟，直到当前状态被解决为止。与上一节中的启发式搜索（运行固定数量的迭代）不同，带标记的过程将计算工作集中在状态空间的最重要区域。

对于带标记的启发式搜索（算法 9-10），首先通过遵循估算值函数 U 的贪婪策略，将模拟运行到最大深度 d，类似于上一节中的启发式搜索。如果到达在之前模拟中被标记为已解决的状态，则可以在深度 d 之前停止模拟。

算法 9-10 模拟从当前状态运行到最大深度 d。在深度 d 处停止模拟，或者如果遇到设置为 solved 的状态也停止模拟。运行一次模拟后，在已访问的状态上按逆序调用函数 label!

```
function simulate!(π::LabeledHeuristicSearch, U, solved, s)
    visited = []
    for d in 1:π.d
        if s ∈ solved
            break
        end
        push!(visited, s)
        a, u = greedy(π.𝒫, U, s)
        U[s] = u
```

⊖ 这种启发式被称为可接受的启发式（admissible heuristic）。

⊖ B. Bonet and H. Geffner, "Labeled RTDP: Improving the Convergence of Real-Time Dynamic Programming," in *International Conference on Automated Planning and Scheduling* (ICAPS), 2003.

```
                s = rand(π.𝒫.T(s, a))
        end
        while !isempty(visited)
            if label!(π, U, solved, pop!(visited))
                break
            end
        end
    end
end
```

在每次模拟之后，将以逆序遍历在模拟期间访问的所有状态，对每个状态执行标记例程，如果发现未解决的状态，则停止。标记例程（算法 9-11）搜索 s 的贪婪包络（greedy envelope）中的状态，该状态被定义为在贪婪策略下从 s 相对于 U 可到达的状态。如果没有找到这样的状态，那么 s 以及 s 贪婪包络中的所有状态都被标记为已解决，因为它们必须收敛。如果找到具有足够大效用残差的状态，则对贪婪包络搜索期间遍历的所有状态的效用进行更新。

算法 9-11　label! 函数将尝试在 s 的贪婪包络中找到一个状态，该状态的效用残差超过阈值 δ。函数 expand 计算 s 的贪婪包络并确定这些状态中的任何状态是否具有高于阈值的效用残差。如果状态的残差超过阈值，则更新贪婪包络中状态的效用值。否则，将该贪婪包络添加到已解决状态的集合中

```
function expand(π::LabeledHeuristicSearch, U, solved, s)
    𝒫, δ = π.𝒫, π.δ
    𝒮, 𝒜, T = 𝒫.𝒮, 𝒫.𝒜, 𝒫.T
    found, toexpand, envelope = false, Set(s), []
    while !isempty(toexpand)
        s = pop!(toexpand)
        push!(envelope, s)
        a, u = greedy(𝒫, U, s)
        if abs(U[s] - u) > δ
            found = true
        else
            for s′ in 𝒮
                if T(s,a,s′) > 0 && s′ ∉ (solved ∪ envelope)
                    push!(toexpand, s′)
                end
            end
        end
    end
    return (found, envelope)
end

function label!(π::LabeledHeuristicSearch, U, solved, s)
    if s ∈ solved
        return false
    end
    found, envelope = expand(π, U, solved, s)
    if found
        for s ∈ reverse(envelope)
            U[s] = greedy(π.𝒫, U, s).u
        end
    else
        union!(solved, envelope)
    end
    return found
end
```

图 9-15 展示几种不同的贪婪包络。对于标记启发式搜索，图 9-16 展示其单个迭代中遍历的状态。图 9-17 表明六边形世界问题上启发式搜索的进展过程。

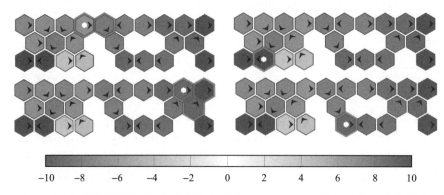

图 9-15 对于六边形世界问题值函数的几个状态，当 $\delta=1$ 时贪婪包络的可视化图示。通过从初始状态（显示为白色六边形中心）到最大深度 8 的 10 次迭代，运行基本启发式搜索来获得值函数。从图中可以看到，贪婪包络的大小（用灰色表示）可能会因状态的不同而存在差异

图 9-16 标记启发式搜索的一次迭代进行探索性运行（如图中箭头所示），然后进行标记（六边形边界）。在这个迭代中，只有两个状态被标记：隐藏的终端状态和具有六边形边界的状态。无论是探索性运行还是标记步骤，都将对值函数进行更新

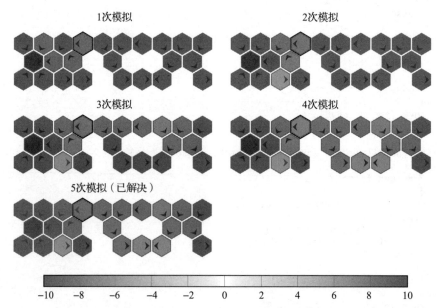

图 9-17 当 $\delta=1$ 和启发式 $\overline{U}(s)=10$ 时，六边形世界问题启发式搜索的进展过程。每一次迭代中的已解决状态都被覆盖为灰色。已解决状态集从最终奖励状态向具有暗边界的初始状态增长

9.9 开环规划

本章讨论的在线方法及前几章讨论的离线方法都是闭环规划（closed-loop planning）的示例。闭环规划包括在规划过程中考虑未来的状态信息[⊖]。通常，开环规划（open-loop planning）可以为最佳闭环规划提供令人满意的近似值，同时通过避免对未来信息的获取进行推理，大大提高了计算效率。有时这种开环规划方法也被称为模型预测控制（model predictive control）[⊖]。与滚动时域控制（receding horizon control）一样，模型预测控制解决了开环问题，从当前状态执行行为，转换到下一状态，然后重新规划。

开环规划可以表示为一系列的行为，直到深度 d。规划过程可以简化为优化问题：

$$\max_{a_{1:d}} \quad U(a_{1:d}) \tag{9.3}$$

其中，$U(a_{1:d})$ 是执行行为序列 $a_{1:d}$ 时的预期回报。根据应用的不同，这个优化问题可能是凸的，也可能是凸近似，这意味着可以使用各种算法来快速解决[⊜]。本节稍后将讨论几个不同的公式，这些公式可将式（9.3）转换为凸问题。

在高维空间中，当闭环规划在计算上不可行时，通常可以使用开环规划设计有效的决策策略。这种类型的规划通过不考虑未来信息而获得计算效率。示例 9-9 提供一个简单的例子，说明开环规划也可能导致糟糕的决策，即使我们考虑了随机性。

示例 9-9　开环规划的次优性。考虑一个有九个状态的问题（如图 9-18 所示），从初始状态 s_1 开始有两个决策步骤。在我们的决策中，必须在上升（up，黑色箭头）和下降（down，灰色箭头）之间做出决定。这些行为的影响是确定性的，一种情况除外：如果从 s_1 开始上升，那么一半的可能会进入状态 s_2，一半的可能会进入状态 s_3。如图所示，在状态 s_5 和 s_7 中获得值为 30 的奖励，在状态 s_8 和 s_9 中获得值为 20 的奖励。

恰好存在四种开环规划方案：（up，up）、（up，down）、（down，up）和（down，down）。在这个简单的示例中，很容易计算这四种开环规划方案的预期效用：

- $U(\text{up}, \text{up}) = 0.5 \times 30 + 0.5 \times 0 = 15$
- $U(\text{up}, \text{down}) = 0.5 \times 0 + 0.5 \times 30 = 15$
- $U(\text{down}, \text{up}) = 20$
- $U(\text{down}, \text{down}) = 20$

对于这一组开环规划，最好从状态 s_1 开始选择 down 行为，因为我们的预期回报是 20 而不是 15。

相比之下，闭环规划则考虑了这样的一个事实，即我们可以根据第一次行为的观

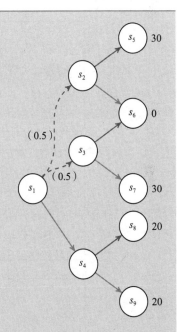

图 9-18　带有九个状态的问题

⊖　本书中的循环是指 1.1 节中引入的观测-行为循环。

⊖　F. Borrelli，A. Bemporad，and M. Morari，*Predictive Control for Linear and Hybrid Systems*. Cambridge University Press，2019.

⊜　附录 A.6 回顾并总结了有关凸函数的相关理论。关于凸优化的概述，请参见文献 S. Boyd and L. Vandenberghe，*Convex Optimization*. Cambridge University Press，2004。

测结果做出下一个决策。如果选择从状态 s_1 开始上升，那么可以选择下降或上升，这取决于最终到达状态 s_2 还是 s_3，从而保证值为 30 的奖励。

9.9.1 确定性模型预测控制

使 $U(a_{1:d})$ 易于优化的一个常见近似是假设确定性动力学：

$$\max_{a_{1:d},\,s_{2:d}} \sum_{t=1}^{d} \gamma^t R(s_t, a_t)$$

$$\text{约束条件为 } s_{t+1} = T(s_t, a_t),\ t \in 1:d-1 \tag{9.4}$$

其中，s_1 是当前状态，$T(s,a)$ 是一个确定性转移函数，返回从状态 s 采取行为 a 所产生的状态。从随机转移函数产生合适的确定性转移函数的常见策略是使用最可能的转移。如果式（9.4）中的动力学是线性的，并且奖励函数是凸函数，那么问题也呈现凸特性。

示例 9-10 提供了一个涉及导航到目标状态同时避免障碍物并最小化加速度的演示。状态空间和行为空间都是连续的，我们可以在一秒内找到解决方案。在每一步之后重新规划可以帮助弥补随机性或意外事件。例如，如果障碍物移动，我们可以重新调整规划，如图 9-19 所示。

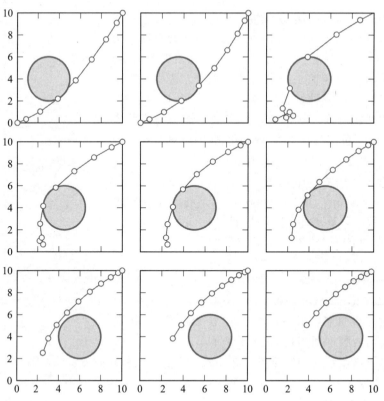

图 9-19   模型预测控制应用于示例 9-10 中的问题，其中添加了移动障碍物。进展顺序从左到右、从上到下。最初，我们设计了一个通过障碍物右侧的规划，但进行到第三个单元格时，我们必须重新设计一个通过障碍物左侧的规划。我们必须以最小的加速度调整速度向量。当然，如果在规划前已经获知障碍物正朝某一特定的方向移动，我们可以创造一条更好的路径（就效用函数而言）

示例 9-10　确定性环境中的开环规划。我们试图在圆形障碍物周围找到一条路径。此实现使用 Ipopt 解算器的 JuMP.jsl 接口[⊖]。在这个问题中，状态 s 表示智能体的二维位置及其二维速度向量，s 的值将初始化为 $[0,0,0,0]$。行为 a 是一个加速度向量，其中每个分量必须在 ± 1 之间。在每一步中，都使用行为来更新速度，并且使用速度来更新位置。最终达到 $s_{goal}=[10,10,0,0]$ 的目标状态。规划最多执行 $d=10$ 步，没有折扣。在每一步中，都会累积一个 $\|a_t\|_2^2$ 的成本，以最小化加速力。在最后一步中，我们希望尽可能接近目标状态，惩罚函数为 $100\|s_d-s_{goal}\|_2^2$。同时，必须确保避开以 $[3,4]$ 为中心的半径 2 的圆形障碍物。可以将此问题表述如下，并从规划中提取第一个行为：

```
model = Model(Ipopt.Optimizer)
d = 10
current_state = zeros(4)
goal = [10,10,0,0]
obstacle = [3,4]
@variables model begin
    s[1:4, 1:d]
    -1 ≤ a[1:2,1:d] ≤ 1
end
# 速度更新
@constraint(model, [i=2:d,j=1:2], s[2+j,i] == s[2+j,i-1] + a[j,i-1])
# 位置更新
@constraint(model, [i=2:d,j=1:2], s[j,i] == s[j,i-1] + s[2+j,i-1])
# 初始条件
@constraint(model, s[:,1] .== current_state)
# 障碍物
@constraint(model, [i=1:d], sum((s[1:2,i] - obstacle).^2) ≥ 4)
@objective(model, Min, 100*sum((s[:,d] - goal).^2) + sum(a.^2))
optimize!(model)
action = value.(a[:,1])
```

9.9.2　鲁棒模型预测控制

我们可以更改问题公式，以提供对结果不确定性的鲁棒性。存在许多鲁棒模型预测控制（robust model predictive control）公式[⊖]，其中之一涉及在最坏状态转换的情况下，如何选择最佳的开环方案。该公式将 $T(s,a)$ 定义为一个不确定性集合（uncertainty set），其中包含在状态 s 中采取行为 a 可能导致的所有可能状态。换而言之，不确定性集合是分布 $T(\cdot|s,a)$ 的支持度。关于最坏情况状态转换的优化需要将式（9.4）中的优化问题转化为极小极大值（minimax）问题：

$$\max_{a_{1:d}} \quad \min_{s_{2:d}} \sum_{t=1}^{d} \gamma^t R(s_t,a_t)$$

$$\text{s.t.} \quad s_{t+1} \in T(s_t,a_t), \quad t \in 1:d-1 \tag{9.5}$$

遗憾的是，这种规划可能导致极端保守的行为。如果采用示例 9-10 来模拟障碍物运动

⊖　A. Wächter and L. T. Biegler, "On the Implementation of an Interior-Point Filter LineSearch Algorithm for Large-Scale Nonlinear Programming," *Mathematical Programming*, vol. 106, no. 1, pp. 25-57, 2005.

⊖　A. Bemporad and M. Morari, "Robust Model Predictive Control: A Survey," in *Robustness in Identification and Control*, A. Garulli, A. Tesi, and A. Vicino, eds., Springer, 1999, pp. 207-226.

中的不确定性，则不确定性的累积可能会变得非常大，即使在规划相对较小时域的情况下也是如此。减少不确定性累积的一种方法是限制 $T(s,a)$ 输出的不确定性集仅包含一定（例如 95%）的概率质量。这种方法的弊端是，极大极小优化问题通常不是凸性的并且很难解决。

9.9.3　多重预测模型预测控制

在解决式（9.5）中的极小极大值问题时，解决计算挑战的一种方法是使用 m 个预测场景，每个预测场景都遵循自己的确定性转移函数[⊖]。存在多种形式的这种多重预测模型预测控制（multiforecast model predictive control），这属于一种事后优化（hindsight optimization）[⊖]。一种常见的方法是使确定性转移函数取决于步骤 k 和 $T_i(s,a,k)$，这与用深度参数来增加状态空间的方式相同。示例 9-11 演示如何对线性高斯模型执行此操作。

> **示例 9-11　多重预测模型预测控制中的线性高斯转移动力学建模。** 假设我们有一个线性高斯动力学问题：
>
> $$T(s'|s,a) = \mathcal{N}(\boldsymbol{T}_s s + \boldsymbol{T}_a a, \boldsymbol{\Sigma})$$
>
> 图 9-19 中的问题是线性的，没有不确定性，但是如果我们允许障碍物在每一步按照高斯分布移动，那么动力学就变成线性高斯。我们可以使用一组 m 个预测场景来近似动力学，每个预测场景由 d 个步骤组成。可以抽取 $m \times d$ 个样本 $\epsilon_{ik} \sim \mathcal{N}(0, \boldsymbol{\Sigma})$ 并定义确定性转移函数：
>
> $$T_i(s,a,k) = \boldsymbol{T}_s s + \boldsymbol{T}_a a + \epsilon_{ik}$$

我们试图为最差的采样场景找到最佳的操作行为顺序：

$$\max_{a_{1:d}} \quad \min_{i, s_{2:d}} \sum_{k=1}^{d} \gamma^k R(s_k, a_k)$$
$$\text{s.t.} \quad s_{k+1} = T_i(s_k, a_k, k), \quad k \in 1:d-1 \tag{9.6}$$

这个问题比原来的鲁棒问题更容易解决。

我们还可以使用多重预测方法来优化平均情况。公式类似于式（9.6），不同之处在于我们使用期望值代替最小化，并允许针对不同场景采取不同的行为序列，约束条件是第一个行为必须一致：

$$\max_{a_{1:d}^{(1:m)}, s_{2:d}^{(i)}} \quad \frac{1}{m} \sum_{i=1}^{m} \sum_{k=1}^{d} \gamma^k R(s_k^{(i)}, a_k^{(i)})$$
$$\text{s.t.} \quad \begin{cases} s_{k+1}^{(i)} = T_i(s_k^{(i)}, a_k^{(i)}, k), & k \in 1:d-1, i \in 1:m \\ a_1^{(i)} = a_1^{(j)}, & i \in 1:m, j \in 1:m \end{cases} \tag{9.7}$$

该公式可以在不过分保守的情况下产生鲁棒的行为，同时仍然保持计算的可处理性。式（9.6）和式（9.7）中的两个公式都可以通过增加预测场景的数量 m（以额外计算为代价）而变得更具有鲁棒性。

⊖　S. Garatti and M. C. Campi, "Modulating Robustness in Control Design: Principles and Algorithms," *IEEE Control Systems Magazine*, vol. 33, no. 2, pp. 36-51, 2013.

⊖　之所以被称为事后优化，是因为其代表了一种解决方案，即使用事后才能知道的行为结果进行优化。E. K. P. Chong, R. L. Givan, and H. S. Chang, "A Framework for Simulation-Based Network Control via Hindsight Optimization," in *IEEE Conference on Decision and Control (CDC)*, 2000.

9.10　本章小结

- 在线方法从当前状态开始规划，将计算重点放在可到达的状态上。
- 滚动时域规划包含规划到某个时域，然后重新规划每个步骤。
- 预演包括对使用预演策略的模拟，针对估算值采取贪婪的行为。与其他算法相比，这种方法在计算上是高效的，但在性能上没有保证。
- 正向搜索考虑所有状态-行为转移到一定的深度，导致计算复杂性在状态数量和行为数量上呈指数式增长。
- 分支定界法使用上界函数和下界函数来修剪搜索树，对搜索树中不会导致更好预期结果的那一部分进行修剪。
- 稀疏抽样通过限制每个搜索节点的采样转移次数，来避免状态数量的指数复杂性。
- 蒙特卡罗树搜索通过采取平衡探索的行为，引导搜索到搜索空间中期望结果更好的区域。
- 启发式搜索运行对策略的模拟，该策略对于使用预演策略进行更新的值函数是贪婪的。
- 标记启发式搜索通过不重新评估已解决状态的值来减少计算。
- 开环规划旨在找到最佳可能的行为序列，如果优化问题是凸性的，则可以在计算上非常高效。

9.11　练习题

练习题 9-1　在最坏情况下，为什么分支定界算法具有与正向搜索相同的计算复杂性？

参考答案：在最坏的情况下，分支定界算法永远不会剪枝，导致与正向搜索一样，遍历相同的搜索树，因此具有相同的复杂性。

练习题 9-2　给定两个可接受的启发式 h_1 和 h_2，请问在启发式搜索中如何同时使用这两个启发式？

参考答案：创建一个新的启发式 $h(s) = \min(h_1(s), h_2(s))$ 并使用该启发式。这个新的启发式保证是可接受的，并且其界限不会比 h_1 或 h_2 更差。$h_1(s) \geqslant U^*(s)$，并且 $h_2(s) \geqslant U^*(s)$ 均意味着 $h(s) \geqslant U^*(s)$。

练习题 9-3　给定两个不可接受的启发式 h_1 和 h_2，描述可以同时在启发式搜索中使用这两个启发式的具体方法。

参考答案：我们可以定义一个新的启发式 $h_3(s) = \max(h_1(s), h_2(s))$，以获得一个潜在的可接受或"并非不可接受"的启发式。新的启发式收敛速度可能较慢，但更有可能获得更好的解决方案。

练习题 9-4　假设有一个具有状态空间 $\mathcal{S}$ 和行为空间 $\mathcal{A}$ 的离散马尔可夫决策过程，我们希望执行正向搜索直到深度 d。由于计算限制和必须模拟到深度 d 的要求，我们决定通过在更大的尺度（$|\mathcal{S}'| < |\mathcal{S}|$ 且 $|\mathcal{A}'| < |\mathcal{A}|$）上对原始状态空间和行为空间重新离散化，以生成新的且更小的状态空间和行为空间。就原始状态和行为空间而言，为了使正向搜索的计算复杂度相对于原始状态空间和行动空间的大小（即 $O(|\mathcal{S}||\mathcal{A}|)$）近似深度不变，需要多大的新状态空间和新行为空间？

参考答案：我们需要新状态空间和新行为空间的大小分别为：

$$|\mathcal{S}'| = |\mathcal{S}|^{\frac{1}{d}} \quad 和 \quad |\mathcal{A}'| = |\mathcal{A}|^{\frac{1}{d}}$$

这会导致以下的计算时间复杂度:

$$O(|\mathcal{S}'|^d\,|\mathcal{A}'|^d) = O((|\mathcal{S}'|^{\frac{1}{d}})^d\,(|\mathcal{A}|^{\frac{1}{d}})^d) = O(|\mathcal{S}||\mathcal{A}|)$$

练习题 9-5 在上一道练习题的基础上,假设现在希望将所有原始行为保留在行为空间中,只需要对状态空间重新离散化。为使正向搜索的计算时间复杂度相对于原始状态空间和行为空间的大小近似深度不变,请问需要多大的新状态空间?

参考答案:正向搜索的计算时间复杂度为 $O((|\mathcal{S}||\mathcal{A}|)^d)$,也可以写成 $O(|\mathcal{S}|^d\,|\mathcal{A}|^d)$。因此,为使较大尺度的状态空间能够在相对于原始状态空间和行为空间大小的情况下,采取近似深度不变的正向搜索,所需的新状态空间的大小为:

$$|\mathcal{S}'| = \left(\frac{|\mathcal{S}|}{|\mathcal{A}|^{d-1}}\right)^{\frac{1}{d}}$$

这会导致以下的计算时间复杂度:

$$O(|\mathcal{S}'|^d\,|\mathcal{A}'|^d) = O\left(\left[\left(\frac{|\mathcal{S}|}{|\mathcal{A}|^{d-1}}\right)^{\frac{1}{d}}\right]^d|\mathcal{A}|^d\right) = O\left(|\mathcal{S}|\frac{|\mathcal{A}|^d}{|\mathcal{A}|^{d-1}}\right) = O(|\mathcal{S}||\mathcal{A}|)$$

练习题 9-6 更改行为空间的顺序会导致正向搜索采取不同的行为吗?更改行为空间的顺序会导致分支定界算法采取不同的行为吗?行为空间的顺序是否会影响分支定界算法访问的状态数?

参考答案:正向搜索枚举所有可能的未来行为。如果这些行为的预期效用之间存在联系,则可能会返回不同的操作行为。通过按上界排序,分支定界法在时域内保持与正向搜索相同的最优性保证。当上界为两个或多个行为产生相同的期望值时,行为空间的排序会影响分支定界法的访问率。图 9-20 展示了对示例 9-2 中改进的山地车问题的影响。该图将正向搜索中访问的状态数与分支定界法的状态数进行比较,并将不同行为的执行绑定到深度 6。分支定界分发访问的状态远少于正向搜索,但行为的执行顺序仍然会影响状态的访问。

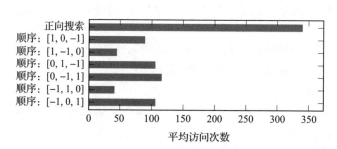

图 9-20 更改行为空间的顺序对山地车问题的影响

练习题 9-7 $m = |\mathcal{S}|$ 的稀疏抽样是否等同于正向搜索?

参考答案:答案是否定的。虽然计算的时间复杂度相同,均为 $O(|\mathcal{S}|^d\,|\mathcal{A}|^d)$,但正向搜索将分支到状态空间中的所有状态,而稀疏抽样将分支到 $|\mathcal{S}|$ 随机采样的状态。

练习题 9-8 给定一个马尔可夫决策过程,$|\mathcal{S}| = 10$,$|\mathcal{A}| = 3$,且对于所有的 s 和 a,其均匀转移分布为 $T(s'|s,a) = 1/|\mathcal{S}|$,那么对于 $m = |\mathcal{S}|$ 个样本和深度为 $d = 1$ 的稀疏抽样,产生与深度 $d = 1$ 正向搜索完全相同的搜索树的概率是多少?

参考答案:对于正向搜索和稀疏抽样,我们从当前状态节点分支所有操作行为。对于正向搜索,在这些行为节点中的每一个节点,我们在所有状态上执行分支;而对于稀疏抽样,我们将在 $m = |\mathcal{S}|$ 个抽样状态上分支。如果这些抽样状态正好等于状态空间,则该行

为分支等同于正向搜索中产生的分支。因此，对于单个行为分支，我们有：

- 第一种状态唯一的概率为 $10/10$。
- 第二种状态唯一的概率（不等于第一种状态）为 $9/10$。
- 第三种状态唯一的概率（不等于第一种或第二种状态）为 $8/10$。
- ......

由于这些抽样状态中的每一个状态都是独立的，这导致状态空间中所有唯一状态被选择的概率为：

$$\frac{10 \times 9 \times 8 \times \cdots}{10 \times 10 \times 10 \times \cdots} = \frac{10!}{10^{10}} \approx 0.000\ 363$$

由于跨不同行为分支的每个采样状态是独立的，因此所有三个行为分支对状态空间中的唯一状态进行采样的概率为：

$$\left(\frac{10!}{10^{10}}\right)^3 \approx (0.000363)^3 \approx 4.78 \times 10^{-11}$$

练习题 9-9 给定如表 9-1 所示的 $Q(s,a)$ 和 $N(s,a)$，使用式（9.1）中的置信区间上界计算每个状态的蒙特卡罗树搜索遍历行为，其中，探测参数 $c_1 = 10$，$c_2 = 20$。

表 9-1　$Q(s,a)$ 和 $N(s,a)$ 的值

	$Q(s,a_1)$	$Q(s,a_2)$		$N(s,a_1)$	$N(s,a_2)$
s_1	10	-5	s_1	27	4
s_2	12	10	s_2	32	18

参考答案：对于第一个探测参数 $c_1 = 10$，我们将每个状态-行为对的置信区间上界制作成表格形式，并选择使每个状态的置信区间上界最大化的行为，如表 9-2 所示。

表 9-2　每个状态-行为对的置信区间上界（$c_1 = 10$）

	UCB(s,a_1)	UCB(s,a_2)	$\arg\max_a$ UCB(s,a)
s_1	$10 + 10\sqrt{\dfrac{\log 31}{27}} \approx 13.566$	$-5 + 10\sqrt{\dfrac{\log 31}{4}} \approx 4.266$	a_1
s_2	$12 + 10\sqrt{\dfrac{\log 50}{32}} \approx 15.496$	$10 + 10\sqrt{\dfrac{\log 50}{18}} \approx 14.662$	a_1

对于 $c_2 = 20$，制作成的表格，如表 9-3 所示。

表 9-3　每个状态-行为对的置信区间上界（$c_2 = 20$）

	UCB(s,a_1)	UCB(s,a_2)	$\arg\max_a$ UCB(s,a)
s_1	$10 + 20\sqrt{\dfrac{\log 31}{27}} \approx 17.133$	$-5 + 20\sqrt{\dfrac{\log 31}{4}} \approx 13.531$	a_1
s_2	$12 + 20\sqrt{\dfrac{\log 50}{32}} \approx 18.993$	$10 + 20\sqrt{\dfrac{\log 50}{18}} \approx 19.324$	a_2

策　略　搜　索

策略搜索（policy search）涉及在不直接计算值函数的情况下搜索策略空间。策略空间通常比状态空间的维度要低并且可以更有效地完成搜索。为了最大化效用值，策略优化可以优化参数化策略（parameterized policy）中的参数。这种参数化策略可以采取多种形式，如神经网络、决策树和计算机程序。首先，本章将讨论在初始状态分布下对策略价值进行估算的一种方法。然后，将讨论不使用策略梯度进行估算的搜索方法。下一章将讨论梯度方法。虽然局部搜索在实践中非常有效，但本章也将讨论一些可以避免局部最优的替代优化方法[⊖]。

10.1　近似策略评估

如 7.2 节所述，当从状态 s 遵循策略 π 时，可以计算预期折扣回报。当状态空间是离散的且相对较小时，可以迭代计算（算法 7-3）或通过矩阵运算（算法 7-4）计算预期折扣回报 $U^{\pi}(s)$。我们可以使用这些结果来计算 π 的预期折扣回报：

$$U(\pi) = \sum_s b(s)U^{\pi}(s) \tag{10.1}$$

假设初始状态分布（initial state distribution）为 $b(s)$。

在本章中，我们将使用上述 $U(\pi)$ 的定义。然而，当状态空间较大或连续时，通常无法精确计算 $U(\pi)$。相反，可以通过轨迹采样来近似计算 $U(\pi)$ 的值，该轨迹由跟随 π 时的状态、行为和奖励组成。$U(\pi)$ 的定义可以改写为：

$$U(\pi) = E_{\tau}[R(\tau)] = \int p_{\pi}(\tau)R(\tau)\mathrm{d}\tau \tag{10.2}$$

其中，$p_{\pi}(\tau)$ 是从初始状态分布 b 开始遵循策略 π 时与轨迹 τ 相关的概率密度。轨迹奖励（trajectory reward）$R(\tau)$ 为与 τ 相关的折扣回报。图 10-1 说明如何根据初始状态分布采样的轨迹对 $U(\pi)$ 进行计算。

蒙特卡罗策略评估（Monte Carlo policy evaluation）（算法 10-1）涉及使用 π 的 m 个轨迹预演对式（10.2）进行近似计算：

$$U(\pi) \approx \frac{1}{m}\sum_{i=1}^{m} R(\tau^{(i)}) \tag{10.3}$$

其中，$\tau^{(i)}$ 是第 i 个轨迹样本。

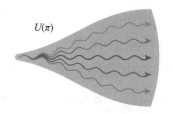

图 10-1　根据与给定策略下的所有可能轨迹相关联的回报，来计算与初始状态分布中的策略相关联的效用，并根据其似然性进行加权

⊖　还有许多其他优化方法，具体请参见文献 M. J. Kochenderfer and T. A. Wheeler, *Algorithms for Optimization*. MIT Press, 2019。

算法 10-1　策略 π 的蒙特卡罗策略评估。该方法根据问题 P 指定的动力学，运行 m 个预演直到深度 d。每个预演都是从初始状态开始运行的，该初始状态从状态分布 b 中采样。算法实现中的最后一行对由 θ 参数化的策略 π 进行评估，这将用于本章中寻找使 U 最大化的 θ 值的算法

```
struct MonteCarloPolicyEvaluation
    𝒫 # 决策问题
    b # 初始状态分析
    d # 深度
    m # 样本的数量
end

function (U::MonteCarloPolicyEvaluation)(π)
    R(π) = rollout(U.𝒫, rand(U.b), π, U.d)
    return mean(R(π) for i = 1:U.m)
end

(U::MonteCarloPolicyEvaluation)(π, θ) = U(s→π(θ, s))
```

蒙特卡罗策略评估具有随机性。对式 (10.1) 进行多次评估，即使采用同一策略，也可能给出不同的估算值。如图 10-2 所示，增加预演次数会减少评估的差异性。

我们将使用 π_θ 表示由 θ 参数化的策略。为方便起见，在上下文意义明确的情况下，我们将使用 $U(\theta)$ 作为 $U(\pi_\theta)$ 的简写。参数 θ 可以是向量或其他更复杂的表示。例如，可能希望使用具有特定结构的神经网络来表示我们的策略。我们将使用 θ 表示网络中的权重。许多优化算法假设 θ 是具有固定数量分量的向量。其他优化算法允许更灵活的表示，包括决策树或计算表达式等表示[⊖]。

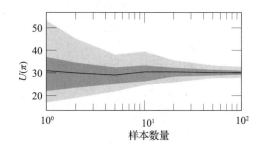

图 10-2　蒙特卡罗策略评估的深度和样本数量对"推车-竖杆"问题（具体请参见附录 F.3）的均匀随机策略的影响。方差随样本数量的增加而减小。灰色区域表示 $U(\pi)$ 的 5% 至 95% 和 25% 至 75% 的经验分位数

10.2　局部搜索

一种常见的优化方法是局部搜索，首先对参数初始化，在搜索空间中从一个邻居逐渐移动到另一个邻居，直到出现收敛。第 5 章中在优化贝叶斯网络结构的背景下，在讨论贝叶斯评分时讨论了这类方法。本节将优化由 θ 参数化的策略，目的是试图找到一个最大化 $U(\theta)$ 的 θ 值。

存在许多本地搜索算法，但本节将重点讨论 Hooke-Jeeves 方法（算法 10-2）[⊖]。该算法假设我们的策略由 n 维向量 θ 来参数化。该算法从当前 θ 在每个坐标方向上采取大小为 ±α 的步长。这 2n 个点对应于 θ 的邻居。如果没有发现对策略的任何改进，则将使用某个因子减少步长 α。反之，则将转到最佳点。该过程持续到 α 下降到某个阈值 $\epsilon(\epsilon>0)$。示例 10-1 中提供涉及策略优化的示例，图 10-3 说明策略优化的过程。

⊖　此处我们将不讨论这些表示，但其中一些会在 ExprOptimization.jl 中实现。

⊖　R. Hooke and T. A. Jeeves, "Direct Search Solution of Numerical and Statistical Problems," *Journal of the ACM*（*JACM*），vol. 8, no. 2, pp. 212-229, 1961.

算法 10-2   使用 Hooke-Jeeves 方法进行策略搜索，该方法返回最优化 U 的参数 θ。策略 π 将参数 θ 和状态 s 作为输入。此实现从初始值 θ 开始。如果没有邻居改进目标，则将步长 α 减小 c 倍。迭代一直进行到步长小于 ε

```
struct HookeJeevesPolicySearch
    θ # 初始参数
    α # 步长大小
    c # 步长递减因子
    ϵ # 终止步长大小
end

function optimize(M::HookeJeevesPolicySearch, π, U)
    θ, θ′, α, c, ϵ = copy(M.θ), similar(M.θ), M.α, M.c, M.ϵ
    u, n = U(π, θ), length(θ)
    while α > ϵ
        copyto!(θ′, θ)
        best = (i=0, sgn=0, u=u)
        for i in 1:n
            for sgn in (-1,1)
                θ′[i] = θ[i] + sgn*α
                u′ = U(π, θ′)
                if u′ > best.u
                    best = (i=i, sgn=sgn, u=u′)
                end
            end
            θ′[i] = θ[i]
        end
        if best.i != 0
            θ[best.i] += best.sgn*α
            u = best.u
        else
            α *= c
        end
    end
    return θ
end
```

示例 10-1   **使用策略优化算法来优化随机策略的参数。** 假设我们想为附录 F.5 中描述的简单调节器问题进行策略优化。我们定义一个由 $\boldsymbol{\theta}$ 参数化的随机策略 π，行为基于以下分布生成：

$$a \sim \mathcal{N}(\theta_1 s, (|\theta_2| + 10^{-5})^2) \tag{10.4}$$

下面的代码定义了参数化随机策略 π、评估函数 U 和方法 M。然后调用 optimize (M, π, U)，返回 θ 的优化值。在这种情况下，我们使用 Hooke-Jeeves 方法，但本章中讨论的其他方法也可以作为参数 M 传入。

```
function π(θ, s)
    return rand(Normal(θ[1]*s, abs(θ[2]) + 0.00001))
end
b, d, n_rollouts = Normal(0.3,0.1), 10, 3
U = MonteCarloPolicyEvaluation(𝒫, b, d, n_rollouts)
θ, α, c, ϵ = [0.0,1.0], 0.75, 0.75, 0.01
M = HookeJeevesPolicySearch(θ, α, c, ϵ)
θ = optimize(M, π, U)
```

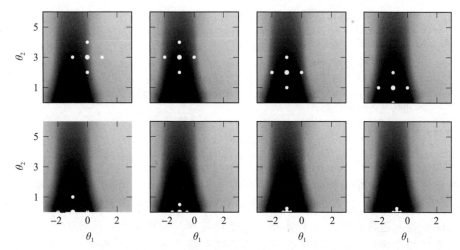

图 10-3　将 Hooke-Jeeves 方法应用于优化示例 10 1 中简单调节器问题的策略。每次迭代的评估显示为白点。迭代从左到右、从上到下进行，背景根据预期的效用进行着色，黄色表示较低的效用，深蓝色表示较高的效用

10.3　遗传算法

类似于 Hooke-Jeeves 方法，局部搜索算法存在一个潜在问题，即优化可能陷入一个局部最优。存在很多种方法保持在参数空间中的点样本组成的总体（population），根据我们的目标并行地评估这些样本点，然后以某种方式重组样本点，使得样本总体趋于全局最优。遗传算法（genetic algorithm）[⊖] 就是这样的方法，其灵感来自生物进化。这种通用的优化方法在优化策略方面得到广泛应用。例如，遗传算法用于 Atari 视频游戏的优化策略，其中策略参数对应于神经网络中的权重[⊖]。

该方法的一个简单版本（算法 10-3）从 m 个随机参数化 $\boldsymbol{\theta}^{(1)}, \cdots, \boldsymbol{\theta}^{(m)}$ 开始。我们计算总体中每个样本 i 的 $U(\boldsymbol{\theta}^{(i)})$。由于这些评估涉及许多预演模拟，因此计算成本很高，通常需要并行运行。这些评估有助于确定精英样本（elite sample），这些样本是基于 U 的最佳 m_{elite} 个样本。

算法 10-3　一种遗传策略搜索方法，用于迭代更新策略参数化 θs 的总体，该方法采用的参数包括策略评估函数 U、策略 π(θ,s)、扰动标准差 σ、精英样本计数 m_elite 和迭代计数 k_max。每次迭代的最佳 m_elite 样本用于生成后续迭代的样本

```
struct GeneticPolicySearch
    θs      # 初始总体
    σ       # 初始标准差
    m_elite # 精英样本的数量
    k_max   # 迭代的次数
end

function optimize(M::GeneticPolicySearch, π, U)
    θs, σ = M.θs, M.σ
```

⊖　D. E. Goldberg, *Genetic Algorithms in Search*, *Optimization*, *and Machine Learning*. Addison-Wesley, 1989.

⊖　F. P. Such, V. Madhavan, E. Conti, J. Lehman, K. O. Stanley, and J. Clune, "Deep Neuroevolution: Genetic Algorithms Are a Competitive Alternative for Training Deep Neural Networks for Reinforcement Learning," 2017. arXiv: 171 2.06567v3. 本节中的实现遵循其相对简单的公式。其中的公式不包括交叉，交叉通常用于混合总体中的参数化。

```
    n, m = length(first(θs)), length(θs)
    for k in 1:M.k_max
        us = [U(π, θ) for θ in θs]
        sp = sortperm(us, rev=true)
        θ_best = θs[sp[1]]
        rand_elite() = θs[sp[rand(1:M.m_elite)]]
        θs = [rand_elite() + σ.*randn(n) for i in 1:(m-1)]
        push!(θs, θ_best)
    end
    return last(θs)
end
```

通过重复选择随机精英样本 $\boldsymbol{\theta}$ 并使用各向同性（isotropic）的高斯噪声（$\boldsymbol{\theta}+\sigma\boldsymbol{\epsilon}$，其中 $\boldsymbol{\epsilon}\sim\mathcal{N}(\boldsymbol{0},\boldsymbol{I})$）进行扰动，将产生 $m-1$ 个新的参数，从而生成下一次迭代的总体。最佳参数化（未受干扰）包含在第 m 个样本中。由于评估涉及随机预演，该算法的一个变体可能涉及运行额外的预演，以帮助确定哪一个精英样本是真正的最佳样本。图 10-4 显示示例问题中该方法的几次迭代（generation，或称为代）。

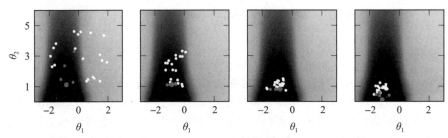

图 10-4　将遗传策略搜索（$\sigma=0.25$）应用于简单调节器问题，每次迭代使用 25 个样本。每一代中的五个精英样本以红色显示，最好的样本用一个最大的红点表示

10.4　交叉熵方法

交叉熵方法（cross entropy method）（算法 10-4）涉及在每次迭代时，更新策略所在参数化空间上的搜索分布（search distribution）[⊖]。我们使用 ψ 来参数化这个搜索分布 $p(\theta|\psi)$ [⊖]。该分布可以属于任何分布族，但高斯分布是一种常见的选择，其中 ψ 表示分布的均值和协方差。目标是找到 ψ^{*} 的值，当从搜索分布中提取 θ 时，该值最大化 $U(\theta)$ 的期望值：

$$\psi^{*} = \arg\max_{\psi} \mathop{E}_{\theta\sim p(\cdot\,|\,\psi)}\big[U(\theta)\big] = \arg\max_{\psi}\int U(\theta)\,p(\theta|\psi)\mathrm{d}\theta \tag{10.5}$$

算法 10-4　交叉熵策略搜索，用于迭代改进初始设置为 p 的搜索分布。该算法将参数化策略 π(θ, s) 和策略评估函数 U 作为输入。在每次迭代中，抽取 m 个样本，并使用顶部的 m_elite 重新拟合分布。该算法在 k_max 次迭代之后终止。可以使用 Distributions.jl 包定义分布 p

例如，我们可以定义：

```
μ = [0.0,1.0]
Σ = [1.0 0.0; 0.0 1.0]
```

⊖　S. Mannor, R. Y. Rubinstein, and Y. Gat, "The Cross Entropy Method for Fast Policy Search," in *International Conference on Machine Learning* (ICML), 2003.

⊖　在通常情况下，θ 和 ψ 是向量，但由于此方法不需要这个假设条件，因此本节中我们将不对这些向量加粗来予以强调。

```
p = MvNormal(μ,Σ)

struct CrossEntropyPolicySearch
    p        # 初始分布
    m        # 样本的数量
    m_elite  # 精英样本的数量
    k_max    # 迭代的次数
end

function optimize_dist(M::CrossEntropyPolicySearch, π, U)
    p, m, m_elite, k_max = M.p, M.m, M.m_elite, M.k_max
    for k in 1:k_max
        θs = rand(p, m)
        us = [U(π, θs[:,i]) for i in 1:m]
        θ_elite = θs[:,sortperm(us)[(m-m_elite+1):m]]
        p = Distributions.fit(typeof(p), θ_elite)
    end
    return p
end

function optimize(M, π, U)
    return Distributions.mode(optimize_dist(M, π, U))
end
```

我们通常无法通过计算直接来最大化式（10-5）。交叉熵方法采用的方法是从 ψ 的初始值开始，使分布位于相关的参数空间上。在每次迭代中，我们从相关分布中抽取 m 个样本，然后更新 ψ 以拟合精英样本。拟合通常使用最大似然估计（具体请参见 4.1 节）[⊖]。运行在固定次数的迭代之后或者搜索分布高度集中于最佳值后停止。图 10-5 演示了一个简单问题的算法。

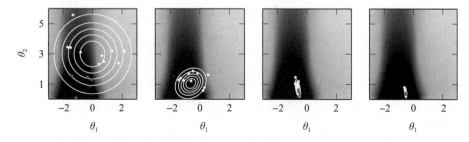

图 10-5　将交叉熵方法应用于使用多变量高斯搜索分布的简单调节器问题。每个迭代中的五个精英样本显示为红色。初始分布设置为 $\mathcal{N}([0,3], 2\boldsymbol{I})$

10.5　进化策略

进化策略（evolution strategy）[⊖]在每次迭代时更新由向量 $\boldsymbol{\psi}$ 参数化的搜索分布。然而，进化策略并不是将分布拟合到一组精英样本，而是通过向梯度方向前进一步来更新分布[⊜]。

⊖　最大似然估计对应于 ψ 的选择，该选择最小化位于搜索分布和精英样本之间的交叉熵（请参见附录 A.9）。

⊜　D. Wierstra, T. Schaul, T. Glasmachers, Y. Sun, J. Peters, and J. Schmidhuber, "Natural Evolution Strategies," *Journal of Machine Learning Research*, vol. 15, pp. 949-980, 2014.

⊜　我们可以有效地进行梯度上升，有关详细信息，请参见附录 A.11。

式（10.5）中目标的梯度可计算如下[⊖]：

$$\nabla_{\boldsymbol{\psi}} \underset{\theta \sim p(\cdot \mid \boldsymbol{\psi})}{E} [U(\theta)] = \nabla_{\boldsymbol{\psi}} \int U(\theta) \, p(\theta \mid \boldsymbol{\psi}) \, \mathrm{d}\theta \tag{10.6}$$

$$= \int U(\theta) \, \nabla_{\boldsymbol{\psi}} p(\theta \mid \boldsymbol{\psi}) \, \mathrm{d}\theta \tag{10.7}$$

$$= \int U(\theta) \, \nabla_{\boldsymbol{\psi}} p(\theta \mid \boldsymbol{\psi}) \, \frac{p(\theta \mid \boldsymbol{\psi})}{p(\theta \mid \boldsymbol{\psi})} \mathrm{d}\theta \tag{10.8}$$

$$= \int (U(\theta) \, \nabla_{\boldsymbol{\psi}} \log \, p(\theta \mid \boldsymbol{\psi})) p(\theta \mid \boldsymbol{\psi}) \, \mathrm{d}\theta \tag{10.9}$$

$$= \underset{\theta \sim p(\cdot \mid \boldsymbol{\psi})}{E} [U(\theta) \, \nabla_{\boldsymbol{\psi}} \log \, p(\theta \mid \boldsymbol{\psi})] \tag{10.10}$$

上述公式中引入了对数，这是基于所谓的对数导数技巧（log derivative trick），即 $\nabla_{\boldsymbol{\psi}} \log p(\theta \mid \boldsymbol{\psi}) = \nabla_{\boldsymbol{\psi}} p(\theta \mid \boldsymbol{\psi}) / p(\theta \mid \boldsymbol{\psi})$。这种计算需要已知 $\nabla_{\boldsymbol{\psi}} \log p(\theta \mid \boldsymbol{\psi})$，但通常可以通过分析来计算，如示例 10-2 所述。

示例 10-2　多变量高斯分布对数似然梯度方程的推导[⊜]。多变量正态分布 $\mathcal{N}(\boldsymbol{\mu}, \boldsymbol{\Sigma})$（均值为 $\boldsymbol{\mu}$ 和协方差为 $\boldsymbol{\Sigma}$）是一个常见的分布族。d 维中的似然性采用以下形式：

$$p(\boldsymbol{x} \mid \boldsymbol{\mu}, \boldsymbol{\Sigma}) = (2\pi)^{-\frac{d}{2}} \, |\boldsymbol{\Sigma}|^{-\frac{1}{2}} \exp\left(-\frac{1}{2}(\boldsymbol{x} - \boldsymbol{\mu})^{\top} \boldsymbol{\Sigma}^{-1}(\boldsymbol{x} - \boldsymbol{\mu})\right)$$

其中 $|\boldsymbol{\Sigma}|$ 是 $\boldsymbol{\Sigma}$ 的行列式。对数似然为：

$$\log \, p(\boldsymbol{x} \mid \boldsymbol{\mu}, \boldsymbol{\Sigma}) = -\frac{d}{2}\log(2\pi) - \frac{1}{2}\log|\boldsymbol{\Sigma}| - \frac{1}{2}(\boldsymbol{x} - \boldsymbol{\mu})^{\top} \boldsymbol{\Sigma}^{-1}(\boldsymbol{x} - \boldsymbol{\mu})$$

可以使用其对数似然梯度来更新参数：

$$\nabla_{\boldsymbol{\mu}} \log \, p(\boldsymbol{x} \mid \boldsymbol{\mu}, \boldsymbol{\Sigma}) = \boldsymbol{\Sigma}^{-1}(\boldsymbol{x} - \boldsymbol{\mu})$$

$$\nabla_{\boldsymbol{\Sigma}} \log \, p(\boldsymbol{x} \mid \boldsymbol{\mu}, \boldsymbol{\Sigma}) = \frac{1}{2}\boldsymbol{\Sigma}^{-1}(\boldsymbol{x} - \boldsymbol{\mu})(\boldsymbol{x} - \boldsymbol{\mu})^{\top} \boldsymbol{\Sigma}^{-1} - \frac{1}{2}\boldsymbol{\Sigma}^{-1}$$

$\nabla_{\boldsymbol{\Sigma}}$ 项包含 $\boldsymbol{\Sigma}$ 的每个项相对于对数似然的偏导数。

直接更新 $\boldsymbol{\Sigma}$ 可能不会产生正定矩阵，但是协方差矩阵需要正定矩阵。一种解决方案是将 $\boldsymbol{\Sigma}$ 表示为乘积 $\boldsymbol{A}^{\top} \boldsymbol{A}$，从而确保 $\boldsymbol{\Sigma}$ 是正半定矩阵，然后更新 $\boldsymbol{A}$。用 $\boldsymbol{A}^{\top} \boldsymbol{A}$ 代替 $\boldsymbol{\Sigma}$，并取 $\boldsymbol{A}$ 的梯度：

$$\nabla_{(\boldsymbol{A})} \log \, p(\boldsymbol{x} \mid \boldsymbol{\mu}, \boldsymbol{A}) = \boldsymbol{A}[\nabla_{\boldsymbol{\Sigma}} \log \, p(\boldsymbol{x} \mid \boldsymbol{\mu}, \boldsymbol{\Sigma}) + \nabla_{\boldsymbol{\Sigma}} \log \, p(\boldsymbol{x} \mid \boldsymbol{\mu}, \boldsymbol{\Sigma})^{\top}]$$

可以根据 m 个样本 $(\theta^{(1)}, \cdots, \theta^{(m)} \sim p(\cdot \mid \boldsymbol{\psi}))$ 估算搜索梯度的值：

$$\nabla_{\boldsymbol{\psi}} \underset{\theta \sim p(\cdot \mid \boldsymbol{\psi})}{E} [U(\theta)] \approx \frac{1}{m} \sum_{i=1}^{m} U(\theta^{(i)}) \, \nabla_{\boldsymbol{\psi}} \log \, p(\theta^{(i)} \mid \boldsymbol{\psi}) \tag{10.11}$$

该估算值取决于评估的预期效用，而预期效用的值本身可能会有很大的变化。我们可以通过秩整形（rank shaping）使梯度估计更具弹性。秩整形根据每个样本在迭代中与其

⊖　此处的策略参数 θ 并没有加粗，因为 θ 不需要是向量。然而，$\boldsymbol{\psi}$ 是粗体的，因为当处理目标的梯度时，$\boldsymbol{\psi}$ 必须是一个向量。

⊜　有关处理正定协方差矩阵的原始推导和几个更复杂的解决方案，请参见文献 D. Wierstra, T. Schaul, T. Glasmachers, Y. Sun, J. Peters, and J. Schmidhuber, "Natural Evolution Strategies," *Journal of Machine Learning Research*, vol. 15, pp. 949-980, 2014。

他样本的相对性能，用权重替换效用值。m 个样本按预期效用的降序排序。根据加权方案将权重 $w^{(i)}$ 分配给样本 i，其中 $w^{(1)} \geqslant \cdots \geqslant w^{(m)}$。搜索梯度可以转变为：

$$\nabla_{\psi} \underset{\theta \sim p(\cdot \mid \psi)}{E} \big[U(\theta) \big] \approx \sum_{i=1}^{m} w^{(i)} \ \nabla_{\psi} \log \ p(\theta^{(i)} \mid \psi) \tag{10.12}$$

一种常见的加权方案是[⊖]：

$$w^{(i)} = \frac{\max\left\{0, \log\left(\dfrac{m}{2} + 1\right) - \log(i)\right\}}{\sum\limits_{j=1}^{m} \max\left\{0, \log\left(\dfrac{m}{2} + 1\right) - \log(j)\right\}} - \frac{1}{m} \tag{10.13}$$

如图 10-6 所示，这些权重有利于更好的样本，并使大多数样本具有较小的负权重。秩整形方法减少了异常值对计算结果的影响。

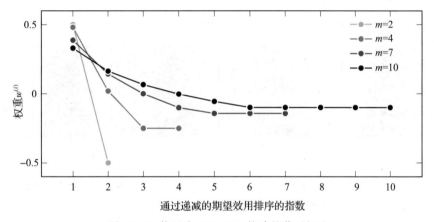

图 10-6　使用式（10.13）构建的若干权重

算法 10-5 提供进化策略方法的实现。图 10-7 展示搜索进度的示例。

算法 10-5　一种进化策略方法，用于更新策略 π（θ，s）的策略参数化上的搜索分布 D（ψ）。该实现同样接收参数：初始搜索分布参数化 ψ、对数搜索似然梯度 ∇logp（ψ，θ）、策略评估函数 D 和迭代计数 k_max。在每次迭代中，抽取 m 个参数化样本，并用于估算搜索梯度的值。然后将步长因子 α 应用到该梯度。可以使用 Distributions.jl 来定义 D（ψ）。例如，如果想定义 D 来构造具有给定均值 ψ 和固定协方差 Σ 的高斯函数，则可以使用 D（ψ）=MvNormal（ψ，Σ）

```
struct EvolutionStrategies
    D          # 分布构造函数
    ψ          # 初始分布参数
    ∇logp      # 对数搜索似然梯度
    m          # 样本的数量
    α          # 步长因子
    k_max      # 迭代的次数
end

function evolution_strategy_weights(m)
```

⊖　N. Hansen and A. Ostermeier, "Adapting Arbitrary Normal Mutation Distributions in Evolution Strategies: The Covariance Matrix Adaptation," in *IEEE International Conference on Evolutionary Computation*, 1996.

```
    ws = [max(0, log(m/2+1) - log(i)) for i in 1:m]
    ws ./= sum(ws)
    ws .-= 1/m
    return ws
end

function optimize_dist(M::EvolutionStrategies, π, U)
    D, ψ, m, ∇logp, α = M.D, M.ψ, M.m, M.∇logp, M.α
    ws = evolution_strategy_weights(m)
    for k in 1:M.k_max
        θs = rand(D(ψ), m)
        us = [U(π, θs[:,i]) for i in 1:m]
        sp = sortperm(us, rev=true)
        ∇ = sum(w.*∇logp(ψ, θs[:,i]) for (w,i) in zip(ws,sp))
        ψ += α.*∇
    end
    return D(ψ)
end
```

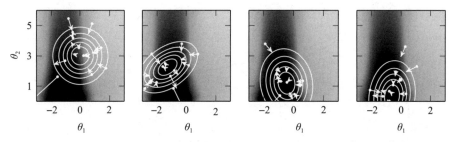

图 10-7 将进化策略（算法 10-5）应用于使用多变量高斯搜索分布的简单调节器问题。用
白色显示样本以及样本的搜索梯度贡献 $w \nabla \log p$

10.6 各向同性进化策略

上一节介绍了可用于一般搜索分布的进化策略。本节将假设搜索分布为球形（spherical）的或各向同性（isotropic）的高斯分布，其中协方差矩阵的形式为 $\sigma^2 \boldsymbol{I}$[⊖]。在这种假设下，分布的预期效用为[⊖]：

$$\underset{\boldsymbol{\theta} \sim \mathcal{N}(\boldsymbol{\psi}, \sigma^2 \boldsymbol{I})}{E}[U(\boldsymbol{\theta})] = \underset{\boldsymbol{\epsilon} \sim \mathcal{N}(\boldsymbol{0}, \boldsymbol{I})}{E}[U(\boldsymbol{\psi} + \sigma \boldsymbol{\epsilon})] \tag{10.14}$$

搜索梯度将简化到：

$$\nabla_{\boldsymbol{\psi}} \underset{\boldsymbol{\theta} \sim \mathcal{N}(\boldsymbol{\psi}, \sigma^2 \boldsymbol{I})}{E}[U(\boldsymbol{\theta})] = \underset{\boldsymbol{\theta} \sim N(\boldsymbol{\psi}, \sigma^2 \boldsymbol{I})}{E}[U(\boldsymbol{\theta}) \nabla_{\boldsymbol{\psi}} \log p(\boldsymbol{\theta} | \boldsymbol{\psi}, \sigma^2 \boldsymbol{I})] \tag{10.15}$$

$$= \underset{\boldsymbol{\theta} \sim \mathcal{N}(\boldsymbol{\psi}, \sigma^2 \boldsymbol{I})}{E}\left[U(\boldsymbol{\theta}) \frac{1}{\sigma^2}(\boldsymbol{\theta} - \boldsymbol{\psi})\right] \tag{10.16}$$

$$= \underset{\boldsymbol{\epsilon} \sim \mathcal{N}(\boldsymbol{0}, \boldsymbol{I})}{E}\left[U(\boldsymbol{\psi} + \sigma \boldsymbol{\epsilon}) \frac{1}{\sigma^2}(\sigma \boldsymbol{\epsilon})\right] \tag{10.17}$$

$$= \frac{1}{\sigma} \underset{\boldsymbol{\epsilon} \sim \mathcal{N}(\boldsymbol{0}, \boldsymbol{I})}{E}[U(\boldsymbol{\psi} + \sigma \boldsymbol{\epsilon}) \boldsymbol{\epsilon}] \tag{10.18}$$

⊖ 这种方法应用于策略搜索的示例参见文献 T. Salimans, J. Ho, X. Chen, S. Sidor, and I. Sutskever, "Evolution Strategies as a Scalable Alternative to Reinforcement Learning," 2017. arXiv：1703.03864v2。

⊖ 在通常情况下，如果 $\boldsymbol{A}^{\top} \boldsymbol{A} = \boldsymbol{\Sigma}$，那么 $\boldsymbol{\theta} = \boldsymbol{\mu} + \boldsymbol{A}^{\top} \boldsymbol{\epsilon}$ 将 $\boldsymbol{\epsilon} \sim \mathcal{N}(\boldsymbol{0}, \boldsymbol{I})$ 转化为 $\boldsymbol{\theta} \sim \mathcal{N}(\boldsymbol{\mu}, \boldsymbol{\Sigma})$。

算法 10-6 提供该策略的实现。此实现包含镜像采样（mirrored sampling）[⊖]。从搜索分布中抽取 $m/2$ 个样本值，然后通过将这些样本镜像到均值来生成其他 $m/2$ 个样本。镜像样本减少了梯度估计的方差[⊖]。使用该技术的优越性如图 10-8 所示。

算法 10-6　一种进化策略方法，用于在 $\pi(\theta, s)$ 的策略参数化上更新具有均值 ψ 和协方差 $\sigma^2 I$ 的各向同性多变量高斯搜索分布。同样，该实现还接收输入参数：策略评估函数 U、步长因子 α 和迭代计数 k_max。在每次迭代中，抽样 m/2 个参数化样本并加以镜像，然后用于估算搜索梯度

```
struct IsotropicEvolutionStrategies
    ψ        # 初始化均值
    σ        # 初始化标准差
    m        # 样本的数量
    α        # 步长因子
    k_max    # 迭代的次数
end

function optimize_dist(M::IsotropicEvolutionStrategies, π, U)
    ψ, σ, m, α, k_max = M.ψ, M.σ, M.m, M.α, M.k_max
    n = length(ψ)
    ws = evolution_strategy_weights(2*div(m,2))
    for k in 1:k_max
        ϵs = [randn(n) for i in 1:div(m,2)]
        append!(ϵs, -ϵs) # weight mirroring
        us = [U(π, ψ + σ.*ϵ) for ϵ in ϵs]
        sp = sortperm(us, rev=true)
        ∇ = sum(w.*ϵs[i] for (w,i) in zip(ws,sp)) / σ
        ψ += α.*∇
    end
    return MvNormal(ψ, σ)
end
```

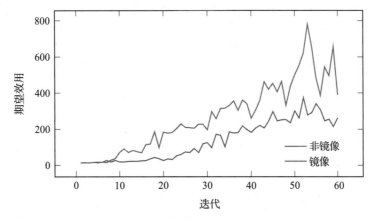

图 10-8　镜像采样对各向同性进化策略的影响演示。使用 $m=10$ 和 $\sigma=0.25$，针对"推车-竖杆"问题（附录 F.3）对两层神经网络策略进行训练，每次评估采用六次预演。镜像采样显著加快并稳定了学习过程

⊖　D. Brockhoff, A. Auger, N. Hansen, D. Arnold, and T. Hohm, "Mirrored Sampling and Sequential Selection for Evolution Strategies," in *International Conference on Parallel Problem Solving from Nature*, 2010.

⊖　以下文献实现了该技术：T. Salimans, J. Ho, X. Chen, S. Sidor, and I. Sutskever, "Evolution Strategies as a Scalable Alternative to Reinforcement Learning," 2017. arXiv: 1703.03864v2。该文献还包含其他技术，例如权重衰减。

10.7   本章小结

- 在蒙特卡罗策略评估中，通过使用从初始状态分布采样所获取的状态进行大量的预演来计算与策略相关的预期效用。
- 局部搜索方法，如 Hooke-Jeeves 方法，可以基于较小的局部更新来改进策略。
- 遗传算法在参数空间中保持一个点群，以不同的方式重新组合这些点，以试图推动点群形成全局最优。
- 交叉熵方法通过在每次迭代中将分布重新调整为精英样本，迭代改进策略参数的搜索分布。
- 进化策略试图使用来自该分布样本的梯度信息来改进搜索分布。
- 各向同性进化策略假设搜索分布是各向同性的高斯分布。

10.8   练习题

练习题 10-1   在蒙特卡罗策略评估中，效用估算值的方差如何受到样本数量的影响？

参考答案：蒙特卡罗策略评估的方差是 m 个样本均值的方差。假设这些样本是独立的，则均值的方差是单个预演评估的方差除以样本大小：

$$\text{Var}\left[\hat{U}(\pi)\right] = \text{Var}\left[\sum_{i=1}^{m} R(\tau^{(i)})\right] = \frac{1}{m}\text{Var}_{\tau}[R(\tau)]$$

其中，$\hat{U}(\pi)$ 是蒙特卡洛策略评估的效用，$R(\tau)$ 是采样轨迹 τ 的轨迹奖励。因此，样本方差随 $1/m$ 而减小。

练习题 10-2   改变样本数量 m 和精英样本数量 m_{elite} 对交叉熵策略搜索有什么影响？

参考答案：每次迭代的计算成本与样本数量成线性比例。更多的样本将更好地覆盖搜索空间，从而有更好的机会识别更好的精英样本，从而可以改进交叉熵搜索策略。精英样本数量的改变对交叉熵策略搜索也有影响。使所有样本成为精英不会对改进过程提供反馈。精英样本太少则会导致过早收敛到次优解决方案。

练习题 10-3   考虑使用单变量高斯分布 $\theta \sim \mathcal{N}(\mu, \nu)$ 的进化策略。关于方差 ν 的搜索梯度是多少？当方差值变小时会出现什么问题？

参考答案：搜索梯度是对数似然的梯度：

$$\frac{\partial}{\partial \nu}\log p(x|\mu,\nu) = \frac{\partial}{\partial \nu}\log \frac{1}{\sqrt{2\pi\nu}}\exp\left(-\frac{(x-\mu)^2}{2\nu}\right)$$

$$= \frac{\partial}{\partial \nu}\left(-\frac{1}{2}\log(2\pi) - \frac{1}{2}\log(\nu) - \frac{(x-\mu)^2}{2\nu}\right)$$

$$= -\frac{1}{2\nu} + \frac{(x-\mu)^2}{2\nu^2}$$

当方差的值接近零时，梯度变为无穷大，如图 10-9 所示。这是一个不正常的现象，因为当搜索分布收敛时，方差的值应该很小。非常大的梯度会导致简单的梯度上升方法错过最佳值。

练习题 10-4   式（10.14）根据搜索分布 $\theta \sim \mathcal{N}(\psi, \Sigma)$ 定义目标函数。与使

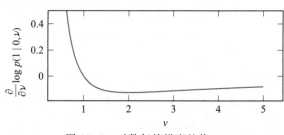

图 10-9   对数似然梯度的值

用式（10.1）中的预期效用目标直接优化 $\boldsymbol{\theta}$ 相比，该目标函数具有什么优势？

参考答案：在策略参数周围添加高斯噪声可以平滑原始目标中的不连续性，从而使得优化更可靠。

练习题 10-5　本章中的哪些方法最适合多种类型的策略在给定问题中表现良好的事实？

参考答案：Hooke-Jeeves 方法改进了单个策略参数化，因此不能保留多个策略。交叉熵方法和进化策略都使用搜索分布。为成功地表示多种类型的策略，必须使用多模态分布。一种常见的多模态分布是高斯分布的混合模式。高斯分布的混合模式不能进行分析拟合，但使用期望最大化可以实现可靠的拟合，如示例 4-4 所示。如果种群规模足够大，遗传算法可以保留多个策略。

练习题 10-6　假设有一个参数化的策略 π_θ，我们希望使用 Hooke-Jeeves 方法来优化这个策略。如果初始化参数 $\theta=0$，并且效用函数为 $U(\theta)=-3\theta^2+4\theta+1$，那么在 Hooke-Jeeves 方法的第一次迭代中仍能保证策略改进的最大步长 α 是多少？

参考答案：Hooke-Jeeves 方法在每个坐标方向的中心点 $\pm\alpha$ 处评估目标函数。为保证 Hooke-Jeeves 搜索在第一次迭代中就进行改进，新点的位置上至少一个目标函数值必须改进目标函数值。对于本题的策略优化问题，这意味着我们正在搜索最大步长 α，使得 $U(\theta+\alpha)$ 或 $U(\theta-\alpha)$ 大于 $U(\theta)$。

由于基本的效用函数是抛物线并且是凹形的，因此仍会导致改进的最大步长略小于当前点处抛物线的宽度。所以，计算抛物线上与当前点相对的点 θ'，其中 $U(\theta')=U(\theta)$：

$$U(\theta)=-3\theta^2+4\theta+1=-3(0)^2+4(0)+1=1$$
$$U(\theta)=U(\theta')$$
$$1=-3\theta'^2+4\theta'+1$$
$$0=-3\theta'^2+4\theta'+0$$
$$\theta'=\frac{-4\pm\sqrt{4^2-4(-3)(0)}}{2(-3)}=\frac{-4\pm4}{-6}=\frac{2\pm2}{3}=\left\{0,\frac{4}{3}\right\}$$

结果得到抛物线上与当前点相对的点为 $\theta'=\frac{4}{3}$。θ 和 θ' 之间的距离为 $\frac{4}{3}-0=\frac{4}{3}$。因此，可以采取并仍然保证在第一次迭代中改进的最大步长刚好低于 $\frac{4}{3}$。

练习题 10-7　假设我们有一个由单个参数 θ 参数化的策略。采用进化策略方法，搜索分布遵循伯努利分布 $p(\theta|\psi)=\psi^\theta(1-\psi)^{1-\theta}$。请计算对数似然梯度 $\nabla_\psi\log\,p(\theta|\psi)$。

参考答案：对数似然梯度的计算方法如下：

$$p(\theta|\psi)=\psi^\theta(1-\psi)^{1-\theta}$$
$$\log\,p(\theta|\psi)=\log(\psi^\theta(1-\psi)^{1-\theta})$$
$$\log\,p(\theta|\psi)=\theta\log\,\psi+(1-\theta)\log(1-\psi)$$
$$\nabla_\psi\log\,p(\theta|\psi)=\frac{\mathrm{d}}{\mathrm{d}\psi}\big[\theta\log\,\psi+(1-\theta)\log(1-\psi)\big]$$
$$\nabla_\psi\log\,p(\theta|\psi)=\frac{\theta}{\psi}-\frac{1-\theta}{1-\psi}$$

练习题 10-8　在 $m=3$ 个样本的情况下，使用秩整形方法计算搜索梯度估算值的样本权重。

参考答案：首先根据式（10.13）计算第一个项的分子，对于所有的 i：

$$i = 1 \quad \max\left\{0, \log\left(\frac{3}{2} + 1\right) - \log 1\right\} = \log\frac{5}{2}$$

$$i = 2 \quad \max\left\{0, \log\left(\frac{3}{2} + 1\right) - \log 2\right\} = \log\frac{5}{4}$$

$$i = 3 \quad \max\left\{0, \log\left(\frac{3}{2} + 1\right) - \log 3\right\} = 0$$

接下来，计算权重：

$$w^{(1)} = \frac{\log\frac{5}{2}}{\log\frac{5}{2} + \log\frac{5}{4} + 0} - \frac{1}{3} = 0.47$$

$$w^{(2)} = \frac{\log\frac{5}{4}}{\log\frac{5}{2} + \log\frac{5}{4} + 0} - \frac{1}{3} = -0.14$$

$$w^{(3)} = \frac{0}{\log\frac{5}{2} + \log\frac{5}{4} + 0} - \frac{1}{3} = -0.33$$

第 11 章

Algorithms for Decision Making

策略梯度值的估算

上一章讨论了对策略参数进行直接优化以最大化预期效用的几种方法。在许多应用中，使用带策略参数的效用梯度来指导优化过程通常非常有效。本章讨论了从轨迹预演中估算该梯度值的几种方法[⊖]。这种方法的一个主要挑战在于，环境和我们对环境的探索所产生轨迹的随机性，将会导致较大的估计值方差。下一章将讨论如何使用这些算法来估计梯度，从而实现策略优化。

11.1 有限差分

有限差分（finite difference）方法从函数求值中的微小变化来估算函数的梯度值。回想一下，单变量函数 f 的导数是：

$$\frac{\mathrm{d}f}{\mathrm{d}x}(x)=\lim_{\delta\to 0}\frac{f(x+\delta)-f(x)}{\delta} \tag{11.1}$$

x 处的导数可以通过足够小的步长 $\delta>0$ 来近似：

$$\frac{\mathrm{d}f}{\mathrm{d}x}(x)\approx\frac{f(x+\delta)-f(x)}{\delta} \tag{11.2}$$

该近似过程如图 11-1 所示。

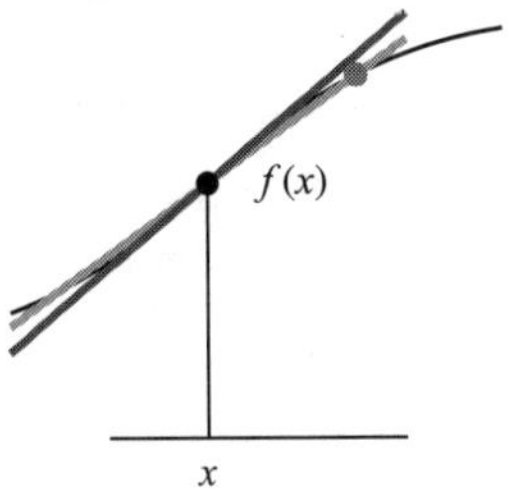

图 11-1 有限差分法通过对 x 附近的点的评估来近似得到 $f(x)$ 的导数。浅灰色的有限差分近似值与深灰色的真导数并不完全匹配

对于一个输入长度为 n 的多变量函数 f，其梯度为：

$$\nabla f(\boldsymbol{x})=\left[\frac{\partial f}{\partial x_1}(\boldsymbol{x}),\cdots,\frac{\partial f}{\partial x_n}(\boldsymbol{x})\right] \tag{11.3}$$

有限差分可以应用于每个维度以估算梯度的值。

在策略优化的上下文中，我们希望估算期望效用的梯度值，该期望效用遵循由 $\boldsymbol{\theta}$ 参数化的策略：

$$\nabla U(\boldsymbol{\theta})=\left[\frac{\partial U}{\partial \theta_1}(\boldsymbol{\theta}),\cdots,\frac{\partial U}{\partial \theta_n}(\boldsymbol{\theta})\right] \tag{11.4}$$

$$\approx\left[\frac{U(\boldsymbol{\theta}+\delta\boldsymbol{e}^{(1)})-U(\boldsymbol{\theta})}{\delta},\cdots,\frac{U(\boldsymbol{\theta}+\delta\boldsymbol{e}^{(n)})-U(\boldsymbol{\theta})}{\delta}\right] \tag{11.5}$$

其中，$\boldsymbol{e}^{(i)}$ 是第 i 个*标准基*（standard basis）向量，除了第 i 个被设置为 1 之外，其他分量由 0 组成。

如 10.1 节所述，需要模拟策略预演以估算 $U(\theta)$ 的值。可以使用算法 11-1 来生成轨迹。根据这些轨迹，可以计算轨迹的奖励，并估算与策略相关的效用值。算法 11-2 通过模拟每个分量的 m 次预演并计算奖励的平均值来实现式（11.5）中的梯度估算值。

⊖ 关于这个主题更多的资源请参考文献 M. C. Fu，"Gradient Estimation，" in *Simulation*，S. G. Henderson and B. L. Nelson，eds.，Elsevier，2006，pp. 575-616。

算法 11-1　一种生成与问题 $\mathcal{P}$ 相关轨迹的方法。从状态 s 开始，执行策略 π 直到深度 d。算法创建一个包含状态奖励元组的向量 τ

```
function simulate(𝒫::MDP, s, π, d)
    τ = []
    for i = 1:d
        a = π(s)
        s′, r = 𝒫.TR(s,a)
        push!(τ, (s,a,r))
        s = s′
    end
    return τ
end
```

算法 11-2　一种利用有限差分估算策略梯度值的方法，用于问题 $\mathcal{P}$、参数化策略 π(θ,s) 和策略参数化向量 θ。从 m 预演到深度 d 进行效用估算，步长由 δ 给出

```
struct FiniteDifferenceGradient
    𝒫 # 决策问题
    b # 初始状态分布
    d # 深度
    m # 样本的数量
    δ # 步长的大小
end

function gradient(M::FiniteDifferenceGradient, π, θ)
    𝒫, b, d, m, δ, γ, n = M.𝒫, M.b, M.d, M.m, M.δ, M.𝒫.γ, length(θ)
    Δθ(i) = [i == k ? δ : 0.0 for k in 1:n]
    R(τ) = sum(r*γ^(k-1) for (k, (s,a,r)) in enumerate(τ))
    U(θ) = mean(R(simulate(𝒫, rand(b), s→π(θ, s), d)) for i in 1:m)
    ΔU = [U(θ + Δθ(i)) - U(θ) for i in 1:n]
    return ΔU ./ δ
end
```

对策略梯度的准确估算所面临的一个主要挑战是轨迹奖励的方差可能相当高。减少梯度估算中所产生方差值的一种方法是让每个预演共享相同的随机生成器种子[⊖]。例如，当某一次预演恰好在早期达到低概率过渡的情况下，这种方法非常有效。由于共享随机生成器，其他预演将具有相同的趋势，并且其奖励将倾向于以相同的方式有所偏向。

策略表示对策略梯度有显著的影响。示例 11-1 演示了策略梯度对策略参数化的敏感性。当参数在规模上有所不同时，策略优化的有限差分可能表现不佳。

示例 11-1　策略参数化如何对策略梯度产生重大影响的示例。（如图 11-2 所示。）

考虑具有一维连续行为空间和奖励函数 $R(s, a) = a$ 的单状态单步马尔可夫决策过程。在这种情况下，较大的行为产生较高的奖励。

假设有一个随机策略 π_θ，当 $\theta_2 > \theta_1$ 时，该随机策略根据 θ_1 和 θ_2 之间的均匀分布对其行为进行采样。预期值为：

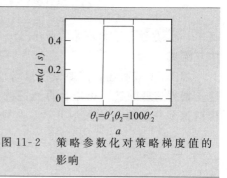

图 11-2　策略参数化对策略梯度值的影响

⊖　PEGASUS算法中使用了这种共享随机种子的方法。请参见文献 A. Y. Ng and M. Jordan，"A Policy Search Method for Large MDPs and POMDPs," in *Conference on Uncertainty in Artificial Intelligence (UAI)*，2000。

$$U(\boldsymbol{\theta}) = E[a] = \int_{\theta_1}^{\theta_2} a \frac{1}{\theta_2 - \theta_1} da = \frac{\theta_1 + \theta_2}{2}$$

策略梯度为：

$$\nabla U(\boldsymbol{\theta}) = [1/2, 1/2]$$

　　该策略可以重新进行参数化，从 θ_1' 和 $100\theta_2'$ 之间的均匀分布中进行抽样，因为 $100\theta_2' > \theta_1'$。现在预期奖励值为 $(\theta_1' + 100\theta_2')/2$，策略梯度值为 $[1/2, 50]$。

　　这两个参数化可以表示相同的策略，但两者具有不同的梯度。为第二种策略找到合适的扰动标量要困难得多，因为各个参数在尺度上变化很大。

11.2　回归梯度

　　我们可以使用线性回归（linear regression）⊖从 θ 的随机扰动结果中估算梯度的值，而不是像前一节中所做的那样，通过沿着每个坐标轴采取固定的步骤来估算 θ 处的梯度值。这些扰动被存储在如下所示的矩阵中⊖：

$$\Delta\boldsymbol{\Theta} = \begin{bmatrix} (\Delta\boldsymbol{\theta}^{(1)})^{\top} \\ \vdots \\ (\Delta\boldsymbol{\theta}^{(m)})^{\top} \end{bmatrix} \tag{11.6}$$

　　更多的策略参数扰动将倾向于产生更好的梯度估算值⊜。

　　对于这些扰动中的每一个，我们都会执行一个预演并估算效用的变化值⊛：

$$\Delta U = [U(\boldsymbol{\theta} + \Delta\boldsymbol{\theta}^{(1)}) - U(\boldsymbol{\theta}), \cdots, U(\boldsymbol{\theta} + \Delta\boldsymbol{\theta}^{(m)}) - U(\boldsymbol{\theta})] \tag{11.7}$$

　　因此，使用线性回归估算策略梯度值的公式为⑤：

$$\nabla U(\boldsymbol{\theta}) \approx \Delta\boldsymbol{\Theta}^+ \Delta U \tag{11.8}$$

　　算法 11-3 提供这种方法的一种实现，其中扰动是从半径为 δ 的超球面均匀抽样的。示例 11-2 用一个简单的函数演示这种方法。

　　算法 11-3　一种使用有限差分估算策略梯度值的方法，用于马尔可夫决策过程 $\mathcal{P}$、随机参数化策略 $\pi(\theta, s)$ 和策略参数化向量 θ。通过归一化正态分布样本并通过扰动标量 δ 的缩放来生成策略变化向量。总共生成 m 个参数扰动，在从 b 抽样到深度 d 的初始状态预演中，每个扰动都会进行值的估算，并与原始策略参数化进行比较

```
struct RegressionGradient
    𝒫 # 决策问题
    b # 初始状态分布
    d # 深度
    m # 样本的数量
    δ # 步长的大小
end
```

⊖　有关线性回归的讨论，请参见本书 8.6 节。

⊖　这种通用的方法有时被称为同时扰动随机近似（simultaneous perturbation stochastic approximation），具体请参见文献 J. C. Spall, *Introduction to Stochastic Search and Optimization.* Wiley, 2003. 有关线性回归一般联系的讨论，请参见文献 J. Peters and S. Schaal, "Reinforcement Learning of Motor Skills with Policy Gradients," *Neural Networks*, vol. 21, no. 4, pp. 682-697, 2008.

⊜　推荐的经验法则是使用大约两倍于参数数量的扰动。

⊛　该公式计算了正向差分（forward difference）的值。也可以使用其他有限差分公式，例如中心差分。

⑤　如 8.6 节所述，$\boldsymbol{X}^+$ 表示 $\boldsymbol{X}$ 的伪逆。

```
function gradient(M::RegressionGradient, π, θ)
    𝒫, b, d, m, δ, γ = M.𝒫, M.b, M.d, M.m, M.δ, M.𝒫.γ
    ΔΘ = [δ.*normalize(randn(length(θ)), 2) for i = 1:m]
    R(τ) = sum(r*γ^(k-1) for (k, (s,a,r)) in enumerate(τ))
    U(θ) = R(simulate(𝒫, rand(b), s→π(θ,s), d))
    ΔU = [U(θ + Δθ) - U(θ) for Δθ in ΔΘ]
    return pinv(reduce(hcat, ΔΘ)') * ΔU
end
```

示例 11-2   将回归梯度法应用于一维函数。 我们希望应用回归梯度法来估算一个简单的一维函数 f(x)= x² 的梯度值，通过 m= 20 个样本，在 x0=2 处进行评估。为模仿策略评估中固有的随机性，我们在函数评估中添加了噪声。首先生成一组扰动 ΔX（从 $\mathcal{N}(0,\delta^2)$ 采样），并对 ΔX 中的每个扰动 ΔX 评估 f(x0+ΔX)-f(x0) 的值。然后，可以使用以下代码估算一维梯度（或导数）ΔX+ΔF 的值。

```
f(x) = x^2 + 1e-2*randn()
m = 20
δ = 1e-2
ΔX = [δ.*randn() for i = 1:m]
x0 = 2.0
ΔF = [f(x0 + Δx) - f(x0) for Δx in ΔX]
pinv(ΔX) * ΔF
```

图 11-3 显示了所使用的样本和线性回归过程。回归线的斜率接近精确解 4。

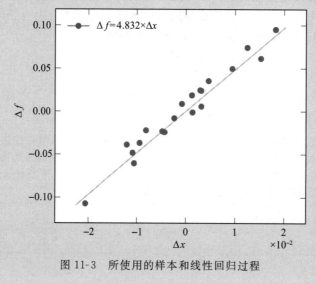

图 11-3   所使用的样本和线性回归过程

11.3 似然比

用于梯度估计的似然比（likelihood ratio）方法⊖ 使用了 $\nabla\pi_\theta$ 的一种分析形式来改进我们对 $\nabla U(\boldsymbol{\theta})$ 的估算值。从式（10.2）中可以得到：

⊖ P. W. Glynn, "Likelihood Ratio Gradient Estimation for Stochastic Systems," *Communications of the ACM*, vol. 33, no. 10, pp. 75-84, 1990.

$$U(\boldsymbol{\theta}) = \int p_{\boldsymbol{\theta}}(\tau) R(\tau) \mathrm{d}\tau \tag{11.9}$$

因此

$$\nabla U(\boldsymbol{\theta}) = \nabla_{\boldsymbol{\theta}} \int p_{\boldsymbol{\theta}}(\tau) R(\tau) \mathrm{d}\tau \tag{11.10}$$

$$= \int \nabla_{\boldsymbol{\theta}} p_{\boldsymbol{\theta}}(\tau) R(\tau) \mathrm{d}\tau \tag{11.11}$$

$$= \int p_{\boldsymbol{\theta}}(\tau) \frac{\nabla_{\boldsymbol{\theta}} p_{\boldsymbol{\theta}}(\tau)}{p_{\boldsymbol{\theta}}(\tau)} R(\tau) \mathrm{d}\tau \tag{11.12}$$

$$= E_{\tau} \left[\frac{\nabla_{\boldsymbol{\theta}} p_{\boldsymbol{\theta}}(\tau)}{p_{\boldsymbol{\theta}}(\tau)} R(\tau) \right] \tag{11.13}$$

这种方法的命名来源于轨迹似然比。该似然比可以被视为轨迹奖励的似然加权抽样（3.7 节）中的权重。

应用对数导数技巧[一]，我们有

$$\nabla U(\boldsymbol{\theta}) = E_{\tau} [\nabla_{\boldsymbol{\theta}} \log p_{\boldsymbol{\theta}}(\tau) R(\tau)] \tag{11.14}$$

我们可以使用轨迹预演来估算这个期望值。对于每个轨迹 τ，需要计算乘积 $\nabla_{\boldsymbol{\theta}} \log p_{\boldsymbol{\theta}}(\tau) R(\tau)$。回想一下，$R(\tau)$ 是与轨迹 τ 相关的奖励。如果有一个随机策略[二]，则梯度 $\nabla_{\boldsymbol{\theta}} \log p_{\boldsymbol{\theta}}(\tau)$ 的值为：

$$\nabla_{\boldsymbol{\theta}} \log p_{\boldsymbol{\theta}}(\tau) = \sum_{k=1}^{d} \nabla_{\boldsymbol{\theta}} \log \pi_{\boldsymbol{\theta}}(a^{(k)} \mid s^{(k)}) \tag{11.15}$$

因为 $p_{\boldsymbol{\theta}}(\tau)$ 的形式为：

$$p_{\boldsymbol{\theta}}(\tau) = p(s^{(1)}) \prod_{k=1}^{d} T(s^{(k+1)} \mid s^{(k)}, a^{(k)}) \pi_{\boldsymbol{\theta}}(a^{(k)} \mid s^{(k)}) \tag{11.16}$$

其中，$s^{(k)}$ 和 $a^{(k)}$ 分别是轨迹 τ 中的第 k 个状态和行为。算法 11-4 提供了一种实现，其中对 m 个轨迹进行采样以获得梯度估算值。示例 11-3 说明了该过程。

如果我们使用确定性策略，则需要对梯度进行以下的计算[三]：

$$\nabla_{\boldsymbol{\theta}} \log p_{\boldsymbol{\theta}}(\tau) = \nabla_{\boldsymbol{\theta}} \log \left[p(s^{(1)}) \prod_{k=1}^{d} T(s^{(k+1)} \mid s^{(k)}, \pi_{\boldsymbol{\theta}}(s^{(k)})) \right] \tag{11.17}$$

$$= \sum_{k=1}^{d} \nabla_{\boldsymbol{\theta}} \pi_{\boldsymbol{\theta}}(s^{(k)}) \frac{\partial}{\partial a^{(k)}} \log T(s^{(k+1)} \mid s^{(k)}, a^{(k)}) \tag{11.18}$$

式（11.17）和式（11.18）要求事先知道转移似然性的值，这与随机策略的式（11.15）形成对比。

算法 11-4 一种估计策略 π(s) 的策略梯度方法，用于马尔可夫决策过程 P，其中初始状态分布 b 使用似然比技巧。关于参数化向量 θ 的梯度是使用对数策略梯度 ∇log π 从 m 个预演到深度 d 来估算的

```
struct LikelihoodRatioGradient
    𝒫 # 决策问题
```

[一] 10.5 节介绍了对数导数技巧，其中使用了以下等式：$\nabla_{\boldsymbol{\theta}} \log p_{\boldsymbol{\theta}}(\tau) = \nabla_{\boldsymbol{\theta}} p_{\boldsymbol{\theta}}(\tau) / p_{\boldsymbol{\theta}}(\tau)$。

[二] 我们使用 $\pi_{\boldsymbol{\theta}}(a \mid s)$ 表示策略 $\pi_{\boldsymbol{\theta}}$ 分配给从状态 s 采取行动 a 的概率（密度或质量）。

[三] 许多问题具有向量值行动 $a \in \mathbb{R}^n$。在这种情况下，可以使用一个雅可比矩阵来代替 $\nabla_{\boldsymbol{\theta}} \pi_{\boldsymbol{\theta}}(s^{(k)})$，该矩阵的第 j 列是关于第 j 个行动分量的梯度，并且使用行动梯度来代替 $\frac{\partial}{\partial a^{(k)}} \log T(s^{(k+1)} \mid s^{(k)}, a^{(k)})$。

```
      b  #  初始状态分布
      d  #  深度
      m  #  样本的数量
      ∇logπ  #  对数似然性的梯度
  end

  function gradient(M::LikelihoodRatioGradient, π, θ)
      𝒫, b, d, m, ∇logπ, γ = M.𝒫, M.b, M.d, M.m, M.∇logπ, M.𝒫.γ
      πθ(s) = π(θ, s)
      R(τ) = sum(r*γ^(k-1) for (k, (s,a,r)) in enumerate(τ))
      ∇U(τ) = sum(∇logπ(θ, a, s) for (s,a) in τ)*R(τ)
      return mean(∇U(simulate(𝒫, rand(b), πθ, d)) for i in 1:m)
  end
```

示例 11-3　在一个简单的问题中，应用似然比技巧来估算策略梯度的值。考虑示例 11.1 中的单步单状态问题。假设我们有一个随机策略 π_θ，该随机策略根据高斯分布 $\mathcal{N}(\theta_1, \theta_2^2)$ 对其行为进行采样，其中 θ_2^2 是方差。

$$\log \pi_\theta(a \mid s) = \log\left[\frac{1}{\sqrt{2\pi\theta_2^2}}\exp\left(-\frac{(a-\theta_1)^2}{2\theta_2^2}\right)\right]$$

$$= -\frac{(a-\theta_1)^2}{2\theta_2^2} - \frac{1}{2}\log(2\pi\theta_2^2)$$

对数策略似然性的梯度为：

$$\frac{\partial}{\partial\theta_1}\log \pi_\theta(a \mid s) = \frac{a-\theta_1}{\theta_2^2}$$

$$\frac{\partial}{\partial\theta_2}\log \pi_\theta(a \mid s) = \frac{(a-\theta_1)^2 - \theta_2^2}{\theta_2^3}$$

假设我们使用 $\boldsymbol{\theta} = [0,1]$ 运行三次预演，采取行为 $\{0.5, -1, 0.7\}$ 并获得相同的奖励（$R(s,a) = a$）。那么，估算的策略梯度值为：

$$\nabla U(\boldsymbol{\theta}) \approx \frac{1}{m}\sum_{i=1}^{m}\nabla_{\boldsymbol{\theta}}\log p_{\boldsymbol{\theta}}(\tau^{(i)})R(\tau^{(i)})$$

$$= \frac{1}{3}\left(\begin{bmatrix} 0.5 \\ -0.75 \end{bmatrix}0.5 + \begin{bmatrix} -1.0 \\ 0.0 \end{bmatrix}(-1) + \begin{bmatrix} 0.7 \\ -0.51 \end{bmatrix}0.7\right)$$

$$= [0.58, -0.244]$$

11.4　"之后的奖励"方法

似然比策略梯度法是无偏的，但具有较高的方差。示例 11-4 回顾对偏差和方差的计算。由于行为、状态和奖励之间的相关性，方差通常会随着预演深度的增加而显著变大。"之后的奖励"（reward-to-go）方法试图减少估算值的差异。

示例 11-4　在估算 $U(\theta)$ 值时偏差和方差的经验演示。当从模拟集合中估算感兴趣的数量时，我们通常希望使用具有较低偏差（bias）和较低方差（variance）的方案。

在本章中，我们需要估算$\nabla U(\boldsymbol{\theta})$的值。通常，通过更多的模拟样本，我们可以得到更好的估算值。有些方法会导致偏差，即使有无限多的样本，也无法得到准确的估算值。有时，如果非零偏差的方法也具有较低的方差，这意味着这些方法需要较少的样本来收敛，那么这些方法可能仍然具有吸引力。

图 11-4 是关于$\nabla U(\boldsymbol{\theta})$四种估算值的概念方法估算图。如黑线所示，真实值为17.5。我们对每种方法进行 100 次模拟。方差随着样本数量的增加而减小。灰色区域表示估算值的 5%至 95%和 25%至 75%的经验分位数。

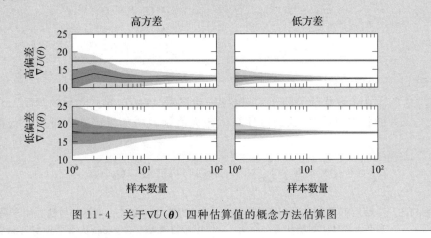

图 11-4 关于$\nabla U(\boldsymbol{\theta})$四种估算值的概念方法估算图

为了导出此方法，我们首先展开式（11.14），得到如下的公式：

$$\nabla U(\boldsymbol{\theta}) = E_\tau\Big[\Big(\sum_{k=1}^{d} \nabla_{\boldsymbol{\theta}}\log \pi_{\boldsymbol{\theta}}(a^{(k)}\mid s^{(k)})\Big)\Big(\sum_{k=1}^{d} r^{(k)}\gamma^{k-1}\Big)\Big] \tag{11.19}$$

为方便起见，将$f(k)$替换为$\nabla_{\boldsymbol{\theta}}\log\pi_{\boldsymbol{\theta}}(a^{(k)}\mid s^{(k)})$。然后对公式进行如下的展开：

$$\nabla U(\boldsymbol{\theta}) = E_\tau\Big[\Big(\sum_{k=1}^{d} f^{(k)}\Big)\Big(\sum_{k=1}^{d} r^{(k)}\gamma^{k-1}\Big)\Big] \tag{11.20}$$

$$= E_\tau\Big[(f^{(1)} + f^{(2)} + f^{(3)} + \cdots + f^{(d)})(r^{(1)} + r^{(2)}\gamma + r^{(3)}\gamma^2 + \cdots + r^{(d)}\gamma^{d-1})\Big] \tag{11.21}$$

$$= E_\tau\begin{bmatrix} f^{(1)}r^{(1)} + f^{(1)}r^{(2)}\gamma + f^{(1)}r^{(3)}\gamma^2 + \cdots + f^{(1)}r^{(d)}\gamma^{d-1} \\ + f^{(2)}r^{(1)} + f^{(2)}r^{(2)}\gamma + f^{(2)}r^{(3)}\gamma^2 + \cdots + f^{(2)}r^{(d)}\gamma^{d-1} \\ + f^{(3)}r^{(1)} + f^{(3)}r^{(2)}\gamma + f^{(3)}r^{(3)}\gamma^2 + \cdots + f^{(3)}r^{(d)}\gamma^{d-1} \\ \vdots \\ + f^{(d)}r^{(1)} + f^{(d)}r^{(2)}\gamma + f^{(d)}r^{(3)}\gamma^2 + \cdots + f^{(d)}r^{(d)}\gamma^{d-1} \end{bmatrix} \tag{11.22}$$

第一个奖励$r^{(1)}$只受第一个行为的影响。因此，第一个奖励对策略梯度的贡献不应取决于后续的时间步骤。我们可以删除其他违反因果关系的相关项，如下所示[⊖]：

⊖ 项$\sum_{\ell=k}^{d} r^{(\ell)}\gamma^{\ell-k}$通常被称为从步骤$k$开始的"之后的奖励"。

$$\nabla U(\boldsymbol{\theta}) = E_\tau \begin{bmatrix} f^{(1)} r^{(1)} + f^{(1)} r^{(2)} \gamma + f^{(1)} r^{(3)} \gamma^2 + \cdots + f^{(1)} r^{(d)} \gamma^{d-1} \\ + f^{(2)} r^{(2)} \gamma + f^{(2)} r^{(3)} \gamma^2 + \cdots + f^{(2)} r^{(d)} \gamma^{d-1} \\ + f^{(3)} r^{(3)} \gamma^2 + \cdots + f^{(3)} r^{(d)} \gamma^{d-1} \\ \vdots \\ + f^{(d)} r^{(d)} \gamma^{d-1} \end{bmatrix} \tag{11.23}$$

$$= E_\tau \Big[\sum_{k=1}^{d} \nabla_{\boldsymbol{\theta}} \log \pi_{\boldsymbol{\theta}}(a^{(k)} \mid s^{(k)}) \Big(\sum_{\ell=k}^{d} r^{(\ell)} \gamma^{\ell-1} \Big) \Big] \tag{11.24}$$

$$= E_\tau \Big[\sum_{k=1}^{d} \nabla_{\boldsymbol{\theta}} \log \pi_{\boldsymbol{\theta}}(a^{(k)} \mid s^{(k)}) \Big(\gamma^{k-1} \sum_{\ell=k}^{d} r^{(\ell)} \gamma^{\ell-k} \Big) \Big] \tag{11.25}$$

$$= E_\tau \Big[\sum_{k=1}^{d} \nabla_{\boldsymbol{\theta}} \log \pi_{\boldsymbol{\theta}}(a^{(k)} \mid s^{(k)}) \gamma^{k-1} r_{\text{to-go}}^{(k)} \Big] \tag{11.26}$$

算法 11-5 提供上述方法的实现。

请注意，在 $\boldsymbol{\theta}$ 参数化的策略下，对状态-动作对 (s,a) 的"之后的奖励"实际上是该状态 $Q_{\boldsymbol{\theta}}(s,b)$ 的状态-行为值的近似计算。行为值函数（如果已知）可用于获得策略梯度的值：

$$\nabla U(\boldsymbol{\theta}) = E_\tau \Big[\sum_{k=1}^{d} \nabla_{\boldsymbol{\theta}} \log \pi_{\boldsymbol{\theta}}(a^{(k)} \mid s^{(k)}) \gamma^{k-1} Q_{\boldsymbol{\theta}}(s^{(k)}, a^{(k)}) \Big] \tag{11.27}$$

算法 11-5　一种使用"之后的奖励"对策略 π(s) 的策略梯度进行估算的方法，用于马尔可夫决策过程 $\mathscr{P}$，其中初始状态分布为 b。使用对数策略梯度∇logπ从 m 个预演到深度 d，估算关于参数化向量θ的梯度值

```
struct RewardToGoGradient
    𝒫 # 决策问题
    b # 初始状态分布
    d # 深度
    m # 样本的数量
    ∇logπ # 对数似然性的梯度
end

function gradient(M::RewardToGoGradient, π, θ)
    𝒫, b, d, m, ∇logπ, γ = M.𝒫, M.b, M.d, M.m, M.∇logπ, M.𝒫.γ
    πθ(s) = π(θ, s)
    R(τ, j) = sum(r*γ^(k-1) for (k,(s,a,r)) in zip(j:d, τ[j:end]))
    ∇U(τ) = sum(∇logπ(θ, a, s)*R(τ,j) for (j, (s,a,r)) in enumerate(τ))
    return mean(∇U(simulate(𝒫, rand(b), πθ, d)) for i in 1:m)
end
```

11.5　基线扣除法

我们可以通过从"之后的奖励"[⊖]中扣除基线（baseline）值来进一步构建上一节中提出的方法，以减少梯度估算值的方差。此扣除法不会对梯度造成偏移影响。

接下来，我们扣除基线 $r_{\text{base}}(s^{(k)})$：

$$\nabla U(\boldsymbol{\theta}) = E_\tau \Big[\sum_{k=1}^{d} \nabla_{\boldsymbol{\theta}} \log \pi_{\boldsymbol{\theta}}(a^{(k)} \mid s^{(k)}) \gamma^{k-1} (r_{\text{to-go}}^{(k)} - r_{\text{base}}(s^{(k)})) \Big] \tag{11.28}$$

⊖　我们还可以从状态-行为值中扣除基线。

为了证明基线扣除法（baseline subtraction）不会影响梯度的值，我们首先展开下式：

$$\nabla U(\boldsymbol{\theta}) = E_\tau \Big[\sum_{k=1}^d \nabla_{\boldsymbol{\theta}} \log \pi_{\boldsymbol{\theta}}(a^{(k)} \mid s^{(k)}) \gamma^{k-1} r_{\text{to-go}}^{(k)} - \sum_{k=1}^d \nabla_{\boldsymbol{\theta}} \log \pi_{\boldsymbol{\theta}}(a^{(k)} \mid s^{(k)}) \gamma^{k-1} r_{\text{base}}(s^{(k)}) \Big] \tag{11.29}$$

期望的线性（linearity of expectation）表示 $E[a+b] = E[a] + E[b]$，因此足以证明式（11.29）与式（11.26）等价，条件是对于每一个步骤 k，期望的相关基线项为 $\boldsymbol{0}$：

$$E_\tau \big[\nabla_{\boldsymbol{\theta}} \log \pi_{\boldsymbol{\theta}}(a^{(k)} \mid s^{(k)}) \gamma^{k-1} r_{\text{base}}(s^{(k)}) \big] = \boldsymbol{0} \tag{11.30}$$

我们首先将期望转换为嵌套的期望，如图 11-5 所示：

$$E_\tau \big[\nabla_{\boldsymbol{\theta}} \log \pi_{\boldsymbol{\theta}}(a^{(k)} \mid s^{(k)}) \gamma^{k-1} r_{\text{base}}(s^{(k)}) \big] = E_{\tau_{1:k}} \big[E_{\tau_{k+1:d}} [\nabla_{\boldsymbol{\theta}} \log \pi_{\boldsymbol{\theta}}(a^{(k)} \mid s^{(k)}) \gamma^{k-1} r_{\text{base}}(s^{(k)})] \big] \tag{11.31}$$

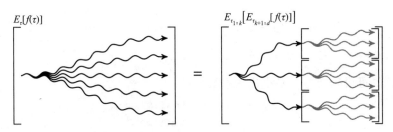

图 11-5　轨迹函数（从策略中采样）的期望值可以被视为对子变量嵌套期望的期望值。有关数学推导，请参见练习题 11-4

继续进行推导，使用 11.3 节中相同的对数导数技巧：

$$E_{\tau_{1:k}} \big[E_{\tau_{k+1:d}} [\nabla_{\boldsymbol{\theta}} \log \pi_{\boldsymbol{\theta}}(a^{(k)} \mid s^{(k)}) \gamma^{k-1} r_{\text{base}}(s^{(k)})] \big]$$

$$= E_{\tau_{1:k}} \big[\gamma^{k-1} r_{\text{base}}(s^{(k)}) E_{\tau_{k+1:d}} [\nabla_{\boldsymbol{\theta}} \log \pi_{\boldsymbol{\theta}}(a^{(k)} \mid s^{(k)})] \big] \tag{11.32}$$

$$= E_{\tau_{1:k}} \big[\gamma^{k-1} r_{\text{base}}(s^{(k)}) E_{a^{(k)}} [\nabla_{\boldsymbol{\theta}} \log \pi_{\boldsymbol{\theta}}(a^{(k)} \mid s^{(k)})] \big] \tag{11.33}$$

$$= E_{\tau_{1:k}} \Big[\gamma^{k-1} r_{\text{base}}(s^{(k)}) \int \nabla_{\boldsymbol{\theta}} \log \pi_{\boldsymbol{\theta}}(a^{(k)} \mid s^{(k)}) \pi_{\boldsymbol{\theta}}(a^{(k)} \mid s^{(k)}) \mathrm{d}a^{(k)} \Big] \tag{11.34}$$

$$= E_{\tau_{1:k}} \Big[\gamma^{k-1} r_{\text{base}}(s^{(k)}) \int \frac{\nabla_{\boldsymbol{\theta}} \pi_{\boldsymbol{\theta}}(a^{(k)} \mid s^{(k)})}{\pi_{\boldsymbol{\theta}}(a^{(k)} \mid s^{(k)})} \pi_{\boldsymbol{\theta}}(a^{(k)} \mid s^{(k)}) \mathrm{d}a^{(k)} \Big] \tag{11.35}$$

$$= E_{\tau_{1:k}} \Big[\gamma^{k-1} r_{\text{base}}(s^{(k)}) \nabla_{\boldsymbol{\theta}} \int \pi_{\boldsymbol{\theta}}(a^{(k)} \mid s^{(k)}) \mathrm{d}a^{(k)} \Big] \tag{11.36}$$

$$= E_{\tau_{1:k}} \big[\gamma^{k-1} r_{\text{base}}(s^{(k)}) \nabla_{\boldsymbol{\theta}} 1 \big] \tag{11.37}$$

$$= E_{\tau_{1:k}} \big[\gamma^{k-1} r_{\text{base}}(s^{(k)}) \boldsymbol{0} \big] \tag{11.38}$$

因此，扣除一个项 $r_{\text{base}}(s^{(k)})$ 并不会使估算值产生偏差。这个推导假设了连续的状态空间和行为空间。同样的结果也适用于离散空间。

我们可以为梯度的每个分量选择不同的 $r_{\text{base}}(s)$，然后选择这些值以最小化方差。为简单起见，我们将放弃对 s 的依赖，并将每个基线组件视为常量[⊖]。为了在推导中确保公式书写的紧凑性，我们定义下式：

⊖　一些方法使用 $r_{\text{base}}(s^{(k)}) = \boldsymbol{\phi}(s^{(k)})^\top \boldsymbol{w}$ 来近似状态相关的基线。选择合适的基线函数往往很困难。具体请参见文献 J. Peters and S. Schaal, "Reinforcement Learning of Motor Skills with Policy Gradients," *Neural Networks*, vol. 21, no. 4, pp. 682-697, 2008。

$$\ell_i(a,s,k) = \gamma^{k-1} \frac{\partial}{\partial \theta_i} \log \pi_{\boldsymbol{\theta}}(a|s) \tag{11.39}$$

式（11.28）中梯度估算值第 i 个分量的方差为：

$$\mathop{E}_{a,s,r_{\text{to-go}},k}\left[(\ell_i(a,s,k)(r_{\text{to-go}} - r_{\text{base},i}))^2\right] - \mathop{E}_{a,s,r_{\text{to-go}},k}\left[\ell_i(a,s,k)(r_{\text{to-go}} - r_{\text{base},i})\right]^2 \tag{11.40}$$

其中，期望值基于轨迹样本中的 $(a,s,r_{\text{to-go}})$ 元组，k 是每个元组的深度。

我们刚刚证明了第二项是零。因此，可以专注于选择 $r_{\text{base},i}$，通过对基线进行求导并将其设置为零来最小化第一项：

$$\frac{\partial}{\partial r_{\text{base},i}} \mathop{E}_{a,s,r_{\text{to-go}},k}\left[(\ell_i(a,s,k)(r_{\text{to-go}} - r_{\text{base},i}))^2\right]$$

$$= \frac{\partial}{\partial r_{\text{base},i}} \Big(\mathop{E}_{a,s,r_{\text{to-go}},k}\left[\ell_i(a,s,k)^2 r_{\text{to-go}}^2\right] - 2 \mathop{E}_{a,s,r_{\text{to-go}},k}\left[\ell_i(a,s,k)^2 r_{\text{to-go}} r_{\text{base},i}\right]$$

$$+ r_{\text{base},i}^2 \mathop{E}_{a,s,k}\left[\ell_i(a,s,k)^2\right]\Big) \tag{11.41}$$

$$= -2 \mathop{E}_{a,s,r_{\text{to-go}},k}\left[\ell_i(a,s,k)^2 r_{\text{to-go}}\right] + 2 r_{\text{base},i} \mathop{E}_{a,s,k}\left[\ell_i(a,s,k)^2\right] = 0 \tag{11.42}$$

求解 $r_{\text{base},i}$，可得到使方差最小化的基线分量：

$$r_{\text{base},i} = \frac{E_{a,s,r_{\text{to-go}},k}\left[\ell_i(a,s,k)^2 r_{\text{to-go}}\right]}{E_{a,s,k}\left[\ell_i(a,s,k)^2\right]} \tag{11.43}$$

通常将似然比策略梯度估算方法与基线扣除法（算法 11-6）[⊖] 一起加以使用。图 11-6 比较了本节讨论的各种方法。

算法 11-6   一种使用"之后的奖励"对策略 π（s）的策略梯度值进行估算的方法，用于马尔可夫决策过程 $\mathcal{P}$，其中初始状态分布为 b。使用对数策略梯度 ∇log π 从 m 个预演到深度 d，估算关于参数化向量 θ 的梯度值

```
struct RewardToGoGradient
    𝒫 #  决策问题
    b #  初始状态分布
    d #  深度
    m #  样本的数量
    ∇logπ #  对数似然性的梯度
end

function gradient(M::BaselineSubtractionGradient, π, θ)
    𝒫, b, d, m, ∇logπ, γ = M.𝒫, M.b, M.d, M.m, M.∇logπ, M.𝒫.γ
    πθ(s) = π(θ, s)
    ℓ(a, s, k) = ∇logπ(θ, a, s)*γ^(k-1)
    R(τ, k) = sum(r*γ^(j-1) for (j,(s,a,r)) in enumerate(τ[k:end]))
    numer(τ) = sum(ℓ(a,s,k).^2*R(τ,k) for (k,(s,a,r)) in enumerate(τ))
    denom(τ) = sum(ℓ(a,s,k).^2 for (k,(s,a)) in enumerate(τ))
    base(τ) = numer(τ) ./ denom(τ)
    trajs = [simulate(𝒫, rand(b), πθ, d) for i in 1:m]
    rbase = mean(base(τ) for τ in trajs)
    ∇U(τ) = sum(ℓ(a,s,k).*(R(τ,k).-rbase) for (k,(s,a,r)) in enumerate(τ))
    return mean(∇U(τ) for τ in trajs)
end
```

⊖   这种组合在称为 REINFORCE 的算法类中使用，参见文献 R. J. Williams, "Simple Statistical Gradient-Following Algorithms for Connectionist Reinforcement Learning," *Machine Learning*, vol. 8, pp. 229-256, 1992.

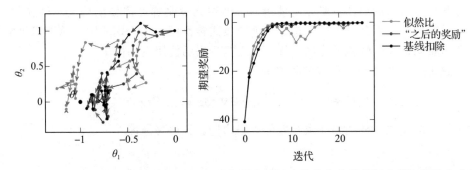

图 11-6 几种策略梯度方法的比较，用于从相同的初始参数化优化简单调节器问题的各个策略。每个梯度评估都进行了六次预演，深度为 10。梯度的大小被限制为 1，并且以步长 0.2 来更新。最佳策略参数化以黑色显示

从定性的角度而言，当考虑状态-行为对的梯度贡献时，我们真正关心的是一个行为相对于另一个行为的相对值。如果特定状态下的所有行为都产生相同的较大值，则梯度中没有实际信号，基线扣除法可以将其清零。我们希望确定那些产生比其他行为更高价值的行为，而不管这些行为的平均价值如何。

行动值的另一种选择是优势（advantage），$A(s,a)=Q(s,a)-U(s)$。在基线扣除法中使用状态值函数会产生优势。使用该优势的策略梯度是无偏的，并且通常具有低得多的方差。梯度值的计算采用以下形式：

$$\nabla U(\boldsymbol{\theta}) = E_\tau \Big[\sum_{k=1}^{d} \nabla_{\boldsymbol{\theta}} \log \pi_{\boldsymbol{\theta}}(a^{(k)} \mid s^{(k)}) \gamma^{k-1} A_{\boldsymbol{\theta}}(s^{(k)}, a^{(k)}) \Big] \tag{11.44}$$

与状态和行为值函数一样，优势函数通常是未知的。需要采用第 13 章所述的其他方法来进行近似。

11.6 本章小结

- 可以使用有限差分来估算梯度值。
- 也可以使用线性回归提供更稳健的策略梯度估算。
- 似然比可用于导出不依赖于随机策略过渡模型的策略梯度形式。
- 使用"之后的奖励"和基线扣除法可以显著降低策略梯度的方差。

11.7 练习题

练习题 11-1 对于由参数 $\boldsymbol{\theta}$ 的 n 维向量定义的给定参数化策略 $\pi_{\boldsymbol{\theta}}$，如果使用 m 次预演来估算其预期折扣奖励，那么使用有限差分方法计算策略梯度时总共需要执行多少次预演？

参考答案： 为使用有限差分方法估算策略梯度的值，我们需要在给定当前参数向量 $U(\boldsymbol{\theta})$ 以及在 $i=1:n$ 时，当前参数向量 $U(\boldsymbol{\theta}+\delta e^{(i)})$ 所有 n 个变化的情况下，估算策略的效用值。由于我们使用 m 个预演来估算这些参数值，因此总共需要执行 $m(n+1)$ 个预演。

练习题 11-2 假设有一个机器人手臂，我们可以使用这个手臂来操作各种各样的物体。我们希望使用似然比策略梯度或其扩展之一来训练一种能够有效拾取和移动各种对象的策略。请问使用哪一种方法会更直接？确定性策略还是随机策略？为什么？

参考答案：当与确定性策略一起使用时，似然比策略梯度需要明确表示转换似然性。为真实世界的机器人手臂操作任务指定精确的显式转换模型十分困难。计算随机策略的策略梯度不需要明确表示转移可能性，从而使随机策略的使用更加简单。

练习题 11-3 考虑以下形式的策略梯度：

$$\nabla_{\boldsymbol{\theta}} U(\boldsymbol{\theta}) = E_{\tau}\Big[\sum_{k=1}^{d} \gamma^{k-1} y \, \nabla_{\boldsymbol{\theta}} \log \pi_{\boldsymbol{\theta}}(a^{(k)} \mid s^{(k)})\Big]$$

对于以下的 y 值，哪些会导致有效的策略梯度？请解释原因。

(a) $\gamma^{1-k} \sum_{\ell=1}^{\infty} r^{(\ell)} \gamma^{\ell-1}$

(b) $\sum_{\ell=k}^{\infty} r^{(\ell)} \gamma^{\ell-k}$

(c) $\Big(\sum_{\ell=k}^{\infty} r^{(\ell)} \gamma^{\ell-k}\Big) - r_{\text{base}}(s^{(k)})$

(d) $U(s^{(k)})$

(e) $Q(s^{(k)}, a^{(k)})$

(f) $A(s^{(k)}, a^{(k)})$

(g) $r^{(k)} + \gamma U(s^{(k+1)}) - U(s^{(k)})$

参考答案：

(a) $\sum_{\ell=1}^{\infty} r^{(\ell)}$ 产生总的折扣奖励，如下所示：

$$\gamma^{k-1} \gamma^{1-k} \sum_{\ell=1}^{\infty} r^{(\ell)} \gamma^{\ell-1} = \sum_{\ell=1}^{\infty} r^{(\ell)} \gamma^{\ell-1}$$

并产生如式（11.19）中给出的有效策略梯度。

(b) $\sum_{\ell=k}^{\infty} r^{(\ell)} \gamma^{\ell-k}$ 是"之后的奖励"法并产生有效的策略梯度，如式（11.26）所示。

(c) $\Big(\sum_{\ell=k}^{\infty} r^{(\ell)}\Big) - r_{\text{base}}(s^{(k)})$ 是基线扣除法"之后的奖励"，并产生有效的策略梯度，如式（11.28）所示。

(d) $U(s^{(k)})$ 是状态值函数，不产生有效的策略梯度。

(e) $Q(s^{(k)}, a^{(k)})$ 是状态-行为值函数并产生有效的策略梯度，如式（11.27）所示。

(f) $A(s^{(k)}, a^{(k)})$ 是优势函数并产生有效的政策梯度，如式（11.44）所示。

(g) $r^{(k)} + \gamma U(s^{(k+1)}) - U(s^{(k)})$ 是时间差残差（将在第 13 章中进一步讨论）并产生有效的策略梯度，因为它是优势函数的无偏近似。

练习题 11-4 证明对于步骤 k，$E_{\tau \sim \pi}[f(\tau)] = E_{\tau_{1:k} \sim \pi}[E_{\tau_{k:d} \sim \pi}[f(\tau)]]$。

参考答案：嵌套的期望可以通过将期望记作积分形式，然后转换回来：

$E_{\tau \sim \pi}[f(\tau)]$

$= \int p(\tau) f(\tau) \mathrm{d}\tau$

$= \int \Big(p(s^{(1)}) \prod_{k=1}^{d} p(s^{(k+1)} \mid s^{(k)}, a^{(k)}) \pi(a^{(k)} \mid s^{(k)})\Big) f(\tau) \mathrm{d}\tau$

$= \iiint \cdots \int \Big(p(s^{(1)}) \prod_{k=1}^{d} p(s^{(k+1)} \mid s^{(k)}, a^{(k)}) \pi(a^{(k)} \mid s^{(k)})\Big) f(\tau) \mathrm{d}s^{(d)} \cdots \mathrm{d}a^{(2)} \, \mathrm{d}s^{(2)} \, \mathrm{d}a^{(1)} \, \mathrm{d}s^{(1)}$

$$= \underset{\tau_{1k} \sim \pi}{E} \left[\iiiint \cdots \int (\prod_{q=k}^{d} p(s^{(q+1)} \mid s^{(q)}, a^{(q)}) \pi(a^{(q)} \mid s^{(q)})) f(\tau) \mathrm{d}s^{(d)} \cdots \mathrm{d}a^{(k+1)} \mathrm{d}s^{(k+1)} \mathrm{d}a^{(k)} \mathrm{d}s^{(k)} \right]$$

$$= E_{\tau_{1:k} \sim \pi} [E_{\tau_{k:d} \sim \pi} [f(\tau)]]$$

练习题 11-5　我们对回归梯度的实现（算法 11-3）拟合了从扰动到奖励差 $U(\boldsymbol{\theta} + \Delta\boldsymbol{\theta}^{(i)}) - U(\boldsymbol{\theta})$ 的线性映射。我们评估了 m 个扰动中各个扰动的 $U(\boldsymbol{\theta} + \Delta\boldsymbol{\theta}^{(i)})$ 和 $U(\boldsymbol{\theta})$，从而对 $U(\boldsymbol{\theta})$ 总共进行了 m 次的重新评估。请问应该如何以更有效的方式重新分配样本？

参考答案：一种方法是对 $U(\boldsymbol{\theta})$ 求值一次，并对每个扰动使用相同的值，从而只进行 $m+1$ 次求值。$U(\boldsymbol{\theta})$ 的准确估算值对于准确的回归梯度估算尤为重要。另一种方法是仍然对 $U(\boldsymbol{\theta})$ 只计算一次，但使用 m 个预演，从而保留每次迭代的预演总数。该方法使用与算法 11-3 相同的计算量，但可以产生更可靠的梯度估算值。

策略梯度的优化

我们可以使用策略梯度的估算值来驱动参数空间的搜索，以获得最优策略。上一章概述了对该梯度值进行估算的方法。本章将说明如何使用这些估算值来指导优化。我们从梯度上升开始进行阐述，而梯度上升只是在每次迭代时沿梯度方向前进一步。如何确定步长则是一项重大的挑战。如果采用较大的步长，则可以更快地达到最优解，但也可能会错失最优解。自然策略梯度可以修改梯度的方向，以更好地处理参数组件之间的可变敏感度。最后，我们将讨论信任域方法，该方法采用与自然梯度方法完全相同的方式，以获得候选策略。随后，该方法将沿着原始策略连接到此候选策略的策略空间中的线段进行搜索，以找到更好的策略。

12.1 梯度上升更新

我们可以使用梯度上升（gradient ascent）（参见附录 A.11）来寻找一个由 $\boldsymbol{\theta}$ 参数化的策略，该策略最大化预期效用 $U(\boldsymbol{\theta})$ 的值。梯度上升是一种迭代上升（iterated ascent）方法，每次迭代时在参数空间中采用适当的步长，以提高相关策略的质量。本章讨论的所有方法都是迭代上升方法，但这些方法所采用的步长有所不同。本节中讨论的梯度上升方法在 $\nabla U(\boldsymbol{\theta})$ 的方向上采用适当的步长，可以使用上一章中讨论的方法之一进行估算。$\boldsymbol{\theta}$ 的更新为：

$$\boldsymbol{\theta} \leftarrow \boldsymbol{\theta} + \alpha \, \nabla U(\boldsymbol{\theta}) \tag{12.1}$$

其中，步长等于梯度大小乘以步长因子（$\alpha > 0$）。

算法 12-1 实现了这种采取步长的方法。该方法可用于固定次数的迭代或直到 $\boldsymbol{\theta}$ 或 $U(\boldsymbol{\theta})$ 收敛。梯度上升以及本章讨论的其他算法不能保证收敛到最优策略。然而，当在参数空间中使用无限小的步长并不能得到更好的策略时，一些方法可以收敛到局部最优（locally optimal）。一种方法是衰减每一步的步长因子$^{\ominus}$。

> **算法 12-1** 用于策略优化的梯度上升方法。此方法从点 θ 开始，在梯度∇U 方向上基于步长因子 α 前进一步。我们可以使用上一章中的一种方法来计算∇U

```
struct PolicyGradientUpdate
    ∇U # 策略梯度的估算
    α  # 步长因子
end

function update(M::PolicyGradientUpdate, θ)
    return θ + M.α * M.∇U(θ)
end
```

由于各种原因，可能会采用非常大的梯度，但容易错失最优解。对一些决策问题（例

$^{\ominus}$ 有关该方法以及其他方法的详细讨论，请参见文献 M. J. Kochenderfer and T. A. Wheeler, *Algorithms for Optimization*. MIT Press，2019。

如 2048 问题（附录 F.2）），奖励可能会产生数量级的变化。保持梯度可管理的一种方法是使用梯度缩放（gradient scaling），该方法在使用梯度估算值来更新策略参数化之前限制梯度估算值的大小。梯度通常限于 L_2 范数为 1 的情形。另一种方法是梯度裁剪（gradient clipping），该方法在使用梯度来更新策略之前对梯度按元素进行剪裁限制。剪裁通常将项限制在 ± 1 之间。这两种技术都在算法 12-2 中实现。

算法 12-2　梯度缩放和梯度剪裁的方法。梯度缩放将提供的梯度向量∇的大小限制为 L2_max。梯度裁剪对所提供的梯度向量∇在 a 和 b 之间按元素进行剪裁限制

```
scale_gradient(∇, L2_max) = min(L2_max/norm(∇), 1)*∇
clip_gradient(∇, a, b) = clamp.(∇, a, b)
```

如图 12-1 所示，梯度缩放和梯度剪裁对最终梯度方向的影响不同。梯度缩放不影响梯度的方向，而梯度剪裁将影响每个分量的梯度方向。这种差异是否有利还是有弊完全取决于具体的决策问题。例如，如果一个分量主导梯度向量，则梯度缩放将使其他分量归零。

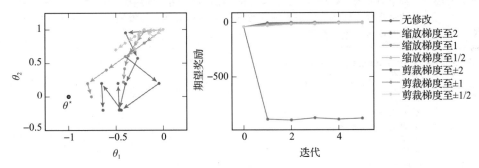

图 12-1　将梯度缩放和梯度剪裁的效果应用于简单的调节器问题。每个梯度评估运行了 10 次预演直至深度 10。以 0.2 的步长应用步骤更新。最佳策略参数化以黑色显示

12.2　带约束条件的梯度更新

本章中其余的算法均试图优化目标函数 $U(\boldsymbol{\theta})$ 的近似值，前提条件是下一步骤 $\boldsymbol{\theta}'$ 的策略参数与当前步骤 $\boldsymbol{\theta}$ 的距离不太远。约束的形式为 $g(\boldsymbol{\theta}, \boldsymbol{\theta}') \leqslant \epsilon$，其中 $\epsilon > 0$ 是算法中的自由参数。这些方法在 $U(\boldsymbol{\theta})$ 的近似值和 g 的形式上有所不同。本节介绍了一种简单的限制步长（restricted step）方法。

我们将使用从 $\boldsymbol{\theta}$ 处的梯度估算值获得的一阶泰勒近似（参见附录 A.12）来近似计算 U 的值：

$$U(\boldsymbol{\theta}') \approx U(\boldsymbol{\theta}) + \nabla U(\boldsymbol{\theta})^{\top}(\boldsymbol{\theta}' - \boldsymbol{\theta}) \tag{12.2}$$

对于约束，我们采用：

$$g(\boldsymbol{\theta}, \boldsymbol{\theta}') = \frac{1}{2}(\boldsymbol{\theta}' - \boldsymbol{\theta})^{\top} \boldsymbol{I} (\boldsymbol{\theta}' - \boldsymbol{\theta}) = \frac{1}{2} \| \boldsymbol{\theta}' - \boldsymbol{\theta} \|_2^2 \tag{12.3}$$

可以将此约束视为将步长限制为不超过 $\sqrt{2\epsilon}$。换而言之，优化中的可行区域是以 $\boldsymbol{\theta}$ 为中心的半径为 $\sqrt{2\epsilon}$ 的球。

于是，优化问题变为：

$$\max_{\boldsymbol{\theta}'} \quad U(\boldsymbol{\theta}) + \nabla U(\boldsymbol{\theta})^{\top}(\boldsymbol{\theta}' - \boldsymbol{\theta})$$

$$\text{s. t.} \quad \frac{1}{2}(\boldsymbol{\theta}' - \boldsymbol{\theta})^{\top} \boldsymbol{I}(\boldsymbol{\theta}' - \boldsymbol{\theta}) \leqslant \epsilon \tag{12.4}$$

可以从目标中删除 $U(\boldsymbol{\theta})$，因为该值不依赖于 $\boldsymbol{\theta}'$。此外，还可以将不等式更改为约束中的等式，因为线性目标迫使最优解位于可行区域的边界上。这些变化导致一个等效的优化问题：

$$\max_{\boldsymbol{\theta}'} \quad \nabla U(\boldsymbol{\theta})^{\top}(\boldsymbol{\theta}' - \boldsymbol{\theta})$$

$$\text{s. t.} \quad \frac{1}{2}(\boldsymbol{\theta}' - \boldsymbol{\theta})^{\top} \boldsymbol{I}(\boldsymbol{\theta}' - \boldsymbol{\theta}) = \epsilon \tag{12.5}$$

该优化问题可以通过解析方式求解：

$$\boldsymbol{\theta}' = \boldsymbol{\theta} + \boldsymbol{u}\sqrt{\frac{2\epsilon}{\boldsymbol{u}^{\top}\boldsymbol{u}}} = \boldsymbol{\theta} + \sqrt{2\epsilon}\,\frac{\boldsymbol{u}}{\|\boldsymbol{u}\|} \tag{12.6}$$

其中，非正规化搜索方向 $\boldsymbol{u}$ 就是 $\nabla U(\boldsymbol{\theta})$。当然，我们并不确切地知道 $\nabla U(\boldsymbol{\theta})$ 的值，但可以使用上一章中描述的任何方法来对其进行估算。算法 12-3 提供了一种实现方法。

算法 12-3   带约束条件的策略梯度方法在 θ 点的更新函数，用于问题 $\mathcal{P}$，其初始状态分布为 b。使用对数策略梯度 $\nabla\log\pi$，通过 m 个参数化策略 $\pi(\theta,s)$ 的模拟，从初始状态分布 b 直至深度 d 对梯度值进行估算

```
struct RestrictedPolicyUpdate
    𝒫       # 决策问题
    b       # 初始状态分布
    d       # 深度
    m       # 样本的数量
    ∇logπ   # 对数似然性的梯度
    π       # 策略
    ε       # 差异界限
end

function update(M::RestrictedPolicyUpdate, θ)
    𝒫, b, d, m, ∇logπ, π, γ = M.𝒫, M.b, M.d, M.m, M.∇logπ, M.π, M.𝒫.γ
    πθ(s) = π(θ, s)
    R(τ) = sum(r*γ^(k-1) for (k, (s,a,r)) in enumerate(τ))
    τs = [simulate(𝒫, rand(b), πθ, d) for i in 1:m]
    ∇log(τ) = sum(∇logπ(θ, a, s) for (s,a) in τ)
    ∇U(τ) = ∇log(τ)*R(τ)
    u = mean(∇U(τ) for τ in τs)
    return θ + u*sqrt(2*M.ε/dot(u,u))
end
```

12.3 自然梯度更新

自然梯度法（natural gradient）[⊖] 是上一节讨论的限制步长法的变体，用以更好地处理参数空间中某些分量比其他分量更敏感的情况。在这种情况下，敏感性（sensitivity）是指一个策略的效用随其中一个参数的微小变化而变化的程度。梯度方法的敏感性很大程度上取决于策略参数的缩放选择。自然策略梯度方法使搜索方向 $\boldsymbol{u}$ 对参数缩放保持不变。图 12-2 说明了真实梯度和自然梯度之间的差异。

⊖   S. Amari，"Natural Gradient Works Efficiently in Learning," *Neural Computation*，vol. 10，no. 2，pp. 251-276，1998.

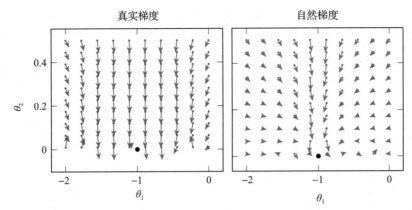

图 12-2　简单调节器问题（参见附录 F.5）真实梯度和自然梯度的比较。真实梯度通常显著
地指向负 θ_2 方向，而自然梯度通常指向 $[-1,0]$ 处的最佳值（黑点表示）[一]

自然策略梯度法使用与前一节相同的目标一阶近似。然而，两种方法采用不同的约束条件。直观上，我们希望限制 $\boldsymbol{\theta}$ 的变化，这会导致轨迹上的分布发生较大变化。衡量分布变化程度的一种方法是使用 Kullback-Leibler 散度或 KL 散度（具体请参见附录 A.10）。我们可以施加以下的约束条件：

$$g(\boldsymbol{\theta},\boldsymbol{\theta}') = D_{\mathrm{KL}}(p(\cdot\,|\,\boldsymbol{\theta}) \,\|\, p(\cdot\,|\,\boldsymbol{\theta}')) \leqslant \epsilon \tag{12.7}$$

然而，我们将使用二阶泰勒近似：

$$g(\boldsymbol{\theta},\boldsymbol{\theta}') = \frac{1}{2}\,(\boldsymbol{\theta}'-\boldsymbol{\theta})^{\top}\boldsymbol{F}_{\boldsymbol{\theta}}(\boldsymbol{\theta}'-\boldsymbol{\theta}) \leqslant \epsilon \tag{12.8}$$

其中，Fisher 信息矩阵（Fisher information matrix）具有以下的形式：

$$\boldsymbol{F}_{\boldsymbol{\theta}} = \int p(\tau\,|\,\boldsymbol{\theta})\,\nabla\log\,p(\tau\,|\,\boldsymbol{\theta})\,\nabla\log\,p(\tau\,|\,\boldsymbol{\theta})^{\top}\,\mathrm{d}\tau \tag{12.9}$$

$$= E_{\tau}\big[\nabla\log\,p(\tau\,|\,\boldsymbol{\theta})\,\nabla\log\,p(\tau\,|\,\boldsymbol{\theta})^{\top}\big] \tag{12.10}$$

由此产生的优化问题是：

$$\max_{\boldsymbol{\theta}'}\quad \nabla U(\boldsymbol{\theta})^{\top}(\boldsymbol{\theta}'-\boldsymbol{\theta})$$

$$\text{s.t.}\quad \frac{1}{2}\,(\boldsymbol{\theta}'-\boldsymbol{\theta})^{\top}\boldsymbol{F}_{\boldsymbol{\theta}}(\boldsymbol{\theta}'-\boldsymbol{\theta}) = \epsilon \tag{12.11}$$

上式看起来与式（12.5）相同，区别在于没有使用单位矩阵 $\boldsymbol{I}$，而是使用了 Fisher 矩阵 $\boldsymbol{F}_{\boldsymbol{\theta}}$。这种差异产生了一个椭球状的可行集。图 12-3 显示了一个二维示例。

该优化问题可以通过分析方法求解，其形式与上一节中的更新相同：

$$\boldsymbol{\theta}' = \boldsymbol{\theta} + \boldsymbol{u}\,\sqrt{\frac{2\,\epsilon}{\nabla U(\boldsymbol{\theta})^{\top}\boldsymbol{u}}} \tag{12.12}$$

区别之处在于[二]：

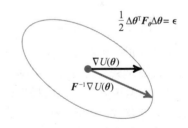

图 12-3　自然策略梯度对近似的 Kullback-Leibler 散度施加了约束条件。该约束条件为椭圆的形式。椭圆可以在某些方向上拉长，如果旋转梯度，则允许更大的步长

[一]　J. Peters and S. Schaal，"Reinforcement Learning of Motor Skills with Policy Gradients," *Neural Networks*，vol. 21，no. 4，pp. 682-697，2008.

[二]　该计算可以使用共轭梯度下降来完成，这种方法在 $\boldsymbol{\theta}$ 的维数较大时可以减少计算量。参见文献 S. M. Kakade，"A Natural Policy Gradient," in *Advances in Neural Information Processing Systems*（NIPS），2001。

$$\boldsymbol{u} = \boldsymbol{F}_{\boldsymbol{\theta}}^{-1} \nabla U(\boldsymbol{\theta}) \tag{12.13}$$

我们可以使用采样轨迹来估算 $\boldsymbol{F}_{\boldsymbol{\theta}}$ 和 $\nabla U(\boldsymbol{\theta})$ 的值。算法 12-4 提供了一种实现。

算法 12-4　给定策略 π (θ,s) 的自然策略梯度的更新函数。对于马尔可夫决策过程 $\mathcal{P}$，其初始状态
　　　　　分布为 b。使用对数策略梯度∇logπ，通过 m 个预演直至深度 d，估算关于参数向量 θ 的
　　　　　自然梯度值。给定目标梯度 ∇f(τ) 和轨迹列表的 Fisher 矩阵 f(τ)，辅助方法 natural_
　　　　　update根据式（12.12）进行更新

```
struct NaturalPolicyUpdate
    𝒫      # 决策问题
    b      # 初始状态分布
    d      # 深度
    m      # 样本的数量
    ∇logπ  # 对数似然性的梯度
    π      # 策略
    ϵ      # 差异界限
end

function natural_update(θ, ∇f, F, ϵ, τs)
    ∇fθ = mean(∇f(τ) for τ in τs)
    u = mean(F(τ) for τ in τs) \ ∇fθ
    return θ + u*sqrt(2ϵ/dot(∇fθ,u))
end

function update(M::NaturalPolicyUpdate, θ)
    𝒫, b, d, m, ∇logπ, π, γ = M.𝒫, M.b, M.d, M.m, M.∇logπ, M.π, M.𝒫.γ
    πθ(s) = π(θ, s)
    R(τ) = sum(r*γ^(k-1) for (k, (s,a,r)) in enumerate(τ))
    ∇log(τ) = sum(∇logπ(θ, a, s) for (s,a) in τ)
    ∇U(τ) = ∇log(τ)*R(τ)
    F(τ) = ∇log(τ)*∇log(τ)'
    τs = [simulate(𝒫, rand(b), πθ, d) for i in 1:m]
    return natural_update(θ, ∇U, F, M.ϵ, τs)
end
```

12.4　信任区域更新

本节讨论一种在信任区域（trust region）内搜索的方法，信任区域由上一节中的椭圆状可行区域定义。这类方法被称为信任区域策略优化（Trust Region Policy Optimization，TRPO）[⊖]。首先，自然策略梯度的计算将采用下一个评估点 $\boldsymbol{\theta}'$，然后沿着连接 $\boldsymbol{\theta}$ 和 $\boldsymbol{\theta}'$ 的线段进行直线搜索（line search）。直线搜索阶段的一个关键特性是，近似目标和约束的评估不需要任何额外的预演模拟。

在直线搜索阶段，我们不再使用一阶近似。相反，使用从涉及优势函数的等式导出的近似值[⊖]：

$$U(\boldsymbol{\theta}') = U(\boldsymbol{\theta}) + \mathop{E}_{\tau \sim \pi_{\boldsymbol{\theta}'}} \Big[\sum_{k=1}^{d} A_{\boldsymbol{\theta}}(s^{(k)}, a^{(k)}) \Big] \tag{12.14}$$

另一种写法是使用 $b_{\gamma,\boldsymbol{\theta}}$，这是状态 s 在策略 $\pi_{\boldsymbol{\theta}}$ 下的折扣访问分布（discounted visitation distribution），其中：

⊖　J. Schulman, S. Levine, P. Moritz, M. Jordan, and P. Abbeel, "Trust Region Policy Optimization," in *International Conference on Machine Learning*（ICML），2015.

⊖　这个等式的一个变体在以下文献的引理 6.1 中得到证明：S. M. Kakade and J. Langford, "Approximately Optimal Approximate Reinforcement Learning," in *International Conference on Machine Learning*（ICML），2002。

$$b_{\gamma,\boldsymbol{\theta}}(s) \propto P(s^{(1)} = s) + \gamma P(s^{(2)} = s) + \gamma^2 P(s^{(3)} = s) + \cdots \tag{12.15}$$

使用折扣访问分布，目标变成：

$$U(\boldsymbol{\theta}') = U(\boldsymbol{\theta}) + \mathop{E}_{s \sim b_{\gamma,\boldsymbol{\theta}'}} \left[\mathop{E}_{a \sim \pi_{\boldsymbol{\theta}'}(\cdot \mid s)} \left[A_{\boldsymbol{\theta}}(s,a) \right] \right] \tag{12.16}$$

我们希望从策略中提取由 $\boldsymbol{\theta}$ 而不是 $\boldsymbol{\theta}'$ 参数化的样本，以便不必在直线搜索期间运行更多的模拟。只要对优势进行适当地加权，与内部期望相关的样本就可以使用原始策略的样本替换[⊖]：

$$U(\boldsymbol{\theta}') = U(\boldsymbol{\theta}) + \mathop{E}_{s \sim b_{\gamma,\boldsymbol{\theta}'}} \left[\mathop{E}_{a \sim \pi_{\boldsymbol{\theta}}(\cdot \mid s)} \left[\frac{\pi_{\boldsymbol{\theta}'}(a \mid s)}{\pi_{\boldsymbol{\theta}}(a \mid s)} A_{\boldsymbol{\theta}}(s,a) \right] \right] \tag{12.17}$$

下一步涉及使用 $b_{\gamma,\boldsymbol{\theta}}$ 代替状态分布。$\boldsymbol{\theta}'$ 离 $\boldsymbol{\theta}$ 越远，近似值的质量就越差，但在信任区域内，假设结果是可接受的。由于 $U(\boldsymbol{\theta})$ 并不依赖于 $\boldsymbol{\theta}'$，我们可以将其从目标中删除 $U(\boldsymbol{\theta})$。也可以从优势函数中删除状态值函数，只留下行为值函数。剩下的被称为代理目标（surrogate objective）：

$$f(\boldsymbol{\theta},\boldsymbol{\theta}') = \mathop{E}_{s \sim b_{\gamma,\boldsymbol{\theta}}} \left[\mathop{E}_{a \sim \pi_{\boldsymbol{\theta}}(\cdot \mid s)} \left[\frac{\pi_{\boldsymbol{\theta}'}(a \mid s)}{\pi_{\boldsymbol{\theta}}(a \mid s)} Q_{\boldsymbol{\theta}}(s,a) \right] \right] \tag{12.18}$$

我们可以从用于估计自然梯度更新的同一组轨迹来估算该方程。进一步，可以使用采样轨迹中的奖励来估算 $Q_{\boldsymbol{\theta}}(s,a)$ 的值[⊖]。

$$g(\boldsymbol{\theta},\boldsymbol{\theta}') = \mathop{E}_{s \sim b_{\gamma,\boldsymbol{\theta}}} \left[D_{\mathrm{KL}}(\pi_{\boldsymbol{\theta}}(\cdot \mid s) \parallel \pi_{\boldsymbol{\theta}'}(\cdot \mid s)) \right] \leqslant \epsilon \tag{12.19}$$

直线搜索涉及迭代评估策略空间中不同点的代理目标 f 和代理约束 g。首先，从与自然梯度更新相同的过程中获得的 $\boldsymbol{\theta}'$。然后，我们迭代应用：

$$\boldsymbol{\theta}' \leftarrow \boldsymbol{\theta} + \alpha(\boldsymbol{\theta}' - \boldsymbol{\theta}) \tag{12.20}$$

直到目标在 $f(\boldsymbol{\theta},\boldsymbol{\theta}') > f(\boldsymbol{\theta},\boldsymbol{\theta})$ 时有所改进，并且约束条件满足 $g(\boldsymbol{\theta},\boldsymbol{\theta}') \leqslant \epsilon$。步长因子 $0 < \alpha < 1$ 在每次迭代时缩小 $\boldsymbol{\theta}$ 和 $\boldsymbol{\theta}'$ 之间的距离，α 通常设置为 0.5。

算法 12-5 提供了这种方法的实现。图 12-4 说明了与自然梯度和直线搜索相关的可行区域之间的关系。图 12-5 展示了将如何将该方法应用于调节器问题，示例 12-1 展示了一个简单问题的迭代。

算法 12-5 信任区域策略优化的更新过程，该过程通过直线搜索增强自然梯度。算法使用决策问题 $\mathcal{P}$ 中的策略 π 生成 m 个轨迹，其初始状态分布为 b，深度为 d。为获得直线搜索的起点，需要从当前状态生成特定行为的策略的对数概率梯度，我们将其表示为 ∇logπ。对于代理目标，需要策略从当前状态生成特定行为的概率函数 p。对于代理约束，需要 πθ 和 πθ′ 产生的行为分布之间的散度。在直线搜索的每一步中，需要在保持搜索方向的同时缩小所考虑的点 θ′ 和 θ 之间的距离

```
struct TrustRegionUpdate
    𝒫      # 决策问题
    b      # 初始状态分布
    d      # 深度
    m      # 样本的数量
    π      # 策略π(s)
    p      # 策略似然性p(θ,a,s)
    ∇logπ  # 对数似然性梯度
    KL     # KL散度KL(θ,θ′,s)
```

⊖ 该权重来自重要性抽样（importance sampling），具体请参见附录 A.14 中的讨论。

⊖ 算法 12-5 使用了 $\sum_{\ell=k} r^{(\ell)} \gamma^{\ell-1}$，这有效地将"之后的奖励"降低了 γ^{k-1}。需要使用该折扣来加权每个样本的贡献，以匹配折扣访问分布。代理约束也同样满足折扣条件。

```
        ε       # 散度界限
        α       # 直接搜索递减因子（例如：0.5）
end

function surrogate_objective(M::TrustRegionUpdate, θ, θ', τs)
    d, p, γ = M.d, M.p, M.𝒫.γ
    R(τ, j) = sum(r*γ^(k-1) for (k,(s,a,r)) in zip(j:d, τ[j:end]))
    w(a,s) = p(θ',a,s) / p(θ,a,s)
    f(τ) = mean(w(a,s)*R(τ,k) for (k,(s,a,r)) in enumerate(τ))
    return mean(f(τ) for τ in τs)
end

function surrogate_constraint(M::TrustRegionUpdate, θ, θ', τs)
    γ = M.𝒫.γ
    KL(τ) = mean(M.KL(θ, θ', s)*γ^(k-1) for (k,(s,a,r)) in enumerate(τ))
    return mean(KL(τ) for τ in τs)
end

function linesearch(M::TrustRegionUpdate, f, g, θ, θ')
    fθ = f(θ)
    while g(θ') > M.ε || f(θ') ≤ fθ
        θ' = θ + M.α*(θ' - θ)
    end
    return θ'
end

function update(M::TrustRegionUpdate, θ)
    𝒫, b, d, m, ∇logπ, π, γ = M.𝒫, M.b, M.d, M.m, M.∇logπ, M.π, M.𝒫.γ
    πθ(s) = π(θ, s)
    R(τ) = sum(r*γ^(k-1) for (k, (s,a,r)) in enumerate(τ))
    ∇log(τ) = sum(∇logπ(θ, a, s) for (s,a) in τ)
    ∇U(τ) = ∇log(τ)*R(τ)
    F(τ) = ∇log(τ)*∇log(τ)'
    τs = [simulate(𝒫, rand(b), πθ, d) for i in 1:m]
    θ' = natural_update(θ, ∇U, F, M.ε, τs)
    f(θ') = surrogate_objective(M, θ, θ', τs)
    g(θ') = surrogate_constraint(M, θ, θ', τs)
    return linesearch(M, f, g, θ, θ')
end
```

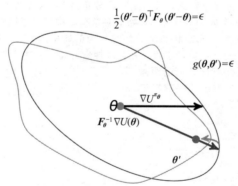

图 12-4 信任区域策略优化搜索，该搜索在 Kullback-Leibler 散度的二阶近似所生成的椭圆约束内
        进行。在计算自然策略梯度上升方向之后，进行直线搜索以确保更新的策略提高了策略
        奖励并遵守了散度约束。直线搜索从估计的最大步长开始并沿上升方向减小步长，直到
        找到最优点

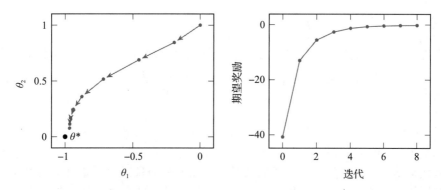

图 12-5 将信任区域策略优化应用于简单的调节器问题，预演到深度 10，其中 $\epsilon=1$ 并且 $c=2$。最佳策略参数化以黑色显示

示例 12-1 信任区域策略优化的一次迭代示例。 考虑将 TRPO 应用于示例 11-3 中的高斯分布 $\mathcal{N}(\theta_1, \theta_2^2)$ 和示例 11-1 中的单态 MDP($\gamma=1$)。回想一下，对数策略似然性的梯度值为：

$$\frac{\partial}{\partial \theta_1} \log \pi_{\boldsymbol{\theta}}(a \mid s) = \frac{a - \theta_1}{\theta_2^2}$$

$$\frac{\partial}{\partial \theta_2} \log \pi_{\boldsymbol{\theta}}(a \mid s) = \frac{(a - \theta_1)^2 - \theta_2^2}{\theta_2^3}$$

假设我们运行两个预演，其中 $\boldsymbol{\theta} = [0,1]$（这个问题只有一个状态）：

$$\tau_1 = \{(a = r = -0.532), (a = r = 0.597), (a = r = 1.947)\}$$

$$\tau_2 = \{(a = r = -0.263), (a = r = -2.212), (a = r = 2.364)\}$$

估算的 Fisher 信息矩阵为：

$$\boldsymbol{F_{\theta}} = \frac{1}{2} (\nabla \log p(\tau^{(1)}) \nabla \log p(\tau^{(1)})^{\top} + \nabla \log p(\tau^{(2)}) \nabla \log p(\tau^{(2)})^{\top})$$

$$= \frac{1}{2} \left(\begin{bmatrix} 4.048 & 2.878 \\ 2.878 & 2.046 \end{bmatrix} + \begin{bmatrix} 0.012 & -0.838 \\ -0.838 & 57.012 \end{bmatrix} \right) = \begin{bmatrix} 2.030 & 1.020 \\ 1.019 & 29.529 \end{bmatrix}$$

目标函数梯度为 $[2.30, 1.020]$。得到的下降方向 $\boldsymbol{u}$ 为 $[1,0]$。设置 $\epsilon=0.1$，我们计算更新的参数化向量，并获得 $\boldsymbol{\theta}' = [0.314, 1]$。

$\boldsymbol{\theta}$ 处的代理目标函数值为 1.485。直线搜索从 $\boldsymbol{\theta}'$ 开始，其中代理目标函数值为 2.110，约束条件为 0.049。这满足我们的约束条件（如 $0.049 < \epsilon$），因此返回新的参数化。

12.5 剪裁代理目标

我们可以通过剪裁（clamping）来避免对信任区域代理目标的过度乐观估计导致的不理想策略更新[⊖]。在交换行为价值优势后，式（12.18）中的代理目标为

[⊖] 剪裁是近端策略优化（Proximal Policy Optimization，PPO）中的一个关键思想，有关讨论请参见文献 J. Schulman, F. Wolski, P. Dhariwal, A. Radford, and O. Klimov, "Proximal Policy Optimization Algorithms," 2017. arXiv：1707.06347v2。

$$E_{s \sim b_{\gamma,\theta}} \left[E_{a \sim \pi_\theta(\cdot \mid s)} \left[\frac{\pi_{\theta'}(a \mid s)}{\pi_\theta(a \mid s)} A_\theta(s,a) \right] \right] \tag{12.21}$$

概率比 $\pi_{\theta'}(a \mid s)/\pi_\theta(a \mid s)$ 可能过于乐观。使用目标的悲观下限可以显著提高性能：

$$E_{s \sim b_{\gamma,\theta}} \left[E_{a \sim \pi_\theta(\cdot \mid s)} \left[\min \left(\frac{\pi_{\theta'}(a \mid s)}{\pi_\theta(a \mid s)} A_\theta(s,a), \; \mathrm{clamp} \left(\frac{\pi_{\theta'}(a \mid s)}{\pi_\theta(a \mid s)}, 1 - \epsilon, 1 + \epsilon \right) A_\theta(s,a) \right) \right] \right]$$

$$\tag{12.22}$$

其中，ϵ 是一个较小的正值⊖并且 $\mathrm{clamp}(x,a,b)$ 强制 x 介于 a 和 b 之间。根据定义，$\mathrm{clamp}(x,a,b) = \min\{\max\{x,a\}, b\}$。

仅剪裁概率比不会产生下限，我们还必须取被剪裁的目标和原始目标的最小值。下限目标以及原始目标和固定目标如图 12-6 所示。取下限的最终结果是，当概率比的变化导致目标显著改善时，将忽略概率比的改变。因此，使用下限可以防止在这些情况下进行大规模且不利的更新，并消除对信任区域代理约束式（12.19）的需要。如果没有约束条件，还可以消除直线搜索并使用标准梯度上升方法。

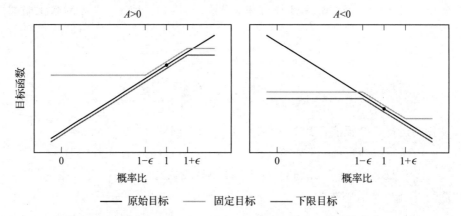

图 12-6　与原始目标和固定目标相比，下限目标的正面优势和负面优势的可视化。黑点显示进行优化的基线，$\pi_{\theta'}(a \mid s)/\pi_\theta(a \mid s) = 1$。为了清晰起见，每个轴上的三条线垂直分开

具有行为值的未剪裁目标公式（12.21）的梯度值为：

$$\nabla_{\theta'} f(\theta, \theta') = E_{s \sim b_{\gamma,\theta}} \left[E_{a \sim \pi_\theta(\cdot \mid s)} \left[\frac{\nabla_{\theta'} \pi_{\theta'}(a \mid s)}{\pi_\theta(a \mid s)} Q_\theta(s,a) \right] \right] \tag{12.23}$$

其中，可以从奖励行为中估算 $Q_\theta(s,a)$ 的值。下限目标公式（12.22）（带剪裁）的梯度值是相同的，除了没有来自目标被主动剪裁的经验元组的贡献。也就是说，如果奖励值为正且概率比大于 $1+\epsilon$，或者奖励值为负且概率比小于 $1-\epsilon$，则梯度贡献为零。

与 TRPO 一样，可以根据 θ 产生的经验计算参数化 θ' 的梯度值。因此，可以使用同一组采样轨迹在一行中运行多个梯度更新。算法 12-6 提供了该方法的实现。

⊖　虽然这个 ϵ 不像以前的算法那样直接作为散度的阈值，但它的作用是相似的。典型值为 0.2。

算法 12-6   剪裁代理策略优化的一种实现，该算法为马尔可夫决策过程 𝒫（初始状态分布为 b）的策略 π(s) 返回一个新的策略参数化。该实现将 m 个轨迹采样直至深度 d，然后使用这些采样轨迹在 k_max 个后续更新中估算策略梯度的值。使用剪裁目标的策略梯度是使用具有剪裁参数 ε 的策略梯度 ∇p 来构造的

```
struct ClampedSurrogateUpdate
    𝒫       # 决策问题
    b       # 初始状态分布
    d       # 深度
    m       # 样本的数量
    π       # 策略
    p       # 策略似然性
    ∇π      # 策略似然性梯度
    ε       # 散度界限
    α       # 步长的大小
    k_max   # 每次更新的迭代次数
end

function clamped_gradient(M::ClampedSurrogateUpdate, θ, θ', τs)
    d, p, ∇π, ε, γ = M.d, M.p, M.∇π, M.ε, M.𝒫.γ
    R(τ, j) = sum(r*γ^(k-1) for (k,(s,a,r)) in zip(j:d, τ[j:end]))
    ∇f(a,s,r_togo) = begin
        P = p(θ, a,s)
        w = p(θ',a,s) / P
        if (r_togo > 0 && w > 1+ε) || (r_togo < 0 && w < 1-ε)
            return zeros(length(θ))
        end
        return ∇π(θ', a, s) * r_togo / P
    end
    ∇f(τ) = mean(∇f(a,s,R(τ,k)) for (k,(s,a,r)) in enumerate(τ))
    return mean(∇f(τ) for τ in τs)
end

function update(M::ClampedSurrogateUpdate, θ)
    𝒫, b, d, m, π, α, k_max= M.𝒫, M.b, M.d, M.m, M.π, M.α, M.k_max
    πθ(s) = π(θ, s)
    τs = [simulate(𝒫, rand(b), πθ, d) for i in 1:m]
    θ' = copy(θ)
    for k in 1:k_max
        θ' += α*clamped_gradient(M, θ, θ', τs)
    end
    return θ'
end
```

在图 12-7 中，将剪裁代理目标与其他几个代理目标进行了比较，其中包括 TRPO 有效目标的折线图：

$$\underset{\substack{s \sim b_{\gamma,\theta} \\ a \sim \pi_{\theta}(\cdot \mid s)}}{E} \left[\frac{\pi_{\theta'}(a \mid s)}{\pi_{\theta}(a \mid s)} A_{\theta}(s,a) - \beta D_{\mathrm{KL}}(\pi_{\theta}(\cdot \mid s) \parallel \pi_{\theta'}(\cdot \mid s)) \right] \tag{12.24}$$

这是信任区域策略目标，其中约束被实现为对某个系数 β 的惩罚。TRPO 通常使用硬约束而不是惩罚，因为很难选择在单个问题中表现良好的 β 值，更不用说在多个问题中选择表现良好的 β 值。

12.6 本章小结

- 使用从上一章中讨论的方法所获得的梯度估算值，可以让梯度上升算法通过迭代方式改进我们的策略。

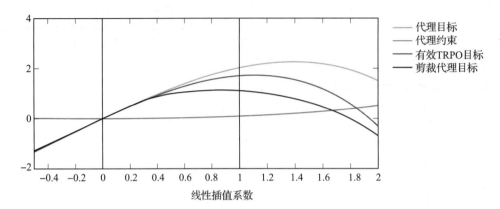

图 12-7   使用线性二次调节器问题比较与剪裁代理策略优化相关的替代目标。x 轴显示了当
$\boldsymbol{\theta}$ 从 0 向 $\boldsymbol{\theta}'$ 移动时的代理目标，假设自然策略更新为 1。通过减去 $\boldsymbol{\theta}$ 的代理目标函
数值，代理目标以 0 为中心。可以看到，在不需要约束条件的情况下，剪裁代理目
标的行为与有效 TRPO 目标非常相似。请注意，两种算法都可以调整 ϵ 和 β，这将
影响每种情况下的最大值

- 通过缩放、裁剪或强制统一改进步长的大小，可以使梯度上升更加稳健。
- 自然梯度法使用目标函数的一阶近似并对每个步骤轨迹分布之间的偏差进行约束，
  使用 Fisher 信息矩阵的估计进行近似。
- 信任区域策略优化包括使用直线搜索增强自然梯度方法以进一步改进策略，而无
  须额外的轨迹模拟。
- 可以使用 TRPO 目标的悲观下限来获得一个剪裁后的代理目标，该代理目标的性
  能与之类似，但是无须直线搜索。

12.7   练习题

练习题 12-1   TRPO 从自然策略梯度更新给出的新参数化开始其直线搜索。然而，
TRPO 使用不同于自然策略梯度的目标进行直线搜索。请证明 TRPO 中使用的代理目标
公式（12.18）的梯度实际上与奖励策略梯度公式（11.26）相同。

参考答案：TRPO 代理目标的梯度为：

$$\nabla_{\boldsymbol{\theta}'} U_{\text{TRPO}} = \mathop{E}_{s \sim b_{\gamma,\boldsymbol{\theta}}} \left[\mathop{E}_{a \sim \pi_{\boldsymbol{\theta}}(\cdot \mid s)} \left[\frac{\nabla_{\boldsymbol{\theta}'} \pi_{\boldsymbol{\theta}'}(a \mid s)}{\pi_{\boldsymbol{\theta}}(a \mid s)} Q_{\boldsymbol{\theta}}(s, a) \right] \right]$$

当进行初始自然策略梯度更新时，搜索方向在 $\boldsymbol{\theta}' = \boldsymbol{\theta}$ 处进行评估。此外，行为价值近
似于"之后的奖励"：

$$\nabla_{\boldsymbol{\theta}'} U_{\text{TRPO}} = \mathop{E}_{s \sim b_{\gamma,\boldsymbol{\theta}}} \left[\mathop{E}_{a \sim \pi_{\boldsymbol{\theta}}(\cdot \mid s)} \left[\frac{\nabla_{\boldsymbol{\theta}} \pi_{\boldsymbol{\theta}}(a \mid s)}{\pi_{\boldsymbol{\theta}}(a \mid s)} r_{\text{to-go}} \right] \right]$$

回想一下，$\log f(x)$ 的导数是 $f'(x)/f(x)$。由此可知：

$$\nabla_{\boldsymbol{\theta}'} U_{\text{TRPO}} = \mathop{E}_{s \sim b_{\gamma,\boldsymbol{\theta}}} \left[\mathop{E}_{a \sim \pi_{\boldsymbol{\theta}}(\cdot \mid s)} \left[\nabla_{\boldsymbol{\theta}} \log \pi_{\boldsymbol{\theta}}(a \mid s) r_{\text{to-go}} \right] \right]$$

其采用与奖励行为策略梯度公式（11.26）相同的形式。

练习题 12-2   执行示例 12-1 的计算。首先，计算 Fisher 信息矩阵的逆 $\boldsymbol{F}_{\boldsymbol{\theta}}^{-1}$，计算 $\boldsymbol{u}$
并计算更新的参数 $\boldsymbol{\theta}'$。

参考答案：首先，计算 Fisher 信息矩阵的逆：

$$\boldsymbol{F}_{\boldsymbol{\theta}}^{-1} \approx \frac{1}{0.341(29.529) - 0.332(0.332)} \begin{bmatrix} 29.529 & -0.332 \\ -0.332 & 0.341 \end{bmatrix} \approx \begin{bmatrix} 0.501 & -0.017 \\ -0.017 & 0.034 \end{bmatrix}$$

接下来，按照以下公式更新 $\boldsymbol{u}$：

$$\boldsymbol{u} = \boldsymbol{F}_{\boldsymbol{\theta}}^{-1}\,\nabla U(\boldsymbol{\theta}) \approx \begin{bmatrix} 0.501 & -0.017 \\ -0.017 & 0.034 \end{bmatrix} \begin{bmatrix} 2.030 \\ 1.020 \end{bmatrix} \approx \begin{bmatrix} 1 \\ 0 \end{bmatrix}$$

最后，对更新参数 $\boldsymbol{\theta}$ 进行估算：

$$\boldsymbol{\theta}' = \boldsymbol{\theta} + \boldsymbol{u}\sqrt{\frac{2\,\epsilon}{\nabla U(\boldsymbol{\theta})^\top \boldsymbol{u}}}$$

$$\approx \begin{bmatrix} 0 \\ 1 \end{bmatrix} + \begin{bmatrix} 1 \\ 0 \end{bmatrix} \sqrt{\frac{2(0.1)}{\begin{bmatrix} 2.030 & 1.020 \end{bmatrix}\begin{bmatrix} 1 \\ 0 \end{bmatrix}}}$$

$$\approx \begin{bmatrix} 0 \\ 1 \end{bmatrix} + \begin{bmatrix} 1 \\ 0 \end{bmatrix} \sqrt{\frac{0.2}{2.030}}$$

$$\approx \begin{bmatrix} 0.314 \\ 1 \end{bmatrix}$$

练习题 12-3　假设我们有表 12-1 中给出的参数化策略 $\pi_{\boldsymbol{\theta}}$ 和 $\pi_{\boldsymbol{\theta}'}$。

表 12-1　参数化策略 $\pi_{\boldsymbol{\theta}}$ 和 $\pi_{\boldsymbol{\theta}'}$

	a_1	a_2	a_3	a_4
$\pi_{\boldsymbol{\theta}}(a \mid s_1)$	0.1	0.2	0.3	0.4
$\pi_{\boldsymbol{\theta}'}(a \mid s_1)$	0.4	0.3	0.2	0.1
$\pi_{\boldsymbol{\theta}}(a \mid s_2)$	0.1	0.1	0.6	0.2
$\pi_{\boldsymbol{\theta}'}(a \mid s_2)$	0.1	0.1	0.5	0.3

假设我们采样了以下五种状态：s_1、s_2、s_1、s_1、s_2，使用以下定义近似估算 $E_s\big[D_{\mathrm{KL}}(\pi_{\boldsymbol{\theta}}(\,\cdot\mid s) \,\|\, \pi_{\boldsymbol{\theta}'}(\,\cdot\mid s))\big]$ 的值：

$$D_{\mathrm{KL}}(P \,\|\, Q) = \sum_x P(x)\log\frac{P(x)}{Q(x)}$$

参考答案：首先，计算状态样本 s_1 的 KL 散度：

$$D_{\mathrm{KL}}(\pi_{\boldsymbol{\theta}}(\,\cdot\mid s_1) \,\|\, \pi_{\boldsymbol{\theta}'}(\,\cdot\mid s_1)) = 0.1\log\!\left(\frac{0.1}{0.4}\right) + 0.2\log\!\left(\frac{0.2}{0.3}\right) + 0.3\log\!\left(\frac{0.3}{0.3}\right) + 0.4\log\!\left(\frac{0.4}{0.1}\right) \approx 0.456$$

然后，计算状态样本 s_2 的 KL 散度：

$$D_{\mathrm{KL}}(\pi_{\boldsymbol{\theta}}(\,\cdot\mid s_2) \,\|\, \pi_{\boldsymbol{\theta}'}(\,\cdot\mid s_2)) = 0.1\log\!\left(\frac{0.1}{0.1}\right) + 0.1\log\!\left(\frac{0.1}{0.1}\right) + 0.6\log\!\left(\frac{0.6}{0.5}\right) + 0.2\log\!\left(\frac{0.2}{0.3}\right) \approx 0.0283$$

最后，计算期望值的近似值，即 n 个状态样本上参数化策略的平均 KL 散度：

$$E_s\big[D_{\mathrm{KL}}(\pi_{\boldsymbol{\theta}}(\,\cdot\mid s) \,\|\, \pi_{\boldsymbol{\theta}'}(\,\cdot\mid s))\big] \approx \frac{1}{n}\sum_{i=1}^n D_{\mathrm{KL}}(\pi_{\boldsymbol{\theta}}(\,\cdot\mid s^{(i)}) \,\|\, \pi_{\boldsymbol{\theta}'}(\,\cdot\mid s^{(i)}))$$

$$\approx \frac{1}{5}(0.456 + 0.0283 + 0.456 + 0.456 + 0.0283)$$

$$\approx 0.285$$

"行为者-评论家"方法

上一章讨论了通过从预演中估算的梯度信息来改进参数化策略的方法。本章介绍"行为者-评论家"方法（actor-critic method），该方法使用值函数的估计来帮助指导优化。在这种情况下，行为者（actor）是策略，评论家（critic）是值函数。两者都是并行训练的。我们将讨论几种不同的方法，这些方法分别对值函数、优势函数或者行为值函数进行近似计算。大多数方法都基于随机策略，本章也将讨论一种支持输出连续行为的确定性策略方法。最后，本章将讨论一种结合在线方法的策略，以生成更多信息的轨迹来训练行为者和评论家。

13.1 "行为者-评论家"

在"行为者-评论家"方法中，我们有一个由 $\boldsymbol{\phi}$ 参数化的策略 $\pi_{\boldsymbol{\theta}}$ 表示的行为者，在评论家的帮助下，提供由 $\boldsymbol{\phi}$ 参数化的值函数 $U_{\boldsymbol{\phi}}(s)$、$Q_{\boldsymbol{\phi}}(s,a)$ 或 $A_{\boldsymbol{\phi}}(s,a)$ 的估计。首先，本章将讨论一个简单的"行为者-评论家"方法，其中 $\pi_{\boldsymbol{\theta}}$ 的优化通过梯度上升完成，目标的梯度与式（11.44）中的相同：

$$\nabla U(\boldsymbol{\theta}) = E_{\tau}\Big[\sum_{k=1}^{d} \nabla_{\boldsymbol{\theta}}\log \pi_{\boldsymbol{\theta}}(a^{(k)} \mid s^{(k)})\gamma^{k-1}A_{\boldsymbol{\theta}}(s^{(k)},a^{(k)})\Big] \tag{13.1}$$

当遵循由 $\boldsymbol{\theta}$ 参数化的策略时，可以使用一组观察到的从 s 到 s' 的转换以及奖励 r 来估算优势的值：

$$A_{\boldsymbol{\theta}}(s,a) = E_{r,s'}[r + \gamma U^{\pi_{\boldsymbol{\theta}}}(s') - U^{\pi_{\boldsymbol{\theta}}}(s)] \tag{13.2}$$

期望值内的 $r + \gamma U^{\pi_{\boldsymbol{\theta}}}(s') - U^{\pi_{\boldsymbol{\theta}}}(s)$ 被称为时序差分残差（temporal difference residual）。

评论家允许我们在遵循 $\pi_{\boldsymbol{\theta}}$ 时估算真实的值函数 $U^{\pi_{\boldsymbol{\theta}}}$，结果导致行为者的梯度如下：

$$\nabla U(\boldsymbol{\theta}) \approx E_{\tau}\Big[\sum_{k=1}^{d} \nabla_{\boldsymbol{\theta}}\log \pi_{\boldsymbol{\theta}}(a^{(k)} \mid s^{(k)})\gamma^{k-1}(r^{(k)} + \gamma U_{\boldsymbol{\phi}}(s^{(k+1)}) - U_{\boldsymbol{\phi}}(s^{(k)}))\Big] \tag{13.3}$$

如第 11 章所述，可以通过预演轨迹来估算该期望值。

评论家也通过梯度优化进行更新。我们希望寻找到一个 $\boldsymbol{\phi}$，使损失函数最小化：

$$\ell(\boldsymbol{\phi}) = \frac{1}{2}E_s[(U_{\boldsymbol{\phi}}(s) - U^{\pi_{\boldsymbol{\theta}}}(s))^2] \tag{13.4}$$

为了最小化这一目标，我们可以采取与梯度相反的步骤：

$$\nabla \ell(\boldsymbol{\phi}) = E_s[(U_{\boldsymbol{\phi}}(s) - U^{\pi_{\boldsymbol{\theta}}}(s))\nabla_{\boldsymbol{\phi}}U_{\boldsymbol{\phi}}(s)] \tag{13.5}$$

当然，我们并不确切地知道 $U^{\pi_{\boldsymbol{\theta}}}$，但可以使用沿预演轨迹的"之后的奖励"来进行估算，从而得到：

$$\nabla \ell(\boldsymbol{\phi}) = E_{\tau}\Big[\sum_{k=1}^{d}(U_{\boldsymbol{\phi}}(s^{(k)}) - r_{\text{to-go}}^{(k)})\nabla_{\boldsymbol{\phi}}U_{\boldsymbol{\phi}}(s^{(k)})\Big] \tag{13.6}$$

其中，$r_{\text{to-go}}^{(k)}$ 是在特定轨迹 τ 中的步骤 k 处的"之后的奖励"。

算法 13-1 演示如何从预演估算 $\nabla U(\boldsymbol{\theta})$ 和 $\nabla \ell(\boldsymbol{\phi})$ 的值。在每次迭代中，我们朝着 $\nabla U(\boldsymbol{\theta})$ 的方向步进 $\boldsymbol{\theta}$，以使效用最大化，而朝着 $\nabla \ell(\boldsymbol{\phi})$ 相反的方向步进 $\boldsymbol{\phi}$ 以尽量减少损

失。由于 θ 和 ϕ 的估算值之间的依赖性，这种方法可能变得不稳定，但对各种问题都很有效。通常的做法是通过更新策略的频率高于值函数来提高稳定性。本章中的实现可以很容易地调整为仅针对更新策略的迭代子集更新值函数。

算法 13-1 一种基本的行为者-评论家方法，用于同时计算马尔可夫决策过程 $\mathcal{P}$（初始状态分布为 b）的策略梯度和值函数梯度。策略 π 由 θ 参数化，并且其对数梯度值为 $\nabla\log\pi$。值函数 U 由 ϕ 参数化，并且其目标函数的梯度值为 ∇U。该方法运行 m 次预演直至深度 d。预演结果用于更新 θ 和 ϕ。策略参数化在 $\nabla\theta$ 的方向上更新，以使期望值最大化；而值函数参数化在 $\nabla\phi$ 的负方向上更新，以使值损失最小化

```
struct ActorCritic
    𝒫      # 决策问题
    b      # 初始状态分布
    d      # 深度
    m      # 样本的数量
    ∇logπ  # 对数似然性的梯度 ∇logπ(θ,a,s)
    U      # 参数化的值函数 U(φ, s)
    ∇U     # 值函数的梯度 ∇U(φ,s)
end

function gradient(M::ActorCritic, π, θ, φ)
    𝒫, b, d, m, ∇logπ = M.𝒫, M.b, M.d, M.m, M.∇logπ
    U, ∇U, γ = M.U, M.∇U, M.𝒫.γ
    πθ(s) = π(θ, s)
    R(τ,j) = sum(r*γ^(k-1) for (k,(s,a,r)) in enumerate(τ[j:end]))
    A(τ,j) = τ[j][3] + γ*U(φ,τ[j+1][1]) - U(φ,τ[j][1])
    ∇Uθ(τ) = sum(∇logπ(θ,a,s)*A(τ,j)*γ^(j-1) for (j, (s,a,r))
                        in enumerate(τ[1:end-1]))
    ∇ℓφ(τ) = sum((U(φ,s) - R(τ,j))*∇U(φ,s) for (j, (s,a,r))
                        in enumerate(τ))
    trajs = [simulate(𝒫, rand(b), πθ, d) for i in 1:m]
    return mean(∇Uθ(τ) for τ in trajs), mean(∇ℓφ(τ) for τ in trajs)
end
```

13.2 广义优势估计

广义优势估计（generalized advantage estimation）（算法 13-2）是一种"行为者–评论家"方法，该方法使用式（13.2）所示优势估计的更一般版本，允许在偏差和方差之间进行平衡[⊖]。使用时序差分残差的近似具有较低的方差，但由于用于近似 U^{π_θ} 的 U_ϕ 可能不准确，因此引入了偏差。另一种方法是将 $r+\gamma U^{\pi_\theta}(s')$ 替换为预演奖励序列 $r_1,\cdots,r_d$：

$$A_{\boldsymbol{\theta}}(s,a) = E_{r_1,\cdots,r_d}\big[r_1 + \gamma r_2 + \gamma^2 r_3 + \cdots + \gamma^{d-1} r_d - U^{\pi_\theta}(s)\big] \tag{13.7}$$

$$= E_{r_1,\cdots,r_d}\Big[-U^{\pi_\theta}(s) + \sum_{\ell=1}^{d} \gamma^{\ell-1} r_\ell\Big] \tag{13.8}$$

期望的无偏估计可以通过预演轨迹获得，正如在策略梯度估算方法中所采取的行为一样。然而，估算值具有很高的方差，这意味着需要很多样本才能得出准确的估算值。

⊖ J. Schulman, P. Moritz, S. Levine, M. Jordan, and P. Abbeel, "HighDimensional Continuous Control Using Generalized Advantage Estimation," in *International Conference on Learning Representations*（ICLR），2016. arXiv: 1506. 02438v6.

算法 13-2   广义优势估计算法，用于同时计算马尔可夫决策过程 $\mathcal{P}$（初始状态分布为 b）的策略梯度和值函数梯度。策略 π 由 θ 参数化，并且其对数梯度为 ∇logπ。值函数 U 由 φ 参数化，目标函数的梯度为 ∇U。该方法运行 m 次预演到深度 d。在有限时域内，使用式（13.21）通过指数加权 λ 计算广义优势。这里的实现是原始文献中介绍的简化版本，原始文献中包括采取步骤时信任区域的各个方面内容

```
struct GeneralizedAdvantageEstimation
    𝒫      # 决策问题
    b      # 初始状态分布
    d      # 深度
    m      # 样本的数量
    ∇logπ  # 对数似然性的梯度 ∇logπ(θ,a,s)
    U      # 参数化的值函数 U(φ, s)
    ∇U     # 值函数的梯度 ∇U(φ,s)
    λ      # 权重 ∈ [0,1]
end

function gradient(M::GeneralizedAdvantageEstimation, π, θ, φ)
    𝒫, b, d, m, ∇logπ = M.𝒫, M.b, M.d, M.m, M.∇logπ
    U, ∇U, γ, λ = M.U, M.∇U, M.𝒫.γ, M.λ
    πθ(s) = π(θ, s)
    R(τ,j) = sum(r*γ^(k-1) for (k,(s,a,r)) in enumerate(τ[j:end]))
    δ(τ,j) = τ[j][3] + γ*U(φ,τ[j+1][1]) - U(φ,τ[j][1])
    A(τ,j) = sum((γ*λ)^(ℓ-1)*δ(τ, j+ℓ-1) for ℓ in 1:d-j)
    ∇Uθ(τ) = sum(∇logπ(θ,a,s)*A(τ,j)*γ^(j-1)
                    for (j, (s,a,r)) in enumerate(τ[1:end-1]))
    ∇ℓφ(τ) = sum((U(φ,s) - R(τ,j))*∇U(φ,s)
                    for (j, (s,a,r)) in enumerate(τ))
    trajs = [simulate(𝒫, rand(b), πθ, d) for i in 1:m]
    return mean(∇Uθ(τ) for τ in trajs), mean(∇ℓφ(τ) for τ in trajs)
end
```

广义优势估计所采用的方法是在使用时序差分残差和完全预演这两个方法之间取得平衡。我们将 $\hat{A}^{(k)}$ 定义为从预演的 k 个步骤获得的优势估计以及与结果状态 s' 相关的效用：

$$\hat{A}^{(k)}(s,a) = E_{r_1,\cdots,r_k,s'}\left[r_1 + \gamma r_2 + \cdots + \gamma^{k-1} r_k + \gamma^k U^{\pi_\theta}(s') - U^{\pi_\theta}(s)\right] \tag{13.9}$$

$$= E_{r_1,\cdots,r_k,s'}\left[-U^{\pi_\theta}(s) + \gamma^k U^{\pi_\theta}(s') + \sum_{\ell=1}^{k} \gamma^{\ell-1} r_\ell\right] \tag{13.10}$$

另一种描述 $\hat{A}^{(k)}$ 的方法是基于时序差分残差的期望。我们可以定义：

$$\delta_t = r_t + \gamma U(s_{t+1}) - U(s_t) \tag{13.11}$$

其中，s_t、r_t 和 s_{t+1} 分布是沿着采样轨迹的状态、奖励和后续状态，U 是值函数的估算值。于是：

$$\hat{A}^{(k)}(s,a) = E\left[\sum_{\ell=1}^{k} \gamma^{\ell-1} \delta_\ell\right] \tag{13.12}$$

广义优势估计没有承诺使用 k 的一个特定值，而是引入了一个参数 $\lambda \in [0,1]$，该参数为 k（取值范围从 1 到 d）提供了 $\hat{A}^{(k)}$ 的指数加权平均值（exponentially weighted average）⊖：

$$\hat{A}^{\text{GAE}}(s,a)\big|_{d=1} = \hat{A}^{(1)} \tag{13.13}$$

$$\hat{A}^{\text{GAE}}(s,a)\big|_{d=2} = (1-\lambda)\hat{A}^{(1)} + \lambda\hat{A}^{(2)} \tag{13.14}$$

$$\hat{A}^{\text{GAE}}(s,a)\big|_{d=3} = (1-\lambda)\hat{A}^{(1)} + \lambda((1-\lambda)A^{(2)} + \lambda A^{(3)}) \tag{13.15}$$

⊖ 序列 $x_1, x_2, \cdots$ 的指数加权平均值是 $(1-\lambda)(x_1 + \lambda x_2 + \lambda^2 x_3 + \cdots)$。

$$= (1-\lambda)\,\hat{A}^{(1)} + \lambda(1-\lambda)\,\hat{A}^{(2)} + \lambda^2\,\hat{A}^{(3)} \qquad (13.16)$$

$$\vdots$$

$$\hat{A}^{\mathrm{GAE}}(s,a) = (1-\lambda)(\hat{A}^{(1)} + \lambda A^{(2)} + \lambda^2 \hat{A}^{(3)} + \cdots + \lambda^{d-2}\,\hat{A}^{(d-1)}) + \lambda^{d-1}\,\hat{A}^{(d)}$$

$$(13.17)$$

对于无限时域，广义优势估计简化为：

$$\hat{A}^{\mathrm{GAE}}(s,a) = (1-\lambda)(\hat{A}^{(1)} + \lambda \hat{A}^{(2)} + \lambda^2\,\hat{A}^{(3)} + \cdots) \qquad (13.18)$$

$$= (1-\lambda)(\delta_1(1+\lambda+\lambda^2+\cdots) + \gamma\delta_2(\lambda+\lambda^2+\cdots) + \gamma^2\delta_3(\lambda^2+\cdots) + \cdots)$$

$$(13.19)$$

$$= (1-\lambda)\left(\delta_1\,\frac{1}{1-\lambda} + \gamma\delta_2\,\frac{\lambda}{1-\lambda} + \gamma^2\delta_3\,\frac{\lambda^2}{1-\lambda} + \cdots\right) \qquad (13.20)$$

$$= E\left[\sum_{k=1}^{\infty}(\gamma\lambda)^{k-1}\delta_k\right] \qquad (13.21)$$

可以通过调整参数 λ 的值来平衡偏差和方差。如果 $\lambda=0$，则对上一节的时序差分残差进行高偏差、低方差估计。如果 $\lambda=1$，则得到了方差增加的无偏完全预演。图 13-1 展示了具有不同 λ 值的算法。

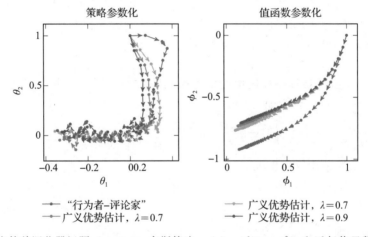

图 13-1　在简单调节器问题（$\gamma=0.9$、高斯策略 $\pi_\theta(s)=\mathcal{N}(\theta_1 s,\ \theta_2^2)$ 和近似值函数 $U_\phi(s)=$ $\phi_1 s + \phi_2 s^2$）上，将基本的"行为者-评论家"方法与广义优势估计进行比较。结果发现，广义优势估计能够更有效地逼近性能良好的策略和值函数参数化（回想一下，最优策略参数化为 $[-1,0]$，最优值函数参数化接近 $[0,-0.7]$）

13.3　确定性策略梯度

确定性策略梯度（deterministic policy gradient）方法[⊖] 涉及优化确定性策略 $\pi_\theta(s)$，该方法采用参数化行为值函数 $Q_\phi(s,a)$ 的形式，在评论家的帮助下产生连续行为。与迄今为止讨论的"行为者-评论家"方法一样，我们定义了关于参数化 ϕ 的损失函数：

$$\ell(\boldsymbol{\phi}) = \frac{1}{2}\,E_{s,a,r',s'}\left[(r + \gamma Q_\phi(s',\pi_\theta(s')) - Q_\phi(s,a))^2\right] \qquad (13.22)$$

⊖　D. Silver, G. Lever, N. Heess, T. Degris, D. Wierstra, and M. Riedmiller, "Deterministic Policy Gradient Algorithms," in *International Conference on Machine Learning*（ICML），2014.

其中，期望值是基于由 π_θ 的预演产生的经验元组。这个损失函数试图最小化 Q_ϕ 的残差，类似于第一节中介绍的"行为者-评论家"方法，试图最小化 U_ϕ 的残差。

与其他方法类似，我们通过在梯度的相反方向上前进一步来更新 ϕ：

$$\nabla\ell(\boldsymbol{\phi}) = \underset{s,a,r,s'}{E}\big[(r + \gamma Q_\phi(s',\pi_\theta(s')) - Q_\phi(s,a))(\gamma\nabla_\phi Q_\phi(s',\pi_\theta(s')) - \nabla_\phi Q_\phi(s,a))\big]$$

(13.23)

因此，需要一个可微的参数化行为值函数（例如神经网络），可以根据该函数计算 $\nabla_\phi Q_\phi(s,a)$。

对于行为者，我们希望找到一个最大化以下公式的 $\boldsymbol{\theta}$ 值：

$$U(\boldsymbol{\theta}) = \underset{s \sim b_{\gamma,\theta}}{E}\big[Q_\phi(s,\pi_\theta(s))\big] \tag{13.24}$$

其中，当遵循 π_θ 时，期望值超过折扣访问频率的状态。同样，我们可以使用梯度上升来优化 $\boldsymbol{\theta}$：

$$\nabla U(\boldsymbol{\theta}) = E_s\big[\nabla_\theta Q_\phi(s,\pi_\theta(s))\big] \tag{13.25}$$

$$= E_s\big[\nabla_\theta\pi_\theta(s)\,\nabla_a Q_\phi(s,a)\,\big|_{a=\pi_\theta(s)}\big] \tag{13.26}$$

此处，$\nabla_\theta\pi_\theta(s)$ 是一个雅可比矩阵，其第 i 列是在参数化 $\boldsymbol{\theta}$ 下相对于策略的第 i 个行为维度的梯度。示例 13-1 中给出了该术语的示例。梯度 $\nabla_a Q_\phi(s,a)\,\big|_{a=\pi_\theta(s)}$ 是一个向量，表示当在状态 s 扰动我们的策略所给出的行为时，估计的行为值变化了多少。为了使用这个方法，除了提供雅可比矩阵，我们还需要提供这个梯度。

示例 13-1 确定性策略梯度中的雅可比矩阵的一个例子。 考虑二维行为空间和一维状态空间的以下确定性策略：

$$\pi_\theta(s) = \begin{bmatrix} \theta_1 + \theta_2 s + \theta_3 s^2 \\ \theta_1 + \sin(\theta_4 s) + \cos(\theta_5 s) \end{bmatrix}$$

矩阵 $\nabla_\theta\pi_\theta(s)$ 采用以下形式：

$$\nabla_\theta\pi_\theta(s) = \big[\nabla_\theta\pi_\theta(s)\,|a_1 \quad \nabla_\theta\pi_\theta(s)\,|a_2\big] = \begin{bmatrix} 1 & 1 \\ s & 0 \\ s^2 & 0 \\ 0 & \cos(\theta_4 s)s \\ 0 & -\sin(\theta_5 s)s \end{bmatrix}$$

与其他"行为者-评论家"方法一样，我们对 $\ell(\boldsymbol{\phi})$ 执行梯度下降算法，并且对 $U(\boldsymbol{\theta})$ 执行梯度上升算法。为使这种方法在实践中发挥作用，需要一些额外的技术。一种是从随机策略中获取经验以允许更好的探索。正如算法 13-3 中所做的那样，将零均值高斯噪声简单地添加到由我们的确定性策略 π_θ 生成的行为中，通常满足要求。为保证学习 $\boldsymbol{\theta}$ 和 $\boldsymbol{\phi}$ 时的稳定性，可以使用经验回放$^\ominus$。

$\ominus$ 我们将在 17.7 节中讨论强化学习的经验回放。用于稳定学习的其他技术包括使用目标参数化（target parameterization），以下参考文献在神经表示的上下文中描述了该技术：T. P. Lillicrap, J. J. Hunt, A. Pritzel, N. Heess, T. Erez, Y. Tassa, D. Silver, and D. Wierstra, "Continuous Control with Deep Reinforcement Learning," in *International Conference on Learning Representations*（ICLR），2016. arXiv：1509. 02971v6。

算法 13-3 确定性策略梯度方法，用于计算确定性策略 π 的策略梯度 ∇θ 和连续动作马尔可夫决策过程 $\mathcal{P}$（初始状态分布为 b）的值函数梯度 ∇ϕ。该策略由 θ 参数化，并具有一个梯度 ∇π，该梯度产生一个矩阵，其中每一列都是关于连续行为分量的梯度。值函数 Q 由 ϕ 参数化，并具有关于参数化的梯度 ∇Qϕ 和关于行为的梯度 ∇Qa。该方法运行 m 次预演直到深度 d，并使用具有标准偏差为 σ 和均值为 0 的高斯噪声进行探索

```
struct DeterministicPolicyGradient
    𝒫      # 决策问题
    b       # 初始状态分布
    d       # 深度
    m       # 样本的数量
    ∇π      # 确定性策略π(θ, s)的梯度
    Q       # 参数化的值函数Q(ϕ,s,a)
    ∇Qϕ    # 相对于Φ的值函数的梯度
    ∇Qa    # 相对于a的值函数的梯度
    σ       # 策略噪声
end

function gradient(M::DeterministicPolicyGradient, π, θ, ϕ)
    𝒫, b, d, m, ∇π = M.𝒫, M.b, M.d, M.m, M.∇π
    Q, ∇Qϕ, ∇Qa, σ, γ = M.Q, M.∇Qϕ, M.∇Qa, M.σ, M.𝒫.γ
    π_rand(s) = π(θ, s) + σ*randn()*I
    ∇Uθ(τ) = sum(∇π(θ,s)*∇Qa(ϕ,s,π(θ,s))*γ^(j-1) for (j,(s,a,r))
                in enumerate(τ))
    ∇ℓϕ(τ,j) = begin
        s, a, r = τ[j]
        s′ = τ[j+1][1]
        a′ = π(θ,s′)
        δ = r + γ*Q(ϕ,s′,a′) - Q(ϕ,s,a)
        return δ*(γ*∇Qϕ(ϕ,s′,a′) - ∇Qϕ(ϕ,s,a))
    end
    ∇ℓϕ(τ) = sum(∇ℓϕ(τ,j) for j in 1:length(τ)-1)
    trajs = [simulate(𝒫, rand(b), π_rand, d) for i in 1:m]
    return mean(∇Uθ(τ) for τ in trajs), mean(∇ℓϕ(τ) for τ in trajs)
end
```

示例 13-2 给出了该方法的示例以及 σ 对性能的影响。

示例 13-2 确定性策略梯度方法在简单调节器问题中的应用，同时探索对策略随机性参数 σ 的影响。 考虑将确定性策略梯度算法应用于简单的调节器问题。假设使用简单的参数化确定性策略 $\pi_\theta(s) = \theta_1$，并且参数化"状态-行为"值函数为：

$$Q_\phi(s,a) = \phi_1 + \phi_2 s + \phi_3 s^2 + \phi_4 (s+a)^2$$

此处，从 $\boldsymbol{\theta} = [0]$ 和 $\boldsymbol{\phi} = [0,1,0,-1]$ 开始，绘制了不同 σ 值的确定性策略梯度算法的进展。每一次迭代都进行了 5 次，深度为 10，$\gamma = 0.9$，如图 13-2 所示。

对于这个简单的问题，该策略很快收敛到最优性，几乎与 σ 无关。然而，如果 σ 太小或太大，则值函数需要更长的时间来改进。在 σ 值很小的情况下，我们的策略没有进行充分的探索，无法从中有效地学习值函数。对于较大的 σ 值，我们会进行更多的探索，但也倾向于更频繁地做出糟糕的移动选择。

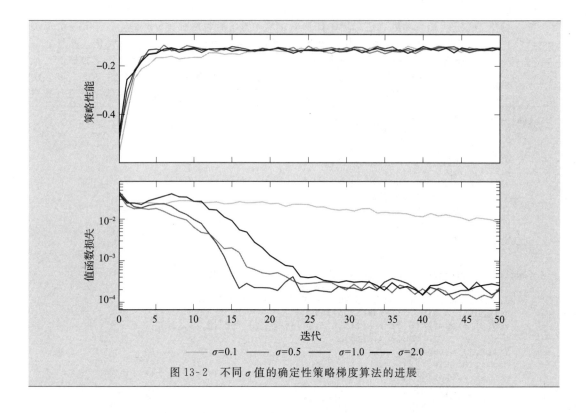

图 13-2   不同 σ 值的确定性策略梯度算法的进展

13.4   蒙特卡罗树搜索的"行为者-评论家"

我们可以将在线规划（第 9 章）的思想扩展到"行为者-评论家"设置，其中改进了参数化策略 $\pi_\theta(a\,|\,s)$ 和参数化值函数 $U_\phi(s)$[⊖]。本节讨论蒙特卡罗树搜索（具体请参见 9.6 节）在学习具有离散行为空间的随机策略中的应用。我们使用参数化策略和值函数来指导蒙特卡罗树搜索，并使用蒙特卡罗树搜索的结果来优化参数化策略与值函数。与其他"行为者-评论家"方法一样，我们应用基于梯度的 θ 和 ϕ 优化[⊖]。

当执行蒙特卡罗树搜索时，我们希望通过参数化策略 $\pi_\theta(a\,|\,s)$ 在一定程度上指导探索。一种方法是使用基于概率的置信区间上界算法（probabilistic upper confidence bound）的操作：

$$a = \arg\max_a Q(s,a) + c\pi_\theta(a\,|\,s)\,\frac{\sqrt{N(s)}}{1+N(s,a)} \qquad (13.27)$$

其中，$Q(s,a)$ 是通过树搜索估算出来的行为值，$N(s,b)$ 是 9.6 节中讨论的访问计数，$N(s) = \sum_a N(s,a)$[⊜]。

⊖   确定性策略梯度使用 Q_ϕ，但该方法使用 U_ϕ，就像本章讨论的其他"行为者-评论家"方法一样。

⊖   以下文献介绍了这个通用方法：D. Silver, J. Schrittwieser, K. Simonyan, I. Antonoglou, A. Huang, A. Guez, T. Hubert, L. Baker, M. Lai, A. Bolton, et al., "Mastering the Game of Go Without Human Knowledge," *Nature*, vol. 550, pp. 354-359, 2017. 本节此处的讨论大致遵循论文作者所提出的 AlphaGo Zero 算法，但我们不是试图解决 Go 围棋游戏，而是试图解决一个通用的马尔可夫决策过程。Alpha Zero 是一个 Go 围棋选手，围棋有胜有负，因此允许原始方法强化获胜行为并惩罚失败行为。当应用于类似问题时，广义马尔可夫决策过程公式往往会受到极少奖励的影响。

⊜   与式（9.1）中给出的置信区间上界存在一些显著差异。例如，式（13.27）中没有对数，我们在分母上加 1 以遵循 AlphaGo Zero 使用的形式。

运行树搜索后，我们可以使用收集的统计信息来获得 $\pi_{\text{MCTS}}(a \mid s)$。其中一种定义方式是使用计数项[⊖]：

$$\pi_{\text{MCTS}}(a \mid s) \propto N(s,a)^{\eta} \tag{13.28}$$

其中，$\eta \geqslant 0$ 是控制策略贪婪性的超参数。如果 $\eta = 0$，则 π_{MCTS} 将随机产生行为。当 $\eta \to \infty$ 时，π_{MCTS} 将选择从该状态中被多次执行的行为。

在 $\boldsymbol{\theta}$ 的优化中，我们希望模型 $\pi_{\boldsymbol{\theta}}$ 与通过蒙特卡罗树搜索获得的结果相匹配。可以定义的一个损失函数是相对于 $\pi_{\text{MCTS}}(\cdot \mid s)$ 的 $\pi_{\boldsymbol{\theta}}(\cdot \mid s)$ 的预期交叉熵：

$$\ell(\boldsymbol{\theta}) = - E_s \Big[\sum_a \pi_{\text{MCTS}}(a \mid s) \log \pi_{\boldsymbol{\theta}}(a \mid s) \Big] \tag{13.29}$$

其中，期望值超过了在树探索期间所经历的状态。梯度为

$$\nabla \ell(\boldsymbol{\theta}) = - E_s \Big[\sum_a \frac{\pi_{\text{MCTS}}(a \mid s)}{\pi_{\boldsymbol{\theta}}(a \mid s)} \nabla_{\boldsymbol{\theta}} \pi_{\boldsymbol{\theta}}(a \mid s) \Big] \tag{13.30}$$

为了学习 $\boldsymbol{\phi}$，我们根据树搜索期间生成的值函数定义损失函数：

$$U_{\text{MCTS}}(s) = \max_a Q(s,a) \tag{13.31}$$

这个损失函数至少在树搜索期间探索的状态处被定义。损失函数旨在使 $U_{\boldsymbol{\phi}}$ 与树搜索的估算值一致：

$$\ell(\boldsymbol{\phi}) = \frac{1}{2} E_s \big[(U_{\boldsymbol{\phi}}(s) - U_{\text{MCTS}}(s))^2 \big] \tag{13.32}$$

梯度为：

$$\nabla \ell(\boldsymbol{\phi}) = E_s \big[(U_{\boldsymbol{\phi}}(s) - U_{\text{MCTS}}(s)) \nabla_{\boldsymbol{\phi}} U_{\boldsymbol{\phi}}(s) \big] \tag{13.33}$$

与第一节中的"行为者-评论家"方法一样，需要能够计算参数化值函数的梯度。

在执行了一些蒙特卡罗树搜索模拟之后，通过在与 $\nabla_{\ell}(\boldsymbol{\theta})$ 相反的方向上步进来更新 $\boldsymbol{\theta}$，并且在与 $\nabla_{\ell}(\boldsymbol{\phi})$ 相反的方向上步进来更新 $\boldsymbol{\phi}$[⊖]。

13.5 本章小结

- 在"行为者-评论家"方法中，评论家提供值函数参数化估计，行为者在评论家的帮助下优化参数化策略。
- 通常，"行为者-评论家"方法使用基于梯度的优化来学习策略和值函数近似的参数。
- 基本的"行为者-评论家"方法使用"行为者"的策略梯度，并最小化"评论家"的平方时序差分残差。
- 广义优势估计试图通过累积多个时间步长的时序差分残差来减少其策略梯度的方差，其代价是牺牲了一些偏差。
- 确定性策略梯度可以应用于具有连续行为空间的问题，并使用确定性策略"行为者"和行为值"评论家"。
- 在线方法（例如蒙特卡罗树搜索）可用于指导策略和值函数估计的优化。

⊖ 在算法 9.5 中，我们选择了关于 Q 的贪婪行为。有关其他策略的讨论，请参见文献：C. B. Browne, E. Powley, D. Whitehouse, S. M. Lucas, P. I. Cowling, P. Rohlfshagen, S. Tavener, D. Perez, S. Samothrakis, and S. Colton, "A Survey of Monte Carlo Tree Search Methods," *IEEE Transactions on Computational Intelligence and AI in Games*, vol. 4, no. 1, pp. 1-43, 2012. 此处建议的方法遵循 AlphaGo Zero。

⊖ AlphaGo Zero 实现使用单个神经网络来表示值函数和策略，而不是本节讨论的独立参数化。用于更新网络参数的梯度是式（13.30）和式（13.33）的混合。这种增强显著减少了评估时间和特征学习时间。

13.6　练习题

练习题 13-1　13.4 节中介绍的蒙特卡罗树搜索的"行为者-评论家"方法是否是解决"推车-竖杆"问题（具体请参见附录 F.3）的好方法？

参考答案：蒙特卡罗树搜索根据访问的状态对树进行展开。"推车-竖杆"问题具有连续的状态空间，导致具有无限分支因子的搜索树。使用该算法需要对问题进行调整，例如对状态空间进行离散化操作。

练习题 13-2　在以下优势函数表达式中，请确定哪些是正确的，并解释表达式所指定的内容：

$$\text{(a)} \quad E_{r,s'}\left[r + \gamma U^{\pi_\theta}(s) - U^{\pi_\theta}(s')\right]$$

$$\text{(b)} \quad E_{r,s'}\left[r + \gamma U^{\pi_\theta}(s') - U^{\pi_\theta}(s)\right]$$

$$\text{(c)} \quad E_{r_{1:d},s'}\left[-U^{\pi_\theta}(s) + \gamma^k U^{\pi_\theta}(s') + \sum_{\ell=1}^{k}\gamma^{\ell-1}r_\ell\right]$$

$$\text{(d)} \quad E_{r_{1:d},s'}\left[-U^{\pi_\theta}(s) + \gamma U^{\pi_\theta}(s') + \sum_{\ell=1}^{k}\gamma^{\ell-1}r_\ell\right]$$

$$\text{(e)} \quad E\left[-U^{\pi_\theta}(s) + \sum_{\ell=1}^{d}\gamma^{\ell-1}r_\ell\right]$$

$$\text{(f)} \quad E\left[-\gamma U^{\pi_\theta}(s') + \sum_{\ell=1}^{d+1}\gamma^{\ell-1}r_\ell\right]$$

$$\text{(g)} \quad E\left[\sum_{\ell=1}^{k}\gamma^{\ell-1}\delta_{l-1}\right]$$

$$\text{(h)} \quad E\left[\sum_{\ell=1}^{k}\gamma^{\ell-1}\delta_l\right]$$

$$\text{(i)} \quad E\left[\sum_{k=1}^{\infty}(\gamma\lambda)^{k-1}\delta_k\right]$$

$$\text{(j)} \quad E\left[\sum_{k=1}^{\infty}(\lambda)^{k-1}\delta_k\right]$$

参考答案：正确的优势函数表达式如下所示：

（b）具有时序差分残差的优势

（c）k 步预演后的优势评估

（e）预演奖励序列的优势

（h）具有时序差分残差的优势估计

（i）广义优势估计

练习题 13-3　在一系列预演奖励中使用时序差分残差有什么优缺点？

解决方案：使用时序差分残差的近似方法比使用一系列预演近似方法更有效。由于使用"评论家"值函数 U_ϕ 作为真实值函数 U^π 的近似，时序差分残差近似方法具有低方差和高偏差。另一方面，预演近似方法具有较高的方差，但无偏差。如果想要使用时序差分残差近似方法获得准确的估算值，通常只需比使用预演近似方法少得多的样本，但代价是将偏差引入了估算值。

练习题 13-4 考虑示例 13.2 中给出的"状态-行为"值函数，$Q_\phi(s,a)=\phi_1+\phi_2 s+\phi_3 s^2+\phi_4(s+a)^2$。计算确定性策略梯度方法所需的梯度值。

参考答案：需要计算两个梯度。对于"行为者"，需要计算 $\nabla_\phi Q_\phi(s,a)$；而对于"评论家"，需要计算 $\nabla_a Q_\phi(s,a)$。

$$\nabla_\phi Q(s,a)=[1,s,s^2,(s+a)^2]$$
$$\nabla_a Q(s,a)=2\phi_4(s+a)$$

策 略 验 证

前面几章中介绍的方法展示了如何根据动力学和奖励模型构建最优或近似最优解。然而，在现实世界中部署决策系统之前，通常需要仿真验证所生成策略的行为是否与实际期望相一致。本章讨论用于验证决策策略的各种分析工具[○]。首先，我们将讨论如何评估性能指标。准确计算此类度量可能在计算上具有挑战性，尤其是当涉及罕见事件（如故障）时。其次，我们将讨论提高计算效率的方法。重要的是，我们的系统对用于分析的模型和现实世界之间的差异具有鲁棒性。本章提出分析鲁棒性的方法。许多决策系统的设计基于对多个目标之间的权衡，本章将阐述并分析这些权衡的方法。本章最后讨论对抗性分析，该分析可用于查找最可能的故障轨迹。

14.1 性能指标评估

一旦有了一个策略，我们通常希望根据各种性能指标（performance metric）对其进行评估。例如，假设我们构建了一个防撞控制系统（通过标量奖励函数的某种形式的优化或者仅仅是启发式方法，如示例 14-1），希望在遵循我们的策略时通过计算冲突概率来评估其安全性[○]。或者，如果制定了一个构建投资组合的策略，希望了解我们的策略将导致极端损失的可能性或预期回报。

示例 14-1　最优的防撞控制策略以及简单的防撞控制策略。有关这些决策问题的详细信息，请参见附录 F.6。 在飞机防撞控制问题中，需要决定何时向飞机发出爬升或下降的建议，以避开入侵的飞机。入侵者正以恒定的水平速度迎面接近我们。状态由飞机相对于入侵飞机的高度 h、垂直速度 $\dot{h}$、前一行为 a_{prev} 和潜在碰撞时间 t_{col} 确定。当发生碰撞时，惩罚为 1，碰撞定义为当 $t_{col}=0$ 时，入侵者在 50 米范围内。此外，如果 $a \neq a_{prev}$，则惩罚为 0.01，以阻止向飞机发出爬升或下降的建议。

我们可以使用带有线性插值的动态规划（具体请参见 8.4 节）来导出最优的策略。或者，可以定义一个由 t_{col} 和 h 上的阈值参数化的简单启发式策略，其工作方式如下。如果 $|h|<h_{thresh}$ 并且 $t_{col}<t_{thresh}$，则生成爬升或下降的建议。如果 $\dot{h}>0$，此建议为爬升，否则为下降。默认情况下，使用 $h_{thresh}=50\text{m}$ 和 $t_{thresh}=30\text{s}$。图 14-1 是状态空间中两个切片的最优策略以及简单策略图示。

○ 更全面的讨论请参见文献 A. Corso, R. J. Moss, M. Koren, R. Lee, and M. J. Kochenderfer, "A Survey of Algorithms for Black-Box Safety Validation," *Journal of Artificial Intelligence Research*, vol. 72, pp. 377-428, 2021。

○ 有关其他安全风险度量的讨论，请参考文献 I. L. Johansen and M. Rausand, "Foundations and Choice of Risk Metrics," *Safety Science*, vol. 62, pp. 386-399, 2014。

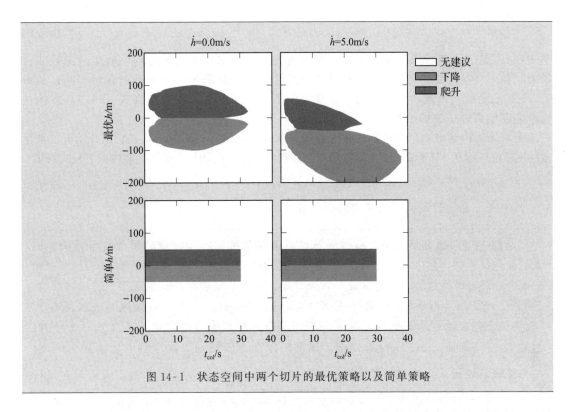

图 14-1　状态空间中两个切片的最优策略以及简单策略

目前，我们将考虑一个基于策略 π 的度量 f。通常，该度量被定义为轨迹度量 f_{traj} 的期望值，该轨迹度量在通过遵循策略产生的轨迹 $\tau = (s_1, a_1, \cdots)$ 上进行评估：

$$f(\pi) = E_\tau[f_{\text{traj}}(\tau)] \tag{14.1}$$

期望值基于轨迹分布。为定义与马尔可夫决策过程相关的轨迹分布，需要指定一个初始状态分布 b。生成轨迹 τ 的概率为：

$$P(\tau) = P(s_1, a_1, \cdots) = b(s_1) \prod_t T(s_{t+1} \mid s_t, a_t)$$

$$\tag{14.2}$$

在防撞控制决策的上下文中，如果轨迹导致碰撞，则 f_{traj} 为 1，否则为 0。期望值将对应于碰撞概率。

在某些情况下，我们希望研究 f_{traj} 输出的分布情况。图 14-2 显示了这种分布的示例。式 (14.1) 中的期望值只是将轨迹度量上的分布转换为单个值的多种方法之一。在我们的讨论中将主要关注这个期望值，将分布转换为值的其他示例还包括方差、第五百分位数和低于第五百分位数的均值[⊖]。

轨迹度量有时可以记作以下的形式：

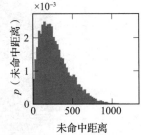

图 14-2　当从初始状态遵循简单的防撞控制策略时，从 10 000 次模拟估计的未命中距离分布。其中：

$h \sim \mathcal{U}(-10, 10)\,(\text{m})$

$\dot{h} \sim \mathcal{U}(-200, 200)\,(\text{m/s})$

$a_{\text{prev}} = 0\,\text{m/s}$

$t_{\text{col}} = 40\,\text{s}$

⊖　文献中讨论了各种风险度量。有关马尔可夫决策过程中已使用风险度量的讨论，请参见文献 A. Ruszczyński, "Risk-Averse Dynamic Programming for Markov Decision Processes," *Mathematical Programming*, vol. 125, no. 2, pp. 235-261, 2010。

$$f_{\text{traj}}(\tau) = f_{\text{traj}}(s_1, a_1, \cdots) = \sum_t f_{\text{step}}(s_t, a_t) \tag{14.3}$$

其中，f_{step} 是一个依赖于当前状态和行为的函数，与马尔可夫决策过程中的奖励函数非常类似。如果 $f(\pi)$ 被定义为 f_{traj} 的期望值，则目标与求解马尔可夫决策过程时相同，其中 f_{step} 是奖励函数。因此，可以使用 7.2 节中介绍的策略评估算法，根据式（14.3）中的任何性能度量来评估我们的策略。

策略评估将输出一个值函数，该值函数是状态的函数$^{\ominus}$，对应于从该状态开始时性能度量的期望值。示例 14-2 显示该值函数用于防撞控制问题上的切片。整体性能由以下公式给出：

$$f(\pi) = \sum_s f_{\text{state}}(s)b(s) \tag{14.4}$$

其中 f_{state} 是通过策略评估获得的值函数。

示例 14-2   遵循最优的防撞控制策略以及简单的防撞控制策略时所发生碰撞的概率。 这是将策略评估应用于示例 14-1 中讨论的最优策略和简单策略的结果。图 14-3 中的每个点对应于度量值，条件从关联状态开始。如果 s 是碰撞，我们定义 $f_{\text{state}}(s, a) = 1$，否则定义 $f_{\text{state}}(s, a) = 0$。在遵循策略时，状态空间中存在重大碰撞风险的区域使用"较亮"颜色表示。从图中可以看到，最优策略是相当安全的，尤其是当 $t_{\text{col}} > 20\text{s}$ 时。当 t_{col} 的值较低时，由于飞行器物理加速度的限制，即使是最优策略也无法避免碰撞。

与最优策略相比，简单策略风险更高，特别是当 $t_{\text{col}} > 20\text{s}$，$\dot{h} = 5\text{m/s}$ 时，入侵者在飞行器的下方位置，部分原因是在简单策略中选择并提供咨询建议时没有考虑 $\dot{h}$。

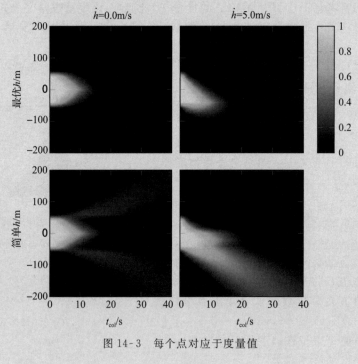

图 14-3   每个点对应于度量值

$\ominus$　在前几章中，我们使用 U^{π} 表示与策略 π 相关的值函数。

如果状态空间是离散的，则式（14.4）可以解析计算。然而，如果状态空间很大或是连续的，则可能希望通过采样来估计 $f(\pi)$。我们可以从初始状态分布中提取样本，然后对策略进行预演并计算轨迹度量。然后，可以根据轨迹度量的均值来估算总体度量的值。估算的质量通常随着样本的增加而提高。示例 14-3 说明用于估算与防撞控制策略相关联的各种度量的过程。

示例 14-3　遵循最优的防撞控制策略以及简单的防撞控制策略时的碰撞概率和咨询建议。我们想估算碰撞的概率以及生成咨询建议的概率。在本例中，我们将考虑示例 14-1 中所讨论的最优策略和简单策略。为评估这些度量，使用图 14-2 中初始状态分布中的 10 000 个样本，然后执行预演。图 14-4 显示了收敛曲线。

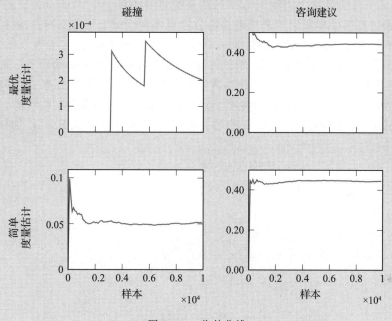

图 14-4　收敛曲线

从图 14-4 中可以观察到，最优策略比简单策略安全得多，同时以大致相同的频率生成咨询建议。咨询建议度量估计比碰撞估计收敛得更快。咨询建议指标更快收敛的原因是咨询建议比冲突更常见。最优策略的冲突非常罕见，即使有 10 000 个样本也不足以进行准确估计。该曲线呈现明显的锯齿状，在涉及碰撞的样本处具有较大的峰值，然后在模拟无碰撞样本时，碰撞概率估算值会衰减。

我们经常使用标准误差（standard error）来衡量估算值的质量：

$$\mathrm{SE} = \hat{\sigma} / \sqrt{n} \tag{14.5}$$

其中，$\hat{\sigma}$ 是样本的标准偏差（standard deviation），n 是样本数量。在示例 14-3 中，碰撞度量的标准偏差为 0.017 3，碰撞概率度量的标准误差为 0.000 173。

我们可以将标准误差转换为置信区间（confidence interval）。例如，95％ 的置信区间将为 $\mu \pm 1.96\mathrm{SE}$，其中 μ 是样本的均值。对于本文中的防撞控制示例，置信区间为（$-3.94 \times 10^{-5}, 6.39 \times 10^{-4}$）。或者可以采用贝叶斯方法，将后验函数表示为贝塔分布，如 4.2 节所述。

对于取值较小的概率，例如相对安全系统中的故障概率，我们通常对相对标准误差（relative standard error）感兴趣，相对标准误差由以下公式给出：

$$\frac{\hat{\sigma}}{\hat{\mu}\sqrt{n}} \tag{14.6}$$

这等价于将标准误差除以平均值。在本文的防撞控制决策系统问题中，相对误差是 0.578。虽然绝对误差可能很小，但相对误差很高，因为我们试图估算一个取值较小的概率值。

14.2　罕见事件模拟

正如示例 14-3 中讨论的，我们可能需要大量样本来准确估算罕见事件的度量值，例如估算碰撞的概率。在防撞控制决策系统示例中，10 000 个样本仅包含三次碰撞，如图 14-4 中的三个峰值所示。当我们为高风险系统设计算法时，例如金钱交易系统或汽车驾驶系统，通过直接采样和模拟来准确估算故障概率在计算上可能具有挑战性。

提高效率的常见方法称为重要性抽样（importance sampling）：从备选分布中进行采样，并对结果进行适当加权，以得出无偏估计⊖。我们在贝叶斯网络中的推理上下文中使用了类似的方法，其名称为似然加权抽样（具体请参见 3.7 节）。备选采样分布通常被称为提议分布（proposal distribution），并且我们将使用 $P'(\tau)$ 来表示提议分布分配给轨迹 τ 的概率。

我们将从 P' 导出对样本进行加权的适当方法。如果有从真实分布 P 抽样的 $\tau^{(1)}, \cdots, \tau^{(n)}$，那么我们有

$$f(\pi) = E_{\tau}\big[f_{\text{traj}}(\tau)\big] \tag{14.7}$$

$$= \sum_{\tau} f_{\text{traj}}(\tau) P(\tau) \tag{14.8}$$

$$\approx \frac{1}{n} \sum_{i} f_{\text{traj}}(\tau^{(i)}),\ 其中\ \tau^{(i)} \sim P \tag{14.9}$$

可以将式（14.8）乘以 $P'(\tau)/P'(\tau)$，从而得到：

$$f(\pi) = \sum_{\tau} f_{\text{traj}}(\tau) P(\tau) \frac{P'(\tau)}{P'(\tau)} \tag{14.10}$$

$$= \sum_{\tau} f_{\text{traj}}(\tau) P'(\tau) \frac{P(\tau)}{P'(\tau)} \tag{14.11}$$

$$\approx \frac{1}{n} \sum_{i} f_{\text{traj}}(\tau^{(i)}) \frac{P(\tau^{(i)})}{P'(\tau^{(i)})},\ 其中\ \tau^{(i)} \sim P' \tag{14.12}$$

换而言之，我们需要对提议分布中样本的结果进行加权，其中样本 i 的权重⊖为 $P(\tau^{(i)})/P'(\tau^{(i)})$。

我们希望选择提议分布 P'，将样本的生成集中在那些"重要"的样本上，因为"重要"的样本更有可能对整体性能评估做出贡献。在防撞控制决策系统的情形下，我们希望这种提议分布能够鼓励碰撞，这样就会有更多碰撞情况的样本来估算碰撞风险。然而，我们并不希望所有样本都会导致碰撞。一般而言，假设历史空间是离散的，则最优提议分布为：

$$P^*(\tau) = \frac{|f_{\text{traj}}(\tau)| P(\tau)}{\sum_{\tau'} |f_{\text{traj}}(\tau')| P(\tau')} \tag{14.13}$$

⊖　有关罕见事件模拟的重要性采样和其他技术的更详细介绍，请参见文献 J. A. Bucklew, *Introduction to Rare Event Simulation*. Springer, 2004。

⊖　重要的是，P' 不能将零似然分配给将 P 赋予正似然的任何轨迹。

如果 f_traj 是非负值，那么分母与我们试图在式（14.1）中估算的度量值完全相同。

尽管式（14.13）通常不太实际，无法准确计算（这就是首先使用重要性抽样的原因），但可以提供关于如何使用领域专业知识来构建提议分布的思路。我们通常将初始状态分布或转移模型稍微偏向更重要的轨迹，例如偏向碰撞。

为说明重要性分布的构造，我们在示例 14-1 中使用防撞控制问题的最优策略。飞机将在 $t_\text{col}=40$ 秒时启动，而不是在 $t_\text{col}=20$ 秒时启动，以使防撞控制问题更具挑战性。真实分布为 $h\sim\mathcal{U}(-10,10)/\text{m}$ 和 $\dot{h}\sim\mathcal{U}(-200,200)/(\text{m/s})$。然而，$h$ 和 $\dot{h}$ 的某些组合对于最优策略的解决更具挑战性。我们在问题的离散版本上使用动态规划来确定 h 和 $\dot{h}$ 取不同值时的碰撞概率。可以将这些结果进行归一化，将其转化为图 14-5 所示的提议分布。

使用图 14-5 所示的提议分布，与使用相同数量样本的直接采样相比，可以更好地估算碰撞概率。图 14-6 显示了收敛曲线。通过 5×10^4 个样本，两种采样方法收敛到相同的估算值。然而，重要性抽样在 10^4 个样本内接近真实值。使用我们的提议分布，重要性抽样产生 939 次碰撞，而直接抽样只产生 246 次碰撞。如果我们也偏向于转移分布，而不仅仅是初始状态分布，那么可能会产生更多的碰撞。

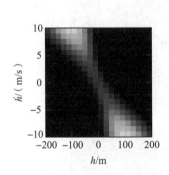

图 14-5　在 $t_\text{col}=20\text{s}$ 和 $a_\text{prev}=0\text{m/s}$ 的不同初始状态下，当遵循最优防撞控制策略时，根据碰撞概率生成的提议分布。黄色表示较高的概率密度

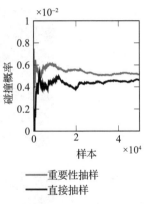

图 14-6　遵循通过重要性抽样和直接抽样估算的最优策略时的碰撞概率

14.3　鲁棒性分析

在现实世界中部署系统之前，有必要研究其对建模错误的鲁棒性。我们可以使用前面几节中提到的工具，例如策略评估和重要性抽样，但评估策略需要在与优化策略时假设的模型不同的环境中进行。图 14-7 显示当真实模型与用于优化的模型不同时，性能如何变化。我们还可以研究度量对状态空间上建模假设的敏感性（示例 14-4）。如果相关度量的性能在环境模型的合理扰动下得以保持，那么可以更

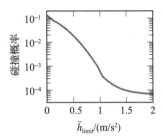

图 14-7　针对 $\ddot{h}_\text{limit}=1\text{m/s}^2$ 对策略进行优化的鲁棒性分析，但在具有不同 $\ddot{h}_\text{limit}$ 值的环境中进行评估

加确信我们的系统在部署时一定会按计划运行。

示例 14-4   **当用于规划的模型和用于评估的模型之间存在不匹配时，在遵循最佳防撞控制策略时发生碰撞的概率。**我们可以绘制从不同初始状态开始时的碰撞概率，类似于示例 14-2。在图 14-8 中，我们使用针对附录 F.6 中的参数优化策略，但改变了评估模型中的限制 $\ddot{h}_{\mathrm{limit}}$。

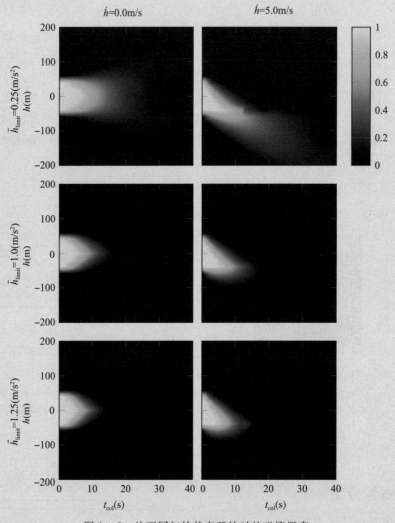

图 14-8   从不同初始状态开始时的碰撞概率

我们对策略进行了优化，其中 $\ddot{h}_{\mathrm{limit}}=1\mathrm{m/s^2}$。如果实际为 $0.25\mathrm{m/s^2}$，则该策略在某些状态表现不佳，因为达到目标垂直速度需要更长时间。如果限制值为 $1.25\mathrm{m/s^2}$，那么就更安全了。

我们通常希望规划模型（planning model）（用于优化策略的模型）相对简单，以防止对不代表真实世界的潜在错误建模假设进行过度拟合。简单规划模型的一个优点是可以使规划更具计算效率。然而，我们所使用的评估模型（evaluation model）可以尽可能复杂。

例如，在生成防撞控制策略时，我们可以使用一个简单的、低维的、离散的飞机动力学模型，但随后在连续的高保真仿真中评估该策略。规划模型越简单，通常对评估模型中的扰动就更具鲁棒性。

在各种评估模型上评估策略的过程，有时被称为压力测试（stress testing），特别是如果评估模型的范围包括相当极端的场景。在防撞控制决策系统中，极端情况可能包括飞机以物理上可能无法实现的极端爬升率相互靠近的情况。在设计阶段，因为这些场景被认为是不现实的，我们选择不针对这些场景优化系统的行为，但是充分了解哪些类型的场景会导致系统故障也是非常有用的。

如果我们发现策略对建模假设过于敏感，那么可以考虑使用一种称为鲁棒动态规划（robust dynamic programming）的方法[一]。我们有一套转换模型 $T_{1:n}$ 和奖励模型 $R_{1:n}$，而不是特定的转换模型。可以根据式（7.16）修正贝尔曼更新方程提供不同模型的鲁棒性，如下所示：

$$U_{k+1}(s) = \max_a \min_i \left(R_i(s,a) + \gamma \sum_{s'} T_i(s'|s,a) U_k(s') \right) \tag{14.14}$$

当使用最小化效用的模型时，这种更新将使用最大化预期效用的行为。

14.4 权衡分析

许多有趣的任务涉及多个目标，这些目标往往是相互竞争的。对于自主系统，通常需要在安全性和效率之间进行权衡。在设计防撞控制系统时，我们希望在不需要进行太多不必要避让操作的同时，确保非常的安全。权衡分析（trade analysis）研究了随着设计参数的变化，各种性能指标是如何进行权衡的。

如果我们只考虑两个性能指标，那么可以绘制一条权衡曲线，如示例 14-5 中所讨论的曲线。通过改变策略中的参数，我们可以获得两个度量的不同值。当对生成策略的不同方法进行比较时，这些曲线非常有用。例如，示例 14-5 中的曲线表明，用于生成策略的动态规划方法比简单的基于阈值的策略可以带来更显著的好处，至少在我们定义这些策略的方式上是如此。

对于示例 14-5 中的每一条曲线，我们一次只改变一个参数，但为了获得满意的系统，我们可能需要研究同时改变多个参数所带来的影响。当我们改变多个参数时，将获得一个可能的策略空间。相对于该空间中的其他至少一个策略，这些策略中的某些性能可能会更差（针对所有性能指标）。在实际考虑中，我们通常可以排除那些由其他策略主导（dominated）的策略。如果一个策略不受该空间中任何其他策略的支配，则称之为帕雷托最优策略（Pareto optimal）[二]或帕雷托有效策略（Pareto efficient）。帕雷托最优策略集被称为帕雷托边界（Pareto frontier），在两个维度上则被称为帕雷托曲线（Pareto curve）。图 14-9 显示帕雷托曲线的示例。

[一] G. N. Iyengar, "Robust Dynamic Programming," *Mathematics of Operations Research*, vol. 30, no. 2, pp. 257-280, 2005. 这种方法可以在避免碰撞的情况下提高鲁棒性。M. J. Kochenderfer, J. P. Chryssanthacopoulos, and P. Radecki, "Robustness of Optimized Collision Avoidance Logic to Modeling Errors," in *Digital Avionics Systems Conference*（DASC），2010.

[二] 以意大利经济学家维尔弗雷多·费德里科·达马索·帕雷托（Vilfredo Federico Damaso Pareto, 1848—1923）命名。

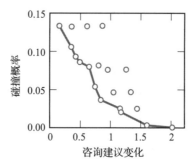

图 14-9　通过改变示例 14-1 中简单策略的参数而生成的策略的性能。近似帕雷托曲线以黑色突
　　　　出显示

示例 14-5　当不同防撞系统的参数变化时，安全性和操作效率之间的权衡分析。
在我们的飞机防撞控制问题中，必须平衡碰撞概率方面的安全性与其他指标，例如预期的咨询建议变更数量。这两个都可以使用轨迹度量来实现，轨迹度量通过式（14.3）中的步骤进行可加性分解（additively decomposed），从而允许我们使用精确的策略评估进行计算。

图 14-10 显示与简单策略和最优策略不同参数化版本相关的三条曲线。第一条曲线显示了当 h_{thresh} 参数（在示例 14-1 中定义）变化时，简单策略在两个度量上的性能。第二条曲线显示了当 t_{thresh} 变化时简单策略的性能。第三条曲线显示了当参数 θ 变化时的最优策略，其中碰撞成本为 $-\theta$，而更改咨询建议的成本为 $-(1-\theta)$。

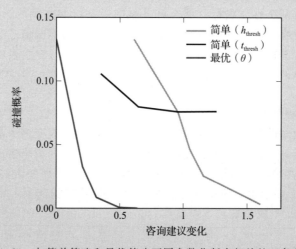

图 14-10　与简单策略和最优策略不同参数化版本相关的三条曲线

由图 14-10 中可知，最优策略支配由参数化简单策略所生成的曲线。当 θ 接近 1 时，安全性很高，但必须接受更多有关飞机高度改变的咨询建议。当 θ 变为 0 时，安全性降低，但不会产生咨询建议。给定安全阈值，我们能够创建一个优化策略，该策略比任何一个简单的参数策略都具有更少的预期改变飞机高度的建议。

14.5　对抗性分析

从对抗性分析（adversarial analysis）的角度研究策略的稳健性可能很有用。在每个时间步骤上，对手（adversary）从当前状态选择应用策略指定的操作行为所产生的状态。根据转换模型，对手有两个目标需要平衡：最小化奖励和最大化生成轨迹的似然性。我们可以把原来的问题转化为对抗性问题。对抗性状态空间与原始问题中的状态空间相同，但对抗性行为空间是原始问题的状态空间。对抗性奖励是：

$$R'(s,a) = -R(s,\pi(s)) + \lambda \log(T(a \mid s,\pi(s))) \tag{14.15}$$

其中，π 是我们的策略，R 是我们的原始奖励函数，T 是我们的初始转换模型，$\lambda \geq 0$ 是控制重要性（最大化轨迹结果似然性）的参数。由于对手试图最大化对抗性奖励的总和，因此需要将我们的预期负回报加上 λ 乘以所得轨迹的对数概率最大化[⊖]。对抗性转换模型是确定性的，状态转换为对手指定的行为。

算法 14-1 将这种转换实现为对抗性问题。算法中假设一个离散的状态空间和行为空间，然后就可以使用第 7 章中的动态规划算法来求解。解决方案是一种将状态映射到状态的对抗性策略。给定一个初始状态，我们可以生成一个轨迹，在给定概率的情况下，该轨迹可以最小化我们的奖励。由于该问题是确定性的，因此实际上它是一个搜索问题，可以使用附录 E 中的任何算法来实现。如果我们的问题是高维或连续的，就可以使用第 8 章和第 9 章中讨论的近似解技术之一来求解。

算法 14-1　给定策略 π，将其转换为对抗性问题。对抗性智能体试图改变策略行为的结果，以平衡最小化原始效用和最大化轨迹的似然性。参数 λ 控制最大化生成轨迹的似然性的重要性。算法返回一个马尔可夫决策过程，其转换模型和奖励模型均表示为矩阵

```
function adversarial(𝒫::MDP, π, λ)
    S, 𝒜, T, R, γ = 𝒫.S, 𝒫.𝒜, 𝒫.T, 𝒫.R, 𝒫.γ
    S′ = 𝒜′ = S
    R′ = zeros(length(S′), length(𝒜′))
    T′ = zeros(length(S′), length(𝒜′), length(S′))
    for s in S′
        for a in 𝒜′
            R′[s,a] = -R(s, π(s)) + λ*log(T(s, π(s), a))
            T′[s,a,a] = 1
        end
    end
    return MDP(T′, R′, γ)
end
```

有时，我们希望找到与特定策略相关的最可能的故障（most likely failure），该特定策略是为特定故障定义的策略。在某些问题中，故障可以定义为进入一个特定状态。例如，在我们的防撞控制问题中，碰撞可能被视为故障。对于其他问题中的故障，可能需要更复杂的定义，而不仅仅是进入状态空间的子集。例如，我们可能希望使用时序逻辑（temporal logic）来指定故障，这是一种表示和推理按时序限定的命题方法。然而，在许多情况下，我们可以使用这些故障规范来创建一个增强的状态空间，然后借助这个状态空间来解决问题[⊖]。

⊖　轨迹的对数概率等于单个状态转移概率的对数之和。

⊖　M. Bouton, J. Tumova, and M. J. Kochenderfer, "Point-Based Methods for Model Checking in Partially Observable Markov Decision Processes," in *AAAI Conference on Artificial Intelligence* (*AAAI*)，2020.

一旦定义了故障状态，就可以将式（14.15）中的奖励函数更改为以下公式来求解最可能的故障轨迹：

$$R'(s,a) = \begin{cases} -\infty, & \text{如果 } s \text{ 是终点且非失败} \\ 0, & \text{如果 } s \text{ 是终点且失败} \\ \log(T(a\,|\,s,\pi(s))), & \text{其他} \end{cases} \qquad (14.16)$$

我们可以使用各种近似方法找到这些最可能的故障。根据近似方法，有必要放宽终止时仍未出现故障的无限惩罚的条件，这样可以导致搜索失败。如果将蒙特卡罗树搜索应用于防撞控制问题，则惩罚可能与未命中的距离有关[⊖]。

我们可以回放最可能的故障轨迹，并判断该轨迹是否值得关注。如果这种轨迹被认为极不可信，那么可以更加确信我们的策略是安全的。然而，如果故障轨迹值得关注，那么可能有如下的几个选择：

1. 更改行为空间。在防撞控制问题中，我们可能会在行为集中加入更多的极限行为。

2. 更改奖励函数。我们可以降低更改飞机高度的咨询建议成本，以降低碰撞风险，如示例 14-5 中的权衡曲线所示。

3. 更改转移函数。我们可以增加加速度限制，以便在我们的策略指导下，飞机能够更快地达到目标垂直速度。

4. 改进求解方案。如果之前使用了状态空间的离散化，而该离散化过于粗糙，将无法捕捉最优策略的重要特征。我们可以改进离散化以获得更好的策略，但是会增加额外的计算时间。或者，可以采用不同的近似技术。

5. 不要部署系统。如果策略不安全，那么建议最好不要在现实世界中部署该系统。

14.6　本章小结

- 可以使用前面章节中所讨论的动态规划技术或通过抽样预演来评估策略的性能度量。
- 可以使用标准误差、置信区间或前面讨论的贝叶斯方法中的任何一种方法，来评估性能指标的置信度。
- 使用重要性抽样方法可以更有效地估算罕见事件的概率。
- 重要性抽样包括从备选分布中抽样，并对结果进行适当加权。
- 由于用于优化的模型可能是对真实世界的不准确表示，因此有必要研究我们的策略对建模假设的敏感性。
- 通过优化一组不同的转换模型和奖励模型，鲁棒动态规划有助于提高模型不确定性的鲁棒性。
- 在优化策略时，权衡分析可以帮助我们确定如何平衡多个性能目标。
- 对抗性分析涉及一个对手，该对手选择我们在每一步中转换到的状态，以最小化目标，同时最大化轨迹的似然性。

14.7　练习题

练习题 14-1　假设有一个轨迹 τ 为：

⊖　以下文献中使用了这个策略：Lee, M. J. Kochenderfer, O. J. Mengshoel, G. P. Brat, and M. P. Owen, "Adaptive Stress Testing of Airborne Collision Avoidance Systems," in *Digital Avionics Systems Conference* (*DASC*), 2015。

$$
\begin{array}{ccccc}
s_1 & a_1 & s_2 & a_2 & s_3 \\
6.0 & 2.2 & 1.4 & 0.7 & 6.0
\end{array}
$$

假设满足线性高斯动力学特性，其中 $T(s'|s,a)=\mathcal{N}(s'|2s+a,5^2)$，初始状态分布为 $\mathcal{N}(5,6^2)$。请问轨迹 τ 的对数似然性是多少？

参考答案：轨迹的对数似然为：

$$
\log \mathcal{N}(6.0|5,6^2) + \log \mathcal{N}(1.4|2\cdot 6.0+2.2,5^2)
$$
$$
+\log \mathcal{N}(6.0|2\cdot 1.4+0.7,5^2) \approx -11.183
$$

练习题 14-2　如果我们进行了一百万次模拟，发现防撞控制系统导致了 10 次碰撞现象。请问碰撞概率估算值和相对标准误差是多少？

参考答案：碰撞概率估算值为：

$$
\hat{\mu} = 10/10^6 = 10^{-5}
$$

如果发生碰撞，则第 i 个样本 x_i 为 1，否则为 0。标准偏差为

$$
\hat{\sigma} = \sqrt{\frac{1}{10^6-1}\sum_{i=1}^{n}(x_i-\hat{\mu})^2} = \sqrt{\frac{1}{10^6-1}(10(1-\hat{\mu})^2+(10^6-10)\hat{\mu}^2)} \approx 0.003\,16
$$

相对误差为：

$$
\frac{\hat{\sigma}}{\hat{\mu}\sqrt{n}} \approx \frac{0.003\,16}{10^{-5}\sqrt{10^6}} = 0.316
$$

练习题 14-3　假设想计算期望值 $E_{x\sim\mathcal{U}(0,5)}[f(x)]$，其中如果 $|x|\leqslant 1$，则 $f(x)$ 为 -1，否则为 0。请问最优提议分布是什么？

参考答案：最优提议分布为：

$$
p^*(x) = \frac{|f(x)|p(x)}{\int |f(x)|p(x)\mathrm{d}x}
$$

这等价于 $U(0,1)$，因为 $f(x)$ 仅对 $x\in[0,1]$ 为非零，$U(0,5)$ 仅支持 $x\in[0,5]$，并且 $f(x)$ 和 $p(x)$ 在非零时都产生常数值。

练习题 14-4　假设我们从上一个练习中的提议分布中抽取样本 0.3。请问样本的权重是多少？$E_{x\sim\mathcal{U}(0,5)}[f(x)]$ 的估算值是多少？

参考答案：其权重为 $p(x)/p^*(x)=0.2/1$。由于 $f(0.3)=-1$，估算值为 -0.2。

练习题 14-5　假设我们有表 14-1 所示的四个策略，这些策略已根据希望最大化的三个指标进行了评估。请问哪些策略处于帕雷托边界？

参考答案：只有 π_1 由其他策略主导。因此，π_2、π_3 和 π_4 位于帕雷托边界。

表 14-1　练习题 14-5 所使用的四个策略

系统	f_1	f_2	f_3
π_1	2.7	1.1	2.8
π_2	1.8	2.8	4.5
π_3	9.0	4.5	2.3
π_4	5.3	6.0	2.8

模型不确定性

到目前为止，对序列问题（sequential decision problem，或顺序决策问题、连续决策问题）的讨论中，我们假设转换模型和奖励模型是已知的。然而，在许多问题中，这些模型并不是完全已知的，智能体必须通过经验学会采取行为。通过观察状态转变和奖励形式的行为结果，智能体将选择能够最大化其长期奖励积累的行为。解决这种存在模型不确定性的问题是**强化学习**（reinforcement learning）领域的主题，这是本书第三部分的重点。我们将讨论解决模型不确定性所面临的几个挑战。第一，智能体必须谨慎地在以下两者之间做出权衡：一个是对环境的探索（exploration），另一个是对通过经验所获得知识的利用（exploitation，或开发）。第二，奖励可能会在做出重要决策后很久才收到，因此，后面的奖励必须归功于先前的决策。第三，智能体必须从有限的经验中进行概括总结。我们将讨论解决这些挑战的相关理论和一些关键算法。

探索和利用

强化学习智能体[⊖]必须在以下两者之间做出权衡：一个是对环境的探索，另一个是对通过其交互所获得知识的利用[⊜]。纯粹的探索将允许智能体建立一个全面的模型，但智能体可能不得不牺牲奖励的获取。纯粹的利用使得智能体不断选择其认为最好的行为来积累奖励，但可能还有其他更好的可以采取的行为。本章通过关注单一状态的问题，讨论与探索-利用两者之间权衡相关的挑战。最后，我们将讨论具有多个状态的马尔可夫决策过程。

15.1 赌博机问题

早期对探索和利用之间进行权衡的分析主要集中在老虎机（slot machine）上，也称为单臂赌博机（one-armed bandit）[⊜]。这个名字来源于老式的老虎机只有一个拉杆臂（pull level，或拉杆、摇杆、拉杆臂、臂），并且老虎机往往会赢走赌徒的钱。现实世界中的许多问题可以被定义为多臂赌博机问题（multiarmed bandit problem）[㉃]，例如临床试验的分配和自适应的网络路由。文献中存在许多赌博机问题的相关公式，但本章将着重介绍二元赌博机（binary bandit）、伯努利赌博机（Bernoulli bandit）或二项式赌博机（binomial bandit）。在这些问题中，拉杆臂 a 以概率 θ_a 得到奖励 1，否则奖励为 0。拉一次拉杆臂没有任何代价，但我们最多只能拉 h 次拉杆臂。

多臂赌博机问题可以被构造为具有单一状态、n 个行为和未知随机奖励函数 $R(s,A)$ 的 h 步马尔可夫决策过程，如图 15-1 所示。回想一下，$R(s,a)$ 是在状态 s 中采取行为 a 时的预期奖励，但在真实环境中实现的个人奖励可能来自概率分布。

算法 15-1 定义赌博机问题的模拟。在每一步中，我们都会根据当前的回报

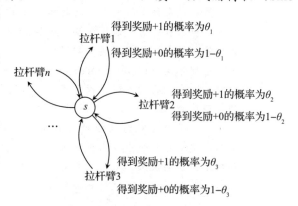

图 15-1　多臂赌博机问题是一个单一状态的马尔可夫决策过程，其中行为的不同之处仅在于它们所产生奖励的似然性

　　⊖　有关强化学习领域的综述，请参考文献 M. Wiering and M. van Otterlo, eds., *Reinforcement Learning*: *State of the Art*. Springer, 2012。

　　⊜　在某些应用中，我们希望在给定一组固定轨迹的情况下对策略进行优化。这种情况称为批量强化学习（batch reinforcement learning）。本章假设我们必须通过互动收集自己的数据，这使得选择合适的探索策略变得非常重要。

　　⊜　多臂赌博机问题在第二次世界大战期间已被研究过，事实证明解决起来异常困难。根据彼得·惠特尔（Peter Whittle）的观点，"解决'赌博机问题'极大地消耗了盟军分析家的精力和头脑，以至于有人建议将这个问题抛给德国人，以作为智力破坏的最终工具。" J. C. Gittins, "Bandit Processes and Dynamic Allocation Indices," *Journal of the Royal Statistical Society*. *Series B*（*Methodological*）, vol. 41, no. 2, pp. 148-177, 1979.

　　㉃　C. Szepesvári and T. Lattimore, *Bandit Algorithms*. Cambridge University Press, 2020.

概率模型对探索策略 π 进行评估，以生成行为 a。下一节将讨论建立回报概率模型的方法，本章的其余部分将概述几种探索策略。获得行为 a 后，我们模拟拉动拉杆臂，返回二元奖励 r。然后使用观察到的行为 a 和奖励 r 对模型进行更新。模拟循环重复到时域 h。

算法 15-1　赌博机问题的模拟。赌博机问题由回报概率的向量 θ 定义，每个行为对应一个概率。我们还定义了一个函数 R，用于模拟为了响应行为选择而产生的随机二元奖励。模拟的每一步都涉及从探索策略 π 生成一个行为 a。探索策略通常在选择行为时参考模型。选择该行为会产生随机生成的奖励，然后用于更新模型。模拟运行到时域 h

```
struct BanditProblem
    θ # 回报概率的向量
    R # 奖励抽样器
end

function BanditProblem(θ)
    R(a) = rand() < θ[a] ? 1 : 0
    return BanditProblem(θ, R)
end

function simulate(𝒫::BanditProblem, model, π, h)
    for i in 1:h
        a = π(model)
        r = 𝒫.R(a)
        update!(model, a, r)
    end
end
```

15.2　贝叶斯模型估计

我们希望跟踪拉杆臂 a 获胜概率 θ_a 的信念，通常用贝塔分布（具体请参见 4.2 节）表示。假设已知 $\text{Beta}(1,1)$ 的均匀先验概率，ω_a 获胜和 ℓ_a 失败后的 θ_a 的后验概率为 $\text{Beta}(\omega_a+1, \ell_a+1)$。则获胜的后验概率为：

$$\rho_a = P(\text{win}_a | \omega_a, \ell_a) = \int_0^1 \theta \times \text{Beta}(\theta | \omega_a+1, \ell_a+1) \mathrm{d}\theta = \frac{\omega_a + 1}{\omega_a + \ell_a + 2} \quad (15.1)$$

算法 15-2 提供了这个计算公式的实现。示例 15-1 说明了如何根据输赢的计数值来计算这些后验分布。

算法 15-2　赌博机问题模型的贝叶斯更新函数。在采取行为 a 之后并观察到奖励 r，我们通过增加适当的参数来更新与该行为相关的贝塔分布

```
struct BanditModel
    B # beta分布的向量
end

function update!(model::BanditModel, a, r)
    α, β = StatsBase.params(model.B[a])
    model.B[a] = Beta(α + r, β + (1-r))
    return model
end
```

示例 15-1   多臂赌博机问题的后验概率分布和预期回报。 假设有一个双臂赌博机问题，并且已经玩过六次。第一个拉杆臂 1 胜 0 负，另一个拉杆臂 4 胜 1 负。假设采用一致的先验概率，θ_1 的后验分布是 $\mathrm{Beta}(2,1)$，θ_2 的后验分布是 $\mathrm{Beta}(5,2)$，如图 15-2 所示。

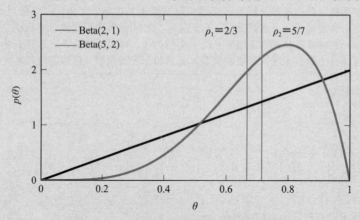

图 15-2   多臂赌博机问题的后验概率分布

这些后验分布将非零似然分配给 0 和 1 之间的获胜概率。双臂赌博机每一个拉杆臂在 0 处的密度都为 0，因为这两个拉杆臂都至少赢了一场。类似地，拉杆臂 2 在 1 处的密度为 0，因为这个拉杆臂至少有一次失败。回报概率 $\rho_1 = 2/3$ 和 $\rho_2 = 5/7$ 均使用垂直线表示。我们认为，第二个拉杆臂所产生的回报概率较大。

贪婪行为（greedy action）是指在二元赌博机问题中、最大化预期的即时回报，或者换而言之，最大化获胜的后验概率。贪婪行为可能存在多种，我们并不一定总是选择一个贪婪行为，以防错过发现另一个行为，而这一行为实际上可能会在预期中提供更高的回报。我们可以使用与不同行为相关的贝塔分布中的信息来推动对非贪婪行为的探索。

15.3   无向探索策略

存在几种特殊探索（ad hoc exploration）策略，通常用于对探索和利用这两种策略的平衡。本节讨论一种称为无向探索（undirected exploration）的特殊探索策略，我们不使用以前结果中的信息来指导非贪婪行为的探索。

最常见的无向探索策略之一是 ϵ-贪婪探索（ϵ-greedy exploration）（算法 15-3）。该策略随机选择一个具有概率 ϵ 的拉杆臂。否则，我们选择贪婪的拉杆臂（$\arg\max_a \rho_a$）。ρ_a 是使用上一节中给出的贝叶斯模型通过行为 a 获胜的后验概率。或者，我们还可以使用最大似然估计，但如果有足够多次数的尝试，两种方法之间的差异很小。较大的 ϵ 值会导致更多的探索，从而更快地识别最优拉杆臂，但更多的尝试次数被浪费在次优拉杆臂上。示例 15-2 展示这种探索策略和信念的演变。

算法 15-3 ϵ-贪婪探索策略。在概率为 ϵ 的情况下，将返回一个随机行为。否则，将返回贪婪的行为

```
mutable struct EpsilonGreedyExploration
    ϵ # 随机拉杆臂的概率
```

```
end
function (π::EpsilonGreedyExploration)(model::BanditModel)
    if rand() < π.ε
        return rand(eachindex(model.B))
    else
        return argmax(mean.(model.B))
    end
end
```

示例 15-2   将ε-贪婪探索策略应用于一个双臂赌博机问题。本例将ε-贪婪探索策略应用于一个双臂赌博机问题。我们可以使用均匀分布的先验概率和探索策略构建模型，其中ε＝0.3：

```
model(fill(Beta(),2))
π = EpsilonGreedyExploration(0.3)
```

为了获得第一个行为，我们调用π(model)，该函数基于随机数生成器的当前状态返回1。我们观察到一个损失，r=0，然后调用：

```
update!(model, 1, 0)
```

该函数更新了模型内的贝塔分布，以反映我们采取行为1并获得0的奖励。

图 15-3 显示使用我们的探索策略执行六个步骤后，回报信念值的演变。黑色对应于第一个拉杆臂，灰色对应于第二个拉杆臂。

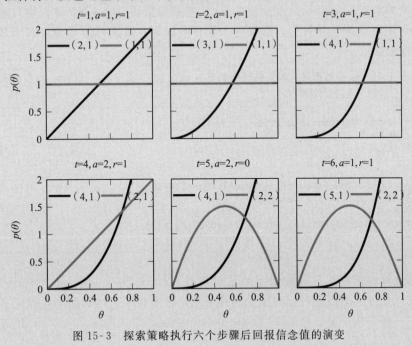

图 15-3   探索策略执行六个步骤后回报信念值的演变

ε-贪婪探索方法保持了恒定的探索量，尽管在与赌博机的互动中，早期的不确定性远大于后期。一种常见的调整是随时间对ε进行衰减，例如使用指数衰减方式并进行以下更新：

$$\epsilon \leftarrow \alpha\,\epsilon \tag{15.2}$$

其中，$\alpha \in (0,1)$，一般近似等于 1。

另一种策略是先探索后提交式的探索策略（explore-then-commit exploration）（算法 15-4），我们在前 k 个时间步骤中随机选择行为。从这一点开始，我们选择了贪婪行为[⊖]。k 值越大，实施次优行为的风险就越小，但会浪费更多的时间来探索潜在的次优行为。

算法 15-4 先探索后提交式探索策略。如果 k 是严格正的，算法将在递减 k 之后返回一个随机操作行为。否则，算法将返回一个贪婪行为

```
mutable struct ExploreThenCommitExploration
    k # 直到提交前的pull
end

function (π::ExploreThenCommitExploration)(model::BanditModel)
    if π.k > 0
        π.k -= 1
        return rand(eachindex(model.B))
    end
    return argmax(mean.(model.B))
end
```

15.4 有向探索策略

有向探索（directed exploration）策略使用从以前的尝试中收集的信息来指导非贪婪行为的探索。例如，Softmax 策略（算法 15-5）以与 $\exp(\lambda \rho_a)$ 成比例的概率拉动拉杆臂 a，其中精度参数（precision parameter）$\lambda \geqslant 0$ 控制探索量。当 $\lambda \to 0$ 时，均匀随机选择行为；当 $\lambda \to \infty$ 时，选择贪婪行为。随着更多数据的积累，我们可能希望通过乘法因子增加 λ，以减少探索次数。

算法 15-5 Softmax 探索策略。该策略选择概率与 $\exp(\lambda \rho_a)$ 成比例的行为 a。精度参数 λ 在每一步按因子 α 进行缩放

```
mutable struct SoftmaxExploration
    λ # 精度参数
    α # 精度因子
end

function (π::SoftmaxExploration)(model::BanditModel)
    weights = exp.(π.λ * mean.(model.B))
    π.λ *= π.α
    return rand(Categorical(normalize(weights, 1)))
end
```

各种探索策略都基于不确定性下的乐观思想（optimism under uncertainty）。如果我们在数据统计允许的范围内对行为结果感到乐观，则将被隐式地驱动来对探索和利用进行平衡。其中一种方法是分位数探索（quantile exploration）（算法 15-6）[⊖]，该方法选择具

[⊖] A. Garivier, T. Lattimore, and E. Kaufmann, "On Explore-Then-Commit Strategies," in *Advances in Neural Information Processing Systems* (*NIPS*), 2016.

[⊖] 这个一般策略与置信区间上界探索（upper confidence bound exploration）、区间探索（interval exploration）和区间估计（interval estimation）有关，指的是置信区间的上界。L. P. Kaelbling, *Learning in Embedded Systems*. MIT Press, 1993. E. Kaufmann, "On Bayesian Index Policies for Sequential Resource Allocation," *Annals of Statistics*, vol. 46, no. 2, pp. 842-865, 2018.

有最高 α 分位数（α-quantile）（具体请参见 2.2.2 节）的拉杆臂作为回报概率。$\alpha > 0.5$ 的值会在不确定的情况下产生乐观情绪，激励人们探索那些不经常尝试的行为。α 值越大，探索量越大。示例 15-3 显示分位数估计，并将其与其他探索策略进行比较。

算法 15-6 分位数探索，返回具有最高 α 分位数的行为

```
mutable struct QuantileExploration
    α # 分位数（例如，0.95）
end

function (π::QuantileExploration)(model::BanditModel)
    return argmax([quantile(B, π.α) for B in model.B])
end
```

示例 15-3 用于示例 15.1 中的双臂赌博机问题的探索策略。 考虑使用在示例 15-1 的双臂赌博机问题中所获信息的探索策略，其中 θ_1 的后验分布为 $\mathrm{Beta}(2,1)$，θ_2 的后验分配为 $\mathrm{Beta}(5,2)$。第二个拉杆臂具有较高的回报概率。

$\epsilon = 0.2$ 的 ϵ-贪婪策略有 20% 的概率在拉杆臂之间随机选择，80% 的概率选择第二个拉杆臂。因此，选择第一拉杆臂的总概率为 0.1，选择第二拉杆臂的概率为 0.9。

$\lambda = 1$ 的 Softmax 策略为第一个拉杆臂分配权重 $\exp(\rho_1) = \exp(2/3) \approx 1.948$，为第二个拉杆臂分配权重 $\exp(\rho_2) = \exp(5/7) \approx 2.043$。选择第一个拉杆臂的概率为 $1.948/(1.948 + 2.043) \approx 0.488$，选择第二个拉杆臂的概率为 0.512。图 15-4 显示了选择第一个拉杆臂的概率如何随 λ 变化的情况。

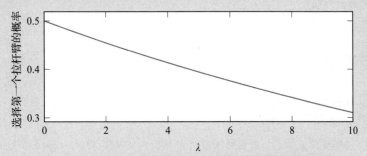

图 15-4 选择第一个拉杆臂的概率如何随 λ 变化的情况

$\alpha = 0.9$ 的分位数探索计算的回报概率大于与每个后验分布相关的概率质量的 90%。θ_1 的 0.9 分位数为 0.949，θ_2 的 0.9 分位数为 0.907，如图 15-5 所示。第一个拉杆臂（蓝色显示）具有较高的分位数，并且接下来将被拉动。

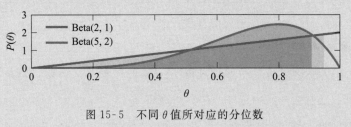

图 15-5 不同 θ 值所对应的分位数

精确计算后验分布置信区间上界的另一种方法是使用 UCB_1 探索（算法 15-7），最初

在 9.6 节中引入该算法，用于蒙特卡罗树搜索中的探索。在该策略中，我们选择最大化以下公式的行为 a：

$$\rho_a + c \sqrt{\frac{\log N}{N(a)}} \tag{15.3}$$

其中，$N(a)$ 是行为 a 被采取的次数，并且 $N = \sum_a N(a)$。参数 $c \geqslant 0$ 控制探索量的多少，而探索则有第二个项来激励。c 值越大，探索量越多。该策略通常用于回报概率的最大似然估计，但我们可以通过如下设置来使其适应贝叶斯上下文，即使得 $N(a)$ 等于与 a 相关的贝塔分布参数的和。

算法 15-7 探索常数为 c 的 UCB1 探索策略。我们根据 B 中的伪计数参数计算每个行为的公式（15.3）。然后返回使计算数量最大化的行为

```
mutable struct UCB1Exploration
    c # 探索常数
end

function bonus(π::UCB1Exploration, B, a)
    N = sum(b.α + b.β for b in B)
    Na = B[a].α + B[a].β
    return π.c * sqrt(log(N)/Na)
end

function (π::UCB1Exploration)(model::BanditModel)
    B = model.B
    ρ = mean.(B)
    u = ρ .+ [bonus(π, B, a) for a in eachindex(B)]
    return argmax(u)
end
```

探索的另一种通用方法是使用后验抽样（算法 15-8），也称为随机化概率匹配（randomized probability matching）或汤普森抽样（Thompson sampling）[⊖]。这种探索方法易于实现，不需要仔细的参数调整。其基本思想是从与各种行为相关的奖励的后验分布中进行抽样。选择具有最大采样值的行为。

算法 15-8 后验抽样探索策略。本策略没有自由参数，只是从与每个行为相关联的贝塔分布中采样，然后返回与最大样本相关联的行为

```
struct PosteriorSamplingExploration end

(π::PosteriorSamplingExploration)(model::BanditModel) =
    argmax(rand.(model.B))
```

15.5 最佳探索策略

与拉杆臂 a 相关联的贝塔分布通过计数（ω_a, ℓ_a）参数化。这些计数 $\omega_1, \ell_1, \cdots, \omega_n, \ell_n$ 代

⊖ W. R. Thompson, "On the Likelihood That One Unknown Probability Exceeds Another in View of the Evidence of Two Samples," *Biometrika*, vol. 25, no. 3/4, pp. 285-294, 1933. 有关最近的教程，请参见文献 D. Russo, B. V. Roy, A. Kazerouni, I. Osband, and Z. Wen, "A Tutorial on Thompson Sampling," *Foundations and Trends in Machine Learning*, vol. 11, no. 1, pp. 1-96, 2018。

表对回报的信念，因此代表一种信念状态（belief state）。这 $2n$ 个数字可以描述在可能的回报概率上的 n 个连续概率分布。

我们可以构造一个马尔可夫决策过程，其状态是长度为 $2n$ 的向量，表示智能体对 n 个拉杆臂赌博机问题的置信度。动态规划可用于求解该马尔可夫决策过程，以获得最佳策略 π^*，该策略指定在给定计数的情况下拉动哪个拉杆臂。

假设 $Q^*(\omega_1,\ell_1,\cdots,\omega_n,\ell_n,a)$ 表示拉动拉杆臂 a 之后的预期回报，然后采取最佳的行为。最优效用函数和最优策略可以使用 Q^* 表示：

$$U^*(\omega_1,\ell_1,\cdots,\omega_n,\ell_n) = \max_a Q^*(\omega_1,\ell_1,\cdots,\omega_n,\ell_n,a) \tag{15.4}$$

$$\pi^*(\omega_1,\ell_1,\cdots,\omega_n,\ell_n) = \arg\max_a Q^*(\omega_1,\ell_1,\cdots,\omega_n,\ell_n,a) \tag{15.5}$$

我们可以将 Q^* 分解为以下的两个项：

$$Q^*(\omega_1,\ell_1,\cdots,\omega_n,\ell_n,a) = \frac{\omega_a+1}{\omega_a+\ell_a+2}(1+U^*(\cdots,\omega_a+1,\ell_a,\cdots))$$
$$+ \left(1-\frac{\omega_a+1}{\omega_a+\ell_a+2}\right)U^*(\cdots,\omega_a,\ell_a+1,\cdots) \tag{15.6}$$

第一项与拉杆臂 a 获胜有关，第二项与失利有关。值 $(\omega_a+1)/(\omega_a+\ell_a+2)$ 是获胜的后验概率，来自式（15.1）$^{\ominus}$。式（15.6）中的第一个 U^* 记录获胜，而第二个 U^* 则记录失败。

我们可以计算整个信念空间的 Q^*，因为我们假设一个有限的时域 h。从满足 $\sum_a(\omega_a+\ell_a)=h$ 的所有终端信念状态开始，其中 $U^*=0$。然后，可以返回到满足 $\sum_a(\omega_a+\ell_a)=h-1$ 的状态，接着应用式（15.6）。重复这个过程，直到达到初始状态。在示例 15-4 中计算了该最优策略。

示例 15-4　计算双拉杆臂、两步时域的赌博机问题的最优策略。 接下来，我们构建具有两步时域的双臂赌博机问题的状态行为树。状态向量为 $[\omega_1,\ell_1,\omega_2,\ell_2]$。黑色箭头表示胜利，灰色箭头表示失败，如图 15-6 所示。

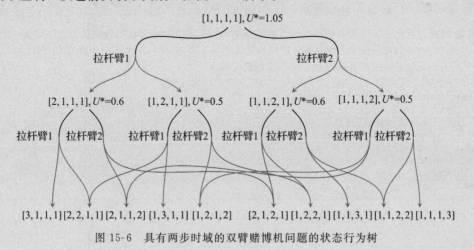

图 15-6　具有两步时域的双臂赌博机问题的状态行为树

正如所料，该策略在拉杆臂 1 和拉杆臂 2 方面是对称的。我们发现，第一只拉杆臂并不重要，而且最好是拉两次获胜的拉杆臂，而不是拉两次失败的拉杆臂。

可以使用以下公式计算最优值函数：

$$Q^*([2,1,1,1],1) = \frac{3}{5}(1+0) + \frac{2}{5}(0) = 0.6$$

$$Q^*([2,1,1,1],2) = \frac{2}{4}(1+0) + \frac{2}{4}(0) = 0.5$$

$$Q^*([1,2,1,1],1) = \frac{2}{5}(1+0) + \frac{3}{5}(0) = 0.4$$

$$Q^*([1,2,1,1],2) = \frac{2}{4}(1+0) + \frac{2}{4}(0) = 0.5$$

$$Q^*([1,1,1,1],1) = \frac{2}{4}(1+0.6) + \frac{2}{4}(0.5) = 1.05$$

尽管这种动态规划解决方案是最优的，但信念状态的数量是 $O(h^{2n})$。我们可以使用基廷斯配置指数（Gittins allocation index）[a] 来制定一个无限时域、折扣版的问题，该问题可以有效地求解。该配置指数可以存储为一个查找表，该查找表指定标量配置指数值，给定与一个拉杆臂相关的拉动次数和获胜数[b]。配置指数最高的拉杆臂是下一个应该拉动的拉杆臂。

15.6 使用多个状态进行探索

在具有多个状态的通用强化学习环境中，必须使用关于状态转换的观测来告知我们的决策。可以修改算法 15-1 中的模拟过程，以考虑状态转换并适当地更新模型。算法 15-9 提供关于这一点的实现。正如我们将在接下来的几个章节中所要讨论的那样，存在许多方法可以对问题进行建模并执行探索，但模拟的结构完全相同。

算法 15-9 强化学习问题的模拟循环。探索策略 π 基于模型中的信息和当前状态 s 生成下一个行为。马尔可夫决策过程问题 $\mathcal{P}$ 被视为基本事实，并被用于采样下一个状态和奖励。状态转换和奖励用于更新模型。模拟运行到时域 h

```
function simulate(𝒫::MDP, model, π, h, s)
    for i in 1:h
        a = π(model, s)
        s′, r = 𝒫.TR(s, a)
        update!(model, s, a, r, s′)
        s = s′
    end
end
```

---

[a] J. C. Gittins, "Bandit Processes and Dynamic Allocation Indices," *Journal of the Royal Statistical Society. Series B (Methodological)*, vol. 41, no. 2, pp. 148-177, 1979. J. Gittins, K. Glazebrook, and R. Weber, *Multi-Armed Bandit Allocation Indices*, 2nd ed. Wiley, 2011.

[b] 有关计算该查找表的算法综述，请参考文献 J. Chakravorty and A. Mahajan, "Multi-Armed Bandits, Gittins Index, and Its Calculation," in *Methods and Applications of Statistics in Clinical Trials*, N. Balakrishnan, ed., vol. 2, Wiley, 2014, pp. 416-435。

15.7 本章小结

- 探索-利用之间的权衡是在探索状态-行为空间以获得更高回报与利用已知的有利状态行为之间的平衡。
- 多拉杆臂赌博机问题涉及一个单一状态，即智能体因采取不同行为而获得随机的奖励。
- 贝塔分布可用于维持对多拉杆臂赌博机问题奖励的信念度。
- 无向探索策略（包括 ϵ-贪婪探索策略和先探索后提交探索策略）实施起来很简单，但不使用以前结果中的信息来指导非贪婪行为的探索。
- 有向探索策略（包括 Softmax、分位数、UCB_1 和后验抽样探索）使用过去行为的信息来更好地探索有前景的行为。
- 动态规划可用于推导有限时域的最佳探索策略，但这些策略的计算成本可能很高。

15.8 练习题

练习题 15-1 再次考虑三拉杆臂赌博机问题，其中每个拉杆臂的获胜概率都在 0 和 1 之间。比较 Softmax、分位数和 UCB_1 探索策略。从定性方面分析，对于随机生成的赌博机问题，产生最高预期回报的 λ、α 和 c 的值分别是什么？

参考答案：在图 15-7 中，我们绘制了三种策略中每一步的预期回报。同样，参数化的有效性取决于问题的时域，因此也显示了几个不同的深度。

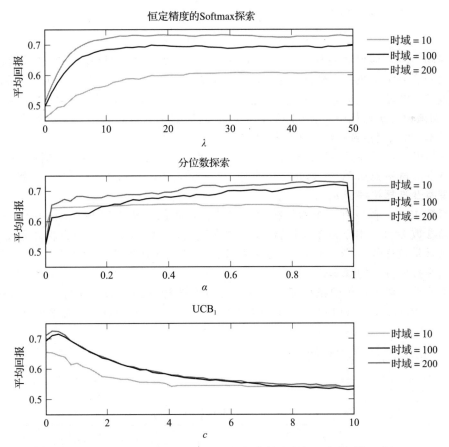

图 15-7 Softmax、分位数和 UCB_1 探索策略中每一步的预期回报

Softmax 策略在 λ 值取值较大的情况下表现最好，根据当前的信念，该策略优先使用期望回报更高的拉杆臂。与参数化无关，置信区间上界探索在更长的时域上表现更好。置信区间 α 的大小不会显著影响性能，除非其值非常接近 0 或 1。UCB_1 策略在探索标量 c 取比较小的正值时表现最好。预期回报随着 c 值的增加而衰减。以上所有三种策略都可以调整，以产生类似的最大预期回报。

练习题 15-2　给出一个多拉杆臂赌博机问题的实际应用实例。

参考答案：存在许多多拉杆臂赌博机问题。例如，考虑一家新闻公司，该公司希望最大限度地提高其网站上文章的互动量（即点击量）。公司可能有好几篇文章需要展示，但必须在任何给定的时间选择一篇。这个问题是一个多拉杆臂赌博机问题，因为用户要么以概率 θ_i 点击文章 i，要么以概率 $1-\theta_i$ 不点击文章 i。探索将包括在网站上显示文章并观察点击次数，而开发利用则将包括显示可能导致最高点击次数的文章。这个问题与 A/B 测试（A/B testing）有关，公司测试网站的不同版本，以确定哪个版本产生最多的互动量。

练习题 15-3　给定一个单臂赌博机问题，其先验值为 $\theta \sim \text{Beta}(7,2)$，请给出 10 次额外拉动后获胜的后验概率界限。

参考答案：假设所有拉杆臂的尝试都会导致失败，可以计算获胜后验概率 ρ 的下界（例如，$\underline{\ell}=10$ 和 $\underline{\omega}=0$）。可以类似地计算上界 $\bar{\rho}$，假设所有拉杆臂的尝试都会导致获胜（例如，$\bar{\omega}=10$ 和 $\bar{\ell}=0$）。因此，其界限计算如下所示

$$\underline{\rho}=\frac{\underline{\omega}+7}{\underline{\omega}+\underline{\ell}+9}=\frac{0+7}{0+10+9}=\frac{7}{19}$$

$$\bar{\rho}=\frac{\bar{\omega}+7}{\bar{\omega}+\bar{\ell}+9}=\frac{10+7}{10+0+9}=\frac{17}{19}$$

练习题 15-4　假设我们有一个包含两个拉杆臂（拉杆臂 a 和拉杆臂 b）的赌博机问题，我们使用一个 $\epsilon=0.3$ 的 ϵ-贪婪探索策略，探索衰减因子 $\alpha=0.9$。生成一个介于 0 和 1 之间的随机数 x，以确定我们采用的是探索策略（$x<\epsilon$）还是开发利用策略（$x>\epsilon$）。假设 $\rho_a>\rho_b$，如果第一次迭代中 $x=0.2914$，请问应选择哪一个拉杆臂？如果在第九次迭代中 $x=0.1773$，那么应该选择哪一个拉杆臂？

参考答案：由于在第一次迭代中 $x<\epsilon_1$，我们探索并选择拉杆臂 a 的概率为 0.5，选择拉杆臂 b 的概率为 0.5。在第九次迭代时，$\epsilon_9=\alpha^8\epsilon_1\approx0.129$。由于 $x>\epsilon_9$，我们采用开发利用策略并选择拉杆臂 a。

练习题 15-5　假设有一个四拉杆臂的赌博机，我们希望使用 Softmax 探索策略，其中，精确参数 $\lambda=2$，对于每个拉杆臂 a，先验信念 $\theta_a \sim \text{Beta}(2,2)$。假设拉动每个拉杆臂四次，结果是拉杆臂 1、2、3 和 4 分别获得 1、2，3 和 4 次回报。列出 θ_a 上的后验分布，并计算选择拉杆臂 2 的概率。

参考答案：对于这个四拉杆臂的赌博机，每个拉杆臂的后验分布分别为 $\text{Beta}(3,5)$、$\text{Beta}(4,4)$、$\text{Beta}(5,3)$ 和 $\text{Beta}(6,2)$。可以通过以下步骤计算选择拉杆臂 2 的概率：

$$P(a=i)\propto \exp(\lambda\rho_i)$$

$$P(a=i)=\frac{\exp(\lambda\rho_i)}{\sum_a \exp(\lambda\rho_a)}$$

$$P(a=2)=\frac{\exp\left(2\times\frac{4}{8}\right)}{\exp\left(2\times\frac{3}{8}\right)+\exp\left(2\times\frac{4}{8}\right)+\exp\left(2\times\frac{5}{8}\right)+\exp\left(2\times\frac{6}{8}\right)}$$

$$P(a = 2) \approx 0.2122$$

练习题 15-6 重写任意 Beta(α, β) 先验的公式 (15.6)。

参考答案：我们可以更一般地重写公式如下：

$$Q^*(\omega_1, \ell_1, \cdots, \omega_n, \ell_n, a) = \frac{\omega_a + \alpha}{\omega_a + \ell_a + \alpha + \beta}(1 + U^*(\cdots, \omega_a + 1, \ell_a, \cdots))$$
$$+ \left(1 - \frac{\omega_a + \alpha}{\omega_a + \ell_a + \alpha + \beta}\right) U^*(\cdots, \omega_a, \ell_a + 1, \cdots)$$

练习题 15-7 回想示例 15-4。假设拉杆臂 1 的回报为 1，而拉杆臂 2 的回报为 2，而不是每个拉杆臂的回报为 1。为这两个拉杆臂分别计算新的行为值函数。

参考答案：对于拉杆臂 1，我们有：

$$Q^*([2,1,1,1], 1) = \frac{3}{5}(1+0) + \frac{2}{5}(0) = 0.6$$

$$Q^*([2,1,1,1], 2) = \frac{2}{4}(2+0) + \frac{2}{4}(0) = 1$$

$$Q^*([1,2,1,1], 1) = \frac{2}{5}(1+0) + \frac{3}{5}(0) = 0.4$$

$$Q^*([1,2,1,1], 2) = \frac{2}{4}(2+0) + \frac{2}{4}(0) = 1$$

$$Q^*([1,1,1,1], 1) = \frac{2}{4}(1+0.6) + \frac{2}{4}(1) = 1.3$$

对于拉杆臂 2，我们有：

$$Q^*([1,1,2,1], 1) = \frac{2}{4}(1+0) + \frac{2}{4}(0) = 0.5$$

$$Q^*([1,1,2,1], 2) = \frac{3}{5}(2+0) + \frac{2}{5}(0) = 1.2$$

$$Q^*([1,1,1,2], 1) = \frac{2}{4}(1+0) + \frac{2}{4}(0) = 0.5$$

$$Q^*([1,1,1,2], 2) = \frac{2}{5}(2+0) + \frac{3}{5}(0) = 0.8$$

$$Q^*([1,1,1,1], 2) = \frac{2}{4}(2+1.2) + \frac{2}{4}(0.8) = 2$$

练习题 15-8 证明时域为 h 的 n 拉杆臂赌博机问题的信念状态数为 $O(h^{2n})$。

参考答案：首先确定计算的解决方案数量为 $w_1 + \ell_1 + \cdots + w_n + \ell_n = k$，其中 $0 \leqslant k \leqslant h$。如果 $n = 2$ 且 $k = 6$，则其中一个解为 $2 + 0 + 3 + 1 = 6$。对于计数参数，我们将使用计数标记来表示整数。例如，可以编写一个类似 $2 + 0 + 3 + 1 = || + + ||| + | = 6$ 的解。对于 n 和 k 的一般值，我们将有 k 个计数标记和 $2n - 1$ 个加号。由于有这么多的计数标记和加号，我们可以按照自己想要的任意顺序进行排列。可以将一个解表示为一个 $k + 2n - 1$ 个字符所组成的字符串，其中字符是 | 或 +，其中 k 个字符为 |。为了获得解的数量，计算从 $k + 2n - 1$ 个位置集合中为 | 选择 k 个位置的方法的数量，结果解决方案的数量为：

$$\frac{(k + 2n - 1)!}{(2n - 1)! k!} = O(h^{2n-1})$$

信念状态的数量是 k 从 0 到 h 的这个表达式的总和，即 $O(h \times h^{2n-1}) = O(h^{2n})$。

基于模型的方法

本章将讨论通过与环境的交互，学习潜在动力学和奖励的最大似然和贝叶斯方法。最大似然方法通过计算状态转移和记录所接收的奖励量来估算模型参数的值。我们将讨论使用不断更新的模型进行规划的几种方法。即使我们可以精确地求解估算的问题，通常也必须依靠启发式探索策略来获得合适的解。贝叶斯方法包括计算模型参数的后验分布。求解最优探索策略一般非常困难，但通常也可以通过后验抽样获得合理的近似值。

16.1　最大似然模型

正如 15.6 节（在算法 15-9 中实现）所述，强化学习使用关于过去状态转移和奖励的信息来通知决策。本节描述如何获得潜在问题的最大似然估计（maximum likelihood estimate）。该最大似然估计可用于生成值函数估计，而所生成的值函数估计可用于探索策略以生成行为。

我们将记录转移计数 $N(s,a,s')$，表示在采取行为 a 时观测到从 s 到 s' 转移的次数。如果给定这些转移计数，则其转移函数的最大似然估计为：

$$T(s'|s,a) \approx N(s,a,s')/N(s,a) \tag{16.1}$$

其中，$N(s,a) = \sum_{s'} N(s,a,s')$。如果 $N(s,a)=0$，则转移概率的估算值为 0。

同样，奖励函数也可以被估算。当获得奖励时，开始更新 $\rho(s,a)$，即计算在状态 s 下采取行为 a 时获得的所有奖励的总和。奖励函数的最大似然估计是平均奖励的值：

$$R(s,a) \approx \rho(s,a)/N(s,a) \tag{16.2}$$

如果 $N(s,a)=0$，则 $R(s,b)$ 的估算值是 0。如果事先知道转移概率或奖励的值，那么可以将 $N(s,a,s')$ 和 $\rho(s,b)$ 初始化为 0 以外的值。

算法 16-1 在采取行为 a 并获得奖励 r 后观察从 s 到 s' 的转变，然后更新 N 和 ρ。算法 16-2 将最大似然模型转移为马尔可夫决策过程表示。示例 16-1 说明了这一过程。我们可以使用这个最大似然模型来选择与环境交互的行为，同时对模型加以改进。

算法 16-1　一种用于更新具有离散状态和行为空间的最大似然强化学习的转移和奖励模型的方法。在采取行为 a 后观察到从 s 到 s′的转变，然后增加 N[s,a,s′]，并将 r 累加到 ρ[s,a]。该模型还包含对值函数 U 和规划器的估算。该算法中还包括针对该模型执行回溯和前瞻的方法

```
mutable struct MaximumLikelihoodMDP
    𝒮 # 状态空间（假设取值范围为1:nstates）
    𝒜 # 行为空间（假设取值范围为1:nactions）
    N # 转移计数 N(s,a,s′)
    ρ # 奖励总和 ρ(s, a)
    γ # 折扣
    U # 值函数
    planner
end

function lookahead(model::MaximumLikelihoodMDP, s, a)
```

```
S, U, γ = model.S, model.U, model.γ
n = sum(model.N[s,a,:])
if n == 0
    return 0.0
end
r = model.ρ[s, a] / n
T(s,a,s′) = model.N[s,a,s′] / n
return r + γ * sum(T(s,a,s′)*U[s′] for s′ in S)
end

function backup(model::MaximumLikelihoodMDP, U, s)
    return maximum(lookahead(model, s, a) for a in model.𝒜)
end

function update!(model::MaximumLikelihoodMDP, s, a, r, s′)
    model.N[s,a,s′] += 1
    model.ρ[s,a] += r
    update!(model.planner, model, s, a, r, s′)
    return model
end
```

算法 16-2　一种将最大似然模型转移为马尔可夫决策过程问题的方法

```
function MDP(model::MaximumLikelihoodMDP)
    N, ρ, S, 𝒜, γ = model.N, model.ρ, model.S, model.𝒜, model.γ
    T, R = similar(N), similar(ρ)
    for s in S
        for a in 𝒜
            n = sum(N[s,a,:])
            if n == 0
                T[s,a,:] .= 0.0
                R[s,a] = 0.0
            else
                T[s,a,:] = N[s,a,:] / n
                R[s,a] = ρ[s,a] / n
            end
        end
    end
    return MDP(T, R, γ)
end
```

示例 16-1　将最大似然模型估计应用于六边形世界问题。 我们希望将最大似然模型估计应用于六边形世界问题。其真值转移矩阵如图 16-1 所示。

图 16-1　将最大似然模型估计应用于六边形世界问题时的真值转移矩阵

有六个转移矩阵，每个行为对应一个转移矩阵。行对应于当前状态，列对应于下一状态。共有 26 个状态。图像中的强度与进行相应转移的概率有关。在强化学习环境中，我们无法获知这些转变概率的值。然而，我们可以与环境交互并记录所观察到的转变。在从随机初始状态进行 10 个步骤的 10 次模拟之后，最大似然估计结果如图 16-2所示。

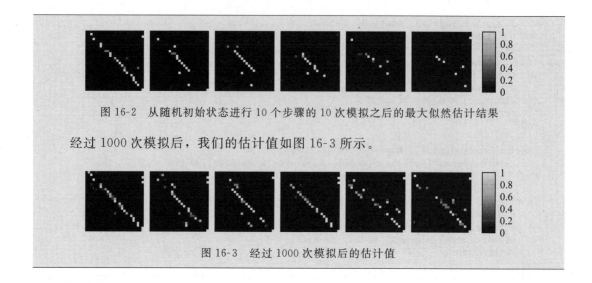

图 16-2   从随机初始状态进行 10 个步骤的 10 次模拟之后的最大似然估计结果

经过 1000 次模拟后，我们的估计值如图 16-3 所示。

图 16-3   经过 1000 次模拟后的估计值

16.2   更新方案

更新模型的最大似然估算值的同时，也需要更新所采用的计划。本节将讨论针对不断变化的模型的几种更新方案。其中一个主要考虑因素是计算效率，因为我们希望在与环境交互时频繁地执行这些更新。

16.2.1   完整更新

算法 16-3 使用 7.7 节中的线性规划方程求解最大似然模型，尽管也可以使用值迭代或其他算法。在每个步骤之后，我们获得新的模型估算值并重新求解。

算法 16-3   使用 7.7 节中的线性规划方程对 U 的值函数进行完全更新的方法

```
struct FullUpdate end

function update!(planner::FullUpdate, model, s, a, r, s′)
    𝒫 = MDP(model)
    U = solve(𝒫).U
    copy!(model.U, U)
    return planner
end
```

16.2.2   随机更新

在每次状态转移时重新计算最优策略的计算成本通常很高。另一种方法是在先前访问的状态以及一些随机选择的状态上对估算模型执行贝尔曼更新[⊖]。算法 16-4 实现了这种方法。

算法 16-4   基于最大似然模型的随机状态更新强化学习。该方法在先前访问的状态以及随机选择的 m 个其他状态上执行贝尔曼更新

```
struct RandomizedUpdate
```

⊖   该方法与以下文献中建议的 Dyna 方法相关：R. S. Sutton, "Dyna, an Integrated Architecture for Learning, Planning, and Reacting," *SIGART Bulletin*, vol. 2, no. 4, pp. 160-163, 1991。

```
    m  # 更新的次数
end

function update!(planner::RandomizedUpdate, model, s, a, r, s')
    U = model.U
    U[s] = backup(model, U, s)
    for i in 1:planner.m
        s = rand(model.S)
        U[s] = backup(model, U, s)
    end
    return planner
end
```

16.2.3 优先更新

一种称为优先扫描(prioritized sweeping)[a](算法 16-5)的方法使用优先级队列来帮助识别哪些状态最需要更新。从 s 到 s' 的状态转移之后,根据更新的转移和奖励模型更新 $U(s)$。然后,迭代所有可以立即转移为 s 的"状态-行为"对 (s^-, a^-)。任何这样的 s^- 的优先级都会增加到 $T(s \mid s^-, a^-) \times |U(s) - u|$,其中 u 是更新前 $U(s)$ 的值。因此,$U(s)$ 的变化越大,越有可能转移到状态 s,可以转移到 s 的那些状态优先级越高。更新队列中最高优先级状态的过程将持续固定次数的迭代,或直到队列变为空。

算法 16-5 优先扫描算法保持一系列状态的一个优先级队列 pq,该队列确定哪些状态将被更新。在每一次进行更新时,我们都将前一状态设置为具有无限优先级。然后,在最高优先级状态下对值函数 U 执行 m 次贝尔曼更新

```
struct PrioritizedUpdate
    m   # 更新的次数
    pq  # 优先级队列
end

function update!(planner::PrioritizedUpdate, model, s)
    N, U, pq = model.N, model.U, planner.pq
    S, A = model.S, model.A
    u = U[s]
    U[s] = backup(model, U, s)
    for s⁻ in S
        for a⁻ in A
            n_sa = sum(N[s⁻,a⁻,s'] for s' in S)
            if n_sa > 0
                T = N[s⁻,a⁻,s] / n_sa
                priority = T * abs(U[s] - u)
                if priority > 0
                    pq[s⁻] = max(get(pq, s⁻, 0.0), priority)
                end
            end
        end
    end
    return planner
end

function update!(planner::PrioritizedUpdate, model, s, a, r, s')
    planner.pq[s] = Inf
```

[a] A. W. Moore and C. G. Atkeson, "Prioritized Sweeping: Reinforcement Learning with Less Data and Less Time," *Machine Learning*, vol. 13, no. 1, pp. 103-130, 1993.

```
    for i in 1:planner.m
        if isempty(planner.pq)
            break
        end
        update!(planner, model, dequeue!(planner.pq))
    end
    return planner
end
```

16.3　探索策略

无论更新方案如何，通常都必须遵循某种形式的探索策略，以避免上一章中提到的纯探索陷阱。我们可以调整上一章中介绍的探索算法，以用于多状态问题。算法 16-6 提供了 ϵ-贪婪探索策略的实现。

算法 16-6　最大似然模型估计的 ϵ-贪婪探索策略。这个探索策略选择一个概率为 ϵ 的随机行为；否则，将使用该模型来提取贪婪行为

```
function (π::EpsilonGreedyExploration)(model, s)
    𝒜, ϵ = model.𝒜, π.ϵ
    if rand() < ϵ
        return rand(𝒜)
    end
    Q(s,a) = lookahead(model, s, a)
    return argmax(a→Q(s,a), 𝒜)
end
```

上一章中讨论的探索策略存在局限性，即那些探索策略均不考虑从当前状态之外的状态探索行为。例如，我们可能想采取行为，将自己带入一个尚未探索的状态空间领域。相关研究已经提出了若干种算法来解决这个问题，这些算法还提供了在有限数量的交互之后生成的策略质量的概率界限[一]。

其中一种算法被称为 R-MAX（算法 16-7）[二]。其命名来源于将最大奖励分配给未被充分探索的"状态-行为"对。访问次数少于 m 的"状态-行为"对被视为未被充分探索。相比于使用奖励的最大似然估计（式（16.2）），我们使用：

$$R(s,a) = \begin{cases} r_{\max}, & \text{如果 } N(s,a) < m \\ \rho(s,a)/N(s,a), & \text{其他} \end{cases} \tag{16.3}$$

其中，$r_{\max}$ 是可实现的最大奖励。

对 R-MAX 中的转移模型也进行了修改，以使未被充分探索的"状态-行为"对保持在相同的状态：

$$T(s'|s,a) = \begin{cases} (s' = s), & \text{如果 } N(s,a) < m \\ N(s,a,s')/N(s,a), & \text{其他} \end{cases} \tag{16.4}$$

因此，未被充分探索的状态值为 $r_{\max}/(1-\gamma)$，为探索它们提供了动机。这种探索激励使我们不需要单独的探索机制。我们只是根据从转移和奖励估计中得出的值函数来选择贪

○　M. Kearns and S. Singh, "NearOptimal Reinforcement Learning in Polynomial Time," *Machine Learning*, vol. 49, no. 2/3, pp. 209-232, 2002.

○　R. I. Brafman and M. Tennenholtz, "R-MAX—A General Polynomial Time Algorithm for Near-Optimal Reinforcement Learning," *Journal of Machine Learning Research*, vol. 3, pp. 213-231, 2002.

婪行为。示例 16-2 演示了 ϵ- 贪婪探索和 R-MAX 探索。

算法 16-7　　R-MAX 探索策略修改了最大似然估计的转移和奖励模型。该探索策略将最大奖励 rmax
　　　　　　分配给任何未被充分探索的"状态-行为"对，即定义为尝试次数少于 m 次的"状态-行
　　　　　　为"对。此外，所有未被充分探索的"状态-行为"对都被建模为转移到相同的状态。
　　　　　　该 RmaxMDP 可用作算法 16-1 中引入的最大似然 MDP 的替代

```
mutable struct RmaxMDP
    S # 状态空间 (假设取值范围为 1:nstates)
    𝒜 # 行为空间 (假设取值范围为 1:nactions)
    N # 转移计数 N(s,a,s′)
    ρ # 奖励总和 ρ(s, a)
    γ # 折扣
    U # 值函数
    planner
    m    # 计数阈值
    rmax # 最大奖励
end

function lookahead(model::RmaxMDP, s, a)
    S, U, γ = model.S, model.U, model.γ
    n = sum(model.N[s,a,:])
    if n < model.m
        return model.rmax / (1-γ)
    end
    r = model.ρ[s, a] / n
    T(s,a,s′) = model.N[s,a,s′] / n
    return r + γ * sum(T(s,a,s′)*U[s′] for s′ in S)
end

function backup(model::RmaxMDP, U, s)
    return maximum(lookahead(model, s, a) for a in model.𝒜)
end

function update!(model::RmaxMDP, s, a, r, s′)
    model.N[s,a,s′] += 1
    model.ρ[s,a] += r
    update!(model.planner, model, s, a, r, s′)
    return model
end

function MDP(model::RmaxMDP)
    N, ρ, S, 𝒜, γ = model.N, model.ρ, model.S, model.𝒜, model.γ
    T, R, m, rmax = similar(N), similar(ρ), model.m, model.rmax
    for s in S
        for a in 𝒜
            n = sum(N[s,a,:])
            if n < m
                T[s,a,:] .= 0.0
                T[s,a,s] = 1.0
                R[s,a] = rmax
            else
                T[s,a,:] = N[s,a,:] / n
                R[s,a] = ρ[s,a] / n
            end
        end
    end
    return MDP(T, R, γ)
end
```

示例 16-2   演示 ϵ-贪婪探索和 R-MAX 探索。我们可以将 ϵ 贪婪探索应用于与环境交互时构建的最大似然模型估计。下面的代码将计数、奖励和效用都初始化为零。代码在每个步骤中对值函数实行完全更新。对于探索，我们选择概率为 0.1 的随机行为。最后一行从随机初始状态开始运行决策问题 $\mathscr{P}$ 的模拟（算法 15-9），运行 100 步。

```
N = zeros(length(S), length(A), length(S))
ρ = zeros(length(S), length(A))
U = zeros(length(S))
planner = FullUpdate()
model = MaximumLikelihoodMDP(S, A, N, ρ, γ, U, planner)
π = EpsilonGreedyExploration(0.1)
simulate(P, model, π, 100, rand(S))
```

或者，我们可以使用探索阈值 m= 3 的 R-MAX 探索方法。我们可以以贪婪的方式使用 R-MAX 模型。

```
rmax = maximum(P.R(s,a) for s in S, a in A)
m = 3
model = RmaxMDP(S, A, N, ρ, γ, U, planner, m, rmax)
π = EpsilonGreedyExploration(0)
simulate(P, model, π, 100, rand(S))
```

16.4   贝叶斯方法

与最大似然方法相比，贝叶斯方法在不依赖启发式探索策略的情况下平衡了探索和开发利用。本节将描述 15.5 节中涵盖的贝叶斯方法的推广。在贝叶斯强化学习（Bayesian reinforcement learning）中，我们指定所有模型参数 θ 的先验分布$^\ominus$。这些模型参数可能包括控制即时奖励分布的参数，但本节重点关注控制状态转移概率的参数。

使用图 16-4 所示的动态决策网络来表示决策问题的结构，其中模型参数是明确的。灰色节点表示观测到的状态，但并没有观测到模型参数。我们通常假设模型参数具有时间不变性，即 $\theta_{t+1} = \theta_t$。然而，当转移到新状态时，我们对 θ 的信念会随着时间而演变。

转移概率的信念可以用狄利克雷（Dirichlet）分布的集合来表示，每个源状态和行为都有一个狄利克雷分布。对于给定的 s 和 a，每个狄利克雷分布表示 s' 上的分布。如果 $\boldsymbol{\theta}_{(s,a)}$ 是表示下一状态上分布的 $|S|$-元素向量，则先验分布由下式给出：

$$\mathrm{Dir}(\boldsymbol{\theta}_{(s,a)} \mid \boldsymbol{N}(s,a)) \tag{16.5}$$

其中，$\boldsymbol{N}(s,a)$ 是与从状态 s 开始采取行为 a 的转移相关联的计数向量。通常使用均匀分布的先验，其所有分量均设置为 1，但是可以使用转移动力学的先验知识将计数初始化为不同的值。示例 16-3 说明狄利克雷分布如何使

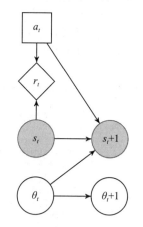

图 16-4   具有模型不确定性的马尔可夫决策过程动态决策网络

$\ominus$ 有关该主题的综述，请参见文献 M. Ghavamzadeh, S. Mannor, J. Pineau, and A. Tamar, "Bayesian Reinforcement Learning: A Survey," *Foundations and Trends in Machine Learning*, vol. 8, no. 5-6, pp. 359-483, 2015。该文献涵盖了将优先级与奖励函数相结合的方法，但本书没有涉及。

用这些计数来表示可能转移概率的分布。

示例 16-3 当采取特定行为时，从特定状态转移概率的后验狄利克雷分布。在未知马尔可夫决策过程中学习转移函数的智能体可以选择在每个"状态-行为"对上维持这样的分布。假设智能体随机探索具有三个状态的环境。智能体从状态 s_1 采取行为 a_1 五次。智能体转移到 s_3 四次，并保持在 s_1 一次。与 s_1 和 a_1 相关的计数为 $N(s_1, a_1) = [1,0,4]$。如果想在结果状态上假设均匀的先验分布，可以将计数增加 1，得到 $N(s_1, a_1) = [2,1,5]$。s_1 采取行为 a_1 的转移函数是三值分类分布，因为有三个可能的后继状态。每个后继状态都有一个未知的转移概率。可能转移概率的空间是三元素向量的集合，其总和为 1。狄利克雷分布表示这些可能转移概率的概率分布。其密度函数如图 16-5 所示。

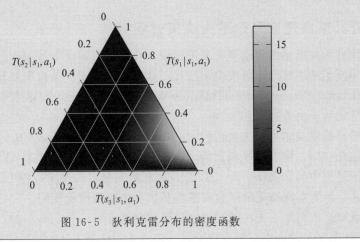

图 16-5 狄利克雷分布的密度函数

$\boldsymbol{\theta}$ 上的分布是狄利克雷分布的乘积结果：

$$b(\boldsymbol{\theta}) = \prod_s \prod_a \mathrm{Dir}(\boldsymbol{\theta}_{(s,a)} \mid \boldsymbol{N}(s,a)) \tag{16.6}$$

算法 16-8 为这种类型的后验模型提供贝叶斯更新的实现。对于具有较大或连续空间的决策问题，我们可以使用其他后验表示。

算法 16-8 贝叶斯更新方法，用于转移模型上的后验分布表示为狄利克雷分布的乘积时。在这个实现中，假设奖励模型 R 是已知的，尽管可以使用贝叶斯方法从经验中估计预期奖励。矩阵 D 将狄利克雷分布与每个"状态-行为"对相关联，以模拟向其后续状态转移的不确定性

```
mutable struct BayesianMDP
    𝒮 # 状态空间（假设取值范围为1:nstates）
    𝒜 # 行为空间（假设取值范围为1:nactions）
    D # 狄利克雷分布 D[s,a]
    R # 奖励函数，矩阵形式（未估计）
    γ # 折扣
    U # 值函数
    planner
end

function lookahead(model::BayesianMDP, s, a)
    𝒮, U, γ = model.𝒮, model.U, model.γ
    n = sum(model.D[s,a].alpha)
```

```
    if n == 0
        return 0.0
    end
    r = model.R(s,a)
    T(s,a,s′) = model.D[s,a].alpha[s′] / n
    return r + γ * sum(T(s,a,s′)*U[s′] for s′ in S)
end

function update!(model::BayesianMDP, s, a, r, s′)
    α = model.D[s,a].alpha
    α[s′] += 1
    model.D[s,a] = Dirichlet(α)
    update!(model.planner, model, s, a, r, s′)
    return model
end
```

16.5　贝叶斯自适应马尔可夫决策过程

对于具有未知模型的马尔可夫决策过程，我们可以将决策过程中的最优行为问题表述为具有已知模型的高维马尔可夫决策过程。这个马尔可夫决策过程被称为贝叶斯自适应马尔可夫决策过程（Bayes-adaptive Markov decision process），与本书第四部分中讨论的部分可观测马尔可夫决策过程相关。

贝叶斯自适应马尔可夫决策过程中的状态空间是笛卡儿积 $S \times B$，其中 B 是模型参数 θ 上的可能信念空间。尽管 S 是离散的，但 B 通常是高维连续状态空间[一]。贝叶斯自适应马尔可夫决策过程中的状态是一对 (S, B)，由基本马尔可夫决策过程中的当前状态 s 和信念状态 b 组成。行为空间和奖励函数与基本马尔可夫决策过程相同。

贝叶斯自适应马尔可夫决策过程中的转移函数是 $T(s′, b′ | s, b, a)$，这是转移到状态 $s′$（具有信念状态 $b′$）的概率，假定智能体从信念 b 的状态 s 开始并采取行为 a。可以根据贝叶斯规则确定地计算新的信念状态 $b′$。如果将这个确定性函数表示为 τ，使得 $b′ = \tau(s, b, a, s′)$，那么可以将贝叶斯自适应马尔可夫决策过程转移函数分解为：

$$T(s′, b′ | s, b, a) = \delta_{\tau(s,b,a,s′)}(b′) P(s′ | s, b, a) \tag{16.7}$$

其中，$\delta_x(y)$ 是 Kronecker delta 函数[二]，如果 $x = y$，那么 $\delta_x(y)$ 等于 1，否则 $\delta_x(y)$ 等于 0。

第二项可以使用积分计算：

$$P(s′ | s, b, a) = \int_\theta b(\theta) P(s′ | s, b, a) \mathrm{d}\theta = \int_\theta b(\theta) \theta_{(s,a,s′)} \mathrm{d}\theta \tag{16.8}$$

该公式可以用类似于式（15.1）的方式进行分析评估。在信念 b 由式（16.6）中的因子化狄利克雷（factored Dirichlet）表示的情况下，我们有：

$$P(s′ | s, b, a) = N(s, a, s′) / \sum_{s''} N(s, a, s'') \tag{16.9}$$

我们可以将具有已知模型的马尔可夫决策过程的贝尔曼最优方程（式（7.17））推广到模型未知的情况：

$$U^*(s, b) = \max_a (R(s, a) + \gamma \sum_{s′} P(s′ | s, b, a) U^*(s′, \tau(s, b, a, s′))) \tag{16.10}$$

遗憾的是，我们不能直接应用策略迭代或值迭代方法，因为 b 是连续的。然而，我们

一　在转移概率上的狄利克雷分布中，B 是连续的，如示例 16-3 所示。
二　该函数以德国数学家利奥波德·克罗内克（Leopold Kronecker, 1823—1891）的名字命名。

可以使用第 8 章的近似值函数或第 9 章的在线规划。第 16 章介绍了更好地使用贝叶斯自适应马尔可夫决策过程结构的方法。

16.6 后验抽样

在信念空间上求解最优值函数的另一种方法是使用后验抽样（posterior sampling）[⊖]，最初在 15.4 节针对赌博机问题的探索中引入了该方法。在本节中，我们从当前信念 b 中抽取一个样本 θ，然后求解最优，假设 θ 是真实模型。接着更新信念，抽取一个新的样本，并求解相应的马尔可夫决策过程。示例 16-4 提供了后验抽样的示例[⊖]。

示例 16-4 贝叶斯模型估计和后验抽样在六边形世界问题中的应用。 我们希望将贝叶斯模型估计应用于六边形世界中。首先将均匀狄利克雷先验分布与每个"状态-行为"对相关联。在进行 100 次长度为 10 的模拟之后，将转移计数添加到之前的伪计数中，在后续状态上的后验分布参数如图 16-6 所示。

图 16-6 后续状态上的后验分布参数

我们可以从该分布中进行抽样，以生成图 16-7 所示的模型。注意，这个模型具有比示例 16-1 中所示的最大似然模型更多的非零转移概率。

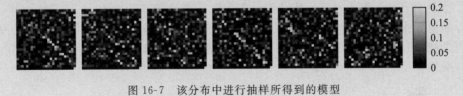

图 16-7 该分布中进行抽样所得到的模型

后验抽样的一个优点是我们不必决定启发式探索参数。然而，在每一步求解马尔可夫决策过程都可能非常耗费计算成本。在算法 16-9 中实现了用于从后验抽样离散马尔可夫决策过程的方法。

算法 16-9 后验抽样的更新方法。在更新贝叶斯后验的参数之后，从该后验中抽样马尔可夫决策过程问题。这个实现假设一个离散的状态和行为空间，并用狄利克雷分布对每个"状态-行为"对转移概率的不确定性进行建模。为生成转移模型，我们从相关的狄利克雷分布中迭代每个状态、行为和样本。一旦有了一个抽样问题 $\mathcal{P}$，就可以使用线性规划公式对其进行求解，并存储得到的值函数 U

```
struct PosteriorSamplingUpdate end

function Base.rand(model::BayesianMDP)
    S, A = model.S, model.A
    T = zeros(length(S), length(A), length(S))
    for s in S
```

⊖ M. J. A. Strens, "A Bayesian Framework for Reinforcement Learning," in *International Conference on Machine Learning*（ICML），2000.
⊖ 在本节中，我们从奖励概率的后验分布中抽样，然后假设在选择行为时抽样的概率是正确的。

```
        for a in 𝒜
            T[s,a,:] = rand(model.D[s,a])
        end
    end
    return MDP(T, model.R, model.γ)
end

function update!(planner::PosteriorSamplingUpdate, model, s, a, r, s′)
    𝒫 = rand(model)
    U = solve(𝒫).U
    copy!(model.U, U)
end
```

16.7   本章小结

- 基于模型的方法通过与环境的交互来学习转移和奖励模型。
- 最大似然模型使用转移计数来维持对到后续状态的转移概率的估计，并跟踪与"状态-行为"对相关的平均奖励。
- 最大似然模型必须与探索策略相结合，例如前一章中介绍的赌博机问题的情况。
- 尽管我们可以重新规划每一步的经验，但这样做可能非常浪费成本。
- 通过更新在不断演变的环境模型中最需要的状态的值，优先扫描可以专注于重新规划。
- 基于贝叶斯模型的方法维持对可能问题的概率分布，允许对探索进行原则性推理。
- 在贝叶斯自适应马尔可夫决策过程中，各个状态通过可能的马尔可夫决策过程模型上的概率分布来增强原始马尔可夫决策过程。
- 相对于推理所有可能的马尔可夫决策过程，通过求解从信念状态采样的马尔可夫决策过程，后验抽样降低了求解贝叶斯自适应马尔可夫决策过程的高计算复杂性。

16.8   练习题

练习题 16-1　假设我们有一个智能体在具有三个状态和两个行为的环境中进行交互，并且具有未知的转移模型和奖励模型。我们执行一系列与环境的直接交互。表 16-1 列出了状态、行为、奖励和结果状态。使用最大似然估计从该数据中估算转移和奖励函数。

参考答案：每个状态和行为的转移次数 $N(s, a)$、获得的奖励 $\rho(s, a)$ 以及奖励函数 $\hat{R}(s, a) = \rho(s, a)/N(s, a)$ 的最大似然估计如表 16-2 所示。

在表 16-3 中，我们计算观察到的转移数量 $N(s, a, s')$ 和转移模型的最大似然估计 $\hat{T}(s'|s, a) = N((s, a, s'))/N(s, a)$。当 $N(s, a) = 0$ 时，使用结果状态的均匀分布。

表 16-1　转移数据

s	a	r	s'
s_2	a_1	2	s_1
s_1	a_2	1	s_2
s_2	a_2	1	s_1
s_1	a_2	1	s_2
s_2	a_2	1	s_3
s_3	a_2	2	s_2
s_2	a_2	1	s_3
s_3	a_2	2	s_3
s_3	a_1	2	s_2
s_2	a_1	2	s_3

表 16-2 每个状态和行为的转移次数、获得的奖励以及奖励函数的最大似然估计

s	a	$N(s,a)$	$\rho(s,a)$	$\hat{R}(s,a) = \dfrac{\rho(s,a)}{N(s,a)}$
s_1	a_1	0	0	0
s_1	a_2	2	2	1
s_2	a_1	2	4	2
s_2	a_2	3	3	1
s_3	a_1	1	2	2
s_3	a_2	2	4	2

表 16-3 转移数量和转移模型的最大似然估计

s	a	s'	$N(s,a,s')$	$\hat{T}(s'|s,a) = \dfrac{N(s,a,s')}{N(s,a)}$
s_1	a_1	s_1	0	1/3
s_1	a_1	s_2	0	1/3
s_1	a_1	s_3	0	1/3
s_1	a_2	s_1	0	0
s_1	a_2	s_2	2	1
s_1	a_2	s_3	0	0
s_2	a_1	s_1	1	1/2
s_2	a_1	s_2	0	0
s_2	a_1	s_3	1	1/2
s_2	a_2	s_1	1	1/3
s_2	a_2	s_2	0	0
s_2	a_2	s_3	2	2/3
s_3	a_1	s_1	0	0
s_3	a_1	s_2	1	1
s_3	a_1	s_3	0	0
s_3	a_2	s_1	0	0
s_3	a_2	s_2	1	1/2
s_3	a_2	s_3	1	1/2

练习题 16-2 对于优先扫描迭代期间可以执行的更新数量，请给出其下界和上界。

参考答案： 在优先扫描的迭代中执行的更新数量的下界是 1。这可能发生在使用最大似然模型的第一次迭代中，其中转移模型中唯一的非零项是 $T(s'|s,a)$。由于没有"状态-行为"对 (s^-,a^-) 转移到 s，我们的优先级队列将为空，因此执行的唯一更新将是 $U(s)$。

在优先扫描的迭代中执行的更新次数上界为 $|\mathcal{S}|$。假设我们刚刚转移到 s'，并且对于所有 s 和 a，$T(s'|s,a)>0$。如果不提供最大数量的更新，则将执行 $|\mathcal{S}|$ 次更新。如果提供最大更新数量 $m<|\mathcal{S}|$，则上界减小为 m。

练习题 16-3 在对具有状态空间 $\mathcal{S}$ 和行为空间 $\mathcal{A}$ 的离散马尔可夫决策过程的转移模型参数进行贝叶斯强化学习时，如果使用狄利克雷分布表示转移模型的不确定性，请问有

多少个独立参数？

　　参考答案：对于每个状态和行为，我们在转移概率参数上指定一个狄利克雷分布，因此将得到 $|\mathcal{S}|\,|\mathcal{A}|$ 个狄利克雷分布。每个狄利克雷都使用 $|\mathcal{S}|$ 个独立参数指定。因此，总共有 $|\mathcal{S}|^2|\mathcal{A}|$ 个独立参数。

　　练习题 16-4　考虑练习题 16-1 中的问题陈述，但这一次我们希望使用贝叶斯强化学习并使用狄利克雷分布表示的先验分布。假设使用均匀的先验分布，如果我们处于状态 s_2 并采取行为 a_1，那么下一状态的后验分布是什么？

　　参考答案：$\mathrm{Dir}(\boldsymbol{\theta}_{(s_2,a_1)}\,|\,[2,1,2])$。

无模型的方法

与基于模型的方法相比，无模型强化学习（model-free reinforcement learning）不需要构建转移模型和奖励模型的显式表示[⊖]。本章讨论的无模型方法直接对行为值函数进行建模。避免显式表示更具优势，特别是当处理高维问题的时候。首先，本章将介绍分布均值的增量估计，该值在估计回报均值中起着重要作用。然后，我们将讨论一些常见的无模型算法和方法，以更有效地处理延迟奖励。最后，我们将讨论如何使用函数逼近从经验中进行推广[⊜]。

17.1 均值的增量估计

许多无模型方法从样本中递增地估计（incrementally estimate）行为值函数 $Q(s,a)$。目前，假设我们只关注 m 个样本中单个变量 X 的期望值：

$$\hat{x}_m = \frac{1}{m} \sum_{i=1}^{m} x^{(i)} \tag{17.1}$$

其中，$x^{(1)}, \cdots, x^{(m)}$ 是样本。我们可以导出增量更新：

$$\hat{x}_m = \frac{1}{m} \left(x^{(m)} + \sum_{i=1}^{m-1} x^{(i)} \right) \tag{17.2}$$

$$= \frac{1}{m} (x^{(m)} + (m-1)\, \hat{x}_{m-1}) \tag{17.3}$$

$$= \hat{x}_{m-1} + \frac{1}{m} (x^{(m)} - \hat{x}_{m-1}) \tag{17.4}$$

我们可以通过引入学习率函数 $\alpha(m)$ 来重写该方程：

$$\hat{x}_m = \hat{x}_{m-1} + \alpha(m)(x^{(m)} - \hat{x}_{m-1}) \tag{17.5}$$

学习率可以是除 $1/m$ 以外的函数。为了确保收敛，通常选择 $\alpha(m)$，使得 $\sum_{m=1}^{\infty} \alpha(m) = \infty$ 和 $\sum_{m=1}^{\infty} \alpha^2(m) < \infty$。第一个条件确保步长足够大，第二个条件确保步长充分小[⊜]。

如果学习速率是恒定的（这在强化学习应用中很常见），那么旧样本的权重以 $(1-\alpha)$ 的速率呈指数衰减。在恒定的学习率下，我们可以使用以下规则在观测 x 后更新估算值：

$$\hat{x} \leftarrow \hat{x} + \alpha(x - \hat{x}) \tag{17.6}$$

⊖ 有关本章所覆盖的主题的深入讨论，请参见文献 R. S. Sutton and A. G. Barto, *Reinforcement Learning：An Introduction*, 2nd ed. MIT Press, 2018. D. P. Bertsekas, *Reinforcement Learning and Optimal Control*. Athena Scientific, 2019。

⊜ 尽管本书一直关注环境模型未知的问题，但强化学习通常用于已知模型的相关问题。本章讨论的无模型方法作为近似动态规划的一种形式，在复杂环境中特别有用。这些方法可以用于离线方式生成策略，或作为在线环境中生成下一个行为的方法。

⊜ 有关收敛性及其在本章讨论的一些其他算法中应用的讨论，请参考文献 T. Jaakkola, M. I. Jordan, and S. P. Singh, "On the Convergence of Stochastic Iterative Dynamic Programming Algorithms," *Neural Computation*, vol. 6, no. 6, pp. 1185-1201, 1994。

算法 17-1 提供了这一点的实现。示例 17-1 中显示了几种学习率。

此处讨论的更新规则在后面的章节中将再次出现，并且与随机梯度下降有关。更新的幅度与样本和先前估计值之间的差异成比例。样本和先前估计值之间的差异称为时序差分误差（temporal difference error）。

算法 17-1 一种用于维持随机变量的均值增量估计的类型。关联类型保持当前均值 μ、学习率函数 α 和迭代计数 m。使用新值 x 调用 update! 函数可以更新估计值

```
mutable struct IncrementalEstimate
    μ #  均值估计
    α #  学习率函数
    m #  更新的次数
end

function update!(model::IncrementalEstimate, x)
    model.m += 1
    model.μ += model.α(model.m) * (x - model.μ)
    return model
end
```

示例 17-1 使用 $\alpha(m)$ 的不同函数形式对衰减学习率的影响。考虑估计投掷一个公平的六面骰子获得的期望值。图 17-1 是学习曲线（learning curves），显示与不同学习率函数相关的 100 次试验的增量估计值。正如我们所看到的，如果 $\alpha(m)$ 衰减得太快，则不能保证收敛；如果 $\alpha(m)$ 衰减得不够快，则收敛很慢。

对于常数 $\alpha \in (0,1]$，均值的估计值将继续波动。如果采用较大的常数 α 值，则波动很大，而采用较低的常数值，则需要更长的时间才能收敛。

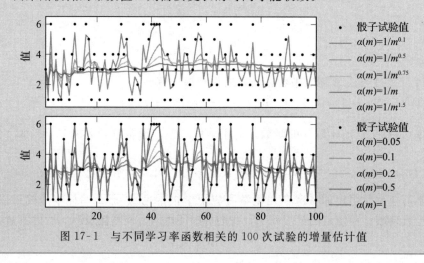

图 17-1   与不同学习率函数相关的 100 次试验的增量估计值

17.2 Q-学习

Q-学习（Q-learning）（算法 17-2）涉及应用行为值函数 $Q(s,a)$ 的增量估计[⊖]。更新源自贝尔曼期望方程的行为值形式：

⊖ C. J. C. H. Watkins, "Learning from Delayed Rewards," Ph. D. dissertation, University of Cambridge, 1989.

$$Q(s,a) = R(s,a) + \gamma \sum_{s'} T(s'|s,a)U(s') \tag{17.7}$$

$$= R(s,a) + \gamma \sum_{s'} T(s'|s,a) \max_{a'} Q(s',a') \tag{17.8}$$

此处并没有使用 T 和 R，而是根据对奖励 R 和下一状态 s' 的样本的期望来重写上面的公式：

$$Q(s,a) = E_{r,s'}[r + \gamma \max_{a'} Q(s',a')] \tag{17.9}$$

我们可以使用式（17.6）来生成增量更新规则，以估算动作值函数[⊖]：

$$Q(s,a) \leftarrow Q(s,a) + \alpha(r + \gamma \max_{a'} Q(s',a') - Q(s,a)) \tag{17.10}$$

算法 17-2　无模型强化学习的 Q-学习更新，可应用于未知转移函数和奖励函数的问题。更新修改了 Q（Q 是"状态-行为"值的矩阵）。该更新函数可以与探索策略（例如 ϵ-贪婪策略，算法 15-9 的模拟函数）。该模拟函数调用带有 s' 的更新函数，尽管此 Q-学习实现没有使用该更新函数

```
mutable struct QLearning
    S  # 状态空间 (假设取值范围为1:nstates)
    A  # 行为空间 (假设取值范围为1:nactions)
    γ  # 折扣
    Q  # 行为值函数
    α  # 学习率
end

lookahead(model::QLearning, s, a) = model.Q[s,a]

function update!(model::QLearning, s, a, r, s′)
    γ, Q, α = model.γ, model.Q, model.α
    Q[s,a] += α*(r + γ*maximum(Q[s′,:]) - Q[s,a])
    return model
end
```

不同的行为选择会影响最终进入的状态，从而影响准确估算 $Q(s,a)$ 的能力。为保证行为值函数的收敛，我们需要采用某种形式的探索策略，如 ϵ-贪婪探索或 Softmax 探索，就像在上一章中对基于模型的方法所做的那样。示例 17-2 显示了如何使用 Q-学习更新规则和探索策略来运行模拟。图 17-2 说明了六边形世界问题中该方法的过程。

示例 17-2　如何在模拟中使用 Q-学习的探索策略。参数设置是概念性的。假设我们想将 Q-学习应用于马尔可夫决策过程问题 P。可以构造一个探索策略，例如上一章算法 16.6 中实现的 ϵ-贪婪策略。Q-学习模型来自算法 17-2，模拟函数在算法 15-9 中实现。

```
Q = zeros(length(P.S), length(P.A))
α = 0.2 # 学习率
model = QLearning(P.S, P.A, P.γ, Q, α)
ε = 0.1 # 随机行为的概率
π = EpsilonGreedyExploration(ε)
k = 20 # 模拟的步骤数量
s = 1  # 初始状态
simulate(P, model, π, k, s)
```

[⊖] 该公式中的最大化可能会引入偏差。像双 Q 学习（double Q-learning）这样的算法试图纠正这种偏差，从而提高性能。H. van Hasselt, "Double Q-Learning," in *Advances in Neural Information Processing Systems* (*NIPS*), 2010.

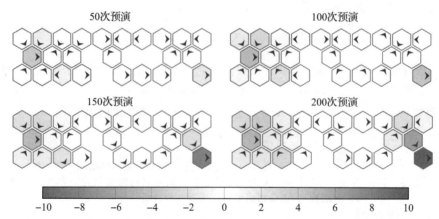

50次预演 · 100次预演 · 150次预演 · 200次预演

$$-10 \quad -8 \quad -6 \quad -4 \quad -2 \quad 0 \quad 2 \quad 4 \quad 6 \quad 8 \quad 10$$

图 17-2 Q-学习用于迭代学习六边形世界问题的行为值函数。每个状态根据该状态中基于 Q 的最佳行为的预期值进行着色。行为同样也是最佳预期行为。对于每次预演，采用 $\alpha=0.1$ 和 10 个步骤运行 Q-学习

17.3 Sarsa

Sarsa（算法 17-3）是 Q-学习的一个替代方案[⊖]。它的名字来源于这个算法在每个步骤中使用 (s,a,r,s',a') 来更新 Q 函数。该算法使用实际的下一个行为 a' 来更新 Q，而不是最大化所有可能的行为：

$$Q(s,a) \leftarrow Q(s,a) + \alpha(r + \gamma Q(s',a') - Q(s,a)) \tag{17.11}$$

通过使用适当的探索策略，a' 将收敛到 $\mathrm{argmax}_{a'}Q(s',a')$，这是 Q-学习更新中所使用的方法。

算法 17-3 无模型强化学习的 Sarsa 更新。我们更新包含"状态-行为"值的矩阵 Q，α 是一个恒定的学习率，ℓ 是最近的经验元组。与 Q-学习实现一样，更新函数可以在算法 15-9 中的模拟器中使用

```
mutable struct Sarsa
    𝒮 # 状态空间（假设1:nstates）
    𝒜 # 行为空间（假设1:nactions）
    γ # 折扣
    Q # 行为值函数
    α # 学习率
    ℓ # 最近的经验元组（s, a, r）
end

lookahead(model::Sarsa, s, a) = model.Q[s,a]

function update!(model::Sarsa, s, a, r, s')
    if model.ℓ != nothing
        γ, Q, α, ℓ = model.γ, model.Q, model.α,  model.ℓ
        model.Q[ℓ.s,ℓ.a] += α*(ℓ.r + γ*Q[s,a] - Q[ℓ.s,ℓ.a])
    end
    model.ℓ = (s=s, a=a, r=r)
    return model
end
```

　　Sarsa 是一种同步策略（on-policy）强化学习方法，因为该学习方法试图在遵循探索策略时直接估算探索策略的价值。相比之下，Q-学习是一种异步策略（off-policy）方法，因为在遵循探索策略的同时，Q-学习试图找到最优策略的值。尽管 Q-学习和 Sarsa 都收敛到最优策略，但收敛速度取决于具体的应用。在图 17-3 中，显示了 Sarsa 学习方法在六边形世界问题上运行的过程。

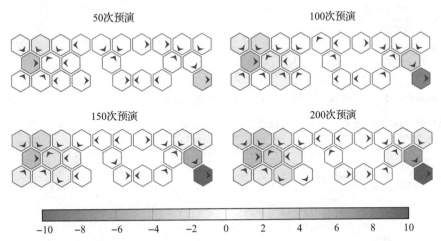

图 17-3　Sarsa 方法用于迭代学习六边形世界问题的行为值函数，与图 17-2 的方式相同。我们发现 Sarsa 收敛到真正的行为值函数的速度较慢

17.4　资格迹

　　Q-学习和 Sarsa 的缺点之一是学习速度很慢，特别是在稀疏奖励（sparse reward）的情况下。例如，假设学习环境中有一个提供丰厚奖励的单一目标状态，而其他所有状态的奖励都为零。在学习环境中进行大量的随机探索后，我们达到了目标状态。无论我们使用 Q-学习还是 Sarsa，只更新目标状态之前的状态行为值。达到目标的所有其他状态的值保持为零。需要大量的探索才能将非零值缓慢传播到状态空间的其余部分。

　　可以修改 Q-学习和 Sarsa，使用资格迹（eligibility trace）⊖ 将奖励向后传播到导致奖励来源的状态和行为。信用采用指数方式进行衰减，因此更接近奖励的状态被分配更大的值。通常使用 $0<\lambda<1$ 作为指数衰减参数。具有资格迹的 Q-学习和 Sarsa 版本通常称为 $Q(\lambda)$ 和 Sarsa(λ)⊖。

　　在算法 17-4 中提供了 Sarsa(λ) 的一个实现。该算法维持所有"状态-行为"对的指数衰减访问计数 $N(s,a)$。当在状态 s 中采取行为 a 时，$N(s,a)$ 递增 1。然后，根据该衰减访问计数，将 Sarsa 时序差分更新部分应用于每个状态-行为对。

⊖ 以下文献在时序差分学习的背景下提出了资格迹方法：R. Sutton, "Learning to Predict by the Methods of Temporal Differences," *Machine Learning*, vol. 3, no. 1, pp. 9-44, 1988。

⊖ 这些算法来自以下文献：C. J. C. H. Watkins, "Learning from Delayed Rewards," Ph. D. dissertation, University of Cambridge, 1989. J. Peng and R. J. Williams, "Incremental Multi-Step Q-Learning," *Machine Learning*, vol. 22, no. 1-3, pp. 283-290, 1996。

算法 17-4   Sarsa(λ) 更新，使用资格迹进行及时反向传播奖励，以加快稀疏奖励的学习速度。矩阵
Q 为状态值，矩阵 N 为指数衰减状态的访问计数，α 是一个恒定的学习率，λ 是指数衰减
参数，ℓ 是最近的经验元组

```
mutable struct SarsaLambda
    𝒮 # 状态空间（假设取值范围为 1:nstates）
    𝒜 # 行为空间（假设取值范围为 1:nactions）
    γ # 折扣
    Q # 行为值函数
    N # 资格迹
    α # 学习率
    λ # 资格迹衰减率
    ℓ # 最近的经验元组（s,a,r）
end

lookahead(model::SarsaLambda, s, a) = model.Q[s,a]

function update!(model::SarsaLambda, s, a, r, s′)
    if model.ℓ != nothing
        γ, λ, Q, α, ℓ = model.γ, model.λ, model.Q, model.α, model.ℓ
        model.N[ℓ.s,ℓ.a] += 1
        δ = ℓ.r + γ*Q[s,a] - Q[ℓ.s,ℓ.a]
        for s in model.𝒮
            for a in model.𝒜
                model.Q[s,a] += α*δ*model.N[s,a]
                model.N[s,a] *= γ*λ
            end
        end
    else
        model.N[:,:] .= 0.0
    end
    model.ℓ = (s=s, a=a, r=r)
    return model
end
```

设 δ 表示 Sarsa 时序差分更新：

$$\delta = r + \gamma Q(s',a') - Q(s,a) \tag{17.12}$$

然后根据以下公式更新行为值函数中的每个项：

$$Q(s,a) \leftarrow Q(s,a) + \alpha\delta N(s,a) \tag{17.13}$$

接着使用折扣系数和指数衰减参数对访问计数进行衰减：

$$N(s,a) \leftarrow \gamma\lambda N(s,a) \tag{17.14}$$

尽管在具有稀疏奖励的环境中，资格迹的影响特别明显，但在奖励更为分散的一般环境中，该算法也可以加快学习速度。

当资格迹应用于异步策略算法（如 Q- 学习）时，必须特别注意，该算法试图学习最优策略的价值[⊖]。资格迹反向传播从探索策略获得的值。这种不匹配可能导致学习不稳定。

17.5   奖励塑形

奖励函数的增强也可以改善学习，特别是在稀疏奖励的问题中。例如，如果我们试图达到一个目标状态，可以通过与目标距离成反比的数量来补充奖励函数。或者，我们可以根据相距目标的距离添加相应的惩罚。例如，如果我们正在下棋，当输掉一枚棋子时，可

⊖ 有关此问题和潜在解决方案的概述，请参考文献 A. Harutyunyan, M. G. Bellemare, T. Stepleton, and R. Munos, "Q(λ) with Off-Policy Corrections," in *International Conference on Algorithmic Learning Theory* (ALT), 2016。

能会在奖励函数中添加一个惩罚，即使我们只关心这盘棋最后的输赢，而不仅仅关心单个棋子的输赢。

在训练中通过将领域知识与奖励函数相结合来加速训练，这被称为奖励塑形（reward shaping）。假设我们根据 $R(s, a, s')$ 来生成问题中的奖励，以允许奖励取决于结果状态。我们将使用 $F(s, a, s')$ 来表示塑形函数（shaping function）。在训练中，我们使用 $R(s, a, s') + F(s, a, s')$，而不是仅仅使用 $R(s, a, s')$ 作为奖励。

当然，在奖励中添加 $F(s, a, s')$ 可以改变最优策略。我们通常对在不改变最佳状态的情况下塑形奖励感兴趣。结果表明，对于某些潜在函数 $\beta(s)$，当且仅当以下公式成立时，在原始奖励下最优的策略将在塑形奖励下保持最优[一]：

$$F(s, a, s') = \gamma\beta(s') - \beta(s) \tag{17.15}$$

17.6 行为值函数近似

本章迄今讨论的算法均假设是离散的状态和行为空间，其中行为值函数可以存储在查找表中。我们可以调整算法以使用值函数近似，从而允许我们将这些值函数近似应用于具有大空间或连续空间的问题，并从有限的经验中进行推广。类似于第 8 章中在已知模型背景下采取的方法，我们将使用 $Q_\theta(s, a)$ 来表示当模型未知时行为值函数的参数近似[二]。

为了说明这一概念，我们将导出一个使用参数近似的 Q-学习版本。我们希望使近似值与最优行为值函数 $Q^*(s, a)$ 之间的损失最小化，我们将其定义为[三]：

$$\ell(\boldsymbol{\theta}) = \frac{1}{2} \mathop{E}_{(s,a) \sim \pi^*} \left[(Q^*(s, a) - Q_\theta(s, a))^2 \right] \tag{17.16}$$

期望值是在遵循最优策略 $\pi*$ 时所经历的"状态-行为"对。

最小化这种损失的常见方法是使用某种形式的梯度下降。损失的梯度为：

$$\nabla\ell(\boldsymbol{\theta}) = - \mathop{E}_{(s,a) \sim \pi^*} \left[(Q^*(s, a) - Q_\theta(s, a)) \nabla_\theta Q_\theta(s, a) \right] \tag{17.17}$$

我们通常会选择可微的行为值函数的参数化表示，并且其中 $\nabla_\theta Q_\theta(s, a)$ 易于计算，例如采用线性或神经网络表示。如果我们应用梯度下降[四]，那么更新规则是：

$$\boldsymbol{\theta} \leftarrow \boldsymbol{\theta} + \alpha \mathop{E}_{(s,a) \sim \pi^*} \left[(Q^*(s, a) - Q_\theta(s, a)) \nabla_\theta Q_\theta(s, a) \right] \tag{17.18}$$

其中，α 是步长因子或学习率。我们可以使用"状态-行为"对 (s, a) 的样本来近似上述更新规则：

$$\boldsymbol{\theta} \leftarrow \boldsymbol{\theta} + \alpha(Q^*(s, a) - Q_\theta(s, a)) \nabla_\theta Q_\theta(s, a) \tag{17.19}$$

当然，不能直接计算式（17.19），因为这需要事先知道最优策略，而这正是我们试图寻找的目标。相反，我们试图从观测到的转移和行为值的近似值来估算：

㊀ A. Y. Ng，D. Harada，and S. Russell，"Policy Invariance Under Reward Transformations：Theory and Application to Reward Shaping," in *International Conference on Machine Learning*（ICML），1999.

㊁ 近年来，一个主要的研究热点是深度强化学习（deep reinforcement learning），其中深度神经网络用于这种参数的近似计算。有关其具体实现的讨论，请参考文献：L. Graesser and W. L. Keng，Foundations of Deep Reinforcement Learning. Addison Wesley，2020。

㊂ 前面的 1/2 是为了方便，因为我们稍后将计算这个二次函数的导数。

㊃ 我们希望梯度下降而不是梯度上升，因为我们正在努力减少损失。

$$Q^*(s,a) \approx r + \gamma \max_{a'} Q_\theta(s',a') \tag{17.20}$$

结果将导致以下的更新规则:

$$\theta \leftarrow \theta + \alpha(r + \gamma \max_{a'} Q_\theta(s',a') - Q_\theta(s,a)) \nabla_\theta Q_\theta(s,a) \tag{17.21}$$

在算法 17-5 中,通过添加缩放的梯度步长(算法 12-2)来实现该更新,通常需要使用该算法以确保梯度步长不会变得太大。示例 17-3 显示了如何将此更新与线性行为值的近似值一起使用。图 17-4 演示了该算法在山地车问题中的应用。

算法 17-5 使用行为值函数的估算来实现 Q-学习更新。对于每个新的经验元组 s,a,r,s′,我们用恒定的学习率 α 来更新向量 θ。我们的参数化行为值函数由 Q(θ,s,a) 给出,其梯度为 ∇Q(θ,s,a)

```
struct GradientQLearning
    𝒜  #  行为空间(假设取值范围为1:nactions)
    γ  #  折扣
    Q  #  参数化行为值函数Q(θ,s,a)
    ∇Q #  行为值函数的梯度
    θ  #  行为值函数参数
    α  #  学习率
end

function lookahead(model::GradientQLearning, s, a)
    return model.Q(model.θ, s,a)
end

function update!(model::GradientQLearning, s, a, r, s′)
    𝒜, γ, Q, θ, α = model.𝒜, model.γ, model.Q, model.θ, model.α
    u = maximum(Q(θ,s′,a′) for a′ in 𝒜)
    Δ = (r + γ*u - Q(θ,s,a))*model.∇Q(θ,s,a)
    θ[:] += α*scale_gradient(Δ, 1)
    return model
end
```

示例 17-3   如何在模拟中使用具有行为值函数近似的 Q-学习探索策略。参数设置是概念性的。我们希望将具有线性行为值近似的 Q-学习应用于 $\gamma = 1$ 的简单调节器问题。行为值近似为 $Q_\theta(s,a) = \theta^\top \beta(s,a)$。其中,基函数为:

$$\beta(s,a) = [s, s^2, a, a^2, 1]$$

利用该线性模型,

$$\nabla_\theta Q_\theta(s,a) = \beta(s,a)$$

对于决策问题 $\mathcal{P}$,我们可以按如下方式实现:

```
β(s,a) = [s,s^2,a,a^2,1]
Q(θ,s,a) = dot(θ,β(s,a))
∇Q(θ,s,a) = β(s,a)
θ = [0.1,0.2,0.3,0.4,0.5] # 初始参数向量
α = 0.5 # 学习率
model = GradientQLearning(𝒫.𝒜, 𝒫.γ, Q, ∇Q, θ, α)
ε = 0.1 # 随机行为的概率
π = EpsilonGreedyExploration(ε)
k = 20  # 需要模拟的步骤数量
s = 0.0 # 初始状态
simulate(𝒫, model, π, k, s)
```

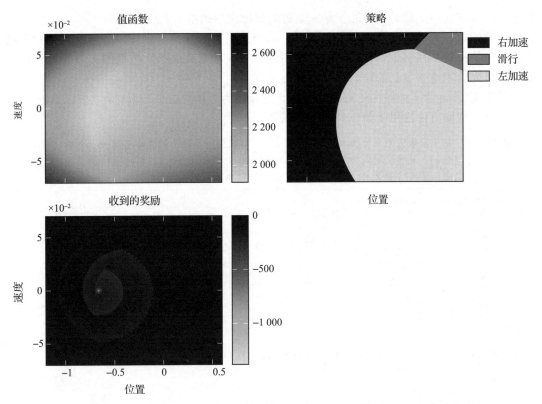

图 17-4　使用线性近似 Q-学习获得的效用函数和策略，应用于山地车问题（附录 F.4）。基函数是
关于位置和速度的多项式，最高可达八阶，三个行为各重复三次。"收到的奖励"是指智
能体使用具有近似值函数的贪婪策略运行时收到的奖励

17.7　经验回放

在强化学习中使用全局函数近似的一个主要挑战是灾难性遗忘（catastrophic forget-
ting）。例如，最初可能会发现，特定策略将我们带到状态空间的低回报区域。然后，我们
完善策略以避免这一区域。然而，经过一段时间后，我们可能会忘记避开状态空间的低回
报区域的原因，并且可能会冒险返回到表现不佳的策略。

灾难性遗忘可以通过经验回放（experience replay）[⊖] 来缓解。经验回放将在训练迭代
中存储固定数量的最新经验元组。从这个重放存储器（replay memory）中均匀抽样出一
批元组，以提醒我们避免已经发现的糟糕策略[⊖]。式（17.21）的更新公式将修改为：

$$\boldsymbol{\theta} \leftarrow \boldsymbol{\theta} + \alpha \frac{1}{m_{\text{grad}}} \sum_i (r^{(i)} + \gamma \max_{a'} Q_{\boldsymbol{\theta}}(s'^{(i)}, a') - Q_{\boldsymbol{\theta}}(s^{(i)}, a^{(i)})) \nabla_{\boldsymbol{\theta}} Q_{\boldsymbol{\theta}}(s^{(i)}, a^{(i)})$$

$$(17.22)$$

⊖　经验回放在以下工作中发挥重要作用：V. Mnih, K. Kavukcuoglu, D. Silver, A. Graves, I. Antonoglou,
D. Wierstra, and M. Riedmiller, "Playing Atari with Deep Reinforcement Learning," 2013. arXiv:
1312.5602v1. 这一概念最初由以下文献提出：L.-J. Lin, "Reinforcement Learning for Robots Using Neural
Networks," Ph. D. dissertation, Carnegie Mellon University, 1993.

⊖　这种方法的变种包括优先经验方法。T. Schaul, J. Quan, I. Antonoglou, and D. Silver, "Prioritized Experience
Replay," in *International Conference on Learning Representations*（ICLR），2016.

其中，$s^{(i)}$、$a^{(i)}$、$r^{(i)}$ 和 $s'^{(i)}$ 是大小为 m_{grad} 的随机批次中的第 i 个经验元组。

经验回放允许经验元组多次参与学习，从而提高数据效率。此外，从重放存储器中随机均匀地抽样将从预演中获得的其他相关序列分开，从而减少梯度估算的方差。经验回放通过保留先前策略参数化的信息来稳定学习过程。

算法 17-6 显示了如何将经验回放结合到具有行为值函数近似的 Q- 学习中。示例 17-4 显示了如何将此方法应用于简单的调节器问题。

算法 17-6　基于函数近似和经验回放的 Q-学习。更新取决于参数化的策略 Q(θ,s,a) 和梯度∇Q(θ, s,a)。该算法更新参数向量 θ 和 DataStructures.jl 提供的循环存储器缓冲区。算法使用从缓冲区的 m_grad 样本估算的梯度，每 m 步更新一次 θ

```
struct ReplayGradientQLearning
    𝒜        # 动作空间（假设取值范围为1:nactions）
    γ        # 折扣
    Q        # 参数化行为值函数Q(θ,s,a)
    ∇Q       # 行为值函数的梯度
    θ        # 行为值函数参数
    α        # 学习率
    buffer   # 循环存储器缓冲区
    m        # 梯度更新之间的步骤数量
    m_grad   # 批次大小
end

function lookahead(model::ReplayGradientQLearning, s, a)
    return model.Q(model.θ, s, a)
end

function update!(model::ReplayGradientQLearning, s, a, r, s′)
    𝒜, γ, Q, θ, α = model.𝒜, model.γ, model.Q, model.θ, model.α
    buffer, m, m_grad = model.buffer, model.m, model.m_grad
    if isfull(buffer)
        U(s) = maximum(Q(θ,s,a) for a in 𝒜)
        ∇Q(s,a,r,s′) = (r + γ*U(s′) - Q(θ,s,a))*model.∇Q(θ,s,a)
        Δ = mean(∇Q(s,a,r,s′) for (s,a,r,s′) in rand(buffer, m_grad))
        θ[:] += α*scale_gradient(Δ, 1)
        for i in 1:m # discard oldest experiences
            popfirst!(buffer)
        end
    else
        push!(buffer, (s,a,r,s′))
    end
    return model
end
```

> **示例 17-4**　**经验回放在具有 Q-学习和行为值近似的简单调节器问题中的应用。** 假设我们希望在示例 17-3 中添加经验回放。在构建模型时，需要提供具有所需容量的回放缓冲区：
>
> ```
> capacity = 100 # 回放缓冲区的最大空间
> ExperienceTuple = Tuple{Float64,Float64,Float64,Float64}
> M = CircularBuffer{ExperienceTuple}(capacity) # 回放缓冲区
> m_grad = 20 # 批次大小
> model = ReplayGradientQLearning(𝒫.𝒜, 𝒫.γ, Q, ∇Q, θ, α, M, m, m_grad)
> ```
>
> 我们可以改变梯度更新之间的步数 m 和每个模拟的深度 d。如图 17-5 所示，我们将每次迭代的所有训练运行限制为 $md=30$ 个经验元组。结果表明，想要训练成功，必

须进行足够深度的预演训练。此外，对于较少的预演到过深的预演，其效果不如采用中等数量的预演到中等深度的效果好。

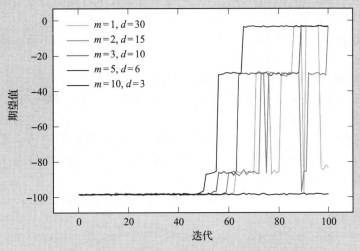

图 17-5 将每次迭代的所有训练运行限制为 $md=30$ 个经验元组

17.8 本章小结

- 无模型方法寻求直接学习行为值函数，而不是构建转移模型和奖励模型。
- 可以使用简单的技术从连续更新中逐步学习均值。
- Q-学习算法使用 Bellman 方程的近似值逐步学习行为值函数。
- 与 Q-学习相比，Sarsa 使用探索策略所采取的行为，而不是在其更新中最大化所有后续行为。
- 资格迹可以通过状态行为空间传播稀疏奖励来加快学习进程。
- Q-学习可以用于使用随机梯度下降来对值函数进行近似计算。
- 可以通过重复使用过去经验元组的经验回放来缓解 Q-学习和 Sarsa 中出现的灾难性遗忘问题。

17.9 练习题

练习题 17-1 给定以下一组样本，对均值进行两次增量估计：一次使用 $\alpha=0.1$ 的学习率，一次使用 $\alpha=0.5$ 的学习率。在这两种情况下，初始均值都使用第一个样本的值：

$$x^{(1:5)} = \{1.0, 1.8, 2.0, 1.6, 2.2\}$$

参考答案：我们将第一次迭代的均值设置为等于第一个样本，然后使用式（17.6）逐步估算均值：

$\hat{x}_1 = 1.0$ $\hat{x}_1 = 1.0$

$\hat{x}_2 = 1.0 + 0.1(1.8 - 1.0) = 1.08$ $\hat{x}_2 = 1.0 + 0.5(1.8 - 1.0) = 1.4$

$\hat{x}_3 = 1.08 + 0.1(2.0 - 1.08) = 1.172$ $\hat{x}_3 = 1.4 + 0.5(2.0 - 1.4) = 1.7$

$\hat{x}_4 = 1.172 + 0.1(1.6 - 1.172) \approx 1.215$ $\hat{x}_4 = 1.7 + 0.5(1.6 - 1.7) = 1.65$

$\hat{x}_5 = 1.215 + 0.1(2.2 - 1.215) \approx 1.313$ $\hat{x}_5 = 1.65 + 0.5(2.2 - 1.65) = 1.925$

练习题 17-2 在练习题 17-1 之后，假设我们使用两种方法的五个样本来估算均值，将获得一个单独的额外样本 $x^{(6)}$，我们将使用这个额外样本作为估算均值的最终样本。请问两种增量估算方法（即 $\alpha=0.1$ 或 $\alpha=0.5$）中的哪一种更可取？

参考答案：虽然我们不知道样本是什么，也不知道计算过程的潜在均值是什么，但我们可能更倾向于使用 $\alpha=0.5$ 的第二个增量估算均值。由于我们只剩下一个样本，第一个学习率太小，无法显著改变均值，而第二个学习率足够大，可以在不会忽略过去的样本的前提下做出响应。考虑以下两种情况：

（1）如果我们假设下一个样本近似等于所有先前样本的增量均值，那么有 $x^{(6)} \approx \hat{x}_5$。因此，对均值进行增量更新不会改变估算值。对于值为 0.1 的学习率，我们有 $\hat{x}_6 \approx 1.313$；对于值为 0.5 的学习率，我们有 $\hat{x}_6 = 1.925$。

（2）如果我们假设下一个样本近似等于所有先前样本的精确均值，那么得到 $x^{(6)} \approx 1.72$。使用值为 0.1 的学习率进行更新，将导致 $\hat{x}_6 \approx 1.354$，而使用值为 0.5 的学习率进行更新，将导致 $\hat{x}_6 \approx 1.823$。

在这两种情况下，假设下一个样本等于所有先前样本的均值，则使用值为 0.5 的学习率的估算结果更准确。

练习题 17-3   考虑通过离散行为空间，将 Q-学习与函数近似应用于具有连续行为空间的问题上。假设连续行为空间在 $\mathbb{R}^n$ 中，例如一个具有 n 个制动器的机器人，并且每个维度被离散成 m 个间隔。请问在生成的离散行为空间中有多少行为？基于函数近似的 Q-学习是否很适合多维度的连续问题？

参考答案：具有 n 个维度和每个维度具有 m 个间隔的行为空间将产生 m^n 个离散行为。离散行为的数量随 n 呈指数增长。即使 m 很小，n 的较大值也会很快导致非常高的行为计数。因此，基于函数近似的 Q-学习不太适合用于具有许多行为维度的连续问题。

练习题 17-4   如果我们与环境进行 d 个时间步的交互，Q-学习的时间复杂度是什么？如果我们与环境进行 d 个时间步的交互，Sarsa 的时间复杂度是什么？

参考答案：对于 Q-学习，我们的更新规则是：

$$Q(s,a) \leftarrow Q(s,a) + \alpha(r + \gamma \max_{a'} Q(s',a') - Q(s,a))$$

在每个时间步，我们必须对行为执行最大化，因此对于 d 个时间步，Q-学习的时间复杂性为 $O(d|\mathcal{A}|)$。对于 Sarsa，我们的更新规则是：

$$Q(s,a) \leftarrow Q(s,a) + \alpha(r + \gamma Q(s',a') - Q(s,a)) \qquad (17.23)$$

在每个时间步，与 Q-学习不同，我们不必对行为执行最大化，因此对于 d 个时间步，Sarsa 的时间复杂性仅为 $O(d)$。

练习题 17-5   Sarsa 的每个经验元组 (s_t,a_t,r_t,s_t+1) 的计算复杂度是否大于或小于 Sarsa(λ)？

参考答案：对于 Sarsa，我们的更新规则是：

$$Q(s,a) \leftarrow Q(s,a) + \alpha(r + \gamma Q(s',a') - Q(s,a)) \qquad (17.24)$$

因此，对于每个经验元组，时间复杂度为 $O(1)$。对于 Sarsa(λ)，我们的更新规则是：

$$\delta \leftarrow r_t + \gamma Q(s_{t+1}, a_{t+1}) - Q(s_t, a_t)$$
$$N(s_t, a_t) \leftarrow N(s_t, a_t) + 1$$
$$Q(s,a) \leftarrow Q(s,a) + \alpha \delta N(s,a) \quad \text{对于所有的 } s,a$$
$$N(s,a) \leftarrow \gamma \lambda N(s,a) \quad \text{对于所有的 } s,a$$

对于每个经验元组，我们需要计算 δ 并在 (s_t, a_t) 处增加访问计数，这两个计算的复杂度都是 $O(1)$。但是，我们需要更新所有状态和行为的行为值函数和访问计数，这些操

作的复杂度都是 $O(|\mathcal{S}||\mathcal{A}|)$。因此，Sarsa($\lambda$) 的每个经验元组的计算复杂度更大。然而，Sarsa(λ) 经常使用较少的经验元组来收敛。

练习题 17-6 当在 $\lambda \to 0$ 时，$Q(\lambda)$ 的行为是什么？当在 $\lambda \to 1$ 时，$Q(\lambda)$ 的行为是什么？

参考答案：对于 $Q(\lambda)$，我们执行以下的更新规则：

$$\delta \leftarrow r_t + \gamma \max_{a'} Q(s_{t+1}, a') - Q(s_t, a_t)$$

$$N(s_t, a_t) \leftarrow N(s_t, a_t) + 1$$

$$Q(s, a) \leftarrow Q(s, a) + \alpha \delta N(s, a) \quad \text{对于所有的 } s, a$$

$$N(s, a) \leftarrow \gamma \lambda N(s, a) \quad \text{对于所有的 } s, a$$

当在 $\lambda \to 0$ 时，对于第一次迭代，计算时序差分误差 δ，并递增访问计数 $N(s_t, a_t)$ 的值。在行为值函数的更新中，唯一的非零值 $N(s, a)$ 位于 $N(s_t, a_t)$，因此我们执行 $Q(s_t, a_t) \leftarrow Q(s_t, a_t) + \alpha \delta N(s_t, a_t)$。最后，我们将所有访问计数重置为零。由此，我们可以发现，当在 $\lambda \to 0$ 时，并没有资格迹，而且正在执行简单的 Q-学习更新。

当在 $\lambda \to 1$ 的极限时，访问次数将累积，此时有完整的资格迹，由此将奖励分配给所有以前访问过的"状态-行为"对。

练习题 17-7 遵循以下的轨迹，使用 Sarsa(λ) 计算 $Q(s, a)$

$$(s_1, a_R, 0, s_2, a_R, 0, s_3, a_L, 10, s_2, a_R, 4, s_1, a_R)$$

使用 $\alpha = 0.5$、$\lambda = 1$ 和 $\gamma = 0.9$，初始行为值函数和访问次数均等于零。假设 $S = \{s_1, s_2, s_3, s_4\}$ 并且 $A = \{a_L, a_R\}$。

参考答案：Sarsa(λ) 更新规则如下：

$$\delta \leftarrow r_t + \gamma Q(s_{t+1}, a_{t+1}) - Q(s_t, a_t)$$

$$N(s_t, a_t) \leftarrow N(s_t, a_t) + 1$$

$$Q(s, a) \leftarrow Q(s, a) + \alpha \delta N(s, a) \quad \text{对于所有的 } s, a$$

$$N(s, a) \leftarrow \gamma \lambda N(s, a) \quad \text{对于所有的 } s, a$$

对于第一个经验元组，我们有 $\delta = 0 + 0.9 \times 0 - 0 = 0$，因此在 $N(s_1, a_R)$ 递增访问计数，行为值函数在 $\delta = 0$ 之后保持不变，并且更新计数。在这之后，我们有表 17-1 所示的数据。

表 17-1　$Q(s, a)$ 和 $N(s, a)$ 数据（对于第一个经验元组）

$Q(s,a)$	s_1	s_2	s_3	s_4
a_L	0	0	0	0
a_R	0	0	0	0

$N(s,a)$	s_1	s_2	s_3	s_4
a_L	0	0	0	0
a_R	0.9	0	0	0

对于第二个经验元组，我们有 $\delta = 0$，因此在 $N(s_2, a_R)$ 递增访问计数，行为值函数在 $\delta = 0$ 之后保持不变并且更新计数。在这之后，我们有表 17-2 所示的数据。

表 17-2　$Q(s, a)$ 和 $N(s, a)$ 数据（对于第二个经验元组）

$Q(s,a)$	s_1	s_2	s_3	s_4
a_L	0	0	0	0
a_R	0	0	0	0

$N(s,a)$	s_1	s_2	s_3	s_4
a_L	0	0	0	0
a_R	0.81	0.9	0	0

对于第三个经验元组，我们有 $\delta = 10$，因此在 $N(s_3, a_L)$ 递增访问计数并且更新行为值函数，同时更新计数。在这之后，我们有表 17-3 所示的数据。

表 17-3　$Q(s,a)$ 和 $N(s,a)$ 数据（对于第三个经验元组）

$Q(s,a)$	s_1	s_2	s_3	s_4	$N(s,a)$	s_1	s_2	s_3	s_4
a_L	0	0	5	0	a_L	0	0	0.9	0
a_R	4.05	4.5	0	0	a_R	0.729	0.81	0	0

对于第四个经验元组，我们有 $\delta=4+0.9\times4.05-4.5=3.145$，因此在 $N(s_2,a_R)=0.81+1=1.81$ 处增加访问计数，同时更新行为值函数并且更新计数。在这之后，我们有表 17-4 所示的数据。

表 17-4　$Q(s,a)$ 和 $N(s,a)$ 数据（对于第四个经验元组）

$Q(s,a)$	s_1	s_2	s_3	s_4	$N(s,a)$	s_1	s_2	s_3	s_4
a_L	0	0	6.415	0	a_L	0	0	0.81	0
a_R	5.196	7.346	0	0	a_R	0.656	1.629	0	0

模 仿 学 习

在前面的章节中，我们假设奖励函数是已知的，或者在与环境交互时收到奖励。对于某些应用程序，更方便的方式是专家演示所需的行为，而不是指定奖励函数。本章将讨论模仿学习（imitation learning）的算法，其中期望的行为是从专家演示中学习而得。我们将介绍各种方法，从非常简单的似然最大化方法到涉及强化学习的更复杂的迭代方法[⊖]。

18.1 行为克隆

模仿学习的一种简单形式是将其视为监督学习问题。这种方法称为行为克隆（behavioral cloning)[⊖]，该方法训练由 θ 参数化的随机策略 π_θ，以最大化来自专家"状态-行为"对数据集 D 的行为似然性：

$$\max_{\theta} \prod_{(s,a) \in D} \pi_\theta(a|s) \tag{18.1}$$

如前几章所述，我们可以将 $\pi_\theta(a|s)$ 上各个值乘积的最大化转换为对数 $\log \pi_\theta(a|s)$ 上各个值和的最大化。

根据如何表示条件分布 $\pi_\theta(a|s)$ 的期望，我们可以解析地计算 θ 的最大似然估计。例如，如果使用离散条件模型（具体请参见 2.4 节），θ 将由 D 的计数 $N(s,a)$ 和 $\pi_\theta(a|s) = N(s,a)/\sum_a N(s,a)$ 组成。示例 18-1 演示了如何将离散条件模型应用于山地车问题中的相关数据。

示例 18-1 演示行为克隆在山地车问题上的应用。如图 18-1 所示，浅蓝色区域是没有训练数据的区域，当智能体遇到这些状态时，会导致策略性能不佳。考虑在山地车问题（附录 F.4）中使用行为克隆专家演示的情形。我们从一个专家策略中获得 10 次预演，拟合条件分布并绘制结果。连续轨迹被离散化，每个位置和速度均有 10 个分箱数据。

专家演示没有完全覆盖状态空间，这是典型的模仿学习问题。当在有覆盖范围的区域中使用时，生成的策略可能表现良好，但该方法为无覆盖范围区域中的行为分配了均匀分布。由于环境的随机性，即使我们从一个有覆盖的区域开始，也可能会过渡到没有覆盖的区域。

⊖ 有关其他方法和应用的综述，请参见文献 A. Hussein, M. M. Gaber, E. Elyan, and C. Jayne, "Imitation Learning: A Survey of Learning Methods," *ACM Computing Surveys*, vol. 50, no. 2, pp. 1-35, 2017。

⊖ D. A. Pomerleau, "Efficient Training of Artificial Neural Networks for Autonomous Navigation," *Neural Computation*, vol. 3, no. 1, pp. 88-97, 1991.

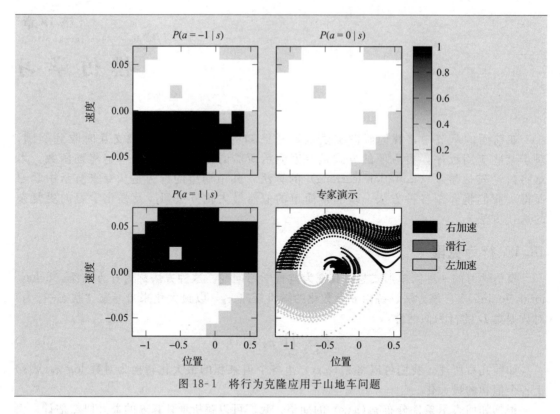

图 18-1   将行为克隆应用于山地车问题

如果对策略进行分解表示，我们可以使用贝叶斯网络来表示状态变量和行为变量的联合分布，图 18-2 显示了一个示例。我们可以从数据 D 中学习结构（第 5 章）和参数（第 4 章）。给定当前状态，我们可以使用第 3 章讨论的其中一种推理算法来推断行为的分布。

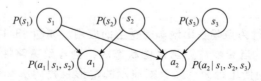

图 18-2   贝叶斯网络可用于表示状态变量和行为变量的联合分布。在给定状态变量当前值的情况下，我们可以应用推理算法来推断行为的分布

我们可以使用许多其他的表示方式来表示 π_θ。例如，我们可能希望使用神经网络，其中输入对应于状态变量的值，输出对应于行为空间上的分布参数。如果表示是可微的（例如，神经网络就是可微的），则可以尝试使用梯度上升来优化式（18.1）。在算法 18-1 中实现了这个方法。

算法 18-1   一种从专家演示（其形式为一组状态-行为元组 D）中学习参数化随机策略的方法。通过最大化给定状态下行为的似然对数，可以迭代改进策略参数化向量 θ。行为克隆需要一个步长 α，一个迭代计数 k_max，以及一个对数似然梯度 ∇logπ

```
struct BehavioralCloning
    α      # 步长
    k_max  # 迭代的次数
    ∇logπ  # 对数似然梯度
end
```

```
function optimize(M::BehavioralCloning, D, θ)
    α, k_max, ∇logπ = M.α, M.k_max, M.∇logπ
    for k in 1:k_max
        ∇ = mean(∇logπ(θ, a, s) for (s,a) in D)
        θ += α*∇
    end
    return θ
end
```

专家演示越接近最优状态，由此产生的行为克隆策略将执行得越好[⊖]。然而，行为克隆会产生级联错误（cascading error）。如示例 18-2 中所讨论的，在预演过程中，即使是微小的不准确值也会逐渐累积起来，最终生成训练数据中表现不佳的状态，从而导致更糟糕的决策，最后出现无效或未知的情况。尽管行为克隆由于其简单性而具有一定的吸引力，但级联错误会导致该方法在许多问题上表现不佳，特别是当策略必须长期使用时。

> **示例 18-2　行为克隆方法固有的泛化问题的一个简单示例。** 考虑应用行为克隆来训练驾驶自动赛车的策略。一位赛车手提供了专家演示。作为一名专家，赛车手从不在草地上行驶或离栏杆太近。经过行为克隆训练的模型在靠近栏杆或在草地上行驶时，将没有可用的信息，因此赛车手不知道如何回归到正常赛道。

18.2　数据集聚合

解决级联错误问题的一种方法是使用额外的专家输入来纠正经过训练的策略。序列交互式演示（sequential interactive demonstration）方法在以下两种方式之间交替进行：从专家处收集数据（由经过训练的策略生成）；使用收集的数据来改进策略。

一种序列交互式演示方法称为数据集聚合（Data set Aggregation，DAgger）（算法 18-2）[⊖]。该方法首先使用行为克隆训练随机策略。然后，随机策略用于从初始状态分布 b 运行多次预演，然后将这些预演提供给专家，以便为每个状态提供正确的操作行为。新数据与先前的数据集聚合，并用于训练新策略。示例 18-3 说明了这个过程。

算法 18-2　DAgger 方法使用从专家演示中学习随机参数化策略的数据集聚合示例。该方法接收的参数包括采用状态-行为元组 D 的初始数据集、随机参数化策略 πθ(θ,s)、定义转移函数的马尔可夫决策过程 $\mathcal{P}$，以及初始状态分布 b。在每次迭代中使用行为克隆（算法 18-1）来改进策略。

对于从最新学习的策略中采样的轨迹，使用专家策略 πE 对其进行标记，从而增强数据集。原始论文通过随机混合专家策略生成轨迹。因此，此实现是原始 DAgger，其极端混合值为零。

在实践应用中，专家策略并不存在，因此对该政策的调用将被人类专家的询问所取代

```
struct DataSetAggregation
    𝒫       # 奖励函数未知的决策问题
    bc      # 行为克隆结构
    k_max   # 迭代的次数
```

⊖ U. Syed and R. E. Schapire, "A Reduction from Apprenticeship Learning to Classification," in *Advances in Neural Information Processing Systems* (*NIPS*), 2010.

⊖ S. Ross, G. J. Gordon, and J. A. Bagnell, "A Reduction of Imitation Learning and Structured Prediction to No-Regret Online Learning," in *International Conference on Artificial Intelligence and Statistics* (*AISTATS*), vol. 15, 2011.

```
    m      #  每次迭代预演的次数
    d      #  预演的深度
    b      #  初始状态分布
    πE     #  专家策略
    πθ     #  参数化策略
end

function optimize(M::DataSetAggregation, D, θ)
    𝒫, bc, k_max, m = M.𝒫, M.bc, M.k_max, M.m
    d, b, πE, πθ = M.d, M.b, M.πE, M.πθ
    θ = optimize(bc, D, θ)
    for k in 2:k_max
        for i in 1:m
            s = rand(b)
            for j in 1:d
                push!(D, (s, πE(s)))
                a = rand(πθ(θ, s))
                s = rand(𝒫.T(s, a))
            end
        end
        θ = optimize(bc, D, θ)
    end
    return θ
end
```

示例 18-3   将 DAgger 应用于山地车问题，从上到下进行迭代，如图 18-3 所示。随着时间的推移，轨迹在数据集中累积。智能体的行为随着每次迭代而改进。考虑使用 DAgger 来训练一个关于山地车问题的策略，该山地车问题没有观测到任何奖励。我们采用专家策略，在行进的方向上进行加速。在此示例中，我们使用以下特征来训练策略：

$$f(s) = \left[\mathbb{1}[v > 0], \mathbb{1}[v < 0], x, x^2, v, v^2, xv\right]$$

其中，x 和 v 是山地车的位置和速度。

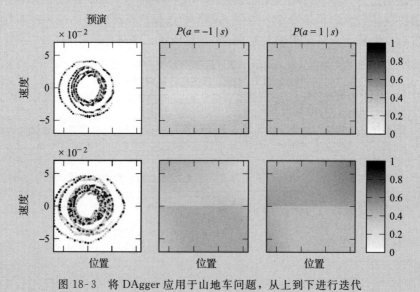

图 18-3   将 DAgger 应用于山地车问题，从上到下进行迭代

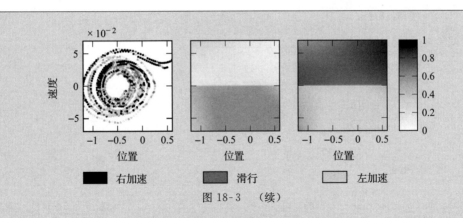

图 18-3 （续）

轨迹根据行为着色。在第一次迭代中，智能体的行为是随机的，无法朝着目标（$x \geqslant 0.6$）前进。通过额外的迭代，智能体学会模仿专家的策略，即朝着行进方向加速。这种行为在向外螺旋的新轨迹和策略中非常明显，当 $v > 0$ 时，$a = 1$ 的可能性很高；当 $v < 0$ 时，$a = -1$ 的可能性很高。

基于先前的学习迭代，这些交互式演示采用迭代方式构建一个数据集，用于覆盖智能体可能遇到的状态空间区域。在每次迭代中，新添加的示例组成数据集的一小部分，从而导致较小的策略更改。虽然序列交互式演示在实践中可以很好地工作，但这种方法不能保证收敛。可以证明，来自专家策略的混合影响可以保证收敛，这是下一节的主题。

18.3 随机混合迭代学习

序列交互式方法还可以通过对新训练的策略进行随机混合来迭代地构建策略。其中一种方法是随机混合迭代学习（Stochastic Mixing Iterative Learning，SMILe）（算法 18-3）[⊖]。该算法在每次迭代中使用行为克隆，但将新训练的策略与先前的策略加以混合。

算法 18-3 SMILe 算法，用于从马尔可夫决策过程 $\mathcal{P}$ 的专家演示中训练随机参数化策略。该算法依次混合权重越来越小的新分量策略，同时降低按照专家策略所采取行为的概率。这种方法返回分量策略的概率 Ps 和参数化 θs

```
struct SMILe
    𝒫      # 具有未知奖励函数的决策问题
    bc     # 行为克隆结构
    k_max  # 迭代的次数
    m      # 每次迭代预演的次数
    d      # 预演的深度
    b      # 初始状态分布
    β      # # mixing scalar (e.g., d^-3)
    πE     # 专家策略
    πθ     # 参数化策略
end

function optimize(M::SMILe, θ)
    𝒫, bc, k_max, m = M.𝒫, M.bc, M.k_max, M.m
    d, b, β, πE, πθ = M.d, M.b, M.β, M.πE, M.πθ
```

⊖ S. Ross and J. A. Bagnell, "Efficient Reductions for Imitation Learning," in *International Conference on Artificial Intelligence and Statistics（AISTATS）*，2010.

```
A, T = P.A, P.T
θs = []
π = s → πE(s)
for k in 1:k_max
    # 执行最近的π以获得新的数据集D
    D = []
    for i in 1:m
        s = rand(b)
        for j in 1:d
            push!(D, (s, πE(s)))
            a = π(s)
            s = rand(T(s, a))
        end
    end
    # 训练新的策略分类器
    θ = optimize(bc, D, θ)
    push!(θs, θ)
    # 计算新的策略混合
    Pπ = Categorical(normalize([(1-β)^(i-1) for i in 1:k],1))
    π = s → begin
        if rand() < (1-β)^(k-1)
            return πE(s)
        else
            return rand(Categorical(πθ(θs[rand(Pπ)], s)))
        end
    end
end
Ps = normalize([(1-β)^(i-1) for i in 1:k_max],1)
return Ps, θs
end
```

我们从专家策略 $\pi^{(1)} = \pi_E$ 开始[⊖]。在每次迭代中,执行最新的策略 $\pi^{(k)}$ 以生成新的数据集,对专家进行查询以提供正确的操作行为。行为克隆仅应用于此新数据集,以训练新的分量策略(component policy) $\hat{\pi}^{(k)}$。该分量策略与先前迭代中的分量策略相混合,以生成新的策略 $\pi^{(k+1)}$。

用于生成 $\pi^{(k+1)}$ 分量策略的混合由混合标量 $\beta \in (0,1)$ 控制。基于专家策略行为的概率为 $(1-\beta)^k$,基于 $\hat{\pi}^{(i)}$ 行动的概率为 $\beta(1-\beta)^{i-1}$。在假设较旧的策略分量针对最可能遇到的状态进行了训练的情况下,该方案为较旧的策略分配了更多权重[⊖]。随着每一次的迭代,按照原始专家策略所采取行为的概率衰减为零。混合标量通常很小,因此智能体不会过快地放弃专家策略。示例 18-4 演示了使用这种方法解决山地车问题的过程。

　　示例 18-4　使用 SMILe 学习山地车问题的策略。与示例 18-3 中的 DAgger 不同,SMILe 在预演期间将专家策略混合到策略中。这个专家分量策略的影响力随着每次迭代而减弱并且会使初始预演更好地朝着目标前进。对于没有观测到奖励的山地车问题,考虑使用 SMILe 对策略进行训练。我们使用与示例 18-3 中 DAgger 相同的特征。每次迭代时,DAgger 和 SMILe 都会收到一个新的由专家标记的数据集。相比于积累更大的专家标记的数据集,SMILe 只使用最新的数据来训练新的策略分量,从而将新的策略分量

⊖　我们没有 π_E 的显式表示。评估 π_E 需要交互式地询问专家,如前一节所述。

⊖　在 SMILe 中,我们按照最新学习的策略行动。当偏离专家策略时,我们期望这种学习到的策略与专家策略可以很好地匹配,但是当偏离专家策略时基本上会预测失误。学习到的分量策略通常只需要在每次迭代中做出越来越小的贡献,以弥补尚未学习到的差异。

与先前的策略分量相混合，如图 18-4 所示。

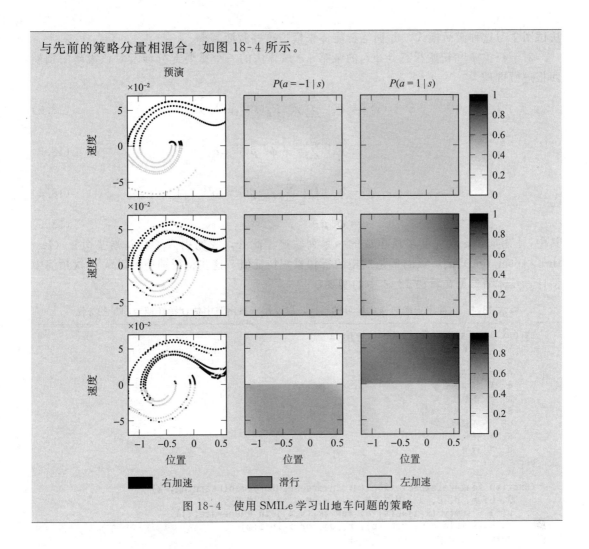

图 18-4　使用 SMILe 学习山地车问题的策略

18.4　最大边际逆向强化学习

在许多应用程序设置中，并不存在可以交互查询的专家，取而代之的是一批专家演示轨迹。我们将假设专家演示数据 D 由 m 个轨迹组成。D 中的每个轨迹 τ 都涉及深度 D 的预演。在逆向强化学习（inverse reinforcement learning）中，我们假设专家正在优化未知的奖励函数。从专家演示数据 D 中，我们试图推导出奖励函数。利用该奖励函数，我们可以使用前面章节中讨论的方法来导出最优策略。

逆向强化学习有不同的方法。通常我们需要定义奖励函数的参数化。一个常见的假设是，该参数化是线性的，满足 $R_{\phi}(s, a) = \phi^{\top} \beta(s, a)$，其中 $\beta(s, a)$ 是特征向量，ϕ 是权重向量。在本节中，我们将重点介绍一种称为最大边际逆向强化学习（maximum margin inverse reinforcement learning）的方法[⊖]，其中假设特征是二元变量。由于最优策略在奖励函数的正缩放下保持最优，因此该方法还对权重向量进行了约束，使得 $\|\phi\|_2 \leqslant 1$。专家数据以不同的频率激活每一个二元特征，可能选择其中一些特征而避开其他特征。这种方

⊖　P. Abbeel and A. Y. Ng, "Apprenticeship Learning via Inverse Reinforcement Learning," in *International Conference on Machine Learning*（ICML），2004.

法试图学习这种激活模式,并训练智能体来模拟这些激活频率。

对于权重 $\boldsymbol{\phi}$ 和初始状态分布 b 的策略 π,该算法的一个重要部分涉及对该策略的预期回报进行推理:

$$\underset{s \sim b}{E}\big[U(s)\big] = E_\tau\Big[\sum_{k=1}^d \gamma^{k-1} R_{\boldsymbol{\phi}}(s^{(k)}, a^{(k)})\Big] \tag{18.2}$$

$$= E_\tau\Big[\sum_{k=1}^d \gamma^{k-1} \boldsymbol{\phi}^\top \boldsymbol{\beta}(s^{(k)}, a^{(k)})\Big] \tag{18.3}$$

$$= \boldsymbol{\phi}^\top\Big(E_\tau\Big[\sum_{k=1}^d \gamma^{k-1} \boldsymbol{\beta}(s^{(k)}, a^{(k)})\Big]\Big) \tag{18.4}$$

$$= \boldsymbol{\phi}^\top \boldsymbol{\mu}_\pi \tag{18.5}$$

其中,τ 对应于 π 到深度 d 所生成的一系列轨迹。此处,我们引入了特征期望向量(feature expectation)$\boldsymbol{\mu}_\pi$,该向量是期望的折扣累积特征值。这些特征期望可以从 m 次预演中估计,具体请参见在算法 18-4 中的实现。

算法 18-4   一种用于逆向强化学习的结构,以及用于从预演中估计特征期望向量的方法

```
struct InverseReinforcementLearning
    𝒫   # 决策问题
    b   # 初始状态分布
    d   # 深度
    m   # 样本的数量
    π   # 参数化策略
    β   # 二元特征映射
    μE  # 专家特征期望
    RL  # 强化学习方法
    ϵ   # 阈值
end

function feature_expectations(M::InverseReinforcementLearning, π)
    𝒫, b, m, d, β, γ = M.𝒫, M.b, M.m, M.d, M.β, M.𝒫.γ
    μ(τ) = sum(γ^(k-1)*β(s, a) for (k,(s,a)) in enumerate(τ))
    τs = [simulate(𝒫, rand(b), π, d) for i in 1:m]
    return mean(μ(τ) for τ in τs)
end
```

我们可以使用专家演示来估算专家特征期望值 $\boldsymbol{\mu}_E$ 并且希望找到一个尽可能接近这些特征期望值的策略。在第一次迭代中,我们从随机策略 $\pi^{(1)}$ 开始估算其特征期望值,并表示为 $\boldsymbol{\mu}^{(1)}$。在第 k 次迭代中,我们发现一个新的 $\boldsymbol{\phi}^{(k)}$,对应于一个奖励函数 $R_{\boldsymbol{\phi}^{(k)}}(s,a) = \boldsymbol{\phi}^{(k)\top}\boldsymbol{\beta}(s,a)$,使得专家以最大的边际 t 优于所有先前发现的策略:

$$\begin{aligned}
&\max_{t,\boldsymbol{\phi}} \quad t \\
&\text{s.t.} \quad \begin{cases} \boldsymbol{\phi}^\top \boldsymbol{\mu}_E \geqslant \boldsymbol{\phi}^\top \boldsymbol{\mu}^{(i)} + t, & i = 1, \cdots, k-1 \\ \|\boldsymbol{\phi}\|_2 \leqslant 1 \end{cases}
\end{aligned} \tag{18.6}$$

式(18.6)是一个很容易求解的二次型方程。然后,我们使用奖励函数 $R(s,a) = \boldsymbol{\phi}^{(k)\top}\boldsymbol{\beta}(s,a)$ 求解新的策略 $\pi^{(k)}$,并生成新的特征期望向量。图 18-5 说明了这一边际最大化过程。

继续迭代直到边际足够小,使得 $t \leqslant \epsilon$。在收敛时,我们可以求解一个混合策略,该策略试图使特征期望值尽可能接近专家策略的特征期望值:

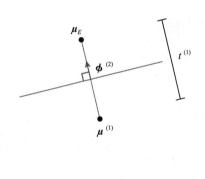

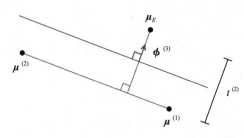

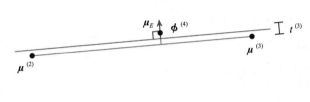

图 18-5　最大边际逆向强化学习算法的三个示例迭代的几何可视化，从上到下所示。在每次
　　　　迭代中，新的权重向量指向垂直于超平面的方向，该超平面将专家特征期望向量与
　　　　先前策略（具有最大可能边际）的特征期望向量分离开来。每次迭代时，边际都会
　　　　缩小

$$
\min_{\lambda} \quad \| \boldsymbol{\mu}_E - \boldsymbol{\mu}_\lambda \|_2
$$
$$
\text{s. t.} \quad \begin{cases} \boldsymbol{\lambda} \geqslant \boldsymbol{0} \\ \| \boldsymbol{\lambda} \|_1 = 1 \end{cases} \tag{18.7}
$$

其中，$\boldsymbol{\mu}_\lambda \sum_i \lambda_i \boldsymbol{\mu}^{(i)}$。混合权重 λ 组合了每次迭代中所发现的一系列策略。对于概率 λ_i，我
们遵循策略 $\pi^{(i)}$。在算法 18-5 中实现最大边际逆向强化学习。

算法 18-5　最大边际逆向强化学习。该算法计算一个混合策略，其特征期望与给定专家演示的特征
　　　　期望相匹配。我们使用 JuMP.jl 来求解约束优化问题。该实现要求所提供的强化学习结
　　　　构具有权重向量 φ，可以使用新值进行更新。该方法返回分量策略的随机权重 λ 和参数
　　　　化 θ s

```julia
function calc_weighting(M::InverseReinforcementLearning, μs)
    μE = M.μE
    k = length(μE)
    model = Model(Ipopt.Optimizer)
    @variable(model, t)
```

```
    @variable(model, φ[1:k] ≥ 0)
    @objective(model, Max, t)
    for μ in μs
        @constraint(model, φ·μE ≥ φ·μ + t)
    end
    @constraint(model, φ·φ ≤ 1)
    optimize!(model)
    return (value(t), value.(φ))
end

function calc_policy_mixture(M::InverseReinforcementLearning, μs)
    μE = M.μE
    k = length(μs)
    model = Model(Ipopt.Optimizer)
    @variable(model, λ[1:k] ≥ 0)
    @objective(model, Min, (μE - sum(λ[i]*μs[i] for i in 1:k))·
                           (μE - sum(λ[i]*μs[i] for i in 1:k)))
    @constraint(model, sum(λ) == 1)
    optimize!(model)
    return value.(λ)
end

function optimize(M::InverseReinforcementLearning, θ)
    π, ϵ, RL = M.π, M.ϵ, M.RL
    θs = [θ]
    μs = [feature_expectations(M, s→π(θ,s))]
    while true
        t, φ = calc_weighting(M, μs)
        if t ≤ ϵ
            break
        end
        copyto!(RL.φ, φ) # R(s,a) = φ·β(s,a)
        θ = optimize(RL, π, θ)
        push!(θs, θ)
        push!(μs, feature_expectations(M, s→π(θ,s)))
    end
    λ = calc_policy_mixture(M, μs)
    return λ, θs
end
```

18.5 最大熵逆向强化学习

上一节中的逆向强化学习方法并没有明确指定具体方法，这意味着通常有多个策略可以产生与专家演示相同的特征预期值。本节将介绍最大熵逆向强化学习（maximum entropy inverse reinforcement learning），该学习通过选用特别的策略来避免这种模糊性，该策略能够产生在具有最大熵的轨迹上分布的结果（附录 A. 8）[⊖]。给定专家数据 D，该决策问题可以转化为如何在最大似然估计问题中找到最佳奖励函数参数 $φ$ 的问题。

任何策略 $π$ 都会导致轨迹[⊖] $P_π(τ)$ 上的分布。不同的策略将产生不同的轨迹分布。我们可以自由选择轨迹上的任何分布，只要该轨迹符合专家特征期望即可。最大熵原则选择

⊖ B. D. Ziebart, A. Maas, J. A. Bagnell, and A. K. Dey, "Maximum Entropy Inverse Reinforcement Learning," in *AAAI Conference on Artificial Intelligence (AAAI)*, 2008.

⊖ 为简单起见，本节假设有限时域，状态空间和行为空间均是离散的，使 $P_φ(τ)$ 成为概率质量。为将最大熵逆向强化学习扩展到未知动态的连续状态和行为的问题，请考虑引导式成本学习。C. Finn, S. Levine, and P. Abbeel, "Guided Cost Learning: Deep Inverse Optimal Control via Policy Optimization," in *International Conference on Machine Learning (ICML)*, 2016。

信息量最小的分布，这对应于熵最大的分布[○]。可以证明，信息最少的轨迹分布采用以下形式：

$$P_{\phi}(\tau) = \frac{1}{Z(\phi)} \exp(R_{\phi}(\tau)) \tag{18.8}$$

其中，$P_{\phi}(\tau)$ 是给定奖励参数 ϕ 的轨迹 τ 的似然性，并且

$$R_{\phi}(\tau) = \sum_{k=1}^{d} \gamma^{k-1} R_{\phi}(s^{(k)}, a^{(k)}) \tag{18.9}$$

$R_{\phi}(\tau)$ 是折扣轨迹奖励。我们对 $R_{\phi}(s^{(k)}, a^{(k)})$ 的参数化不做任何假设，但前提是它是可微的，允许采用神经网络等表示方式。归一化标量 $Z(\phi)$ 可以确保概率总和为 1：

$$Z(\phi) = \sum_{\tau} \exp(R_{\phi}(\tau)) \tag{18.10}$$

总和是所有可能的轨迹。

我们为策略选择了一类特定的轨迹分布。现在，使用最大似然估计将该类别拟合到轨迹中，以获得最能描述我们数据的参数：

$$\max_{\phi} f(\phi) = \max_{\phi} \sum_{\tau \in D} \log P_{\phi}(\tau) \tag{18.11}$$

我们可以根据式（18.11）重写目标函数 $f(\phi)$：

$$f(\phi) = \sum_{\tau \in D} \log \frac{1}{Z(\phi)} \exp(R_{\phi}(\tau)) \tag{18.12}$$

$$= \left(\sum_{\tau \in D} R_{\phi}(\tau) \right) - |D| \log Z(\phi) \tag{18.13}$$

$$= \left(\sum_{\tau \in D} R_{\phi}(\tau) \right) - |D| \log \sum_{\tau} \exp(R_{\phi}(\tau)) \tag{18.14}$$

进一步通过梯度上升来优化这个目标函数。f 的梯度为：

$$\nabla_{\phi} f = \left(\sum_{\tau \in D} \nabla_{\phi} R_{\phi}(\tau) \right) - \frac{|D|}{\sum_{\tau} \exp(R_{\phi}(\tau))} \sum_{\tau} \exp(R_{\phi}(\tau)) \nabla_{\phi} R_{\phi}(\tau) \tag{18.15}$$

$$= \left(\sum_{\tau \in D} \nabla_{\phi} R_{\phi}(\tau) \right) - |D| \sum_{\tau} P_{\phi}(\tau) \nabla_{\phi} R_{\phi}(\tau) \tag{18.16}$$

$$= \left(\sum_{\tau \in D} \nabla_{\phi} R_{\phi}(\tau) \right) - |D| \sum_{s} b_{\gamma,\phi}(s) \sum_{a} \pi_{\phi}(a|s) \nabla_{\phi} R_{\phi}(s,a) \tag{18.17}$$

如果奖励函数是线性的，满足 $R_{\phi}(s,a) = \phi^{\top} \beta(s,a)$，如前一节中所述，那么 $\nabla_{\phi} R_{\phi}(s, a)$ 就是简单的 $\beta(s,a)$。

因此，更新参数向量 ϕ 需要折扣状态访问频率 $b_{\gamma,\phi}$ 和当前参数向量 $\pi_{\phi}(a|s)$ 下的最优策略。我们可以通过运行强化学习来获得最优策略。为了计算折扣状态访问频率，我们可以使用预演或采用动态规划方法。

如果我们采用动态规划方法来计算折扣状态访问频率，可以从初始状态分布 $b_{\gamma,\phi}^{(1)} = b(s)$ 开始，并在时间上迭代前进：

$$b_{\gamma,\phi}^{(k+1)}(s) = \gamma \sum_{a} \sum_{s'} b_{\gamma,\phi}^{(k)}(s) \pi(a|s) T(s'|s,a) \tag{18.18}$$

该版本的最大熵逆向强化学习在算法 18-6 中实现。

○ 有关这一原理的介绍，请参见文献 E. T. Jaynes, "Information Theory and Statistical Mechanics," *Physical Review*, vol. 106, no. 4, pp. 620-630, 1957。

算法 18-6   最大熵逆向强化学习。在最大熵轨迹分布下，该算法找到一种随机策略，该策略可以最
         大化专家演示的似然性。这个实现使用所有状态的动态规划来计算预期的访问并且要求
         决策问题是离散的

```
struct MaximumEntropyIRL
    𝒫       # 决策问题
    b       # 初始状态分布
    d       # 深度
    π       # 参数化策略π(θ,s)
    Pπ      # 参数化策略似然性π(θ,a,s)
    ∇R      # 奖励函数梯度
    RL      # 强化学习方法
    α       # 步长大小
    k_max   # 迭代的次数
end

function discounted_state_visitations(M::MaximumEntropyIRL, θ)
    𝒫, b, d, Pπ = M.𝒫, M.b, M.d, M.Pπ
    𝒮, 𝒜, T, γ = 𝒫.S, 𝒫.𝒜, 𝒫.T, 𝒫.γ
    b_sk = zeros(length(𝒫.S), d)
    b_sk[:,1] = [pdf(b, s) for s in 𝒮]
    for k in 2:d
        for (si', s') in enumerate(𝒮)
            b_sk[si',k] = γ*sum(sum(b_sk[si,k-1]*Pπ(θ, a, s)*T(s, a, s')
                    for (si,s) in enumerate(𝒮))
                for a in 𝒜)
        end
    end
    return normalize!(vec(mean(b_sk, dims=2)),1)
end

function optimize(M::MaximumEntropyIRL, D, ϕ, θ)
    𝒫, π, Pπ, ∇R, RL, α, k_max = M.𝒫, M.π, M.Pπ, M.∇R, M.RL, M.α, M.k_max
    𝒮, 𝒜, γ, nD = 𝒫.S, 𝒫.𝒜, 𝒫.γ, length(D)
    for k in 1:k_max
        copyto!(RL.ϕ, ϕ) # 更新参数
        θ = optimize(RL, π, θ)
        b = discounted_state_visitations(M, θ)
        ∇Rτ = τ -> sum(γ^(i-1)*∇R(ϕ,s,a) for (i,(s,a)) in enumerate(τ))
        ∇f = sum(∇Rτ(τ) for τ in D) - nD*sum(b[si]*sum(Pπ(θ,a,s)*∇R(ϕ,s,a)
                for (ai,a) in enumerate(𝒜))
            for (si, s) in enumerate(𝒮))
        ϕ += α*∇f
    end
    return ϕ, θ
end
```

18.6   生成式对抗性模仿学习

在生成式对抗性模仿学习（Generative Adversarial Imitation Learning，GAIL）[⊖] 中，
我们优化了一个可微参数化策略 $π_θ$，该策略通常由神经网络来表示。我们不提供奖励函
数，而是使用对抗性学习（adversarial learning）（附录 D.7）。我们还训练一个鉴别器
（discriminator）$C_ϕ(s,a)$，通常也是一个神经网络，以返回该鉴别器分配给来自学习策略
的"状态-行为"对的概率。该过程包括两个交替进行的过程：训练该鉴别器以更好地区

⊖ J. Ho and S. Ermon, "Generative Adversarial Imitation Learning," in *Advances in Neural Information Processing Systems*（*NIPS*），2016.

分模拟的（simulated）和专家"状态-行为"对；训练该策略以使其看起来与专家演示不相上下。该过程如图 18-6 所示。

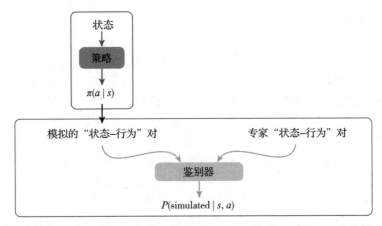

图 18-6 生成式对抗性模仿学习不是推断奖励函数，而是优化鉴别器以区分模拟的和专家
　　　　 "状态-行为"对，并优化策略以使鉴别器无法区分。其目的是最终制定一项类似
　　　　 专家的策略

鉴别器和策略的目标正好相反。GAIL 试图找到鉴别器二元分类问题的负对数损失的鞍点 $(\boldsymbol{\theta}, \boldsymbol{\phi})$[⊖]：

$$\max_{\boldsymbol{\phi}} \min_{\boldsymbol{\theta}} E_{(s,a)\sim\pi_{\boldsymbol{\theta}}}\big[\log(C_{\boldsymbol{\phi}}(s,a))\big] + E_{(s,a)\sim D}\big[\log(1 - C_{\boldsymbol{\phi}}(s,a))\big] \qquad (18.19)$$

其中，我们使用 $(s,a)\sim D$ 表示来自分布的样本，该分布由专家数据集 D 来表示。我们可以交替进行以下两个过程：在 $\boldsymbol{\phi}$ 上梯度上升以增大目标；在 $\boldsymbol{\theta}$ 上进行信任区域策略优化（12.4 节）以减小目标。从策略中生成必要的轨迹样本，以执行每个步骤。鉴别器向策略提供学习信号，类似于已知奖励信号的方式。

18.7　本章小结

- 模仿学习包括在不使用奖励函数的情况下从专家演示中学习期望的行为。
- 模仿学习的一种类型是行为克隆，通过产生一种随机策略来最大化数据集中行为的条件似然性。
- 当可以多次询问专家时，我们可以使用迭代方法，例如数据集聚合或随机混合迭代学习。
- 逆向强化学习先从专家数据中推断奖励函数，然后使用传统方法寻找最佳策略。
- 最大边际逆向强化学习试图找到与专家数据集中发现的二元特征频率相匹配的策略。
- 最大熵逆向强化学习将寻找最佳奖励参数的问题定义为最大似然估计问题并尝试使用梯度上升进行求解。
- 生成式对抗性模仿学习迭代优化鉴别器和策略。鉴别器试图将策略做出的决定和专家做出的决定进行区分，而策略则试图欺骗鉴别器。

⊖　原始论文还包括以下熵项：$-\lambda E_{(s,a)\sim D}\big[-\log\pi_{\boldsymbol{\theta}}(a\,|\,s)\big]$。

18.8   练习题

练习题 18-1   考虑将行为克隆应用于一个离散问题，假设我们已经得到专家的演示。定义一个特征函数 $\boldsymbol{\beta}(s)$ 并使用 Softmax 分布表示策略：

$$\pi(a \,|\, s) \propto \exp(\boldsymbol{\theta}_a^{\mathsf{T}} \boldsymbol{\beta}(s))$$

然后，我们将从专家数据中学习每个行为的参数 $\boldsymbol{\theta}_a$。请问为什么我们要使用这种方法来直接估计每个状态的离散分布，其中每个"状态-行为"对有一个参数？

参考答案：在模仿学习中，我们通常只限于一组相对较小的专家演示。分布 $P(a \,|\, s)$ 包含（$|\mathcal{A}| - 1$）$|\mathcal{S}|$ 个必须学习的独立参数，而独立参数的个数通常非常大。专家演示通常只涉及状态空间的一小部分。即使 $P(a \,|\, s)$ 可以针对所提供的数据集中所涵盖的状态进行可靠的训练，所产生的策略也将在其他状态中未进行训练。使用特征函数可以将其推广到未知的状态。

练习题 18-2   18.1 节建议使用最大似然法从专家数据中训练策略。该方法试图找到策略参数，以最大化分配给训练示例的似然性。然而，在一些问题中，将高概率赋值给一个不正确的行为及将高概率赋值给另一个不正确的行为，结果都很糟糕。例如，在山地车问题中，当专家指定加速度为 1 时，预测加速度为 −1 比预测加速度为 0 更糟糕。如何修改行为克隆方法，以允许对不同的错误分类给予不同的惩罚？

参考答案：我们可以提供一个成本函数 $C(s, a_{\text{true}}, a_{\text{pred}})$，它定义当专家的行为是 a_{true} 时，预测状态 s 的行为 a_{pred} 的成本。例如，对于山地车问题，我们可以使用：

$$C(s, a_{\text{true}}, a_{\text{pred}}) = -\,|\,a_{\text{true}} - a_{\text{pred}}\,|$$

其中，对较大偏差的惩罚大于对较小偏差的惩罚。与专家行为相关的成本通常为零。

如果我们有一个随机策略 $\pi(a \,|\, s)$，那么将寻求最小化数据集的成本：

$$\min_{\boldsymbol{\theta}} \sum_{(s, a_{\text{true}}) \in D} \sum_{a_{\text{pred}}} C(s, a_{\text{true}}, a_{\text{pred}}) \pi(a_{\text{pred}} \,|\, s)$$

这种技术被称为成本敏感分类（cost-sensitive classification）[⊖]。成本敏感分类的一个优越之处在于，我们可以使用各种现成的分类模型，如 k 近邻、支持向量机或决策树来训练策略。

练习题 18-3   提供一个示例，说明最大边际逆向强化学习不能定义唯一的最优策略。

参考答案：最大边际逆向强化学习从专家数据中提取二元特征，并寻求一个奖励函数，该函数的最优策略产生与这些二元特征具有相同频率的轨迹。多个策略可能产生相同的特征预期。例如，只进行左车道变换的自动驾驶汽车可以与只进行右车道变换的自动驾驶汽车具有相同的车道变换频率。

练习题 18-4   最大边际逆向强化学习度量策略与使用特征期望的专家演示的相似程度。如果使用非二元特征，该相似性度量将会受到怎样的影响？

参考答案：如果我们使用非二元特征，那么有些特征可能会比其他特征更大，从而激励智能体匹配这些较大的特性，而不是匹配较小的特性。规模尺度不是唯一的问题。即使所有特征都被约束在 $[0, 1]$ 内，那么一致产生 $\phi(s, a)_1 = 0.5$ 的策略将在一半时间与产生 $\phi(s, a)_1 = 0$ 的策略的特征期望相同，在另一半时间与产生 $\phi(s, a)_1 = 1$ 的策略的特征期望相同。根据特征编码的内容，这可能导致完全不同的策略。任何一组连续特征都可以离散化，因此可以使用一组二元特征来近似。

练习题 18-5   假设我们在高层建筑中建立一个系统，该系统必须选择电梯所能到达的

⊖   C. Elkan, "The Foundations of Cost-Sensitive Learning," in *International Joint Conference on Artificial Intelligence* (*IJCAI*), 2001.

楼层。我们已经训练了几个策略，如图 18-7 所示，以满足专家演示的特征预期。例如，客户必须等待电梯多长时间，或客户必须等待多长时间才能到达目的地。我们为每个策略运行多次预演并绘制在每个楼层上所花费的相对持续时间。根据最大熵原理，假设每个策略都与特征期望相等，请问我们应该选择哪个策略？

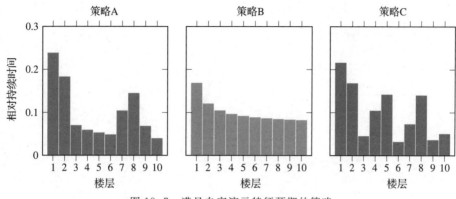

图 18-7　满足专家演示特征预期的策略

　　参考答案：这些在相对持续时间内的分布类似于电梯问题的轨迹分布。在应用最大熵原理时，我们倾向于熵最大的分布。因此，我们会选择策略 B，因为策略 B 是相对最均匀的分布，并且熵最大。

　　练习题 18-6　考虑生成式对抗性模仿学习中的策略优化步骤。以奖励函数的形式重写目标，以便可以应用传统的强化学习技术。

　　参考答案：我们重写式（18.19），删除依赖于专家数据集的项并翻转符号，从 $\boldsymbol{\theta}$ 上的最小化变为 $\boldsymbol{\theta}$ 上的最大化，以产生替代奖励函数：

$$\widetilde{R}_{\phi}(s,a) = -\log C_{\phi}(s,a)$$

　　尽管 $\widetilde{R}_{\phi}(s,a)$ 可能与未知的真实奖励函数区别很大，但它可以用于将学习到的策略引入与专家所涵盖的区域类似的"状态-行为"空间区域。

　　练习题 18-7　解释如何改变生成式对抗性模仿学习，使鉴别者采取轨迹而不是"状态-行为"对。为什么这种方法是可行的？

　　参考答案：改变生成式对抗性模仿学习，使鉴别器采用轨迹的方法比较直截了当，特别是当轨迹长度固定时。专家数据集被分割成轨迹，学习到的策略被用来产生轨迹，就像以前一样。鉴别器不是对"状态-行为"对进行操作，而是使用诸如循环神经网络（附录 D.5）的表示来获取轨迹并产生分类概率。目标函数基本保持不变：

$$\max_{\phi} \min_{\theta} E_{\tau \sim \pi_{\theta}} \big[\log(C_{\phi}(\tau)) \big] + E_{\tau \sim D} \big[\log(1 - C_{\phi}(\tau)) \big]$$

　　在整个轨迹上运行鉴别器的优点在于，它可以帮助鉴别器捕获单个"状态-行为"对中不明显的特征，从而可以生成更好的策略。例如，当观察自动驾驶策略的个人加速度和转弯率时，鉴别器几乎没有什么可学习的。被训练观察较长轨迹的鉴别器可以看到更多的车辆行为，例如变道的攻击性和平滑性，以更好地匹配专家驾驶演示[⊖]。

⊖　A. Kuefler, J. Morton, T. A. Wheeler, and M. J. Kochenderfer, "Imitating Driver Behavior with Generative Adversarial Networks," in *IEEE Intelligent Vehicles Symposium*（IV）, 2017.

状态不确定性

在前面的章节中，我们将不确定性包括在转移函数中，基于结果状态的不确定性以及模型的不确定性。在第四部分中，我们将不确定性扩展到包括状态的不确定性。我们无法准确地观测状态，而是接收与状态只有概率关系的观测结果。此类问题可以建模为**部分可观测的马尔可夫决策过程**（Partially Observable Markov Decision Process，POMDP）。求解 POMDP 的一种常见方法包括在当前时间步骤上推断基础状态上的信念分布，然后应用某种策略将信念匹配到行为。我们将展示如何根据过去的一系列观察和行为来更新信念分布。通过这种方法，我们能够设计出精确的求解方法来优化这些基于信念的策略。遗憾的是，POMDP 很难求解除最小问题之外的所有问题。我们将回顾各种离线近似方法，这些方法往往比精确方法更适用于较大规模的问题。我们还将展示如何扩展本书前面讨论的在线近似方法，以适应部分可观测性。最后，我们将引入有限状态控制器作为替代策略表示并讨论优化这些替代策略以求解 POMDP 的方法。

信　念

　　POMDP 是具有状态不确定性的马尔可夫决策过程。智能体接收的当前状态观测是不完美的，而不是真实状态。从过去的一系列观测和行为中，智能体可以开发出对世界的理解。本章将讨论如何通过基础状态上的概率分布来表示智能体的信念（belief）。我们将提出各种算法，基于智能体的观测和采取的行为来更新我们的信念⊖。如果状态空间是离散的，或者满足某些线性高斯假设，那么我们可以执行精确的信念更新。在这些假设不成立的情况下，我们可以使用基于线性化或抽样的近似值。

19.1　信念初始化

　　信念可以使用不同的方式来表示。在本章中，我们将讨论参数化的表示（parametric representation），其中信念分布由固定分布族的一组参数表示，例如类别或多变量正态分布。我们还将讨论非参数化的表示，其中信念分布由粒子（或从状态空间采样的点）表示。与不同表示相关联的是基于智能体所采取的行动和观测来更新信念的不同过程。

　　在智能体采取任何行为或进行任何观测之前，我们从初始信念分布开始。如果已知关于智能体可能在状态空间中位置的先验信息，那么我们可以在初始信念中对其进行编码。通常希望在缺乏信息的情况下使用扩散的初始信念，以避免对智能体处于状态空间的某个区域（实际上可能不在该区域）时过度自信。一个取值较大的初始信念会专注于远离真实状态的状态，可能会导致更糟糕的状态估计，即使在多次观测之后也是如此。

　　扩散的初始信念可能会造成困难，特别是对于信念的非参数表示，状态空间只能非常稀疏地采样。在某些情况下，等到做出有信息的观测后再初始化信念值是有必要的。例如，在机器人导航问题中，我们可能希望等到传感器检测到已知地标（landmark），然后再适当地初始化信念值。地标可以帮助缩小状态空间的相关区域，以便我们将空间采样集中在与地标观测相一致的区域。示例 19-1 说明了这一概念。

　　示例 19-1　基于地标观测生成初始非参数化的信念值。在这种情况下，自动驾驶汽车可以位于地标周围的任何地方，如图 19-1 所示。考虑一辆配备定位系统的自动驾驶汽车，该系统使用摄像头、雷达和激光雷达数据来跟踪汽车的位置。汽车能够根据其当前所处的位置和方向等来识别距离 r 和方位 θ 处的独特地标，如图 19-2 所示。

⊖　在机器人应用的背景下，以下文献讨论了不同的信念更新方法：S. Thrun, W. Burgard, and D. Fox, *Probabilistic Robotics*. MIT Press, 2006。

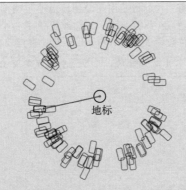

图 19-1 自动驾驶汽车可以位于地标周围的任何地方

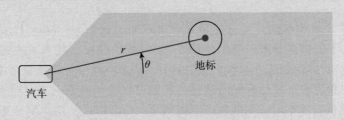

图 19-2 汽车根据其当前所处的位置和方向来识别距离 r 和方位 θ 处的独特地标

距离和方位测量具有零均值高斯噪声，方差分别为 v_r 和 v_θ。已知地标位于 (x, y) 处。给定测量值 r 和 θ，我们可以在汽车的位置 $(\hat{x}, \hat{y})$ 和方向 $\hat{\phi}$ 上产生一个分布：

$$\hat{r} \sim \mathcal{N}(r, v_r) \qquad \hat{\theta} \sim \mathcal{N}(\theta, v_\theta) \qquad \hat{\phi} \sim \mathcal{U}(0, 2\pi)$$

$$\hat{x} \leftarrow x + \hat{r} \cos \hat{\phi} \quad \hat{y} \leftarrow y + \hat{r} \sin \hat{\phi} \quad \hat{\psi} \leftarrow \hat{\phi} - \hat{\theta} - \pi$$

其中，$\hat{\phi}$ 是汽车与全局框架中地标的角度。

19.2 离散状态滤波器

在 POMDP 中，智能体不直接观测环境的基本状态。相反，智能体在每个时间步骤上接收属于某个观察空间（observation space）O 的观测。假设智能体采取行为 a 并转换到状态 s'，那么观测到 o 的概率为 $O(o|a, s')$。如果 O 是连续的，则 $O(o|a, s')$ 是概率密度。图 19-3 显示与 POMDP 相关的动态决策网络。算法 19-1 提供 POM-DP 数据结构的实现。

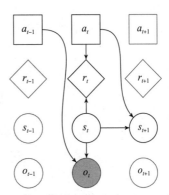

图 19-3 POMDP 问题实现方案的动态决策网络。与图 7-1 一样，没有显示进入操作行为节点的信息边

算法 19-1   POMDP 的数据结构。我们将使用 TRO 字段对给定当前状态和行为的下一状态、奖励和观测进行采样：s′,r,o=TRO(s,a)。该文献提供了一个用于指定和求解 POMDP 的综合包 POMDPs.jl[⊖]。在数学表示中，POMDP 有时被定义为一个元组，该组由马尔可夫决策过程的各个组成部分所构成，记为 $(\mathcal{S},\mathcal{A},\mathcal{O},T,R,O,\gamma)$

```
struct POMDP
    γ   # 折扣因子
    𝒮   # 状态空间
    𝒜   # 行为空间
    𝒪   # 观察空间
    T   # 转移函数
    R   # 奖励函数
    O   # 观察函数
    TRO # 抽样转移、奖励和观测
end
```

给定最近的行动和观测，可以使用递归贝叶斯估计（recursive Bayesian estimation）来更新当前状态下的信念分布。我们使用 $b(s)$ 来表示分配给状态 s 的概率（或连续状态空间的概率密度）。特定信念 b 属于信念空间 B，信念空间中包含所有可能的信念。

当状态空间和观察空间是有限的时候，我们可以使用离散状态滤波器（discrete state filter）来精确地执行该推断。离散状态空间问题的信念可以使用类别分布来表示，其中概率质量被分配给每个状态。这种分类分布可以表示为长度 $|\mathcal{S}|$ 的向量，通常称为信念向量（belief vector）。在 b 可以被视为向量的情况下，我们将使用 $\boldsymbol{b}$。在这种情况下，$\mathcal{B} \subset \mathbb{R}^{|\mathcal{S}|}$。有时 B 被称为概率单纯形（probability simplex）或信念单纯形（belief simplex）。

因为信念向量用于表示概率分布，所以其每个元素都必须严格非负，并且每个元素之和必须为 1：

$$b(s) \geqslant 0 \quad \text{对于所有的 } s \in \mathcal{S} \quad \sum_s b(s) = 1 \tag{19.1}$$

如果使用向量形式，我们有：

$$\boldsymbol{b} \geqslant \boldsymbol{0} \quad \boldsymbol{1}^\top \boldsymbol{b} = 1 \tag{19.2}$$

具有三种状态的 POMDP 的信念空间如图 19-4 所示。示例 19-2 给出一个离散的 POMDP 问题。

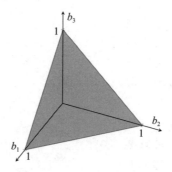

图 19-4   具有三种状态的 POMDP 问题的有效信念向量集。虽然状态空间是离散的，但信念空间是连续的

⊖   M. Egorov, Z. N. Sunberg, E. Balaban, T. A. Wheeler, J. K. Gupta, and M. J. Kochenderfer, "POMDPs. jl: A Framework for Sequential Decision Making Under Uncertainty," *Journal of Machine Learning Research*, vol. 18, no. 26, pp. 1-5, 2017.

示例 19-2　哭闹的婴儿问题（具体请参见 F.7）是一个简单的 POMDP，用于演示具有状态不确定性的决策，如图 19-5 所示。哭闹的婴儿问题（crying baby problem）是一个简单的 POMDP，其中包含两个状态、三个行为和两个观测值。我们的目标是照顾婴儿，即可以通过在每一个时间步骤上选择如下三个行为：给婴儿喂食、给婴儿唱歌，或者忽视婴儿。

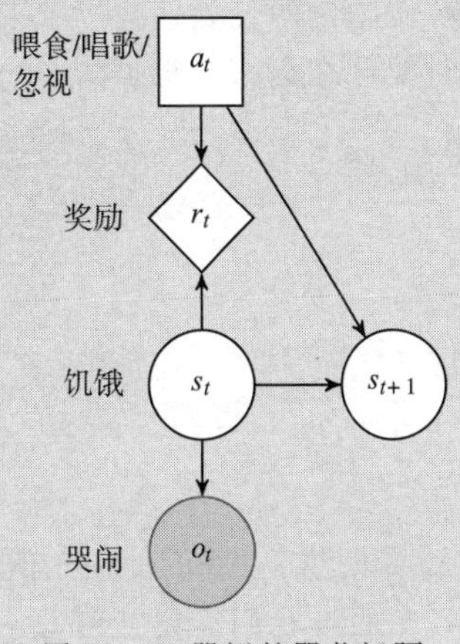

随着时间的推移，婴儿会变得饥饿。我们不会直接观察到婴儿是否饥饿，而是通过观察婴儿是否在哭闹来获得一个带噪声的观测值。饥饿的婴儿有 80% 的时间哭，而吃饱的婴儿有 10% 的时间哭。给婴儿唱歌会产生完美的观测。状态、行为和观察空间分布为：

图 19-5　哭闹的婴儿问题

$$\mathcal{S} = \{满足，饥饿\}$$
$$\mathcal{A} = \{喂食，唱歌，忽视\}$$
$$\mathcal{O} = \{哭闹，安静\}$$

转移动态为：

$$T(满足 \mid 饥饿，喂食) = 100\%$$
$$T(饥饿 \mid 饥饿，唱歌) = 100\%$$
$$T(饥饿 \mid 饥饿，忽视) = 100\%$$
$$T(满足 \mid 满足，喂食) = 100\%$$
$$T(饥饿 \mid 满足，唱歌) = 10\%$$
$$T(饥饿 \mid 满足，忽视) = 10\%$$

如果婴儿饿了，奖励函数会分配值为 −10 的奖励；因为需要付出努力，给婴儿喂食会额外分配值为 −5 的奖励。因此，喂食饥饿的婴儿会获得值为 −15 的奖励。给婴儿唱歌也需要付出额外的努力，因此获得值为 −0.5 的奖励。作为婴儿的护理者，我们寻求折扣系数为 $\gamma = 0.9$ 的最优无限时域策略。

如果具有信念 b 的智能体采取行为 a 并接受观测 o，由于图 19-3 中的独立性假设，新的信念 b' 可按如下方式计算：

$$b'(s') = P(s' \mid b, a, o) \tag{19.3}$$
$$\propto P(o \mid b, a, s') P(s' \mid b, a) \tag{19.4}$$
$$= O(o \mid a, s') P(s' \mid b, a) \tag{19.5}$$
$$= O(o \mid a, s') \sum_s P(s' \mid a, b, s) P(s \mid b, a) \tag{19.6}$$
$$= O(o \mid a, s') \sum_s T(s' \mid s, a) b(s) \tag{19.7}$$

更新离散信念的实例在示例 19-3 中给出，并且信念更新在算法 19-2 中实现。信念更新的成功取决于准确的观测和转移模型。在这些模型未知的情况下，通常建议使用具有更具扩散分布的简化模型，以帮助防止过度自信，过度自信会导致状态估计的脆弱性。

示例 19-3   **婴儿哭闹问题中的离散信念更新。** 哭闹的婴儿问题（示例 19-2）假设一个均匀的初始信念状态：$[b(满足),b(饥饿)]=[0.5,0.5]$。假设我们忽视婴儿，此时婴儿在哭闹。根据式（19.7）更新信念，如下所示：

$$b'(满足) \propto O(哭闹 \mid 忽视,满足) \sum_s T(满足 \mid s,忽视)b(s)$$

$$\propto 0.1(0.0 \cdot 0.5 + 0.9 \cdot 0.5)$$

$$\propto 0.045$$

$$b'(饥饿) \propto O(哭闹 \mid 忽视,哭闹) \sum_s T(饥饿 \mid s,忽视)b(s)$$

$$\propto 0.8(1.0 \cdot 0.5 + 0.1 \cdot 0.5)$$

$$\propto 0.440$$

归一化之后，我们的信念值大约为 $[0.0928,0.9072]$。因此，哭闹的婴儿很可能是饿了。

假设我们给婴儿喂食，并且婴儿停止了哭闹，因为喂食确定性地导致婴儿吃饱，因此新的信念值为 $[1,0]$。

最后，我们给婴儿唱歌，并且婴儿停止了哭闹。再次使用式（19.7）来更新信念，结果为 $[0.9890,0.0110]$。吃饱的婴儿只有 10% 的时间会变得饥饿，而没有观察到任何哭闹则会进一步降低这一比例。

算法 19-2   一种基于式（19.7）更新离散信念的方法，其中 b 是向量，$\mathscr{P}$ 是 POMDP 模型。如果给定的观测值具有零似然性，则返回均匀分布

```
function update(b::Vector{Float64}, 𝒫, a, o)
    𝒮, T, O = 𝒫.S, 𝒫.T, 𝒫.O
    b′ = similar(b)
    for (i′, s′) in enumerate(𝒮)
        po = O(a, s′, o)
        b′[i′] = po * sum(T(s, a, s′) * b[i] for (i, s) in enumerate(𝒮))
    end
    if sum(b′) ≈ 0.0
        fill!(b′, 1)
    end
    return normalize!(b′, 1)
end
```

19.3   卡尔曼滤波器

我们可以调整式（19.7）来处理连续状态空间，如下所示：

$$b'(s') \propto O(o \mid a,s') \int T(s' \mid s,a)b(s)\mathrm{d}s \tag{19.8}$$

除非我们对 T、O 和 b 的形式做出一些假设，否则求解上述积分可能非常困难。一种特殊类型的滤波器，称为卡尔曼滤波器（Kalman filter）[⊖]（算法 19-3），在假设 T 和 O 为线性高斯并且 b 为高斯的情况下提供了精确的更新[⊖]：

[⊖] 以匈牙利裔美国电气工程师鲁道夫·E. 卡尔曼（Rudolf E. Kálmán，1930—2016）命名，他参与了该过滤器的早期开发。

[⊖] R. E. Kálmán, "A New Approach to Linear Filtering and Prediction Problems," *ASME Journal of Basic Engineering*, vol. 82, pp. 35-45, 1960. 有关卡尔曼滤波器及其变体的全面概述，请参考文献 Y. Bar-Shalom, X. R. Li, and T. Kirubarajan, Estimation with Applications to Tracking and Navigation. Wiley, 2001.

$$T(s'|s,a) = \mathcal{N}(s'|T_s s + T_a a, \Sigma_s) \tag{19.9}$$

$$O(o|s') = \mathcal{N}(o|O_s s', \Sigma_o) \tag{19.10}$$

$$b(s) = \mathcal{N}(s|\mu_b, \Sigma_b) \tag{19.11}$$

算法 19-3　卡尔曼滤波器，以高斯分布的形式更新信念。当前的信念由 μb 和 Σb 表示，并且 $\mathscr{P}$ 包含定义线性高斯动力学和观测模型的矩阵。这个 $\mathscr{P}$ 可以使用复合类型或命名元组来定义

```
struct KalmanFilter
    μb  #  均值向量
    Σb  #  协方差矩阵
end

function update(b::KalmanFilter, 𝒫, a, o)
    μb, Σb = b.μb, b.Σb
    Ts, Ta, Os = 𝒫.Ts, 𝒫.Ta, 𝒫.Os
    Σs, Σo = 𝒫.Σs, 𝒫.Σo
    # 预测
    μp = Ts*μb + Ta*a
    Σp = Ts*Σb*Ts' + Σs
    # 更新
    Σpo = Σp*Os'
    K = Σpo/(Os*Σp*Os' + Σo)
    μb' = μp + K*(o - Os*μp)
    Σb' = (I - K*Os)*Σp
    return KalmanFilter(μb', Σb')
end
```

卡尔曼滤波器从预测步骤开始，该步骤使用转移动力学来获得具有以下均值和协方差的预测分布：

$$\mu_p \leftarrow T_s \mu_b + T_a a \tag{19.12}$$

$$\Sigma_p \leftarrow T_s \Sigma_b T_s^\top + \Sigma_s \tag{19.13}$$

在更新步骤中，我们使用此预测分布和当前观察结果一起来更新信念：

$$K \leftarrow \Sigma_p O_s^\top (O_s \Sigma_p O_s^\top + \Sigma_o)^{-1} \tag{19.14}$$

$$\mu_b \leftarrow \mu_p + K(o - O_s \mu_p) \tag{19.15}$$

$$\Sigma_b \leftarrow (I - K O_s) \Sigma_p \tag{19.16}$$

其中，K 称为卡尔曼增益（Kalman gain）。

卡尔曼滤波器通常应用于实际上并不存在线性高斯动态和观测的系统。相关文献已经提出对基本卡尔曼滤波器的各种修改，以更好地适应这样的系统[⊖]。

19.4　扩展卡尔曼滤波器

扩展卡尔曼滤波器（Extended Kalman Filter，EKF）是卡尔曼滤波器对包含高斯噪声的非线性动力学问题的简单扩展：

$$T(s'|s,a) = \mathcal{N}(s'|f_T(s,a), \Sigma_s) \tag{19.17}$$

$$O(o|s') = \mathcal{N}(o|f_O(s'), \Sigma_o) \tag{19.18}$$

其中，$f_T(s,a)$ 和 $f_O(s')$ 是可微函数。

如图 19-6 所示，通过非线性动力学的精确信念更新并不能保证产生新的高斯信念。扩展卡尔曼滤波器使用非线性动力学的局部线性近似，从而产生新的高斯信念，该信念近

⊖　S. Thrun, W. Burgard, and D. Fox, *Probabilistic Robotics*. MIT Press，2006.

似于真实的更新信念。我们可以使用与卡尔曼滤波器相类似的更新方程，但必须基于当前的信念在每次迭代时计算矩阵 T_s 和 O_s。

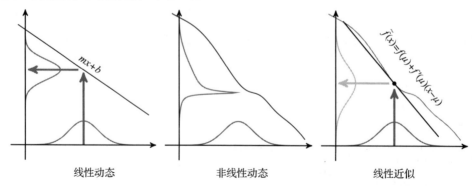

线性动态　　　　　　　非线性动态　　　　　　　线性近似

图 19-6　用线性动态（左图）更新高斯信念会产生另一个高斯分布。用非线性动态（中图）更新高斯信念通常不会产生高斯分布。扩展卡尔曼滤波器使用动态线性近似（右图），从而产生另一个近似后验的高斯分布

动力学的局部线性近似，或线性化（linearization），由雅可比形式的一阶泰勒展开式给出⊖。对于状态矩阵，泰勒展开是在 μ_b 和当前行为下进行的，而对于观测矩阵，它是在预测均值 $\mu_p = f_T(\mu_b)$ 下计算的。

扩展卡尔曼滤波器在算法 19-4 中实现。虽然它是一个近似值，但其速度非常快，在各种现实问题上表现良好。扩展卡尔曼滤波器通常不会保留后验的真实均值和方差，也不会对多模态后验分布进行建模。

算法 19-4　扩展卡尔曼滤波器，卡尔曼滤波器对非线性高斯动力学问题的扩展。当前的信念由均值向量 μb 和协方差矩阵 Σb 表示。问题 $\mathcal{P}$ 使用均值转移动力学函数 fT 和均值观测动力学函数 fO 来指定非线性动力学。使用 ForwardDiff.jl 包获得雅可比函数

```julia
struct ExtendedKalmanFilter
    μb  #  均值向量
    Σb  #  协方差矩阵
end

import ForwardDiff: jacobian
function update(b::ExtendedKalmanFilter, 𝒫, a, o)
    μb, Σb = b.μb, b.Σb
    fT, fO = 𝒫.fT, 𝒫.fO
    Σs, Σo = 𝒫.Σs, 𝒫.Σo
    #  预测
    μp = fT(μb, a)
    Ts = jacobian(s→fT(s, a), μb)
    Os = jacobian(fO, μp)
    Σp = Ts*Σb*Ts' + Σs
    #  更新
    Σpo = Σp*Os'
    K = Σpo/(Os*Σp*Os' + Σo)
    μb' = μp + K*(o - fO(μp))
    Σb' = (I - K*Os)*Σp
    return ExtendedKalmanFilter(μb', Σb')
end
```

⊖　具有 n 个输入和 m 个输出的多变量函数 f 的雅可比矩阵是一个 $m \times n$ 矩阵，其中第 (i, j) 个项为 $\partial f_i / \partial x_j$。

19.5　无迹卡尔曼滤波器

无迹卡尔曼滤波器（Unscented Kalman Filter，UKF)[一] 是卡尔曼滤波器的另一种扩展，适用于高斯噪声非线性的问题[二]。与扩展卡尔曼滤波器不同，无迹卡尔曼滤波是无导数的，对于经过典型非线性动态的分布，无迹卡尔曼滤波依赖于确定性采样策略对该分布的影响进行近似计算。

对于非线性函数 $f(x)$ 关于 x 的分布，可以使用无迹卡尔曼滤波器对该分布的变换效果进行估算，从而产生 x' 上的分布。我们希望估计 x' 上分布的均值 μ' 和协方差 Σ'。相对于 x 上分布的矩阵 μ 和协方差 Σ，无迹变换允许使用具有更大信息量的 $p(x)$ 信息[三]。

无迹变换（unscented transform）通过 f 传递一组 σ 点 S，使用变换后的点来近似计算变换后的均值 μ' 和协方差 Σ'。可以使用 σ 点和权重向量 w 来构建原始均值和协方差：

$$\mu = \sum_i w_i s_i \tag{19.19}$$

$$\Sigma = \sum_i w_i (s_i - \mu)(s_i - \mu)^\top \tag{19.20}$$

其中第 i 个 σ 点 s_i 具有权重 w_i。这些权重的总和必须为 1，以便提供无偏估计，但这些权重不必都是正值。

通过 f 的无迹变换给出的更新均值和协方差矩阵如下所示：

$$\mu' = \sum_i w_i f(s_i) \tag{19.21}$$

$$\Sigma' = \sum_i w_i (f(s_i) - \mu')(f(s_i) - \mu')^\top \tag{19.22}$$

一组常见的 σ 点包括均值 $\mu \in \mathbb{R}^n$ 和其他 $2n$ 个点（这些点由 μ 在协方差矩阵 Σ 确定的方向上的扰动所形成）[四]：

$$s_1 = \mu \tag{19.23}$$

$$s_{2i} = \mu + (\sqrt{(n+\lambda)\Sigma})_i \quad \text{对于 } i \text{ 取值为 } 1 : n \tag{19.24}$$

$$s_{2i+1} = \mu - (\sqrt{(n+\lambda)\Sigma})_i \quad \text{对于 } i \text{ 取值为 } 1 : n \tag{19.25}$$

这些 σ 点与权重相关：

$$w_i = \begin{cases} \dfrac{\lambda}{n+\lambda}, & \text{对于 } i = 1, \\ \dfrac{1}{2(n+\lambda)}, & \text{其他。} \end{cases} \tag{19.26}$$

标量扩展参数（spread parameter）λ 确定 σ 点与均值的扩展距离[五]。不同 λ 值的几个 σ 点集如图 19-7 所示。

[一] S. J. Julier and J. K. Uhlmann, "Unscented Filtering and Nonlinear Estimation," *Proceedings of the IEEE*, vol. 92, no. 3, pp. 401-422, 2004.

[二] 据杰弗里·K. 乌尔曼（Jeffrey K. Uhlmann）介绍，"unscented（无迹的，无气味的）"一词来自他在别人桌子上看到的除臭剂容器上的标签。他用这个词来避免称之为"乌尔曼过滤器"。IEEE History Center Staff, "Proceedings of the IEEE Through 100 Years：2000-2009," *Proceedings of the IEEE*, vol. 100, no. 11, pp. 3131-3145, 2012.

[三] 我们不必假设先验分布是高斯分布。

[四] 矩阵 A 的平方根是一个矩阵 B，使得 $BB^\top = A$。在 Julia 中，`sqrt` 方法产生一个矩阵 C，使得 $CC = A$。这两者是不同的。从 Cholesky 分解可以得到一个常见的平方根矩阵。

[五] 通常使用 $\lambda = 2$，这对于匹配高斯分布的四阶矩是最优的选择。练习 19.13 和练习 19.14 提供了选择这种形式的 σ 点集的动机。

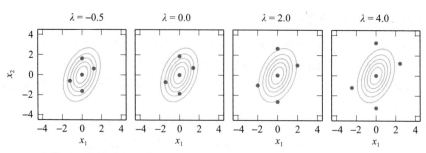

图 19-7 λ 变化对 σ 点的影响，根据式（19.23）为均值和协方差均为零的高斯分布生成这些 σ 点

无迹卡尔曼滤波器执行两个无迹变换：一个用于预测步骤，一个用于观测更新。算法 19-5 提供了这一点的实现。

算法 19-5   无迹卡尔曼滤波器是卡尔曼滤波器对非线性高斯动力学问题的扩展。当前的信念由均值向量 μb 和协方差矩阵 Σb 表示。问题 𝒫 使用均值转移动力学函数 fT 和均值观测动力学函数 fO 来指定非线性动力学。无迹变换中使用的 σ 点由扩展参数 λ 来控制

```
struct UnscentedKalmanFilter
    μb  #  均值向量
    Σb  #  协方差矩阵
    λ   #  扩展参数
end

function unscented_transform(μ, Σ, f, λ, ws)
    n = length(μ)
    Δ = cholesky((n + λ) * Σ).L
    S = [μ]
    for i in 1:n
        push!(S, μ + Δ[:,i])
        push!(S, μ - Δ[:,i])
    end
    S′ = f.(S)
    μ′ = sum(w*s for (w,s) in zip(ws, S′))
    Σ′ = sum(w*(s - μ′)*(s - μ′)' for (w,s) in zip(ws, S′))
    return (μ′, Σ′, S, S′)
end

function update(b::UnscentedKalmanFilter, 𝒫, a, o)
    μb, Σb, λ = b.μb, b.Σb, b.λ
    fT, fO = 𝒫.fT, 𝒫.fO
    n = length(μb)
    ws = [λ / (n + λ); fill(1/(2(n + λ)), 2n)]
    # 预测
    μp, Σp, Sp, Sp′ = unscented_transform(μb, Σb, s→fT(s,a), λ, ws)
    Σp += 𝒫.Σs
    # 更新
    μo, Σo, So, So′ = unscented_transform(μp, Σp, fO, λ, ws)
    Σo += 𝒫.Σo
    Σpo = sum(w*(s - μp)*(s′ - μo)' for (w,s,s′) in zip(ws, So, So′))
    K = Σpo / Σo
    μb′ = μp + K*(o - μo)
    Σb′ = Σp - K*Σo*K'
    return UnscentedKalmanFilter(μb′, Σb′, λ)
end
```

19.6　粒子滤波器

具有较大状态空间的离散问题或连续问题的动力学不能通过卡尔曼滤波器的线性高斯假设很好地近似，必须采用近似技术来表示信念并执行信念更新。一种常见的方法是使用粒子滤波器（particle filter），它将信念状态表示为状态的集合[⊖]。近似信念中的每个状态被称为粒子（particle）。

通过选择或随机采样代表初始信念的粒子集合来初始化粒子滤波器。具有 m 个粒子的粒子滤波器的信念更新，首先从转移分布采样来传播每个状态 s_i，以获得具有概率 $T(s_i'|s_i,a)$ 的新状态 s_i'。根据观测函数 $w_i=O(o|a,s')$ 对传播的状态进行加权，然后从这些状态中抽取 m 个粒子来构建新的信念。该过程在算法 19-6 中给出。示例 19-4 演示粒子滤波器的应用。

算法 19-6　用于粒子滤波器的信念更新器，根据智能体的行为 a 及其观察结果 o 来更新表示信念的状态向量。附录 G.5 提供了用于定义离散集合上分布的 SetCategorical 的实现

```
struct ParticleFilter
    states # 状态样本的向量
end

function update(b::ParticleFilter, 𝒫, a, o)
    T, O = 𝒫.T, 𝒫.O
    states = [rand(T(s, a)) for s in b.states]
    weights = [O(a, s', o) for s' in states]
    D = SetCategorical(states, weights)
    return ParticleFilter(rand(D, length(states)))
end
```

> **示例 19-4　应用于不同信标配置（beacon configuration）的粒子滤波器。** 假设希望基于对已知位置的无线电信标的不完美距离测量来确定我们的位置。我们通过大致保持静止若干步来收集独立的测量结果。粒子滤波器状态是我们的潜在位置。我们可以将每个粒子的测量范围与观测范围进行比较。
>
> 假设来自每个信标的单独距离观测是使用零均值高斯噪声观测而得。粒子转移函数添加了零均值高斯噪声，因为我们只保持近似的静止状态。
>
> 图 19-8 显示了粒子滤波器的演变。行对应于不同数量的信标。红点表示我们所处的真实位置，蓝点表示粒子。圆圈指示与来自每个传感器的无噪声距离测量值相一致的位置。
>
> 需要三个信标才能准确识别我们的位置。粒子滤波器的一个优点在于，当只有一个或两个信标时，粒子滤波器能够表示特别明显的多模态分布。

⊖　有关粒子过滤器的教程，请参考文献 M. S. Arulampalam, S. Maskell, N. Gordon, and T. Clapp, "A Tutorial on Particle Filters for Online Nonlinear / Non-Gaussian Bayesian Tracking," *IEEE Transactions on Signal Processing*, vol. 50, no. 2, pp. 174-188, 2002。

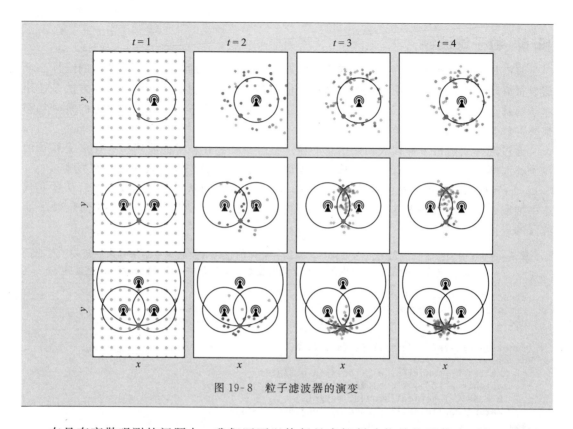

图 19-8 粒子滤波器的演变

在具有离散观测的问题中，我们还可以执行具有抑制功能的粒子信念更新。我们重复以下过程 m 次以生成下一个状态的样本集。首先，在滤波器中随机选择一些状态 s_i，然后根据我们的转移模型对下一个状态 s_i' 进行采样。其次，根据我们的观测模型生成一个随机观测 o_i。如果 o_i 不等于真实观测值 o，则拒绝该观测值，并生成新的 s_i' 和 o_i，直到观测值相匹配。这种具有抑制功能的粒子滤波器（particle filter with rejection）在算法 19-7 中实现。

算法 19-7 更新具有抑制功能的粒子滤波器，采用强制方式使采样状态与输入观测值相匹配

```
struct RejectionParticleFilter
    states #  状态样本的向量
end

function update(b::RejectionParticleFilter, 𝒫, a, o)
    T, O = 𝒫.T, 𝒫.O
    states = similar(b.states)
    i = 1
    while i ≤ length(states)
        s = rand(b.states)
        s′ = rand(T(s,a))
        if rand(O(a,s′)) == o
            states[i] = s′
            i += 1
        end
    end
    return RejectionParticleFilter(states)
end
```

随着粒子滤波器中粒子数量的增加，粒子所代表的分布接近真实的后验分布。遗憾的是，粒子滤波器在实践中可能会失败。粒子覆盖率较低及重新采样过程的随机性都会导致没有粒子接近真实状态。粒子匮乏的问题可以通过几种策略得到一定程度的缓解。示例 19-5 给出一个激励示例。

示例 19-5 由于重新采样的随机性，运行足够长时间的粒子滤波器可能会丢失状态空间相关区域中的粒子。当粒子较少或粒子分布在一个较大的状态空间时，这个问题尤为突出。洞穴探险家乔迷失在基于网格的迷宫中。他遗失了灯笼，所以只能通过触摸来感知周围的环境。在任何给定的时刻，乔都能分辨出他在迷宫中所处的位置并判断出每个主要方向上是否有墙壁。乔对自己感知墙壁的能力相当自信，因此他认为自己的观测结果是完美的。

乔使用一个粒子滤波器来追踪他的信念。在某个时刻，他停下来稍作休息。然后继续运行他的粒子滤波器以更新他的信念。图 19-9 显示乔随着时间推移所获得的信念，圆点表示乔在粒子滤波器中的信念粒子，这些信念粒子与迷宫中的位置相对应。

图 19-9 随着时间推移所获得的信念

初始信念在每个网格位置都有一个粒子，这与他目前对南北两面墙的观察结果相匹配。洞穴探险家乔不再移动，因此也不会获得新信息，因此他的信念不会随着时间而改变。由于重新采样的随机性，后续信念可能不包含所有的初始状态。随着时间的推移，乔的信念将继续失去状态，直到只包含一个状态。该状态可能不是洞穴探险家乔所在的状态。

19.7 粒子注入

粒子注入（particle injection）包括注入随机粒子以防止粒子匮乏。算法 19-8 从更广泛的分布（例如状态空间上的均匀分布）注入固定数量的粒子[⊖]。虽然粒子注入可以帮助防止粒子匮乏，但它也会降低粒子滤波器所表示的后验信念的准确性。

算法 19-8 带粒子注入的粒子滤波器更新，其中从注入分布 D_inject 中抽样 m_inject 个粒子，以降低粒子匮乏的风险

```
struct InjectionParticleFilter
    states #  状态样本的向量
    m_inject #  要注入的样本的数量
    D_inject #  注入的分布
end

function update(b::InjectionParticleFilter, 𝒫, a, o)
```

⊖ 对于机器人定位问题，通常的做法是在所有可能的机器人以均匀分布的方式注入粒子并根据当前观察结果进行加权。

```
        T, O, m_inject, D_inject = 𝒫.T, 𝒫.O, b.m_inject, b.D_inject
        states = [rand(T(s, a)) for s in b.states]
        weights = [O(a, s', o) for s' in states]
        D = SetCategorical(states, weights)
        m = length(states)
        states = vcat(rand(D, m - m_inject), rand(D_inject, m_inject))
        return InjectionParticleFilter(states, m_inject, D_inject)
    end
```

　　我们可以采取更为自适应的方法，而不是在每次更新时使用固定数量的注入粒子。当粒子都被赋予很低的权重时，我们通常希望注入更多的粒子。仅根据当前粒子集的均值权重来选择注入粒子的数量可能很有吸引力。然而，在滤波器仍然收敛的早期或在高传感器噪声的时刻，这样做可能会导致滤波器对自然较低的观测概率非常敏感[⊖]。

　　算法 19-9 提出一种自适应注入（adaptive injection）算法，该算法跟踪均值粒子权重的两个指数移动平均值，并根据这两个值的比率确定注入的数量[⊜]。如果 w_{mean} 是当前平均粒子权重，则两个移动平均值将根据以下公式进行更新：

$$w_{\text{fast}} \leftarrow w_{\text{fast}} + \alpha_{\text{fast}}(w_{\text{mean}} - w_{\text{fast}}) \tag{19.27}$$

$$w_{\text{slow}} \leftarrow w_{\text{slow}} + \alpha_{\text{slow}}(w_{\text{mean}} - w_{\text{slow}}) \tag{19.28}$$

其中，$0 \leqslant \alpha_{\text{slow}} < \alpha_{\text{fast}} \leqslant 1$。

　　通过比较快速平均粒子权重和慢速平均粒子权重，可以获得给定迭代中注入样本的数量[⊜]：

$$m_{\text{inject}} = \left\lfloor m \max\left(0, 1 - v \frac{w_{\text{fast}}}{w_{\text{slow}}}\right) \right\rfloor \tag{19.29}$$

标量 $v(v \geqslant 1)$ 允许我们调整注入率。

算法 19-9　一种具有自适应注入的粒子滤波器，分别使用平滑因子 α_fast 和 α_slow 来保持平均粒子权重的快速和慢速指数移动平均值 w_fast 和 w_slow 的大小。只有当平均粒子权重的快速移动平均值小于慢速移动平均值的 1/v 时，才会注入粒子。原始论文的推荐值为 α_fast=0.1，α_slow=0.001，v=2

```
mutable struct AdaptiveInjectionParticleFilter
    states    #  状态样本的向量
    w_slow    #  慢速移动平均
    w_fast    #  快速移动平均
    α_slow    #  慢速移动平均参数
    α_fast    #  快速移动平均参数
    ν         #  注入参数
    D_inject  #  注入的分布
end

function update(b::AdaptiveInjectionParticleFilter, 𝒫, a, o)
    T, O = 𝒫.T, 𝒫.O
    w_slow, w_fast, α_slow, α_fast, ν, D_inject =
        b.w_slow, b.w_fast, b.α_slow, b.α_fast, b.ν, b.D_inject
    states = [rand(T(s, a)) for s in b.states]
    weights = [O(a, s', o) for s' in states]
    w_mean = mean(weights)
```

⊖　S. Thrun, W. Burgard, and D. Fox, *Probabilistic Robotics*. MIT Press, 2006.

⊜　D. E. Goldberg and J. Richardson, "An Experimental Comparison of Localization Methods," in *International Conference on Genetic Algorithms*, 1987.

⊜　注意，符号 $\lfloor x \rceil$ 表示最接近 x 的整数。

```
      w_slow += α_slow*(w_mean - w_slow)
      w_fast += α_fast*(w_mean - w_fast)
      m = length(states)
      m_inject = round(Int, m * max(0, 1.0 - ν*w_fast / w_slow))
      D = SetCategorical(states, weights)
      states = vcat(rand(D, m - m_inject), rand(D_inject, m_inject))
      b.w_slow, b.w_fast = w_slow, w_fast
      return AdaptiveInjectionParticleFilter(states,
          w_slow, w_fast, α_slow, α_fast, ν, D_inject)
  end
```

示例 19-6 自适应注入的粒子滤波器 (α_slow=0.01, α_fast=0.3, v=2.0)，从包含 16 个相同粒子的匮乏状态开始。移动平均值初始化为 1，以反映与滤波器中的每个粒子完全匹配的长时间观察结果。在接下来的迭代中，根据与观测值相匹配的粒子数量，这些移动平均值以不同的速率变化。每次迭代采用从左到右、从上到下的方式进行。示例 19-5 中的洞穴探险家乔现在将一个单元格向东移动，并将粒子滤波器中的所有粒子也向东移动一个单元格。他现在只能感知到北面和东面的墙壁，遗憾的是，这一观察结果与他的滤波器中的所有更新粒子都不一致。他决定使用自适应注入来解决粒子匮乏问题。如图 19-10 所示，我们发现他的滤波器如何从均匀随机分布中注入粒子，其中快速滤波器和慢速滤波器的值如下。

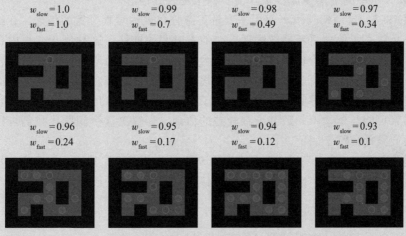

图 19-10 滤波器从均匀随机分布中注入粒子

每次迭代从左到右、从上到下进行。每个灰点表示粒子滤波器中的一个粒子，对应于部分信念位于网格所对应的位置。

19.8 本章小结

- 部分可观测马尔可夫决策过程（POMDP）将马尔可夫决策过程扩展到包括状态不确定性。
- 不确定性要求 POMDP 中的智能体对其状态保持一个信念。
- 对于具有离散状态空间的 POMDP，其信念可以使用分类的分布来表示并且可以通过分析方法来更新。
- 线性高斯 POMDP 的信念可以使用高斯分布表示，也可以通过分析方法来更新。

- 非线性、连续 POMDP 的信念也可以使用高斯分布表示，但通常无法通过分析方法来更新。在这种情况下，可以使用扩展卡尔曼滤波器和无迹卡尔曼滤波器。
- 连续的问题有时可以在假设这些问题是线性高斯的情况下进行建模。
- 粒子滤波器以大量状态粒子的集合对信念进行近似计算。

19.9 练习题

练习题 19-1 所有的马尔可夫决策过程都可以被构造为 POMDP 吗？

参考答案：是的。POMDP 公式通过以观测分布的形式引入状态不确定性来扩展马尔可夫决策过程公式。任何马尔可夫决策过程都可以被构造为 POMDP，其中 $O = S$ 并且 $O(o \,|\, a, s') = (o = s')$。

练习题 19-2 对于不存在观测值的离散 POMDP，其信念更新是什么？对于不存在观测值的线性高斯动态 POMDP，其信念更新是什么？

参考答案：对于不存在观测值并且信念为 b 的 POMDP，如果其中的智能体采取行为 a，则新的信念 b' 可以按如下方法计算：

$$b'(s') = P(s' \,|\, b, a) = \sum_s P(s' \,|\, a, b, s) P(s \,|\, b, a) = \sum_s T(s' \,|\, s, a) b(s)$$

这种信念更新相当于具有均匀的观测分布。不存在观测的线性高斯动态 POMDP 将仅使用式（19.12）中的卡尔曼滤波器预测步骤来更新其信念。

练习题 19-3 自动驾驶汽车使用多变量正态分布表示对其位置的信念。在红绿灯前停止，而在停止状态，信念更新器继续运行。随着时间的推移，这种信念会集中在某个特定地点，并变得过度自信。为什么这可能会成为一个问题？如何避免这种过度自信？

参考答案：当模型或信念更新不能完全代表现实时，对信念的过度自信可能会成为一个问题。过度自信的信念可能已经收敛到与真实状态不匹配的状态。一旦车辆再次移动，新的观测结果可能与信念不一致并导致较差的估计。为解决这个问题，我们可以要求协方差矩阵对角元素的值高于阈值。

练习题 19-4 对于工厂生产的小部件的废品率，考虑跟踪其信念。我们使用泊松分布对工厂运营一天内产生 k 个废品的概率进行建模，假设工厂的废品率为 λ：

$$P(k \,|\, \lambda) = \frac{1}{k!} \lambda^k e^{-\lambda}$$

假设废品率的初始信念遵循伽马分布：

$$p(\lambda \,|\, \alpha, \beta) = \frac{\beta^\alpha}{\Gamma(\alpha)} \lambda^{\alpha - 1} e^{-\beta\lambda}$$

其中 $\lambda \in (0, \infty)$，信念由形状 $\alpha > 0$ 和速率 $\beta > 0$ 进行参数化。在工厂运行一天之后，我们观察到 $d \geq 0$ 个废品。表明我们对废品率的最新信念也服从伽马分布[⊖]。

参考答案：我们寻求后验分布 $p(\lambda \,|\, d, \alpha, \beta)$，这可以通过贝叶斯规则获得：

$$p(\lambda \,|\, d, \alpha, \beta) \propto p(d \,|\, \lambda) p(\lambda \,|\, \alpha, \beta)$$

$$\propto \frac{1}{d!} \lambda^d e^{-\lambda} \frac{\beta^\alpha}{\Gamma(\alpha)} \lambda^{\alpha - 1} e^{-\beta\lambda}$$

$$\propto \lambda^{\alpha + d - 1} e^{-(\beta + 1)\lambda}$$

⊖ 伽马分布是泊松分布的共轭先验。共轭先验（conjugate prior）是一个概率分布族，当使用观测值进行更新时，这些概率分布族保持在同一族内。共轭先验对信念建模也非常有用，因为它们的形式保持不变。

这是一个伽马分布：

$$p(\lambda \mid \alpha + d, \beta + 1) = \frac{(\beta + 1)^{\alpha + d}}{\Gamma(\alpha + d)} \lambda^{\alpha + d - 1} e^{-(\beta + 1)\lambda}$$
$$\propto \lambda^{\alpha + d - 1} e^{-(\beta + 1)\lambda}$$

练习题 19-5 为什么带有抑制功能的粒子滤波器不适用于更新连续观测的 POMDP 信念？

参考答案：带有抑制功能的采样要求重复采样转移函数和观测函数，直到采样的观测值与真实观测值匹配。在连续概率分布中，对任何特定值进行采样，采样概率为零，从而使得带有抑制功能的采样一直会运行。在实际应用中，我们将对连续值使用有限表示，例如 64 位浮点数，但带有抑制功能的采样可能会对每个粒子运行非常长的时间。

练习题 19-6 请解释在示例 19-5 中为什么洞穴探险家乔不会从切换到 $v \geqslant 1$ 的自适应注入粒子滤波器中获益。

参考答案：当 $v w_{fast} / w_{slow} < 1$ 时，自适应注入算法注入新粒子。洞穴探险家乔假设完美的观测结果并相信粒子与他目前的观测结果相符。因此，每个粒子的权重为 1，w_{fast} 和 w_{slow} 都为 1。因此，w_{fast} / w_{slow} 始终为 1，导致没有新粒子。

练习题 19-7 在具有自适应注入的粒子滤波器中，为什么注入速率标量 v 通常不会设置为小于 1 的值？

参考答案：粒子注入旨在当现有观测值的可能性低于观测值的历史趋势时注入粒子。因此，注入通常仅在平均粒子权重 w_{fast} 的短期估计值小于平均粒子权重 w_{slow} 的长期估计值时发生。如果 $v < 1$，那么即使 $w_{fast} \geqslant w_{slow}$，粒子仍然可以生成，尽管表明当前观测值比过去的平均值具有更高的可能性。

练习题 19-8 假设我们被抛入矩形森林的一个随机选择的初始位置。我们不知道自己所面对的方向。幸运的是，我们知道森林的大小（森林具有宽度 w 和长度 ℓ，其中 $\ell \gg w$）$^{\ominus}$。我们可以沿着一条连续的路径移动，不断地观测自己是否还在森林中。请问如何将信念更新应用于这个问题？如图 19-11 所示有三种可能的策略，每种策略定义不同的路径。哪些策略可以保证逃离森林？哪种策略最好？

图 19-11 三种可能的策略定义不同的路径

参考答案：初始信念是森林中所有二维位置和方向（状态）的均匀分布。我们可以用迄今为止走过的路径来表达一种更新的置信度。如果我们仍然处于森林中，我们的信念由所有状态组成，这些状态可以从森林中的一个状态通过遵循我们的路径而到达，同时完全留在森林中。一旦离开森林，我们的信念就由所有沿着我们的路径到达森林的边缘的状态组成，完全留在森林中，如图 19-12 所示。

$\ominus$ 这个问题是受理查德·贝尔曼（Richard Bellman）的"迷失在森林中的问题"（los in a forest problem）的启发。在"迷失在森林中的问题"中，对于具有已知几何结构的森林，我们从其中的一个随机位置和方向开始，必须找到一个最小化（或最大化）平均退出时间的策略。R. Bellman, "Minimization Problem," *Bulletin of the American Mathematical Society*, vol. 62, no. 3, p. 270, 1956.

图 19-12 信念由所有的状态组成

在给定的策略中，只有最后两项可以保证逃离森林。由两个垂直线段和等边三角形的两侧形成的路径将始终与森林的边界相交。然而，直线段可能不会离开森林。对于这两种逃离策略，我们更倾向于较短的一种，即等边三角形的策略。

练习题 19-9 算法 19-2 检查更新的信念是否为零向量。信念更新何时可以产生零向量？为什么在实际应用中会出现这种情况？

参考答案：零信念向量可以从被认为不可能的观测 o 中产生。根据信念 b 和我们的转移模型，当 $O(o \mid a, s') = 0$ 时，对于所有可能的下一个状态 s'，在从信念 b 采取行为 a 后会出现这种情况。算法 19-2 通过返回均匀信念来处理这种情况。在实际应用中，模型和现实世界之间可能不匹配。我们通常希望避免将零概率分配给观测值，以防我们的信念、转移模型或观测模型不正确。

练习题 19-10 假设我们正在执行飞行监控。飞机可以处于正常运行状态 s^0 或故障状态 s^1。我们通过不存在警告 w^0 或存在警告 w^1 来接收观察结果，可以选择让飞机继续飞行 m^0，或者让飞机进入维修 m^1。给定飞机的状态，我们有以下的转移和观测动力学公式，其中假设警告与行为无关：

$$T(s^0 \mid s^0, m^0) = 0.95 \qquad O(w^0 \mid s^0) = 0.99$$
$$T(s^0 \mid s^0, m^1) = 1 \qquad O(w^1 \mid s^1) = 0.7$$
$$T(s^1 \mid s^1, m^0) = 1$$
$$T(s^0 \mid s^1, m^1) = 0.98$$

假设初始信念 $b = [0.95, 0.05]$，请计算更新的信念 b'，假设我们允许飞机继续飞行并观察到一个警告。

参考答案：使用式（19.7），更新 s^0 的置信度：

$$b'(s^0) \propto O(w^1 \mid s^0) \sum_s T(s^0 \mid s, m^0) b(s)$$

$$b'(s^0) \propto O(w^1 \mid s^0)(T(s^0 \mid s^0, m^0) b(s^0) + T(s^0 \mid s^1, m^0) b(s^1))$$

$$b'(s^0) \propto (1 - 0.99)(0.95 \times 0.95 + (1 - 1) \times 0.05) = 0.009025$$

我们重复 s^1 的更新：

$$b'(s^1) \propto O(w^1 \mid s^1) \sum_s T(s^1 \mid s, m^0) b(s)$$

$$b'(s^1) \propto O(w^1 \mid s^1)(T(s^1 \mid s^0, m^0) b(s^0) + T(s^1 \mid s^1, m^0) b(s^1))$$

$$b'(s^1) \propto 0.7((1 - 0.95) \times 0.95 + 1 \times 0.05) = 0.06825$$

归一化后，得到以下更新的信念：

$$b'(s^0) = \frac{b'(s^0)}{b'(s^0) + b'(s^1)} \approx 0.117$$

$$b'(s^1) = \frac{b'(s^1)}{b'(s^0) + b'(s^1)} \approx 0.883$$

$$b' \approx [0.117, 0.883]$$

练习题 19-11 考虑一个机器人沿着一条直线，以位置 x、速度 v 和加速度 a 进行移动。在每一个时间步骤，我们直接控制加速度并观察速度的变化。机器人的运动方程如下所示：

$$x' = x + v\Delta t + \frac{1}{2}a\Delta t^2$$

$$v' = v + a\Delta t$$

其中 Δt 是每个步骤的持续时间。假设我们想要实现卡尔曼滤波器来更新信念。状态向量为 $s=[x,v]$。请确定 $\boldsymbol{T}_s$、$\boldsymbol{T}_a$ 和 $\boldsymbol{O}_s$ 的值。

参考答案：可以使用线性形式描述转移和观测动力学：

$$\begin{bmatrix} x' \\ v' \end{bmatrix} = \begin{bmatrix} 1 & \Delta t \\ 0 & 1 \end{bmatrix} \begin{bmatrix} x \\ v \end{bmatrix} + \begin{bmatrix} \frac{1}{2}\Delta t^2 \\ \Delta t \end{bmatrix} a$$

$$o = \begin{bmatrix} 0 & 1 \end{bmatrix} \begin{bmatrix} x' \\ v' \end{bmatrix}$$

通过这些公式，我们可以确定 $\boldsymbol{T}_s$、$\boldsymbol{T}_a$ 和 $\boldsymbol{O}_s$ 的值：

$$\boldsymbol{T}_s = \begin{bmatrix} 1 & \Delta t \\ 0 & 1 \end{bmatrix} \qquad \boldsymbol{T}_a = \begin{bmatrix} \frac{1}{2}\Delta t^2 \\ \Delta t \end{bmatrix} \qquad \boldsymbol{O}_s = \begin{bmatrix} 0 & 1 \end{bmatrix}$$

练习题 19-12 考虑一个具有差速驱动方式的机器人，以恒定速度 v 在二维空间中移动。机器人的状态是其位置 (x,y) 和方向 θ。在每个时间步骤上，我们控制机器人的转弯速度 ω。机器人的运动方程如下：

$$x' = x + v\cos(\theta)\Delta t$$

$$y' = y + v\sin(\theta)\Delta t$$

$$\theta' = \theta + \omega\Delta t$$

这个转移函数是非线性的。作为状态 $s=[x,y,\theta]$ 的函数，其线性化 $\boldsymbol{T}_s$ 是什么？

参考答案：线性化由 Jacobian 给出，如下所示：

$$\boldsymbol{T}_s = \begin{bmatrix} \dfrac{\partial x'}{\partial x} & \dfrac{\partial x'}{\partial y} & \dfrac{\partial x'}{\partial \theta} \\[2ex] \dfrac{\partial y'}{\partial x} & \dfrac{\partial y'}{\partial y} & \dfrac{\partial y'}{\partial \theta} \\[2ex] \dfrac{\partial \theta'}{\partial x} & \dfrac{\partial \theta'}{\partial y} & \dfrac{\partial \theta'}{\partial \theta} \end{bmatrix} = \begin{bmatrix} 1 & 0 & -v\sin(\theta)\Delta t \\ 0 & 1 & v\cos(\theta)\Delta t \\ 0 & 0 & 1 \end{bmatrix}$$

这种线性化可以在扩展卡尔曼滤波器中使用，以保持信念。

练习题 19-13 假设我们为 n 维分布选择以下 $2n$ 个 σ 点：

$$s_{2i} = \boldsymbol{\mu} + \sqrt{n\boldsymbol{\Sigma}}_i \quad \text{对于 } i \text{ 取值为 } 1:n$$

$$s_{2i-1} = \boldsymbol{\mu} - \sqrt{n\boldsymbol{\Sigma}}_i \quad \text{对于 } i \text{ 取值为 } 1:n$$

请证明我们可以使用权重 $w_i = 1/(2n)$ 从这些 σ 点重建均值和协方差。

参考答案：如果我们使用权重 $w_i = 1/(2n)$，则重建的均值为：

$$\sum_i w_i s_i = \sum_{i=1}^{n} \frac{1}{2n}(\boldsymbol{\mu} + \sqrt{n\boldsymbol{\Sigma}}_i) + \frac{1}{2n}(\boldsymbol{\mu} - \sqrt{n\boldsymbol{\Sigma}}_i) = \sum_{i=1}^{n} \frac{1}{n}\boldsymbol{\mu} = \boldsymbol{\mu}$$

重建的协方差为：

$$\sum_i w_i (s_i - \boldsymbol{\mu}')(s_i - \boldsymbol{\mu}')^\top = 2\sum_{i=1}^{n} \frac{1}{2n}(\sqrt{n\boldsymbol{\Sigma}}_i)(\sqrt{n\boldsymbol{\Sigma}}_i)^\top$$

$$= \frac{1}{n} \sum_{i=1}^{n} \left(\sqrt{n\boldsymbol{\Sigma}}_i \right) \left(\sqrt{n\boldsymbol{\Sigma}}_i \right)^{\top}$$

$$= \sqrt{\boldsymbol{\Sigma}} \sqrt{\boldsymbol{\Sigma}}^{\top}$$

$$= \boldsymbol{\Sigma}$$

练习题 19-14   回想上一个问题中的 $2n$ 个 σ 点和权重，它们表示均值 $\boldsymbol{\mu}$ 和协方差 $\boldsymbol{\Sigma}$。我们希望对 σ 点和权重进行参数化，以便控制关于均值点的集中化。请证明可以通过均匀地降低原始 σ 点的权重，然后将均值 $\boldsymbol{\mu}$ 作为额外的 σ 点来构建新的 σ 点集。证明这个 $2n+1$ 个 σ 点的新集合与式（19.23）中的形式相匹配。

参考答案：我们可以在练习题 19-13 的 σ 点中包含均值 $\boldsymbol{\mu}$，以获得新的 $2n+1$ 个 σ 点集：

$$s_1 = \boldsymbol{\mu}$$

$$s_{2i} = \boldsymbol{\mu} + \left(\sqrt{\frac{n}{1-w_1}\boldsymbol{\Sigma}} \right)_i \quad \text{对于 } i \text{ 取值为 } 1:n$$

$$s_{2i+1} = \boldsymbol{\mu} - \left(\sqrt{\frac{n}{1-w_1}\boldsymbol{\Sigma}} \right)_i \quad \text{对于 } i \text{ 取值为 } 1:n$$

其中 w_1 是第一个 σ 点的权重。剩余 σ 点的权重从 $1/(2n)$ 均匀地减少到 $(1-w_1)/(2n)$。重建的均值仍然是 $\boldsymbol{\mu}$，重建的协方差仍然是 $\boldsymbol{\Sigma}$。

我们可以改变 w_1 以产生不同的 σ 点集。设置 $w_1 > 0$ 会导致 σ 点远离均值；设置 $w_1 < 0$ 会使 σ 点更接近均值。这将导致具有不同高阶矩的 σ 点集，但其均值和协方差保持不变。

我们可以通过代入 $w_1 = \lambda/(n+\lambda)$ 来匹配式（19.23）。因此，$(1-w_1)/2n = 1/(2(n+\lambda))$，$n/(1-w_1) = n+\lambda$。

练习题 19-15   计算以下多变量高斯分布的 σ 点和权重集（$\lambda = 2$）：

$$\boldsymbol{\mu} = \begin{bmatrix} 1 \\ 2 \end{bmatrix} \qquad \boldsymbol{\Sigma} = \begin{bmatrix} 4 & 0 \\ 0 & 2.25 \end{bmatrix}$$

参考答案：由于我们有一个二维高斯分布，并且给定 $\lambda = 2$，需要计算 $2n+1 = 5$ 个 σ 点。我们需要计算平方根矩阵 $\boldsymbol{B} = \sqrt{(n+\lambda)\boldsymbol{\Sigma}}$，使得 $\boldsymbol{BB}^{\top} = (n+\lambda)\boldsymbol{\Sigma}$。由于缩放的协方差矩阵是对角的，所以平方根矩阵就是 $(n+\lambda)\boldsymbol{\Sigma}$ 元素方式的平方根：

$$\sqrt{(n+\lambda)\boldsymbol{\Sigma}} = \sqrt{(2+2)\begin{bmatrix} 4 & 0 \\ 0 & 2.25 \end{bmatrix}} = \begin{bmatrix} 4 & 0 \\ 0 & 3 \end{bmatrix}$$

接下来，我们可以计算 σ 点和权重：

$$s_1 = \begin{bmatrix} 1 \\ 2 \end{bmatrix} \qquad\qquad w_1 = \frac{2}{2+2} = \frac{1}{2}$$

$$s_2 = \begin{bmatrix} 1 \\ 2 \end{bmatrix} + \begin{bmatrix} 4 \\ 0 \end{bmatrix} = \begin{bmatrix} 5 \\ 2 \end{bmatrix} \qquad\qquad w_2 = \frac{1}{2(2+2)} = \frac{1}{8}$$

$$s_3 = \begin{bmatrix} 1 \\ 2 \end{bmatrix} - \begin{bmatrix} 4 \\ 0 \end{bmatrix} = \begin{bmatrix} -3 \\ 2 \end{bmatrix} \qquad\qquad w_3 = \frac{1}{2(2+2)} = \frac{1}{8}$$

$$s_4 = \begin{bmatrix} 1 \\ 2 \end{bmatrix} + \begin{bmatrix} 0 \\ 3 \end{bmatrix} = \begin{bmatrix} 1 \\ 5 \end{bmatrix} \qquad\qquad w_4 = \frac{1}{2(2+2)} = \frac{1}{8}$$

$$s_5 = \begin{bmatrix} 1 \\ 2 \end{bmatrix} - \begin{bmatrix} 0 \\ 3 \end{bmatrix} = \begin{bmatrix} 1 \\ -1 \end{bmatrix} \qquad\qquad w_5 = \frac{1}{2(2+2)} = \frac{1}{8}$$

练习题 19-16　使用上一练习中的 σ 点和权重，通过 $f(x)=[2x_1,x_1x_2]$，计算无迹变换给出的更新均值和协方差。

参考答案：转换后的 σ 点为：

$$f(s_1)=\begin{bmatrix}2\\2\end{bmatrix}\quad f(s_2)=\begin{bmatrix}10\\10\end{bmatrix}\quad f(s_3)=\begin{bmatrix}-6\\-6\end{bmatrix}\quad f(s_4)=\begin{bmatrix}2\\5\end{bmatrix}\quad f(s_5)=\begin{bmatrix}2\\-1\end{bmatrix}$$

我们可以将均值重构为变换后的 σ 点的加权和：

$$\mu'=\sum_i w_i f(s_i)$$

$$\mu'=\frac{1}{2}\begin{bmatrix}2\\2\end{bmatrix}+\frac{1}{8}\begin{bmatrix}10\\10\end{bmatrix}+\frac{1}{8}\begin{bmatrix}-6\\-6\end{bmatrix}+\frac{1}{8}\begin{bmatrix}2\\5\end{bmatrix}+\frac{1}{8}\begin{bmatrix}2\\-1\end{bmatrix}=\begin{bmatrix}2\\2\end{bmatrix}$$

协方差矩阵可以从逐点方式协方差矩阵的加权和重构：

$$\Sigma'=\sum_i w_i(f(s_i)-\mu')(f(s_i)-\mu')^\top$$

$$\Sigma'=\frac{1}{2}\begin{bmatrix}0&0\\0&0\end{bmatrix}+\frac{1}{8}\begin{bmatrix}64&64\\64&64\end{bmatrix}+\frac{1}{8}\begin{bmatrix}64&64\\64&64\end{bmatrix}+\frac{1}{8}\begin{bmatrix}0&0\\0&9\end{bmatrix}+\frac{1}{8}\begin{bmatrix}0&0\\0&9\end{bmatrix}=\begin{bmatrix}16&16\\16&18.25\end{bmatrix}$$

练习题 19-17　卡尔曼滤波器和扩展卡尔曼滤波器都使用观测协方差 O_s 计算互协方差矩阵 Σ_{po}。无迹卡尔曼滤波器不直接计算该观测矩阵，而是直接计算 Σ_{po}。请证明无迹卡尔曼滤波器的协方差更新 $\Sigma_{b'}\leftarrow\Sigma_p-K\Sigma_oK^\top$，这与卡尔曼滤波器和扩展卡尔曼滤波器的协方差更新 $\Sigma_{b'}\leftarrow(I-KO_s)\Sigma_p$ 相匹配。

参考答案：我们可以使用关系式 $K=\Sigma_{po}\Sigma_o^{-1}$ 和 $\Sigma_{po}=\Sigma_pO_s^\top$ 来证明这两个更新是等价的。同时请注意，对称矩阵是其自身的转置，协方差矩阵是对称的。

$$\begin{aligned}\Sigma_{b'}&=\Sigma_p-K\Sigma_oK^\top\\&=\Sigma_p-K\Sigma_o(\Sigma_{po}\Sigma_o^{-1})^\top\\&=\Sigma_p-K\Sigma_o(\Sigma_o^{-1})^\top\Sigma_{po}^\top\\&=\Sigma_p-K\Sigma_{po}^\top\\&=\Sigma_p-K(\Sigma_pO_s^\top)^\top\\&=\Sigma_p-KO_s\Sigma_p^\top\\&=\Sigma_p-KO_s\Sigma_p\\&=(I-KO_s)\Sigma_p\end{aligned}$$

练习题 19-18　使用粒子滤波器代替卡尔曼滤波器有哪些优点和缺点？

参考答案：当系统是线性高斯时，卡尔曼滤波器可以提供精确的信念更新。当系统是非线性的并且不确定性是多模态的时候，粒子滤波器可以更好地工作。粒子滤波器通常在计算上成本较高并且可能发生粒子匮乏。

练习题 19-19　考虑使用粒子滤波器来保持观测结果可靠的问题的信念，其中观测结果的似然性很高或很低。例如，在"洞穴探险家乔"问题中，我们可以可靠地确定四堵墙中的哪一堵墙存在，从而能够立即忽略与观察结果不匹配的任何状态。为什么对于这样的问题，带有抑制功能的粒子滤波器比传统的粒子滤波器更适合？

参考答案：传统的粒子滤波器生成一组粒子并根据这些粒子的观测似然性为它们分配权重。在"洞穴探险家乔"这样的问题中，许多粒子的权重最终可能会变得很轻甚至没有。具有大量权重较轻的粒子使得这种信念容易受到粒子匮乏的影响。带有抑制功能的粒子滤波器可以确保每个粒子的后续状态与观测结果兼容，从而减轻粒子匮乏的问题。

精确信念状态规划

在 POMDP 中，其目标是在与环境互动的同时，选择能够最大化奖励累积的行为。与马尔可夫决策过程相反，状态是不可直接观察的，这就要求智能体使用其过去的行为和观测历史信息来告知信念。如前一章所述，信念可以表示为状态上的概率分布。可以使用不同的方法来计算最优策略，将信念映射到给定的转移、观测和奖励模型中的行为[⊖]。一种方法是将 POMDP 转换为马尔可夫决策过程并应用动态规划。其他方法包括将策略表示为条件规划或信念空间上的分段线性值函数。本章最后给出一种计算最优策略的算法，该算法类似于马尔可夫决策过程的值迭代。

20.1 信念-状态马尔可夫决策过程

所有 POMDP 都可以被视为使用信念作为状态的马尔可夫决策过程，也称为信念-状态马尔可夫决策过程（belief-state MDP）[⊜]。信念-状态马尔可夫决策过程的状态空间是所有信念 B 的集合。行为空间与 POMDP 的行为空间相同。

信念-状态马尔可夫决策过程的奖励函数取决于信念和所采取的行为。这只是奖励的预期值。对于一个离散状态空间，奖励函数由下式给出：

$$R(b,a) = \sum_s R(s,a)b(s) \tag{20.1}$$

如果状态空间和观测空间是离散的，则信念-状态马尔可夫决策过程的信念-状态转移函数由下式给出：

$$T(b'|b,a) = P(b'|b,a) \tag{20.2}$$

$$= \sum_o P(b'|b,a,o)P(o|b,a) \tag{20.3}$$

$$= \sum_o P(b'|b,a,o)\sum_s P(o|b,a,s)P(s|b,a) \tag{20.4}$$

$$= \sum_o P(b'|b,a,o)\sum_s P(o|b,a,s)b(s) \tag{20.5}$$

$$= \sum_o P(b'|b,a,o)\sum_{s'}\sum_s P(o|b,a,s,s')P(s'|b,s,a)b(s) \tag{20.6}$$

$$= \sum_o (b' = \text{Update}(b,a,o))\sum_{s'}O(o|a,s')\sum_s T(s'|s,a)b(s) \tag{20.7}$$

在式（20.7）中，Update(b,a,o) 使用上一章讨论的确定性过程返回更新的信念[⊜]。对于连续的问题，我们使用积分代替求和。

⊖ 有关精确求解方法的讨论，请参考文献 L. P. Kaelbling, M. L. Littman, and A. R. Cassandra, "Planning and Acting in Partially Observable Stochastic Domains," *Artificial Intelligence*, vol. 101, no. 1-2, pp. 99-134, 1998。

⊜ K. J. Åström, "Optimal Control of Markov Processes with Incomplete State Information," *Journal of Mathematical Analysis and Applications*, vol. 10, no. 1, pp. 174-205, 1965。

⊜ 作为提醒，我们使用了以下的约定：当括号中的逻辑语句取值为真时被视为数字 1，取值为假时被视为数字 0。

因为状态空间是连续的，所以求解状态马尔可夫决策过程具有一定的挑战性。我们可以使用前面章节中介绍的近似动态规划技术，但通常可以利用信念-状态马尔可夫决策过程的结构寻求更好的求解方法，这将在下文中详细讨论。

20.2　条件规划

可以使用多种不同的方法表示 POMDP 的策略。一种方法是使用表示为树的条件规划（conditional plan）。图 20-1 显示了具有二元行为和观测空间的三步条件规划示例。节点对应于信念状态。边使用观测值进行注释，节点使用行为进行注释。如果有一个规划 π，与树根相关的行为表示为 $\pi()$，与观测 o 相关的子规划表示为 $\pi(o)$。算法 20-1 提供了该思想的实现。

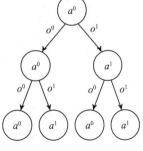

图 20-1　三步条件规划

算法 20-1　条件规划的数据结构，包含行为以及从观测到子规划的映射。子规划 subplans 是从观测到条件规划的字典 Dict。为了方便起见，我们为包含单个节点的规划创建一个特殊的构造函数

```
struct ConditionalPlan
    a          # 在根节点采取的行为
    subplans   # 字典，将观测映射到子规划
end

ConditionalPlan(a) = ConditionalPlan(a, Dict())

(π::ConditionalPlan)() = π.a
(π::ConditionalPlan)(o) = π.subplans[o]
```

针对在树所代表的时域上的观测，条件规划将告知我们应该做什么。为执行条件规划，我们从根节点开始，并执行与之相关的操作行为。根据观测结果，我们沿着树向下移动，采取与所经过节点相关的行为。

假设我们有一个条件规划 π，并且希望从状态 s 开始计算该条件规划的预期效用。这种计算可以采用递归算法完成：

$$U^{\pi}(s) = R(s,\pi()) + \gamma\Big[\sum_{s'}T(s'\,|\,s,\pi())\sum_{o}O(o\,|\,\pi(),s')U^{\pi(o)}(s')\Big] \quad (20.8)$$

算法 20-2 给出了该过程的实现。

算法 20-2　对于从状态 s 开始的马尔可夫决策过程 $\mathcal{P}$，计算其条件规划 π 的一种方法。规划被表示为元组，由一个行为和一个字典组成，该字典将观测映射到子规划

```
function lookahead(𝒫::POMDP, U, s, a)
    S, O, T, O, R, γ = 𝒫.S, 𝒫.O, 𝒫.T, 𝒫.O, 𝒫.R, 𝒫.γ
    u′ = sum(T(s,a,s′)*sum(O(a,s′,o)*U(o,s′) for o in O) for s′ in S)
    return R(s,a) + γ*u′
end

function evaluate_plan(𝒫::POMDP, π::ConditionalPlan, s)
    U(o,s′) = evaluate_plan(𝒫, π(o), s′)
    return isempty(π.subplans) ? 𝒫.R(s,π()) : lookahead(𝒫, U, s, π())
end
```

我们可以按如下公式计算信念 b 的效用：

$$U^{\pi}(b) = \sum_{s}b(s)U^{\pi}(s) \quad (20.9)$$

示例 20-1 演示了一种方法，用于计算与三步条件规划相关的效用。

示例 20-1 针对三步哭闹婴儿问题（附录 F.7）的条件规划，评估并与两个更简单的有条件方案进行比较。 考虑如图 20-2 所示的针对哭闹婴儿问题的三步条件规划：

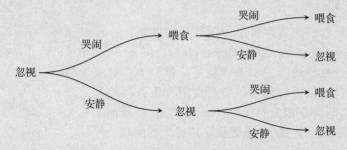

图 20-2 针对哭闹婴儿问题的三步条件规划

在这个规划中，我们从忽视婴儿开始。如果我们观测到哭声，那么就喂食婴儿。如果我们没有观测到哭声，那么就无视婴儿。如果观测到有哭声，我们会再次喂食。

该规划在信念空间中的预期效用如图 20-3 所示，该图中还包含一个总是喂食婴儿的三步规划和一个总是忽视婴儿的规划的预期效益。

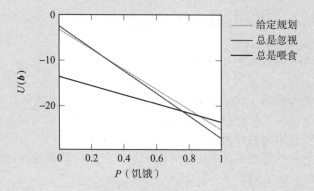

图 20-3 规划在信念空间中的预期效用

结果表明，给定规划并不比总是忽视婴儿或总是喂食婴儿更好。

现在，我们有了一种方法来评估时域 h 的条件规划，我们可以计算最佳"h-步"值函数：

$$U^*(b) = \max_\pi U^\pi(b) \quad (20.10)$$

根据与最大化的树根相关联的行为，可以生成最佳行为 π。

通过直接枚举所有"h-步"条件规划来求解"h-步"POMDP 通常在计算上十分困难，如图 20-4 所示。"h-步"规划中有 $(|\mathcal{O}|^h - 1)/(|\mathcal{O}| - 1)$ 个节点。通常，任何行为都可以插入到任何节点

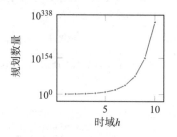

图 20-4 即使是只有两次行为和两次观察的小型 POMDP，随着规划时域的发展，可能的规划数量也会迅速增长。我们通常可以在每次迭代时大幅删减 α 向量集，只考虑极少部分的规划

中，从而产生 $|\mathcal{A}|(|\mathcal{O}|^h-1)/(|\mathcal{O}|-1)$ 种可能的"h-步"规划。这种指数增长意味着即使对于最适度的 h 值，枚举所有规划也不是一件轻而易举的事情。正如本章稍后将讨论的那样，可以使用其他的方法来替代直接枚举所有可能的规划方法。

20.3　阿尔法向量

我们可以将式（20.9）改写为向量形式：

$$U^\pi(\boldsymbol{b}) = \sum_s b(s)U^\pi(s) = \boldsymbol{\alpha}_\pi^\top \boldsymbol{b} \qquad (20.11)$$

向量 $\boldsymbol{\alpha}_\pi$，称为阿尔法向量（alpha vector），包含每个状态在规划 π 下的预期效用。与信念向量一样，阿尔法向量的维度数为 $|\mathcal{S}|$。与信念不同，阿尔法向量中的分量表示效用，而不是概率质量。算法 20-3 显示如何计算阿尔法向量。

算法 20-3　通过从所有可能的初始状态调用 evaluate_plan，我们可以从条件规划中生成阿尔法向量

```
function alphavector(𝒫::POMDP, π::ConditionalPlan)
    return [evaluate_plan(𝒫, π, s) for s in 𝒫.S]
end
```

每个阿尔法向量在信念空间中定义一个超平面。式（20.11）中给出的最优值函数是这些超平面上的最大值：

$$U^*(\boldsymbol{b}) = \max_\pi \boldsymbol{\alpha}_\pi^\top \boldsymbol{b} \qquad (20.12)$$

使得值函数为分段线性函数和凸函数[⊖]。

使用条件规划来表示策略的另一种方法是使用一组阿尔法向量的集合 Γ，每个向量都使用一个行为进行注释。虽然这种方法并不实用，但生成集合 Γ 的一种方法是枚举"h-步"条件规划的集合，然后计算它们的阿尔法向量。与阿尔法向量关联的行为是所关联的条件规划树根处的行为。通过更新信念状态并执行与新信念 $\boldsymbol{b}$ 处的主导阿尔法向量相关联的行为，我们执行由 Γ 表示的策略。位于 $\boldsymbol{b}$ 处的主导阿尔法向量 $\boldsymbol{\alpha}$ 就是可以最大化 $\boldsymbol{\alpha}^\top \boldsymbol{b}$ 的向量。该策略可用于选择超出原始条件规划时域的行为。算法 20-4 提供了一种实现。

算法 20-4　阿尔法向量策略是根据一组向量的集合Γ和一组关联行为a定义的。给定当前信念b，将找到阿尔法向量，该向量是该信念点上的最大值。结果将返回相关联的操作行为

```
struct AlphaVectorPolicy
    𝒫 # POMDP决策问题
    Γ # α向量
    a # 与α向量相关联的操作行为
end

function utility(π::AlphaVectorPolicy, b)
    return maximum(α·b for α in π.Γ)
end

function (π::AlphaVectorPolicy)(b)
    i = argmax([α·b for α in π.Γ])
    return π.a[i]
end
```

⊖　通过状态空间离散化对 POMDP 进行近似计算并在离散状态的数量接近无穷大时取极限，由此可以看出，连续状态 POMDP 的最优值函数也是凸的。

如果我们使用一步前瞻（one-step lookahead）策略，那么就不必跟踪 Γ 中与阿尔法向量相关的行为。使用由 Γ 表示的值函数（表示为 U^Γ），来自信念 b 的一步前瞻行为的计算公式是：

$$\pi^\Gamma(b) = \arg\max_a \left[R(b,a) + \gamma \sum_o P(o|b,a) U^\Gamma(\text{Update }(b,a,o)) \right] \quad (20.13)$$

其中

$$P(o|b,a) = \sum_s P(o|s,a)b(s) \quad (20.14)$$

$$P(o|s,a) = \sum_{s'} T(s'|s,a)O(o|s',a) \quad (20.15)$$

算法 20-5 提供该方法的实现。示例 20-2 演示在婴儿哭闹问题上如何使用一步前瞻策略。

算法 20-5   由阿尔法向量集 Γ 表示的策略。该策略使用一步前瞻策略来产生最佳操作行为和相关的效用。式（20.13）用于计算前瞻性

```
function lookahead(𝒫::POMDP, U, b::Vector, a)
    𝒮, 𝒪, T, O, R, γ = 𝒫.𝒮, 𝒫.𝒪, 𝒫.T, 𝒫.O, 𝒫.R, 𝒫.γ
    r = sum(R(s,a)*b[i] for (i,s) in enumerate(𝒮))
    Posa(o,s,a) = sum(O(a,s′,o)*T(s,a,s′) for s′ in 𝒮)
    Poba(o,b,a) = sum(b[i]*Posa(o,s,a) for (i,s) in enumerate(𝒮))
    return r + γ*sum(Poba(o,b,a)*U(update(b, 𝒫, a, o)) for o in 𝒪)
end

function greedy(𝒫::POMDP, U, b::Vector)
    u, a = findmax(a→lookahead(𝒫, U, b, a), 𝒫.𝒜)
    return (a=a, u=u)
end

struct LookaheadAlphaVectorPolicy
    𝒫 #  POMDP决策问题
    Γ #  阿尔法向量
end

function utility(π::LookaheadAlphaVectorPolicy, b)
    return maximum(α·b for α in π.Γ)
end

function greedy(π, b)
    U(b) = utility(π, b)
    return greedy(π.𝒫, U, b)
end

(π::LookaheadAlphaVectorPolicy)(b) = greedy(π, b).a
```

示例 20-2 **将前瞻策略应用于哭闹的婴儿问题。** 考虑在哭闹的婴儿问题中使用一步前瞻策略，由阿尔法向量 $[-3.7, -15]$ 和 $[-2, -21]$ 给出值函数。假设我们目前的信念是 $b = [0.5, 0.5]$，这意味着我们认为婴儿饥饿的信念与不饿的信念相同。我们应用式（20.13）进行计算：

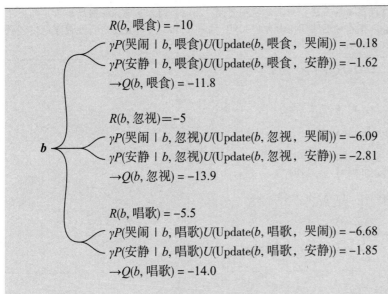

$R(b, 喂食) = -10$

$\gamma P(哭闹 \mid b, 喂食)U(\text{Update}(b, 喂食，哭闹)) = -0.18$

$\gamma P(安静 \mid b, 喂食)U(\text{Update}(b, 喂食，安静)) = -1.62$

$\rightarrow Q(b, 喂食) = -11.8$

$R(b, 忽视) = -5$

$\gamma P(哭闹 \mid b, 忽视)U(\text{Update}(b, 忽视，哭闹)) = -6.09$

$\gamma P(安静 \mid b, 忽视)U(\text{Update}(b, 忽视，安静)) = -2.81$

$\rightarrow Q(b, 忽视) = -13.9$

$R(b, 唱歌) = -5.5$

$\gamma P(哭闹 \mid b, 唱歌)U(\text{Update}(b, 唱歌，哭闹)) = -6.68$

$\gamma P(安静 \mid b, 唱歌)U(\text{Update}(b, 唱歌，安静)) = -1.85$

$\rightarrow Q(b, 唱歌) = -14.0$

使用 $Q(b,a)$ 来表示来自信念状态的行为值函数。该策略预测，喂食婴儿将产生最高的预期效用，因此该策略采取了这一行为。

20.4 剪枝

如果我们有一个阿尔法向量的集合 Γ，希望修剪（prune）那些对值函数表示没有贡献的阿尔法向量，或者修剪对于任何信念都不是最优的规划。移除这样的阿尔法向量或规划可以提高计算效率。我们可以通过求解线性程序来检查阿尔法向量 α 是否由集合 Γ 中的阿尔法向量所支配（dominated），以最大化该向量在所有其他向量上实现的效用差距（utility gap）$\delta^{\ominus}$：

$$
\begin{aligned}
& \max_{\delta, b} \quad \delta \\
& \text{s. t.} \begin{cases} b \geqslant 0 \\ \mathbf{1}^{\top} b = 1 \\ \alpha^{\top} b \geqslant \alpha'^{\top} b + \delta, \quad \alpha' \in \Gamma \end{cases}
\end{aligned}
\tag{20.16}
$$

算法 20-7 显示使用算法 20-6 来寻找集合 Γ 中的主导（或称支配）阿尔法向量的过程。最初，所有的阿尔法向量都是主导阿尔法向量的候选向量。然后，我们选择这些候选中的一个，并确定信念 b。在信念 b 中，与主导阿尔法向量集中的所有其他阿尔法向量相比，候选向量对值函数的改善最大。如果候选向量没有带来改善，我们将其从集合中删除。如果候选向量确实带来了改善，我们将一个阿尔法向量从候选集合（该集合在 b 处带来最大改善）中移动到主导阿尔法向量集合。这一过程将继续，直到不再有候选向量。对于在任何信念点都不占主导地位的任何阿尔法向量和相关的条件规划，我们都可以将其修剪掉。示例 20-3 演示如何求解婴儿哭闹问题。

⊖ 形式为 $a \geqslant b$ 的约束是逐元素约束。也就是说，对于所有的 i，$a_i \geqslant b_i$。

算法 20-6 一种寻找信念向量 b 的方法，与阿尔法向量组 Γ 相比，阿尔法向量 α 提高最大。如果不存在这种信念，则不会返回任何内容。JuMP.jl 和 GLPK.jl 包分别为线性程序提供了数学优化框架和求解器

```
function find_maximal_belief(α, Γ)
    m = length(α)
    if isempty(Γ)
        return fill(1/m, m) # 任意信念
    end
    model = Model(GLPK.Optimizer)
    @variable(model, δ)
    @variable(model, b[i=1:m] ≥ 0)
    @constraint(model, sum(b) == 1.0)
    for a in Γ
        @constraint(model, (α-a)⋅b ≥ δ)
    end
    @objective(model, Max, δ)
    optimize!(model)
    return value(δ) > 0 ? value.(b) : nothing
end
```

算法 20-7 一种修剪主导阿尔法向量和相关规划的方法。find_dominating 函数识别集合 Γ 中的所有主导阿尔法向量。该函数使用二元向量 candidates 和 dominating 来分别跟踪那些阿尔法向量包含在主导阿尔法向量集中的候选，并确定哪些阿尔法向量当前位于主导阿尔法向量集中

```
function find_dominating(Γ)
    n = length(Γ)
    candidates, dominating = trues(n), falses(n)
    while any(candidates)
        i = findfirst(candidates)
        b = find_maximal_belief(Γ[i], Γ[dominating])
        if b === nothing
            candidates[i] = false
        else
            k = argmax([candidates[j] ? b⋅Γ[j] : -Inf for j in 1:n])
            candidates[k], dominating[k] = false, true
        end
    end
    return dominating
end

function prune(plans, Γ)
    d = find_dominating(Γ)
    return (plans[d], Γ[d])
end
```

示例 20-3 针对哭闹婴儿问题的所有"2-步"规划的信念空间的预期效用（附录 F.7）。粗线对于某些信念是最佳的，而细线则表示占主导地位。我们可以为婴儿哭闹问题制定所有"2-步"规划。此类规划有 $3^3 = 27$ 个。

信念空间中每个规划的预期效用如图 20-5 所示。我们发现其中两个规划处于所有其他规划中的主导地位。这些主导规划是唯一需要被视为最佳"3-步"规划的子规划。

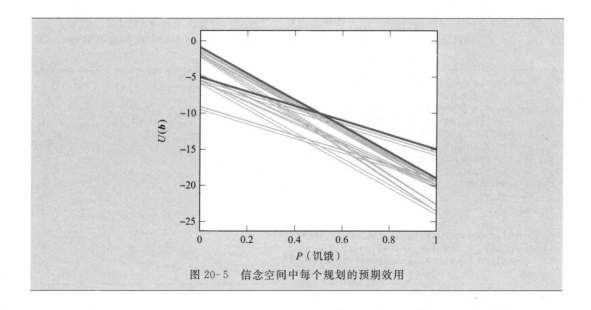

图 20-5 信念空间中每个规划的预期效用

20.5 值迭代

马尔可夫决策过程的值迭代算法适用于 POMDP[⊖]。POMDP 值迭代（算法 20-8）从构建所有 "1-步" 规划开始。我们删除所有对任何初始信念来说都不是最优的规划。然后，扩展 "1-步" 规划中的所有组合以生成 "2-步" 规划。接着，我们再次考虑删除任何次优规划。重复这种在扩展和修剪之间交替的过程，直到达到所需的时域。图 20-6 演示哭闹婴儿问题的值迭代过程。

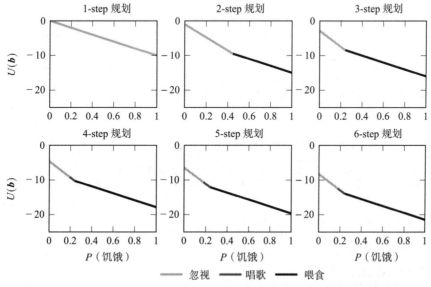

图 20-6 POMDP 值迭代，用于寻找不同时域哭闹婴儿问题的最佳值函数

⊖ 本节根据条件规划和阿尔法向量描述了值迭代的一个版本。对于仅使用阿尔法向量的版本，请参考文献 A. R. Cassandra, M. L. Littman, and N. L. Zhang, "Incremental Pruning: A Simple, Fast, Exact Method for Partially Observable Markov Decision Processes," in *Conference on Uncertainty in Artificial Intelligence* (*UAI*)，1997。

算法 20-8   POMDP 的值迭代，通过迭代构造最优子规划，寻找有限时域 POMDP（时域为 k_max）的主导"h-步"规划。ValueIteration 结构与马尔可夫决策过程情形中（算法 7-8）定义的结构相同

```
function value_iteration(𝒫::POMDP, k_max)
    S, 𝒜, R = 𝒫.S, 𝒫.𝒜, 𝒫.R
    plans = [ConditionalPlan(a) for a in 𝒜]
    Γ = [[R(s,a) for s in S] for a in 𝒜]
    plans, Γ = prune(plans, Γ)
    for k in 2:k_max
        plans, Γ = expand(plans, Γ, 𝒫)
        plans, Γ = prune(plans, Γ)
    end
    return (plans, Γ)
end

function solve(M::ValueIteration, 𝒫::POMDP)
    plans, Γ = value_iteration(𝒫, M.k_max)
    return LookaheadAlphaVectorPolicy(𝒫, Γ)
end
```

该过程中的扩展步骤（算法 20-9）从一组"k-步"规划中构建所有可能的"(k+1)-步"规划。如图 20-7 所示，可以使用新的初始行为和"k-步"规划中的所有可能组合作为子规划来构建新规划。也可以通过在子规划的末尾添加行为来扩展规划，顶层扩展允许为"k-步"规划构建的阿尔法向量，以用于有效地构建"(k+1)-步"规划的阿尔法向量。

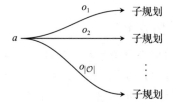

图 20-7   可以使用一个新的初始行为（该行为可以导致"k-步"子规划的任何组合）来构建"(k+1)-步"规划

算法 20-9   值迭代中的扩展步骤，它从"k-步"条件规划和阿尔法向量中构造所有"(k+1)-步"条件规划以及相关的阿尔法向量。我们使用式（20.17）组合子平面的阿尔法向量

```
function ConditionalPlan(𝒫::POMDP, a, plans)
    subplans = Dict(o⇒π for (o, π) in zip(𝒫.𝒪, plans))
    return ConditionalPlan(a, subplans)
end

function combine_lookahead(𝒫::POMDP, s, a, Γo)
    S, 𝒪, T, O, R, γ = 𝒫.S, 𝒫.𝒪, 𝒫.T, 𝒫.𝒪, 𝒫.R, 𝒫.γ
    U′(s′,i) = sum(O(a,s′,o)*α[i] for (o,α) in zip(𝒪,Γo))
    return R(s,a) + γ*sum(T(s,a,s′)*U′(s′,i) for (i,s′) in enumerate(S))
end

function combine_alphavector(𝒫::POMDP, a, Γo)
    return [combine_lookahead(𝒫, s, a, Γo) for s in 𝒫.S]
end

function expand(plans, Γ, 𝒫)
    S, 𝒜, 𝒪, T, O, R = 𝒫.S, 𝒫.𝒜, 𝒫.𝒪, 𝒫.T, 𝒫.𝒪, 𝒫.R
    plans′, Γ′ = [], []
    for a in 𝒜
        # 迭代从观测到规划的所有可能映射
        for inds in product([eachindex(plans) for o in 𝒪]...)
            πo = plans[[inds...]]
            Γo = Γ[[inds...]]
```

```
            π = ConditionalPlan(𝒫, a, πo)
            α = combine_alphavector(𝒫, a, Γo)
            push!(plans', π)
            push!(Γ', α)
        end
    end
    return (plans', Γ')
end
```

我们可以按以下方法，从阿尔法向量集（必须与其子规划相关联）中计算与规划 π 相关联的阿尔法向量。我们使用 $\boldsymbol{\alpha}_o$ 表示与子平面 $\pi(o)$ 相关的阿尔法向量。与 π 相关的阿尔法向量是：

$$\boldsymbol{\alpha}(s) = R(s,\pi()) + \gamma \sum_{s'} T(s'|s,\pi()) \sum_o O(o|\pi(),s') \boldsymbol{\alpha}_o(s') \tag{20.17}$$

即使对于相对简单的浅层问题，以这种方式从子平面计算阿尔法向量也比从头开始计算要高效得多，如算法 20-2 所示。

20.6　线性策略

如 19.3 节所述，线性高斯动力学问题中的信念状态可以用高斯分布 $\mathcal{N}(\boldsymbol{\mu}_b,\boldsymbol{\Sigma}_b)$ 来表示。如果奖励函数具有二次型，那么可以证明，能够使用通常称为线性二次型高斯（Linear Quadratic Gaussian，LQG）的过程，采用离线方式精确地计算最优策略。以与 7.8 节相同的方式获得最优行为，但使用线性高斯滤波器计算而得的 $\boldsymbol{\mu}_b$ 被视为真实状态[⊖]。对于每个观测，我们只需使用滤波器更新 $\boldsymbol{\mu}_b$，并通过将 $\boldsymbol{\mu}_b$ 与算法 7-11 中的策略矩阵相乘来获得最优行为。示例 20-4 演示了这一过程。

示例 20-4　用于具有线性高斯动态和二次型奖励的 POMDP 的最优策略。 考虑卫星在二维空间中导航，忽略重力、阻力和其他外力。卫星可以使用其推进器以线性动力学方式在任何方向上加速：

$$\begin{bmatrix} x \\ y \\ \dot{x} \\ \dot{y} \end{bmatrix} \leftarrow \begin{bmatrix} 1 & 0 & \Delta t & 0 \\ 0 & 1 & 0 & \Delta t \\ 0 & 0 & 1 & 0 \\ 0 & 0 & 0 & 1 \end{bmatrix} \begin{bmatrix} x \\ y \\ \dot{x} \\ \dot{y} \end{bmatrix} + \begin{bmatrix} \frac{1}{2}\Delta t^2 & 0 \\ 0 & \frac{1}{2}\Delta t^2 \\ \Delta t & 0 \\ 0 & \Delta t \end{bmatrix} \begin{bmatrix} \ddot{x} \\ \ddot{y} \end{bmatrix} + \boldsymbol{\epsilon}$$

其中，Δt 是时间步长的持续时间，$\boldsymbol{\epsilon}$ 是协方差为 $\Delta t/20\boldsymbol{I}$ 的零均值高斯噪声。

我们试图将卫星放置在原点的轨道中，同时尽量减少燃料消耗。我们的二次型奖励函数是

$$R(\boldsymbol{s},\boldsymbol{a}) = -\boldsymbol{s}^\top \begin{bmatrix} \boldsymbol{I}_{2\times2} & \boldsymbol{0}_{2\times2} \\ \boldsymbol{0}_{2\times2} & \boldsymbol{0}_{2\times2} \end{bmatrix} \boldsymbol{s} - 2\boldsymbol{a}^\top \boldsymbol{a}$$

卫星的传感器根据以下公式测量其位置：

$$\boldsymbol{o} = \begin{bmatrix} \boldsymbol{I}_{2\times2} & \boldsymbol{0}_{2\times2} \end{bmatrix} \boldsymbol{s} + \boldsymbol{\epsilon}$$

⊖　我们可以简化使用分布的均值的能力是确定性等价原则的另一个例子，最初在 7.8 节中介绍。

其中，ϵ是协方差为 $\Delta t/10I$ 的零均值高斯噪声。

图 20-8 是使用 $\Delta t=1$ 的最优策略和卡尔曼滤波器跟踪信念的"10-步"预演中的 50 条轨迹。在每种情况下，卫星从 $s=\mu_b=[-5,2,0,1]$ 开始，其中 $\Sigma_b=[I\ 0;0\ 0.25I]$。

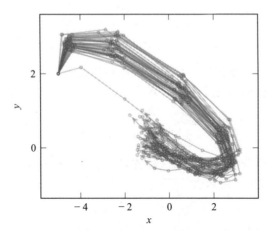

图 20-8   使用 $\Delta t=1$ 的最优策略和卡尔曼滤波器跟踪信念的"10-步"预演中的 50 条轨迹

20.7   本章小结

- POMDP 的精确解通常只能针对有限时域的离散 POMDP 而获得。
- 针对这些问题的策略可以表示为条件规划，这些条件规划是描述基于观测结果而采取的行为的树。
- 阿尔法向量包含从不同状态开始并遵循特定条件规划时的预期效用。
- 阿尔法向量也可以作为 POMDP 策略的替代表示。
- POMDP 值迭代可以通过迭代计算子规划和修剪次优规划，从而避免枚举所有条件规划的计算负荷。
- 通过使用与完全可观测情况下导出的方法非常相似的方法，具有二次型奖励的线性高斯问题可以精确求解。

20.8   练习题

练习题 20-1   所有的 POMDP 都可以被构造为马尔可夫决策过程吗？

参考答案：是的。所有的 POMDP 都可以等效地视为信念-状态马尔可夫决策过程，其状态空间是 POMDP 中的信念空间，其行为空间与 POMDP 的行为空间相同，其转移函数由式（20.2）给出。

练习题 20-2   "1-步"哭闹婴儿问题（附录 F.7）的阿尔法向量是什么？所有可用的操作行为是否都占主导地位？

参考答案：有三个"1-步"条件规划，对应于每个操作行为，产生三个阿尔法向量。给定当前的信念，最优的"1-步"策略必须在这些行为之间做出选择。POMDP 的"1-步"阿尔法向量可以从最优"1-步"信念值函数中获得：

$$U^*(b) = \max_a \sum_s b(s)R(s,a)$$

喂食婴儿会产生预期的回报：

$$R(饥饿,喂食)P(饥饿)+R(满足,喂食)P(满足)$$

$$=-15P(饥饿)-5(1-P(饥饿))$$

$$=-10P(饥饿)-5$$

为婴儿唱歌会产生预期的回报：

$$R(饥饿,唱歌)P(饥饿)+R(满足,唱歌)P(满足)$$

$$=-10.5P(饥饿)-0.5(1-P(饥饿))$$

$$=-10P(饥饿)-0.5$$

忽视婴儿会产生预期的回报：

$$R(饥饿,忽视)P(饥饿)+R(满足,忽视)P(满足)$$

$$=-10P(饥饿)$$

每个行为的预期回报在信念空间上的绘制如图 20-9 所示。

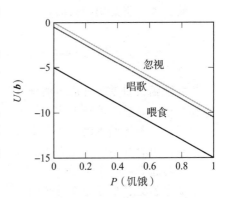

图 20-9 每个行为的预期回报

我们发现，在"1-步"时域的情况下，给婴儿喂食或唱歌从来都不是最优化的。忽视行为占主导地位。

练习题 20-3 为什么算法 20-8 中的值迭代实现会调用算法 20-9 中的 expand 函数，而不是对算法 20-2 中的规划进行评估，以获得每个新的条件规划的阿尔法向量？

参考答案：规划评估方法递归地应用式 (20.8) 来评估条件规划的预期效用。随着时域的扩大，条件规划越来越大。POMDP 值迭代可以通过使用上一次迭代的子规划的阿尔法向量来节省计算量：

$$U^\pi(s)=R(s,\pi())+\gamma\left[\sum_{s'}T(s'|s,\pi())\sum_o O(o|\pi(),s')\alpha_s^{\pi(o)}\right]$$

练习题 20-4 条件规划的数量是否会随着行为的数量或观测的数量而更快地增加？

参考答案：回想一下，存在 $|\mathcal{A}|^{(|\mathcal{O}|^{h-1})/(|\mathcal{O}|-1)}$ 个可能的 "h-步" 规划。指数增长 (n^x) 比多项式增长 (x^n) 要快，并且 $|\mathcal{O}|$ 中的指数增长比 $|\mathcal{A}|$ 中的多项式增长更快。因此，规划的数量相对于观测的数量增加得更快。为了证明这一点，假设我们使用 $|\mathcal{A}|=3$、$|\mathcal{O}|=3$ 和 $h=3$ 作为基准。基准有 1 594 323 个规划。增加行为数量将导致 67 108 864 个规划，而增加观测数量将导致 10 460 353 203 个规划。

练习题 20-5 假设有一位病人，我们不确定他是否患有某种特定的疾病。我们目前有三种诊断测试，每种诊断测试都有不同的概率，可以正确地表明疾病是否存在。当病人到达医院时，我们可以选择按顺序进行多项诊断测试并且立即观察每个诊断测试的结果。此外，我们可以多次重复任何诊断测试，给定疾病的存在或不存在，其中所有诊断测试的结果都有条件地相互独立。当完成所有的诊断测试后，我们再决定是治疗疾病还是不治疗疾病直接让患者回家。解释如何定义 POMDP 的各种成分。

参考答案：我们有三种状态：

(1) $s_{no\text{-}disease}$：病人没有该疾病。

(2) $s_{disease}$：病人患有该疾病。

(3) $s_{terminal}$：交互结束（终端状态）。

我们有五种行为：

（1）a_1：实施诊断测试 1。

（2）a_2：实施诊断测试 2。

（3）a_3：实施诊断测试 3。

（4）a_{treat}：实施治疗并将病人送回家。

（5）a_{stop}：未经治疗就将患者送回家。

我们有三个观测结果：

（1）$o_{\text{no-disease}}$：诊断测试的结果（如果实施了诊断测试）表明病人没有该疾病。

（2）o_{disease}：诊断测试的结果（如果实施了诊断测试）表明病人患有该疾病。

（3）o_{terminal}：没有实施诊断测试。

转移模型将是确定性的：

$$T(s'|s,a) = \begin{cases} 1, & \text{如果 } a \in \{a_{\text{treat}}, a_{\text{stop}}\} \text{ 且 } s' = s_{\text{terminal}} \\ 1, & \text{如果 } s = s' \\ 0, & \text{其他} \end{cases}$$

奖励函数将是各种成本的函数，包含治疗的成本、每次诊断测试的成本，以及如果疾病确实存在而没有治疗的成本。s_{terminal} 提供的奖励为 0。观测模型将概率分配给疾病状态的正确观测和不正确观测，作为来自一个非终端状态的诊断测试结果。最初的信念会将我们的先验概率分配给病人是否患有该疾病，而分配给终端状态的概率为零。

练习题 20-6   为什么我们要在上一道练习题中多次执行相同的诊断测试？

参考答案：根据错误结果的概率，我们可能需要多次进行相同的诊断测试，以提高对病人是否患有该疾病的信念。给定疾病的状态，诊断测试的结果是相互独立的。

练习题 20-7   假设我们有三个阿尔法向量 $[1,0]$、$[0,1]$ 和 $[\theta,\theta]$，θ 为常数。当 θ 满足什么条件时，我们可以修剪阿尔法向量？

参考答案：如果 $\theta < 0.5$ 或 $\theta > 1$，我们可以修剪阿尔法向量。如果 $\theta < 0.5$，则 $[\theta,\theta]$ 由其他两个阿尔法向量所支配。如果 $\theta > 1$，则 $[\theta,\theta]$ 支配其他两个阿尔法向量。

练习题 20-8   假设我们有 $\varGamma = \{[1,0], [0,1]\}$ 和 $\boldsymbol{\alpha} = [0.7, 0.7]$，那么在式（20.16）的线性规划中，最大化效用差距 δ 的信念 $\boldsymbol{b}$ 是什么？

参考答案：如图 20-10 所示，$\varGamma$ 中的阿尔法向量用深灰色表示，阿尔法向量 $\boldsymbol{\alpha}$ 用浅灰色表示。我们只关心 $0.3 \leqslant b_2 \leqslant 0.7$ 的区域，其中 $\boldsymbol{\alpha}$ 主导 $\varGamma$ 中的阿尔法向量，换而言之，其中浅灰色线在深灰色线之上。浅灰色线和最大深灰色线之间的差距出现在 $b_2 = 0.5$ 处，此时差距 $\delta = 0.2$。因此，最大化这一差距的信念是 $\boldsymbol{b} = [0.5, 0.5]$。

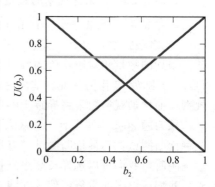

图 20-10 $\varGamma$ 中的阿尔法向量

离线信念状态规划

在最坏的情况下，一般有限时域 POMDP 的精确解具有多项式空间完全性（PSPACE-complete），这是一个包含 NP‑完全问题的复杂度类并且可能包含更困难的问题[⊖]。一般的无限时域 POMDP 已被证明是不可计算的[⊖]。因此，目前有大量关于近似方法的研究。本章将讨论各种离线 POMDP 求解方法，包括在执行之前先完成所有或大部分的计算。我们专注于将值函数表示为阿尔法向量以及不同形式的插值方法。

21.1 完全可观测值的近似

最简单的离线近似技术之一是 QMDP，其命名源自行为值函数（该行为值函数与完全观察到的马尔可夫决策过程相关联）[⊜]。QMDP 方法以及本章中讨论的其他方法涉及对阿尔法向量集 Γ 进行迭代更新，如算法 21-1 所示。结果集 Γ 定义了一个值函数和一个策略，可以直接加以使用，也可以如前一章所述使用"1-步"前瞻策略，尽管结果策略只是最优解的近似值。

算法 21-1 迭代结构，用于对阿尔法向量的集合 Γ 进行更新，供本章中的若干方法使用。包括 QMDP 在内的各种方法在 update 的实现上有所不同。在 k_max 次迭代之后，此函数返回由 Γ 中的阿尔法向量表示的策略。

```
function alphavector_iteration(𝒫::POMDP, M, Γ)
    for k in 1:M.k_max
        Γ = update(𝒫, M, Γ)
    end
    return Γ
end
```

QMDP（算法 21-2）使用值迭代为每个行为 a 构造单个阿尔法向量 $\boldsymbol{\alpha}_a$。每个阿尔法向量初始化为零，然后开始迭代：

$$\boldsymbol{\alpha}_a^{(k+1)}(s) = R(s,a) + \gamma \sum_{s'} T(s'|s,a) \max_{a'} \boldsymbol{\alpha}_a^{(k)}(s') \tag{21.1}$$

每次迭代需要 $O(|\mathcal{A}|^2|\mathcal{S}|^2)$ 次操作。图 21-1 演示了其过程。

⊖ C. Papadimitriou and J. Tsitsiklis, "The Complexity of Markov Decision Processes," *Mathematics of Operation Research*, vol. 12, no. 3, pp. 441-450, 1987.

⊖ O. Madani, S. Hanks, and A. Condon, "On the Undecidability of Probabilistic Planning and Related Stochastic Optimization Problems," *Artificial Intelligence*, vol. 147, no. 1-2, pp. 5-34, 2003.

⊜ M. L. Littman, A. R. Cassandra, and L. P. Kaelbling, "Learning Policies for Partially Observable Environments: Scaling Up," in *International Conference on Machine Learning* (ICML), 1995. 有关 QMDP 提供最优值函数上界的证明，请参考文献 M. Hauskrecht, "Value Function Approximations for Partially Observable Markov Decision Processes," *Journal of Artificial Intelligence Research*, vol. 13, pp. 33-94, 2000。

算法 21-2   QMDP 算法，用于寻找具有离散状态和行为空间的无限时域 POMDP 的近似最优策略，其中 k_max 是迭代的最大次数。QMDP 假设完美的可观测性

```
struct QMDP
    k_max # 迭代的最大次数
end

function update(𝒫::POMDP, M::QMDP, Γ)
    𝒮, 𝒜, R, T, γ = 𝒫.𝒮, 𝒫.𝒜, 𝒫.R, 𝒫.T, 𝒫.γ
    Γ' = [[R(s,a) + γ*sum(T(s,a,s')*maximum(α'[j] for α' in Γ)
        for (j,s') in enumerate(𝒮)) for s in 𝒮] for a in 𝒜]
    return Γ'
end

function solve(M::QMDP, 𝒫::POMDP)
    Γ = [zeros(length(𝒫.𝒮)) for a in 𝒫.𝒜]
    Γ = alphavector_iteration(𝒫, M, Γ)
    return AlphaVectorPolicy(𝒫, Γ, 𝒫.𝒜)
end
```

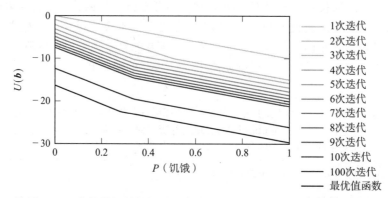

图 21-1   使用 QMDP 获得哭闹婴儿问题（附录 F.7）的值函数。在第一次迭代中，单个阿尔法向量占主导地位。在随后的迭代中，两个阿尔法向量占主导地位

在有限时域问题中，当 QMDP 运行到时域，或者在无限时域问题中，当 QMDP 收敛时，所得到的策略等价于假设在采取第一步之后将具有完全可观测性。因为只有当我们具有完全可观测性时，才能做得更好，所以 QMDP 将产生真正最优值函数 $U^*(\boldsymbol{b})$ 的上界。换而言之，对于所有的 $\boldsymbol{b}$，$\max_a \boldsymbol{\alpha}_a^\top \boldsymbol{b} \geqslant U^*(\boldsymbol{b})^\ominus$。

如果 QMDP 不用于无限时域问题的收敛，它可能不会提供上界。保证 QMDP 在有限次数的迭代后提供上界的一种方法是将值函数初始化为某个上界。一个相当宽松的上界是最优行为最优状态上界（best-action best-state upper bound），它是从最优状态采取最优行为所获得的效用：

$$\overline{U}(\boldsymbol{b}) = \max_{s,a} \frac{R(s,a)}{1-\gamma} \tag{21.2}$$

第一步后的完全可观测性假设会导致 QMDP 很难接近信息收集（information-gathering）行为的值，这些行为会显著降低状态的不确定性。例如，在驾驶过程中，变道前观看后视镜是一种信息收集行为。QMDP 可以在最优策略不包括昂贵的信息收集的问题中表现良好。

⊖ 尽管 QMDP 阿尔法向量表示的值函数上界为最优值函数，很显然，QMDP 策略实现的效用不会超过预期的最优策略。

我们可以将 QMDP 方法推广到可能没有小的离散状态空间的问题。在此类问题中，式（21.1）中的迭代可能不可行，但我们可以使用前面章节中讨论的许多方法之一来获得近似作用值函数 $Q(s,a)$。例如使用诸如神经网络表示的方法，在高维连续状态空间上定义该值函数。在信念点评估的值函数是：

$$U(\boldsymbol{b}) = \max_a \int Q(s,a)b(s)\mathrm{d}s \tag{21.3}$$

上述积分可通过采样来近似计算。

21.2　快速通知界限

与 QMDP 一样，快速通知界限（fast informed bound）为每个行为计算一个阿尔法向量。然而，快速通知界限在某种程度上会考虑观测模型[⊖]。其迭代公式为：

$$\alpha_a^{(k+1)}(s) = R(s,a) + \gamma \sum_o \max_{a'} \sum_{s'} O(o|a,s')T(s'|s,a)\alpha_{a'}^{(k)}(s') \tag{21.4}$$

其中，每次迭代要求 $O(|\mathcal{A}|^2|\mathcal{S}|^2|\mathcal{O}|)$ 次操作。

快速通知界限提供了最优值函数的上界。这个上界比 QMDP 提供的更严密。快速通知界限在算法 21-3 中实现，在图 21-2 中使用该算法计算最优值函数。

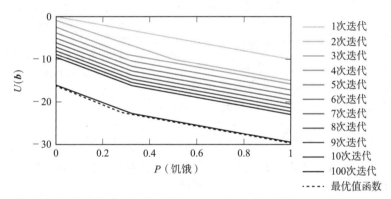

图 21-2　使用快速通知界限算法获得的哭闹婴儿问题的值函数。10 次迭代后的值函数明显低于 QMDP 算法的值函数

算法 21-3　快速通知界限算法，用于寻找离散的状态空间、行为空间和观测空间的无限时域 POMDP 的近似最优策略，其中 k_max 是迭代的最大次数

```
struct FastInformedBound
    k_max # 迭代的最大次数
end

function update(𝒫::POMDP, M::FastInformedBound, Γ)
    𝒮, 𝒜, 𝒪, R, T, O, γ = 𝒫.𝒮, 𝒫.𝒜, 𝒫.𝒪, 𝒫.R, 𝒫.T, 𝒫.O, 𝒫.γ
    Γ' = [[R(s, a) + γ*sum(maximum(sum(O(a,s',o)*T(s,a,s')*α'[j]
        for (j,s') in enumerate(𝒮)) for α' in Γ) for o in 𝒪)
        for s in 𝒮] for a in 𝒜]
```

⊖　有关 QMDP 和快速通知界限之间的关系以及经验结果，可参考文献 M. Hauskrecht，"Value-Function Approximations for Partially Observable Markov Decision Processes," *Journal of Artificial Intelligence Research*，vol. 13，pp. 33-94，2000。

```
        return Γ′
    end

function solve(M::FastInformedBound, 𝒫::POMDP)
    Γ = [zeros(length(𝒫.S)) for a in 𝒫.𝒜]
    Γ = alphavector_iteration(𝒫, M, Γ)
    return AlphaVectorPolicy(𝒫, Γ, 𝒫.𝒜)
end
```

21.3 快速下界

前两节讨论了可用于生成表示为阿尔法向量的值函数上界的方法。本节将介绍两种快速生成表示为阿尔法向量下界的方法，而无须在信念空间中进行任何规划。虽然寻找值函数上界的方法通常也可以直接用于生成合理的策略，而本节中讨论的寻找值函数下界的方法通常仅用作其他规划算法的研究基础。图 21-3 描绘了本节讨论的两种寻找值函数下界的方法。

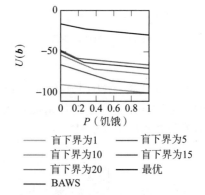

图 21-3 将具有不同迭代次数的盲下界和 BAWS 下界算法应用于哭闹的婴儿问题

一个常见的寻找值函数下界的算法是最佳行为最坏状态（Best-Action Worst-State，BAWS）下界（算法 21-4）。该算法通过在最坏状态下采取最优行为计算获得的折扣奖励：

$$r_{\mathrm{BAWS}} = \max_a \sum_{k=1}^{\infty} \gamma^{k-1} \min_s R(s,a) = \frac{1}{1-\gamma} \max_a \min_s R(s,a) \tag{21.5}$$

其下界由单个阿尔法向量表示。这个界限通常非常宽松，但可以用作其他可以收紧界限算法的研究基础，稍后我们将对此进行展开讨论。

算法 21-4   通过表示为阿尔法向量的式（21.5）实现最佳行为最坏状态下界算法

```
function baws_lowerbound(𝒫::POMDP)
    S, 𝒜, R, γ = 𝒫.S, 𝒫.𝒜, 𝒫.R, 𝒫.γ
    r = maximum(minimum(R(s, a) for s in S) for a in 𝒜) / (1-γ)
    α = fill(r, length(S))
    return α
end
```

盲下界（blind lower bound）（算法 21-5）表示每个行为具有一个阿尔法向量的下界。该算法假设强制单一的行为，对我们未来的观测视而不见。为计算这些阿尔法向量，我们从另一个下界（通常是最佳行为最坏状态下界）开始，然后执行多次迭代：

$$\alpha_a^{(k+1)}(s) = R(s,a) + \gamma \sum_{s'} T(s'|s,a)\alpha_a^{(k)}(s') \tag{21.6}$$

该迭代类似式（21.1）中的 QMDP 更新，区别在于它在右侧的阿尔法向量上没有最大化。

算法 21-5   盲下界算法的实现。盲下界表示为一组阿尔法向量的集合

```
function blind_lowerbound(𝒫, k_max)
    S, 𝒜, T, R, γ = 𝒫.S, 𝒫.𝒜, 𝒫.T, 𝒫.R, 𝒫.γ
```

```
    Q(s,a,α) = R(s,a) + γ*sum(T(s,a,s′)*α[j] for (j,s′) in enumerate(S))
    Γ = [baws_lowerbound(𝒫) for a in 𝒜]
    for k in 1:k_max
        Γ = [[Q(s,a,α) for s in S] for (α,a) in zip(Γ, 𝒜)]
    end
    return Γ
end
```

21.4　基于点的值迭代

QMDP 和快速通知界限算法为每个行为生成一个阿尔法向量，但最优值函数通常可以通过更多的阿尔法向量来更好地近似。基于点的值迭代（point-based value iteration）[⊖]计算 m 个不同的阿尔法向量 $\Gamma = \{\boldsymbol{\alpha}_1, \cdots, \boldsymbol{\alpha}_m\}$，每个向量与不同的信念点 $B = \{\boldsymbol{b}_1, \cdots, \boldsymbol{b}_m\}$ 相关联。选择这些信念的方法将在 21.7 节中讨论。如前所述，这些阿尔法向量定义一个近似最优值函数：

$$U^\Gamma(\boldsymbol{b}) = \max_{\boldsymbol{\alpha} \in \Gamma} \boldsymbol{\alpha}^\top \boldsymbol{b} \tag{21.7}$$

该算法保持最优值函数的下界，即对所有的 $\boldsymbol{b}$，使得 $U^\Gamma(\boldsymbol{b}) \leqslant U^*(\boldsymbol{b})$ 成立。我们初始化阿尔法向量以从下界开始，然后执行备份（backup）以更新 B 中每个点的阿尔法向量。备份操作（算法 21-6）接收信念 $\boldsymbol{b}$ 和阿尔法向量集 Γ 作为参数，并构建新的阿尔法向量。该算法对每个可能的行为 a 和观测 o 进行迭代，并从 Γ 中提取阿尔法向量，使其在结果信念状态下取最大值：

$$\boldsymbol{\alpha}_{a,o} = \arg\max_{\boldsymbol{\alpha} \in \Gamma} \boldsymbol{\alpha}^\top \text{Update}(\boldsymbol{b}, a, o) \tag{21.8}$$

然后，对于每个可用的行为 a，我们基于这些 $\boldsymbol{\alpha}_{a,o}$ 向量构造一个新的阿尔法向量：

$$\boldsymbol{\alpha}_a(s) = R(s,a) + \gamma \sum_{s',o} O(o \mid a, s') T(s' \mid s, a) \alpha_{a,o}(s') \tag{21.9}$$

备份操作最终产生的阿尔法向量是：

$$\boldsymbol{\alpha} = \arg\max_{\boldsymbol{\alpha}_a} \boldsymbol{\alpha}_a^\top \boldsymbol{b} \tag{21.10}$$

如果 Γ 是下界，备份操作将只生成同样是下界的阿尔法向量。

在 B 中的信念上重复应用备份操作，会逐渐增加阿尔法向量表示的值函数的下限，直到收敛。收敛的值函数不一定是最优的，因为 B 通常不包括从初始信念可到达的所有信念。然而，只要 B 中的信念在可到达的信念空间中分布良好，那么近似值可能是可以接受的。在任何情况下，所得到的值函数都保证提供一个下界，该下界可以与其他算法一起使用，例如可能与在线算法一起使用，以进一步改进策略。

算法 21-6　一种用于备份离散状态和行为空间的 POMDP 信念的方法，其中 Γ 是阿尔法向量的集合，b 是应用备份的信念向量。向量信念的 update 方法在算法 19-2 中定义

```
function backup(𝒫::POMDP, Γ, b)
    S, 𝒜, 𝒪, γ = 𝒫.S, 𝒫.𝒜, 𝒫.𝒪, 𝒫.γ
    R, T, O = 𝒫.R, 𝒫.T, 𝒫.O
    Γa = []
    for a in 𝒜
```

⊖　有关基于点的值迭代方法的综述，请参考文献 G. Shani, J. Pineau, and R. Kaplow, "A Survey of Point-Based POMDP Solvers," *Autonomous Agents and Multi-Agent Systems*, vol. 27, pp. 1-51, 2012。该引用提供了一种稍微不同的方法，用于计算信念备份，但最终结果是相同的。

```
    Γao = []
    for o in O
        b' = update(b, P, a, o)
        push!(Γao, argmax(α→α·b', Γ))
    end
    α = [R(s, a) + γ*sum(sum(T(s, a, s')*O(a, s', o)*Γao[i][j]
        for (j,s') in enumerate(S)) for (i,o) in enumerate(O))
        for s in S]
    push!(Γa, α)
    end
    return argmax(α→α·b, Γa)
end
```

基于点的值迭代在算法 21-7 中实现。图 21-4 显示一个示例问题的多次迭代结果。

算法 21-7　基于点的值迭代算法，对具有离散状态空间、行为空间和观测空间的无限时域 POMDP，为其选择近似的最优策略，其中 B 是信念点集，k_max 是迭代的最大次数

```
struct PointBasedValueIteration
    B      #  信念点集
    k_max  #  迭代的最大次数
end

function update(P::POMDP, M::PointBasedValueIteration, Γ)
    return [backup(P, Γ, b) for b in M.B]
end

function solve(M::PointBasedValueIteration, P)
    Γ = fill(baws_lowerbound(P), length(P.A))
    Γ = alphavector_iteration(P, M, Γ)
    return LookaheadAlphaVectorPolicy(P, Γ)
end
```

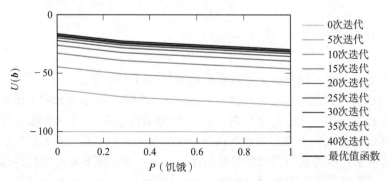

图 21-4　对于哭闹婴儿问题（具有信念向量 [1/4,3/4] 和 [3/4,1/4]），使用基于点的值迭代算法获得其近似值函数。与 QMDP 和快速通知界限算法不同，基于点的值迭代的值函数总是真实值函数的下界

21.5　基于随机点的值迭代

　　基于随机点的值迭代（randomized point-based value iteration）（算法 21-8）是上一节基于点的迭代方法的变体⊖。主要区别在于，我们不必为 B 中的每个信念都保持一个阿尔

　　⊖ M. T. J. Spaan and N. A. Vlassis, "Perseus: Randomized Point-Based Value Iteration for POMDPs," *Journal of Artificial Intelligence Research*, vol. 24, pp. 195-220, 2005.

法向量。我们用 Γ 中的单个阿尔法向量初始化算法，然后在每次迭代中更新 Γ，可能会适当地增加或减少 Γ 中阿尔法向量的数量。对更新步骤的这种修改可以提高效率。

算法 21-8　基于随机点的值迭代算法，用于寻找离散状态、行为空间和观察空间的无限时域 POMDP 的近似最优策略，其中 B 是信念向量，k_max 是迭代次数

```
struct RandomizedPointBasedValueIteration
    B      #  信念点的集合
    k_max #  迭代的最大次数
end

function update(𝒫::POMDP, M::RandomizedPointBasedValueIteration, Γ)
    Γ′, B′ = [], copy(M.B)
    while !isempty(B′)
        b = rand(B′)
        α = argmax(α→α·b, Γ)
        α′ = backup(𝒫, Γ, b)
        if α′·b ≥ α·b
            push!(Γ′, α′)
        else
            push!(Γ′, α)
        end
        filter!(b→maximum(α·b for α in Γ′) <
            maximum(α·b for α in Γ), B′)
    end
    return Γ′
end

function solve(M::RandomizedPointBasedValueIteration, 𝒫)
    Γ = [baws_lowerbound(𝒫)]
    Γ = alphavector_iteration(𝒫, M, Γ)
    return LookaheadAlphaVectorPolicy(𝒫, Γ)
end
```

每次更新都将阿尔法向量的集合 Γ 作为输入，并输出另一组阿尔法向量的集合 Γ'，该组阿尔法向量利用 B 中的信念来改进 Γ 所表示的值函数。换而言之，这组阿尔法向量输出 Γ'，并使得对于所有 $\boldsymbol{b} \in B$，$U^{\Gamma'}(\boldsymbol{b}) \geqslant U^{\Gamma}(\boldsymbol{b})$。首先，我们将 Γ' 初始化为空集，并将 B' 初始化为 B。然后，我们从 B' 中随机删除一个点 b，并对 b 执行信念备份（算法 21-6），使用 Γ 获得新的阿尔法向量 $\boldsymbol{\alpha}$。接着，我们在 $\Gamma \bigcup \{\boldsymbol{\alpha}\}$ 中找到一个阿尔法向量，该阿尔法向量在 b 处占主导地位并将其添加到 Γ' 中。然后从 B' 中移除所有其值被该阿尔法向量改进过的信念点。随着算法的演进，B' 越来越小并包含未被 Γ' 改进过的点集。当 B' 为空时，表明更新完成。图 21-5 演示将该算法应用于哭闹婴儿问题的完整过程。

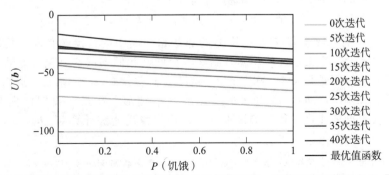

图 21-5　使用基于随机点的值迭代算法获得的近似值函数，该值迭代的信念点为 $[1/4, 3/4]$ 和 $[3/4, 1/4]$

21.6　锯齿上界

锯齿上界（sawtooth upper bound）是表示值函数的另一种方法。在锯齿上界方法中，不存储阿尔法向量的集合 Γ，而是存储一组"信念－效用"对：

$$V = \{(\boldsymbol{b}_1, U(\boldsymbol{b}_1)), \cdots, (\boldsymbol{b}_m, U(\boldsymbol{b}_m))\} \tag{21.11}$$

前提条件是 V 包含所有标准基础信念：

$$E = \{\boldsymbol{e}_1 = [1, 0, \cdots, 0], \cdots, \boldsymbol{e}_n = [0, 0, \cdots, 1]\} \tag{21.12}$$

使得

$$\{(\boldsymbol{e}_1, U(\boldsymbol{e}_1)), \cdots, (\boldsymbol{e}_n, U(\boldsymbol{e}_n))\} \subseteq V \tag{21.13}$$

如果这些效用是上界（例如，从快速通知界限算法获得），那么我们使用 V 来估计任意信念 $\boldsymbol{b}$ 的 $U(\boldsymbol{b})$，这种方式将导致上界[⊖]。

"锯齿（sawtooth）"的命名源于我们通过在 V 中插入点来估计 $U(\boldsymbol{b})$ 的实现方式。对于 V 中的每个"信念-效用"对 $(\boldsymbol{b}, U(\boldsymbol{b}))$，我们形成一个单独的、凸出的"齿（tooth）"。如果信念空间是 n 维的，那么每个"齿"都是一个反转的 n 维金字塔。当考虑多个"信念-效用"对时，这些金字塔就形成一个"锯齿"形状。金字塔的基础是由标准基础信念 $(\boldsymbol{e}_i, U(\boldsymbol{e}_i))$ 形成的。每个"齿"的顶点对应于每个"信念-效用"对 $(\boldsymbol{b}, U(\boldsymbol{b})) \in V$。由于它们通常是金字塔，每个"齿"的壁由具有有界区域的 n 维超平面等效地定义。这些超平面也可以被解释为作用于信念空间的有界区域的阿尔法向量，而不是像正常阿尔法向量那样作用于整个信念空间。多个金字塔的组合形成了 n 维锯齿。任何信念的锯齿上界都是该信念金字塔中的最小值。

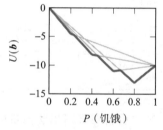

图 21-6　将锯齿上界表示法应用于哭闹的婴儿问题

考虑具有两个状态 POMDP 中的锯齿表示，如图 21-6 所示的哭闹婴儿问题。每个"齿"的角部是每个标准基准信念 $\boldsymbol{e}_i$ 的值 $U(\boldsymbol{e}_1)$ 和 $U(\boldsymbol{e}_2)$。由于每个"齿"都是一个点集对 $(\boldsymbol{b}, U(\boldsymbol{b}))$，因此每个"齿"的尖下点都是值 $U(\boldsymbol{b})$。从 $U(\boldsymbol{e}_1)$ 到 $U(\boldsymbol{b})$ 的线性插值，以及从 $U(\boldsymbol{b})$ 到 $U(\boldsymbol{e}_2)$ 的线性插值，最终形成了"齿"。为组合多个"齿"并形成上界，我们取信念的最小插值，从而创建独特的锯齿形状。

为了计算任意信念 $\boldsymbol{b}$ 处的"锯齿"，我们迭代 V 中的每个"信念-效用"对 $(\boldsymbol{b}', U(\boldsymbol{b}'))$。关键思想是计算该超锥体（hyperpyramid）的效用 $U'(\boldsymbol{b})$，首先找到最远的基点，然后使用该基点从超锥体确定相匹配的超平面，最后使用超平面的重新缩放版本计算效用。使用 $\boldsymbol{b}$ 和 $\boldsymbol{b}'$ 的距离 L_1 计算最远基础信念 $\boldsymbol{e}_i$：

$$i \leftarrow \arg\max_j \| \boldsymbol{b} - \boldsymbol{e}_j \|_1 - \| \boldsymbol{b}' - \boldsymbol{e}_j \|_1 \tag{21.14}$$

该 $\boldsymbol{e}_i$ 唯一地识别了形成 $U(\boldsymbol{b}')$ 超锥体的那些超平面中的特定超平面。具体而言，该超平面由所有角 $\boldsymbol{e}_j \neq \boldsymbol{e}_i$ 定义，并使用 $\boldsymbol{b}'$ 代替 $\boldsymbol{e}_i$。至此，我们知道这是包含 $\boldsymbol{b}$ 的效用区域的超平面。超平面的效用是 $U(\boldsymbol{e}_j)$，其中 $\boldsymbol{e}_j \neq \boldsymbol{e}_i$，$U(\boldsymbol{b}')$ 替代 $U(\boldsymbol{e}_i)$。然而，我们不能使用点积直接计算所需效用 $U'(\boldsymbol{b})$，因为这不是标准的单纯形。相反，我们根据与超平面角 $(\boldsymbol{e}_j \neq \boldsymbol{e}_i)$ 的加权距离来计算 $\boldsymbol{b}$ 和 $\boldsymbol{b}'$ 的权重 w。这使得我们能够计算 $U'(\boldsymbol{b})$，这从本质上创

⊖　有关锯齿上界算法与其他界限算法之间关系的讨论，请参考文献 M. Hauskrecht, "ValueFunction Approximations for Partially Observable Markov Decision Processes," *Journal of Artificial Intelligence Research*, vol. 13, pp. 33-94, 2000。

建了一个单纯形,该单纯形适用于 $U(e_i)$ 和 $U(b')$ 的点积:

$$U'(\boldsymbol{b}) = w_i U(\boldsymbol{b}') + \sum_{j \neq i} w_j U(\boldsymbol{e}_j) \qquad (21.15)$$

整个过程是在所有 $(b', U(b'))$ 之间进行的,结果导致:

$$U(\boldsymbol{b}) = \min_{(\boldsymbol{b}', U(\boldsymbol{b}')) \in V} U'(\boldsymbol{b}) \qquad (21.16)$$

算法 21-9 提供了一种实现。我们还可以使用贪婪的"1-步"前瞻方法来导出策略。

算法 21-9 值函数和策略的锯齿形上界表示。该算法使用字典 V 来定义,字典 V 将信念向量映射到其效用的上界(例如,来自快速通知界限)。该表示的一个前提条件是 V 在标准基础信念处包含"信念-效用"对,这可以从 basis 函数中获得。我们可以使用"1-步"前瞻方法从任意信念 b 中获得贪婪"行为-效用"对

```
struct SawtoothPolicy
    𝒫 #  POMDP决策问题
    V #  将信念映射到效用的字典
end

function basis(𝒫)
    n = length(𝒫.𝒮)
    e(i) = [j == i ? 1.0 : 0.0 for j in 1:n]
    return [e(i) for i in 1:n]
end

function utility(π::SawtoothPolicy, b)
    𝒫, V = π.𝒫, π.V
    if haskey(V, b)
        return V[b]
    end
    n = length(𝒫.𝒮)
    E = basis(𝒫)
    u = sum(V[E[i]] * b[i] for i in 1:n)
    for (b', u') in V
        if b' ∉ E
            i = argmax([norm(b-e, 1) - norm(b'-e, 1) for e in E])
            w = [norm(b - e, 1) for e in E]
            w[i] = norm(b - b', 1)
            w /= sum(w)
            w = [1 - wi for wi in w]
            α = [V[e] for e in E]
            α[i] = u'
            u = min(u, w⋅α)
        end
    end
    return u
end

(π::SawtoothPolicy)(b) = greedy(π, b).a
```

我们可以迭代地对一组信念 B 应用贪婪的"1-步"前瞻策略,以改进我们对上界的估计。B 中的信念可以是 V 中信念的超集。算法 21-10 提供关于这一点的实现。示例 21-1 显示锯齿近似的多次迭代对哭闹婴儿问题的影响。

算法 21-10 "锯齿迭代"对 B 中的点迭代应用"1-步"前瞻策略,以改进 V 中各个点的效用估计。B 中的信念是 V 中所包含信念的超集。为在每次迭代时保持上界,不会在 E 中存储的标准基础信念处进行更新。我们运行 k_max 次迭代

```
struct SawtoothIteration
```

```
V      #  从信念到效用的初始映射
B      #  用于计算值的信念，包括字典V中的值
k_max  #  迭代的最大次数
end

function solve(M::SawtoothIteration, 𝒫::POMDP)
    E = basis(𝒫)
    π = SawtoothPolicy(𝒫, M.V)
    for k in 1:M.k_max
        V = Dict(b ⇒ (b ∈ E ? M.V[b] : greedy(π, b).u) for b in M.B)
        π = SawtoothPolicy(𝒫, V)
    end
    return π
end
```

示例 21-1 对于哭闹婴儿问题，该示例演示了"锯齿"算法能够保持一个有规律的间隔信念的上界。对于哭闹婴儿问题，假设我们希望保持其值的上界，该问题具有规则间隔的信念点，步长为 0.2。为获得初始上界，我们使用快速通知上界。然后，可以按以下三个步骤运行"锯齿"算法进行迭代。

```
n = length(𝒫.𝒮)
πfib = solve(FastInformedBound(1), 𝒫)
V = Dict(e ⇒ utility(πfib, e) for e in basis(𝒫))
B = [[p, 1 - p] for p in 0.0:0.2:1.0]
π = solve(SawtoothIteration(V, B, 2), 𝒫)
```

"锯齿"上界的改进过程如图 21-7 所示。

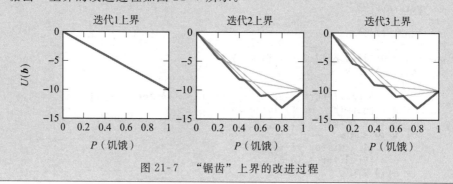

图 21-7   "锯齿"上界的改进过程

21.7   点选择

类似于基于点的值迭代和"锯齿"迭代等算法，算法需要一组信念 B。我们希望选择 B，以便信念空间相关区域中有更多的点。我们希望所采用的策略至少可以得到近似的最优，否则根据这种策略进行的信念计算就是一种浪费。探索潜在可达空间的一种方法是在信念空间中采取步骤（算法 21-11）。步骤的结果将是随机的，因为观测是根据我们的概率模型生成的。

算法 21-11 给定问题 𝒫 中的当前信念 b 和行为 a，随机抽样下一个信念 b′ 和奖励 r 的函数

```
function randstep(𝒫::POMDP, b, a)
    s = rand(SetCategorical(𝒫.𝒮, b))
    s′, r, o = 𝒫.TRO(s, a)
    b′ = update(b, 𝒫, a, o)
    return b′, r
end
```

我们可以根据随机策略下某个初始信念可达到的信念状态来创建 B。这个随机信念扩展（random belief expansion）过程（算法 21-12）可以探索更多的信念空间（比可能需要的还要多），随机策略可达到的信念空间比最优策略可达到的空间要大得多。当然，计算最优策略可到达的信念空间通常需要了解最优策略，而最优策略是我们首先要计算的。可以采取的一种方法是使用最优策略的连续近似来迭代生成 $B^{\ominus}$。

算法 21-12　基于可达信念，随机扩展用于基于点的值迭代的信念 B 的有限集合

```
function random_belief_expansion(𝒫, B)
    B′ = copy(B)
    for b in B
        a = rand(𝒫.𝒜)
        b′, r = randstep(𝒫, b, a)
        push!(B′, b′)
    end
    return unique!(B′)
end
```

除了希望信念点集中在可到达的信念空间之外，我们还希望这些点分散开来，以允许更好的值函数近似计算。当我们评估离 B 更远的点时，与 B 中的点相关联的阿尔法向量提供的近似质量会降低。我们可以采取探索性信念扩展（exploratory belief expansion）方法（算法 21-13），此处，我们对 B 中的每个信念尝试每一个行为并添加与集合中已经存在的信念相距最远的结果信念状态。信念空间中的距离可以使用不同的方式来测量。该算法使用 L_1 范数$^{\ominus}$。图 21-8 显示使用此方法添加到 B 中信念点的示例（附录 F.8）。

算法 21-13　通过探索可到达的信念并添加与当前信念相距最远的信念，来扩展基于点的值迭代中使用的信念 B 的有限集合

```
function exploratory_belief_expansion(𝒫, B)
    B′ = copy(B)
    for b in B
        best = (b=copy(b), d=0.0)
        for a in 𝒫.𝒜
            b′, r = randstep(𝒫, b, a)
            d = minimum(norm(b - b′, 1) for b in B′)
            if d > best.d
                best = (b=b′, d=d)
            end
        end
        push!(B′, best.b)
    end
    return unique!(B′)
end
```

⊖　这就是被称为最优策略下可达空间的逐次逼近（SARSOP）算法的直观含义。

⊖　$\boldsymbol{b}$ 和 $\boldsymbol{b}'$ 之间的 L_1 距离为 $\sum_s |b(s) - b'(s)|$，表示为 $\|\boldsymbol{b} - \boldsymbol{b}'\|_1$。具体请参见附录 A.4。

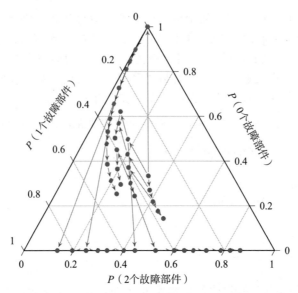

图 21-8   探索性信念扩展在三个状态的机器替换问题上的运行情况，从初始一致性能 $b=$
[1/3,1/3,1/3] 开始。如果与之前任何信念的距离至少为 0.05，则添加新的信念

21.8   锯齿启发式搜索

第 9 章介绍了启发式搜索的概念并将其作为完全可观测环境中的在线方法。本节将讨论作为一种离线方法的锯齿启发式搜索（sawtooth heuristic search）（算法 21-14），该方法生成一组可用于表示离线策略的阿尔法向量。然而，与下一章中讨论的在线 POMDP 方法一样，计算工作集中在从某些特定的初始信念中可达到的信念上。驱动可到达信念空间探索的启发式方法是值函数的上下界之间的间距[⊖]。

该算法初始化时，将值函数的上界表示为一组锯齿状"信念-效用"值对 V，将值函数的下界表示为一组阿尔法向量的集合 Γ。定义锯齿状上界的"信念-效用"可以从快速通知界限算法获得。如算法 21-14 所示，可以从最优行为-最坏状态边界或一些其他方法（例如基于点的值迭代）获得下界。

算法 21-14   锯齿启发式搜索策略。解算器从信念 b 开始，探索到深度 d，迭代次数不超过 k_max。
该搜索策略使用快速通知界限（通过 k_fib 次迭代计算）获得上界。下界是从最优行为最坏状态边界而获得。间隔阈值为 δ

```
struct SawtoothHeuristicSearch
    b      #  初始信念
    δ      #  间隔阈值
    d      #  深度
    k_max  #  迭代的最大次数
    k_fib  #  快速通知界限的迭代次数
end
```

⊖ 启发式搜索值迭代（heuristic search value iteration，HSVI）算法引入使用基于锯齿的行为启发式和基于间隔的观测启发式的概念，参见文献 T. Smith and R. G. Simmons，"Heuristic Search Value Iteration for POM-DPs," in *Conference on Uncertainty in Artificial Intelligence（UAI）*，2004。SARSOP 算法建立在以下文献的基础之上。H. Kurniawati, D. Hsu, and W. S. Lee，"SARSOP: Efficient Point-Based POMDP Planning by Approximating Optimally Reachable Belief Spaces," in *Robotics: Science and Systems*，2008。

```
function explore!(M::SawtoothHeuristicSearch, 𝒫, πhi, πlo, b, d=0)
    𝒮, 𝒜, 𝒪, γ = 𝒫.𝒮, 𝒫.𝒜, 𝒫.𝒪, 𝒫.γ
    ϵ(b′) = utility(πhi, b′) - utility(πlo, b′)
    if d ≥ M.d || ϵ(b) ≤ M.δ / γ^d
        return
    end
    a = πhi(b)
    o = argmax(o → ϵ(update(b, 𝒫, a, o)), 𝒪)
    b′ = update(b, 𝒫, a, o)
    explore!(M, 𝒫, πhi, πlo, b′, d+1)
    if b′ ∉ basis(𝒫)
        πhi.V[b′] = greedy(πhi, b′).u
    end
    push!(πlo.Γ, backup(𝒫, πlo.Γ, b′))
end

function solve(M::SawtoothHeuristicSearch, 𝒫::POMDP)
    πfib = solve(FastInformedBound(M.k_fib), 𝒫)
    Vhi = Dict(e ⇒ utility(πfib, e) for e in basis(𝒫))
    πhi = SawtoothPolicy(𝒫, Vhi)
    πlo = LookaheadAlphaVectorPolicy(𝒫, [baws_lowerbound(𝒫)])
    for i in 1:M.k_max
        explore!(M, 𝒫, πhi, πlo, M.b)
        if utility(πhi, M.b) - utility(πlo, M.b) < M.δ
            break
        end
    end
    return πlo
end
```

在每一次迭代中，我们探索从初始信念到最大深度的信念。当我们探索时，会更新形成锯齿形上界的"信念-行为"对集合以及形成下界的阿尔法向量集合。我们在一定次数的迭代后或者直到初始状态的间隔低于阈值 $\delta > 0$ 时停止探索。

在探索过程中，当我们从初始节点沿着路径遇到信念 b 时，会检查 b 处的间隔是否低于阈值 δ / γ^d，其中 d 是当前的深度。如果低于该阈值，那么可以停止沿着该分支的探索。我们希望阈值随着 d 的增加而增加，因为更新后 b 处的间隔最多是可立即达到的信念处间隔加权平均值的 γ 倍。

如果 b 处的间隔高于阈值并且尚未达到最大深度，那么可以探索下一个信念 b'。首先，确定锯齿策略建议的行为。然后，选择使所得信念的间隔最大化的观测值 $o^{\ominus}$。接着，递归地向下搜索树。在探索了 b' 的后代之后，将（b', u）添加到 V，其中 u 是 b' 的"1-步"前瞻值。在 Γ 中添加由 b' 处的备份所产生的阿尔法向量。图 21-9 显示界限的收紧情况。

21.9　三角化的值函数

如 20.1 节所述，POMDP 可以转换为信念-状态马尔可夫决策过程。该信念-状态马尔可夫决策过程中的状态空间是连续的，对应于原始 POMDP 中所有可能信念构成的空间。我们可以使用类似第 8 章所述的方式来对值函数进行近似，然后将动态规划算法（如值迭代）应用于近似值。本节将讨论一种特殊的局部值函数近似方法，该近似方法涉及在一组

⊖　一些变体仅对接下来的观测进行采样。其他变体则选择可以最大化似然加权间隔的观测。

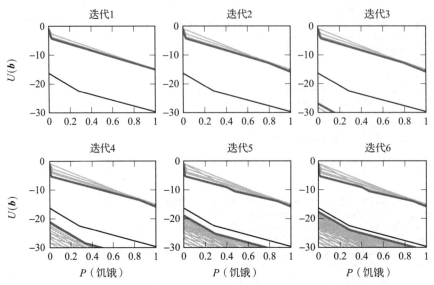

图 21-9   哭闹婴儿问题的上界（由锯齿对表示）和下界（由阿尔法向量表示）的演变过程。
最佳值函数以黑色显示

离散的信念点 B 上进行 Freudenthal 三角剖分
（Freudenthal triangulation）$^{\ominus}$。这种三角剖分允
许我们在信念空间中的任意点处插入值函数。与
锯齿表示一样，我们使用一组"信念-效用"对
$V = \{(\boldsymbol{b}, U(\boldsymbol{b})) \mid \boldsymbol{b} \in B\}$ 来表示值函数。此方法
可用于获得值函数的上界。

　　信念空间中的 Freudenthal 插值包括将 B 中
的信念点均匀分布在空间上，如图 21-10 所示。
B 中信念的数量取决于 Freudenthal 三角剖分的
维度 n 和粒度 $m^{\ominus}$：

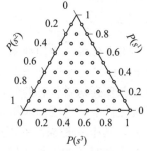

图 21-10　在 $n=3$ 维的信念空间中，使用
Freudenthal 三角剖分进行信念状
态离散化，其中粒度 $m=10$

$$|B| = \frac{(m+n-1)!}{m!(n-1)!} \tag{21.17}$$

　　我们可以通过在 $\boldsymbol{b}$ 中的离散点处进行插值来估算任意点 $\boldsymbol{b}$ 处的 $U(\boldsymbol{b})$ 值。与 8.5 节
中介绍的单纯形插值类似，我们在 B 中找到一组信念点，这些信念点形成一个包围 $\boldsymbol{b}$ 的
单纯形并将这些信念点的值加权在一起。在 n 维信念空间中，有多达 $n+1$ 个顶点的值
需要一起加权。如果 $b^{(1)}, \cdots, b^{(n+1)}$ 是包围点，$\lambda_1, \cdots, \lambda_{n+1}$ 是这些包围点的权重，则 $\boldsymbol{b}$ 处
的估算值为：

$$U(\boldsymbol{b}) = \sum_i \lambda_i U(b^{(i)}) \tag{21.18}$$

算法 21-15 从 V 中的"信念-效用"对中提取该效用函数和策略。

⊖　H. Freudenthal, "Simplizialzerlegungen von Beschränkter Flachheit," *Annals of Mathematics*, vol. 43, pp. 580-
582, 1942. 有关将该三角剖分方法应用于 POMDP 的讨论，请参考文献 W. S. Lovejoy, "Computationally
Feasible Bounds for Partially Observed Markov Decision Processes," *Operations Research*, vol. 39, no. 1,
pp. 162-175, 1991。

⊖　Julia 包 FreudenthalTriangulations.jl 提供了生成这些信念的实现。

算法 21-15 使用 Freudenthal 三角剖分的策略表示。Freudenthal 三角剖分的粒度为 m。与锯齿方法一样，我们维护一个将信念向量映射到效用的字典。此实现将效用初始化为 0，但如果我们想表示上界，则需要使用合适的值对这些效用进行初始化。我们定义一个函数，使用插值来估算给定信念的效用。可以使用贪婪的前瞻提取策略。在构建 Freudenthal 三角结构时，需要传递维度和粒度参数。FreudenthalTriangulations.jl 包提供了函数 belief_vertices，该函数在给定特定三角剖分的情况下返回 B。FreudenthalTriangulations.jl 包还提供了函数 belief_simplex，该函数返回一个信念的封闭点和权重集

```
struct TriangulatedPolicy
    𝒫 #  POMDP决策问题
    V #  字典，将信念映射到效用
    B #  信念
    T #  Freudenthal三角化
end

function TriangulatedPolicy(𝒫::POMDP, m)
    T = FreudenthalTriangulation(length(𝒫.𝒮), m)
    B = belief_vertices(T)
    V = Dict(b ⇒ 0.0 for b in B)
    return TriangulatedPolicy(𝒫, V, B, T)
end

function utility(π::TriangulatedPolicy, b)
    B, λ = belief_simplex(π.T, b)
    return sum(λi*π.V[b] for (λi, b) in zip(λ, B))
end

(π::TriangulatedPolicy)(b) = greedy(π, b).a
```

算法 21-16 将近似值迭代的变体（在算法 8-1 中引入）应用于我们的三角剖分策略表示中。只需使用 "1-步" 前瞻和值函数插值，对 B 中的信念进行迭代备份。如果 U 初始化为上界，则即使在有限次数的迭代之后，值迭代也会产生上界。此属性之所以成立，是因为值函数是凸的并且值函数上顶点之间的线性插值必须位于基础凸函数上或更上的位置[⊖]。图 21-11 显示策略和值函数的示例。

算法 21-16 使用三角化策略进行 k_max 次迭代的近似值迭代。Freudenthal 三角剖分的粒度为 m。在每次迭代中，我们使用带有三角化效用的贪婪 "1-步" 前瞻来更新与 B 中的信念相关的效用

```
struct TriangulatedIteration
    m     # 粒度
    k_max # 迭代的最大次数
end

function solve(M::TriangulatedIteration, 𝒫)
    π = TriangulatedPolicy(𝒫, M.m)
    U(b) = utility(π, b)
    for k in 1:M.k_max
        U′ = [greedy(𝒫, U, b).u for b in π.B]
        for (b, u′) in zip(π.B, U′)
            π.V[b] = u′
        end
    end
    return π
end
```

⊖ 请参见以下文献中的引理 4：W. S. Lovejoy, "Computationally Feasible Bounds for Partially Observed Markov Decision Processes," *Operations Research*, vol. 39, no. 1, pp. 162-175, 1991。

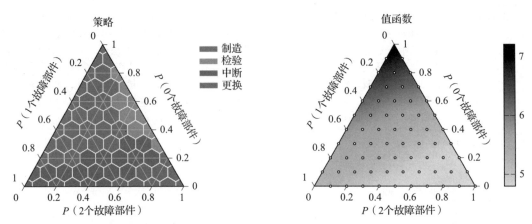

图 21-11　11 次迭代后，粒度 $m=10$ 的维护问题的策略和值函数。值函数图将离散的信念点显示为白点。该策略近似于附录 F.8 中给出的精确策略

21.10　本章小结

- QMDP 算法假设在第一步之后即达到完美的可观测性，从而导致真实值函数的上界。
- 通过考虑观测模型，快速告知界限提供比 QMDP 更严格的值函数上界。
- 基于点的值迭代在有限的信念集合中使用阿尔法向量提供值函数的下界。
- 基于随机点的值迭代在信念集合中随机选择某些点执行更新，直到集合中所有点的值都得到改善为止。
- 锯齿形上界允许使用有效的点集表示对快速通知界限进行迭代改进。
- 在基于点的值迭代中，仔细选择所要使用的信念点，可以提高最终策略的质量。
- 锯齿启发式搜索尝试分别收紧锯齿对和阿尔法向量表示的值函数的上界和下界。
- 近似求解 POMDP 的一种方法是对信念空间进行离散化，然后应用动态规划来提取值函数和策略的上界。

21.11　练习题

练习题 21-1　假设我们处于一个直线六边形世界问题（附录 F.1）的变体中，该问题由对应于状态 $s_{1:4}$ 的四个单元格组成。有两个行为：向左移动（ℓ）和向右移动（r）。这些行为的影响是确定性的。在 s_1 中向左移动或在 s_4 中向右移动将获得值为 100 的奖励并结束游戏。折扣系数为 0.9 时，使用 QMDP 计算阿尔法向量。然后，使用阿尔法向量，计算近似最优的动作，假设给定置信度 $b=[0.3, 0.1, 0.5, 0.1]$。

参考答案：我们将与向左移动相关的阿尔法向量表示为 $\boldsymbol{\alpha}_\ell$，将向右移动相关的阿尔法向量表示为 $\boldsymbol{\alpha}_r$。我们将阿尔法向量初始化为零：

$$\boldsymbol{\alpha}_\ell^{(1)} = [R(s_1,\ell), R(s_2,\ell), R(s_3,\ell), R(s_4,\ell)] = [0,0,0,0]$$
$$\boldsymbol{\alpha}_r^{(1)} = [R(s_1,r), R(s_2,r), R(s_3,r), R(s_4,r)] = [0,0,0,0]$$

在第一次迭代中，由于阿尔法向量中的所有项都为零，因此只有奖励项有助于 QMDP 更新（式（21.1））：

$$\boldsymbol{\alpha}_\ell^{(2)} = [100,0,0,0]$$
$$\boldsymbol{\alpha}_r^{(2)} = [0,0,0,100]$$

在下一次迭代中，我们应用更新，这将导致 s_2 的左侧阿尔法向量和 s_3 的右侧阿尔法向量的新值。左侧二分向量的更新如下（右侧二分向量更新是对称的）：

$$\alpha_\ell^{(3)}(s_1) = 100 \quad (\text{终止状态})$$
$$\alpha_\ell^{(3)}(s_2) = 0 + 0.9 \times \max(\alpha_\ell^{(2)}(s_1), \alpha_r^{(2)}(s_1)) = 90$$
$$\alpha_\ell^{(3)}(s_3) = 0 + 0.9 \times \max(\alpha_\ell^{(2)}(s_2), \alpha_r^{(2)}(s_2)) = 0$$
$$\alpha_\ell^{(3)}(s_4) = 0 + 0.9 \times \max(\alpha_\ell^{(2)}(s_3), \alpha_r^{(2)}(s_3)) = 0$$

这导致以下情况：

$$\boldsymbol{\alpha}_\ell^{(3)} = [100, 90, 0, 0]$$
$$\boldsymbol{\alpha}_r^{(3)} = [0, 0, 90, 100]$$

在第三次迭代中，左侧阿尔法向量的更新如下：

$$\alpha_\ell^{(4)}(s_1) = 100 \quad (\text{终止状态})$$
$$\alpha_\ell^{(4)}(s_2) = 0 + 0.9 \times \max(\alpha_\ell^{(3)}(s_1), \alpha_r^{(3)}(s_1)) = 90$$
$$\alpha_\ell^{(4)}(s_3) = 0 + 0.9 \times \max(\alpha_\ell^{(3)}(s_2), \alpha_r^{(3)}(s_2)) = 81$$
$$\alpha_\ell^{(4)}(s_4) = 0 + 0.9 \times \max(\alpha_\ell^{(3)}(s_3), \alpha_r^{(3)}(s_3)) = 81$$

于是，我们的二分向量是：

$$\boldsymbol{\alpha}_\ell^{(4)} = [100, 90, 81, 81]$$
$$\boldsymbol{\alpha}_r^{(4)} = [81, 81, 90, 100]$$

在这一点上，我们的阿尔法向量估计值已经收敛。接下来，通过最大化与对所有行动的置信度相关的效用来确定最优行动：

$$\boldsymbol{\alpha}_\ell^\top \boldsymbol{b} = 100 \times 0.3 + 90 \times 0.1 + 81 \times 0.5 + 81 \times 0.1 = 87.6$$
$$\boldsymbol{\alpha}_r^\top \boldsymbol{b} = 81 \times 0.3 + 81 \times 0.1 + 90 \times 0.5 + 100 \times 0.1 = 87.4$$

因此，我们发现向左移动是这种信念状态的最优动作，尽管在网格世界的右半部分的概率较高。这是由于分配到状态 s_1 的似然性相对较高，在该状态下，将通过向左移动立即获得大量奖励。

练习题 21-2 回想练习题 21-1 中的简化六边形世界问题。使用盲下界计算每个行动的阿尔法向量。然后，使用阿尔法向量，计算置信值 $\boldsymbol{b} = [0.3, 0.1, 0.5, 0.1]$ 时的值。

参考答案：式（21.6）所示的盲下界与 QMDP 更新类似，但缺乏最大化。我们将阿尔法向量的分量初始化为零并按如下方式进行收敛：

$$\boldsymbol{\alpha}_\ell^{(2)} = [100, 0, 0, 0]$$
$$\boldsymbol{\alpha}_r^{(2)} = [0, 0, 0, 100]$$
$$\boldsymbol{\alpha}_\ell^{(3)} = [100, 90, 0, 0]$$
$$\boldsymbol{\alpha}_r^{(3)} = [0, 0, 90, 100]$$
$$\boldsymbol{\alpha}_\ell^{(4)} = [100, 90, 81, 0]$$
$$\boldsymbol{\alpha}_r^{(4)} = [0, 81, 90, 100]$$
$$\boldsymbol{\alpha}_\ell^{(5)} = [100, 90, 81, 72.9]$$
$$\boldsymbol{\alpha}_r^{(5)} = [72.9, 81, 90, 100]$$

至此，我们的阿尔法向量估计值已经收敛。接下来，通过在所有行动中最大化与信念相关的效用来确定价值：

$$\boldsymbol{\alpha}_\ell^\top \boldsymbol{b} = 100 \times 0.3 + 90 \times 0.1 + 81 \times 0.5 + 72.9 \times 0.1 = 86.79$$

$$\boldsymbol{\alpha}_r^\top \boldsymbol{b} = 72.9 \times 0.3 + 81 \times 0.1 + 90 \times 0.5 + 100 \times 0.1 = 84.97$$

因此，$\boldsymbol{b}$ 处的下界为 86.79。

练习题 21-3 假设 $|\Gamma| > |\mathcal{S}|$，在基于点的值迭代中，在单个信念点进行备份的计算复杂度是多少？

参考答案：在进行备份的过程中，我们为每个行动 a 和观测值 o 计算 $\boldsymbol{\alpha}_{a,o}$。计算式 (21.8) 中的 $\boldsymbol{\alpha}_{a,o}$ 需要寻找 Γ 中最大化 $\boldsymbol{\alpha}^\top \text{Update}(\boldsymbol{b}, a, o)$ 的阿尔法向量 $\boldsymbol{\alpha}$。如式 (19.7) 所示，信念更新的计算复杂度是 $O(|\mathcal{S}|^2)$，因为它在所有初始状态和后续状态上迭代。因此，计算 $\boldsymbol{\alpha}_{a,o}$ 需要对特定的 a 和 o 进行 $O(|\Gamma||\mathcal{S}| + |\mathcal{S}|^2) = O(|\Gamma||\mathcal{S}|)$ 次运算，从而产生总共 $O(|\Gamma||\mathcal{S}||\mathcal{A}||\mathcal{O}|)$ 次运算。然后，我们使用这些 $\boldsymbol{\alpha}_{a,o}$ 的值，在式 (21.9) 中计算每个行动 a 的 $\boldsymbol{\alpha}_a$，总共需要 $O(|\mathcal{S}|^2|\mathcal{A}||\mathcal{O}|)$ 次运算。一旦得到 $\boldsymbol{\alpha}_a$ 值，寻找最大化 $\boldsymbol{\alpha}_a^\top \boldsymbol{b}$ 的阿尔法向量 $\boldsymbol{\alpha}_a$ 需要 $O(|\mathcal{S}||\mathcal{A}|)$ 次运算。总之，在信念 $\boldsymbol{b}$ 进行备份需要 $O(|\Gamma||\mathcal{S}||\mathcal{A}||\mathcal{O}|)$ 次运算。

练习题 21-4 考虑由以下公式给出的"信念-效用"对的集合：

$$V = \{([1,0], 0), ([0,1], -10), ([0.8,0.2], -4), ([0.4,0.6], -6)\}$$

假设对所有 i，权重 $w_i = 0.5$，使用锯齿上界确定信念 $\boldsymbol{b} = [0.5, 0.5]$ 的效用。

参考答案：我们使用"信念-效用"对进行插值。对于每个非基本信念，我们首先找到最远的基本信念 $\boldsymbol{e}_i$。从 $\boldsymbol{b}_3$ 开始，计算如下：

$$i_3 = \arg\max_j \|\boldsymbol{b} - \boldsymbol{e}_j\|_1 - \|\boldsymbol{b}_3 - \boldsymbol{e}_j\|_1$$

$$\|\boldsymbol{b} - \boldsymbol{e}_1\|_1 - \|\boldsymbol{b}_3 - \boldsymbol{e}_1\|_1 = \left\| \begin{bmatrix} 0.5 \\ 0.5 \end{bmatrix} - \begin{bmatrix} 1 \\ 0 \end{bmatrix} \right\|_1 - \left\| \begin{bmatrix} 0.8 \\ 0.2 \end{bmatrix} - \begin{bmatrix} 1 \\ 0 \end{bmatrix} \right\|_1$$

$$= \left\| \begin{bmatrix} -0.5 \\ 0.5 \end{bmatrix} \right\|_1 - \left\| \begin{bmatrix} -0.2 \\ 0.2 \end{bmatrix} \right\|_1$$

$$= 0.6$$

$$\|\boldsymbol{b} - \boldsymbol{e}_2\|_1 - \|\boldsymbol{b}_3 - \boldsymbol{e}_2\|_1 = \left\| \begin{bmatrix} 0.5 \\ 0.5 \end{bmatrix} - \begin{bmatrix} 0 \\ 1 \end{bmatrix} \right\|_1 - \left\| \begin{bmatrix} 0.8 \\ 0.2 \end{bmatrix} - \begin{bmatrix} 0 \\ 1 \end{bmatrix} \right\|_1$$

$$= \left\| \begin{bmatrix} 0.5 \\ -0.5 \end{bmatrix} \right\|_1 - \left\| \begin{bmatrix} 0.8 \\ -0.8 \end{bmatrix} \right\|_1$$

$$= -0.6$$

$$i_3 = 1$$

因此，$\boldsymbol{e}_1$ 是距离 $\boldsymbol{b}_3$ 最远的基本信念。

对于 $\boldsymbol{b}_4$，计算如下：

$$i_4 = \arg\max_j \|\boldsymbol{b} - \boldsymbol{e}_j\|_1 - \|\boldsymbol{b}_4 - \boldsymbol{e}_j\|_1$$

$$\|\boldsymbol{b} - \boldsymbol{e}_1\|_1 - \|\boldsymbol{b}_3 - \boldsymbol{e}_1\|_1 = \left\| \begin{bmatrix} 0.5 \\ 0.5 \end{bmatrix} - \begin{bmatrix} 1 \\ 0 \end{bmatrix} \right\|_1 - \left\| \begin{bmatrix} 0.4 \\ 0.6 \end{bmatrix} - \begin{bmatrix} 1 \\ 0 \end{bmatrix} \right\|_1$$

$$= \left\| \begin{bmatrix} -0.5 \\ 0.5 \end{bmatrix} \right\|_1 - \left\| \begin{bmatrix} -0.6 \\ 0.6 \end{bmatrix} \right\|_1$$

$$= -0.2$$

$$\| \boldsymbol{b} - \boldsymbol{e}_2 \|_1 - \| \boldsymbol{b}_3 - \boldsymbol{e}_2 \|_1 = \left\| \begin{bmatrix} 0.5 \\ 0.5 \end{bmatrix} - \begin{bmatrix} 0 \\ 1 \end{bmatrix} \right\|_1 - \left\| \begin{bmatrix} 0.4 \\ 0.6 \end{bmatrix} - \begin{bmatrix} 0 \\ 1 \end{bmatrix} \right\|_1$$

$$= \left\| \begin{bmatrix} 0.5 \\ -0.5 \end{bmatrix} \right\|_1 - \left\| \begin{bmatrix} 0.4 \\ -0.4 \end{bmatrix} \right\|_1$$

$$= 0.2$$

$$i_4 = 2$$

因此，$\boldsymbol{e}_2$ 是距离 $\boldsymbol{b}_4$ 最远的基本信念。

我们可以使用权重以及适当的角点和效用对（$\boldsymbol{e}_2, \boldsymbol{b}_3$）和（$\boldsymbol{e}_1, \boldsymbol{b}_4$）来计算 $U(\boldsymbol{b})$：

$$U_3(\boldsymbol{b}) = 0.5 \times -4 + 0.5 \times (-10) = -7$$

$$U_4(\boldsymbol{b}) = 0.5 \times -6 + 0.5 \times 0 = -3$$

最后，通过取 $U_3(\boldsymbol{b})$ 和 $U_4(\boldsymbol{b})$ 的最小值来计算 $U(\boldsymbol{b})$。因此，$U(\boldsymbol{b}) = -7$。

练习题 21-5　假设我们有一个表示为一组阿尔法向量的集合 Γ 的有效下界。信念状态 $\boldsymbol{b}$ 的备份是否可能产生阿尔法向量 $\boldsymbol{\alpha}'$，使得 $\boldsymbol{\alpha}'^{\top} \boldsymbol{b}$ 低于 Γ 表示的效用函数？换而言之，在信念 $\boldsymbol{b}$ 处的备份是否会导致一个阿尔法向量，该向量为 $\boldsymbol{b}$ 分配比 Γ 表示的值函数更低的效用？

参考答案：这是可能的。假设我们只有一个行为，观测是完美的，没有折扣，状态空间是 $\{s^0, s^1\}$。对于所有 i，奖励是 $R(s^i) = i$，状态确定地转移到 s^0。我们从一个有效的下界（$\Gamma = \{[-1, +1]\}$）开始，如图 21-12 中的浅灰色所示。我们选择 $\boldsymbol{b} = [0.5, 0.5]$ 作为备份的信念值。使用式（21.9），我们得到：

$$\alpha(s^0) = R(s^0) + U^{\Gamma}(s^0) = 0 + (-1) = -1$$

$$\alpha(s^1) = R(s^1) + U^{\Gamma}(s^0) = 1 + (-1) = 0$$

因此，备份后得到的阿尔法向量是 $[-1, 0]$，如图 21-12 中的黑色所示。$\boldsymbol{\alpha}$ 向量在 $\boldsymbol{b}$ 处的效用为 -0.5。然而，$U^{\Gamma}(\boldsymbol{b}) = 0$，表明备份一个信念可以产生一个表示该信念下较低效用的阿尔法向量。基于该事实，在基于随机点的值迭代中使用了 if 语句（算法 21-8）。if 语句将使用备份中的阿尔法向量或 Γ 中信念 $\boldsymbol{b}$ 处的主导阿尔法向量，选择使用两者之中给出最大效用估计的阿尔法向量。

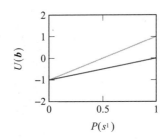

图 21-12　该示例演示一个信念处的备份如何产生一个阿尔法向量，与原始值函数相比，该向量本身会降低该信念处的值。我们进行更新的信念 $\boldsymbol{b}$ 对应于 $P(s_1) = 0.5$。Γ 表示的原始值函数显示为浅灰色。$\boldsymbol{b}$ 处备份产生的阿尔法向量显示为黑色

在线信念状态规划

在线方法通过从当前信念状态进行规划来确定最优策略。与完整的信念空间相比，从当前状态可到达的信念空间通常较小。正如在完全可观测的上下文中所介绍的，许多在线方法在一定范围内使用基于树的搜索方法的变体[○]。各种策略可以被使用来避免树深度的指数计算增长。对于在线方法，尽管执行过程的每个决策步骤需要的计算量比离线方法更多，但有时候在线方法更容易应用于高维问题。

22.1　具有预演的前瞻策略

算法 9-1 在完全可观测的问题中引入了具有预演（rollout）的前瞻（lookahead）策略作为在线方法。该算法可以直接用于部分可观测的问题。算法使用一个函数来随机采样下一个状态，这对应于部分可观测性情形中的信念状态。该函数已在算法 21-11 中引入。因为可以使用生成模型而不是显式模型来进行转移、奖励和观测，因此我们可以使其适应于高维状态和观测空间的相关问题。

22.2　正向搜索

我们可以将算法 9-2 中的正向搜索策略应用于部分可观测的问题，而无须修改。马尔可夫决策过程和 POMDP 之间的差异通过"1-步"前瞻来封装，该前瞻策略以行为和观测作为分支，如图 22-1 所示。从信念 $\boldsymbol{b}$ 采取行为 a 的值可以递归地定义到深度 $\boldsymbol{d}$：

$$Q_d(\boldsymbol{b},a) = \begin{cases} R(\boldsymbol{b},a) + \gamma \sum_o P(o \mid \boldsymbol{b},a)U_{d-1}(\text{Update}(\boldsymbol{b},a,o)), & \text{如果 } d > 0 \\ U(\boldsymbol{b}), & \text{其他} \end{cases} \tag{22.1}$$

$U_d(\boldsymbol{b}) = \max_a Q_d(\boldsymbol{b},a)$。当 $d=0$ 时，我们已经达到最大深度并使用近似值函数 $U(\boldsymbol{b})$ 返回效用。近似值函数可以从上一章讨论的方法之一获得，可以通过启发式进行选择，或者从一个或多个预演中估计。当 $d>0$ 时，我们继续深入搜索，向下递归到另一个级别。示例 22-1 演示如何将 QMDP 与机器更换问题的正向搜索相结合。示例 22-2 演示对哭闹婴儿问题的正向搜索。

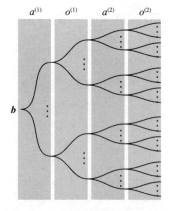

图 22-1　使用正向搜索策略搜索"行为-观测-信念"，直至任意有限深度，以便选择产生最高预期回报的行动。此图显示了深度为 2 的搜索结果

○　有关该主题的综述，请参考文献 S. Ross, J. Pineau, S. Paquet, and B. Chaib-draaa, "Online Planning Algorithms for POMDPs," *Journal of Artificial Intelligence Research*, vol. 32, pp. 663-704, 2008。

示例 22-1 将正向搜索应用于机器更换问题（附录 F.8）。 考虑将正向搜索应用于机器更换问题。首先，我们可以通过 QMDP（算法 21-2）获得近似值函数。然后，我们可以构造一个 `ForwardSearch` 对象，该对象最初在算法 9-2 中定义。在该函数内部调用 `lookahead`，将使用算法 20-5 中为 POMDP 定义的函数。以下代码将正向搜索应用于问题 $\mathcal{P}$，从信念状态 $[0.5, 0.2, 0.3]$ 到深度 5，使用我们对叶节点处从 QMDP 所获得效用的估算值。

```
k_max = 10 #  QMDP迭代的最大次数
πQMDP = solve(QMDP(k_max), 𝒫)
d = 5 # 深度
U(b) = utility(πQMDP, b)
π = ForwardSearch(𝒫, d, U)
π([0.5,0.2,0.3])
```

示例 22-2 将正向搜索应用于哭闹的婴儿问题（附录 F.7）。 考虑将正向搜索应用于哭闹的婴儿问题，使用阿尔法向量 $[-3.7, -15]$ 和 $[-2, -21]$ 给出的近似值函数。从初始信念 $b = [0.5, 0.5]$ 开始正向搜索到深度 2，如下所示：

$$Q_2(b, 喂食) = R(b, 喂食) + \gamma(P(哭闹 | b, 喂食)U_1([1.0, 0.0])$$
$$+ P(安静 | b, 喂食)U_1([1.0, 0.0]))$$
$$= -10 + 0.9(0.1 \times (-3.2157) + 0.9 \times (-3.2157))$$
$$= -12.894$$

$$Q_2(b, 忽视) = R(b, 忽视) + \gamma(P(哭闹 | b, 忽视)U_1([0.093, 0.907])$$
$$+ P(安静 | b, 忽视)U_1([0.786, 0.214]))$$
$$= -5 + 0.9(0.485 \times (-15.872) + 0.515 \times (-7.779))$$
$$= -15.534$$

$$Q_2(b, 唱歌) = R(b, 唱歌) + \gamma(P(哭闹 | b, 唱歌)U_1([0.0, 1.0])$$
$$+ P(安静 | b, 唱歌)U_1([0.891, 0.109]))$$
$$= -5.5 + 0.9(0.495 \times (-16.8) + 0.505 \times (-5.543))$$
$$= -15.503$$

回想一下，给婴儿喂食最终会让婴儿吃饱（$b = [1, 0]$），给婴儿唱歌可以确保婴儿只有在饥饿的时候才会哭闹（$b = [0, 1]$）。通过使用 $U_d(b) = \max_a Q_d(b, a)$，在式（22.1）中递归更深一层来评估每个 U_1 值。在最大深度处，我们使用阿尔法向量给出的近似值函数，$Q_0(b, a) = \max(b^\top[-3.7, -15], b^\top[-2, -21])$。

该策略给出了预测，给婴儿喂食将产生最高的预期效用，因此建议采取该行为。

与式（22.1）中递归相关的计算随着深度呈指数增长，其计算复杂度为 $O(|\mathcal{A}|^d |\mathcal{O}|^d)$。因此，正向搜索通常限于相对较浅的深度。为更深入，我们可以限制行为或观测分支。例如，如果事先拥有一些领域知识，那么可能会在根或树的更深处限制行为集。对于观测分支，可以将我们的考虑限制在一小组可能的观测集中，甚至仅限于最可能的观测中[⊖]。

⊖ R. Platt Jr., R. Tedrake, L. P. Kaelbling, and T. Lozano-Pérez, "Belief Space Planning Assuming Maximum Likelihood Observations," in *Robotics: Science and Systems*, 2010.

通过采用 9.9.3 节中描述的开环或事后优化方法，从当前信念中对状态进行采样，这样可以完全避免分支。

22.3 分支定界法

最初在 MDP 上下文中引入的分支定界（branch and bound）技术也可以扩展到 POMDP。可以在不进行任何修改的情况下，直接使用 9.4 节中的相同算法（参见示例 22-3），算法依赖于适当的前瞻策略实现来更新信念并解释观测结果。算法的效率仍然取决于修剪的上下界的质量。

尽管可以像在可完全观测的情况下那样，使用特定于领域的启发式方法来确定上界和下界，但我们也可以使用上一章中介绍的离散状态空间方法之一来确定上界和下界。例如，我们可以使用快速通知界限方法来确定上界，使用基于点的值迭代来确定下界。只要下界 $\underline{U}$ 和上界 $\overline{Q}$ 是真实的下界和上界，分支定界算法的结果将与以 $\underline{U}$ 为近似值函数的正向搜索算法相同。

示例 22-3 将分支定界算法应用于哭闹的婴儿问题。在本示例中，我们将分支定界算法应用于深度为 5 的哭闹婴儿问题。上界来自快速通知界限算法，下界来自基于点的值迭代算法。我们根据信念 $[0.4, 0.6]$ 计算行为，如下所示。

```
k_max = 10 # 用于确定上下界的最大迭代次数
πFIB = solve(FastInformedBound(k_max), 𝒫)
d = 5 # depth
Uhi(b) = utility(πFIB, b)
Qhi(b,a) = lookahead(𝒫, Uhi, b, a)
B = [[p, 1 - p] for p in 0.0:0.2:1.0]
πPBVI = solve(PointBasedValueIteration(B, k_max), 𝒫)
Ulo(b) = utility(πPBVI, b)
π = BranchAndBound(𝒫, d, Ulo, Qhi)
π([0.4,0.6])
```

22.4 稀疏抽样

正向搜索对所有可能的观测值求和，导致运行时是 $|\mathcal{O}|$ 中的指数。如 9.5 节所述，我们可以使用抽样来避免穷举求和。我们可以为每个行为生成 m 个观测值，然后计算

$$Q_d(\boldsymbol{b}, a) = \begin{cases} \dfrac{1}{m} \sum_{i=1}^{m} (r_a^{(i)} + \gamma U_{d-1}(\text{Update}(\boldsymbol{b}, a, o_a^{(i)}))), & \text{如果 } d > 0 \\ U(\boldsymbol{b}), & \text{其他} \end{cases} \tag{22.2}$$

其中，$r_a^{(i)}$ 和 $o_a^{(i)}$ 是与来自信念 $\boldsymbol{b}$ 的行为 a 相关的第 i 个采样观测和奖励，并且 $U(\boldsymbol{b})$ 是最大深度处的值函数估计。我们可以不经修改，直接使用算法 9-4。由此产生的计算复杂度为 $O(|\mathcal{A}|^d m^d)$。

22.5 蒙特卡罗树搜索

马尔可夫决策过程的蒙特卡罗树搜索方法可以扩展到 POMDP，但我们不能使用相同

的精确实现$^{\ominus}$。算法的输入是信念状态 b、深度 d、探索因子 c 和预演策略 $\pi^{\ominus}$。POMDP 算法（算法 22-1）和马尔可夫决策过程算法之间的主要区别在于，计数和值与历史（history）相关联，而不是与状态相关联。历史是一系列过去的行为和观测。例如，如果我们有两个行为 a_1 和 a_2 以及两个观测值 o_1 和 o_2，那么可能的历史是序列 $h = a_1 o_2 a_2 o_2 a_1 o_1$。在算法执行期间，我们更新一组"历史-行为"对的值估计 $Q(h, a)$ 和计数 $N(h, b)^{\ominus}$。

算法 22-1 蒙特卡罗树搜索，用于 POMDP，从信念 b 开始。初始历史 h 是可选的。该实现类似于算法 9-5 中的实现

```
struct HistoryMonteCarloTreeSearch
    𝒫 # 决策问题
    N # 访问计数
    Q # 行为值估计
    d # 深度
    m # 模拟的次数
    c # 探索因子
    U # 值函数估计
end

function explore(π::HistoryMonteCarloTreeSearch, h)
    𝒜, N, Q, c = π.𝒫.𝒜, π.N, π.Q, π.c
    Nh = sum(get(N, (h,a), 0) for a in 𝒜)
    return argmax(a→Q[(h,a)] + c*bonus(N[(h,a)], Nh), 𝒜)
end

function simulate(π::HistoryMonteCarloTreeSearch, s, h, d)
    if d ≤ 0
        return π.U(s)
    end
    𝒫, N, Q, c = π.𝒫, π.N, π.Q, π.c
    S, 𝒜, TRO, γ = 𝒫.S, 𝒫.𝒜, 𝒫.TRO, 𝒫.γ
    if !haskey(N, (h, first(𝒜)))
        for a in 𝒜
            N[(h,a)] = 0
            Q[(h,a)] = 0.0
        end
        return π.U(s)
    end
    a = explore(π, h)
    s′, r, o = TRO(s,a)
    q = r + γ*simulate(π, s′, vcat(h, (a,o)), d-1)
    N[(h,a)] += 1
    Q[(h,a)] += (q-Q[(h,a)])/N[(h,a)]
    return q
end

function (π::HistoryMonteCarloTreeSearch)(b, h=[])
    for i in 1:π.m
        s = rand(SetCategorical(π.𝒫.S, b))
        simulate(π, s, h, π.d)
    end
    return argmax(a→π.Q[(h,a)], π.𝒫.𝒜)
end
```

$\ominus$ Silver 和 Veness 提出了一种用于 POMDP 的蒙特卡罗树搜索算法，称为部分可观测蒙特卡罗规划（Partially Observable Monte Carlo Planning，POMCP）并证明了其收敛性。D. Silver and J. Veness, "Monte-Carlo Planning in Large POMDPs," in *Advances in Neural Information Processing Systems*（*NIPS*），2010.

$\ominus$ 蒙特卡罗树搜索可以通过基于信念的 POMDP 预演策略或基于状态的马尔可夫决策过程预演策略来实现。通常使用随机策略。

$\ominus$ 这里介绍的基本算法存在很多变体，包括一些双渐进加宽方面的变体，有关讨论请参见以下文献中的 9.6 节：Z. N. Sunberg and M. J. Kochenderfer, "Online Algorithms for POMDPs with Continuous State, Action, and Observation Spaces," in *International Conference on Automated Planning and Scheduling*（*ICAPS*），2018。

与 Q 和 N 相关的历史可以组织在类似于图 22-2 的树中。根节点表示从初始信念状态 b 开始的空历史。在算法执行期间，树结构会扩展。树的层在操作行为节点和观测节点之间相互交替。与每个行为节点相关的是值 $Q(h,a)$ 和 $N(h,b)$，其中历史由来自根节点的路径来确定。与马尔可夫决策过程的版本一样，当向下搜索树时，算法会采取行为以最大化下式的值：

$$Q(h,a) + c\sqrt{\frac{\log N(h)}{N(h,a)}} \tag{22.3}$$

其中，$N(h) = \sum_a N(h,a)$ 是历史 h 的总访问次数，c 是探索参数。重要的是，c 增加了未探索以及未充分探索的行为的价值，从而代表探索和利用之间的相对权衡。

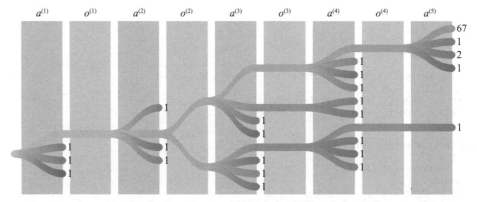

图 22-2　一个包含所有历史的搜索树，用于使用机器更换问题的 100 个样本运行蒙特卡罗树搜索的场景。每个行为节点下面都给出了访问，颜色表示节点值，高值为蓝色，低值为红色。没有访问的扩展节点不会显示。该搜索使用了探索常数 $c=0.5$、最大深度 $d=5$ 和均匀随机预演策略。最初的信念是对一个完全工作的系统的肯定。蒙特卡罗树搜索能够避免某些行为，将样本集中在更有前途的路径上

与马尔可夫决策过程的版本一样，蒙特卡罗树搜索算法是一种"任意时间算法"（anytime algorithm，或译为"随时算法"）。算法 22-1 中的循环可以在任意时间终止，并且将返回到该点为止找到的最优解。在足够的迭代次数下，算法收敛到最优行为。

关于如何初始化 N 和 Q 的蒙特卡罗树搜索，可以结合先验知识。在我们的实现中，使用零进行初始化，但也可以选择其他初始值，包括将行为值的初始化作为历史的函数。也可以通过对某个预演策略的模拟来获取估算值。

算法不需要在每次决策时重新初始化，可以在各个调用之间维护历史树以及相关的计数和值估计。与所选行为和实际观测相关联的观测节点在下一时间步成为根节点。

22.6　确定性稀疏树搜索

确定性稀疏树搜索（determinized sparse tree search）通过使执行行为所产生的观测结果具有一定的确定性，来努力减少稀疏抽样和蒙特卡罗树搜索中的总体采样数量⊖。通

⊖　Ye、Somani、Hsu 和 Lee 提出一种用于 POMDP 的确定稀疏树搜索算法，称为确定性稀疏部分可观测树（Determinized Sparse Partially Observable Tree，DESPOT）。N. Ye, A. Somani, D. Hsu, and W. S. Lee, "DESPOT: Online POMDP Planning with Regularization," *Journal of Artificial Intelligence Research*, vol. 58, pp. 231-266, 2017。此外，该算法还包括分支定界法、启发式搜索和正则化技术。

过从特殊粒子信念表示来构建确定性信念树（determinized belief tree），以形成真实信念树的稀疏近似，从而实现这一目标。每个粒子引用 m 个预测场景（scenario）中的一个，每个预测场景的深度为 d。一个预测场景就代表一个固定的历史，对于任何给定的行为序列 $a^{(1)}, a^{(2)}, \cdots, a^{(d)}$，粒子将跟随该历史。在特定预测场景下，每个不同的行为序列将产生不同的历史⊖。这种确定性将搜索树的大小减小到 $O(|\mathcal{A}|^d m)$。示例 22-4 中给出了一个历史的有关示例。确定性稀疏搜索树如图 22-3 所示。

示例 22-4　确定性稀疏树搜索上下文的历史和预测场景。 假设我们有两个状态 s_1 和 s_2，两个行为 a_1 和 a_2，以及两个观测值 o_1 和 o_2。对于初始状态为 s_2 的粒子，如果深度 $d=2$，其可能的历史是序列 $h = s_2 a_1 o_2 s_1 a_2 o_1$。如果将该历史用作预测场景，则每当信念树从初始状态以行为序列 $a^{(1)}=a_1$ 和 $a^{(2)}=a_2$ 进行遍历时，都会返回该历史。

具有 m 个预测场景并且直到深度 d 的搜索树，可以通过包含概率质量的紧凑 $m \times d$ 确定性矩阵（determinizing matrix）$\boldsymbol{\Phi}$ 来完全指定。元素 Φ_{ij} 包含粒子在深度 j 处遵循第 i 种预测场景所需的信息，用以识别其后续状态和观测。具体而言，Φ_{ij} 是一个均匀分布的随机数，该数可以从状态对 (s,a) 生成后继对 (s',o)，并且遵循分布 $P(s',o \mid s,a) = T(s' \mid s,a)O(o \mid a,s')$。我们可以通过使用在 0 和 1 之间均匀采样的值来填充确定性矩阵，从而生成确定性矩阵。

信念被表示为信念粒子的向量。每个信念粒子 ϕ 都包含一个状态 s 以及与预测场景 i 和当前深度 j 相对应的确定性矩阵 $\boldsymbol{\Phi}$ 中的索引 i 和 j。给定一个特定的行为 a，Φ_{ij} 用于确定性地转移到后继状态 s' 和观测 o。后继粒子 $\phi' = (s',i,j+1)$ 接收 s' 作为其状态并将 j 递增 1。示例 22-5 演示这种树遍历的过程。粒子性能表示在算法 22-2 中实现，并在算法 22-3 中用于正向搜索。

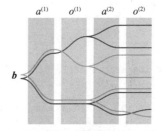

图 22-3　具有两种预测场景的确定性稀疏搜索树，以黑色和浅灰色显示。线条的轨迹显示了不同行为序列下每个预测场景的可能路径

示例 22-5　确定性稀疏树搜索使用矩阵使树遍历对给定粒子具有确定性。 假设我们为深度为 3 的具有 4 个历史的问题生成一个确定性矩阵 $\boldsymbol{\Phi}$：

$$\boldsymbol{\Phi} = \begin{bmatrix} 0.393 & 0.056 & 0.369 \\ 0.313 & 0.749 & 0.273 \\ 0.078 & 0.262 & 0.009 \\ 0.969 & 0.598 & 0.095 \end{bmatrix}$$

假设在跟踪历史 3 的同时，当位于深度 2 时在状态 s_2 中采取行为 a_3。相应的信念粒子为 $\phi = (2,3,2)$，$\boldsymbol{\Phi}$ 中的确定性值为 $\Phi_{3,2} = 0.262$。

⊖　9.9.3 节讨论了类似的思想，与 11.1 节中提到的 PEGASUS 算法相关。

通过对所有后继状态-观测对进行迭代并累积它们的转移概率，可以给出确定性后继行为和观测。我们从 $p=0$ 开始，计算 $s'=s_1$，$o=o_1$。假设得到 $T(s_1 \mid s_2, a_3)O(o_1 \mid a_3, s_1)=0.1$。我们将 p 增加到 0.1，该值小于 $\Phi_{3,2}$，因此我们继续。

接下来，我们计算 $s'=s_1$，$o=o_2$。假设得到 $T(s_1 \mid s_2, a_3)O(o_2 \mid a_3, s_2)=0.17$。将 p 增加到 0.27，这将大于 $\Phi_{3,2}$。因此，我们确定性地进行到 $s'=s_1$，$o=o_2$ 并将其作为我们的后继状态，从而产生一个新的粒子 $\phi'=(1,3,3)$。

算法 22-2　确定性粒子信念更新，用于 POMDP $\mathcal{P}$ 的确定性稀疏树搜索。每个信念 b 由粒子集 φ 组成，每个粒子都对特定预测场景和预测场景中的深度进行编码。通过包含 $[0,1]$ 中随机值的矩阵 Φ 来确定预测场景的轨迹。每一个粒子表示特定深度 j 处的特定预测场景 i，引用 Φ 的第 i 行和第 j 列

```
struct DeterminizedParticle
    s # 状态
    i # 预测场景索引
    j # 深度索引
end

function successor(𝒫, Φ, φ, a)
    S, O, T, O = 𝒫.S, 𝒫.O, 𝒫.T, 𝒫.O
    p = 0.0
    for (s', o) in product(S, O)
        p += T(φ.s, a, s') * O(a, s', o)
        if p ≥ Φ[φ.i, φ.j]
            return (s', o)
        end
    end
    return last(S), last(O)
end

function possible_observations(𝒫, Φ, b, a)
    O = []
    for φ in b
        s', o = successor(𝒫, Φ, φ, a)
        push!(O, o)
    end
    return unique(O)
end

function update(b, Φ, 𝒫, a, o)
    b' = []
    for φ in b
        s', o' = successor(𝒫, Φ, φ, a)
        if o == o'
            push!(b', DeterminizedParticle(s', φ.i, φ.j + 1))
        end
    end
    return b'
end
```

算法 22-3　确定性稀疏树搜索的一种实现，这是 POMDP 正向搜索算法的一个改进。该策略采用概率向量形式的信念 b，该概率向量通过 determinized_belief 生成的确定性粒子向量来近似

```
struct DeterminizedSparseTreeSearch
```

```
    𝒫 # 决策问题
    d # 深度
    Φ # m×d确定性矩阵
    U # 用于叶子节点的值函数
end

function determinized_sparse_tree_search(𝒫, b, d, Φ, U)
    S, 𝒜, O, T, R, O, γ = 𝒫.S, 𝒫.𝒜, 𝒫.O, 𝒫.T, 𝒫.R, 𝒫.O, 𝒫.γ
    if d == 0
        return (a=nothing, u=U(b))
    end
    best = (a=nothing, u=-Inf)
    for a in 𝒜
        u = sum(R(φ.s, a) for φ in b) / length(b)
        for o in possible_observations(𝒫, Φ, b, a)
            Poba = sum(sum(O(a,s',o)*T(φ.s,a,s') for s' in S)
                        for φ in b) / length(b)
            b' = update(b, Φ, 𝒫, a, o)
            u' = determinized_sparse_tree_search(𝒫,b',d-1,Φ,U).u
            u += γ*Poba*u'
        end
        if u > best.u
            best = (a=a, u=u)
        end
    end
    return best
end

function determinized_belief(b, 𝒫, m)
    particles = []
    for i in 1:m
        s = rand(SetCategorical(𝒫.S, b))
        push!(particles, DeterminizedParticle(s, i, 1))
    end
    return particles
end

function (π::DeterminizedSparseTreeSearch)(b)
    particles = determinized_belief(b, π.𝒫, size(π.Φ,1))
    return determinized_sparse_tree_search(π.𝒫,particles,π.d,π.Φ,π.U).a
end
```

22.7　间隙启发式搜索

与 21.8 节中介绍的离线启发式搜索类似，间隙启发式搜索（gap heuristic search）使用上界和下界之间的间隙来指导我们的搜索，以找到其相关值具有不确定性的信念并作为我们何时可以停止探索的指示。信念 b 处的间隙是上界值和下界值之间的差值，即 $\overline{U}(b)-\underline{U}(b)$。具有间隙启发式的搜索算法选择最大化间隙的观测结果，因为这种方法更有可能从信念备份中受益。通常使用近似值函数根据前瞻来选择行为。算法 22-4 提供一种实现[⊖]。

[⊖]　对于 POMDP，存在各种不同的启发式搜索算法，试图将间隙最小化。例如，请参考文献 S. Ross and B. Chaib-draa, "AEMS: An Anytime Online Search Algorithm for Approximate Policy Refinement in Large POMDPs," in *International Joint Conference on Artificial Intelligence（IJCAI）*, 2007。此实现与 DESPOT（在上一节中引用）使用的实现相类似。

算法 22-4 启发式搜索的一种实现。该实现使用上下界、间隙标准以及值函数的初始下界和上界。
通过更新字典 Ulo 和 Uhi，以将值函数的下界和上界保持为特定的信念。在信念 b 处，
间隙值为 Uhi [b] − Ulo [b]。当间隙小于阈值 δ 或达到最大深度 d_max 时，探索停止。
分配给搜索的最大迭代次数为 k_max

```
struct GapHeuristicSearch
    𝒫      # 决策问题
    Ulo    # 值函数的下界
    Uhi    # 值函数的上界
    δ      # 间隙（gap）阈值
    k_max  # 模拟的最大次数
    d_max  # 最大深度
end

function heuristic_search(π::GapHeuristicSearch, Ulo, Uhi, b, d)
    𝒫, δ = π.𝒫, π.δ
    S, 𝒜, 𝒪, R, γ = 𝒫.S, 𝒫.𝒜, 𝒫.𝒪, 𝒫.R, 𝒫.γ
    B = Dict((a,o)⇒update(b,𝒫,a,o) for (a,o) in product(𝒜,𝒪))
    B = merge(B, Dict(()⇒copy(b)))
    for (ao, b') in B
        if !haskey(Uhi, b')
            Ulo[b'], Uhi[b'] = π.Ulo(b'), π.Uhi(b')
        end
    end
    if d == 0 || Uhi[b] - Ulo[b] ≤ δ
        return
    end
    a = argmax(a → lookahead(𝒫,b'→Uhi[b'],b,a), 𝒜)
    o = argmax(o → Uhi[B[(a, o)]] - Ulo[B[(a, o)]], 𝒪)
    b' = update(b,𝒫,a,o)
    heuristic_search(π,Ulo,Uhi,b',d-1)
    Ulo[b] = maximum(lookahead(𝒫,b'→Ulo[b'],b,a) for a in 𝒜)
    Uhi[b] = maximum(lookahead(𝒫,b'→Uhi[b'],b,a) for a in 𝒜)
end

function (π::GapHeuristicSearch)(b)
    𝒫, k_max, d_max, δ = π.𝒫, π.k_max, π.d_max, π.δ
    Ulo = Dict{Vector{Float64}, Float64}()
    Uhi = Dict{Vector{Float64}, Float64}()
    for i in 1:k_max
        heuristic_search(π, Ulo, Uhi, b, d_max)
        if Uhi[b] - Ulo[b] < δ
            break
        end
    end
    return argmax(a → lookahead(𝒫,b'→Ulo[b'],b,a), 𝒫.𝒜)
end
```

启发式搜索中使用的初始下界值和上界值对算法的性能起着重要作用。示例 22-6 对
下界 $\underline{U}(b)$ 使用随机预演策略。当然，不能保证预演策略会产生下界，因为该策略是基于
固定深度的单次尝试。随着样本数量的增加，随机预演策略将收敛到真正的下界。该示例
使用式（21.2）中的最优行为−最优状态上界。存在许多其他形式的上界和下界可以提供
更快的收敛，但代价是运行时间和实现的复杂度。例如，使用快速通知界限（算法 21-3）
作为上界可以改进探索并帮助减少间隙。对于下界，我们可以使用特定于问题的预演策略
来更好地指导搜索。

示例 22-6 **在启发式搜索的迭代中，使用间隙启发式搜索来查找哭闹婴儿问题的下界和上界。** 下面的代码演示如何将间隙启发式搜索应用于哭闹的婴儿问题。

```
δ = 0.001  # 间隙阈值
k_max = 5  # 迭代的最大次数
d_max = 10  # 最大深度
πrollout(b) = rand(𝒜)  # 随机预演策略
Ulo(b) = rollout(𝒫, b, πrollout, d_max)  # 初始下界
Rmax = maximum(R(s,a) for (s,a) in product(𝒮,𝒜))  # 最大奖励
Uhi(b) = Rmax / (1.0 - 𝒫.γ)  # 最优行为-最优状态上界
π = GapHeuristicSearch(𝒫, Ulo, Uhi, δ, k_max, d_max)
π([0.5, 0.5])  # 在初始信念点处评估
```

此处，我们进行了六次启发式搜索的迭代过程，初始信念 **b** 为 [0.5, 0.5]。在每次迭代中，上界显示为浅灰色，下界显示为黑色，如图 22-4 所示。

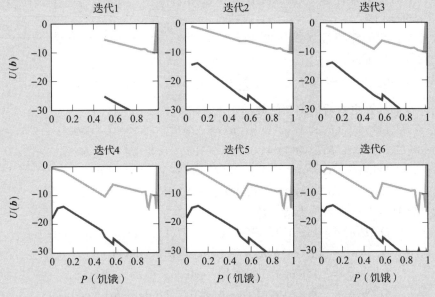

图 22-4 六次启发式搜索的迭代过程

参差不齐的界限是由于一些信念没有根据行为和观测选择进行重新探索。在最后一行，我们看到在该图中曾经探索过许多信念，但界限仍然很宽松。启发式搜索寻求减少最大间隙。

22.8 本章小结

- 一个简单的在线策略是执行 "1- 步" 前瞻，该策略考虑从当前信念采取的每个行为并使用近似值函数估计其预期值。
- 正向搜索是对任意范围的前瞻策略的推广，从而可以导致更好的策略，但其计算复杂度随着时域呈指数增长。
- 分支定界法是一种更有效的正向搜索版本，通过在值函数上设置上界和下界，可以避免搜索某些路径。
- 稀疏抽样是一种近似方法，可以减少在所有可能观测值的空间上迭代的计算负担。

- 蒙特卡罗树搜索可以通过对历史而不是状态进行操作来适应 POMDP。
- 确定性稀疏树搜索使用一种特殊形式的粒子信念，确保观测结果的确定性，从而大大减少了搜索树。
- 启发式搜索智能地选择"行为-观测"对，以探索其保持的值函数上下界之间存在较大间隙的区域。

22.9 练习题

练习题 22-1 假设我们有 $A=\{a^1,a^2\}$，信念 $\boldsymbol{b}=[0.5,0.5]$。奖励总是 1。观测函数由 $P(o^1\mid a^1)=0.8$ 和 $P(o^1\mid a^2)=0.4$ 给出。我们有一个近似值函数，表示为阿尔法向量 $\boldsymbol{\alpha}=[-3,4]$。当 $\gamma=0.9$ 时，使用深度为 1 的正向搜索来计算 $U(\boldsymbol{b})$。在计算中使用表 22-1 所示的更新信念。

表 22-1 练习题 22-1 的更新信念

a	o	Update$(\boldsymbol{b},a,o)$
a^1	o^1	$[0.3,0.7]$
a^2	o^1	$[0.2,0.8]$
a^1	o^2	$[0.5,0.5]$
a^2	o^2	$[0.8,0.2]$

参考答案： 我们需要根据式（22.1），计算位于深度 1 处的行为值函数：

$$Q_d(\boldsymbol{b},a) = R(\boldsymbol{b},a) + \gamma\sum_o P(o\mid \boldsymbol{b},a)U_{d-1}(\text{Update}(\boldsymbol{b},a,o))$$

首先，我们计算更新后的信念的效用：

$$U_0(\text{Update}(\boldsymbol{b},a^1,o^1)) = \boldsymbol{\alpha}^\top \boldsymbol{b}' = 0.3\times(-3)+0.7\times4 = 1.9$$
$$U_0(\text{Update}(\boldsymbol{b},a^2,o^1)) = 0.2\times(-3)+0.8\times4 = 2.6$$
$$U_0(\text{Update}(\boldsymbol{b},a^1,o^2)) = 0.5\times(-3)+0.5\times4 = 0.5$$
$$U_0(\text{Update}(\boldsymbol{b},a^2,o^2)) = 0.8\times(-3)+0.2\times4 = -1.6$$

其次，计算两个行为的行为值函数：

$$Q_1(\boldsymbol{b},a^1) = 1+0.9((P(o^1\mid \boldsymbol{b},a^1)U_0(\text{Update}(\boldsymbol{b},a^1,o^1))+$$
$$(P(o^2\mid \boldsymbol{b},a^1)U_0(\text{Update}(\boldsymbol{b},a^1,o^2)))$$
$$= 1+0.9(0.8\times1.9+0.2\times0.5) = 2.458$$

$$Q_1(\boldsymbol{b},a^2) = 1+0.9((P(o^1\mid \boldsymbol{b},a^2)U_0(\text{Update}(\boldsymbol{b},a^2,o^1))+$$
$$(P(o^2\mid \boldsymbol{b},a^2)U_0(\text{Update}(\boldsymbol{b},a^2,o^2)))$$
$$= 1+0.9(0.4\times2.6+0.6\times(-1.6)) = 1.072$$

最终，我们得到：$U_1(\boldsymbol{b})=\max_a Q_1(\boldsymbol{b},a)=2.458$。

练习题 22-2 使用以下轨迹样本，基于对深度 1 的稀疏抽样，计算信念 $\boldsymbol{b}$ 和动作 a^1 和 a^2 的行为值函数。使用表 22-2 所示的更新信念，折扣系数 $\gamma=0.9$，以及由阿尔法向量 $\boldsymbol{\alpha}=[10,1]$ 表示的近似值函数。

表 22-2 练习题 22-2 的更新信念

a	o	r	Update$(\boldsymbol{b},a,o)$
1	1	0	$[0.47,0.53]$
2	1	1	$[0.22,0.78]$
1	2	1	$[0.49,0.51]$
2	1	1	$[0.22,0.78]$
2	2	1	$[0.32,0.68]$
1	2	1	$[0.49,0.51]$

参考答案： 首先，我们计算表 22-3 所示的更新后信念的效用。

表 22-3 更新后信念的效用

a	o	r	Update($\boldsymbol{b}, a, o_a$)	U_0(Update($\boldsymbol{b}, a, o$))
1	1	0	$[0.47, 0.53]$	5.23
2	1	1	$[0.22, 0.78]$	2.98
1	2	1	$[0.49, 0.51]$	5.41
2	1	1	$[0.22, 0.78]$	2.98
2	2	1	$[0.32, 0.68]$	3.88
1	2	1	$[0.49, 0.51]$	5.41

然后，我们可以使用式（22.2），计算所有行为的行为值函数：

$$Q_1(\boldsymbol{b}, a^1) = \frac{1}{3}(0 + 1 + 1 + 0.9(5.23 + 5.41 + 5.41)) = 5.48$$

$$Q_1(\boldsymbol{b}, a^2) = \frac{1}{3}(1 + 1 + 1 + 0.9(2.98 + 2.98 + 3.88)) = 3.95$$

练习题 22-3 考虑示例 22-5，假设我们有以下转移函数：

$$T(s_2 \mid s_1, a_3) = 0.4 \qquad O(o_1 \mid s_1, a_3) = 0.6$$
$$T(s_3 \mid s_1, a_3) = 0.45 \qquad O(o_2 \mid s_1, a_3) = 0.5$$

如果我们采取行为 a_3，与 $\boldsymbol{\phi} = (1, 4, 2)$ 相关的粒子所走的路径是什么？

参考答案： 根据确定性矩阵，我们的确定性值为 $\Phi_{4,2} = 0.598$，并且处于状态 s_1。因此，可以按以下方式计算 $\boldsymbol{p}$：

$$p \leftarrow T(s_2 \mid s_1, a_3)O(o_1 \mid s_1, a_3) = 0.4 \times 0.6 = 0.24$$
$$p \leftarrow p + T(s_2 \mid s_1, a_3)O(o_2 \mid s_1, a_3) = 0.24 + 0.4 \times 0.5 = 0.44$$
$$p \leftarrow p + T(s_3 \mid s_1, a_3)O(o_1 \mid s_1, a_3) = 0.44 + 0.45 \times 0.6 = 0.71$$

因为 $\boldsymbol{p} > 0.598$，所以停止迭代。因此，基于最后一次迭代，我们进行到 (s_3, o_1)。

练习题 22-4 总结本章所涵盖的减少行为分支的技术。

参考答案： 通过在值函数上使用上界，分支定界法可以减少行为分支。分支定界法跳过无法提高从先前探索的行为中获得价值的那些行为。间隙启发式搜索和蒙特卡罗树搜索使用行为值的近似值来指导探索期间行为的选择。

练习题 22-5 总结本章所涵盖的减少观测分支的技术。

参考答案： 稀疏抽样通过仅对少量观测进行采样来减少观测分支。观测值从 $P(o \mid \boldsymbol{b}, a)$ 采样，这意味着概率较大的观测值更有可能被采样。确定性稀疏树搜索使用类似的方法，但采样只发生一次，然后固定下来。基于前瞻值 $U(\boldsymbol{b}')$，也可以减少观测上的分支。间隙启发式搜索对间隙进行评估并避免在对值函数有高度信心的观察上进行分支。

控制器抽象

本章将讨论 POMDP 策略的控制器表示，该表示允许策略维护自己的内部状态。与以前枚举信念点的方法相比，控制器表示可以提高可伸缩性。本章将讨论使用策略迭代、非线性规划和梯度上升算法构造控制器的算法。

23.1 控制器

控制器（controller）是维护其自身内部状态的策略表示。控制器被表示为由有限的节点集 X 所组成的图[⊖]。如果采取适当的行为提及进行新的观测，活动节点（node）会随之改变。相比于必须考虑可达信念空间的信念点方法，拥有有限的节点集使得这些控制器更易于计算。

根据行为分布（action distribution）$\psi(a \mid x)$ 选择适当的行为。当选择一个行为时，除了转移到未观测到的 s' 并接收观测 o 之外，控制状态还根据后继分布（successor distribution）$\eta(x' \mid x, a, o)$ 演进。图 23-1 显示如何使用这些分布作为控制器策略。算法 23-1 提供一种实现，示例 23-1 演示了用于哭闹婴儿问题的控制器。

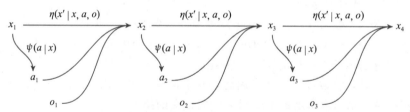

图 23-1 在控制器表示中，从行为选择分布中对行为进行采样。该行为及其产生的后续观察结果与前趋节点 x 一起使用，以产生后继节点 x'

算法 23-1 一个 POMDP $\mathcal{P}$ 的有限状态控制器策略表示。X 中的节点是可达信念的抽象表示。随机选择行为和控制器后继节点。给定一个节点 x，按照分布 ψ 选择行为。函数π(x)实现了随机选择行为的机制。在节点 x 中执行操作行为 a 并观察到观测 o 后，按照分布η选择后继节点。函数更新实现了随机选择后继节点的机制

```
mutable struct ControllerPolicy
    𝒫 #  决策问题
    X #  控制节点集
    ψ #  行为选择分布
    η #  后继节点选择分布
end

function (π::ControllerPolicy)(x)
    𝒜, ψ = π.𝒫.𝒜, π.ψ
    dist = [ψ[x, a] for a in 𝒜]
    return rand(SetCategorical(𝒜, dist))
```

⊖ 这种策略表示也称为有限状态控制器（finite state controller）。我们将控制器状态称为"节点"而不是"状态"，以减少与环境状态的模糊性。

```
end
function update(π::ControllerPolicy, x, a, o)
    X, η = π.X, π.η
    dist = [η[x, a, o, x'] for x' in X]
    return rand(SetCategorical(X, dist))
end
```

示例 23-1　应用于哭闹婴儿问题的双节点控制器。 这种紧凑的表示捕捉到了哭闹婴儿问题的直接解决方案（即立即对最近的观察做出反应）。我们可以为哭闹的婴儿问题（附录 F.7）构造一个简单的控制器。这个例子显示为一个有两个节点 x^1 和 x^2 的图 23-2。当处于 x^1 时，控制器总是忽视婴儿。当处于 x^2 时，控制器总是给婴儿喂食。如果婴儿在哭闹，我们总是转换到 x^2；如果婴儿没有哭闹，我们总是转换到 x^1。

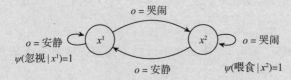

图 23-2　哭闹婴儿问题的双节点控制器

控制器推广了 20.2 节中讨论的条件规划。条件规划将策略表示为树，每个节点确定性地分配一个行为，每个边指定唯一的后继节点。控制器将策略表示为有向图，并且行为可能具有到多个后继节点的随机转换。示例 23-2 比较了这两种表示方法。

示例 23-2　简单条件规划与简单确定性控制器的比较。 在图 23-3 中，考虑比较三步条件规划（左）与示例 23-1 中更一般的两节点有限状态控制器（右）。在这种情况下，行为和后继行为均是确定性的。确定性行为标记在节点的中心，传出的边表示确定性后继节点。这个问题有两个行为（a^1 和 a^2）和两个观测（o^1 和 o^2）。

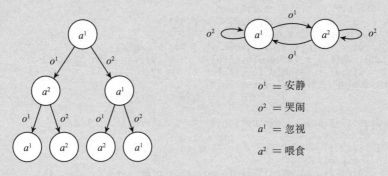

o^1 = 安静

o^2 = 哭闹

a^1 = 忽视

a^2 = 喂食

图 23-3　三步条件规划与两节点有限状态控制器

条件规划首先执行操作行为 a^1，如果观测到 o^1，则切换先前选择的行为；如果观测到 o^2，则保留先前选择的行为。控制器执行相同的逻辑，但减少了五个控制器节点。此外，控制器仅用两个节点（与七个节点相比）完美地表示所描述的无限时域策略。条件规划无法捕获这种无限时域的策略，因为需要无限深度的树。

　　与条件规划相比，控制器具有如下几个优点。首先，控制器可以提供更紧凑的表示。条件规划中的节点数量随深度呈指数型增长，但有限状态控制器不必如此。前几章中的近似方法可能也不那么有效，因为它们必须保持一组较大的信念和相应的阿尔法向量。控制器可以更紧凑，考虑无限多可能的可达置信度和有限数量的节点。控制器的另一个优点是它们不需要保持信念。每个控制器节点对应于信念空间的子集。这些子集不一定是互斥的。控制器在这些子集之间进行转移并且这些子集共同覆盖可到达的信念空间。控制器本身基于每个观测而不是依赖于性能更新来选择一个新节点（这对于某些领域而言，可能需要昂贵的计算资源）。

　　遵循控制器策略的效用可以通过形成一个状态空间为 $\mathcal{X} \times \mathcal{S}$ 的乘积的马尔可夫决策过程来计算。在节点 x 处于活动状态时，处于状态 s 的值为：

$$U(x,s) = \sum_a \psi(a|x)\Big(R(s,a) + \gamma \sum_{s'} T(s'|s,a) \sum_o O(o|a,s') \sum_{x'} \eta(x'|x,a,o)U(x',s')\Big)$$

$$(23.1)$$

　　策略评估涉及求解式（23.1）中给出的线性方程组。或者，我们可以应用迭代策略进行评估（如算法 23-2 所示）。

　　如果已知信念的值，则当前值为：

$$U(x,\boldsymbol{b}) = \sum_s b(s)U(x,s)$$

$$(23.2)$$

　　我们可以将 $U(x,s)$ 定义为一组阿尔法向量，对应于 X 中的每一个节点 x。定义每个阿尔法向量 $\boldsymbol{\alpha}_x$ 为 $\boldsymbol{\alpha}_x(s) = U(x,s)$。给定阿尔法向量的当前值为 $U(x,\boldsymbol{b}) = \boldsymbol{b}^\top \boldsymbol{\alpha}_x$。

　　给定一个控制器和一个初始信念，我们可以通过最大化以下公式来选择初始节点：

$$x^* = \arg\max_x U(x,\boldsymbol{b}) = \arg\max_x \boldsymbol{b}^\top \boldsymbol{\alpha}_x$$

$$(23.3)$$

算法 23-2　一种用于执行迭代策略评估以计算有限状态控制器 π 的效用的算法，具有 k_max 次迭代。效用函数根据式（23.1）对当前控制器节点 x 和状态 s 执行单步评估。该算法改编自算法 7-3，算法 7-3 将迭代策略评估应用于马尔可夫决策过程

```
function utility(π::ControllerPolicy, U, x, s)
    S, A, O = π.𝒫.S, π.𝒫.A, π.𝒫.O
    T, O, R, γ = π.𝒫.T, π.𝒫.O, π.𝒫.R, π.𝒫.γ
    X, ψ, η = π.X, π.ψ, π.η
    U′(a,s′,o) = sum(η[x,a,o,x′]*U[x′,s′] for x′ in X)
    U′(a,s′) = T(s,a,s′)*sum(O(a,s′,o)*U′(a,s′,o) for o in O)
    U′(a) = R(s,a) + γ*sum(U′(a,s′) for s′ in S)
    return sum(ψ[x,a]*U′(a) for a in A)
end

function iterative_policy_evaluation(π::ControllerPolicy, k_max)
    S, X = π.𝒫.S, π.X
    U = Dict((x, s) ⇒ 0.0 for x in X, s in S)
    for k in 1:k_max
        U = Dict((x, s) ⇒ utility(π, U, x, s) for x in X, s in S)
    end
    return U
end
```

23.2　策略迭代

20.5 节演示了如何在条件规划中以递增方式添加节点，从而获得最优有限时域策略

（算法 20-8）。本节将展示如何将节点以递增方式添加到控制器中，以优化无限时域问题。尽管策略表示不同，但本节中讨论的部分可观测问题的策略迭代版本[⊖]与完全可观测问题（7.4 节）的策略迭代算法之间存在一些相似之处。

策略迭代（算法 23-3）从任意初始控制器开始，然后在策略评估和策略改进之间迭代。在策略评估中，我们通过求解式（23.1）来评估效用 $U(x, s)$。在策略改进中，我们向控制器中引入了新的节点。具体地，我们为确定性行为分布 $\psi(a_i|x')=1$ 和确定性后继选择分布 $\eta(x|x', a, o)$ 的每一个组合引入了一个新的节点 x'。该过程在第 k 次迭代将 $|\mathcal{A}||X^{(k)}|^{|O|}$ 个新的控制器节点添加到节点集 $X^{(k)}$ 中[⊖]。示例 23-3 中演示改进的具体步骤。

算法 23-3　用于 POMDP $\mathcal{P}$ 的策略迭代，给定固定的迭代次数 k_max 和策略评估迭代次数 eval_max。该算法迭代地应用策略评估（算法 23-2）和策略改进。剪枝在算法 23-4 中实现

```
struct ControllerPolicyIteration
    k_max    #  迭代次数
    eval_max #  策略评估迭代的次数
end

function solve(M::ControllerPolicyIteration, 𝒫::POMDP)
    𝒜, 𝒪, k_max, eval_max = 𝒫.𝒜, 𝒫.𝒪, M.k_max, M.eval_max
    X = [1]
    ψ = Dict((x, a) ⇒ 1.0 / length(𝒜) for x in X, a in 𝒜)
    η = Dict((x, a, o, x') ⇒ 1.0 for x in X, a in 𝒜, o in 𝒪, x' in X)
    π = ControllerPolicy(𝒫, X, ψ, η)
    for i in 1:k_max
        prevX = copy(π.X)
        U = iterative_policy_evaluation(π, eval_max)
        policy_improvement!(π, U, prevX)
        prune!(π, U, prevX)
    end
    return π
end

function policy_improvement!(π::ControllerPolicy, U, prevX)
    𝒮, 𝒜, 𝒪 = π.𝒫.𝒮, π.𝒫.𝒜, π.𝒫.𝒪
    X, ψ, η = π.X, π.ψ, π.η
    repeatX𝒪 = fill(X, length(𝒪))
    assign𝒜X' = vec(collect(product(𝒜, repeatX𝒪...)))
    for ax' in assign𝒜X'
        x, a = maximum(X) + 1, ax'[1]
        push!(X, x)
        successor(o) = ax'[findfirst(isequal(o), 𝒪) + 1]
        U'(o,s') = U[successor(o), s']
        for s in 𝒮
            U[x, s] = lookahead(π.𝒫, U', s, a)
        end
        for a' in 𝒜
            ψ[x, a'] = a' == a ? 1.0 : 0.0
            for (o, x') in product(𝒪, prevX)
                η[x, a', o, x'] = x' == successor(o) ? 1.0 : 0.0
```

⊖ 此处给出的策略迭代方法由以下文献提出：E. A. Hansen, "Solving POMDPs by Searching in Policy Space," in *Conference on Uncertainty* in *Artificial Intelligence* (*UAI*), 1998。

⊖ 添加所有可能的组合通常是不可行的。另一种称为有界策略迭代的算法只添加一个节点。P. Poupart and C. Boutilier, "Bounded Finite State Controllers," in *Advances in Neural Information Processing Systems* (*NIPS*), 2003。算法也可以添加一些节点。例如，蒙特卡罗值迭代在每个第 k 次迭代处，添加 $O(n|\mathcal{A}||X^{(k)}|)$ 个新节点，其中 n 是一个参数。

```
                    end
                end
        end
        for (x, a, o, x′) in product(X, 𝒜, 𝒪, X)
            if !haskey(η, (x, a, o, x′))
                η[x, a, o, x′] = 0.0
            end
        end
    end
```

示例 23-3   一个改进步骤的说明。 改进步骤使用控制器策略表示的哭闹婴儿问题的策略迭代的一部分。我们可以将策略改进应用于示例 23-1 中的哭闹婴儿控制器。行为是 $\mathcal{A}=\{喂食, 唱歌, 忽视\}$，观测是 $\mathcal{O}=\{哭泣, 安静\}$。策略改进备份步骤导致 $|\mathcal{A}||X^{(1)}|^{|\mathcal{O}|}=3\times2^2=12$ 个新节点。新的控制器策略具有节点 $\{x^1, \cdots, x^{14}\}$，其分布如表 23-1 所示。

表 23-1   新的控制器策略节点及其分布

节点	行为	后继行为（对于所有的行为 a）
x^3	$\psi(喂食\mid x^3)=1$	$\eta(x^1\mid x^3,a,哭闹)=\eta(x^1\mid x^3,a,安静)=1$
x^4	$\psi(喂食\mid x^4)=1$	$\eta(x^1\mid x^4,哭闹)=\eta(x^2\mid x^4,a,安静)=1$
x^5	$\psi(喂食\mid x^5)=1$	$\eta(x^2\mid x^5,a,哭闹)=\eta(x^1\mid x^5,a,安静)=1$
x^6	$\psi(喂食\mid x^6)=1$	$\eta(x^2\mid x^6,a,哭闹)=\eta(x^2\mid x^6,a,安静)=1$
x^7	$\psi(唱歌\mid x^7)=1$	$\eta(x^1\mid x^7,a,哭闹)=\eta(x^1\mid x^7,a,安静)=1$
x^8	$\psi(唱歌\mid x^8)=1$	$\eta(x^1\mid x^8,a,哭闹)=\eta(x^2\mid x^8,a,安静)=1$
$\vdots$	$\vdots$	

我们有如图 23-4 所示的控制器，新节点为浅灰色，原始的两个节点为黑色。

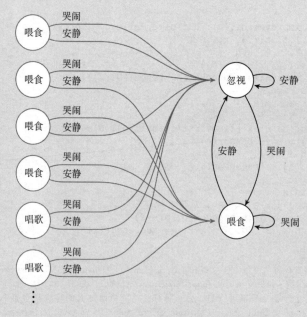

图 23-4   改进步骤所使用的控制器

算法 23-4　策略迭代的剪枝步骤。算法减少了当前策略 π 中的节点数量，使用策略评估计算的效用
　　　　　U 和先前的节点列表 prevX。第一步是使用改进的节点替换按节点支配的先前节点，将
　　　　　冗余节点标记为当前支配的节点。第二步标记与先前节点相同的新添加的节点。第三步
　　　　　标记按点控制的新节点。最后，修剪所有标记的节点

```
function prune!(π::ControllerPolicy, U, prevX)
    S, A, O, X, ψ, η = π.P.S, π.P.A, π.P.O, π.X, π.ψ, π.η
    newX, removeX = setdiff(X, prevX), []
    # 修剪以前节点中被支配的节点
    dominated(x,x′) = all(U[x,s] ≤ U[x′,s] for s in S)
    for (x,x′) in product(prevX, newX)
        if x′ ∉ removeX && dominated(x, x′)
            for s in S
                U[x,s] = U[x′,s]
            end
            for a in A
                ψ[x,a] = ψ[x′,a]
                for (o,x′′) in product(O, X)
                    η[x,a,o,x′′] = η[x′,a,o,x′′]
                end
            end
            push!(removeX, x′)
        end
    end
    # 修剪与以前节点相同的节点
    identical_action(x,x′) = all(ψ[x,a] ≈ ψ[x′,a] for a in A)
    identical_successor(x,x′) = all(η[x,a,o,x′′] ≈ η[x′,a,o,x′′]
        for a in A, o in O, x′′ in X)
    identical(x,x′) = identical_action(x,x′) && identical_successor(x,x′)
    for (x,x′) in product(prevX, newX)
        if x′ ∉ removeX && identical(x,x′)
            push!(removeX, x′)
        end
    end
    # 修剪新节点中被支配的节点
    for (x,x′) in product(X, newX)
        if x′ ∉ removeX && dominated(x′,x) && x ≠ x′
            push!(removeX, x′)
        end
    end
    # 更新控制器
    π.X = setdiff(X, removeX)
    π.ψ = Dict(k ⇒ v for (k,v) in ψ if k[1] ∉ removeX)
    π.η = Dict(k ⇒ v for (k,v) in η if k[1] ∉ removeX)
end
```

　　策略改进不能使控制器策略的预期值恶化。$X^{(k)}$ 中任何节点的值保持不变，因为这些
节点及其可到达的后继节点保持不变。可以保证，如果 $X^{(k)}$ 不是最优控制器，那么在策略
改进中引入的新节点中的至少其中一个节点对于某些状态具有更好的期望值，因此整个控
制器得到了改进。

　　在策略改进期间添加的许多节点往往不会改进策略。在策略评估之后进行修剪，以消
除不必要的节点。这样做不会降低控制器的最优值函数。修剪方法可以帮助减少改进步骤
中节点的指数增长。在某些情况下，修剪可以形成循环，从而产生紧凑的控制器。

　　我们修剪与现有节点相同的任何新节点和由其他节点支配的任何新节点。当一个节点
被另一个节点所支配，则必须满足下式：

$$U(x,s) \leqslant U(x′,s) \qquad 对于所有的 s \tag{23.4}$$

我们也可以修剪现有的节点。我们会从控制器中修剪被新节点支配的现有的节点。任

何到已删除节点的转移都会重新路由到其主节点。该过程与修剪新节点并将受支配节点的行为和后继链接更新为新节点的行为相同。示例 23-4 演示婴儿哭闹问题的评估、改进和修剪步骤。

> **示例 23-4   策略迭代，演示用控制器策略表示的哭闹婴儿问题中的评估、改进和修剪步骤。** 回想一下示例 23-3。在图 23-5 中，我们展示了使用相同初始控制器策略迭代的第一次迭代。第一次迭代包括两个主要步骤，即策略评估（左）和策略改进（中），以及可选的修剪步骤（右）。
>
>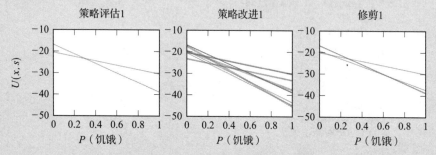
>
> 图 23-5   控制器策略迭代的第一次迭代
>
> 策略迭代的第二次迭代遵循相同的模式，如图 23-6 所示。
>
>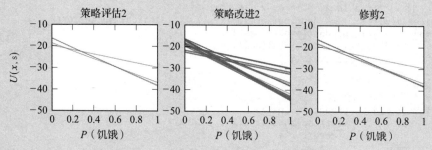
>
> 图 23-6   控制器策略迭代的第二次迭代
>
> 在第二次迭代后，效用已经被显著改进，接近最优值。我们看到，修剪步骤从以前的迭代中删除了受支配的节点和重复的节点，以及当前迭代的新节点。

23.3   非线性规划

策略改进问题可以被构建为一个单一的、大型的非线性规划（nonlinear programming）方法（算法 23-5），该方法涉及在所有节点上同时优化 ψ 和 $\eta^{\ominus}$。该方法允许应用通用求解器。

算法 23-5   一种非线性规划方法，用于计算 POMDP $\mathcal{P}$ 的最优固定尺寸控制器策略，从初始信念 b 开始。有限状态控制器的大小由节点数 ℓ 指定

```
struct NonlinearProgramming
    b # 初始信念
    ℓ # 节点的数量
end
```

⊖ C. Amato, D. S. Bernstein, and S. Zilberstein, "Optimizing Fixed-Size Stochastic Controllers for POMDPs and Decentralized POMDPs," *Autonomous Agents and Multi-Agent Systems*, vol. 21, no. 3, pp. 293-320, 2010.

```
function tensorform(𝒫::POMDP)
    S, 𝒜, 𝒪, R, T, O = 𝒫.S, 𝒫.𝒜, 𝒫.𝒪, 𝒫.R, 𝒫.T, 𝒫.O
    S′ = eachindex(S)
    𝒜′ = eachindex(𝒜)
    𝒪′ = eachindex(𝒪)
    R′ = [R(s,a) for s in S, a in 𝒜]
    T′ = [T(s,a,s′) for s in S, a in 𝒜, s′ in S]
    O′ = [O(a,s′,o) for a in 𝒜, s′ in S, o in 𝒪]
    return S′, 𝒜′, 𝒪′, R′, T′, O′
end

function solve(M::NonlinearProgramming, 𝒫::POMDP)
    x1, X = 1, collect(1:M.ℓ)
    𝒫, γ, b = 𝒫, 𝒫.γ, M.b
    S, 𝒜, 𝒪, R, T, O = tensorform(𝒫)
    model = Model(Ipopt.Optimizer)
    @variable(model, U[X,S])
    @variable(model, ψ[X,𝒜] ≥ 0)
    @variable(model, η[X,𝒜,𝒪,X] ≥ 0)
    @objective(model, Max, b·U[x1,:])
    @NLconstraint(model, [x=X,s=S],
        U[x,s] == (sum(ψ[x,a]*(R[s,a] + γ*sum(T[s,a,s′]*sum(O[a,s′,o]
        *sum(η[x,a,o,x′]*U[x′,s′] for x′ in X)
        for o in 𝒪) for s′ in S)) for a in 𝒜)))
    @constraint(model, [x=X], sum(ψ[x,:]) == 1)
    @constraint(model, [x=X,a=𝒜,o=𝒪], sum(η[x,a,o,:]) == 1)
    optimize!(model)
    ψ′, η′ = value.(ψ), value.(η)
    return ControllerPolicy(𝒫, X,
        Dict((x, 𝒫.𝒜[a]) ⇒ ψ′[x, a] for x in X, a in 𝒜),
        Dict((x, 𝒫.𝒜[a], 𝒫.𝒪[o], x′) ⇒ η′[x, a, o, x′]
            for x in X, a in 𝒜, o in 𝒪, x′ in X))
end
```

非线性规划方法直接搜索控制器空间，以最大化给定初始信念的效用，同时满足贝尔曼期望公式（23.1）。无须在策略评估和策略改进步骤之间进行交替，控制器节点计数保持固定。

我们使用 x^1 表示对应于给定初始信念 b 的初始节点：

$$\max_{U,\psi,\eta} \quad \sum_s b(s)U(x^1,s)$$

$$\text{s.t.} \begin{cases} U(x,s) = \sum_a \psi(a|x)\Big(R(s,a) + \gamma\sum_{s'} T(s'|s,a)\sum_o O(o|a,s') \\ \qquad\qquad \sum_{x'}\eta(x'|x,a,o)U(x',s')\Big) \quad \text{对所有的 } x,s \\ \psi(a|x) \geqslant 0 \quad \text{对所有的 } x,a \\ \sum_a \psi(a|x) = 1 \quad \text{对所有的 } x \\ \eta(x'|x,a,o) \geqslant 0 \quad \text{对所有的 } x,a,o,x' \\ \sum_{x'}\eta(x'|x,a,o) = 1 \quad \text{对所有的 } x,a,o \end{cases} \qquad (23.5)$$

这个问题可以改写成二次型约束线性规划（Quadratically Constrained Linear Program，QCLP），使用专用求解器有效地求解[⊖]。示例 23-5 演示这种方法。

⊖ 求解一般 QCLP 是 NP-困难问题，但专用求解器可以提供有效的近似值。

示例 23-5　用于固定大小 k（设置为 1、2 和 3）的控制器的非线性规划算法。每行分别在左侧和右侧显示策略及其相应的效用（阿尔法向量）。随机控制器显示为圆圈，最可能的行为显示在圆圈中间。输出边显示给定观测的后继节点选择。节点行为和后继行为的随机性表现为不透明度（越不透明，概率越高，越透明，概率越低），如图 23-7 所示。以下是使用非线性规划计算的最优固定大小控制器，用于 $b_0 = [0.5, 0.5]$ 的哭闹的婴儿问题。顶部节点为 x_1。

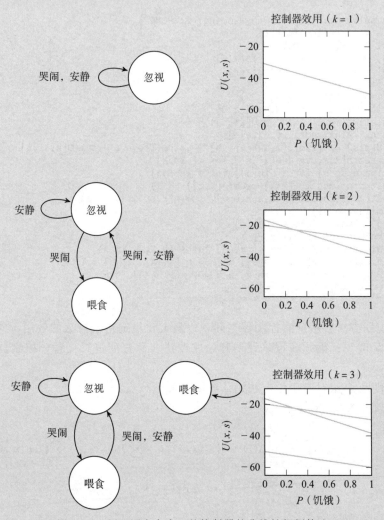

图 23-7　用于固定大小 k 的控制器的非线性规划算法

当 $k=1$ 时，最优策略是永远忽视婴儿的哭闹。当 $k=2$ 时，最优策略是忽视婴儿的哭闹，直到观测到婴儿的哭声，此时最优的行为是给婴儿喂食，然后返回忽视的状态。这一策略对于无限时域哭闹的婴儿 POMDP 问题来说接近最优。当 $k=3$ 时，最优策略与 $k=2$ 时基本保持不变。

23.4 梯度上升

固定大小的控制器策略可以使用梯度上升（参见附录 A.11）进行迭代改进⊖。虽然梯度计算具有挑战性，但这为控制器优化提供了多种基于梯度的优化技术。算法 23-6 使用算法 23-7 实现了控制器梯度上升。

算法 23-6 控制器梯度上升算法的实现，用于 POMDP $\mathcal{P}$，初始信念为 b。控制器本身具有固定大小的 ℓ 个节点。通过跟踪控制器的梯度（步长为 α），在 k_max 迭代上对其进行改进，以最大限度地提高初始信念的值

```
struct ControllerGradient
    b       # 初始信念
    ℓ       # 节点的数量
    α       # 梯度步长
    k_max   # 最大迭代次数
end

function solve(M::ControllerGradient, 𝒫::POMDP)
    𝒜, 𝒪, ℓ, k_max = 𝒫.𝒜, 𝒫.𝒪, M.ℓ, M.k_max
    X = collect(1:ℓ)
    ψ = Dict((x, a) ⇒ rand() for x in X, a in 𝒜)
    η = Dict((x, a, o, x′) ⇒ rand() for x in X, a in 𝒜, o in 𝒪, x′ in X)
    π = ControllerPolicy(𝒫, X, ψ, η)
    for i in 1:k_max
        improve!(π, M, 𝒫)
    end
    return π
end

function improve!(π::ControllerPolicy, M::ControllerGradient, 𝒫::POMDP)
    S, 𝒜, 𝒪, X, x1, ψ, η = 𝒫.S, 𝒫.𝒜, 𝒫.𝒪, π.X, 1, π.ψ, π.η
    n, m, z, b, ℓ, α = length(S), length(𝒜), length(𝒪), M.b, M.ℓ, M.α
    ∂U′∂ψ, ∂U′∂η = gradient(π, M, 𝒫)
    UIndex(x, s) = (s - 1) * ℓ + (x - 1) + 1
    E(U, x1, b) = sum(b[s]*U[UIndex(x1,s)] for s in 1:n)
    ψ′ = Dict((x, a) ⇒ 0.0 for x in X, a in 𝒜)
    η′ = Dict((x, a, o, x′) ⇒ 0.0 for x in X, a in 𝒜, o in 𝒪, x′ in X)
    for x in X
        ψ′x = [ψ[x, a] + α * E(∂U′∂ψ(x, a), x1, b) for a in 𝒜]
        ψ′x = project_to_simplex(ψ′x)
        for (aIndex, a) in enumerate(𝒜)
            ψ′[x, a] = ψ′x[aIndex]
        end
        for (a, o) in product(𝒜, 𝒪)
            η′x = [(η[x, a, o, x′] +
                    α * E(∂U′∂η(x, a, o, x′), x1, b)) for x′ in X]
            η′x = project_to_simplex(η′x)
            for (x′Index, x′) in enumerate(X)
                η′[x, a, o, x′] = η′x[x′Index]
            end
        end
    end
    π.ψ, π.η = ψ′, η′
end

function project_to_simplex(y)
    u = sort(copy(y), rev=true)
```

⊖ N. Meuleau, K.-E. Kim, L. P. Kaelbling, and A. R. Cassandra, "Solving POMDPs by Searching the Space of Finite Policies," in *Conference on Uncertainty in Artificial Intelligence (UAI)*, 1999.

```
    i = maximum([j for j in eachindex(u)
              if u[j] + (1 - sum(u[1:j])) / j > 0.0])
    δ = (1 - sum(u[j] for j = 1:i)) / i
    return [max(y[j] + δ, 0.0) for j in eachindex(u)]
end
```

算法 23-7　控制器梯度上升方法的梯度步骤。算法构建了效用的梯度，相对于策略梯度 $\partial U'\partial \psi$ 和 $\partial U'\partial \eta$

```
function gradient(π::ControllerPolicy, M::ControllerGradient, 𝒫::POMDP)
    S, 𝒜, 𝒪, T, O, R, γ = 𝒫.S, 𝒫.𝒜, 𝒫.𝒪, 𝒫.T, 𝒫.O, 𝒫.R, 𝒫.γ
    X, x1, ψ, η = π.X, 1, π.ψ, π.η
    n, m, z = length(S), length(𝒜), length(𝒪)
    XS = vec(collect(product(X, S)))
    T' = [sum(ψ[x, a] * T(s, a, s') * sum(O(a, s', o) * η[x, a, o, x']
           for o in 𝒪) for a in 𝒜) for (x, s) in XS, (x', s') in XS]
    R' = [sum(ψ[x, a] * R(s, a) for a in 𝒜) for (x, s) in XS]
    Z = 1.0I(length(XS)) - γ * T'
    invZ = inv(Z)
    ∂Z∂ψ(hx, ha) = [x == hx ? (-γ * T(s, ha, s')
                      * sum(O(ha, s', o) * η[hx, ha, o, x']
                          for o in 𝒪)) : 0.0
                      for (x, s) in XS, (x', s') in XS]
    ∂Z∂η(hx, ha, ho, hx') = [x == hx && x' == hx' ? (-γ * ψ[hx, ha]
                      * T(s, ha, s') * O(ha, s', ho)) : 0.0
                      for (x, s) in XS, (x', s') in XS]
    ∂R'∂ψ(hx, ha) = [x == hx ? R(s, ha) : 0.0 for (x, s) in XS]
    ∂R'∂η(hx, ha, ho, hx') = [0.0 for (x, s) in XS]
    ∂U'∂ψ(hx, ha) = invZ * (∂R'∂ψ(hx, ha) - ∂Z∂ψ(hx, ha) * invZ * R')
    ∂U'∂η(hx, ha, ho, hx') = invZ * (∂R'∂η(hx, ha, ho, hx')
                      - ∂Z∂η(hx, ha, ho, hx') * invZ * R')
    return ∂U'∂ψ, ∂U'∂η
end
```

考虑 23.3 节中对非线性问题的明确描述。对于初始信念 b 和任意初始控制器节点 x^1，我们寻求如下最大化：

$$\sum_s b(s)U(x^1, s) \tag{23.6}$$

对于所有 x 和 s，效用 $U(x, s)$ 由贝尔曼最优性方程定义：

$$U(x, s) = \sum_a \psi(a|x)\Big(R(s, a) + \gamma \sum_{s'} T(s'|s, a) \sum_o O(o|a, s') \sum_{x'} \eta(x'|x, a, o)U(x', s')\Big) \tag{23.7}$$

此外，ψ 和 η 必须是适当的概率分布。为了应用梯度上升，使用线性代数重写这个问题，会更加方便。

我们定义了控制器的转移函数，其状态空间为 $X \times S$。对于由 $\boldsymbol{\theta} = (\psi, \eta)$ 参数化的任何固定大小的控制器策略，转移矩阵 $\boldsymbol{T_\theta} \in \mathbb{R}^{|X \times S| \times |X \times S|}$ 为

$$\boldsymbol{T_\theta}((x, s), (x', s')) = \sum_a \psi(x, a)T(s, a, s') \sum_o O(a, s', o)\eta(x, a, o, x') \tag{23.8}$$

参数化策略的奖励表示为向量 $\boldsymbol{r_\theta} \in \mathbb{R}^{|X \times S|}$：

$$\boldsymbol{r_\theta}(x, s) = \sum_a \psi(x, a)R(s, a) \tag{23.9}$$

因此，效用的贝尔曼期望方程 $\boldsymbol{u_\theta} \in \mathbb{R}^{|X \times S|}$ 是：

$$\boldsymbol{u_\theta} = \boldsymbol{r_\theta} + \gamma \boldsymbol{T_\theta} \boldsymbol{u_\theta} \tag{23.10}$$

我们可以考虑初始节点信念向量 $\beta \in \mathbb{R}^{|X \times S|}$，如果 $x = x^1$，则 $\boldsymbol{\beta}_{xs} = b(s)$；否则 $\boldsymbol{\beta}_{xs} = 0$。对于这些固定大小的参数化控制器策略 $\boldsymbol{\theta} = (\psi, \eta)$，在节点 X 和状态 S 上也定义了效用向量 $\boldsymbol{u}_{\theta} \in \mathbb{R}^{|X \times S|}$。我们现在寻求最大化以下公式：

$$\boldsymbol{\beta}^{\top} \boldsymbol{u}_{\theta} \tag{23.11}$$

首先，我们改写式（23.10）：

$$\boldsymbol{u}_{\theta} = \boldsymbol{r}_{\theta} + \gamma \boldsymbol{T}_{\theta} \boldsymbol{u}_{\theta} \tag{23.12}$$

$$(I - \gamma \boldsymbol{T}_{\theta}) \boldsymbol{u}_{\theta} = \boldsymbol{r}_{\theta} \tag{23.13}$$

$$\boldsymbol{u}_{\theta} = (I - \gamma \boldsymbol{T}_{\theta})^{-1} \boldsymbol{r}_{\theta} \tag{23.14}$$

$$\boldsymbol{u}_{\theta} = \boldsymbol{Z}^{-1} \boldsymbol{r}_{\theta} \tag{23.15}$$

其中，为了方便起见，令 $\boldsymbol{Z} = 1 - \gamma \boldsymbol{T}_{\theta}$。为了执行梯度上升，我们需要知道式（23.15）关于策略参数的偏导数：

$$\frac{\partial \boldsymbol{u}_{\theta}}{\partial \boldsymbol{\theta}} = \frac{\partial \boldsymbol{Z}^{-1}}{\partial \boldsymbol{\theta}} \boldsymbol{r}_{\theta} + \boldsymbol{Z}^{-1} \frac{\partial \boldsymbol{r}_{\theta}}{\partial \boldsymbol{\theta}} \tag{23.16}$$

$$= -\boldsymbol{Z}^{-1} \frac{\partial \boldsymbol{Z}}{\partial \boldsymbol{\theta}} \boldsymbol{Z}^{-1} \boldsymbol{r}_{\theta} + \boldsymbol{Z}^{-1} \frac{\partial \boldsymbol{r}_{\theta}}{\partial \boldsymbol{\theta}} \tag{23.17}$$

$$= \boldsymbol{Z}^{-1} \left(\frac{\partial \boldsymbol{r}_{\theta}}{\partial \boldsymbol{\theta}} - \frac{\partial \boldsymbol{Z}}{\partial \boldsymbol{\theta}} \boldsymbol{Z}^{-1} \boldsymbol{r}_{\theta} \right) \tag{23.18}$$

其中，为了方便起见，$\partial \boldsymbol{\theta}$ 表示 $\partial \psi(\hat{x}, \hat{a})$ 和 $\partial \eta(\hat{x}, \hat{a}, \hat{o}, \hat{x}')$。

计算 $\boldsymbol{Z}$ 和 $\boldsymbol{r}_{\theta}$ 的偏导数，可得出以下四个公式：

$$\frac{\partial \boldsymbol{r}_{\theta}(x, s)}{\partial \psi(\hat{x}, \hat{a})} = \begin{cases} R(s, a), & \text{如果 } x = \hat{x} \\ 0, & \text{其他} \end{cases} \tag{23.19}$$

$$\frac{\partial \boldsymbol{r}_{\theta}(x, s)}{\partial \eta(\hat{x}, \hat{a}, \hat{o}, \hat{x}')} = 0 \tag{23.20}$$

$$\frac{\partial \boldsymbol{Z}((x, s), (x', s'))}{\partial \psi(\hat{x}, \hat{a})} = \begin{cases} -\gamma T(s, \hat{a}, s') \sum_o O(\hat{a}, s', o) \eta(\hat{x}, \hat{a}, o, x'), & \text{如果 } x = \hat{x} \\ 0, & \text{其他} \end{cases} \tag{23.21}$$

$$\frac{\partial \boldsymbol{Z}((x, s), (x', s'))}{\partial \eta(\hat{x}, \hat{a}, \hat{o}, \hat{x}')} =$$
$$\begin{cases} -\gamma \psi(\hat{x}, \hat{a}) T(s, \hat{a}, s') O(\hat{a}, s', \hat{o}) \eta(\hat{x}, \hat{a}, \hat{o}, x'), & \text{如果 } x = \hat{x} \text{ 和 } x' = \hat{x}' \\ 0, & \text{其他} \end{cases} \tag{23.22}$$

最后，将这四个梯度代入式（23.18），如下所示：

$$\frac{\partial \boldsymbol{u}_{\theta}}{\partial \psi(\hat{x}, \hat{a})} = \boldsymbol{Z}^{-1} \left(\frac{\partial \boldsymbol{r}_{\theta}}{\partial \psi(\hat{x}, \hat{a})} - \frac{\partial \boldsymbol{Z}}{\partial \psi(\hat{x}, \hat{a})} \boldsymbol{Z}^{-1} \boldsymbol{r}_{\theta} \right) \tag{23.23}$$

$$\frac{\partial \boldsymbol{u}_{\theta}}{\partial \eta(\hat{x}, \hat{a}, \hat{o}, \hat{x}')} = \boldsymbol{Z}^{-1} \left(\frac{\partial \boldsymbol{r}_{\theta}}{\partial \eta(\hat{x}, \hat{a}, \hat{o}, \hat{x}')} - \frac{\partial \boldsymbol{Z}}{\partial \eta(\hat{x}, \hat{a}, \hat{o}, \hat{x}')} \boldsymbol{Z}^{-1} \boldsymbol{r}_{\theta} \right) \tag{23.24}$$

我们最终可以回到式（23.11）中的原始目标。控制器梯度上升从 X 中固定数量的节点和任意策略 ψ 和 η 开始。在第 k 次迭代，更新如下所示的参数：

$$\psi^{k+1}(x, a) = \psi^k(x, a) + \alpha \boldsymbol{\beta}^{\top} \frac{\partial \boldsymbol{u}_{\theta^k}}{\partial \psi^k(\hat{x}, \hat{a})} \tag{23.25}$$

$$\eta^{k+1}(x, a, o, x') = \eta^k(x, a, o, x') + \alpha \boldsymbol{\beta}^{\top} \frac{\partial \boldsymbol{u}_{\theta^k}}{\partial \eta^k(\hat{x}, \hat{a}, \hat{o}, \hat{x}')} \tag{23.26}$$

其中，梯度步长 $\alpha > 0$。更新之后，ψ^{k+1} 和 η^{k+1} 可能不再是有效分布。为了使它们有效，我们将其投影到概率单纯形上。将向量 y 投影到概率单纯形上的一种方法是根据 L_2 范数找到最接近的分布：

$$\min_{b} \quad \frac{1}{2} \parallel y - b \parallel_2^2$$

$$\text{s.t.} \quad \begin{cases} b \geqslant 0 \\ 1^\top b = 1 \end{cases} \tag{23.27}$$

该优化可以通过算法 23-6 中包括的简单算法精确地求解⊖。示例 23-6 演示更新控制器的过程。

式（23.6）中的优化目标不一定是凸的⊖。因此，根据初始控制器，正常梯度上升可以收敛到局部最优。自适应梯度算法可用于帮助平滑和加速收敛。

示例 23-6 控制器梯度算法的演示，对于具有固定大小的控制器 $\ell = 3$。该策略被显示为在算法的迭代过程中进行自身的改进。智能体以递增方式确定如何最佳地使用其固定数量的节点，从而产生合理且可解释的收敛策略。随机控制器显示为圆圈，最可能的行为在圆圈中间。输出边显示给定观测的后继节点选择。节点的行为和后继行为的随机性表现为不透明度（越不透明，概率越高；越透明，概率越低）。考虑具有均匀信念 b_1 的"接球"问题（附录 F.9）。图 23-8 显示了应用于 $k = 3$ 个节点的"接球"问题的梯度上升迭代策略的效用。左侧节点为 x_1。

在第一次迭代中，策略基本上是随机的，包括行为选择和后继节点的选择。

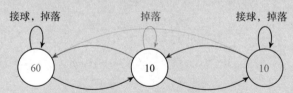

图 23-8　"接球"问题梯度上升迭代策略的效用（第一次迭代）

在第 50 次迭代中，智能体已经确定了一个合理的投球距离（50），但仍然没有使用它的三个节点来记住任何有用的信息，如图 23-9 所示。

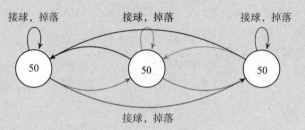

图 23-9　"接球"问题梯度上升迭代策略的效用（第二次迭代）

⊖ J. Duchi, S. Shalev-Shwartz, Y. Singer, and T. Chandra, "Efficient Projections onto the ℓ1-Ball for Learning in High Dimensions," in *International Conference on Machine Learning*（ICML），2008.

⊖ 该目标与效用 $U(x,b) = \sum_s b(s)U(x,s)$ 不同，效用保证相对于信念状态 b 是分段线性并且具有凸性，如 20.3 节所述。

在第 500 次迭代中，策略已经构建了一个合理的规划，给出了其固定的三个内存节点，如图 23-10 所示。

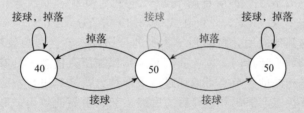

图 23-10 "接球"问题梯度上升迭代策略的效用（第三次迭代）

该策略首先尝试在距离 40 米的地方投球。如果孩子接住了球，那么射程将增加到 50。策略使用最后一个节点来记住孩子接球的次数（最多两次），以选择距离。

23.5 本章小结

- 控制器是不依赖于探索或维护信念的策略表示。
- 控制器由节点、行为选择函数和后继选择函数组成。
- 节点和控制器图是抽象的，然而，它们可以被解释为可数无限可达信念的集合。
- 控制器节点的值函数可以解释为阿尔法向量。
- 策略迭代在计算每个节点效用的策略评估和添加新节点的策略改进之间交替进行。
- 在策略迭代期间进行修剪可以帮助减少每个改进步骤中节点的指数型增长。
- 非线性规划将寻找将最佳固定尺寸控制器重新表述一般优化问题，允许使用现成的求解器和技术。
- 控制器梯度上升在策略空间中爬升，以直接改善值函数，受益于基于 POMDP 的明确梯度步骤。

23.6 练习题

练习题 23-1 与基于树的条件规划和基于信念的表示相比较，控制器策略表示具有哪些优势？

参考答案：与基于树的条件规划不同，控制器可以表示无限时域执行的策略。控制器的大小不必随时域呈指数型增长。

与基于信念的表示相比，对于更大规模的问题，控制器表示中的参数数量往往远远少于阿尔法向量的数量。我们还可以更容易地为固定的内存量对控制器进行优化。

在执行过程中，控制器永远不会像基于信念的策略那样被零除。基于信念的方法需要保持信念。如果进行了不可能的观测，则式（19.7）中的离散状态滤波器将被零除。当来自传感器的噪声观测返回 $T(s,a,s')$ 和 $O(o|a,s')$ 模型无法准确捕捉的观测时，可能会发生这种情况。

练习题 23-2 控制器策略迭代仅仅添加具有确定性操作行为选择函数和后继分布的节点。这是否意味着生成的控制器一定是次优的？

参考答案：控制器策略迭代保证在极限内收敛于最优策略。然而，该方法无法找到可能需要随机节点的最优控制器策略的更紧凑表示。

练习题 23-3　证明策略迭代中的节点修剪不会影响效用。

参考答案：设 x' 是第 i 次迭代的新节点，x 是第 $i-1$ 次迭代的前趋节点。

通过构造，$\eta(x',a,o,x)$ 将所有新节点 x' 定义为只有上一次迭代的后继节点 x。因此，对于每一个状态 s，$U^{(i)}(x',s)$ 仅在式（23.1）中的后继 $U^{(i-1)}(x,s')$ 上求和。这意味着第 i 次迭代中的其他效用，包括到 x 本身的自循环，不会影响效用 $U^{(i)}(x,s')$。由于初始节点是由式（23.3）选择的，因此我们必须确保在所有信念下具有修剪节点和不具有修剪节点的效用都是相同的。节点可以通过以下两种方式之一进行修剪。

首先，x' 在所有状态上都比其修剪后的后继 x 获得更高的效用。形式上，对于所有 s，$U^{(i)}(x,s)\leqslant U^{(i-1)}(x',s)$。修剪步骤将 x 替换为 x'，包括 U、ψ 和 η。通过构造，U 在任何状态下都没有减少。

其次，x 与现有的前趋节点 x' 相同。注意，这意味着转移 $\eta(x,a,o,x')=\eta(x',a,o,x')$。这也意味着效用是相同的，除了 x 减少了（乘以折扣系数 γ）。换而言之，根据式（23.1），$\gamma U^{(i)}(x,s)=U^{(i-1)}(x,s)$。修剪 x 不会影响最终效用。

练习题 23-4　设计一种算法，该算法使用非线性规划来寻找所需的最小固定尺寸控制器，以获得大型固定尺寸控制器的最优值 ℓ。在这种情况下，可以假设非线性优化器返回最优策略。

参考答案：设计思想是在了解大型固定大小控制器的效用后，创建一个增加控制器固定大小的外部循环。首先，我们必须计算初始节点 x_1 和初始信念 b_1 处的大型固定大小控制器的效用 $U^* = \sum_s b_1(s)U(x_1,s)$。接下来，我们创建一个循环，增加控制器的大小 ℓ。在每一个步骤中，我们评估策略并计算效用 U^ℓ。根据我们的假设，返回的控制器会为固定大小 ℓ 产生全局最优的效用。一旦到达效用 U^ℓ，如果发现 $U^\ell = U^*$，算法停止并返回策略。

练习题 23-5　请分析控制器梯度上升算法的梯度步长。假设 $|\mathcal{S}|$ 大于 $|\mathcal{A}|$ 和 $|\mathcal{O}|$。梯度步骤中计算成本最高的部分是什么？如何改进这一点？

参考答案：计算逆 $\boldsymbol{Z}^{-1}=(I-\gamma\boldsymbol{T_\theta})$ 是梯度步骤以及整个梯度算法中计算成本最高的部分。矩阵 $\boldsymbol{Z}$ 的大小为 $|X\times\mathcal{S}|$。Gauss-Jordan 消去法需要的运算复杂度为 $O(|X\times\mathcal{S}|^3)$，但使用最先进的矩阵反演算法，指数中的 3 可以减少到 2.3728639[⊖]。创建临时矩阵 $\boldsymbol{T_\theta}$，同样需要 $O(|X\times S|^2|\mathcal{A}\times\mathcal{O}|)$ 次运算来支持逆矩阵的运算。所有其他循环和其他临时矩阵创建所需的操作要少得多。这可以使用近似逆技术来改进。

⊖　F. L. Gall, "Powers of Tensors and Fast Matrix Multiplication," in *International Symposium on Symbolic and Algebraic Computation*（ISSAC），2014.

多智能体系统

到目前为止，我们专注于从单个智能体的角度进行决策。接下来，我们将到目前为止讨论的核心概念扩展到涉及多个智能体的问题。在多智能体系统中，我们可以将其他智能体建模为潜在的盟友或对手并随着时间的推移进行相应的调整。由于智能体交互以及智能体对其他智能体推理的复杂性，这些问题本质上具有挑战性。我们首先在博弈中引入多智能体推理并概述如何从简单交互计算均衡。然后，我们将讨论如何设计多个智能体随时间交互的算法并描述有利于理性适应而非均衡收敛的学习算法。引入状态不确定性显著增加了问题的复杂性，第五部分的各个章节中强调了由此带来的挑战。最后一章将重点介绍如何建立协作智能体的各种模型和算法来实现共同目标。

多智能体推理

到目前为止，我们专注于为单个智能体做出理性决策。这些模型可以很自然地扩展到多个智能体环境。当智能体相互作用时，出现了新的挑战：智能体可以互相帮助，或以自己的最大利益行事。多智能体推理是博弈论（game theory）[一]的一个主题。本章以前面介绍的概念为基础，将其扩展到多智能体环境。我们将讨论各种基本博弈论方法，用以计算决策策略和多智能体均衡。

24.1 简单博弈

简单博弈（simple game）（算法 24-1）是多智能体推理的基本模型[二]。每个智能体 $i \in \mathcal{I}$ 选择一个行为 a^i 来最大化各自的奖励 r^i 的累积值。联合行为空间（joint action space）$\mathcal{A} = \mathcal{A}^1 \times \cdots \times \mathcal{A}^k$ 由每个智能体的行为 $\mathcal{A}^i$ 的所有可能组合组成。不同智能体同时选择的行为可以组合在一起，从该联合行为空间形成联合行为（joint action）$\boldsymbol{a} = (a^1, \cdots, a^k)$[三]。联合奖励函数（joint reward function）$\boldsymbol{R}(\boldsymbol{a}) = (R^1(\boldsymbol{a}), \cdots, R^k(\boldsymbol{a}))$ 表示联合行为 $\boldsymbol{a}$ 产生的奖励。联合奖励（joint reward）记为 $\boldsymbol{r} = (r^1, \cdots, r^k)$。简单博弈不包括状态或转移函数。示例 24-1 介绍了一个简单博弈。

算法 24-1　一种简单博弈的数据结构

```
struct SimpleGame
    γ   # 折扣因子
    𝓘   # 智能体
    𝓐   # 联合行为空间
    R   # 联合奖励函数
end
```

> **示例 24-1　一种被称为囚徒困境的简单博弈游戏。有关更多详细信息，请参见附录 F.10。** 囚徒困境（prisoner's dilemma）是一种包含两个智能体和两个行为的博弈游戏，涉及两名正在受审的囚徒。囚徒可以选择合作（cooperate），对他们共同的罪行保持沉默；也可以选择背叛（defect）并相互指责对方的罪行。如果囚徒都选择合作，那么他们都会被判一年徒刑。如果智能体 i 选择合作，而另一个智能体选择背叛，那么智能体 i 将服刑四年，另一个智能体则无须服刑。如果两个囚徒都选择背叛，那么他们都将服刑三年。

[一] 博弈论是一个广泛的研究领域。几本标准的入门教科书包括：D. Fudenberg and J. Tirole, *Game Theory*. MIT Press, 1991; R. B. Myerson, *Game Theory: Analysis of Conflict*. Harvard University Press, 1997; Y. Shoham and K. Leyton-Brown, *Multiagent Systems: Algorithmic, Game Theoretic, and Logical Foundations*. Cambridge University Press, 2009。

[二] 简单博弈包括正规形式博弈 [normal form game，也称为标准形式博弈（standard form game）或矩阵博弈（matrix game）]、有限时域重复博弈（repeated game）和无限时域折扣重复博弈。Y. Shoham and K. Leyton-Brown, *Multiagent Systems: Algorithmic, Game Theoretic, and Logical Foundations*. Cambridge University Press, 2009.

[三] 联合行为也称为行为组合（action profile）。

两个智能体的简单博弈游戏可以使用表 24-1 来表示。表中的行表示智能体 1 的行为，表中的列表示智能体 2 的行为。在表的每个单元格中显示智能体 1 和智能体 2 的奖励值。

表 24-1　两个智能体的简单博弈游戏

对于采取联合行为的智能体，联合策略（joint policy）π 指定其概率分布。联合策略可以分解为单独的智能体策略。智能体 i 选择行为 a 的概率表示为 $\pi^i(a)$。在博弈论中，确定性策略称为纯策略（pure strategy），随机策略称为混合策略（mixed strategy）。从智能体 i 的角度来看，联合策略 π 的效用是：

$$U^i(\pi) = \sum_{a \in \mathcal{A}} R^i(a) \prod_{j \in \mathcal{I}} \pi^j(a^j) \tag{24.1}$$

算法 24-2 实现用于表示策略并计算其效用的例程。

算法 24-2　与智能体相关联的策略表示为将行为映射到概率的字典。可以使用不同的方法构建策略。一种方法是传入一个字典目录，在这种情况下，概率被归一化。另一种方法是传入创建此字典的生成器。我们还可以通过传递一个行为来构造策略，在这种情况下，策略将概率 1 分配给该行为。如果我们有一个单独的策略 πi，则可以调用 $\pi i(ai)$ 来计算策略与行为 ai 关联的概率。如果我们调用 $\pi i( )$，那么将根据该策略返回一个随机行为。我们可以使用 joint($\mathcal{A}$) 构建联合行为空间 $\mathcal{A}$。在博弈游戏 $\mathcal{P}$ 中，从智能体 i 的角度执行联合策略 π 时，可以使用 utility($\mathcal{P}$,π,i) 计算相关的效用

```julia
struct SimpleGamePolicy
    p # 字典, 将行为映射到概率

    function SimpleGamePolicy(p::Base.Generator)
        return SimpleGamePolicy(Dict(p))
    end

    function SimpleGamePolicy(p::Dict)
        vs = collect(values(p))
        vs ./= sum(vs)
        return new(Dict(k ⇒ v for (k,v) in zip(keys(p), vs)))
    end

    SimpleGamePolicy(ai) = new(Dict(ai ⇒ 1.0))
end

(πi::SimpleGamePolicy)(ai) = get(πi.p, ai, 0.0)

function (πi::SimpleGamePolicy)()
    D = SetCategorical(collect(keys(πi.p)), collect(values(πi.p)))
    return rand(D)
end
```

```
joint(X) = vec(collect(product(X...)))

joint(π, πi, i) = [i == j ? πi : πj for (j, πj) in enumerate(π)]

function utility(𝒫::SimpleGame, π, i)
    𝒜, R = 𝒫.𝒜, 𝒫.R
    p(a) = prod(πj(aj) for (πj, aj) in zip(π, a))
    return sum(R(a)[i]*p(a) for a in joint(𝒜))
end
```

零和博弈（zero-sum game）是一种简单的博弈游戏，其中智能体之间的奖励总和为零。在零和博弈中，智能体的任何收益都会导致其他智能体的损失。对于一个包含两个智能体 $\mathcal{I}=\{1,2\}$ 的零和博弈游戏，其奖励函数为相反数，即 $R^1(\boldsymbol{a})=-R^2(\boldsymbol{a})$。通常，可以使用专门用于这种奖励结构的算法来求解零和博弈。示例 24-2 描述了这样的博弈游戏。

示例 24-2　众所周知的"石头、剪刀、布（Rock-paper-scissor）"游戏就是零和博弈的一个例子。有关更多的详细信息，请参见附录 F.11。 "石头、剪刀、布"是针对两个智能体的零和博弈游戏。每个智能体可以选择石头、布或剪刀。石头赢剪刀，布赢石头，剪刀赢布。胜者获得值为 1 的奖励，失败者获得值为 -1 的奖励。如果智能体选择了相同的行为，则两者都将获得值为 0 的奖励。通常，两个智能体的重复博弈可以表示为一系列收益矩阵，如表 24-2 所示。

表 24-2　两个智能体的收益矩阵

	t = 1 智能体2			t = 2 智能体2			
	石头	布	剪刀	石头	布	剪刀	···
智能体1 石头	0,0	-1,1	1,-1	0,0	-1,1	1,-1	
智能体1 布	1,-1	0,0	-1,1	1,-1	0,0	-1,1	···
智能体1 剪刀	-1,1	1,-1	0,0	-1,1	1,-1	0,0	

24.2　响应模型

在探索用于求解联合策略的不同概念之前，首先我们将讨论如何在给定其他智能体的固定策略的情况下，对单个智能体 i 的响应（response）进行建模。我们将使用符号 $-i$ 作为 $(1,\cdots,i-1,i+1,\cdots,k)$ 的简写。使用这种符号，联合行为可以记作 $\boldsymbol{a}=(a^i, \boldsymbol{a}^{-i})$，联合奖励可以记作 $\boldsymbol{R}(a^i, \boldsymbol{a}^{-i})$，而联合策略可以记作 $\boldsymbol{\pi}=(\pi^i, \boldsymbol{\pi}^{-i})$。本节将讨论已知 $\boldsymbol{\pi}^{-i}$ 时计算响应的各种方法。

24.2.1　最优响应

对于其他智能体的策略 $\boldsymbol{\pi}^{-i}$，智能体 i 对该策略的最优响应（best response）是满足以下条件的策略 π^i：

$$U^i(\pi^{i'}, \boldsymbol{\pi}^{-i}) \geqslant U^i(\pi^i, \boldsymbol{\pi}^{-i}) \tag{24.2}$$

对于所有其他的策略，$\pi^{i'} \neq \pi^i$。换而言之，对于一个智能体来说，最优响应是一个策略，在其他智能体固定策略的情况下，没有导致其改变策略的激励。可能存在多种最优响应。

如果我们将自己局限于确定性策略，那么可以直接计算对于对手策略 $\boldsymbol{\pi}^{-i}$ 的确定性最优响应（deterministic best response）。我们只需遍历智能体 i 的所有行为并返回使效用最大化的行为，如下所示：

$$\arg\max_{a^i \in \mathcal{A}^i} U^i(a^i, \boldsymbol{\pi}^{-i}) \tag{24.3}$$

算法 24-3 提供了上述思想的实现。

算法 24-3　对于一个简单的博弈游戏问题 $\mathcal{P}$，给定其他智能体正在 π 中执行的策略，我们可以计算智能体 i 的确定性最优响应

```
function best_response(𝒫::SimpleGame, π, i)
    U(ai) = utility(𝒫, joint(π, SimpleGamePolicy(ai), i), i)
    ai = argmax(U, 𝒫.𝒜[i])
    return SimpleGamePolicy(ai)
end
```

24.2.2　Softmax 响应

我们可以使用 Softmax 响应来模拟智能体 i 将如何选择其行为[⊖]。如 6.7 节所述，人类通常不是预期效用的完全理性优化器。Softmax 响应模型的基本原理是（通常是人类）智能体在其优化过程中更容易出错，而这些错误的代价较低。给定一个精度参数（precision parameter）$\lambda \geqslant 0$，该模型根据以下公式选择行为 a^i：

$$\pi^i(a^i) \propto \exp(\lambda U^i(a^i, \boldsymbol{\pi}^{-i})) \tag{24.4}$$

当 $\lambda \to 0$ 时，智能体对效用的差异不敏感并且随机均匀地选择行为。当 $\lambda \to \infty$ 时，策略收敛到确定性最优响应。我们可以将 λ 视为一个参数，该参数可以使用诸如最大似然估计（具体请参见 4.1 节相关内容）从数据中学习。这种基于学习的方法旨在预测行为，而不是规范（或者说指导）行为，尽管拥有其他人类行为体的预测模型可以用于构建规范最优行为的系统。算法 24-4 提供了 Softmax 响应的实现。

算法 24-4　对于一个简单的博弈游戏 𝒫 和特定的智能体 i，我们可以计算 Softmax 响应策略 π i，假设其他智能体正在 π 中执行策略。此计算需要指定精度参数 λ

```
function softmax_response(𝒫::SimpleGame, π, i, λ)
    𝒜i = 𝒫.𝒜[i]
    U(ai) = utility(𝒫, joint(π, SimpleGamePolicy(ai), i), i)
    return SimpleGamePolicy(ai ⇒ exp(λ*U(ai)) for ai in 𝒜i)
end
```

24.3　主导策略均衡

在某些博弈游戏中，智能体具有主导策略（dominant strategy），这是一种针对所有

⊖　这种模型有时被称为 logit 响应（logit response）或量子响应（quantal response）。在强化学习的定向探索策略的背景下（15.4 节），在本书的前面章节介绍了类似的 Softmax 模型。

其他可能的智能体策略的最优策略。例如，在囚徒困境（示例 24-1）中，无论智能体 2 的策略如何，智能体 1 的最优响应都是背叛，从而使背叛成为智能体 1 的主导策略。如果所有智能体都使用主导策略，这种联合策略被称为主导策略均衡（dominant strategy equilibrium）。在囚徒困境中，双方都选择背叛行为的联合策略是一种主导策略均衡[一]。许多博弈游戏并不存在主导策略均衡。例如，在"石头、剪刀、布"（示例 24-2）中，智能体 1 的最优响应取决于智能体 2 的策略。

24.4 纳什均衡

与主导策略均衡概念相反，纳什均衡[二]总是存在于具有有限行为空间的博弈中[三]。纳什均衡（Nash equilibrium）是一种联合策略 π，其中所有智能体都遵循最优响应。换而言之，纳什均衡是一种联合策略，在这种策略中，任何智能体都没有动机单方面改变其策略。

在单个博弈中，可能存在多个纳什均衡（参见练习题 24-2）。有时纳什均衡可能涉及确定性策略，但情况并非总是如此（参见示例 24-3）。计算纳什均衡是 PPAD-完全问题，这是一个不同于 NP-完全问题的类别（参见附录 C.2），而且目前也不存在已知的多项式时间算法[四]。

求解纳什均衡的问题可以被构造为优化问题：

$$\min_{\pi, U} \quad \sum_i (U^i - U^i(\boldsymbol{\pi}))$$

$$\text{s.t.} \begin{cases} U^i \geqslant U^i(a^i, \boldsymbol{\pi}^{-i}), & \text{对于所有的 } i, a^i \\ \sum_{a^i} \pi^i(a^i) = 1, & \text{对于所有的 } i \\ \pi^i(a^i) \geqslant 0, & \text{对于所有的 } i, a^i \end{cases} \quad (24.5)$$

优化变量对应于 π 和 U 的参数。在收敛时，目标将为 0，如果每个智能体 i 通过式（24.1）计算相关的策略 π，则 U^i 匹配与该策略相关的效用。第一个约束条件确保任何智能体都不会通过单方面改变其行为而做得更好。与目标一样，第一个约束是非线性的，因为该约束涉及优化变量 π 中参数的乘积。最后两个约束是线性的，确保 π 表示行为上的一组有效概率分布。算法 24-5 实现了该优化过程。

示例 24-3 确定性和随机纳什均衡。 假设我们希望从示例 24-1 中找到"囚徒困境"问题的纳什均衡。如果两个智能体总是选择"背叛"，那么他们都将获得值为 -3 的奖励。任何智能体的任何偏差都将导致其获得值为 -4 的奖励。因此，没有偏离的动机。所以，两个智能体都选择"背叛"是"囚犯困境"问题的纳什均衡。

假设我们现在希望从示例 24-2 中找到"石头、剪刀、布"情景的纳什均衡。一个

[一] 有趣的是，让两个智能体都贪婪地对待自己的效用函数会导致两个智能体的结果更糟。如果他们都选择合作（cooperate）行为，那么他们都会被判一年刑期而不是三年刑期。

[二] 以美国数学家小约翰·福布斯·纳什（John Forbes Nash, Jr., 1928—2015）命名，他将这一概念正式化。参见 J. Nash, "Non-Cooperative Games," Annals of Mathematics, pp. 286-295, 1951.

[三] 练习题 24-1 探讨了无限行为空间的情况。

[四] C. Daskalakis, P. W. Goldberg, and C. H. Papadimitriou, "The Complexity of Computing a Nash Equilibrium," Communications of the ACM, vol. 52, no. 2, pp. 89-97, 2009.

智能体的任何确定性策略都可以很容易地被另一个智能体击败。例如，如果智能体选择"石头"，那么智能体 2 的最优响应是选择"布"。由于"石头、剪刀、布"博弈不存在确定性纳什均衡，因此我们知道一定存在一个涉及随机策略的纳什均衡。假设每个智能体都随机均匀地从所有行为中进行选择。这个解决方案为两个智能体生成预期的效用 0：

$$U^i(\boldsymbol{\pi}) = 0 \times \frac{1}{3} \times \frac{1}{3} - 1 \times \frac{1}{3} \times \frac{1}{3} + 1 \times \frac{1}{3} \times \frac{1}{3}$$
$$+ 1 \times \frac{1}{3} \times \frac{1}{3} + 0 \times \frac{1}{3} \times \frac{1}{3} - 1 \times \frac{1}{3} \times \frac{1}{3}$$
$$- 1 \times \frac{1}{3} \times \frac{1}{3} + 1 \times \frac{1}{3} \times \frac{1}{3} + 0 \times \frac{1}{3} \times \frac{1}{3}$$
$$= 0$$

智能体的任何偏离都会降低他们的预期收益，这意味着我们已经找到了纳什均衡。

算法 24-5 一个非线性程序，用于计算简单博弈 $\mathcal{P}$ 的纳什均衡

```
struct NashEquilibrium end

function tensorform(𝒫::SimpleGame)
    ℐ, 𝒜, R = 𝒫.ℐ, 𝒫.𝒜, 𝒫.R
    ℐ′ = eachindex(ℐ)
    𝒜′ = [eachindex(𝒜[i]) for i in ℐ]
    R′ = [R(a) for a in joint(𝒜)]
    return ℐ′, 𝒜′, R′
end

function solve(M::NashEquilibrium, 𝒫::SimpleGame)
    ℐ, 𝒜, R = tensorform(𝒫)
    model = Model(Ipopt.Optimizer)
    @variable(model, U[ℐ])
    @variable(model, π[i=ℐ, 𝒜[i]] ≥ 0)
    @NLobjective(model, Min,
        sum(U[i] - sum(prod(π[j,a[j]] for j in ℐ) * R[y][i]
            for (y,a) in enumerate(joint(𝒜))) for i in ℐ))
    @NLconstraint(model, [i=ℐ, ai=𝒜[i]],
        U[i] ≥ sum(
            prod(j==i ? (a[j]==ai ? 1.0 : 0.0) : π[j,a[j]] for j in ℐ)
            * R[y][i] for (y,a) in enumerate(joint(𝒜)))
    @constraint(model, [i=ℐ], sum(π[i,ai] for ai in 𝒜[i]) == 1)
    optimize!(model)
    πi′(i) = SimpleGamePolicy(𝒫.𝒜[i][ai] ⇒ value(π[i,ai]) for ai in 𝒜[i])
    return [πi′(i) for i in ℐ]
end
```

24.5 相关均衡

相关均衡（correlated equilibrium）通过放宽智能体独立行为的假设来推广纳什均衡概念。在这种情况下，联合行为来自完全联合分配。相关联合策略（correlated joint policy）$\pi(a)$ 是所有智能体联合行为的单一分布。因此，各个不同智能体的行为可能相互关联，从而防止策略被解耦为单个策略 $\pi^i(a^i)$。算法 24-6 显示如何表示这样的策略。

算法 24-6 联合相关策略由将联合行为映射到概率的字典表示。如果 π 是联合相关策略，则对 π(a) 进行评估将返回与联合行为 a 相关的概率

```
mutable struct JointCorrelatedPolicy
    p # 将联合行为映射到概率的字典
    JointCorrelatedPolicy(p::Base.Generator) = new(Dict(p))
end

(π::JointCorrelatedPolicy)(a) = get(π.p, a, 0.0)

function (π::JointCorrelatedPolicy)()
    D = SetCategorical(collect(keys(π.p)), collect(values(π.p)))
    return rand(D)
end
```

相关均衡是一种相关的联合策略，其中任何智能体 i 都不能通过从其当前行为 a^i 偏离到另一个行为 $a^{i'}$ 来增加其预期效用：

$$\sum_{a^{-i}} R^i(a^i, a^{-i})\pi(a^i, a^{-i}) \geqslant \sum_{a^{-i}} R^i(a^{i'}, a^{-i})\pi(a^i, a^{-i}) \tag{24.6}$$

示例 24-4 演示了这一概念。

示例 24-4 在"石头、剪刀、布"博弈中计算相关均衡。 再次考虑示例 24-2 中的"石头、剪刀、布"场景。在示例 24-3 中，我们发现纳什均衡涉及两个智能体随机均匀地选择其行为。在相关均衡中，我们使用相关联合策略 π(a)，这意味着我们需要找到（石头，石头），（石头，布），（石头，剪刀），（布，石头）等的分布。共有九种可能的联合行为。

首先，考虑智能体 1 选择"石头"而智能体 2 选择"剪刀"的联合策略。其效用为：

$$U^1(\boldsymbol{\pi}) = 0 \times \frac{0}{9} - 1 \times \frac{0}{9} + 1 \times \frac{9}{9} + 1 \times \frac{0}{9} + \cdots = 1$$

$$U^2(\boldsymbol{\pi}) = 0 \times \frac{0}{9} + 1 \times \frac{0}{9} - 1 \times \frac{9}{9} - 1 \times \frac{0}{9} + \cdots = -1$$

如果智能体 2 切换到选择"布"，它将收到值为 1 的效用。因此，这不是一个相关的均衡。

相反，考虑一个相关的联合策略，其中联合行为是随机均匀选择的，并且 π(a)=1/9：

$$U^1(\boldsymbol{\pi}) = 0 \times \frac{1}{9} - 1 \times \frac{1}{9} + 1 \times \frac{1}{9} + 1 \times \frac{1}{9} + \cdots = 0$$

$$U^2(\boldsymbol{\pi}) = 0 \times \frac{1}{9} + 1 \times \frac{1}{9} - 1 \times \frac{1}{9} - 1 \times \frac{1}{9} + \cdots = 0$$

任何偏离都会导致一个智能体获得效用，另一个智能体失去效用。这是"石头、剪刀、布"的相关均衡。

每个纳什均衡都是相关均衡，因为我们总是可以从独立策略中形成联合策略：

$$\pi(\boldsymbol{a}) = \prod_{i=1}^{k} \pi^i(a^i) \tag{24.7}$$

如果单个策略满足式（24.2），则联合策略将满足式（24.6）。然而，并非所有相关均衡都是纳什均衡。

可以使用线性规划（算法 24-7）计算相关均衡：

$$\max_{\pi} \quad \sum_i \sum_a R^i(\boldsymbol{a})\pi(\boldsymbol{a})$$

$$\text{s.t.} \begin{cases} \sum_{\boldsymbol{a}^{-i}} R^i(a^i,\boldsymbol{a}^{-i})\pi(a^i,\boldsymbol{a}^{-i}) \geqslant \sum_{\boldsymbol{a}^{-i}} R^i(a^{i\prime},\boldsymbol{a}^{-i})\pi(a^i,\boldsymbol{a}^{-i}), \text{对于所有的 } i, a^i, a^{i\prime} \\ \sum_a \pi(\boldsymbol{a}) = 1 \\ \pi(\boldsymbol{a}) \geqslant 0, \text{对于所有的 } \boldsymbol{a} \end{cases} \tag{24.8}$$

算法 24-7　对于简单博弈 $\mathcal{P}$，最优性更一般的概念是相关均衡而不是纳什均衡。相关均衡可以用线性规划求解。由此产生的策略是相关的，这意味着智能体随机选择联合行为

```
struct CorrelatedEquilibrium end

function solve(M::CorrelatedEquilibrium, 𝒫::SimpleGame)
    ℐ, 𝒜, R = 𝒫.ℐ, 𝒫.𝒜, 𝒫.R
    model = Model(Ipopt.Optimizer)
    @variable(model, π[joint(𝒜)] ≥ 0)
    @objective(model, Max, sum(sum(π[a]*R(a) for a in joint(𝒜))))
    @constraint(model, [i=ℐ, ai=𝒜[i], ai′=𝒜[i]],
        sum(R(a)[i]*π[a] for a in joint(𝒜) if a[i]==ai)
        ≥ sum(R(joint(a,ai′,i))[i]*π[a] for a in joint(𝒜) if a[i]==ai))
    @constraint(model, sum(π) == 1)
    optimize!(model)
    return JointCorrelatedPolicy(a ⇒ value(π[a]) for a in joint(𝒜))
end
```

虽然线性规划可以在多项式时间内求解，但联合行为空间的大小随着智能体的数量呈指数型增长。这些约束条件实现了相关均衡。然而，该目标可用于在不同的有效相关均衡之间进行选择。表 24-3 提供了目标函数的几种常见选择。

表 24-3　式（24.8）的替代目标函数，选择各种相关均衡[⊖]

名称	描述	目标函数
Utilitarian	最大化净效用	$\max \pi \sum_i \sum_a R^i(\boldsymbol{a})\pi(\boldsymbol{a})$
Egalitarian	最大化所有智能体效用的最小值	$\max \pi \min i \sum_a R^i(\boldsymbol{a})\pi(\boldsymbol{a})$
Plutocratic	最大化所有智能体效用的最大值	$\max \pi \max i \sum_a R^i(\boldsymbol{a})\pi(\boldsymbol{a})$
Dictatorial	最大化智能体 i 的效用	$\max \pi \sum_a R^i(\boldsymbol{a})\pi(\boldsymbol{a})$

24.6　迭代式最优响应

因为纳什均衡的计算成本可能很高，所以另一种方法是在一系列重复博弈中采用迭代方法应用最优响应。在迭代式最优响应（iterated best response）（算法 24-8）中，我们在智能体之间随机循环，依次求解每个智能体的最优响应策略。这个过程可能会收敛到纳什均衡，但这种收敛只针对某些类别的博弈才有保证[⊖]。在许多问题中，常常会观察到周期性。

⊖ 这些描述摘自以下文献：A. Greenwald and K. Hall, "Correlated Q-Learning," in *International Conference on Machine Learning*（ICML），2003。

⊖ 例如，对于一个潜在博弈（potential game）的游戏类别，迭代式最优响应将收敛，具体请参见以下教科书中的定理 19.12：N. Nisan, T. Roughgarden, É. Tardos, and V. V. Vazirani, eds., *Algorithmic Game Theory*. Cambridge University Press, 2007。

算法 24-8   迭代式最优响应包括通过智能体进行循环并将其最优响应应用于其他智能体。该算法从
           一些初始策略开始，在 k_max 次迭代之后停止。为了方便起见，我们有一个构造函数，
           该函数将一个简单的博弈游戏作为输入并创建一个初始策略，让每个智能体随机均匀地
           选择行为。同样的求解函数将在下一章中更复杂的游戏形式中重用

```
struct IteratedBestResponse
    k_max #  迭代的次数
    π     #  初始策略
end

function IteratedBestResponse(𝒫::SimpleGame, k_max)
    π = [SimpleGamePolicy(ai ⇒ 1.0 for ai in 𝒜i) for 𝒜i in 𝒫.𝒜]
    return IteratedBestResponse(k_max, π)
end

function solve(M::IteratedBestResponse, 𝒫)
    π = M.π
    for k in 1:M.k_max
        π = [best_response(𝒫, π, i) for i in 𝒫.ℐ]
    end
    return π
end
```

24.7 层次化 Softmax

一个被称为行为博弈论（behavioral game theory）的领域旨在模拟人类智能体。当构建必须与人类互动的决策系统时，计算纳什均衡并不总是有用的。人类通常不会采取纳什均衡策略。如果博弈中存在许多不同的均衡，那么可能不清楚具体哪一种均衡被采用。对于只有一个均衡的博弈，由于认知限制，人类可能很难计算出纳什均衡。即使人类智能体能够计算出纳什均衡，他们也可能怀疑对手是否能够进行这种计算。

在相关文献中提出了有许多行为模型[⊖]。其中一种方法是将上一节中的迭代方法与 Softmax 模型相结合。这种层次化 Softmax（hierarchical Softmax）方法（算法 24-9)[⊖] 以 $k \geqslant 0$ 的层级对智能体的合理性深度（depth of rationality）进行建模。第 0 层级的智能体随机均匀执行其行为。第 1 层级的智能体假设其他玩家采用第 0 层级策略并根据 Softmax 响应选择行为，其中精度为 λ。根据其他玩家玩第 $k-1$ 层级的 Softmax 模型，第 k 层级的智能体选择相应的行为。图 24-1 演示了将这种方法应用于简单的博弈游戏。

算法 24-9   层次化 Softmax 模型，具有精度参数 λ 和层级 k。默认情况下，该模型从初始联合策略开
           始，这个初始联合策略为所有单个行为分配均匀的概率

```
struct HierarchicalSoftmax
    λ #  精度参数
    k #  层级
    π #  初始策略
end

function HierarchicalSoftmax(𝒫::SimpleGame, λ, k)
    π = [SimpleGamePolicy(ai ⇒ 1.0 for ai in 𝒜i) for 𝒜i in 𝒫.𝒜]
    return HierarchicalSoftmax(λ, k, π)
end
```

⊖ C. F. Camerer, *Behavioral Game Theory: Experiments in Strategic Interaction.* Princeton University Press, 2003.

⊖ 这种方法有时被称为 quantal-level-k 或 logit-level-k。D. O. Stahl and P. W. Wilson, "Experimental Evidence on Players' Models of Other Players," *Journal of Economic Behavior & Organization*, vol. 25, no. 3, pp. 309-327, 1994.

```
function solve(M::HierarchicalSoftmax, 𝒫)
    π = M.π
    for k in 1:M.k
        π = [softmax_response(𝒫, π, i, M.λ) for i in 𝒫.ℐ]
    end
    return π
end
```

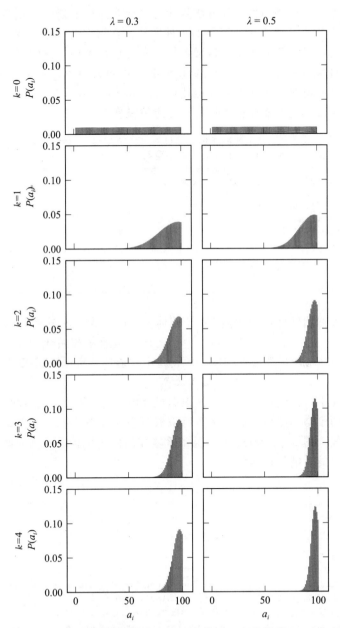

图 24-1 应用于"旅行者困境"的层次化 Softmax 模型（参见附录 F.12），适用于各种深度的合理性层级 k 和精度参数 λ。人们倾向于在 97 美元到 100 美元之间选择行为，即使纳什均衡只有 2 美元

我们可以从数据中学习该行为模型的参数 k 和 λ。如果有一组由不同智能体执行的联合行为，我们可以计算给定 k 和 λ 的相关似然性。然后，可以使用优化算法来尝试寻找最大化似然性的 k 值和 λ 值。这种优化通常无法通过解析方法来实现[⊖]，但我们可以使用数值方法进行优化。或者，我们可以使用贝叶斯方法进行参数学习[⊜]。

24.8　虚构博弈

为不同智能体计算策略的另一种方法是让这些智能体在模拟中相互博弈并学习如何做出最优响应。算法 24-10 提供仿真环路的一种实现。在每次迭代中，我们评估各种策略以获得一个联合行为，然后智能体使用该联合行为来更新其策略。我们可以使用多种方式来更新策略，以应对观测到的联合行为。本节侧重于虚构博弈（fictitious play），其中智能体使用其他智能体所遵循的策略的最大似然估计（如 16.1 节所述）。每个智能体都遵循自己的最优响应，假设其他智能体根据这些估计进行操作[⊜]。

算法 24-10　简单博弈 $\mathcal{P}$ 中联合策略的模拟，运行 k_max 次迭代。联合策略 π 是一个策略向量，可以通过调用 update!(πi, a) 来单独更新

```
function simulate(𝒫::SimpleGame, π, k_max)
    for k = 1:k_max
        a = [πi() for πi in π]
        for πi in π
            update!(πi, a)
        end
    end
    return π
end
```

为了计算最大似然估计，智能体 i 对智能体 j 采取行为 a^j 的次数进行跟踪并将其存储在表 $N^i(j, a^j)$ 中。这些计数可以初始化为任何值，但通常初始化为 1，以创建初始的均匀不确定性。智能体 i 计算其最优响应，假设每个智能体 j 遵循随机策略：

$$\pi^j(a^j) \propto N^i(j, a^j) \tag{24.9}$$

在每一次迭代中，我们让每个智能体根据最优响应进行操作，假设其他智能体采用这些基于随机计数的策略。然后，我们更新所采取行为的行为计数。算法 24-11 实现了这个简单的自适应过程。图 24-2 和图 24-3 显示策略如何使用虚构游戏随时间演变的过程。虚构游戏不能保证收敛到纳什均衡[⊛]。

⊖　J. R. Wright and K. LeytonBrown, "Beyond Equilibrium: Predicting Human Behavior in Normal Form Games," in *AAAI Conference on Artificial Intelligence* (*AAAI*), 2010.

⊜　J. R. Wright and K. LeytonBrown, "Behavioral Game Theoretic Models: A Bayesian Framework for Parameter Analysis," in *International Conference on Autonomous Agents and Multiagent Systems* (*AAMAS*), 2012.

⊜　G. W. Brown, "Iterative Solution of Games by Fictitious Play," *Activity Analysis of Production and Allocation*, vol. 13, no. 1, pp. 374-376, 1951. J. Robinson, "An Iterative Method of Solving a Game," *Annals of Mathematics*, pp. 296-301, 1951.

⊛　有关该主题的简单背景介绍，请参见文献 U. Berger, "Brown's Original Fictitious Play," *Journal of Economic Theory*, vol. 135, no. 1, pp. 572-578, 2007。

算法 24-11 虚构游戏是一个简单的学习算法，用于一个简单博弈游戏 $\mathcal{P}$ 的智能体 i，在一段时间内，对其他智能体行为选择的计数进行维护并计算其平均值，假设这是其他智能体的随机策略。然后，智能体计算对该策略的最优响应并执行相应的效用最大化操作

```
mutable struct FictitiousPlay
    𝒫  # 简单博弈游戏
    i  # 智能体索引
    N  # 行为选择数组字典
    πi # 当前策略
end

function FictitiousPlay(𝒫::SimpleGame, i)
    N = [Dict(aj ⇒ 1 for aj in 𝒫.𝒜[j]) for j in 𝒫.ℐ]
    πi = SimpleGamePolicy(ai ⇒ 1.0 for ai in 𝒫.𝒜[i])
    return FictitiousPlay(𝒫, i, N, πi)
end

(πi::FictitiousPlay)() = πi.πi()

(πi::FictitiousPlay)(ai) = πi.πi(ai)

function update!(πi::FictitiousPlay, a)
    N, 𝒫, ℐ, i = πi.N, πi.𝒫, πi.𝒫.ℐ, πi.i
    for (j, aj) in enumerate(a)
        N[j][aj] += 1
    end
    p(j) = SimpleGamePolicy(aj ⇒ u/sum(values(N[j])) for (aj, u) in N[j])
    π = [p(j) for j in ℐ]
    πi.πi = best_response(𝒫, π, i)
end
```

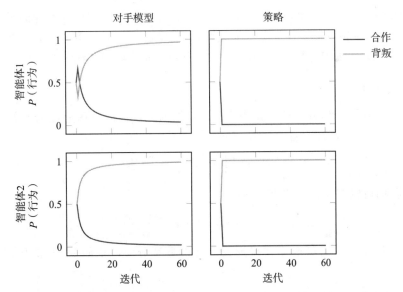

图 24-2　两个虚构的博弈智能体在囚徒困境游戏中相互学习和适应。第一行说明通过迭代智能体 1 学习到的智能体 2 的模型 2（左）和智能体 1 的策略（右）。第二行遵循相同的模式，但针对智能体 2。为了说明学习行为的变化，将每个智能体的模型相对于其他智能体行为的初始计数分别赋值为 1 到 10 之间的随机数

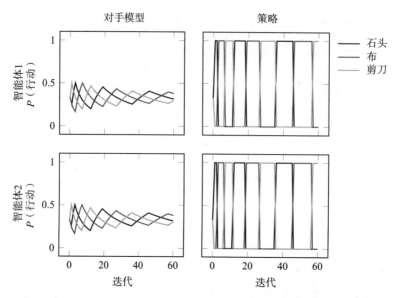

图 24-3　两个虚构的博弈智能体在一个"石头、剪刀、布"游戏中学习并适应彼此的可视化展
　　　　示。第一行说明了智能体 1 学习到的智能体 2 的模型 2（左）和智能体 1 的策略（右）
　　　　如何随时间的变化。第二行遵循相同的模式，但针对智能体 2。为了说明学习行为的变
　　　　化，将每个智能体的模型相对于其他智能体行为的初始计数被赋值为 1 到 10 之间的随
　　　　机数。在这个零和博弈中，虚构博弈智能体接近其随机策略纳什均衡的收敛。

虚构的博弈有许多变体。一种称为平滑虚构博弈（smooth fictitious play）的变体[○]，
使用预期的效用加上平滑函数（例如策略熵）来选择最优响应。另一种变体称为理性学习
（rational learning）或贝叶斯学习（Bayesian learning）。理性学习将虚构博弈的模型扩展为对
其他智能体行为的虚拟（被表述为贝叶斯先验）。给定联合行为的历史，贝叶斯规则随后被
用于更新信念。传统的虚构博弈可以被视为使用狄利克雷先验的理性学习（4.2.2 节）。

24.9　梯度上升

梯度上升（gradient ascent）（算法 24-12）根据智能体的效用递增地调整其在梯度中
的策略。在时间 t，智能体 i 的梯度为：

$$\frac{\partial U^i(\boldsymbol{\pi}_t)}{\partial \pi_t^i(a^i)} = \frac{\partial}{\partial \pi_t^i}\Big(\sum_{\boldsymbol{a}} R^i(\boldsymbol{a})\prod_j \pi_t^j(a^j)\Big) = \sum_{\boldsymbol{a}^{-i}} R^i(a^i, \boldsymbol{a}^{-i})\prod_{j \neq i} \pi_t^j(a^j) \qquad (24.10)$$

然后，我们可以使用标准梯度上升：

$$\pi_{t+1}^i(a^i) = \pi_t^i(a^i) + \alpha_t^i\,\frac{\partial U^i(\boldsymbol{\pi}_t)}{\partial \pi_t^i(a^i)} \qquad (24.11)$$

其中，学习率为 $\alpha_t^{i\ominus}$。π_{t+1}^i 可能需要投影回有效的概率分布，正如 23.4 节中 POMDP 策略
所述。

○　D. Fudenberg and D. Levine, "Consistency and Cautious Fictitious Play," *Journal of Economic Dynamics and Control*, vol. 19, no. 5-7, pp. 1065-1089, 1995.

○　无穷小梯度上升法（infinitesimal gradient ascent）使用的是逆平方根学习率 $\alpha_t^i = 1/\sqrt{t}$。之所以被称为无穷小，是
　　因为当 $t \to \infty$ 时，$\alpha_t^i \to 0$。我们在实现中使用这个学习率。S. Singh, M. Kearns, and Y. Mansour, "Nash Conver-
　　gence of Gradient Dynamics in General-Sum Games," in *Conference on Uncertainty in Artificial Intelligence* (*UAI*),
　　2000.

算法 24-12 对于一个简单博弈 $\mathcal{P}$ 中的智能体 i，其梯度上升的实现。该算法在梯度上升后逐步更新智能体在行为上的分布，以提高预期的效用。来自算法 23-6 的投影函数用于确保所得到的策略维持有效的概率分布

```
mutable struct GradientAscent
    𝒫  #  简单博弈游戏
    i  #  智能体索引
    t  #  时间步
    πi #  当前策略
end

function GradientAscent(𝒫::SimpleGame, i)
    uniform() = SimpleGamePolicy(ai ⇒ 1.0 for ai in 𝒫.𝒜[i])
    return GradientAscent(𝒫, i, 1, uniform())
end

(πi::GradientAscent)() = πi.πi()

(πi::GradientAscent)(ai) = πi.πi(ai)

function update!(πi::GradientAscent, a)
    𝒫, ℐ, 𝒜i, i, t = πi.𝒫, πi.𝒫.ℐ, πi.𝒫.𝒜[πi.i], πi.i, πi.t
    jointπ(ai) = [SimpleGamePolicy(j == i ? ai : a[j]) for j in ℐ]
    r = [utility(𝒫, jointπ(ai), i) for ai in 𝒜i]
    π′ = [πi.πi(ai) for ai in 𝒜i]
    π = project_to_simplex(π′ + r / sqrt(t))
    πi.t = t + 1
    πi.πi = SimpleGamePolicy(ai ⇒ p for (ai, p) in zip(𝒜i, π))
end
```

然而，在实践中，智能体 i 只知道自己的策略 π_t^i，而不知道其他智能体的策略，这使得梯度的计算变得困难。但智能体确实可以观测到所执行的联合行为 $\boldsymbol{a}_t$。尽管我们可以尝试像在虚构博弈中那样估计智能体的策略，但一个简单的方法是假设其他智能体的策略是重演他们最近的行为[⊖]。因此，梯度可简化为：

$$\frac{\partial U^i(\boldsymbol{\pi}_t)}{\partial \pi_t^i(a^i)} = R^i(a^i, \boldsymbol{a}^{-i}) \tag{24.12}$$

图 24-4 演示将该方法应用于一个简单的"石头、剪刀、布"博弈游戏。

24.10 本章小结

- 在简单的博弈游戏中，多个智能体竞争以最大化预期的奖励。
- 在具有多个智能体的环境中，最优性并不是那么简单，存在多种可能的解决方案概念，用于从奖励规范中提取策略。
- 对于其他智能体的一套固定策略，智能体对这套固定策略的最优响应是没有偏离的动机。
- 纳什均衡是一种联合策略，所有智能体都遵循同一个最优响应。
- 相关均衡与纳什均衡相同，只是在相关均衡中，所有智能体遵循单一联合行为分布，该联合行为分布允许智能体之间相互关联。

⊖ 该方法可用于广义无穷小梯度上升（Generalized Infinitesimal Gradient Ascent，GIGA）。M. Zinkevich, "Online Convex Programming and Generalized Infinitesimal Gradient Ascent," in *International Conference on Machine Learning*（ICML），2003. 以下文献中提出了一种改进的梯度更新规则以鼓励收敛：M. Bowling, "Convergence and No-Regret in Multiagent Learning," in *Advances in Neural Information Processing Systems*（NIPS），2005。

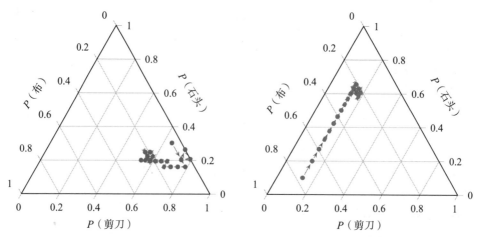

图 24-4　在一个"石头、剪刀、布"博弈中，包含两个具有随机初始化策略的梯度上升
　　　　　智能体。我们使用算法 24-12 的变体，所采用的学习率为 $0.1/\sqrt{t}$。本图中显示
　　　　　了 20 个策略更新。尽管由于步长趋近于 0，不同的模拟轨迹将趋于收敛，但来
　　　　　自随机策略的不同样本可能导致收敛到不同的策略

- 迭代式最优响应可以通过迭代应用最优响应来快速优化联合策略，但通常无法保
  证收敛。
- 层次化 Softmax 试图根据智能体合理性和准确性的深度对其进行建模，而合理性
  和准确性可以从过去的联合行为中获取。
- 虚构博弈是一种学习算法，这种学习算法使用其他智能体的最大似然行为模型来
  找到最优响应策略并有可能收敛到纳什均衡。
- 先将梯度上升然后投影到概率单纯形上的方式可以用于学习策略。

24.11　练习题

练习题 24-1　请举一个博弈的例子，该博弈带有两个智能体和无限数量的行为并且不
存在纳什均衡。

参考答案： 假设每个智能体的行为空间均由负实数组成并且他们的奖励等于他们的行
为。由于不存在最大的负数，因此不可能存在纳什均衡。

练习题 24-2　请举一个博弈的例子，该博弈包含两个
智能体、两个行为和两个纳什均衡并且包含确定性策略。

参考答案： 以下就是一个满足题目要求的例子[⊖]。假
设我们有两架飞机，在一条会发生碰撞的航线上，每架飞
机的飞行员必须选择爬升或下降，从而避免相互碰撞。如
果两名飞行员都选择了相同的操作，那么结果发生了碰
撞，两名飞行员的效用值为 −4。因为飞机爬升比下降需
要更多的燃料，所以任何决定爬升的飞行员都会受到值
为 −1 的额外处罚，如表 24-4 所示。

表 24-4　两架飞机的博弈

		智能体2	
		爬升	下降
智能体1	爬升	−5, −5	−1, 0
	下降	0, −1	−4, −4

⊖　该示例来自于以下文献 M. J. Kochenderfer, *Decision Making Under Uncertainty：Theory and Applica-
tion*. MIT Press，2015。

练习题 24-3 给定一个稳定的联合策略 $\boldsymbol{\pi}$,该策略是一个时域为 1 的简单博弈的纳什均衡,证明对于重复到任何有限或无限时域的相同简单博弈,它也是纳什均衡。

参考答案: 根据纳什均衡的定义,所有智能体 i 按式 (24.2) 对所有其他策略 $\pi^{i\prime} \neq \pi^i$ 执行最优响应 π^i:

$$U^i(\pi^i, \boldsymbol{\pi}^{-i}) \geqslant U^i(\pi^{i\prime}, \boldsymbol{\pi}^{-i})$$

根据 U^i 的定义,我们有:

$$U^i(\boldsymbol{\pi}) = \sum_{\boldsymbol{a} \in A} R^i(\boldsymbol{a}) \prod_{j=1}^{k} \pi^j(a^j)$$

随着时间的推移,所有智能体的联合策略保持不变。将其应用于任意时域 n,使用任意折扣系数 (当 $n < \infty$ 时,$\gamma = 1$;当 $n \to \infty$ 时,$\gamma < 1$)。n 步之后,智能体 i 的效用为:

$$\begin{aligned}
U^{i,n}(\boldsymbol{\pi}) &= \sum_{t=1}^{n} \gamma^{t-1} \sum_{\boldsymbol{a} \in A} R^i(\boldsymbol{a}) \prod_{j=1}^{k} \pi^j(a^j) \\
&= \sum_{\boldsymbol{a} \in A} R^i(\boldsymbol{a}) \prod_{j=1}^{k} \pi^j(a^j) \sum_{t=1}^{n} \gamma^{t-1} \\
&= U^i(\boldsymbol{\pi}) \sum_{t=1}^{n} \gamma^{t-1} \\
&= U^i(\boldsymbol{\pi}) c
\end{aligned}$$

折扣系数变为常数乘数 $c > 0$。因此,式 (24.2) 在两边的任何常数乘法都会导致相同的不等式,从而可以证明:

$$U^i(\pi^i, \boldsymbol{\pi}^{-i}) \geqslant U^i(\pi^{i\prime}, \boldsymbol{\pi}^{-i})$$
$$U^i(\pi^i, \boldsymbol{\pi}^{-i}) c \geqslant U^i(\pi^{i\prime}, \boldsymbol{\pi}^{-i}) c$$
$$U^i(\pi^i, \boldsymbol{\pi}^{-i}) \sum_{t=1}^{n} \gamma^{t-1} \geqslant U^i(\pi^{i\prime}, \boldsymbol{\pi}^{-i}) \sum_{t=1}^{n} \gamma^{t-1}$$
$$\sum_{t=1}^{n} \gamma^{t-1} U^i(\pi^i, \boldsymbol{\pi}^{-i}) \geqslant \sum_{t=1}^{n} \gamma^{t-1} U^i(\pi^{i\prime}, \boldsymbol{\pi}^{-i})$$
$$U^{i,n}(\pi^i, \boldsymbol{\pi}^{-i}) \geqslant U^{i,n}(\pi^{i\prime}, \boldsymbol{\pi}^{-i})$$

练习题 24-4 证明纳什均衡是相关均衡。

参考答案: 考虑任意不相关的联合策略 $\pi(\boldsymbol{a})$。对于任意一个智能体 i:

$$\pi(\boldsymbol{a}) = \prod_{j=1}^{k} \pi^j(a^j) = \pi^i(a^i) \prod_{j \neq i} \pi^j(a^j) \tag{24.13}$$

足以证明,在这种约束下的相关均衡形成了纳什均衡的精确定义。首先将式 (24.13) 应用于相关平衡的定义。对于所有智能体 i,π 中具有非零概率的任何 $a^{i\ominus}$,以及所有 $a^{i\prime}$:

$$\sum_{\boldsymbol{a}^{-i}} R^i(a^i, \boldsymbol{a}^{-i}) \pi(a^i, \boldsymbol{a}^{-i}) \geqslant \sum_{\boldsymbol{a}^{-i}} R^i(a^{i\prime}, \boldsymbol{a}^{-i}) \pi(a^i, \boldsymbol{a}^{-i})$$
$$\sum_{\boldsymbol{a}^{-i}} R^i(a^i, \boldsymbol{a}^{-i}) \pi^i(a^i) \prod_{j \neq i} \pi^j(a^j) \geqslant \sum_{\boldsymbol{a}^{-i}} R^i(a^{i\prime}, \boldsymbol{a}^{-i}) \pi^i(a^i) \prod_{j \neq i} \pi^j(a^j)$$
$$\sum_{\boldsymbol{a}^{-i}} R^i(a^i, \boldsymbol{a}^{-i}) \prod_{j \neq i} \pi^j(a^j) \geqslant \sum_{\boldsymbol{a}^{-i}} R^i(a^{i\prime}, \boldsymbol{a}^{-i}) \prod_{j \neq i} \pi^j(a^j) \tag{24.14}$$

现在,考虑效用的定义:

$\ominus$ 即,$\sum_{\boldsymbol{a}^{-i}} \pi(a^i, \boldsymbol{a}^{-i}) > 0$。如果为零,则当 $0 \geqslant 0$ 时,不等式成立。

$$U^i(\pi^i, \boldsymbol{\pi}^{-i}) = \sum_a R^i(a^i, \boldsymbol{a}^{-i}) \prod_{j=1}^k \pi^j(a^j) = \sum_{a^i} \pi^i(a^i) \Big(\sum_{\boldsymbol{a}^{-i}} R^i(a^i, \boldsymbol{a}^{-i}) \prod_{j \neq i} \pi^j(a^j) \Big)$$

接下来，将等式（24.14）应用于括号内的项：

$$U^i(\pi^i, \boldsymbol{\pi}^{-i}) \geqslant \sum_{a^i} \pi^i(a^i) \Big(\sum_{\boldsymbol{a}^{-i}} R^i(a^{i\prime}, \boldsymbol{a}^{-i}) \prod_{j \neq i} \pi^j(a^j) \Big)$$

$$= \Big(\sum_{\boldsymbol{a}^{-i}} R^i(a^{i\prime}, \boldsymbol{a}^{-i}) \prod_{j \neq i} \pi^j(a^j) \Big) \sum_{a^i} \pi^i(a^i) = \sum_{\boldsymbol{a}^{-i}} R^i(a^{i\prime}, \boldsymbol{a}^{-i}) \prod_{j \neq i} \pi^j(a^j)$$

对于任意行为 $a^{i\prime}$，该公式成立。因此，应用任何概率加权都会保留此不等式的右侧。考虑使用任意其他策略 $\pi^{i\prime}$ 作为权重：

$$U^i(\pi^i, \boldsymbol{\pi}^{-i}) \geqslant \sum_{a^i} \pi^{i\prime}(a^i) \sum_{\boldsymbol{a}^{-i}} R^i(a^i, \boldsymbol{a}^{-i}) \prod_{j \neq i} \pi^j(a^j) = U^i(\pi^{i\prime}, \boldsymbol{\pi}^{-i})$$

该不等式是最优响应的定义。这个不等式必须适用于所有智能体 i，从而形成纳什均衡的定义。总之，纳什均衡是一种特殊的相关均衡，它受不相关联合策略的约束。

练习题 24-5　举一个包含两个智能体博弈的例子，每个智能体都有两个行为，其中相关均衡不能表示为纳什均衡。

参考答案： 考虑以下博弈：在博弈中，两个人想去约会，但对选择哪一种约会（在这种情况下，约会是晚餐还是电影）存在冲突，如表 24-5 所示。

表 24-5　约会是晚餐还是电影存在着冲突

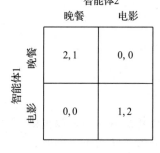

存在一个随机纳什均衡。智能体 1 遵循 π^1（晚餐）＝2/3 和 π^1（电影）＝1/3。智能体 2 遵循 π^2（晚餐）＝1/3 和 π^2（电影）＝2/3。其效用为：

$$U^1(\boldsymbol{\pi}) = \frac{2}{3} \times \frac{1}{3} \times 2 + \frac{2}{3} \times \frac{2}{3} \times 0 + \frac{1}{3} \times \frac{1}{3} \times 0 + \frac{1}{3} \times \frac{2}{3} \times 1 = \frac{2}{9} \times 2 + \frac{2}{9} \times 1 = \frac{2}{3}$$

$$U^2(\boldsymbol{\pi}) = \frac{2}{3} \times \frac{1}{3} \times 1 + \frac{2}{3} \times \frac{2}{3} \times 0 + \frac{1}{3} \times \frac{1}{3} \times 0 + \frac{1}{3} \times \frac{2}{3} \times 2 = \frac{2}{9} \times 1 + \frac{2}{9} \times 2 = \frac{2}{3}$$

然而，如果两个智能体通过公平投掷硬币 π（电影，电影）＝π（晚餐，晚餐）＝0.5 时将他们的行为关联起来，那么两个智能体可以协调去吃饭或两个一起去看电影。其效用为：

$$U^1(\boldsymbol{\pi}) = 0.5 \times 2 + 0.0 \times 0 + 0.0 \times 0 + 0.5 \times 1 = 0.5 \times 2 + 0.5 \times 1 = \frac{3}{2}$$

$$U^2(\boldsymbol{\pi}) = 0.5 \times 1 + 0.0 \times 0 + 0.0 \times 0 + 0.5 \times 2 = 0.5 \times 1 + 0.5 \times 2 = \frac{3}{2}$$

这在纳什均衡中是不可能的。从直观上而言，在这个例子中，这是因为概率权重在每一行上独立地分配给每个玩家。相反，相关均衡可以针对特定的单元格（在这种情况下，具有更高的收益）。

练习题 24-6　迭代最优响应和虚构博弈等算法并不是在每个博弈中都会收敛。请构建一个展示这种非收敛性的博弈。

参考答案： 迭代式最优响应在"石头、剪刀、布"博弈中出现分歧。表 24-6 是具有随机初始化的前 10 次迭代的示例。

表 24-6 具有随机初始化的前 10 次迭代

迭代	智能体 1 的行动	智能体 2 的行动	奖励
1	布	石头	1.0，−1.0
2	布	剪刀	−1.0，1.0
3	石头	剪刀	1.0，−1.0
4	石头	布	−1.0，1.0
5	剪刀	布	1.0，−1.0
6	剪刀	石头	−1.0，1.0
7	布	石头	1.0，−1.0
8	布	剪刀	−1.0，1.0
9	石头	剪刀	1.0，−1.0
10	石头	布	−1.0，1.0

在"类似石头、剪刀、布（almost-rock-pa-per-scissors）"博弈[⊖] 中，虚构博弈也不会收敛，如表 24-7 所示。

图 24-5 是一个虚构博弈智能体在 60 次迭代中玩这个游戏的示例：

练习题 24-7 在"旅行者困境"问题（附录 F.12）中，迭代的最优响应收敛于什么？

参考答案：迭代的最优响应收敛到 2 美元的纳什均衡。

表 24-7 "石头、剪刀、布"的虚构博弈

		智能体2	
	石头	布	剪刀
石头	0，0	0，1	1，0
布	1，0	0，0	0，1
剪刀	0，1	1，0	0，0

（智能体1 为左侧纵向标注）

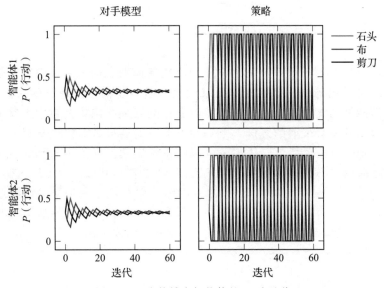

图 24-5 虚构博弈智能体的 60 次迭代

⊖ 有关该博弈和其他许多博弈更详细的讨论，请参考文献 Y. Shoham and K. LeytonBrown, *Multiagent Systems：Algorithmic，Game Theoretic，and Logical Foundations*. Cambridge University Press，2009。

序 列 问 题

本章将简单博弈扩展到具有多个状态的连续情形。马尔可夫博弈（Markov Game，MG）可以被视为一个马尔可夫决策过程，在该过程中涉及多个具有各自奖励函数的智能体[⊖]。在这种构成中，转移取决于联合行为，所有智能体都寻求最大化自己的奖励。我们将响应模型和纳什均衡解决方案的概念从简单博弈推广到考虑状态的转移模型。在本章的最后一部分中，我们将讨论基于学习的模型，其中智能体基于观察到的交互信息以及对奖励函数和转移函数的了解来调整其策略。

25.1 马尔可夫博弈

马尔可夫博弈（算法 25-1）扩展了简单的博弈，以包括一个共享的状态 $s \in \mathcal{S}$。在联合行为 a 下从状态 s 转移到状态 s' 的可能性由转移分布 $T(s'|s,a)$ 给出。每个智能体 i 根据其自己的奖励函数 $R^i(s,a)$ 接收奖励，现在该函数也取决于状态。示例 25-1 概述了如何将交通导航构建为一个马尔可夫博弈问题。

算法 25-1　马尔可夫博弈的数据结构

```
struct MG
    γ  #  折扣系数
    ℐ  #  智能体
    𝒮  #  状态空间
    𝒜  #  联合状态空间
    T  #  转移函数
    R  #  联合奖励函数
end
```

示例 25-1　交通导航是一个马尔可夫博弈决策问题。这个决策问题不能使用类似于马尔可夫决策过程的单一智能体模型来建模，因为我们不知道其他智能体的行为，只知道那些智能体的奖励值。我们可以尝试通过交互来找到均衡或学习策略，这类似于我们在简单博弈中所采取的方法。考虑驾车上班的通勤者。每辆车都有一个起始位置和一个目的地。每辆车都可以从几条可用的道路中选择任何一条到达目的地，但这些道路的行驶时间各不相同。在给定的道路上行驶的汽车越多，汽车的速度就越慢。

这个问题是一个马尔可夫博弈决策。智能体是驾驶汽车的通勤者，状态是道路上所有汽车的位置，行为对应于如何选择下一条道路。状态的转移使所有汽车智能体在联合行为后向前迈进。负的奖励值与在路上行驶的时间成正比。

⊖　马尔可夫博弈也被称为随机博弈，最初是在 20 世纪 50 年代与马尔可夫决策过程同时被研究。L. S. Shapley, "Stochastic Games," *Proceedings of the National Academy of Sciences*, vol. 39, no. 10, pp. 1095-1100, 1953. 几十年后，它们被引入了多智能体人工智能社区。M. L. Littman, "Markov Games as a Framework for Multi-Agent Reinforcement Learning," in *International Conference on Machine Learning* (ICML), 1994.

马尔可夫博弈中的联合策略 $\boldsymbol{\pi}$ 指定了给定当前状态下联合行为的概率分布。与马尔可夫决策过程一样，我们将关注依赖于当前状态而非过去历史的策略，因为考虑到当前状态，未来的状态和奖励都有条件地独立于历史。此外，我们将专注于不依赖时间的固定策略。智能体 i 在状态 s 选择行为 a 的概率由 $\pi^i(a|s)$ 给出。我们通常使用 $\boldsymbol{\pi}(s)$ 表示联合行为的分布。

从智能体 i 的角度来看，联合策略 $\boldsymbol{\pi}$ 的效用可以使用 7.2 节中介绍的马尔可夫决策过程策略评估的变体来计算。当执行联合策略 $\boldsymbol{\pi}$ 时，从状态 s 对智能体 i 的奖励为：

$$R^i(s, \boldsymbol{\pi}(s)) = \sum_a R^i(s, \boldsymbol{a}) \prod_{j \in \mathcal{I}} \pi^j(a^j | s) \qquad (25.1)$$

当执行策略 $\boldsymbol{\pi}$ 时，从状态 s 转移到状态 s' 的概率为：

$$T(s' | s, \boldsymbol{\pi}(s)) = \sum_a T(s' | s, \boldsymbol{a}) \prod_{j \in \mathcal{I}} \pi^j(a^j | s) \qquad (25.2)$$

在无限时域折扣博弈中，智能体 i 从状态 s 的效用为：

$$U^{\pi, i}(s) = R^i(s, \boldsymbol{\pi}(s)) + \gamma \sum_{s'} T(s' | s, \boldsymbol{\pi}(s)) U^{\pi, i}(s') \qquad (25.3)$$

上述公式可以精确地求解（算法 25-2）。

算法 25-2　马尔可夫博弈策略是上一章介绍的从状态到简单博弈策略的映射。我们可以通过传递生成器构造字典来构造马尔可夫博弈策略。策略（对于马尔可夫博弈或简单博弈）分配给从状态 s 采取行为 ai 的概率为 π i(s,ai)。算法还提供了计算 Rⁱ(s,π(s)) 和 T(s′|s,π (s)) 的函数。策略评估函数将计算表示 Uπ,ⁱ 的向量

```
struct MGPolicy
    p # 将状态映射到简单博弈策略的字典
    MGPolicy(p::Base.Generator) = new(Dict(p))
end

(πi::MGPolicy)(s, ai) = πi.p[s](ai)
(πi::SimpleGamePolicy)(s, ai) = πi(ai)

probability(𝒫::MG, s, π, a) = prod(πj(s, aj) for (πj, aj) in zip(π, a))
reward(𝒫::MG, s, π, i) =
    sum(𝒫.R(s,a)[i]*probability(𝒫,s,π,a) for a in joint(𝒫.𝒜))
transition(𝒫::MG, s, π, s′) =
    sum(𝒫.T(s,a,s′)*probability(𝒫,s,π,a) for a in joint(𝒫.𝒜))

function policy_evaluation(𝒫::MG, π, i)
    𝒮, 𝒜, R, T, γ = 𝒫.𝒮, 𝒫.𝒜, 𝒫.R, 𝒫.T, 𝒫.γ
    p(s,a) = prod(πj(s, aj) for (πj, aj) in zip(π, a))
    R′ = [sum(R(s,a)[i]*p(s,a) for a in joint(𝒜)) for s in 𝒮]
    T′ = [sum(T(s,a,s′)*p(s,a) for a in joint(𝒜)) for s in 𝒮, s′ in 𝒮]
    return (I - γ*T′)\R′
end
```

25.2　响应模型

我们可以将上一章中介绍的响应模型推广到马尔可夫博弈决策问题。这样做需要考虑状态转换模型。

25.2.1　最优响应

智能体 i 的响应策略是这样一种策略 π^i，该策略在给定其他智能体 $\boldsymbol{\pi}^{-i}$ 的固定策略的

情况下，可以使预期效用最大化。如果其他智能体的策略是固定的，那么问题就变成了马尔可夫决策过程。该马尔可夫决策过程具有状态空间 $\mathcal{S}$ 和行为空间 $\mathcal{A}^i$。我们可以定义转移函数和奖励函数，如下所示：

$$T'(s'\,|\,s,a^i) = T(s'\,|\,s,a^i,\boldsymbol{\pi}^{-i}(s)) \tag{25.4}$$

$$R'(s,a^i) = R^i(s,a^i,\boldsymbol{\pi}^{-i}(s)) \tag{25.5}$$

因为这是对智能体 i 的最优响应，马尔可夫决策过程只使用奖励 R^i。求解该马尔可夫决策过程可导致智能体 i 的最优响应策略。算法 25-3 提供该算法的实现。

算法 25-3   对于马尔可夫博弈 $\mathcal{P}$，我们可以为智能体 i 计算一个确定性的最优响应策略，假设其他智能体在 π 中执行策略。我们可以使用第 7 章其中一种方法来精确地求解马尔可夫决策过程

```
function best_response(𝒫::MG, π, i)
    𝒮, 𝒜, R, T, γ = 𝒫.S, 𝒫.𝒜, 𝒫.R, 𝒫.T, 𝒫.γ
    T'(s,ai,s') = transition(𝒫, s, joint(π, SimpleGamePolicy(ai), i), s')
    R'(s,ai) = reward(𝒫, s, joint(π, SimpleGamePolicy(ai), i), i)
    πi = solve(MDP(γ, 𝒮, 𝒜[i], T', R'))
    return MGPolicy(s ⇒ SimpleGamePolicy(πi(s)) for s in 𝒮)
end
```

25.2.2 Softmax 响应

与上一章中所采用的方法类似，我们可以定义一个 Softmax 响应策略，该响应策略将随机响应分配给每个状态下其他智能体的策略。类似于我们在构建确定性最优响应策略时所采取的方法，我们求解马尔可夫决策过程，其中具有固定策略 $\boldsymbol{\pi}^{-i}$ 的智能体被折叠（fold）到环境中。然后，我们使用"1-步"前瞻提取行为值函数 $Q(s,a)$。Softmax 响应为：

$$\boldsymbol{\pi}^i(a^i\,|\,s) \propto \exp(\lambda Q(s,a^i)) \tag{25.6}$$

其中，精度参数 $\lambda \geqslant 0$。算法 25-4 提供了一种实现。该方法可用于生成分层 Softmax 解（24.7 节）。事实上，我们可以直接使用算法 24-9。

算法 25-4   对于具有精度参数 λ 的联合策略 π，智能体 i 对该策略的 Softmax 响应

```
function softmax_response(𝒫::MG, π, i, λ)
    𝒮, 𝒜, R, T, γ = 𝒫.S, 𝒫.𝒜, 𝒫.R, 𝒫.T, 𝒫.γ
    T'(s,ai,s') = transition(𝒫, s, joint(π, SimpleGamePolicy(ai), i), s')
    R'(s,ai) = reward(𝒫, s, joint(π, SimpleGamePolicy(ai), i), i)
    mdp = MDP(γ, 𝒮, joint(𝒜), T', R')
    πi = solve(mdp)
    Q(s,a) = lookahead(mdp, πi.U, s, a)
    p(s) = SimpleGamePolicy(a ⇒ exp(λ*Q(s,a)) for a in 𝒜[i])
    return MGPolicy(s ⇒ p(s) for s in 𝒮)
end
```

25.3 纳什均衡

纳什均衡概念可以推广到马尔可夫博弈$^{\ominus}$。与简单博弈一样，所有智能体对彼此均执

$\ominus$ 因为我们假设策略是平稳的（之所以假设策略是平稳的，是因为这些策略不会随时间变化，所以这里所涵盖的纳什均衡是平稳的马尔可夫完美均衡（stationary Markov perfect equilibria）。

行一个最优响应，并且没有偏离的动机。所有具有折扣无限时域的有限马尔可夫博弈都具有纳什均衡[⊖]。

可以通过求解非线性优化问题来寻找纳什均衡，方法类似于简单博弈中求解非线性优化问题。该问题最小化前瞻效用偏差的总和并将策略限制为有效分布：

$$\min_{\boldsymbol{\pi},U} \quad \sum_{i \in \mathcal{I}} \sum_s (U^i(s) - Q^i(s, \boldsymbol{\pi}(s)))$$

$$\text{s.t.} \begin{cases} U^i(s) \geqslant Q^i(s, a^i, \boldsymbol{\pi}^{-i}(s)) & \text{对于所有的 } i, s, a^i \\ \sum_{a^i} \pi^i(a^i|s) = 1 & \text{对于所有的 } i, s \\ \pi^i(a^i|s) \geqslant 0 & \text{对于所有的 } i, s, a^i \end{cases} \tag{25.7}$$

其中，

$$Q^i(s, \boldsymbol{\pi}(s)) = R^i(s, \boldsymbol{\pi}(s)) + \gamma \sum_{s'} T(s'|s, \boldsymbol{\pi}(s)) U^i(s') \tag{25.8}$$

该非线性优化问题在算法 25-5 中实现并求解[⊖]。

算法 25-5 算法中的非线性程序计算马尔可夫博弈 $\mathcal{P}$ 的纳什均衡

```
function tensorform(𝒫::MG)
    𝓘, 𝒮, 𝒜, R, T = 𝒫.𝓘, 𝒫.𝒮, 𝒫.𝒜, 𝒫.R, 𝒫.T
    𝓘' = eachindex(𝓘)
    𝒮' = eachindex(𝒮)
    𝒜' = [eachindex(𝒜[i]) for i in 𝓘]
    R' = [R(s,a) for s in 𝒮, a in joint(𝒜)]
    T' = [T(s,a,s') for s in 𝒮, a in joint(𝒜), s' in 𝒮]
    return 𝓘', 𝒮', 𝒜', R', T'
end

function solve(M::NashEquilibrium, 𝒫::MG)
    𝓘, 𝒮, 𝒜, R, T = tensorform(𝒫)
    𝒮', 𝒜', γ = 𝒫.𝒮, 𝒫.𝒜, 𝒫.γ
    model = Model(Ipopt.Optimizer)
    @variable(model, U[𝓘, 𝒮])
    @variable(model, π[i=𝓘, 𝒮, ai=𝒜[i]] ≥ 0)
    @NLobjective(model, Min,
        sum(U[i,s] - sum(prod(π[j,s,a[j]] for j in 𝓘)
            * (R[s,y][i] + γ*sum(T[s,y,s']*U[i,s'] for s' in 𝒮))
            for (y,a) in enumerate(joint(𝒜))) for i in 𝓘, s in 𝒮))
    @NLconstraint(model, [i=𝓘, s=𝒮, ai=𝒜[i]],
        U[i,s] ≥ sum(
            prod(j==i ? (a[j]==ai ? 1.0 : 0.0) : π[j,s,a[j]] for j in 𝓘)
            * (R[s,y][i] + γ*sum(T[s,y,s']*U[i,s'] for s' in 𝒮))
            for (y,a) in enumerate(joint(𝒜))))
    @constraint(model, [i=𝓘, s=𝒮], sum(π[i,s,ai] for ai in 𝒜[i]) == 1)
    optimize!(model)
    π' = value.(π)
    πi'(i,s) = SimpleGamePolicy(𝒜'[i][ai] ⇒ π'[i,s,ai] for ai in 𝒜[i])
    πi'(i) = MGPolicy(𝒮'[s] ⇒ πi'(i,s) for s in 𝒮)
    return [πi'(i) for i in 𝓘]
end
```

⊖ A. M. Fink, "Equilibrium in a Stochastic n-Person Game," *Journal of Science of the Hiroshima University*, Series A-I, vol. 28, no. 1, pp. 89-93, 1964.

⊖ J. A. Filar, T. A. Schultz, F. Thuijsman, and O. Vrieze, "Nonlinear Programming and Stationary Equilibria in Stochastic Games," *Mathematical Programming*, vol. 50, no. 1-3, pp. 227-237, 1991.

25.4 虚构博弈

正如在简单博弈中所采用的方法，我们可以采取基于学习的方法，通过在模拟中运行智能体来达成联合策略。算法 25-6 通过推广上一章中介绍的模拟循环来处理状态转移。在模拟中运行的各种策略会根据状态转移和各种智能体所采取的行为自行更新。

算法 25-6　用于在马尔可夫博弈中采取随机步骤并运行完整的模拟函数。对于联合策略 π，模拟函数将对其模拟 k_max 个步骤，从 b 随机采样的状态开始

```
function randstep(𝒫::MG, s, a)
    s' = rand(SetCategorical(𝒫.S, [𝒫.T(s, a, s') for s' in 𝒫.S]))
    r = 𝒫.R(s,a)
    return s', r
end

function simulate(𝒫::MG, π, k_max, b)
    s = rand(b)
    for k = 1:k_max
        a = Tuple(πi(s)() for πi in π)
        s', r = randstep(𝒫, s, a)
        for πi in π
            update!(πi, s, a, s')
        end
        s = s'
    end
    return π
end
```

更新策略的一种方法是使用上一章中虚构博弈（fictitious play）的推广（算法 25-7）[⊖]，这涉及在其他智能体的策略上保持最大似然模型。除了跟踪每一个智能体正在采取的行为之外，最大似然模型还跟踪状态。我们跟踪智能体 j 在状态 s 中采取行为 a^j 的次数，将其存储在表 $N(j,a^j,s)$ 中，通常将该表初始化为 1。然后，我们可以计算最优响应，假设每一个智能体 j 遵循状态相关的随机策略：

$$\pi^j(a^j \mid s) \propto N(j,a^j,s) \tag{25.9}$$

算法 25-7　在马尔可夫博弈中，用智能体 i 的虚拟博弈来保持随时间的推移，其他智能体对每个状态下行为选择的计数为 Ni 并对计数求平均值，同时假设这是其他智能体的随机策略。然后，算法计算对该策略的最优响应并执行相应的效用最大化操作行为

```
mutable struct MGFictitiousPlay
    𝒫  # 马尔可夫博弈
    i  # 智能体索引
    Qi # "状态-行为"值估计
    Ni # "状态-行为"计数
end

function MGFictitiousPlay(𝒫::MG, i)
    𝒯, 𝒮, 𝒜, R = 𝒫.𝒯, 𝒫.𝒮, 𝒫.𝒜, 𝒫.R
    Qi = Dict((s, a) ⇒ R(s, a)[i] for s in 𝒮 for a in joint(𝒜))
    Ni = Dict((j, s, aj) ⇒ 1.0 for j in 𝒯 for s in 𝒮 for aj in 𝒜[j])
    return MGFictitiousPlay(𝒫, i, Qi, Ni)
end
```

⊖　W. Uther and M. Veloso, "Adversarial Reinforcement Learning," Carnegie Mellon University, Tech. Rep. CMU-CS-03-107，1997. M. Bowling and M. Veloso, "An Analysis of Stochastic Game Theory for Multiagent Reinforcement Learning," Carnegie Mellon University, Tech. Rep. CMU-CS-00-165, 2000.

```
function (πi::MGFictitiousPlay)(s)
    𝒫, i, Qi = πi.𝒫, πi.i, πi.Qi
    𝐼, 𝑆, 𝒜, T, R, γ = 𝒫.𝐼, 𝒫.𝑆, 𝒫.𝒜, 𝒫.T, 𝒫.R, 𝒫.γ
    πi'(i,s) = SimpleGamePolicy(ai ⇒ πi.Ni[i,s,ai] for ai in 𝒜[i])
    πi'(i) = MGPolicy(s ⇒ πi'(i,s) for s in 𝑆)
    π = [πi'(i) for i in 𝐼]
    U(s,π) = sum(πi.Qi[s,a]*probability(𝒫,s,π,a) for a in joint(𝒜))
    Q(s,π) = reward(𝒫,s,π,i) + γ*sum(transition(𝒫,s,π,s')*U(s',π)
                                      for s' in 𝑆)
    Q(ai) = Q(s, joint(π, SimpleGamePolicy(ai), i))
    ai = argmax(Q, 𝒫.𝒜[πi.i])
    return SimpleGamePolicy(ai)
end

function update!(πi::MGFictitiousPlay, s, a, s')
    𝒫, i, Qi = πi.𝒫, πi.i, πi.Qi
    𝐼, 𝑆, 𝒜, T, R, γ = 𝒫.𝐼, 𝒫.𝑆, 𝒫.𝒜, 𝒫.T, 𝒫.R, 𝒫.γ
    for (j,aj) in enumerate(a)
        πi.Ni[j,s,aj] += 1
    end
    πi'(i,s) = SimpleGamePolicy(ai ⇒ πi.Ni[i,s,ai] for ai in 𝒜[i])
    πi'(i) = MGPolicy(s ⇒ πi'(i,s) for s in 𝑆)
    π = [πi'(i) for i in 𝐼]
    U(π,s) = sum(πi.Qi[s,a]*probability(𝒫,s,π,a) for a in joint(𝒜))
    Q(s,a) = R(s,a)[i] + γ*sum(T(s,a,s')*U(π,s') for s' in 𝑆)
    for a in joint(𝒜)
        πi.Qi[s,a] = Q(s,a)
    end
end
```

在观察到状态 s 中的联合行为 a 后，我们更新各智能体 j 的计数：

$$N(j,a^j,s) \leftarrow N(j,a^j,s) + 1 \tag{25.10}$$

随着其他智能体行为的分布发生变化，我们必须更新效用。由于状态依赖性，计算马尔可夫博弈中的效用比计算简单博弈的效用更加困难。如 25.2.1 节所述，分配其他 $\boldsymbol{\pi}^{-i}$ 的固定策略会导致马尔可夫决策过程。在虚构博弈中，$\boldsymbol{\pi}^{-i}$ 由式（25.9）确定。我们通常不在每次更新时求解马尔可夫决策过程，而是定期应用更新，这是一种异步值迭代所采用的策略。示例 25-2 中给出了虚构博弈的示例。

$$\arg\max_a Q^i(s,a,\boldsymbol{\pi}^{-i}) \tag{25.11}$$

在此处的实现中，我们使用这样一个特性，即马尔可夫博弈策略的每个状态都是一个简单博弈策略，其奖励是相应的 Q^i。

示例 25-2 关于"捕食者-猎物"六边形世界问题的虚构博弈。为更好地显示学习趋势，在初始化策略时引入随机性。"捕食者-猎物"六边形世界马尔可夫博弈（附录 F.13）中，有一个捕食者（红色）和一个猎物（蓝色）。如果捕食者捕捉到猎物，捕食者将获得值为 10 的奖励，而猎物将获得值为 −100 的奖励。否则，两个智能体将获得值为 −1 的奖励。所有的智能体同时移动，每隔 10 步，我们将虚构博弈重置到初始状态。

我们观测到捕食者学会追逐猎物，而猎物学会逃跑。有趣的是，当得知猎物会跑到东角时，捕食者还会在东角处等待。而猎物则了解到，如果它在这个角落等待，就可以在捕食者扑向自己时立即逃离。在本示例中，当捕食者向东北移动时，猎物通过向西移动来躲避捕食者，如图 25-1 所示。

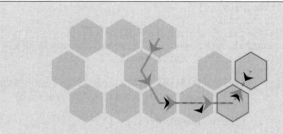

图 25-1   捕食者追逐猎物

图 25-2 是捕食者和猎物高亮状态（捕食者和猎物六边形位置）的学习到的对手模型。

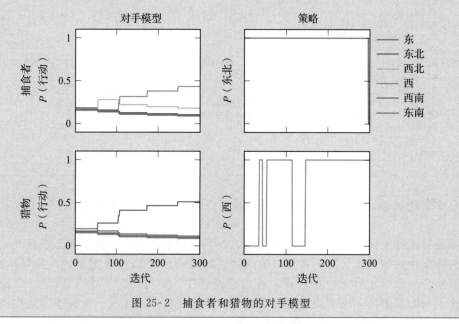

图 25-2   捕食者和猎物的对手模型

25.5   梯度上升

类似于上一章对简单博弈所采用的方式，我们可以使用梯度上升（算法 25-8）来学习策略。但现在必须考虑状态并且需要学习行为值函数。在每个时间步 t，所有智能体在状态 s_t 执行联合行为 $\boldsymbol{a}_t$。类似于简单博弈的梯度，智能体 i 假设其他智能体的策略 $\boldsymbol{\pi}_t^{-i}$ 观测到行为 $\boldsymbol{a}_t^{-i}$。其梯度为：

$$\frac{\partial U^{\pi_t, i}(s_t)}{\partial \boldsymbol{\pi}_t^i(a^i \mid s_t)} = \frac{\partial}{\partial \boldsymbol{\pi}^i(a^i \mid s_t)} \Big(\sum_a \prod_j \boldsymbol{\pi}^j(a^j \mid s_t) Q^{\pi_t, i}(s_t, \boldsymbol{a}_t) \Big) \tag{25.12}$$

$$= Q^{\pi_t, i}(s_t, a^i, \boldsymbol{a}_t^{-i}) \tag{25.13}$$

梯度步骤遵循与上一章中类似的模式，但包括状态 s 和使用预期效用估计 Q_t^i：

$$\boldsymbol{\pi}_{t+1}^i(a^i \mid s_t) = \boldsymbol{\pi}_t^i(a^i \mid s_t) + \alpha_t^i Q^i(s_t, a^i, \boldsymbol{a}^{-i}) \tag{25.14}$$

同样，此更新可能需要投影操作以确保 s_t 处的策略 π_{t+1}^i 是有效的概率分布。

与上一节中的虚构游戏一样，我们必须估计 Q_t^i 的值。我们可以使用 Q- 学习（Q-learning）：

$$Q_{t+1}^i(s_t, \boldsymbol{a}_t) = Q_t^i(s_t, \boldsymbol{a}_t) + \alpha_t \Big(R^i(s_t, \boldsymbol{a}_t) + \gamma \max_{a^{i'}} Q_t^i(s_{t+1}, a^{i'}, \boldsymbol{a}_t^{-i}) - Q_t^i(s_t, \boldsymbol{a}_t) \Big)$$

$$(25.15)$$

我们可以使用逆平方根学习率 $\alpha_t = 1/\sqrt{t}$。探索也是必要的。我们可以使用 ϵ-贪婪策略，也许还可以使用 $\epsilon_t = 1/\sqrt{t}$。

算法 25-8 马尔可夫博弈 $\mathcal{P}$ 中智能体 i 的梯度上升算法。该算法在梯度上升后递增地更新其访问状态下的行为分布，以提高预期效用。采用算法 23-6 的投影函数，以确保所得到的策略保持有效的概率分布

```
mutable struct MGGradientAscent
    𝒫  # 马尔可夫博弈
    i  # 智能体索引
    t  # 时间步
    Qi # "状态-行为"值估计
    πi # 当前策略
end

function MGGradientAscent(𝒫::MG, i)
    ℐ, 𝒮, 𝒜 = 𝒫.ℐ, 𝒫.𝒮, 𝒫.𝒜
    Qi = Dict((s, a) ⇒ 0.0 for s in 𝒮, a in joint(𝒜))
    uniform() = Dict(s ⇒ SimpleGamePolicy(ai ⇒ 1.0 for ai in 𝒫.𝒜[i])
                    for s in 𝒮)
    return MGGradientAscent(𝒫, i, 1, Qi, uniform())
end

function (πi::MGGradientAscent)(s)
    𝒜i, t = πi.𝒫.𝒜[πi.i], πi.t
    ϵ = 1 / sqrt(t)
    πi′(ai) = ϵ/length(𝒜i) + (1-ϵ)*πi.πi[s](ai)
    return SimpleGamePolicy(ai ⇒ πi′(ai) for ai in 𝒜i)
end

function update!(πi::MGGradientAscent, s, a, s′)
    𝒫, i, t, Qi = πi.𝒫, πi.i, πi.t, πi.Qi
    ℐ, 𝒮, 𝒜i, R, γ = 𝒫.ℐ, 𝒫.𝒮, 𝒫.𝒜[πi.i], 𝒫.R, 𝒫.γ
    jointπ(ai) = Tuple(j == i ? ai : a[j] for j in ℐ)
    α = 1 / sqrt(t)
    Qmax = maximum(Qi[s′, jointπ(ai)] for ai in 𝒜i)
    πi.Qi[s, a] += α * (R(s, a)[i] + γ * Qmax - Qi[s, a])
    u = [Qi[s, jointπ(ai)] for ai in 𝒜i]
    π′ = [πi.πi[s](ai) for ai in 𝒜i]
    π = project_to_simplex(π′ + u / sqrt(t))
    πi.t = t + 1
    πi.πi[s] = SimpleGamePolicy(ai ⇒ p for (ai, p) in zip(𝒜i, π))
end
```

25.6　纳什 Q-学习

另一种基于学习的方法是纳什 Q-学习（Nash Q-learning）（算法 25-9），它借鉴了 Q-学习（17.2 节）[⊖]的灵感。该方法保持了对行为值函数的估计，当智能体对彼此变化的策略做出反应时，该函数会被调整。在更新行为值函数的过程中，纳什 Q 学习计算一个纳什均衡来模拟其他智能体的行为。

⊖　J. Hu and M. P. Wellman, "Nash Q-Learning for General-Sum Stochastic Games," *Journal of Machine Learning Research*, vol. 4, pp. 1039-1069, 2003.

算法 25-9　马尔可夫博弈 $\mathcal{P}$ 中智能体 i 的纳什 Q-学习算法。该算法执行联合行为 Q-学习以学习所有智能体的"状态-行为"值函数。使用 Q 建立一个简单博弈并且使用算法 24-5 计算纳什均衡。然后使用均衡来更新值函数。此实现还使用与访问状态联合行为对的次数成比例的可变学习速率，该速率存储在 N 中。此外，算法使用 ϵ-贪婪探索来确保所有的状态和行为均被探索过

```
mutable struct NashQLearning
    𝒫 # 马尔可夫博弈
    i # 智能体索引
    Q # "状态-行为"值估计
    N # 执行的行为的历史
end

function NashQLearning(𝒫::MG, i)
    𝓘, 𝒮, 𝒜 = 𝒫.𝓘, 𝒫.𝒮, 𝒫.𝒜
    Q = Dict((j, s, a) ⇒ 0.0 for j in 𝓘, s in 𝒮, a in joint(𝒜))
    N = Dict((s, a) ⇒ 1.0 for s in 𝒮, a in joint(𝒜))
    return NashQLearning(𝒫, i, Q, N)
end

function (πi::NashQLearning)(s)
    𝒫, i, Q, N = πi.𝒫, πi.i, πi.Q, πi.N
    𝓘, 𝒮, 𝒜, 𝒜i, γ = 𝒫.𝓘, 𝒫.𝒮, 𝒫.𝒜, 𝒫.𝒜[πi.i], 𝒫.γ
    M = NashEquilibrium()
    𝒢 = SimpleGame(γ, 𝓘, 𝒜, a → [Q[j, s, a] for j in 𝓘])
    π = solve(M, 𝒢)
    ϵ = 1 / sum(N[s, a] for a in joint(𝒜))
    πi'(ai) = ϵ/length(𝒜i) + (1-ϵ)*π[i](ai)
    return SimpleGamePolicy(ai ⇒ πi'(ai) for ai in 𝒜i)
end

function update!(πi::NashQLearning, s, a, s')
    𝒫, 𝓘, 𝒮, 𝒜, R, γ = πi.𝒫, πi.𝒫.𝓘, πi.𝒫.𝒮, πi.𝒫.𝒜, πi.𝒫.R, πi.𝒫.γ
    i, Q, N = πi.i, πi.Q, πi.N
    M = NashEquilibrium()
    𝒢 = SimpleGame(γ, 𝓘, 𝒜, a' → [Q[j, s', a'] for j in 𝓘])
    π = solve(M, 𝒢)
    πi.N[s, a] += 1
    α = 1 / sqrt(N[s, a])
    for j in 𝓘
        πi.Q[j,s,a] += α*(R(s,a)[j] + γ*utility(𝒢,π,j) - Q[j,s,a])
    end
end
```

遵循纳什 Q-学习的智能体维持对联合行为值函数 $Q(s,a)$ 的估计。在每次状态转换之后，使用纳什均衡来更新该行为值函数，而纳什均衡是从该值函数构建的简单博弈中计算而得。在遵循联合行为 a，从 s 过渡到 s' 后，我们构造一个具有相同数量的智能体和相同联合行为空间的简单博弈，但奖励函数等于 s' 的估计值，使得 $R(a') = Q(s', a')$。智能体在下一个行为 a' 上计算纳什均衡策略 π'。根据导出的策略，后继状态的预期效用为

$$U(s') = \sum_{a'} Q(s', a') \prod_{j \in \mathcal{I}} \pi^{j'}(a^{j'}) \tag{25.16}$$

然后，智能体更新其值函数：

$$Q(s,a) \leftarrow Q(s,a) + \alpha(R(s,a) + \gamma U(s') - Q(s,a)) \tag{25.17}$$

其中，学习率 α 通常是状态行为计数 $\alpha = 1/\sqrt{N(s,a)}$ 的函数。

与常规 Q-学习一样，我们需要采取探索策略，以确保所有状态和行为都足够频繁地尝试。在算法 25-9 中，智能体遵循 ϵ-贪婪策略。在概率 $\epsilon = 1/\sum_a(N(s,a))$ 的情况下，

智能体随机均匀地选择一个行为。否则，智能体将使用纳什均衡的结果。

25.7 本章小结

- 马尔可夫博弈是马尔可夫决策过程对多个智能体的扩展，或者是简单博弈对序列问题的扩展。在这些问题中，多个智能体进行竞争，随着时间的推移，各自获得自己的奖励。
- 可以为马尔可夫博弈构造纳什均衡，但必须考虑所有状态下所有智能体的所有行为。
- 寻找纳什均衡的问题可以表述为非线性优化问题。
- 可以通过使用已知的转移函数并结合行为值的估计，将虚构博弈推广到马尔可夫博弈。
- 梯度上升方法迭代地改进随机策略并且不需要假设模型。
- 纳什 Q-学习使传统的 Q-学习适应于多智能体问题并涉及求解简单博弈的纳什均衡，而该简单博弈可从其他玩家的模型中构建而得。

25.8 练习题

练习题 25-1 证明马尔可夫博弈是马尔可夫决策过程和简单博弈的扩展。通过将马尔可夫决策过程构造为马尔可夫博弈，以及将简单博弈构造为马尔可夫博弈来进行证明。

参考答案：马尔可夫博弈是简单博弈的推广。对于任何 I、A 和 R 的简单博弈，我们可以通过包含一个自循环的状态来构造马尔可夫博弈。换而言之，该马尔可夫博弈具有 $S = \{s^1\}$，$T(s^1 | s^1, a)$ 并且 $R(s^1, a) = R(a)$。

马尔可夫博弈是马尔可夫决策过程的推广。对于任何具有 S、A、T 和 R 的马尔可夫决策过程，我们可以通过将智能体分配给这个单一智能体来构造马尔可夫博弈。换而言之，该马尔可夫博弈具有 $I = \{1\}$，$A^1 = A$，$T(s' | s, a) = T(s' | s', a)$ 并且 $R(s, a) = R(s', a)$。

练习题 25-2 对于一个智能体 i，给定其他智能体的固定策略 π^{-i}，是否存在一个随机最优响应，相比于确定性最优响应，该最优响应可以产生更大的效用？为什么我们在纳什均衡中要考虑随机策略？

参考答案：不存在随机最优响应。如果给定其他智能体的固定策略 π^{-i}，则确定性最优响应足以获得最高效用。如 25.2 节所述，最优响应可以表述为解决一个马尔可夫决策过程。已经证明，确定性策略足以提供最优效用最大化。因此，马尔可夫博弈的最优响应也是如此。

在纳什均衡中，所有智能体都必须做出最优响应。虽然确定性最优响应在效用上可能与随机响应相等，但均衡可能需要随机响应，以防止其他智能体想要偏离。

练习题 25-3 本章仅讨论了平稳马尔可夫策略。请问还有哪些其他类别的策略？

参考答案：所谓的行为策略（behavioral policy）$\pi^i(h_t)$ 是指依赖于完整历史 $h_t = (s_{1:t}, a_{1:t-1})$ 的策略。此类策略取决于其他智能体的行为历史。非平稳马尔可夫策略（nonstationary Markov policy）$\pi^i(s, t)$ 依赖于时间步长 t，但不依赖于完整的历史。例如，在"捕食者-猎物"的六边形世界问题中，对于前 10 个时间步长，一个六边形中的行为可能是向东，而在 10 个时间步之后，则是向西。

在诸如非平稳的非马尔可夫联合策略的空间，以及平稳的非马尔可夫联合策略等等情况下，都有可能存在纳什均衡。然而，已经证明，每个平稳的马尔可夫博弈都有一个平稳的马尔可夫纳什均衡。

练习题 25-4   在马尔可夫博弈中，虚构博弈需要对效用进行估计。请列出计算效用的不同方法及其各自的优点和缺点。

参考答案：算法 25-7 为访问状态 s 和所有联合行为 a 执行单个备份。这种方法的优点是相对高效，因为这是单个备份。更新该状态的所有联合行为将导致探索未观察到的行为。这种方法的缺点则是，我们可能需要在所有状态中多次进行此更新，以获得合适的策略。

另一种方法是只更新访问状态和实际执行的联合行为，这将导致更快的更新步骤。缺点则是，该方法需要更多的步骤来探索全面的联合行为。

另一种选择是在所有状态 s 下执行值迭代，直到在每一个更新步骤中收敛。回想一下，对手模型在每次更新时都会发生变化。这导致一个新的马尔可夫决策过程，如 25.2.1 节中关于确定性最优响应的描述。因此，我们需要在每一次更新后重新运行值迭代。这种方法的优点是，它可以在每一步都做出最明智的决定，因为效用 Q^i 会考虑所有的状态。缺点则是更新步骤的计算成本较高。

状态不确定性

到目前为止，本书第五部分讨论的多智能体模型均假设所有智能体都能观测到真实状态。正如可以将马尔可夫决策过程扩展到包括部分可观测性一样，也可以将马尔可夫博弈扩展到产生部分可观测马尔可夫博弈（Partially Observable Markov Game，POMG）[⊖]。事实上，POMG 推广了本书中提出的所有其他问题。这些复杂的问题可用于表示多个智能体接收环境的部分或噪声观测的领域。这种普遍性使得建模和求解 POMG 在计算上具有挑战性。本章将定义 POMG，概述其策略表示并介绍求解方法。

26.1 部分可观测马尔可夫博弈

POMG（算法 26-1）可以被看作马尔可夫博弈对部分可观测性的扩展，或者是 POMDP 对多个智能体的扩展。每个智能体 $i \in \mathcal{I}$ 仅基于对共享状态 s 的局部观测 o^i 选择行为 $a^i \in \mathcal{A}^i$。系统的真实状态 $s \in \mathcal{S}$ 由所有智能体共享，但不一定会完全观测到。初始状态是从已知的初始状态分布 b 得出的。在联合行为下从状态 s 转换到状态 s' 的似然性遵循 $T(s' | s, a)$。类似于马尔可夫博弈，遵循 $R^i(s, a)$ 产生联合奖励 r。每个智能体都努力使自己的累积奖励最大化。在所有智能体执行其联合行为 a 之后，来自联合观测空间（joint observation space）$\mathcal{O} = \mathcal{O}^1 \times \cdots \times \mathcal{O}^k$ 的环境 $o = (o^1, \cdots, o^k)$ 发出联合观测（joint observation）。然后，每个智能体从该联合观测中接收一个单独的观察 o^i。在示例 26-1 中，哭闹的婴儿问题被扩展到多个智能体。

算法 26-1　POMG 的数据结构

```
struct POMG
    γ   #  折扣系数
    ℐ   #  智能体
    𝒮   #  状态空间
    𝒜   #  联合行为空间
    𝒪   #  联合观测空间
    T   #  转移函数
    O   #  联合观测函数
    R   #  联合奖励函数
end
```

> **示例 26-1　作为一个 POMG 的多护理者的哭闹婴儿问题。**有关详细信息，请参见附录 F.14。考虑多智能体 POMG 对哭闹婴儿问题的推广。我们有两个护理者共同照顾

[⊖] POMG 也称为部分可观测随机博弈（Partially Observable Stochastic Game，POSG）。POMG 与信息不完全的广泛形式的博弈密切相关。H. Kuhn, "Extensive Games and the Problem of Information," in *Contributions to the Theory of Games II*, H. Kuhn and A. Tucker, eds., Princeton University Press, 1953, pp. 193-216。该模型后来被引入到人工智能社区。E. A. Hansen, D. S. Bernstein, and S. Zilberstein, "Dynamic Programming for Partially Observable Stochastic Games," in *AAAI Conference on Artificial Intelligence* (*AAAI*), 2004。

一个婴儿。与 POMDP 版本一样，状态是婴儿饥饿或吃饱。每个护理者的行为是喂养、唱歌或无视婴儿。如果两个护理者都选择执行相同的行为，那么奖励将减半。例如，如果两个护理者都给婴儿喂奶，那么奖励只有 −2.5 而不是 −5。然而，两个护理人员并不能完全观测婴儿的状态。相反，他们依靠婴儿哭声的大小来进行观测，两个智能体使用相同的观测结果。作为奖励结构的结果，在互相帮助和贪婪地选择成本较低的行动之间存在权衡。

在 POMDP 中，我们能够保持一种信念状态，如第 19 章所述，但这种方法在 POMG 中是不可能的。单独的智能体无法执行与 POMDP 相同的信念更新，因为没有获得联合行为和联合观测。推断联合行为的概率分布需要每个智能体对其他智能体进行推理，而其他智能体又在相互推理，依此类推。推断其他观测结果的概率分布同样复杂，因为观测结果取决于其他智能体的行为[⊖]。

在 POMG 中，由于对信念显式建模是比较困难的事情，我们将关注不需要信念来确定行为的策略表示。我们可以使用前面章节中面向 POMDP 介绍的基于树的条件规划表示和基于图的控制器表示。与马尔可夫博弈一样，POMG 中的每个智能体都根据策略 π^i 采取行动，或者等效地，智能体根据联合策略 $\pmb{\pi}=(\pi^1,\cdots,\pi^k)$ 一起行动。

26.2 策略评估

本节将讨论如何评估表示为基于树的条件规划或基于图的控制器的联合策略。与 POMDP 的情况一样，我们使用条件规划来表示确定性策略，使用控制器来表示随机策略。

26.2.1 评估条件规划

回想一下，条件规划（20.2 节）是一棵树，树中的行为与节点相关联，树中的观测与边相关联。每个智能体都有自己的树，最初选择与其根关联的行为。每进行一次观测后，每个智能体都会沿着树向下移动并获取与其观测相关的边。这种根据观测结果采取行为并选择边的过程将持续到树的末端。示例 26-2 显示由各个智能体的条件规划所组成的联合策略。

示例 26-2 使用条件规划求解多护理者的哭闹婴儿问题，包含两个智能体，使用两步联合策略。这里有一个联合策略 $\pmb{\pi}=(\pi^1,\pi^2)$，对于多护理者的哭闹婴儿问题，表示为两步条件规划，如图 26-1 所示。

⊖ 交互式 POMDP（IPOMDP）模型试图捕捉这种无限回归。P. J. Gmytrasiewicz and P. Doshi, "A Framework for Sequential Planning in Multi-Agent Settings," *Journal of Artificial Intelligence Research*, vol. 24, no. 1, pp. 49-79, 2005. 由于这种模型同时涉及时间和深度，因此是一个计算十分复杂的框架，但此类模型的算法已经在实用用例上取得了巨大的进步。E. Sonu, Y. Chen, and P. Doshi, "Decision-Theoretic Planning Under Anonymity in Agent Populations," *Journal of Artificial Intelligence Research*, vol. 59, pp. 725-770, 2017.

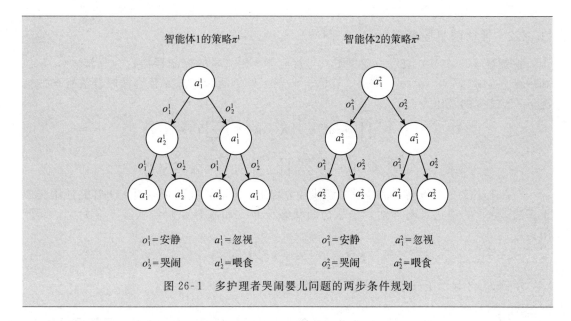

图 26-1 多护理者哭闹婴儿问题的两步条件规划

我们可以递归地计算联合效用函数 U^π，类似于 POMDP 的式（20.8）中所采用的方法，从状态 s 开始：

$$U^\pi(s) = R(s, \pi()) + \gamma \Big[\sum_{s'} T(s' \mid s, \pi()) \sum_o O(o \mid \pi(), s') U^{\pi(o)}(s') \Big] \qquad (26.1)$$

其中，$\pi()$ 是与 π 相关联的行为向量，该行为向量位于树根处，$\pi(o)$ 是子规划向量，该子规划向量与各个智能体相关联，而这些智能体观测其联合观测 o 的组成部分。

以下公式计算与来自初始状态分布 b 的策略 π 相关的效用值：

$$U^\pi(b) = \sum_s b(s) U^\pi(s) \qquad (26.2)$$

算法 26-2 提供了该思想的实现。

算法 26-2 条件规划表示有限时域 POMG 中的策略。这些策略是在算法 20-1 中为单个智能体定义的。当从状态 s 开始时，我们可以计算效用，该效用与执行由条件规划表示的联合策略 π 相关。从初始状态分布 b 计算效用，其中涉及从不同状态开始时获取效用的加权平均值

```
function lookahead(𝒫::POMG, U, s, a)
    𝒮, 𝒪, T, O, R, γ = 𝒫.𝒮, joint(𝒫.𝒪), 𝒫.T, 𝒫.O, 𝒫.R, 𝒫.γ
    u′ = sum(T(s,a,s′)*sum(O(a,s′,o)*U(o,s′) for o in 𝒪) for s′ in 𝒮)
    return R(s,a) + γ*u′
end

function evaluate_plan(𝒫::POMG, π, s)
    a = Tuple(πi() for πi in π)
    U(o,s′) = evaluate_plan(𝒫, [πi(oi) for (πi, oi) in zip(π,o)], s′)
    return isempty(first(π).subplans) ? 𝒫.R(s,a) : lookahead(𝒫, U, s, a)
end

function utility(𝒫::POMG, b, π)
    u = [evaluate_plan(𝒫, π, s) for s in 𝒫.𝒮]
    return sum(bs * us for (bs, us) in zip(b, u))
end
```

26.2.2　评估随机控制器

控制器（23.1 节）表示为随机图。与智能体 i 相关联的控制器由行为分布 $\psi^i(a^i\,|\,x^i)$ 和后继分布 $\eta^i(x^{i'}\,|\,x^i,a^i,o^i)$ 定义。在联合节点 $\boldsymbol{x}$ 处于活跃状态并且遵循联合策略 $\boldsymbol{\pi}$ 的情况下，状态 s 的效用为：

$$U^{\pi}(\boldsymbol{x},s) = \sum_{\boldsymbol{a}} \prod_i \psi^i(a^i\,|\,x^i)\Big(\boldsymbol{R}(s,\boldsymbol{a}) + \gamma \sum_{s'} T(s'\,|\,s,\boldsymbol{a}) \tag{26.3}$$

$$\sum_{\boldsymbol{o}} O(\boldsymbol{o}\,|\,\boldsymbol{a},s') \sum_{\boldsymbol{x}'} \prod_i \eta^i(x^{i'}\,|\,x^i,a^i,o^i) U^{\pi}(\boldsymbol{x}',s') \Big)$$

在此上下文中，策略评估涉及求解线性方程组。或者，我们可以对 POMDP 使用类似于算法 23-2 的迭代策略评估。当从初始状态分布 b 和联合控制器状态 $\boldsymbol{x}$ 开始时，其效用为：

$$U^{\pi}(\boldsymbol{x},b) = \sum_s b(s) U(\boldsymbol{x},s) \tag{26.4}$$

示例 26-3 显示了一个联合随机控制器。

示例 26-3　一种使用控制器的联合策略，该策略包含两个智能体，用于求解多护理者的婴儿哭闹问题。 图 26-2 是一个联合控制器策略 $\boldsymbol{\pi}=(\pi^1,\pi^2)$，用于包括两个护理者的哭闹婴儿问题。每个控制器有两个节点，即 $X^i=\{x_1^i,x_2^i\}$：

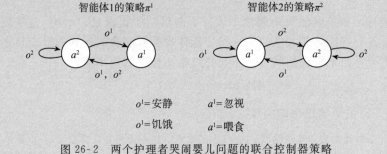

图 26-2　两个护理者哭闹婴儿问题的联合控制器策略

26.3　纳什均衡

与简单博弈和马尔可夫博弈一样，POMG 的纳什均衡（Nash equilibrium）是指所有智能体都按照对彼此的最优响应策略采取操作行为，因此没有智能体会有偏离其策略的动机。POMG 的纳什均衡在计算上难以求解。算法 26-3 计算 POMG 的"d-步"纳什均衡。在该算法中，列举了所有可能的"d-步"联合条件规划，以构建一个简单博弈，如示例 26-4 所示。这个简单博弈的纳什均衡也是 POMG 的纳什均衡。

算法 26-3　通过创建一个具有一定深度 d 的所有条件规划的简单博弈，计算初始状态分布为 b 的 POMG $\mathcal{P}$ 的纳什均衡。我们使用算法 24-5 在这个简单博弈中求解纳什均衡。为简单起见，我们选择最可能的联合策略。当然，我们也可以在算法执行开始时随机选择联合策略

```
struct POMGNashEquilibrium
    b # 初始信念
    d # 条件规划的深度
end

function create_conditional_plans(𝒫, d)
    ℐ, 𝒜, 𝒪 = 𝒫.ℐ, 𝒫.𝒜, 𝒫.𝒪
    Π = [[ConditionalPlan(ai) for ai in 𝒜[i]] for i in ℐ]
    for t in 1:d
        Π = expand_conditional_plans(𝒫, Π)
    end
    return Π
end

function expand_conditional_plans(𝒫, Π)
    ℐ, 𝒜, 𝒪 = 𝒫.ℐ, 𝒫.𝒜, 𝒫.𝒪
    return [[ConditionalPlan(ai, Dict(oi ⇒ πi for oi in 𝒪[i]))
        for πi in Π[i] for ai in 𝒜[i]] for i in ℐ]
end

function solve(M::POMGNashEquilibrium, 𝒫::POMG)
    ℐ, γ, b, d = 𝒫.ℐ, 𝒫.γ, M.b, M.d
    Π = create_conditional_plans(𝒫, d)
    U = Dict(π ⇒ utility(𝒫, b, π) for π in joint(Π))
    𝒢 = SimpleGame(γ, ℐ, Π, π → U[π])
    π = solve(NashEquilibrium(), 𝒢)
    return Tuple(argmax(πi.p) for πi in π)
end
```

示例 26-4　**为多护理者的哭闹婴儿问题计算纳什均衡。** 通过将该问题转换为一个简单博弈来计算纳什均衡，其中行为对应于条件规划。考虑 "2-步" 时域的多护理者哭闹婴儿问题。回想一下，对于每个智能体 i，有三个操作行为：

$$\mathcal{A}^i = \{a_1^i, a_2^i, a_3^i\} = \{\text{喂食}, \text{唱歌}, \text{忽视}\}$$

以及两个观测：

$$\mathcal{O}^i = \{o_1^i, o_2^i\} = \{\text{哭闹}, \text{安静}\}$$

将这个 POMG 转换为一个简单博弈，结果如图 26-3 所示。每个护理者选择与完整的条件规划相对应的简单博弈行为。每个智能体的简单博弈奖励是与联合策略相关的效用。

在这个简单博弈中，其所包含的智能体与 POMG 中的智能体相同。对于 POMG 中的每一个联合条件规划，在简单博弈中都有一个联合行为。每个行为获得的奖励等于 POMG 中联合条件规划下的效用。对于这种构造的简单博弈，其纳什均衡可以直接应用于 POMG 的纳什均衡。

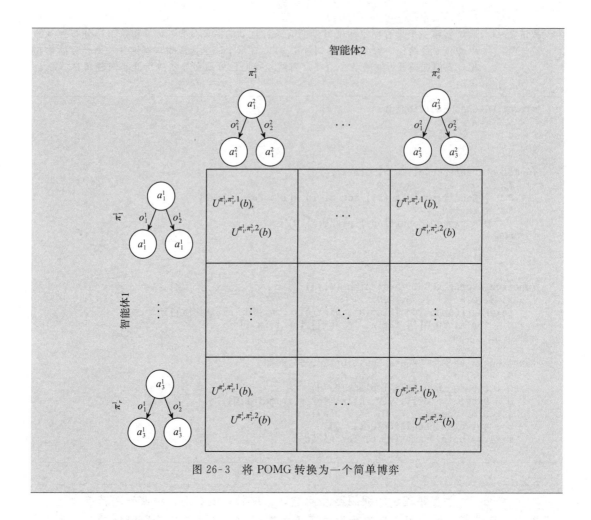

图 26-3 将 POMG 转换为一个简单博弈

26.4 动态规划

前一节中所采用的计算纳什均衡的方法通常在计算上非常昂贵，因为这些行为在一定程度上对应于所有可能的条件规划。我们可以调整 POMDP 的值迭代方法（20.5 节），其中在扩展所考虑的条件规划集的深度和修剪次优规划之间进行迭代。虽然最坏情况下的计算复杂性与完全扩展所有策略树的计算复杂性相同，但这种增量方法可以显著节省成本。

算法 26-4 实现了这种动态规划方法。算法从构建所有"1-步"规划开始。我们修剪由另一个规划主导的任何规划，然后扩展"1-步"规划的所有组合，以生成"2-步"规划。重复这种在扩展和修剪之间交替的过程，直到达到所需的时域。

算法 26-4 动态规划，计算 POMG $\mathcal{P}$ 的纳什均衡 π，给定初始信念 b 和时域深度 d。算法迭代计算策略树及其在每一个步骤上的预期效用。每次迭代的修剪阶段都会删除被支配的策略，这些策略树会导致比至少一个其他可用策略树更低的预期效用

```
struct POMGDynamicProgramming
    b    # 初始信念
    d    # 时域深度
end

function solve(M::POMGDynamicProgramming, 𝒫::POMG)
    𝒯, 𝒮, 𝒜, R, γ, b, d = 𝒫.𝒯, 𝒫.𝒮, 𝒫.𝒜, 𝒫.R, 𝒫.γ, M.b, M.d
```

```
    Π = [[ConditionalPlan(ai) for ai in 𝒜[i]] for i in 𝒤]
    for t in 1:d
        Π = expand_conditional_plans(𝒫, Π)
        prune_dominated!(Π, 𝒫)
    end
    𝒢 = SimpleGame(γ, 𝒤, Π, π → utility(𝒫, b, π))
    π = solve(NashEquilibrium(), 𝒢)
    return Tuple(argmax(πi.p) for πi in π)
end

function prune_dominated!(Π, 𝒫::POMG)
    done = false
    while !done
        done = true
        for i in shuffle(𝒫.𝒤)
            for πi in shuffle(Π[i])
                if length(Π[i]) > 1 && is_dominated(𝒫, Π, i, πi)
                    filter!(πi′ → πi′ ≠ πi, Π[i])
                    done = false
                    break
                end
            end
        end
    end
end

function is_dominated(𝒫::POMG, Π, i, πi)
    𝒤, S = 𝒫.𝒤, 𝒫.S
    jointΠnoti = joint([Π[j] for j in 𝒤 if j ≠ i])
    π(πi′, πnoti) = [j==i ? πi′ : πnoti[j>i ? j-1 : j] for j in 𝒤]
    Ui = Dict((πi′, πnoti, s) ⇒ evaluate_plan(𝒫, π(πi′, πnoti), s)[i]
        for πi′ in Π[i], πnoti in jointΠnoti, s in S)
    model = Model(Ipopt.Optimizer)
    @variable(model, δ)
    @variable(model, b[jointΠnoti, S] ≥ 0)
    @objective(model, Max, δ)
    @constraint(model, [πi′=Π[i]],
        sum(b[πnoti, s] * (Ui[πi′, πnoti, s] - Ui[πi, πnoti, s])
        for πnoti in jointΠnoti for s in S) ≥ δ)
    @constraint(model, sum(b) == 1)
    optimize!(model)
    return value(δ) ≥ 0
end
```

修剪步骤消除了所有被支配的策略。对于属于智能体 i 的策略 π^i，如果存在另一个策略 $\pi^{i\prime}$，其性能总是至少与 π^i 一样好，那么策略 π^i 可以被修剪。虽然计算量很高，但可以通过求解线性规划来检查这种情况。该过程与 POMDP 中控制器节点的修剪相关（算法 23-4）。

对于其他智能体的策略 $\boldsymbol{\pi}^{-i}$ 的每一个可能组合，求解单独的线性规划在计算上十分困难。作为替代，我们可以采取一种更有效的方法，这种方法永远不会对最优策略进行修剪，但可能无法修剪所有的次优策略。如果其他联合策略 $\boldsymbol{\pi}^{-i}$ 和状态 s 之间不存在满足以下条件的 $b(\boldsymbol{\pi}^{-i}, s)$，则策略 π^i 被 $\pi^{i\prime}$ 所支配：

$$\sum_{\boldsymbol{\pi}^{-i}} \sum_s b(\boldsymbol{\pi}^{-i}, s) U^{\pi^{i\prime}, \boldsymbol{\pi}^{-i}, i}(s) \geqslant \sum_{\boldsymbol{\pi}^{-i}} \sum_s b(\boldsymbol{\pi}^{-i}, s) U^{\pi^i, \boldsymbol{\pi}^{-i}, i}(s) \tag{26.5}$$

此处，b 是其他智能体和状态策略的联合分布。如本章开头所述，计算信念状态通常是不可行的，但式（26.5）可以为单独的策略支配进行信念空间的检查。

我们可以构造一个线性规划来检查式（26.5）。如果线性规划是可行的，那么这意味着 π^i 不受任何其他 $\pi^{i\prime}$ 的支配：

$$\max_{\delta, b} \quad \delta$$

$$\text{s.t.} \begin{cases} b(\boldsymbol{\pi}^{-i}, s) \geqslant 0 & \text{对于所有的 } \boldsymbol{\pi}^{-i}, s \\ \sum_{\boldsymbol{\pi}^{-i}} \sum_{s} b(\boldsymbol{\pi}^{-i}, s) = 1 \\ \sum_{\boldsymbol{\pi}^{-i}} \sum_{s} b(\boldsymbol{\pi}^{-i}, s) \left(U^{\pi^{i'}, \boldsymbol{\pi}^{-i}, i}(s) - U^{\pi^i, \boldsymbol{\pi}^{-i}, i}(s) \right) \geqslant \delta & \text{对于所有的 } \pi^{i'} \end{cases} \tag{26.6}$$

修剪步骤通过随机选择智能体 i 并检查其每个策略的支配性来修剪被支配的策略。这个过程会重复，直到通过所有智能体都找不到任何被支配的策略。示例 26-5 在多看护者的哭闹婴儿问题的情形下演示了这个修剪过程。

示例 26-5　动态规划和单个修剪步骤，用于求解多看护者的哭闹婴儿问题。 考虑使用动态规划来求解多看护者的哭闹婴儿问题。在初始状态下，策略位于深度 $d=3$ 处，如图 26-4 所示。

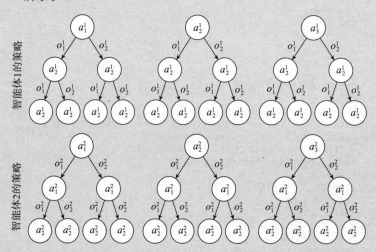

图 26-4　动态规划求解多看护者哭闹婴儿问题的初始状态

在修剪步骤之后，智能体策略如图 26-5 所示。

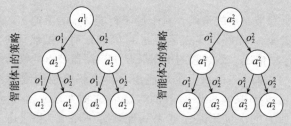

图 26-5　修剪步骤之后的智能体策略

在这种情况下，修剪步骤会找到最优的联合策略。这种方法显著减少了算法的下一次迭代需要考虑的可能联合策略的数量。

26.5　本章小结

- POMG 将 POMDP 推广到多个智能体，将马尔可夫博弈推广到部分可观测性。
- 由于智能体通常无法保持 POMG 的信念，因此策略通常采取条件规划或有限状态控制器的形式。
- 如果纳什均衡采用 POMG 的 "d- 步" 条件规划形式，就可以通过找到简单博弈的纳什均衡来获得，该博弈的联合行为包括所有可能的 POMG 联合策略。
- 动态规划方法可用于更有效地计算纳什均衡，方法是迭代构建更深层次的条件规划集，同时修剪被支配的规划以限制搜索空间。

26.6　练习题

练习题 26-1　证明 POMG 推广了 POMDP 和马尔可夫博弈。

参考答案：对于任何 POMDP，我们都可以用一个智能体 $\mathcal{I}=\{1\}$ 来定义 POMG。状态 S 是相同的，行为 $\boldsymbol{A}=(\mathcal{A}^1)$ 和观测 $\boldsymbol{O}=(\mathcal{O}^1)$ 也是相同的。因此，POMG 的状态转移、观测函数和奖励直接继承给 POMDP。纳什均衡优化只有一个智能体，因此它产生简单的期望值最大化，这与 POMDP 相同。

对于任何马尔可夫博弈，我们可以定义具有相同的智能体 I、状态 S、联合行为 $\boldsymbol{A}$、转移 T 和联合奖励 $\boldsymbol{R}$ 的 POMG。单个观测被分配为状态 $\mathcal{O}^i=\mathcal{S}$。于是，如果 $o=(s',\cdots,s')$，则观测函数确定地为每个智能体提供真实状态 $O(o\,|\,a,s')=1$，否则等于 0。

练习题 26-2　如何将智能体之间的通信纳入 POMG 框架？

参考答案：可以增加智能体的行为空间来包括通信行为。其他智能体可以根据其观测模型来观察这些通信行为。

练习题 26-3　各个智能体之间总是有沟通的动机吗？

参考答案：POMG 中的各个智能体通常具有竞争性，在这种情况下，不会有与其他智能体沟通的动机。如果他们的奖励在某种程度上一致，那么他们可能会倾向于沟通。

练习题 26-4　存在多少个可能的深度为 d 的联合条件规划？

参考答案：回想一下，存在 $|\mathcal{A}|^{(|\mathcal{O}|^{d}-1)/(|\mathcal{O}|-1)}$ 个可能的 "d- 步" 单智能体条件规划。我们通过使用这些单个智能体的条件规划在各个智能体之间的每个组合，可以构造条件规划的联合策略。因此，"d- 步" 多智能体条件规划的数量为：

$$\prod_{i\in\mathcal{I}}|\mathcal{A}^i|^{(|\mathcal{O}^i|^{d}-1)/(|\mathcal{O}^i|-1)}$$

练习题 26-5　根据智能体 i 的效用 $U^{\pi,i}$ 定义 POMG 的最优响应。请为 POMG 规划一个迭代最优响应。

参考答案：对于初始信念 $\boldsymbol{b}$，根据式（24.2），智能体 i 对其他智能体策略的最优响应 π^{-i} 定义如下：

$$U^{\pi^i,\pi^{-i},i}(\boldsymbol{b})\geqslant U^{\pi^{i\prime},\pi^{-i},i}(\boldsymbol{b})$$

其中，任何其他策略为 $\pi^{i\prime}$。对于条件规划，$U^{\pi,i}$ 由式（26.1）和式（26.2）定义。

迭代最优响应的实现遵循 24.2.1 节中的表述。首先，可以创建条件规划和简单博弈，如算法 26-3 所示。然后，我们可以使用算法 24-8 来迭代最优响应。

协作智能体

大量涉及多智能体的问题领域都是相互协作的，其中所有智能体在一个环境中独立行动，但同时致力于共同的共享目标。应用范围从机器人搜索和救援到星际空间探测漫游车。分散的部分可观测马尔可夫决策过程（Decentralized Partially Observable Markov Decision Process，Dec-POMDP）包括了 POMG 的一般性，但同时更关注协作智能体的相关设置[⊖]。该模型更适合于可扩展的近似算法，因为模型具有单一的共享目标，而不是在多个单个智能体目标之间找到均衡。本章介绍 Dec-POMDP 模型，重点介绍其子类并描述了优化和近似求解这些模型的算法。

27.1 分散的部分可观测马尔可夫决策过程

Dec-POMDP（算法 27-1）是一个 POMG，其中所有智能体共享相同的目标。每个智能体 $i \in \mathcal{I}$ 基于局部观察历史 $o^i \in \mathcal{O}^i$ 选择局部行为 $a^i \in \mathcal{A}^i$。系统 $s \in \mathcal{S}$ 的真实状态由所有智能体共享。基于状态 s 和联合行为 a，$R(s, a)$ 生成单一奖励。所有智能体的目标是在局部可观测情况下，随着时间的推移使共享的预期奖励最大化。示例 27-1 描述了 Dec-POMDP 版本的"捕食者-猎物"问题。

算法 27-1　Dec-POMDP 的数据结构。可以使用算法 24-2 中的联合函数创建所提供集合的所有组合，例如 $\mathcal{A}$ 或 $\mathcal{O}$。tensorform 函数将 Dec-POMDP $\mathcal{P}$ 转换为张量表示

```
struct DecPOMDP
    γ   #  折扣因子
    𝓘   #  智能体
    𝒮   #  状态空间
    𝒜   #  联合行为空间
    𝒪   #  联合观测空间
    T   #  转移函数
    O   #  联合观测函数
    R   #  奖励函数
end
```

> **示例 27-1**　作为 Dec-POMDP 的协作式"捕食者-猎物"问题。有关更多的详细信息，请参见附录 F.15。考虑一个"捕食者-猎物"的六边形世界问题，在这个问题中，一组"捕食者"$\mathcal{I}$ 努力捕捉一个逃跑的猎物。每个捕食者都独立行动。猎物随机移动到未被捕食者占据的相邻单元格。这一组捕食者必须共同努力以捕捉猎物。

POMG 中存在的许多挑战在 Dec-POMDP 中依然存在，例如智能体普遍无法保持信念状态。我们关注那些被表示为条件规划或控制器的策略。可以使用上一章中介绍的相同算法来

⊖　D. S. Bernstein, R. Givan, N. Immerman, and S. Zilberstein, "The Complexity of Decentralized Control of Markov Decision Processes," *Mathematics of Operation Research*, vol. 27, no. 4, pp. 819-840, 2002. 有关更全面的概述，请参考文献 F. A. Oliehoek and C. Amato, *A Concise Introduction to Decentralized POMDPs*. Springer, 2016。

评估策略。只需要创建一个 POMG，每个智能体 i 的 $R^i(s, \boldsymbol{a})$ 等于 Dec-POMDP 中的 $R(s, \boldsymbol{a})$。

27.2　Dec-POMDP 的子类别

Dec-POMDP 包含许多值得注意的子类别。在设计利用其特定结构的算法时，非常有必要对这些子类进行分类。

其中一个有用的特性是联合完全可观察性（joint full observability），即当每个智能体观察状态的一个方面时，如果它们将观测结果组合在一起，那么将唯一地揭示真实的状态。然而，智能体并不分享它们各自的观测结果。该特性确保了如果 $O(\boldsymbol{o} \mid \boldsymbol{a}, s') > 0$，则 $P(s' \mid \boldsymbol{o}) = 1$。具有联合完全可观测性的 Dec-POMDP 称为分散的马尔可夫决策过程（Decentralized Markov Decision Process，Dec-MDP）。当时域中的步骤数少于状态数时，Dec-POMDP 和 Dec-MDP 问题都是 NEXP-完全问题（NEXP-complete）[⊖]。

在许多设置中，Dec-POMDP 的状态空间被分解为两个空间，一个是智能体的状态空间，另一个是环境的状态空间。这被称为分解的 Dec-POMDP（factored Dec POMDP）。因此有 $S = S^0 \times S^1 \times S^k$，其中 S^i 是与智能体 i 相关的分解状态分量，S^0 是与一般环境相关的分解状态分量。例如，在协作式"捕食者-猎物"问题中，每个智能体都有自己的位置状态因子，猎物的位置与状态空间的环境分量相关联。

在某些问题中，分解的 Dec-POMDP 可能具有以下一个或多个特性：

- 转移独立性（transition independence），其中各个智能体不会影响彼此的状态：

$$T(\boldsymbol{s}' \mid \boldsymbol{s}, \boldsymbol{a}) = T^0(s^{0'} \mid s^0) \prod_i T^i(s^{i'} \mid s^i, a^i) \tag{27.1}$$

- 观测独立性（observation independence），即智能体的观测仅仅取决于其局部状态和行为：

$$O(\boldsymbol{o} \mid \boldsymbol{a}, \boldsymbol{s}') = \prod_i O^i(o^i \mid a^i, s^{i'}) \tag{27.2}$$

- 奖励独立性（reward independence），奖励可以分解为多个独立部分[⊖]：

$$R(\boldsymbol{s}, \boldsymbol{a}) = R^0(s^0) + \sum_i R^i(s^i, a^i) \tag{27.3}$$

计算复杂度可能会因满足这些独立性特性中的某一种而发生显著变化，如表 27-1 所示。在对问题进行建模以提高可伸缩性时，充分考虑这些独立性非常重要。

表 27-1　具有不同独立性假设的分解式 Dec-POMDP 的计算复杂度

独立性	计算复杂度
转移独立性、观测独立性和奖励独立性	P-完全
转移独立性和观测独立性	NP-完全
其他组合	NEXP-完全

网络分布式部分可观测马尔可夫决策过程（Network Distributed Partially Observable Markov Decision Process，ND-POMDP）是一个 Dec-POMDP，具有转移独立性和观测独

⊖　与复杂度类别 NP 和 PSPACE 相比，已知 NEXP 不在 P 中。因此，我们可以证明 Dec-MDP 和 Dec-POMDP 不允许多项式型的时间算法。D. S. Bernstein, R. Givan, N. Immerman, and S. Zilberstein, "The Complexity of Decentralized Control of Markov Decision Processes," *Mathematics of Operation Research*, vol. 27, no. 4, pp. 819-840, 2002.

⊖　在这里，我们将奖励分量的组合显示为求和，但可以使用任何单调非递减函数来代替并保持奖励独立性。

立性以及一种特殊的奖励结构。奖励结构由协调图（coordination graph）表示。与本书前面使用的图不同，协调图是一种超图，它允许边连接任意数量的节点。ND-POMDP超图中的节点对应于各种智能体。边与奖励函数中智能体之间的交互有关。ND-POMDP将奖励分量 R_j 与超图中的每条边 j 相关联，该奖励分量取决于边所连接的状态和行为分量。ND-POMDP 中的奖励函数仅仅是与边相关的奖励分量的总和。图 27-1 显示产生奖励函数的协调图，该函数可分解如下：

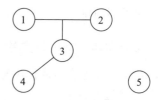

图 27-1　包含五个智能体的 ND-POMDP 结构。其中有三条"超"边：一条"超"边连接智能体 1、智能体 2 和智能体 3，另一条"超"边连接智能体 3 和智能体 4，第三条"超"边仅仅涉及智能体 5 本身

$$R_{123}(s_1, s_2, s_3, a_1, a_2, a_3) + R_{34}(s_3, s_4, a_3, a_4) + R_5(s_5, a_5) \qquad (27.4)$$

传感器网络和目标跟踪问题通常被定义为 ND-POMDP。

ND-POMDP 模型类似于转移独立性和观测独立性的 Dec-MDP 模型，但它没有做出联合完全可观测性的假设。即使所有的观测是共享的，世界的真实状态也可能是未知的。此外，即使考虑了分解的转移和观测，ND-POMDP 中的策略也是从观测历史到行为的映射。这与 Dec-MDP 中转移和观测的情况不同，其中策略是从局部状态到行动的映射。在最坏情况下，其计算复杂度与 Dec-POMDP 相同，但 ND-POMDP 的算法在智能体数量上通常更具可扩展性。随着协调图的连接度降低，可扩展性也会增加。

如果智能体能够在没有惩罚的情况下完美地交流他们的行为和观测，那么智能体就能够保持一种集体的信念状态。该模型称为多智能体马尔可夫决策过程（Multiagent MDP，MMDP）或多智能体 POMDP（Multiagent POMDP，MPOMDP）。当转移、观测和奖励保持独立时，可导致 MMDP 和 MPOMDP。可以使用前面章节中讨论的任何马尔可夫决策过程或 POMDP 算法求解这些问题。

表 27-2 总结了其中 Dec-POMDP 的一些子类别。图 27-2 说明了本书中讨论的模型之间的关系。

表 27-2　Dec-POMDP 的子类别，按类型和计算复杂度分类。"可观测性（observability）"是指共享状态可观测的程度。"通信（communication，或称为交流）"是指合作智能体是否可以自由地相互分享所有的观测结果。自由（free）通信发生在模型之外（例如，机器人之间的高速无线连接）。一般（general）通信是指智能体没有模型之外的可用连接，必须通过其行为进行沟通（通常是不完美的）

智能体	可观测性	通信	模型
单个	全部	—	MDP
单个	部分	—	POMDP
多个	全部	自由	MMDP
多个	全部	一般	MMDP
多个	联合全部	自由	MMDP
多个	联合全部	一般	Dec-MDP
多个	部分	自由	MPOMDP
多个	部分	一般	Dec-POMDP

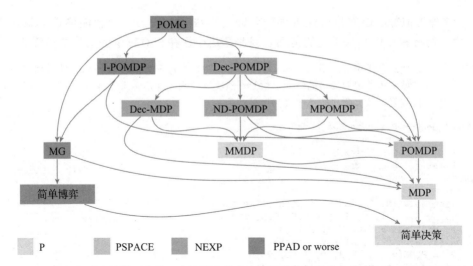

图 27-2 本书中讨论的模型分类。在该图中父节点是子节点的推广。例如，Dec-POMDP 通过支持多个智能体来推广 POMDP。节点的颜色表示计算的复杂度，如图左下角的键所示[⊖]

27.3 动态规划

Dec-POMDP 的动态规划（dynamic programming）算法在每一步都应用贝尔曼备份并修剪被支配的策略。这个过程与 POMG 的动态规划相同，只是每个智能体共享相同的奖励。算法 27-2 实现了这个过程。

算法 27-2 动态规划，计算 Dec-POMDP $\mathcal{P}$ 的最优联合策略 π，给定初始信念 b 和时域深度 d，我们可以直接使用 POMG 算法，因为 Dec-POMDP 是 POMG 的一个特殊协作类别

```
struct DecPOMDPDynamicProgramming
    b    # 初始信念
    d    # 时域深度
end

function solve(M::DecPOMDPDynamicProgramming, 𝒫::DecPOMDP)
    ℐ, 𝒮, 𝒜, 𝒪, T, O, R, γ = 𝒫.ℐ, 𝒫.𝒮, 𝒫.𝒜, 𝒫.𝒪, 𝒫.T, 𝒫.O, 𝒫.R, 𝒫.γ
    R′(s, a) = [R(s, a) for i in ℐ]
    𝒫′ = POMG(γ, ℐ, 𝒮, 𝒜, 𝒪, T, O, R′)
    M′ = POMGDynamicProgramming(M.b, M.d)
    return solve(M′, 𝒫′)
end
```

27.4 迭代式最优响应

与直接探索联合策略不同，我们可以执行一种形式的迭代最优响应（算法 27-3）。在这种方法中，我们迭代地选择一个智能体并计算最优响应策略，假设其他智能体遵循固定

⊖ 此处列出的计算复杂度适用于本书中介绍的常见模型、策略和目标公式。有关更详细的讨论，请参见文献 C. Papadimitriou and J. Tsitsiklis, "The Complexity of Markov Decision Processes," *Mathematics of Operation Research*, vol. 12, no. 3, pp. 441-450, 1987。此外，还可以参见文献 S. Seuken and S. Zilberstein, "Formal Models and Algorithms for Decentralized Decision Making Under Uncertainty," *Autonomous Agents and Multi-Agent Systems*, vol. 17, no. 2, pp. 190-250, 2008。

策略[⊖]。这种近似算法通常执行速度很快，因为算法一次只为一个智能体选择最优策略。此外，由于所有智能体共享相同的奖励，因此算法往往在相对较少的迭代之后终止。

算法 27-3   迭代式最优响应，用于协作 Dec-POMDP $\mathcal{P}$，为每个智能体执行确定性最优响应，以快速搜索条件规划策略的空间。solve 函数执行此过程最多 k_max 步，对于深度为 d 的条件规划，最大化初始信念值为 b 处的值

```
struct DecPOMDPIteratedBestResponse
    b      #  初始信念
    d      #  条件规划的深度
    k_max  #  迭代的次数
end

function solve(M::DecPOMDPIteratedBestResponse, 𝒫::DecPOMDP)
    𝒥, 𝒮, 𝒜, 𝒪, T, O, R, γ = 𝒫.𝒥, 𝒫.𝒮, 𝒫.𝒜, 𝒫.𝒪, 𝒫.T, 𝒫.O, 𝒫.R, 𝒫.γ
    b, d, k_max = M.b, M.d, M.k_max
    R'(s, a) = [R(s, a) for i in 𝒥]
    𝒫' = POMG(γ, 𝒥, 𝒮, 𝒜, 𝒪, T, O, R')
    Π = create_conditional_plans(𝒫, d)
    π = [rand(Π[i]) for i in 𝒥]
    for k in 1:k_max
        for i in shuffle(𝒥)
            π'(πi) = Tuple(j == i ? πi : π[j] for j in 𝒥)
            Ui(πi) = utility(𝒫', b, π'(πi))[i]
            π[i] = argmax(Ui, Π[i])
        end
    end
    return Tuple(π)
end
```

迭代式最优响应从随机初始联合策略 $\boldsymbol{\pi}_1$ 开始。该过程在智能体上随机迭代。如果选择了智能体 i，则其策略 π^i 更新为对其他智能体的固定策略 $\boldsymbol{\pi}^{-i}$ 的最优响应，初始信念分布为 b：

$$\pi^i \leftarrow \arg\max_{\pi^{i\prime}} U^{\pi^{i\prime},\,\pi^{-i}}(b) \tag{27.5}$$

如果持平，则倾向于当前策略。当智能体停止更改其策略时，此过程可能会终止。

虽然这个算法快速并且保证收敛，但并不总是可以找到最优联合策略。算法依赖迭代的最优响应来寻找纳什均衡，但可能存在许多纳什均衡，不同的纳什均衡具有不同的相关效用，这种方法只能找到其中一种。

27.5 启发式搜索

启发式搜索（heuristic search）（算法 27-4）不是扩展所有联合策略[⊖]，而是探索固定数量的策略，在迭代中存储，以防止指数型增长。启发式探索通过尝试扩展最优联合策略

⊖ 这种类型的算法也称为基于联合均衡的策略搜索（joint equilibrium-based search for policies，JESP）。R. Nair, M. Tambe, M. Yokoo, D. Pynadath, and S. Marsella, "Taming Decentralized POMDPs: Towards Efficient Policy Computation for Multiagent Settings," in *International Joint Conference on Artificial Intelligence (IJCAI)*, 2003. 算法可以通过执行动态规划来进一步改进。

⊖ 这种方法也称为内存制约的动态规划（memory-bounded dynamic programming，MBDP）。S. Seuken and S. Zilberstein, "Memory-Bounded Dynamic Programming for DecPOMDPs," in *International Joint Conference on Artificial Intelligence (IJCAI)*, 2007. 还存在其他启发式搜索算法，例如多智能体 A*（multiagent A*，MMA*）。D. Szer, F. Charpillet, and S. Zilberstein, "MAA*: A Heuristic Search Algorithm for Solving Decentralized POMDPs," in *Conference on Uncertainty in Artificial Intelligence (UAI)*, 2005.

来引导搜索，直到达到深度 d。

算法 27-4 内存制约的启发式搜索，使用启发式函数搜索 Dec-POMDP $\mathcal{P}$ 的条件规划空间。对于深度为 d 的联合条件规划，函数 solve 试图最大化位于初始信念 b 处的值。函数 explore 通过采取随机行为并模拟行为和观测，生成通向未来 t 步的信念。该算法是内存制约的，每个智能体只保留 π_max 个条件规划

```
struct DecPOMDPHeuristicSearch
    b       # 初始信念
    d       # 条件规划的深度
    π_max   # 策略的数量
end

function solve(M::DecPOMDPHeuristicSearch, 𝒫::DecPOMDP)
    𝕀, 𝒮, 𝒜, 𝒪, T, O, R, γ = 𝒫.𝕀, 𝒫.𝒮, 𝒫.𝒜, 𝒫.𝒪, 𝒫.T, 𝒫.O, 𝒫.R, 𝒫.γ
    b, d, π_max = M.b, M.d, M.π_max
    R'(s, a) = [R(s, a) for i in 𝕀]
    𝒫' = POMG(γ, 𝕀, 𝒮, 𝒜, 𝒪, T, O, R')
    Π = [[ConditionalPlan(ai) for ai in 𝒜[i]] for i in 𝕀]
    for t in 1:d
        allΠ = expand_conditional_plans(𝒫, Π)
        Π = [[] for i in 𝕀]
        for z in 1:π_max
            b' = explore(M, 𝒫, t)
            π = argmax(π → first(utility(𝒫', b', π)), joint(allΠ))
            for i in 𝕀
                push!(Π[i], π[i])
                filter!(πi → πi != π[i], allΠ[i])
            end
        end
    end
    return argmax(π → first(utility(𝒫', b, π)), joint(Π))
end

function explore(M::DecPOMDPHeuristicSearch, 𝒫::DecPOMDP, t)
    𝕀, 𝒮, 𝒜, 𝒪, T, O, R, γ = 𝒫.𝕀, 𝒫.𝒮, 𝒫.𝒜, 𝒫.𝒪, 𝒫.T, 𝒫.O, 𝒫.R, 𝒫.γ
    b = copy(M.b)
    b' = similar(b)
    s = rand(SetCategorical(𝒮, b))
    for τ in 1:t
        a = Tuple(rand(𝒜i) for 𝒜i in 𝒜)
        s' = rand(SetCategorical(𝒮, [T(s,a,s') for s' in 𝒮]))
        o = rand(SetCategorical(joint(𝒪), [O(a,s',o) for o in joint(𝒪)]))
        for (i', s') in enumerate(𝒮)
            po = O(a, s', o)
            b'[i'] = po*sum(T(s,a,s')*b[i] for (i,s) in enumerate(𝒮))
        end
        normalize!(b', 1)
        b, s = b', s'
    end
    return b'
end
```

算法的每次迭代 k 都保持一组联合策略 Π_k。该组联合策略最初由所有"1-步"条件规划组成。随后的迭代从完全扩展条件规划开始。目标是为下一次迭代添加固定数量的条件规划。

在决定将条件规划添加到该组联合策略中时，我们优先考虑更有可能使效用最大化的策略。然而，由于我们从下到上扩展条件规划，因此不能简单地从初始信念状态 b 开始来评估策略。相反，我们需要估计未来第 $d-k$ 步的信念，这可以通过采取随机行为、模拟状态转移和观测来计算并在执行的一系列步骤上更新信念。第 k 次迭代的信念表示为 b_k。对于每个可用的联合策略 $\pi \in \Pi_k$，对效用 $U^{\pi}(b_k)$ 进行检验以找到需要添加的效用最大化联合策略。示例 27-2 演示了该过程。

示例 27-2   本示例演示协作"捕食者-猎物"六边形世界问题的启发式搜索探索和条件规划扩展。捕食者显示为浅红色和绿色。猎物显示为蓝色，如图 27-3 所示。考虑图 27-3 所示的协作式"捕食者-猎物"问题。我们将启发式搜索应用于深度 $d=3$，每次迭代时保留三个策略。迭代 $k=1$ 次后，策略如图 27-4 所示。

图 27-3   协作式"捕食者-猎物"
六边形世界问题

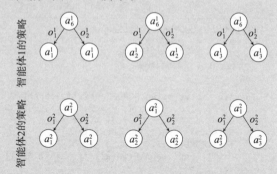

图 27-4   迭代 $k=1$ 次后的策略

在下一次迭代 $k=2$ 时，启发式搜索再次从初始信念开始，并在启发式搜索之后采取 $d-k=3-2=1$ 个执行步骤。用于选择下三个条件规划的探索信念值如图 27-5 所示。

b_1 = [0.0, 0.0, 0.0, 0.0, 0.0, 0.0, 0.17
0.0, 0.03, 0.01, 0.0, 0.0, 0.05, 0.0
0.01, 0.23, 0.0, 0.08, 0.01, 0.0, 0.0
0.14, 0.0, 0.03, 0.22, 0.0, 0.01]

b_2 = [0.0, 0.21, 0.03, 0.0, 0.04, 0.01, 0.0
0.05, 0.01, 0.0, 0.08, 0.03, 0.0, 0.0
0.01, 0.0, 0.0, 0.01, 0.08, 0.34, 0.03
0.02, 0.05, 0.01, 0.0, 0.01, 0.0]

b_3 = [0.0, 0.03, 0.01, 0.0, 0.03, 0.01, 0.0
0.15, 0.05, 0.0, 0.01, 0.0, 0.0, 0.0
0.0, 0.0, 0.0, 0.03, 0.06, 0.11, 0.32
0.06, 0.03, 0.01, 0.01, 0.04, 0.06]

图 27-5   用于选择下三个条件规划的探索信念值

迭代 $k=2$ 后的策略如图 27-6 所示。

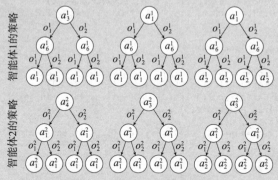

图 27-6   迭代 $k=2$ 后的策略

这些信念被用来确定根节点的行为及其下面的两个子树。这些子树是根据先前迭代的树构建的。

27.6   非线性规划

我们可以使用非线性规划（NonLinear Programming，NLP）（算法 27-5）来寻找固定大小的最优联合控制器策略表示[⊖]。该方法推广了 23.3 节中 POMDP 的 NLP 方法。

⊖ C. Amato, D. S. Bernstein, and S. Zilberstein, "Optimizing Fixed-Size Stochastic Controllers for POMDPs and Decentralized POMDPs," *Autonomous Agents and Multi-Agent Systems*, vol. 21, no. 3, pp. 293-320, 2010.

给定每个智能体 i、初始信念 b 和初始联合节点 $\boldsymbol{x}_1$ 的固定节点集 X^i，优化问题可以描述为：

$$\max_{U,\boldsymbol{\psi},\boldsymbol{\eta}} \sum_s b(s)U(\boldsymbol{x}_1,s)$$

$$\text{s.t.}\begin{cases} \text{对于所有的 } \boldsymbol{x},s, \quad U(\boldsymbol{x},s) = \sum_{\boldsymbol{a}} \prod_i \psi^i(a^i|x^i) \\ \qquad \left(R(s,\boldsymbol{a}) + \gamma \sum_{s'} T(s'|s,\boldsymbol{a}) \sum_{\boldsymbol{o}} O(\boldsymbol{o}|\boldsymbol{a},s') \sum_{\boldsymbol{x}'} \prod_i \eta^i(x^{i'}|x^i,a^i,o^i)U(\boldsymbol{x}',s')\right) \\ \text{对于所有的 } i,x^i,a^i, \quad \psi^i(a^i|x^i) \geqslant 0 \\ \text{对于所有的 } i,x^i, \quad \sum_a \psi^i(a^i|x^i) = 1 \\ \text{对于所有的 } i,x^i,a^i,o^i,x^{i'}, \quad \eta^i(x^{i'}|x^i,a^i,o^i) \geqslant 0 \\ \text{对于所有的 } i,x^i,a^i,o^i, \quad \sum_{x^{i'}} \eta^i(x^{i'}|x^i,a^i,o^i) = 1 \end{cases} \tag{27.6}$$

算法 27-5　NLP 计算 Dec-POMDP $\mathcal{P}$ 的最优联合控制器策略 π，给定每个智能体的初始信念 b 和控制器节点数 ℓ。该算法推广了算法 23-5 中的 NLP 解决方案

```
struct DecPOMDPNonlinearProgramming
    b # 初始信念
    ℓ # 每个智能体的节点数量
end

function tensorform(𝒫::DecPOMDP)
    𝓘, 𝒮, 𝒜, 𝒪, R, T, O = 𝒫.𝓘, 𝒫.𝒮, 𝒫.𝒜, 𝒫.𝒪, 𝒫.R, 𝒫.T, 𝒫.O
    𝓘′ = eachindex(𝓘)
    𝒮′ = eachindex(𝒮)
    𝒜′ = [eachindex(𝒜i) for 𝒜i in 𝒜]
    𝒪′ = [eachindex(𝒪i) for 𝒪i in 𝒪]
    R′ = [R(s,a) for s in 𝒮, a in joint(𝒜)]
    T′ = [T(s,a,s′) for s in 𝒮, a in joint(𝒜), s′ in 𝒮]
    O′ = [O(a,s′,o) for a in joint(𝒜), s′ in 𝒮, o in joint(𝒪)]
    return 𝓘′, 𝒮′, 𝒜′, 𝒪′, R′, T′, O′
end

function solve(M::DecPOMDPNonlinearProgramming, 𝒫::DecPOMDP)
    𝒫, γ, b = 𝒫, 𝒫.γ, M.b
    𝓘, 𝒮, 𝒜, 𝒪, R, T, O = tensorform(𝒫)
    X = [collect(1:M.ℓ) for i in 𝓘]
    jointX, joint𝒜, joint𝒪 = joint(X), joint(𝒜), joint(𝒪)
    x1 = jointX[1]
    model = Model(Ipopt.Optimizer)
    @variable(model, U[jointX,𝒮])
    @variable(model, ψ[i=𝓘,X[i],𝒜[i]] ≥ 0)
    @variable(model, η[i=𝓘,X[i],𝒜[i],𝒪[i],X[i]] ≥ 0)
    @objective(model, Max, b⋅U[x1,:])
    @NLconstraint(model, [x=jointX,s=𝒮],
        U[x,s] == (sum(prod(ψ[i,x[i],a[i]] for i in 𝓘)
                *(R[s,y] + γ*sum(T[s,y,s′]*sum(O[y,s′,z]
                    *sum(prod(η[i,x[i],a[i],o[i],x′[i]] for i in 𝓘)
                        *U[x′,s′] for x′ in jointX)
                    for (z, o) in enumerate(joint𝒪)) for s′ in 𝒮))
                for (y, a) in enumerate(joint𝒜))))
    @constraint(model, [i=𝓘,xi=X[i]],
            sum(ψ[i,xi,ai] for ai in 𝒜[i]) == 1)
    @constraint(model, [i=𝓘,xi=X[i],ai=𝒜[i],oi=𝒪[i]],
            sum(η[i,xi,ai,oi,xi′] for xi′ in X[i]) == 1)
    optimize!(model)
    ψ′, η′ = value.(ψ), value.(η)
    return [ControllerPolicy(𝒫, X[i],
```

```
                Dict((xi,𝒫.𝒜[i][ai]) ⇒ ψ′[i,xi,ai]
                    for xi in X[i], ai in 𝒜[i]),
                Dict((xi,𝒫.𝒜[i][ai],𝒫.𝒪[i][oi],xi′) ⇒ η′[i,xi,ai,oi,xi′]
                    for xi in X[i], ai in 𝒜[i], oi in 𝒪[i], xi′ in X[i]))
        for i in 𝐼]
    end
```

27.7　本章小结

- Dec-POMDP 是一个完全协作的 POMG，它为一组智能体建模，这些智能体共同努力实现一个共同的目标，每个智能体只使用局部信息单独行动。
- 如 POMG 中一样，由于确定信念状态是不可行的，策略通常被表示为条件规划或控制器，允许每个智能体将单独观测序列映射到单独行为。
- 存在 Dec-POMDP 的许多子类别，这些子类别具有不同程度的计算复杂度。
- 动态规划迭代地计算值函数，在使用线性程序迭代时修剪被支配的策略。
- 迭代式最优响应每次为单个智能体计算最优效用最大化响应策略，迭代地收敛到联合均衡。
- 启发式搜索在每次迭代中搜索固定的策略子集并以启发式方法作为指导。
- 非线性规划可用于生成固定大小的控制器。

27.8　练习题

练习题 27-1　为什么具有联合完全可观测性的 Dec-MDP 不同于对状态已知的智能体？

参考答案：完全联合可观测性意味着如果智能体分享他们的个人观测结果，那么团队就会知道真实的状态。这可以在规划期间离线完成。因此，在 Dec-MDP 中，真实的状态在规划过程中基本上是已知的。问题是，它要求智能体共享他们的个人观测结果，而这在执行过程中无法在线完成。因此，规划仍然需要推理其他智能体所做的不确定观测。

练习题 27-2　请为 Dec-MDP 设计一种具有转移、观测和奖励独立性的快速算法，同时证明所提出的算法是正确的。

参考答案：如果一个分解的 Dec-MDP 满足所有三个独立性假设，那么我们可以将其作为 $|\mathcal{I}|$ 个单独的马尔可夫决策过程来求解。然后，对于每个智能体 i 的马尔可夫决策过程的所得策略 π^i，可以将其组合以得出最优的联合策略。为证明这一事实，请考虑每一个智能体的单独马尔可夫决策过程的效用：

$$U^{\pi^i}(s^i) = R(s^i,\pi^i()) + \gamma\Big[\sum_{s^{i\prime}} T^i(s^{i\prime}|s^i,\pi^i())\sum_{o^i} O^i(o^i|\pi^i(),s^{i\prime})U^{\pi^{i(o^i)}}(s^{i\prime})\Big]$$

如式（26.1）所示，$\pi^i()$ 指向智能体 i 的条件规划的根行为，而 $\pi^i(o^i)$ 指向进行观测 o^i 后的智能体 i 的子规划。我们将其各自的贡献合并在一起：

$$\sum_i U^{\pi^i}(s) = \sum_i\Big[R(s^i,\pi^i()) + \gamma\Big[\sum_{s^{i\prime}} T^i(s^{i\prime}|s^i,\pi^i())\sum_{o^i} O^i(o^i|\pi^i(),s^{i\prime})U^{\pi^{i(o^i)}}(s^{i\prime})\Big]\Big]$$

可以将 T^i 和 O^i 组合成单个概率分布 P，移动求和并应用奖励独立性的定义：

$$\sum_i U^{\pi^i}(s) = \sum_i\Big[R(s^i,\pi^i()) + \gamma\Big[\sum_{s^{\prime}} P(s^{i\prime}|s^i,\pi^i())\sum_{o^i} P(o^i|\pi^i(),s^{i\prime})U^{\pi^{i(o^i)}}(s^{i\prime})\Big]\Big]$$

$$= \sum_i R(s^i,\pi^i()) + \sum_i\Big[\gamma\Big[\sum_{s^{i\prime}} P(s^{i\prime}|s^i,\pi^i())\sum_{o^i} P(o^i|\pi^i(),s^{i\prime})U^{\pi^{i(o^i)}}(s^{i\prime})\Big]\Big]$$

$$= R(s,\pi()) + \sum_i\Big[\gamma\Big[\sum_{s^{i\prime}} P(s^{i\prime}|s^i,\pi^i())\sum_{o^i} P(o^i|\pi^i(),s^{i\prime})U^{\pi^{i(o^i)}}(s^{i\prime})\Big]\Big]$$

现在，我们将所有后继者 s 和观测 o 进行边缘化。由于转移和观测独立性，我们可以自由地对其他非智能体 i 的状态和观测因素的分布进行条件化，这与对 s 和 o 的条件化相同。然后我们可以应用转移和观测独立性的定义。最后，我们可以移动求和并识别 $U^\pi(s)$ 的结果：

$$\sum_i U^{\pi^i}(s) = R(s,\boldsymbol{\pi}()) + \sum_i \Big[\gamma \Big[\sum_{s'} P(s'|s^i,\pi^i()) \sum_o P(\boldsymbol{o}|\pi^i(),s^{i'}) U^{\pi^{i(o^i)}}(s^{i'}) \Big] \Big]$$

$$= R(s,\boldsymbol{\pi}()) + \sum_i \Big[\gamma \Big[\sum_{s'} P(s^{0'}|s^0) \prod_j P(s^{j'}|s^i,\boldsymbol{\pi}^i()) \sum_o \prod_j P(o^j|\pi^i(),s^{i'}) U^{\pi^{i(o^i)}}(s^{i'}) \Big] \Big]$$

$$= R(s,\boldsymbol{\pi}()) + \sum_i \Big[\gamma \Big[\sum_{s'} P(s^{0'}|s^0) \prod_j P(s^{j'}|s,\boldsymbol{\pi}()) \sum_o \prod_j P(o^j|\pi(),s') U^{\pi^{i(o^i)}}(s^{i'}) \Big] \Big]$$

$$= R(s,\boldsymbol{\pi}()) + \sum_i \Big[\gamma \Big[\sum_{s'} T(s'|s,\boldsymbol{\pi}()) \sum_o O(\boldsymbol{o}|\pi(),s') U^{\pi^{i(o^i)}}(s^{i'}) \Big] \Big]$$

$$= R(s,\boldsymbol{\pi}()) + \gamma \Big[\sum_{s'} T(s'|s,\boldsymbol{\pi}()) \sum_o O(\boldsymbol{o}|\pi(),s') \Big[\sum_i U^{\pi^{i(o^i)}}(s^{i'}) \Big] \Big]$$

$$= R(s,\boldsymbol{\pi}()) + \gamma \Big[\sum_{s'} T(s'|s,\boldsymbol{\pi}()) \sum_o O(\boldsymbol{o}|\pi(),s') U^{\pi(o)}(s') \Big]$$

$$= U^\pi(s)$$

这是从式（26.1）导出的 Dec-MDP 效用函数，证毕。

练习题 27-3　如何在 Dec-POMDP 启发式搜索中使用 MMDP 或 MPOMDP 作为启发式方法？

参考答案：我们可以假设规划的通信是自由的。在每个时间步骤 t，所有智能体都知道 $\boldsymbol{a}_t$ 和 $\boldsymbol{o}_t$，这允许我们保持一个多智能体信念 b_t，从而生成 MPOMDP。该 MPOMDP 解决方案可作为启发式方法来指导策略树的搜索。或者，我们创建一个启发式方法，假设真实的状态和联合行为是已知的。这会导致 MMDP 并且也可以用作启发式方法。这些假设仅用于规划。执行仍然是一个 Dec-POMDP，其中智能体在没有自由通信的情况下接收个人的观测。任何一种启发式都会导致启发式探索的联合策略 $\hat{\boldsymbol{\pi}}$。

练习题 27-4　如何计算最优响应控制器？描述如何将其用于迭代式最优响应。

参考答案：对于智能体 i，可以通过求解非线性规划来计算最优响应控制器 X^i、ψ^i 和 η^i。该规划与 27.6 节中给出的规划类似，只是现在给定了 $\boldsymbol{X}^{-i}$、$\boldsymbol{\psi}^{-i}$ 和 $\boldsymbol{\eta}^{-i}$ 的值，不再将其作为变量：

$$\max_{U,\psi^i,\eta^i} \sum_s b(s) U(\boldsymbol{x}_1,s)$$

$$\text{s.t.} \begin{cases} U(\boldsymbol{x},s) = \sum_{\boldsymbol{a}} \prod_i \psi^i(a^i|x^i) \Big(R(s,\boldsymbol{a}) + \gamma \sum_{s'} T(s'|s,\boldsymbol{a}) \\ \qquad\qquad \sum_{\boldsymbol{o}} O(\boldsymbol{o}|\boldsymbol{a},s') \sum_{\boldsymbol{x'}} \prod_i \eta^i(x^{i'}|x^i,a^i,o^i) U(\boldsymbol{x'},s') \Big) \quad \text{对于所有的 } \boldsymbol{x},s \\ \psi^i(a^i|x^i) \geqslant 0 \quad \text{对于所有的 } x^i,a^i \\ \sum_{\boldsymbol{a}} \psi^i(a^i|x^i) = 1 \quad \text{对于所有的 } x^i \\ \eta^i(x^{i'}|x^i,a^i,o^i) \geqslant 0 \quad \text{对于所有的 } x^i,a^i,o^i,x^{i'} \\ \sum_{x^{i'}} \eta^i(x^{i'}|x^i,a^i,o^i) = 1 \quad \text{对于所有的 } x^i,a^i,o^i \end{cases}$$

将算法 27-3 应用于控制器策略，该规划取代了内部最优响应操作。

附　　录

附录 A

Algorithms for Decision Making

数 学 概 念

本附录简要概述本书中使用的一些数学概念。

A.1　测度空间

在介绍测度空间（measure space）的定义之前，我们将首先讨论集合 Ω 上的 σ-代数的概念。σ 代数是 Ω 的子集的集合 Σ，满足以下属性：

1. $\Omega \in \Sigma$。

2. 如果 $E \in \Sigma$，那么 $\Omega/E \in \Sigma$（互补下闭合（closed under complementation））。

3. 如果 $E1, E2, E3, \cdots \in \Sigma$，那么 $E1 \bigcup E2 \bigcup E3 \cdots \in \Sigma$（可数并集下闭合（closed under countable unions））。

元素 $E \in \Sigma$ 称为可测集合（measurable set）。

测度空间通过集合 Ω、σ-代数 Σ 和测度（measure）μ 定义：$\Omega \rightarrow \mathbb{R} \bigcup \{\infty\}$。如果要将 μ 作为测度，必须满足以下性质：

1. 如果 $E \in \Sigma$，那么 $\mu(E) \geqslant 0$（非负性（nonnegativity））。

2. $\mu(\varnothing) = 0$。

3. 如果 $E1, E2, E3, \cdots \in \Sigma$ 是两两不相交的集合，那么 $\mu(E1 \bigcup E2 \bigcup E3 \cdots) = \mu(E1) + \mu(E2) + \mu(E3) + \cdots$（可列可加性（countable additivity，或称为可数可加性）））。

A.2　概率空间

概率空间（probability space）是一种测度空间 (Ω, Σ, μ)，要求 $\mu(\Omega) = 1$。在概率空间的上下文中，Ω 称为样本空间（sample space），Σ 称为事件空间（event space），μ（或更常见的 P）是概率测度（probability measure）。概率公理（probability axiom）[⊖] 涉及测度空间的非负性和可列可加性性质，以及 $\mu(\Omega) = 1$。

A.3　度量空间

具有度量（metric）的集合称为度量空间（metric space）。度量 d，有时称为距离度量（distance metric），是将 X 中的元素对映射到非负实数的函数，即对于所有 $x, y, z \in X$，满足以下条件：

1. 当且仅当 $x = y$ 时，$d(x, y) = 0$（不可分的同一性（identity of indiscernible））。

2. $d(x, y) = d(y, x)$（对称性（symmetry））。

⊖　这些公理有时被称为 Kolmorogov 公理（Kolmorogov axiom）。具体请参考文献 A. Kolmogorov, *Foundations of the Theory of Probability*, 2nd ed. Chelsea, 1956。

3. $d(x,y) \leqslant d(x,z) + d(z,y)$ （三角不等式 (triangle inequality)）。

A.4 赋范向量空间

赋范向量空间 (normed vector space) 由向量空间 X 和将 X 中的各个元素映射到非负实数的范数 $\|\cdot\|$ 组成，对于所有的标量 α 和向量 x、$y \in X$，满足以下性质：

1. 当且仅当 $x = \mathbf{0}$ 时，$\|x\| = 0$。
2. $\|\alpha x\| = |\alpha| \|x\|$ （绝对齐次性 (absolutely homogeneous)）。
3. $\|x + y\| \leqslant \|x\| + \|y\|$ （三角不等式 (triangle inequality)）。

L_p 范数是一组常用的范数，由标量 $p \geqslant 1$ 参数化。向量 x 的 L_p 范数为：

$$\|x\|_p = \lim_{\rho \to p} (|x_1|^\rho + |x_2|^\rho + \cdots + |x_n|^\rho)^{\frac{1}{\rho}} \tag{A.1}$$

其中，极限是定义无限范数 L_∞ 所必需的。图 A-1 显示了几个 L_p 范数。

$L_1:\quad \|x\|_1 = |x_1| + |x_2| + \cdots + |x_n|$

该度量通常被称为曼哈顿范数 (Manhattan norm) 或出租车范数 (taxicab norm)。

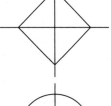

$L_2:\quad \|x\|_2 = \sqrt{x_1^2 + x_2^2 + \cdots + x_n^2}$

该度量通常被称为欧几里得范数 (Euclidean norm)。

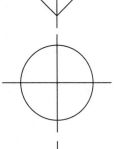

$L_\infty:\quad \|x\|_\infty = \max(|x_1|, |x_2|, \cdots, |x_n|)$

该度量通常被称为最大范数 (max norm)、切比雪夫范数 (Chebyshev norm) 或棋盘范数 (chessboard norm)。最后一个名称来自国际象棋中国王在两个方格之间移动的最小次数。

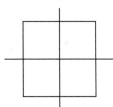

图 A-1 常用的 L_p 范数。图中显示了二维范数等高线的形状。等高线上的所有点与原点在该范数下等距

通过定义度量 $d(x,y) = \|x - y\|$，范数可以用于在向量空间中引入距离度量。例如，我们可以使用一个 L_p 范数来定义距离。

A.5 正定性

对称矩阵 A 是正定的 (positive definite)，如果对于除原点之外的所有点，$x^\top A x$ 都是正定的。换而言之，对于所有 $x \neq 0$，$x^\top A x > 0$。对称矩阵 A 是半正定的，如果 $x^\top A x$ 总是非负的。换而言之，对于所有 x，$x^\top A x \geqslant 0$。

A.6 凸性

两个向量 x 和 y 的凸组合 (convex combination) 是：

$$\alpha x + (1 - \alpha) y \tag{A.2}$$

对于某些 $\alpha \in [0,1]$。凸组合可以由 m 个向量组成：

$$w_1 \boldsymbol{v}^{(1)} + w_2 \boldsymbol{v}^{(2)} + \cdots + w_m \boldsymbol{v}^{(m)} \tag{A.3}$$

其中，所有非负权重 $\boldsymbol{w}$ 之和等于 1。

凸集合是一个集合。在凸集合中的任意两点之间绘制的线完全在集合内。数学上，如果我们有：

$$\alpha \boldsymbol{x} + (1-\alpha)\boldsymbol{y} \in \mathcal{S} \tag{A.4}$$

对于 $\mathcal{S}$ 中的所有 $\boldsymbol{x}$、$\boldsymbol{y}$ 和 $[0,1]$ 中的所有 α。凸集和非凸集如图 A-2 所示。

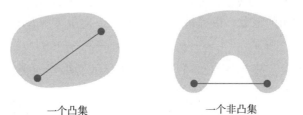

一个凸集　　　　　　　　一个非凸集

图 A-2　凸集和非凸集

凸函数（convex function）是一个碗状函数（bowl-shaped），其值域是一个凸集。所谓"碗状"，指的是这样的一个函数，使在其值域中两点之间绘制的任何线都不位于该函数之下。如果对于 $\mathcal{S}$ 中的所有 $\boldsymbol{x}$、$\boldsymbol{y}$ 和 $[0,1]$ 中的所有 α，函数 f 满足以下条件，那么函数 f 在凸集 $\mathcal{S}$ 上是凸函数：

$$f(\alpha \boldsymbol{x} + (1-\alpha)\boldsymbol{y}) \leqslant \alpha f(\boldsymbol{x}) + (1-\alpha)f(\boldsymbol{y}) \tag{A.5}$$

一个函数的凸区域和凹区域如图 A-3 所示。

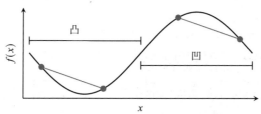

图 A-3　一个函数的凸区域和凹区域

如果对于 $\mathcal{S}$ 中的所有 $\boldsymbol{x}$、$\boldsymbol{y}$ 和 $[0,1]$ 中的所有 α，函数 f 满足以下条件，那么函数 f 在凸集 $\mathcal{S}$ 上是严格凸（strictly convex）函数：

$$f(\alpha \boldsymbol{x} + (1-\alpha)\boldsymbol{y}) < \alpha f(\boldsymbol{x}) + (1-\alpha)f(\boldsymbol{y}) \tag{A.6}$$

严格凸函数最多有一个最小值，而凸函数可以包含平坦区域[⊖]。严格凸和非严格凸的示例如图 A-4 所示。

如果 $-f$ 是凸函数，则函数 f 是凹函数。此外，如果 $-f$ 是严格凸函数，则 f 是严格凹函数。

A.7　信息量

如果我们有一个离散分布，将概率 $P(x)$ 分配给值 x，那么观测 x 的信息量（infor-

⊖　凸函数的优化是以下教科书的主题：S. Boyd and L. Vandenberghe, *Convex Optimization*. Cambridge University Press，2004。

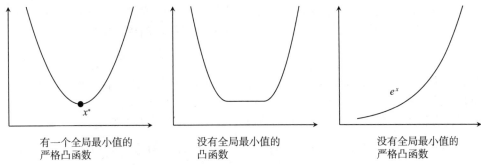

有一个全局最小值的　　　　没有全局最小值的　　　　没有全局最小值的
严格凸函数　　　　　　　　凸函数　　　　　　　　　　严格凸函数

图 A-4　并非所有凸函数都具有单个全局最小值

mation content)[⊖] 由下式给出：

$$I(x) = -\log P(x) \tag{A.7}$$

信息量的单位取决于对数的基数。我们通常假设自然对数（以 e 为底），因此单位为 nat（natural 的缩写）。在信息论的上下文中，基数通常为 2，因此单位为 bit（位）。我们可以将此数量视为当消息分布遵循指定分布时，根据最佳消息编码传输值 x 所需的位数。

A.8　熵

熵（entropy）是不确定性的信息论度量。与离散随机变量 X 相关联的熵是期望的信息量：

$$H(X) = E_x[I(x)] = \sum_x P(x)I(x) = -\sum_x P(x)\log P(x) \tag{A.8}$$

其中 $P(x)$ 是 x 的概率质量。

对于连续分布，其中 x 的概率密度为 $p(x)$，其微分熵（differential entropy）（也称为连续熵（continuous entropy））定义为：

$$h(X) = \int p(x)I(x)dx = -\int p(x)\log p(x)\mathrm{d}x \tag{A.9}$$

A.9　交叉熵

一个分布相对于另一个分布的交叉熵（cross entropy）可以根据期望的信息量来定义。如果一个离散分布的质量函数为 $P(x)$，另一个离散分布的质量函数为 $Q(x)$，那么 P 相对于 Q 的交叉熵由下公式给出：

$$H(P,Q) = -E_{x\sim P}[\log Q(x)] = -\sum_x P(x)\log Q(x) \tag{A.10}$$

对于两个密度函数为 $p(x)$ 和 $q(x)$ 的连续分布，那么 p 相对于 q 的交叉熵由下公式给出：

$$H(p,q) = -\int p(x)\log q(x)\mathrm{d}x \tag{A.11}$$

A.10　相对熵

相对熵（relative entropy），也称为 Kullback-Leibler（KL）散度（Kullback-Leibler

---

⊖ 有时信息量被称为香农信息量，以纪念信息理论领域的创始人克劳德·香农（Claude Shannon）。C. E. Shannon, "A Mathematical Theory of Communication," *Bell System Technical Journal*, vol. 27, no. 4, pp. 623-656, 1948.

（KL）divergence），是一个概率分布与参考分布之间差异的度量[⊖]。如果 $P(x)$ 和 $Q(x)$ 是质量函数，那么从 Q 到 P 的 KL 散度是对数差的期望值，期望值使用 P：

$$D_{\mathrm{KL}}(P \parallel Q) = \sum_x P(x)\log \frac{P(x)}{Q(x)} = -\sum_x P(x)\log \frac{Q(x)}{P(x)} \tag{A.12}$$

只有当 P 的支持度是 Q 的支持度的子集时，才定义这个量。求和基于 P 的支持度，以避免被零除。

对于具有密度函数 $p(x)$ 和 $q(x)$ 的连续分布，计算公式如下所示：

$$D_{\mathrm{KL}}(p \parallel q) = \int p(x)\log \frac{p(x)}{q(x)}\mathrm{d}x = -\int p(x)\log \frac{q(x)}{p(x)}\mathrm{d}x \tag{A.13}$$

类似地，只有当 p 的支持度是 q 的支持度的子集时，才定义这个量。积分在 p 的支持度之上，以避免被零除。

A.11　梯度上升

当 f 是可微分函数时，梯度上升（gradient ascent）是试图最大化函数 $f(\boldsymbol{x})$ 的一般方法。我们从 $\boldsymbol{x}$ 点开始，迭代地应用以下更新规则：

$$\boldsymbol{x} \leftarrow \boldsymbol{x} + \alpha\,\nabla f(\boldsymbol{x}) \tag{A.14}$$

其中，$\alpha > 0$ 称为步长因子（step factor）。这种优化方法的思想是，我们在梯度方向上采取若干步骤，直到达到局部最大值。无法保证我们会使用此方法找到全局最大值。较小的 α 通常需要更多次的迭代才能接近局部最大值。较大的 α 通常会导致所得值在局部最优值附近跳跃，而不会完全达到局部最优值。如果 α 在迭代过程中是恒定的值，则有时称为学习率（learning rate）。许多应用涉及衰减步长因子（decaying step factor），其中，除了在每次迭代时更新 $\boldsymbol{x}$，我们还根据以下公式更新 α：

$$\alpha \leftarrow \gamma\alpha \tag{A.15}$$

其中，$0 < \gamma < 1$ 是衰减因子（decay factor）。

A.12　泰勒展开式

函数的泰勒展开式（Taylor expansion）[⊖]，也称为泰勒级数（Taylor series），对本书中使用的许多近似值很重要。从微积分的第一个基本定理（first fundamental theorem of calculus）[⊜]，我们知道：

$$f(x+h) = f(x) + \int_0^h f'(x+a)\mathrm{d}a \tag{A.16}$$

嵌套使用此定义，将产生 f 关于 x 的泰勒展开式：

$$f(x+h) = f(x) + \int_0^h \Big(f'(x) + \int_0^a f''(x+b)\mathrm{d}b\Big)\mathrm{d}a \tag{A.17}$$

$$= f(x) + f'(x)h + \int_0^h \int_0^a f''(x+b)\mathrm{d}b\mathrm{d}a \tag{A.18}$$

$$= f(x) + f'(x)h + \int_0^h \int_0^a \Big(f''(x) + \int_0^b f'''(x+c)\mathrm{d}c\Big)\mathrm{d}b\mathrm{d}a \tag{A.19}$$

⊖ 以引入这一度量的两位美国数学家命名。具体请参考文献：Solomon Kullback (1907-1994) and Richard A. Leibler (1914-2003)．S. Kullback and R. A. Leibler, "On Information and Sufficiency," *Annals of Mathematical Statistics*, vol. 22, no. 1, pp. 79-86, 1951。S. Kullback, *Information Theory and Statistics*. Wiley, 1959.

⊖ 以引入这一概念的英国数学家布鲁克·泰勒（Brook Taylor，1685—1731）命名。

⊜ 微积分的第一个基本定理将函数与其导数的积分联系起来：$f(b) - f(a) = \int_a^b f'(x)\mathrm{d}x$。

$$= f(x) + f'(x)h + \frac{f''(x)}{2!}h^2 + \int_0^h \int_0^a \int_0^b f'''(x+c)\,\mathrm{d}c\mathrm{d}b\mathrm{d}a \tag{A.20}$$

$$\vdots \tag{A.21}$$

$$= f(x) + \frac{f'(x)}{1!}h + \frac{f''(x)}{2!}h^2 + \frac{f'''(x)}{3!}h^3 + \cdots \tag{A.22}$$

$$= \sum_{n=0}^{\infty} \frac{f^{(n)}(x)}{n!}h^n \tag{A.23}$$

在上述公式中，x 通常是固定的，并且函数是使用项 h 来计算的。通常更方便的是将 $f(x)$ 关于点 a 的泰勒展开式写成以下公式，使得该展开式仍然是 x 的函数：

$$f(x) = \sum_{n=0}^{\infty} \frac{f^{(n)}(a)}{n!}(x-a)^n \tag{A.24}$$

泰勒展开式将函数表示为基于单点上的多重导数的多项式项的无限和。任何解析函数都可以使用局部邻域内的泰勒展开式来表示。

函数可以通过使用泰勒展开式的前几个项来局部近似。图 A-5 显示了关于 $x=1$ 的 $\cos(x)$ 的越来越好的近似值。如果泰勒展开式中包含更多的项，则可以提高局部近似的精度，但误差仍然会随着远离展开点而累积。

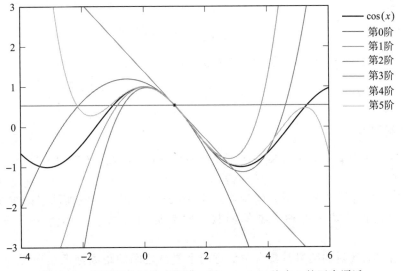

图 A-5 基于泰勒展开式的前 n 项，$\cos(x)$ 约为 1 的逐次逼近

线性泰勒近似（Taylor approximation）使用泰勒展开式的前两项：
$$f(x) \approx f(a) + f'(a)(x-a) \tag{A.25}$$
二次型泰勒近似（quadratic Taylor approximation）使用泰勒展开式的前三项：
$$f(x) \approx f(a) + f'(a)(x-a) + \frac{1}{2}f''(a)(x-a)^2 \tag{A.26}$$
等，依此类推。

在多维空间中，关于 $\boldsymbol{a}$ 的泰勒展开式可以推广到：
$$f(\boldsymbol{x}) = f(\boldsymbol{a}) + \nabla f(\boldsymbol{a})^\top (\boldsymbol{x}-\boldsymbol{a}) + \frac{1}{2}(\boldsymbol{x}-\boldsymbol{a})^\top \nabla^2 f(\boldsymbol{a})(\boldsymbol{x}-\boldsymbol{a}) + \cdots \tag{A.27}$$

前两项在 $\boldsymbol{a}$ 处形成切平面（tangent plane）。第三项包含局部曲率。本书仅使用此处显示的前三个项。

A.13　蒙特卡罗估计方法

蒙特卡罗估计方法（Monte Carlo estimation）允许我们在函数 f 的输入 x 遵循概率密度函数 p 时，评估函数 f 的期望值：

$$E_{x \sim p}[f(x)] = \int f(x) p(x) \mathrm{d}x \approx \frac{1}{n} \sum_i f(x^{(i)}) \tag{A.28}$$

其中，$x^{(1)}, \cdots, x^{(n)}$ 由 p 得出。估计值的方差等于 $Var_x \sim p[f(x)]/n$。

A.14　重要性采样技术

重要性采样技术（importance sampling）允许我们从不同分布 q 的抽样样本中计算 $E_{x \sim p}[f(x)]$：

$$E_{x \sim p}[f(x)] = \int f(x) p(x) \mathrm{d}x \tag{A.29}$$

$$= \int f(x) p(x) \frac{q(x)}{q(x)} \mathrm{d}x \tag{A.30}$$

$$= \int f(x) \frac{p(x)}{q(x)} q(x) \mathrm{d}x \tag{A.31}$$

$$= E_{x \sim q}\left[f(x) \frac{p(x)}{q(x)} \right] \tag{A.32}$$

上述公式可以使用从分布 q 的抽样样本 $x^{(1)}, \cdots, x^{(n)}$ 近似计算：

$$E_{x \sim p}[f(x)] = E_{x \sim q}\left[f(x) \frac{p(x)}{q(x)} \right] \approx \frac{1}{n} \sum_i f(x^{(i)}) \frac{p(x^{(i)})}{q(x^{(i)})} \tag{A.33}$$

A.15　收缩映射

基于度量空间上的函数，收缩映射（contraction mapping）f 的定义如下，使得：

$$d(f(x), f(y)) \leqslant \alpha d(x, y) \tag{A.34}$$

其中，d 是与度量空间相关的距离度量，并且 $0 \leqslant \alpha < 1$。因此，收缩映射减少了集合中任意两个成员之间的距离。这种类型的函数有时被称为收缩（contraction）或收缩算子（contractor）。

重复应用收缩映射的结果是集合中任意两个成员之间的距离渐渐趋向为 0。收缩映射定理（contraction mapping theorem）或巴拿赫不动点定理（Banach fixed-point theorem）⊖指出，在一个完整的⊖非空度量空间上的每个收缩映射都有一个唯一的不动点。此外，对于该集合中的任何元素 x，对该元素重复应用收缩映射会导致收敛到该不动点。

证明函数 f 是度量空间上的收缩映射，对于前面所提出的相关概念的各种收敛证明非常有用。例如，我们可以证明贝尔曼算子是具有最大范数的值函数空间上的收缩映射。收缩映射定理的应用能够帮助我们证明如下的结论：重复应用贝尔曼算子会导致收敛到唯一的值函数。示例 A-1 显示一个简单的收缩映射。

⊖ 以波兰数学家斯特凡·巴拿赫（Stefan Banach1892—1945）命名，他首次提出这个定理。
⊖ 完整的度量空间是指该空间中的每个柯西序列均收敛到该空间中一点。序列 $x_1, x_2, \cdots$ 是柯西序列的条件是，对于每个正实数 $\epsilon > 0$，存在一个正整数 n，满足对于所有正整数 $i, j > n$，使得 $d(x_i, x_j) < \epsilon$。

示例 A-1 R^2 的收缩映射。 考虑函数 $f(x) = [x_2/2+1, x_1/2+1/2]$。我们可以证明 f 是集合 $\mathbb{R}^2$ 和欧氏距离函数的收缩映射：

$$
\begin{aligned}
d(f(x), f(y)) &= \| f(x) - f(y) \|_2 \\
&= \| [x_2/2+1, x_1/2+1/2] - [y_2/2+1, y_1/2+1/2] \|_2 \\
&= \left\| \left[\frac{1}{2}(x_2 - y_2), \frac{1}{2}(x_1 - y_1) \right] \right\|_2 \\
&= \frac{1}{2} \| [(x_2 - y_2), (x_1 - y_1)] \|_2 \\
&= \frac{1}{2} d(x, y)
\end{aligned}
$$

我们可以绘制将 f 重复应用于 $\mathbb{R}^2$ 中的点的效果图，如图 A-6 所示并显示最终结果是如何向 $[5/3, 4/3]$ 收敛的。

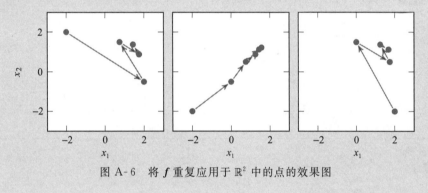

图 A-6 将 f 重复应用于 $\mathbb{R}^2$ 中的点的效果图

A.16 图

图 (graph) $G = (V, E)$ 由一组节点 (node) (或称为顶点 (vertice)) V 和边 (edge) E 定义。图 A-7 显示了一个图的示例。边 $e \in E$ 连接着一对节点 (v_i, v_j)。我们主要关注有向图，其中边是有向的并定义父子关系。边 $e = (v_i, v_j)$ 通常以图形方式表示为从 v_i 到 v_j 的箭头，其中 v_i 作为父节点 (parent)，v_j 作为子节点 (child)。如果有一条边连接着节点 v_i 和 v_j，那么我们说 v_i 和 v_j 是邻居节点 (neighbor)。节点 v_i 所有父节点的集合表示为 $Pa(v_i)$。

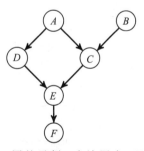

图 A-7 图的示例。在该图中，$Pa(C) = \{A, B\}$。序列 (A, C, E, F) 是有向路径，而 (A, B, C) 是无向路径。节点 A 是 C 和 D 的父节点。节点 E 是 B 的子节点。C 的邻居节点包括 A、B 和 E

从节点 v_i 到节点 v_j 的路径是连接节点 v_i 到节点 v_j 的边的序列。如果这个路径可以沿着边的方向从一个节点到另一个节点，那么我们称之为有向路径 (directed path)。无向路径 (undirected path) 是指不考虑边方向的路径。如果从节点 v_i 到节点 v_j 存在有向路径，则节点 v_j 是 v_i 的子节点。环 (cycle) 是从节点到自身的有向路径。如果图不包含任何环路，则该图是无环图 (acyclic)。

概率分布

本附录总结了与本书介绍的主题相关的几个概率分布⊖。分布由概率质量函数或概率密度函数表示并提供了相关函数以及控制每个分布的参数。图 B-1 显示各种参数如何影响概率分布。索引号指出在本书正文中使用这些分布所在的页面。有些分布是单变量（univariate）的，这意味着它们是标量变量上的分布；其他是多变量（multivariate）的，这意味着它们是多变量上的分布。

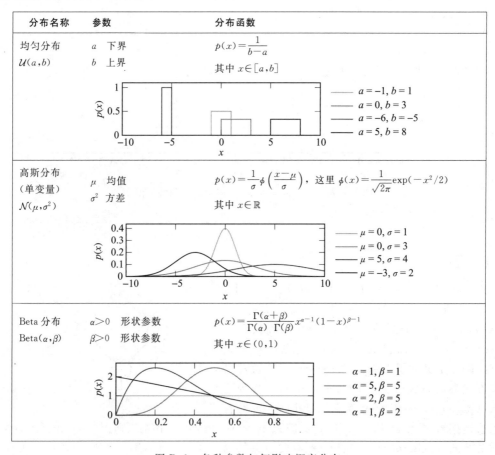

图 B-1　各种参数如何影响概率分布

⊖　这些分布在 distributions.jsl 中实现。具体请参考文献 M. Besançon, T. Papamarkou, D. Anthoff, A. Arslan, S. Byrne, D. Lin, and J. Pearson, "Distributions.jl: Definition and Modeling of Probability Distributions in the JuliaStats Ecosystem," 2019. arXiv: 1907.0861 1v1。

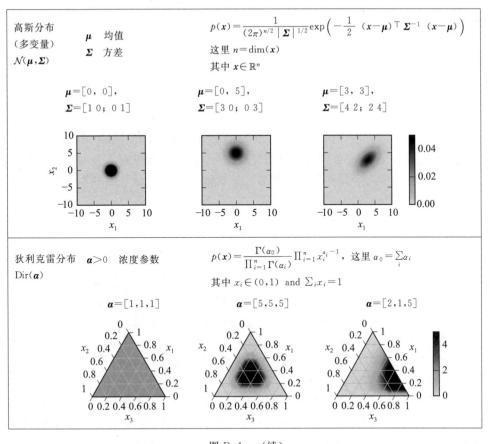

高斯分布
（多变量）
$\mathcal{N}(\boldsymbol{\mu}, \boldsymbol{\Sigma})$

$\boldsymbol{\mu}$ 均值
$\boldsymbol{\Sigma}$ 方差

$$p(\boldsymbol{x}) = \frac{1}{(2\pi)^{n/2} |\boldsymbol{\Sigma}|^{1/2}} \exp\left(-\frac{1}{2}(\boldsymbol{x}-\boldsymbol{\mu})^{\top} \boldsymbol{\Sigma}^{-1}(\boldsymbol{x}-\boldsymbol{\mu})\right)$$

这里 $n = \dim(\boldsymbol{x})$

其中 $\boldsymbol{x} \in \mathbb{R}^n$

$\boldsymbol{\mu} = [0, 0]$,
$\boldsymbol{\Sigma} = [1\ 0;\ 0\ 1]$

$\boldsymbol{\mu} = [0, 5]$,
$\boldsymbol{\Sigma} = [3\ 0;\ 0\ 3]$

$\boldsymbol{\mu} = [3, 3]$,
$\boldsymbol{\Sigma} = [4\ 2;\ 2\ 4]$

狄利克雷分布 $\boldsymbol{\alpha} > 0$ 浓度参数
$\mathrm{Dir}(\boldsymbol{\alpha})$

$$p(\boldsymbol{x}) = \frac{\Gamma(\alpha_0)}{\prod_{i=1}^{n} \Gamma(\alpha_i)} \prod_{i=1}^{n} x_i^{\alpha_i - 1}, \quad 这里 \alpha_0 = \sum_i \alpha_i$$

其中 $x_i \in (0,1)$ and $\sum_i x_i = 1$

$\boldsymbol{\alpha} = [1,1,1]$

$\boldsymbol{\alpha} = [5,5,5]$

$\boldsymbol{\alpha} = [2,1,5]$

图 B-1   （续）

计算复杂度

在讨论各种算法时，往往需要分析这些算法的计算复杂度（computational complexity），即分析算法从开始运行直到完成时所需的资源[⊖]。我们通常对时间复杂度或空间复杂度感兴趣。本附录回顾用于描述复杂度的常用渐近表示法。然后，回顾本书中与算法相关的一些复杂度的类别并讨论可判定性问题。

C.1 渐近表示法

渐近表示法（asymptotic notation）通常用于描述函数的增长。这种表示法有时被称为大 O 表示法（big-Oh notation），之所以使用字母 O 是因为函数的增长率通常被称为阶数（order）。该表示法可用于描述与数值方法或算法的时间复杂度或空间复杂度相关的误差。当函数的参数接近某个值时，这种表示法提供了函数的上限。

从数学意义上而言，如果当 $x \to a$ 时 $f(x) = O(g(x))$，那么当 x 的值充分接近 a 时 $f(x)$ 的绝对值由 $g(x)$ 乘以某个正的有限数 c 的绝对值来限定，即

$$|f(x)| \leqslant c|g(x)| \qquad 对于 \ x \to a \qquad (C.1)$$

$f(x) = O(g(x))$ 是对等号的一种常见滥用。例如，$x^2 = O(x^2)$ 和 $2x^2 = O(x^2)$，但很显然 $x^2 \neq 2x^2$。在一些数学文献中，$O(g(x))$ 表示所有函数的集合，这些函数的增长速度不快于 $g(x)$。例如，$5x^2 \in O(x^2)$。示例 C-1 演示了渐近表示法。

示例 C-1 常数乘以函数的渐近表示法。 考虑当 $x \to \infty$ 时的 $f(x) = 10^6 e^x$。在该函数式中，f 是常数 10^6 和 e^x 的乘积。常数 10^6 可以简单地合并到边界常数 c 中，如下所示：

$$|f(x)| \leqslant c|g(x)|$$
$$10^6|e^x| \leqslant c|g(x)|$$
$$|e^x| \leqslant c|g(x)|$$

因此，当 $x \to \infty$ 时，$f(x) = O(e^x)$。

如果 $f(x)$ 是多个项的线性组合（linear combination）[⊖]，则 $O(f)$ 对应于增长最快的项的阶数。示例 C-2 比较了几个项的阶数。

示例 C-2 求项的线性组合的阶数。 假设 $f(x) = \cos(x) + x + 10x^{3/2} + 3x^2$，即 f 是多个项的线性组合。这些项包括 $\cos(x), x, x^{3/2}, x^2$。随着 x 接近无穷大，这些项以值递

⊖ 算法分析是计算机科学的一个重要领域。有关入门教材参见 O. Goldreich, *Computational Complexity: A Conceptual Perspective*. Cambridge University Press, 2008。严格的讨论需要引入概念和计算模型，例如图灵机（Turing machine），我们将在本附录中忽略这方面的内容。

⊖ 线性组合是各个项的加权和。如果这些项位于向量 x 中，则线性组合为 $w_1 x_1 + w_2 x_2 + \cdots = \boldsymbol{w}^\top \boldsymbol{x}$。

增的顺序排列。我们将 $f(x)$ 与 $c|g(x)|$ 一起绘制，如图 C-1 所示，其中为每个项均选择了 c，使得 $c|g(x{=}2)|$ 大于 $f(x{=}1)$。

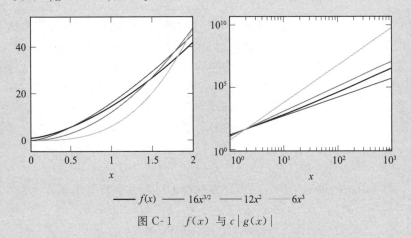

图 C-1　$f(x)$ 与 $c|g(x)|$

对于足够大的 x 值，不存在常数 c 可以使 $f(x)$ 总是小于 $c|x^{3/2}|$。对于 $\cos(x)$ 和 x 情况也是如此。

我们发现 $f(x)=O(x^3)$，并且在通常的情况下，对于 $m \geqslant 2$，$f(x)=O(x^m)$，对于其他的函数类别（例如 $f(x)=e^x$）也是如此。我们通常讨论提供最严格上界的阶数。因此，当 $x \to \infty$ 时，$f=O(x^2)$。

C.2　时间复杂度的级别

解决某些问题的困难程度可以分为不同的时间复杂度级别。本书中经常出现的重要时间复杂度级别包括如下几类：

- P：可以在多项式时间内解决的问题。
- NP：可在多项式时间内验证其解的问题。
- NP-困难（NP-hard）：至少与 NP 中最困难的问题一样难的问题。
- NP-完全（NP-complete）：既是 NP 困难问题，又是 NP 问题。

对这些级别的复杂度问题的正式定义相当复杂。人们普遍认为 P$\neq$NP，但这个结论尚未被证明，而且仍然是数学中最重要的但至今悬而未决的问题之一。事实上，现代密码学依赖于这样一个事实，即不存在已知的有效（即多项式时间）算法来解决 NP-困难问题。图 C-2 说明了在假设 P$\neq$NP 的情况下，复杂度各个级别之间的关系。

证明某个特定问题 Q 是否为 NP-困难问题的一种常

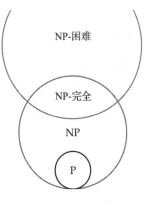

图 C-2　时间复杂度的级别

见方法是，从已知的 NP-完全问题 Q' 到 Q 的一个实例进行多项式变换[⊖]。3SAT 问题是第一个已知的 NP-完全问题，示例 C-3 对该问题进行了讨论。

示例 C-3 3SAT 问题，这是第一个已知的 NP-完全问题。 布尔可满足性（Boolean satisfiability）问题涉及确定布尔公式是否是可满足的（satisfiable）。布尔公式由包含 n 个布尔变量 $x_1, \cdots, x_n$ 的逻辑与（∧）、逻辑或（∨）和逻辑非（¬）组成。字面量是变量 x_i 或其逻辑非 $\neg x_i$。3SAT 子句是最多包含三个字面量的逻辑或（例如，$x_3 \vee \neg x_5 \vee x_6$）关系。3SAT 公式是 3SAT 子句的逻辑与，例如：

$$F(x_1, x_2, x_3, x_4) = \begin{matrix} (& x_1 & \vee & x_2 & \vee & x_3 &) & \wedge \\ (& \neg x_1 & \vee & \neg x_2 & \vee & x_3 &) & \wedge \\ (& x_2 & \vee & \neg x_3 & \vee & x_4 &) & \end{matrix}$$

3SAT 中所面临的挑战是确定是否存在这样的可能性：将真值赋值给各个变量，从而使公式的最终值为真。在上述公式中，

$$F(真, 假, 假, 真) = 真$$

因此，这个公式是可满足的。虽然对于一些 3SAT 问题，有时只是通过快速审视就很容易找到令人满意的赋值，但通常 3SAT 问题是很难解决的。确定是否可以进行满意赋值的一种方法是，对于所有的变量，进行 2^n 个可能真值的枚举。虽然确定是否存在可满足性的真值赋值存在一定的困难，但可以在线性时间内验证真值赋值是否可以导致可满足性。

C.3 空间复杂度的级别

另一组复杂度级别与空间有关，用于表示算法从一开始执行直到完成为止所需的内存量。空间复杂度级别 PSPACE 包含所有可以使用多项式的空间容量来解决的问题集合，而不需要考虑时间。时间复杂度和空间复杂度之间存在一个根本的区别，即时间不能重复使用，但空间可以重复使用。我们知道 P 和 NP 是 PSPACE 的子集。目前还不能证明（但有人猜想）PSPACE 包括 NP 以外的问题。通过多项式时间变换，我们可以定义 PSPACE-困难和 PSPACE-完全的空间复杂度级别，就像我们可以定义 NP-困难和 NP-完全的时间复杂度级别。

C.4 可判定性

一个无法判定的（undecidable）问题不可能总是在有限的时间内解决。也许最著名的不可判定问题之一是停机问题（halting problem）。停机问题涉及将任何以充分表达语言[⊖]编写的程序作为输入并判断程序是否会结束运行。事实证明，一般而言，不存在算法可以执行这种分析。尽管存在能够正确判定某些程序是否会结束运行的算法，但能够判定任意程序是否最终会结束运行的算法是不存在的。

⊖ 有许多众所周知的 NP-完全问题，有关概述请参考文献 R. M. Karp, "Reducibility Among Combinatorial Problems," in *Complexity of Computer Computations*, R. E. Miller and J. W. Thatcher, eds., Plenum, 1972, pp. 85-103。

⊖ 技术要求是该语言是图灵完备的（Turing complete）或计算通用的（computationally universal），这意味着它可以用来模拟任何图灵机器。

神经网络表示

神经网络是非线性函数的参数化表示[○]。神经网络表示的函数是可微函数，允许使用基于梯度的优化算法（如随机梯度下降）来优化其参数，以更好地逼近期望的"输入-输出"关系[○]。神经表示在与决策相关的各种上下文中都很有用，例如表示概率模型、效用函数和决策策略。本附录将概述几个相关的体系结构。

D.1 神经网络

神经网络是一个可微函数 $y = f_\theta(x)$，它将输入 x 映射为输出 y，并由 θ 来参数化。现代神经网络可能具有数百万个参数并可用于将高维图像或视频形式的输入转换为高维输出，如多维分类或语音。

通常通过调整网络的参数 θ 以最小化标量损失函数（loss function）$\ell(f_\theta(x), y)$。标量损失函数与网络输出和期望输出的差异有关。损失函数和神经网络都是可微函数，允许我们使用损失函数相对于参数化的梯度 $\nabla_\theta \ell$ 以迭代化方式改进参数化。这个过程通常被称为神经网络训练（training）或参数调整（parameter tuning）。示例 D-1 对此进行了演示。

示例 D-1　神经网络训练和参数调整的基本概念。考虑一个非常简单的神经网络，$f_\theta(x) = \theta_1 + \theta_2 x$。我们希望这个神经网络能够根据房屋的面积 x（平方英尺）预测房屋的价格 y_{pred}。我们希望通过损失函数 $\ell(y_{pred}, y_{true}) = (y_{pred} - y_{true})^2$ 来最小化预测房价与真实房价之间的平方偏差。给定一对训练数据，我们可以计算其梯度：

$$\nabla_\theta \ell(f(x), y_{true}) = \nabla_\theta (\theta_1 + \theta_2 x - y_{true})^2$$

$$= \begin{bmatrix} 2(\theta_1 + \theta_2 x - y_{true}) \\ 2(\theta_1 + \theta_2 x - y_{true})x \end{bmatrix}$$

如果初始参数化是 $\theta = [100\,000, 123]$，并且有一对"输入-输出"数据（$x = 2\,500$，$y_{true} = 360\,000$），那么损失梯度将是 $\nabla_\theta \ell = [-85\,000, -2.125 \times 108]$。我们将朝着相反的方向迈出一小步，以改进函数逼近。

神经网络通常在"输入-输出对"构成的数据集 D 上进行训练。在这种情况下，我们调整参数以最小化数据集的累积损失（aggregate loss）：

$$\arg\min_\theta \sum_{(x, y) \in D} \ell(f_\theta(x), y) \tag{D.1}$$

对于现代问题，其数据集往往非常大，使得公式（D.1）的梯度难以评估。通常在每

○ "神经网络"一词源于生物大脑中神经元网络的发散思维。我们将不讨论这些生物学联系，有关概述和历史观点，请参考文献 B. Müller, J. Reinhardt, and M. T. Strickland, *Neural Networks*. Springer, 1995。

○ 这种优化过程在应用于具有许多层的神经网络时，通常称为深度学习（deep learning），稍后我们将展开讨论。有许多专门讨论深度学习技术的教科书，如 I. Goodfellow, Y. Bengio, and A. Courville, *Deep Learning*. MIT Press, 2016。Julia 语言的软件包 `Flux.jl` 提供各种学习算法的有效实现。

次迭代中对训练数据的随机子集进行采样，使用这些批次（batch）的数据来计算损失梯度。除了减少计算量外，使用较小批次大小的数据计算梯度还为梯度引入了一些随机性，这有助于避免训练陷入局部最小值。

D.2　前馈网络

神经网络通常被构造为通过一系列层来传递输入[一]。具有多层的网络通常称为深度网络。在前馈网络（feedforward network）中，每一层应用仿射变换，随后按元素逐一应用非线性激活函数[二]：

$$x' = \phi(Wx + b) \tag{D.2}$$

其中，矩阵 W 和向量 b 是与层相关联的参数。全连接的层如图 D-1 所示。当 W 为非方矩阵时，输出层的尺寸与输入层的尺寸不同。图 D-2 显示了同一网络的更紧凑描述。

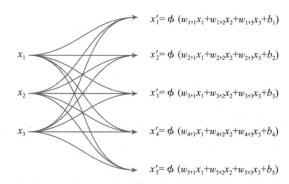

图 D-1　具有三分量的输入和五分量的输出的全连接层

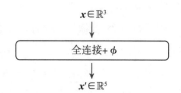

图 D-2　图 D-1 的更紧凑描述。为简单起见，神经网络层通常表示为块或切片

如果神经网络各层之间没有激活函数，则可以将多个连续的仿射变换折叠为单个等效仿射变换：

$$W_2(W_1 x + b_1) + b_2 = W_2 W_1 x + (W_2 b_1 + b_2) \tag{D.3}$$

这些非线性是允许神经网络适应任意目标函数所必需的特性。为了说明这一点，图 D-3 显示了经过训练以近似非线性函数神经网络的输出。

常用的激活函数有多种。与生物学意义相似，当激活函数的输入较低时，其值倾向于接近零；而当输入较高时，其值趋向于非常大。一些常见的激活函数如图 D-4 所示。

　㊀　理论上，一个足够大的单层神经网络可以逼近任何函数。具体请参见文献 A. Pinkus, "Approximation Theory of the MLP Model in Neural Networks," *Acta Numerica*, vol. 8, pp. 143-195, 1999。

　㊁　激活函数引入的非线性提供了与生物神经元的激活行为类似的东西。在生物神经元中，输入的积累最终导致神经元放电。具体请参见文献 A. L. Hodgkin and A. F. Huxley, "A Quantitative Description of Membrane Current and Its Application to Conduction and Excitation in Nerve," *Journal of Physiology*, vol. 117, no. 4, pp. 500-544, 1952。

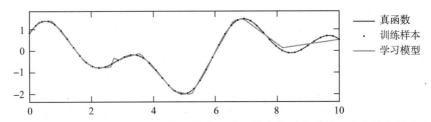

图 D-3 深度神经网络拟合非线性函数的样本，满足最小化平方误差。这个神经网络有四个仿射层，每个中间层表示包含 10 个神经元

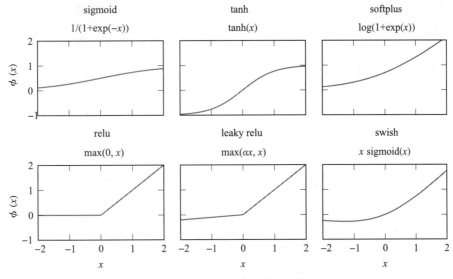

图 D-4 几个常见的激活函数

有时会加入特殊层以实现某些效果。例如，在图 D-5 中，我们在末端使用 Softmax 层来强制输出表示两个元素的分类分布。Softmax 函数将指数函数应用于每个元素，这确保元素的值是正的，然后重新规范结果值：

$$\text{Softmax}(\boldsymbol{x})_i = \frac{\exp(x_i)}{\sum_j \exp(x_j)} \tag{D.4}$$

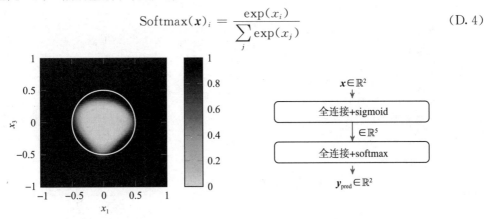

图 D-5 一个简单的包含两层全连接的网络，用于训练来判断（分类）给定坐标是否位于圆内（以白色显示）。非线性允许神经网络形成复杂的非线性决策边界

神经网络的梯度通常使用反向累积法（reverse accumulation）来计算[⊖]。该方法从前向步骤开始，其中使用所有输入参数来评估神经网络。在后向步骤中，从输出反向到输入的方式计算每个感兴趣项的梯度。反向累积法使用了导数的链式法则：

$$\frac{\partial f(g(h(\boldsymbol{x})))}{\partial \boldsymbol{x}} = \frac{\partial f(g(h))}{\partial h}\frac{\partial h(\boldsymbol{x})}{\partial \boldsymbol{x}} = \left(\frac{\partial f(g)}{\partial g}\frac{\partial g(h)}{\partial h}\right)\frac{\partial h(\boldsymbol{x})}{\partial \boldsymbol{x}} \tag{D.5}$$

示例 D-2 演示了该处理过程。许多深度学习包使用这种自动微分技术来计算梯度[⊖]。用户很少需要自己实现梯度计算。

示例 D-2　如何使用反向累加法来计算给定训练数据的参数梯度。 回想示例 D-1 中的神经网络和损失函数。我们绘制损失计算的计算图，如图 D-6 所示。

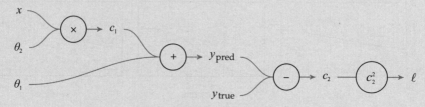

图 D-6　损失计算的计算图（1）

反向累加法从正向传递开始，在正向传递中对计算图进行求值。我们将再次使用 $\boldsymbol{\theta}=[100000,123]$ 和输入-输出对（$x=2\,500$，$y_{\text{true}}=360\,000$）进行计算，过程如图 D-7 所示。

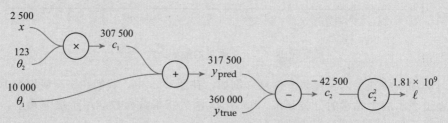

图 D-7　损失计算的计算图（2）

然后通过对树进行反向运算来计算梯度，如图 D-8 所示。

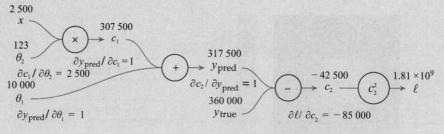

图 D-8　对树进行反向运算来计算梯度

[⊖]　这一过程通常称为反向传播（backpropagation），具体指应用于标量损失函数的反向累积。请参见文献 D. E. Rumelhart, G. E. Hinton, and R. J. Williams, "Learning Representations by Back-Propagating Errors," *Nature*, vol. 323, pp. 533-536, 1986。

[⊖]　A. Griewank and A. Walther, *Evaluating Derivatives: Principles and Techniques of Algorithmic Differentiation*, 2nd ed. SIAM, 2008。

最后，我们计算：

$$\frac{\partial \ell}{\partial \theta_1} = \frac{\partial \ell}{\partial c_2} \frac{\partial c_2}{\partial y_{\text{pred}}} \frac{\partial y_{\text{pred}}}{\partial \theta_1} = -85\ 000 \cdot 1 \cdot 1 = -85\ 000$$

$$\frac{\partial \ell}{\partial \theta_2} = \frac{\partial \ell}{\partial c_2} \frac{\partial c_2}{\partial y_{\text{pred}}} \frac{\partial y_{\text{pred}}}{\partial c_1} \frac{\partial c_1}{\partial \theta_2} = -85\ 000 \cdot 1 \cdot 1 \cdot 2500 = -2.125 \times 10^8$$

D.3 参数正则化

神经网络通常是欠定的（underdetermined），这意味着有多个参数实例化可以导致相同的最佳训练损失[一]。通常使用参数正则化（parameter regularization）（也称为权重正则化）为损失函数引入一个附加项，以惩罚大的参数值。正则化也有助于防止过度拟合（overfitting），当网络过度专业化地使用训练数据但无法推广到不可见的数据时，就会出现这种过度拟合的情况。

正则化通常采用参数化向量的 L_2 范数的形式：

$$\arg \min_{\boldsymbol{\theta}} \sum_{(x,y) \in D} \ell(f_{\boldsymbol{\theta}}(x), y) - \beta \| \boldsymbol{\theta} \|^2 \tag{D.6}$$

其中，正的标量 β 用于控制参数正则化的强度。标量通常很小，其值低至 10^{-6}，以最小化通过引入正则化而牺牲匹配训练集的程度。

D.4 卷积神经网络

神经网络可以将图像或其他多维结构（例如激光雷达扫描）作为输入。即使是相对较小的 256×256 的 RGB 图像（类似于图 D-9）也有 $256 \times 256 \times 3 = 196\ 608$ 个项。任何以 $m \times m \times 3$ 图像为输入并产生 n 个输出向量的全连接层，都将包含 $3m^2 n$ 个值的权重矩阵。要学习的大量参数不仅在计算上成本很高，而且非常浪费。图像中的信息通常具有平移不变性，图像中的对象如果向右移动 1 个像素，应该产生相同的输出，或者至少产生类似的输出。

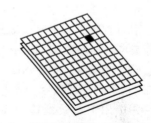

图 D-9　像图像这样的多维输入将向量推广到张量。本图中我们展示了一个三层 RGB 图像。此类输入可以包含大量的数据项

卷积层（convolutional layer）[二]通过滑动较小的、全连接的窗口来产生输出，从而显著减少计算量并支持平移不变性。需要学习的参数明显减少。这些参数倾向于接受局部纹理，其方式与视觉皮层中的神经元对其感受野（receptive field）中刺激的反应大致相同。

卷积层由一组特征（feature）或核（kernel）组成，每个特征或核相当于一个全连接的层，可以在其中输入有关输入张量的较小区域。图 D-10 中只应用了一次核。这些特征具有全深度，这意味着如果输入张量为 $n \times m \times d$，则这些特征也将具有第三个维度 d。通过在第一维度和第二维度上滑动这些特征，可以多次应用这些特征。如果步幅为 1×1，则所有 k

⊖　例如，假设我们有一个神经网络，最后一层为 Softmax 层。该层的输入可以缩放，同时产生相同的输出，因此损失也相同。

⊖　Y. LeCun, L. Bottou, Y. Bengio, and P. Haffner, "Gradient-Based Learning Applied to Document Recognition," *Proceedings of the IEEE*, vol. 86, no. 11, pp. 2278-2324, 1998.

个滤波器应用于每个可能的位置，输出维度将为 $n \times m \times k$。如果步幅是 2×2，则滤波器在每个应用的第一维度和第二维度上移动 2 个位置，从而产生大小为 $n/2 \times m/2 \times k$ 的输出。一种常见的现象是卷积神经网络在每一层的第三维度上增加而在前两个维度上减少。

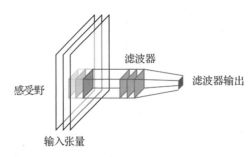

图 D-10　卷积层在输入张量（如图像数据）上重复应用滤波器以产生输出张量。该图显示了滤波器的每个应用如何像一个小的、全连接的层一样作用于小的感受野，以在输出张量中产生单个项。每个滤波器根据规定的步幅在输入端进行移位。生成的输出具有与滤波器一样多的层

　　卷积层具有平移不变性，因为无论输入应用在何处，每个滤波器的行为都相同。这一特性在空间处理中特别有用，因为输入图像中的偏移可以产生类似的输出，这使得神经网络更容易提取共同的特征。单个特征倾向于学习如何识别颜色和纹理等局部属性。

示例 D-3　MNIST 数据集的卷积神经网络[⊖]。MNIST 数据集包含 28×28 单色图像形式的手写数字。这个数据集通常用于测试图像分类网络。在图 D-11 中，我们有一个样本卷积神经网络，将 MNIST 图像作为输入并在 10 个可能的数字上产生分类概率分布。卷积层用于有效地提取特征。随着网络深度的增加，模型在前两个维度收缩，在第三个维度（特征的数量）扩展。最终达到 1 的第一维度和第二维度并确保来自整个图像的信息可以影响每一个特征。扁平化操作（flatten operation）采用 $1 \times 1 \times 32$ 输入并将其展平为一个由 32 个分量构成的输出。当在卷积层和全连接层之间转换时，这种操作是常见的。该模型有 19 722 个参数。可以调整这些参数以最大化训练数据的似然性。

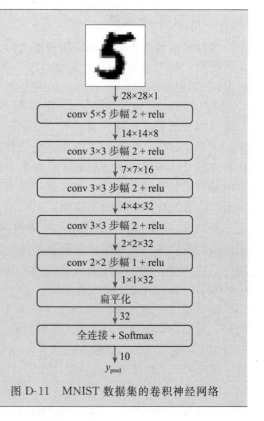

图 D-11　MNIST 数据集的卷积神经网络

⊖　具体请参考文献 Y. LeCun, L. Bottou, Y. Bengio, and P. Haffner, "Gradient-Based Learning Applied to Document Recognition," *Proceedings of the IEEE*, vol. 86, no. 11, pp. 2278-2324, 1998.

D.5　循环神经网络

迄今为止讨论的神经网络架构不适合时间或序列数据输入。在处理视频中的图像、翻译单词序列或跟踪时间序列数据时，会对序列进行操作。在这种情况下，输出不仅仅取决于最近的输入。此外，迄今为止讨论的神经网络架构不会自然而然地产生可变长度的输出。例如，一个用于论文撰写的神经网络很难使用传统的、全连接的神经网络进行训练。

当神经网络具有序列输入、序列输出或同时具有这两种情形时（参见图 D-12），我们可以使用循环神经网络（recurrent neural network）来进行多次迭代。这些神经网络保持一种循环状态 r，有时称其为记忆（memory），以随着时间的推移而保留信息。例如，在翻译中，句子早期使用的单词可能与句子后期单词的正确翻译有紧密的关联。图 D-13 显示基本循环神经网络的结构，以及如何将同一神经网络理解为在时间上展开的更大网络。

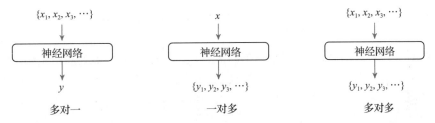

图 D-12　传统的神经网络无法直接接受可变长度的输入或产生可变长度的输出

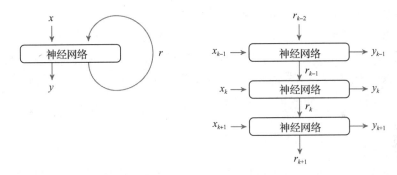

图 D-13　一个循环神经网络（左图）和同一个循环网络在时间上的展开结果（右图）。这些网络保持一个循环状态 r，允许网络实现一种记忆能力并在迭代中传递信息

这种展开的结构可以用于产生丰富多样的序列神经网络，如图 D-14 所示。多对多结构存在多种形式。在一种形式中，输出序列从输入序列开始。而在另一种形式中，输出序列不以输入序列开始。当使用可变长度的输出时，神经网络输出本身通常会指示序列的开始或结束时间。循环状态通常初始化为零，输入序列传入后的额外输入也是如此，但情况并非总是如此。

具有许多层的循环神经网络在多个时间步骤上展开，可以有效地生成一个层数很多的极深神经网络。在训练期间，根据损失函数来计算梯度。离损失函数较远的层所做出的贡献往往小于接近损失函数的层所做出的贡献。这将导致梯度消失（vanishing gradient）问题，其中深层神经网络在其上层具有消失的小梯度。这些小梯度减缓了训练的进度。

极深神经网络也会受到梯度爆炸（exploding gradient）的影响，在这种情况下，通过各个层的连续梯度贡献结合在一起将产生非常大的梯度值。如此大的梯度值使学习变得不稳定。示例 D-4 讨论了梯度爆炸和梯度消失的现象。

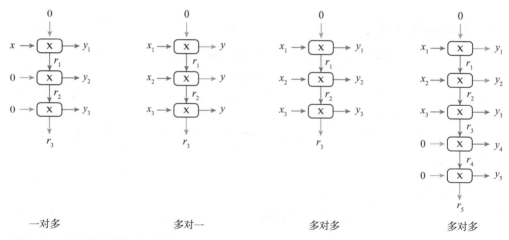

一对多　　　　　　　　　多对一　　　　　　　　多对多　　　　　　　　　多对多

图 D-14　递归神经网络可以及时展开以产生不同的关系。未使用或默认的输入和输出显示为灰色

示例 D-4　**本示例演示深度神经网络中如何出现梯度消失和梯度爆炸的问题。本示例使用一个非常简单的神经网络。在更大的、全连接的层中，同样的原理也适用。** 为说明梯度消失和梯度爆炸现象，考虑一个由一维全连接层（包含 relu 激活函数）组成的深度神经网络。例如，如果网络有三层，其输出为：

$$f_{\boldsymbol{\theta}}(x) = \mathrm{relu}(w_3\,\mathrm{relu}(w_2\,\mathrm{relu}(w_1 x_1 + b_1) + b_2) + b_3)$$

关于损失函数的梯度取决于 $f_{\boldsymbol{\theta}}$ 的梯度。

如果后继层中的梯度贡献小于 1，在第一层的参数 w_1 和 b_1 中可能会出现梯度消失现象。例如，如果任何层的 relu 激活函数具有负输入，则其输入的梯度将为零，因此梯度完全消失。考虑非极端的情况，假设权重均为 $\boldsymbol{w} = 0.5(\boldsymbol{1})$，偏移均为 $\boldsymbol{b} = 0$，输入 $\boldsymbol{x}$ 为正。在这种情况下，相对于 w_1 的梯度为：

$$\frac{\partial f}{\partial w_1} = x_1 \cdot w_2 \cdot w_3 \cdot w_4 \cdot w_5 \cdots$$

网络越深，梯度越小。

如果后继层中的梯度贡献大于 1，在第一层的参数中可能会出现梯度爆炸的现象。如果我们仅仅将权重增加到 $\boldsymbol{w} = 2(\boldsymbol{1})$，那么每一层的梯度都会突然翻倍。

虽然梯度爆炸问题通常可以通过梯度裁剪、正则化和将参数初始化为较小值来处理，但这些解决方案只是将问题转向梯度消失。循环神经网络通常使用专门构建的层来缓解梯度消失问题。其主要方法是选择性地决定是否保留记忆，这些门有助于调节记忆和梯度。两个常见的循环层是长短期记忆（Long Short-term Memory，LSTM）网络[⊖]和门控循环单元（Gated Recurrent Unit，GRU）[⊜]。

⊖　S. Hochreiter and J. Schmidhuber, "Long Short-Term Memory," *Neural Computation*, vol. 9, no. 8, pp. 1735-1780, 1997.

⊜　K. Cho, B. van Merriënboer, C. Gulcehre, D. Bahdanau, F. Bougares, H. Schwenk, and Y. Bengio, "Learning Phrase Representations Using RNN Encoder-Decoder for Statistical Machine Translation," in *Conference on Empirical Methods in Natural Language Processing* (*EMNLP*), 2014.

D.6 自动编码器神经网络

神经网络通常用于处理高维输入，例如图像或点云。这些高维输入通常是高度结构化的数据，实际信息内容的维度远低于其所呈现的高维空间。图像中的像素往往与其邻居高度相关，点云通常具有许多连续的区域。有时我们希望通过将数据集转换为一组小得多的特征（或嵌入）来建立对数据集信息内容的理解。这种压缩（被称为表征学习）有许多优点[⊖]。低维表征有助于将传统机器学习技术（如贝叶斯网络）应用于原本难以解决的问题。我们可以通过检查这些特征来了解数据集的信息内容，这些特征可以用作其他模型的输入。

自动编码器是一种经过训练的神经网络，用于发现高级别输入的低维特征表示。自动编码器网络接收高维输入 x 并产生具有相同维度的输出 x'。我们设计网络架构以通过一个称为瓶颈（bottleneck）的低维中间表示。在这个瓶颈处的激活 z 是我们的低维特征，这些低维特征存在于一个没有明确观察到的潜在空间中。这种架构如图 D-15 所示。

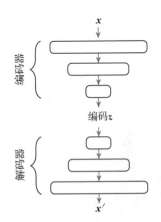

通过训练自动编码器可以再现其输入。例如，为了保证输出 x' 尽可能接近地与 x 相匹配，我们可以简单地最小化 L_2 范数：

$$\min_{\theta} \underset{x \in D}{E} \left[\| f_{\theta}(x) - x \|_2 \right] \qquad (D.7)$$

图 D-15 自动编码器通过低维瓶颈传递高维输入，然后重建原始输入。最小化重建损失可以得到有效的低维编码

通常可以将噪声添加到输入中，以产生更鲁棒的特征嵌入：

$$\min_{\theta} \underset{x \in D}{E} \left[\| f_{\theta}(x + \epsilon) - x \|_2 \right] \qquad (D.8)$$

最小化重建损失的训练迫使自动编码器找到最有效的低维编码，该编码足以准确地重建原始输入。此外，训练是无监督的（unsupervised），因为我们不需要将训练引导到特定的特征集。

训练之后，位于瓶颈上方的自动编码器的上部可以用作编码器（encoder），用于将输入转换为特征表示。自动编码器的下部可以用作解码器（decoder），用于将特征表示转换为输入表示。当训练神经网络以生成图像或其他高维输出时，解码非常实用。示例 D-5 讨论了为手写数字学习的一种嵌入。

示例 D-5　为 MNIST 数字学习的二维嵌入的可视化。 我们可以使用自动编码器来训练 MNIST 数据集的嵌入。在本示例中，使用与示例 D-3 中的卷积神经网络类似的编码器，但输出为二维输出并且没有 Softmax 层。我们构造一个与编码器镜像的解码器并训练整个网络以最小化重建损失。以下是来自 MNIST 数据集的 10 000 张图像训练后的编码。每个编码都根据相应的数字进行着色，如图 D-16 所示。

⊖ 这种降维也可以使用传统的机器学习技术（如主成分分析）来实现。神经模型具有更大的灵活性，可以处理非线性表示。

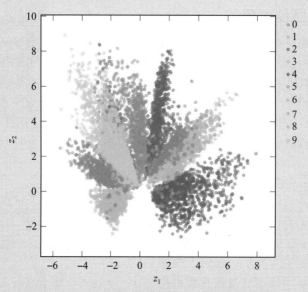

图 D- 16　每个编码都根据相应的数字进行着色

　　我们发现，这些数字倾向于聚集成从原点大致径向分布的区域。注意 1 和 7 的编码非常相似，因为这两个数字原本看起来就很相似。回想一下，训练是无监督的，网络没有给出任何关于数字值的信息。尽管如此，还是产生了这些结论。

　　图 D- 17 所示的变分自动编码器（varia-tional autoencoder）扩展了自动编码器框架，以对概率编码器进行学习[⊖]。编码器不是用于输出确定性样本，而是在编码上产生一个分布，以允许模型为其编码分配置信度。由于其数学上的便利性，通常采用具有对角协方差矩阵的多变量高斯分布。在这种情况下，编码器将输出编码均值和对角协方差矩阵。

　　对变分自动编码器进行训练有两个目标。第一个目标是最小化预期的重建损失，第二个目标是保持编码分量尽量接近单位高斯分布。

　　第一个目标的实现方式如下：通过从编码分布中提取单个样本，每个穿透层满足 $z \sim \mathcal{N}(\boldsymbol{\mu}, \boldsymbol{\sigma}^{\top} \boldsymbol{I} \boldsymbol{\sigma})$。为了实现反向传播，我们通常将随机噪声 $w \sim \mathcal{N}(\mathbf{0}, \boldsymbol{I})$ 作为神经网络的附加输入，并根据 $z = \boldsymbol{\mu} + w \odot \boldsymbol{\sigma}$ 获得样本。

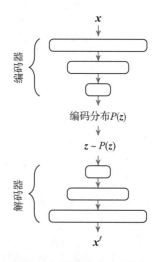

图 D- 17　变分自动编码器通过低维瓶颈传递高维输入，从而在编码过程中产生概率分布。解码器从该编码中重建样本以重建原始输入。因此，变分自动编码器可以为每个编码特征分配置信度。随后，可以将解码器用作生成模型

⊖　D. Kingma and M. Welling, "Auto-Encoding Variational Bayes," in *International Conference on Learning Representations*（ICLR）, 2013.

第二个目标的实现方式如下：通过最小化 KL 散度（具体请参见附录 A.10），各个组件保持接近单位高斯分布[⊖]。该目标保证平滑的潜在空间表示。网络因扩展潜在表示（$\|\boldsymbol{\mu}\|$ 的较大值）以及将每个表示集中到一个非常小的编码空间（$\|\boldsymbol{\sigma}\|$ 的较小值）而受到惩罚，从而确保更好地覆盖潜在空间。结果，解码器中的平滑变化可以导致平滑变化的输出。此特性允许将解码器用作生成模型（generative model），其中来自单位多变量高斯的各个样本可以输入解码器，以在原始空间中生成真实的样本。组合损失函数的目标函数和约束条件如下：

$$\min_{\boldsymbol{\theta}} \quad \underset{x \in D}{E}\left[\ \|\boldsymbol{x}' - \boldsymbol{x}\|_2 + c \sum_{i=1}^{|\boldsymbol{\mu}|} D_{\mathrm{KL}}(\mathcal{N}(\mu_i, \sigma_i^2) \| \mathcal{N}(0,1))\right]$$

$$\text{s. t.} \quad \begin{cases} \boldsymbol{\mu}, \boldsymbol{\sigma} = \mathrm{encoder}(\boldsymbol{x} + \boldsymbol{\epsilon}) \\ \boldsymbol{x}' = \mathrm{decoder}(\boldsymbol{\mu} + \boldsymbol{w} \odot \boldsymbol{\sigma}) \end{cases} \tag{D.9}$$

其中，两个损失之间的权衡由标量 $c > 0$ 调节。示例 D-6 在从手写数字学习的潜在空间上演示了这个过程。

示例 D-6　使用 MNIST 数字的变分自动编码器学习的二维嵌入的可视化，图 D-18 中显示了在编码空间上将输入平移后的解码输出。在示例 D-5 中，我们在 MNIST 数据集上训练了一个自动编码器。我们可以调整同一网络以在瓶颈处产生二维均值和方差向量，而不是二维嵌入，然后加以训练以同时最小化重建损失和 KL 散度。图 D-19 显示了 MNIST 数据集 10 000 个相同图像的均值编码。每个编码再次根据相应的数字进行了着色。

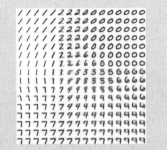

图 D-18　在编码空间上将输入平移后的解码输出

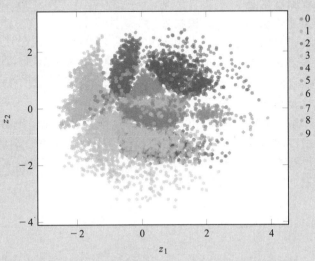

图 D-19　MNIST 数据集 10 000 个相同图像的均值编码

⊖ 两个单位高斯分布的 KL 散度为 $\log\left(\dfrac{\sigma_2}{\sigma_1}\right) + \dfrac{\sigma_1^2 + (\mu_1 - \mu_2)^2}{2\sigma_2^2} - \dfrac{1}{2}$。

变分自动编码器还为每个数字在嵌入空间中生成簇，但这次这些簇大致按照零均值、单位方差高斯分布进行分布。我们再次观察到一些编码是非常相似的，例如 4 和 9 就存在显著的重叠。

通过将编码器表示为条件分布 $q(z|x)$ 来导出变分自动编码器，其中 x 属于观察到的输入空间，z 位于未观察到的嵌入空间。解码器在另一个方向上执行推理，表示 $p(x|z)$，在这种情况下，同样会输出概率分布。我们寻求最小化 $q(z|x)$ 和 $p(z|z)$ 之间的 KL 散度，这等价于最小化 $E[\log p(x|z)] - D_{KL}(q(z|x) \| p(z))$，其中 $p(z)$ 是先验概率，是偏向编码分布的单位多变量高斯分布。因此，我们获得了重建损失和 KL 散度。

D.7 对抗式神经网络

我们通常希望训练神经网络以产生高维输出，例如图像或直升机控制输入序列。当输出空间较大时，训练数据可能仅覆盖状态空间中非常小的区域。因此，纯粹基于可用数据的训练可能导致不现实的结果或过度拟合。我们通常希望神经网络产生合理的输出。例如，当生成图像时，我们希望图像看起来逼真；当模仿人类驾驶时，例如在模仿学习中（第 18 章），我们希望车辆保持在车道内并对其他车辆做出适当反应。

对非标称输出或行为实施惩罚的一种常见方法是使用对抗性学习（adversarial learning），包括一个鉴别器（discriminator），如图 D-20 所示[⊖]。鉴别器是一种神经网络，可以充当二元分类器，用以接收神经网络的输出并通过学习对分别来自训练集的实际输出和来自主神经网络的输出加以区分。然后，主神经网络（也称为生成器（generator））被训练用以欺骗鉴别器，从而自然地产生更难以从数据集中区分的输出。该技术的主要优点是不需要设计特殊的特征来识别或量化输出是如何与训练数据不匹配的，但我们可以允许鉴别器自然地学习这些差异。

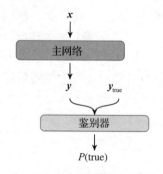

图 D-20　生成对抗式网络通过使用鉴别器迫使主神经网络产生更真实的输出

学习具有对抗性是由于我们有两个神经网络：一个是希望产生实际输出的主神经网络，另一个是对主神经网络的输出和真实样例之间进行区分的鉴别器网络。两个网络都在被训练，以超越对方。训练是一个迭代过程，其中每个网络依次得到改进。平衡这两个神经网络的相对表现有时会很困难，如果一个网络变得太优秀，另一个网络则可能会卡顿。

⊖　相关技术参看以下文献：I. Goodfellow, J. PougetAbadie, M. Mirza, B. Xu, D. WardeFarley, S. Ozair, A. Courville, and Y. Bengio, "Generative Adversarial Nets," in *Advances in Neural Information Processing Systems* (NIPS), 2014。

搜 索 算 法

搜索问题（search problem）涉及找到一个适当的行为序列，以在随后的确定性转变中最大化所获得的奖励。搜索问题是具有确定性转移函数的马尔可夫决策过程（在本书第二部分中介绍）。一些著名的搜索问题包括滑动拼图游戏（sliding tile puzzle）、魔方游戏（Rubik's Cube）、推箱子游戏（Sokoban），以及寻找到达目的地的最短路径等。

E.1 搜索问题

在搜索问题中，我们基于观测状态 s_t 在时间 t 选择操作行为 a_t，然后获得奖励 r_t。行为空间（action space）$\mathcal{A}$ 是所有可能行为的集合，状态空间（state space）$\mathcal{S}$ 是所有可能状态的集合。一些算法假设这些集合是有限的，但这通常不是必需的假设条件。状态的演变具有确定性，只取决于当前状态和采取的行为。我们使用 $A(s)$ 表示来自状态 s 的一组有效行为。当不存在有效的行为时，状态被认为是吸收的（absorbing），并且对所有未来步骤产生零奖励。例如，目标状态通常是吸收状态。

确定性状态转移函数 $T(s,a)$ 给出后继状态 s'。奖励函数 $R(s,a)$ 给出从状态 s 执行行为 a 时所收到的奖励。搜索问题通常不包括惩罚未来奖励的折扣系数 γ。搜索问题的目标是选择一系列能够最大化奖励或回报的行为。算法 E-1 提供了用于表示搜索问题的数据结构。

算法 E-1　搜索问题的数据结构

```
struct Search
    S  #  状态空间
    A  #  有效的行为函数
    T  #  转移函数
    R  #  奖励函数
end
```

E.2 搜索图

具有有限状态和行为空间的搜索问题可以表示为搜索图（search graph）。节点对应于状态，边对应于状态之间的转换。与从初始状态到目标状态的每个边相关联的不仅包括导致该状态发生转换的行为，而且包括从初始状态执行该行为时的预期回报。图 E-1 描述一个 3×3 滑动拼图游戏的搜索图子集。

许多图搜索算法从初始状态进行搜索并从初始状态处展开。在搜索过程中，这些算法跟踪并生成一个搜索树。初始状态是根节点，在搜索过程中，每当我们从节点 s 过渡到新节点 s' 时，从节点 s 到新节点 s' 的边就会添加到搜索树中。图 E-2 显示了针对图 E-1 描述的同一个滑动拼图游戏所构成的搜索树。

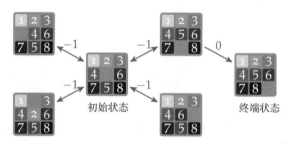

图 E-1　滑动拼图游戏中的几个状态，表示为一个图。可以从初始状态进行两次转换以到达
　　　　终端状态。边上的数字代表奖励值

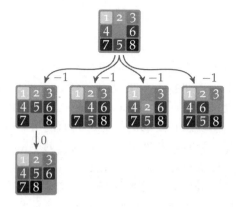

图 E-2　图 E-1 中 3×3 滑动拼图游戏可以表示为树搜索问题。搜索从根节点开始，沿着树向
　　　　下流动。在这种情况下，可以通过路径到达所需的终端状态

E.3　正向搜索

也许最简单的图搜索算法是正向搜索（forward search）（算法 E-2）。正向搜索算法从初始状态 s 开始，沿着树的路径一直查找，直到深度（或时域）d 为止，通过其间所有可能的行为状态转换来确定采取的最佳行为。在深度 d，该算法使用状态 $U(s)$ 值的估算值[⊖]。该算法以深度优先的方式递归调用自身，产生搜索树并返回具有最佳行为 a 及其有限时域期望值 u 的元组。

算法 E-2　正向搜索算法，用于从当前状态 s 寻找离散搜索问题 $\mathscr{P}$ 的近似最优行为。该算法搜索到深
　　　　度 d，然后在该处使用近似值函数 U 估计最终的值。返回的命名元组由最佳行为 a 及其有
　　　　限时域预期值 U 组成。

```
function forward_search(𝒫::Search, s, d, U)
    𝒜, T, R = 𝒫.𝒜(s), 𝒫.T, 𝒫.R
    if isempty(𝒜) || d ≤ 0
        return (a=nothing, u=U(s))
    end
    best = (a=nothing, u=-Inf)
    for a in 𝒜
        s′ = T(s,a)
```

⊖　当处于没有可用操作的状态时，本章中的近似值函数应返回 0。

```
        u = R(s,a) + forward_search(𝒫, s', d-1, U).u
        if u > best.u
            best = (a=a, u=u)
        end
    end
    return best
end
```

图 E-3 显示了一个搜索树的示例。通过对滑动拼图游戏进行正向搜索获得该搜索树。深度优先搜索可能会浪费计算资源，因为需要访问给定深度的所有可到达状态。对于查找 $|\mathcal{A}|$ 个行为的问题，搜索到深度 d 将导致搜索树中有 $O(|\mathcal{A}|^d)$ 个节点。

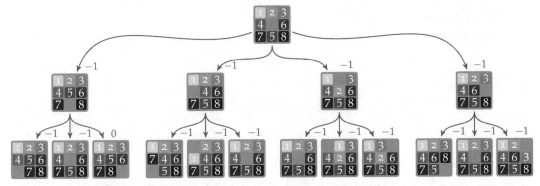

图 E-3　在滑动拼图游戏中正向搜索深度 2 所产生的搜索树。经过两步可到达的所有状态都会被访问，有些状态会被多次访问。我们发现到终端节点只有一条路径。该路径的返回值为 -1，而所有其他路径的返回值为 -2

E. 4　分支定界法

存在一种称为分支定界（branch and bound）的通用方法（算法 E-3），可以通过使用关于期望奖励的上下界域信息来显著减少计算量。从状态 s 执行行为 a 返回的上界是 $\overline{Q}(s,a)$。从状态 s 执行行为 a 返回的下界是 $\underline{U}(s)$。分支定界法遵循与深度优先搜索相同的过程，但根据行为的上界进行迭代操作并且仅当可能返回的最佳值高于通过执行先前操作行为已经发现的值时，才继续到后续节点。在示例 E-1 中，将分支定界搜索算法与正向搜索算法进行了比较。

算法 E-3　分支定界搜索算法，用于从当前状态 s 寻找离散搜索问题 𝒫 的近似最优行为。该搜索算法利用值函数下界 Ulo 和行为值函数上界 Qhi 执行搜索，一直到深度 d。返回的命名元组由最佳行为 a 及其有限时域预期值 u 组成

```
function branch_and_bound(𝒫::Search, s, d, Ulo, Qhi)
    𝒜, T, R = 𝒫.𝒜(s), 𝒫.T, 𝒫.R
    if isempty(𝒜) || d ≤ 0
        return (a=nothing, u=Ulo(s))
    end
    best = (a=nothing, u=-Inf)
    for a in sort(𝒜, by=a→Qhi(s,a), rev=true)
        if Qhi(s,a) ≤ best.u
            return best # safe to prune
        end
        u = R(s,a) + branch_and_bound(𝒫,T(s,a),d-1,Ulo,Qhi).u
        if u > best.u
```

```
            best = (a=a, u=u)
        end
    end
    return best
end
```

示例 E-1　对分支定界算法在正向搜索上可能节省的成本进行比较。使用适当的边界，分支定界可以显著提高效率。 考虑在六边形世界搜索问题上使用分支定界方法。搜索问题中的操作行为会导致确定性转换，因此与六边形世界中的马尔可夫决策过程不同，当采取相应的行为时，我们总是正确地在相邻单元格之间转换。

圆圈表示开始状态。所有的转换都会获得值为 -1 的奖励。黑色单元格是终端状态，进入终端时产生值为 5 的奖励。

图 E-4 显示了正向搜索的搜索树以及分支定界的搜索树并限定深度为 4。对于分支定界方法，我们使用下界 $\underline{U}(s) = -6$ 和上界 $\overline{Q}(s,a) = 5 - \delta(T(s,a))$，其中函数 $\delta(s)$ 是从给定状态到终端奖励状态的最小步数。

分支定界的搜索树是正向搜索树的子集，因为分支定界方法可以忽略搜索树中不是最优的部分。

由于给定了上界，分支定界方法首先对向右移动进行评估，因为这恰好是最佳的，所以分支定界方法能够立即确定最佳的操作行为顺序，以避免探索其他操作行为。如果开始状态和目标状态颠倒，搜索树将更大。在最坏的情况下，分支定界方法的搜索树可能与正向搜索树一样大。

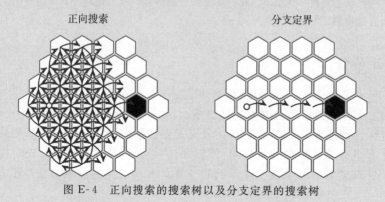

正向搜索　　　　　　　　　　　分支定界

图 E-4　正向搜索的搜索树以及分支定界的搜索树

当然，不能确保分支定界方法的计算量一定少于正向搜索方法的计算量。在最坏的情况下，两种方法具有相同的时间复杂度。算法的效率在很大程度上取决于启发式解决方式。

E.5　动态规划

正向搜索方法和分支定界方法都不会记住以前是否访问过的某个状态，而会多次评估这些状态，从而浪费计算资源。动态规划（dynamic programming）（算法 E-4）通过记住之前哪些特定的子问题已被解决来避免重复工作。动态规划可以应用于根据子问题的最优解来构造当前问题的最优解，这是一种称为最优子结构（optimal substructure）的特性。例如，如果从 s_1 到 s_3 的最佳行为序列经过了 s_2，那么从 s_1 到 s_2 的子路径以及从 s_2 到 s_3 的子路径也是最佳的。这种子结构如图 E-5 所示。

算法 E-4　动态规划，应用于正向搜索，其中包括一个置换表 M。在本算法中，M 是一个字典，存储来自先前评估的深度状态元组，允许该方法返回先前计算的结果。搜索被执行到深度 d，在该深度上，最终值由近似值函数 U 估计。返回的命名元组由最佳行为 a 及其有限时域预期值 U 组成。

```
function dynamic_programming(𝒫::Search, s, d, U, M=Dict())
    if haskey(M, (d,s))
        return M[(d,s)]
    end
    𝒜, T, R = 𝒫.𝒜(s), 𝒫.T, 𝒫.R
    if isempty(𝒜) || d ≤ 0
        best = (a=nothing, u=U(s))
    else
        best = (a=first(𝒜), u=-Inf)
        for a in 𝒜
            s′ = T(s,a)
            u = R(s,a) + dynamic_programming(𝒫, s′, d-1, U, M).u
            if u > best.u
                best = (a=a, u=u)
            end
        end
    end
    M[(d,s)] = best
    return best
end
```

初始状态　　　　　中间状态　　　　　终端状态

图 E-5　左边的状态序列形成了从初始状态到终端状态的最佳路径。最短路径问题具有最优子结构，这意味着从初始状态到中间状态的序列也是最优的，正如从中间状态到终端状态的序列一样

在图搜索的情况下，当评估一个状态时，我们首先检查一个置换表（transposition table），以查看该状态是否以前访问过，如果以前已经访问过，那么我们返回其存储的值[⊖]。否则，我们将状态评估为正常并将结果存储在置换表中。如图 E-6 所示，将该算法与正向搜索算法进行了比较。

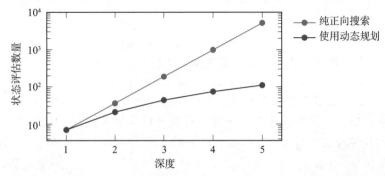

图 E-6　在示例 E-1 的六边形世界搜索问题上，纯正向搜索与使用动态规划增强的正向搜索的状态评估数量的比较。动态规划能够通过缓存结果来避免状态访问的指数增长

⊖　缓存昂贵计算的结果，以便将来可以检索而不是重新计算，这被称为记忆化（memoization）。

E.6 启发式搜索

启发式搜索（heuristic search）[一]（算法 E-5）基于所提供的启发式函数 $U(s)$（返回的上界）对其行为进行排序来改进分支定界法的性能。与动态规划一样，启发式搜索存在一种机制，通过该机制可以缓存对状态的评估以避免冗余计算。此外，启发式搜索不需要分支定界法所需的下界值函数[二]。

算法 E-5 启发式搜索算法，用于求解搜索问题 $\mathcal{P}$，从状态 s 开始并搜索到最大深度 d。使用启发式 Uhi 来指导搜索，在终端状态评估近似值函数 U。包含深度状态元组的字典形式的置换表 M 允许算法缓存来自先前探索过的状态的值

```
function heuristic_search(𝒫::Search, s, d, Uhi, U, M)
    if haskey(M, (d,s))
        return M[(d,s)]
    end
    𝒜, T, R = 𝒫.𝒜(s), 𝒫.T, 𝒫.R
    if isempty(𝒜) || d ≤ 0
        best = (a=nothing, u=U(s))
    else
        best = (a=first(𝒜), u=-Inf)
        for a in sort(𝒜, by=a→R(s,a) + Uhi(T(s,a)), rev=true)
            if R(s,a) + Uhi(T(s,a)) ≤ best.u
                break
            end
            s' = T(s,a)
            u = R(s,a) + heuristic_search(𝒫, s', d-1, Uhi, U, M).u
            if u > best.u
                best = (a=a, u=u)
            end
        end
    end
    M[(d,s)] = best
    return best
end
```

行动根据即时奖励加上未来回报的启发式估计进行排序：

$$R(s,a) + \overline{U}(T(s,a)) \tag{E.1}$$

为了保证最优性，启发式必须是可接受的（admissible）和一致的（consistent）。可接受的启发式是真值函数的上界。一致的启发式永远不会低于过渡到相邻状态所获得的预期回报：

$$\overline{U}(s) \geqslant R(s,a) + \overline{U}(T(s,a)) \tag{E.2}$$

在示例 E-2 中，将该方法与分支定界搜索算法进行了比较：

> **示例 E-2 启发式搜索算法与分支定界搜索算法所节省成本的比较。启发式搜索算法根据先行启发式值对行为进行自动排序。** 我们可以将启发式搜索应用于与示例 E-1 相同的六边形世界搜索问题。我们使用启发式 $\overline{U}(s) = 5 - \delta(s)$，其中 $\delta(s)$ 是从给定状态到最终奖励状态的步骤数。在本示例中，我们显示了从每一个起始状态开始，如图 E-7

⊖ 启发式搜索也被称为知情搜索（informed search，或有信息搜索）或最佳优先搜索（best-first search）。
⊖ 我们的实现确实使用了两个值函数：用于指导搜索的启发式函数以及用于评估终端状态的近似值函数。

所示，运行分支定界搜索算法（左图）或启发式搜索算法（右图）时所访问的状态数。分支定界法在目标状态附近和左侧的状态中同样有效，而启发式搜索法能够从任何初始状态开始进行有效地搜索。

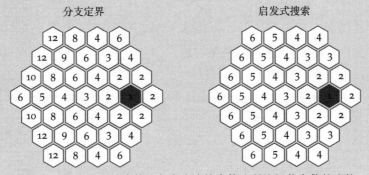

图 E-7 分支定界搜索算法与启发式搜索算法所访问状态数的比较

决 策 问 题

本附录涵盖了本书中使用的一些决策问题。

表 F-1 总结了这些问题的一些重要性质。

表 F-1　问题总览。`DecisionMakingProblems.jl` 包实现了这些问题

问题	$\lvert\mathcal{I}\rvert$	$\lvert\mathcal{S}\rvert$	$\lvert\mathcal{A}\rvert$	$\lvert\mathcal{O}\rvert$	γ
六边形世界问题	—	变化的	6	—	0.9
2048 问题	—	∞	4	—	1
"推车-竖杆"问题	—	$(\subset\mathbb{R}^4)$	2	—	1
山地车问题	—	$(\subset\mathbb{R}^2)$	3	—	1
简单调节器问题	—	$(\subset\mathbb{R})$	$(\subset\mathbb{R})$	—	1 or 0.9
飞机防撞问题	—	$(\subset\mathbb{R}^3)$	3	—	1
哭闹的婴儿问题	—	2	3	2	0.9
机器更换问题	—	3	4	2	1
接球问题	—	4	10	2	0.9
囚徒的困境	2	—	每智能体 2 个	—	1
石头剪刀布问题	2	—	每智能体 3 个	—	1
旅行者的困境	2	—	每智能体 99 个	—	1
"捕食者-猎物"六边形世界问题	变化的	变化的	每智能体 6 个	—	0.9
包含多位护理者的哭闹婴儿问题	2	2	每智能体 3 个	每智能体 2 个	0.9
协作式"捕食者-猎物"六边形世界	变化的	变化的	每智能体 6 个	每智能体 2 个	0.9

F.1　六边形世界问题

六边形世界问题（hex world problem）是一个简单的马尔可夫决策过程，我们必须遍历一个平铺图（tile map）才能达到目标状态。平铺图中的每个单元格表示马尔可夫决策过程中的一个状态。我们可以尝试向六个方向中的任何一个方向移动。这些行为的影响是随机的。如图 F-1 所示，我们在指定方向上移动 1 步的概率为 0.7，在相邻方向上每个方向移动一步的概率为 0.15。如果我们碰到网格的外部边界，那么将无法移动，此时的代价是 1.0。

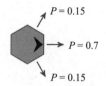

图 F-1　六边形世界问题中的行为具有概率效应

在某些单元格中采取任何行为都会给我们一个特定的奖励，然后转移到一个终端状态。在终端状态下不接收进一步的奖励。因此，六边形世界问题中的状态总数是单元格的数量加 1（表示终端状态）。图 F-2 显示了本书中使用的两种六边形世界问题配置的最佳策略。我们将较大的示例称为"标准六边形世界"，将较小的、更简单的示例称为"直线

六边形世界"[⊖]。直线六边形世界的构造用于说明奖励是如何从最右侧单元格上单个带有奖励的状态传播的。

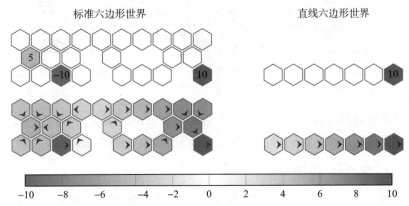

图 F-2　标准六边形世界问题和直线六边形世界问题。顶部的图显示基本问题的设置，使用颜色来标记具有最终奖励的六边形。底部的一行图示显示了每个问题的最佳策略，根据预期值进行着色，箭头指示在每个状态下需要采取的行为

F.2　2048 问题

2048 问题是基于一个流行的在 4×4 棋盘上的拼图游戏(tile game)[⊖]。该游戏具有离散的状态和行为空间。棋盘最初是空的，除了有两个拼图，每个拼图的值可以为 2 或 4。随机选择的启动状态如图 F-3 所示。

图 F-3　2048 问题中的一个随机起始状态，由两个拼图组成，这两个拼图的值分别为 2 或 4

智能体可以向左、向下、向右或向上移动所有的拼图。选择一个方向后智能体将沿该方向移动所有的拼图。当一个拼图碰到墙或其他不同值的拼图时，拼图会停止移动；碰到另一个具有相同值的拼图时会与该拼图合并，形成具有其组合值的新拼图。经过移动和合并之后，在随机开放空间中将生成一个值为 2 或 4 的新拼图。该过程如图 F-4 所示。

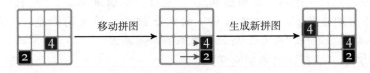

图 F-4　在 2048 问题中的一个操作行为：沿所选方向移动所有拼图，然后在空白空间中生成一个新拼图

当我们无法再移动拼图以产生空白空间时，游戏结束。只有在合并两个拼图时才能获得奖励并且奖励的值等于被合并的两个拼图的值之和。图 F-5 显示了合并的状态-行为转

<hr />

⊖　直线构造类似于霍尔问题（hall problem），这是一个常见的基准马尔可夫决策过程。具体请参见文献 L. Baird, "Residual Algorithms：Reinforcement Learning with Function Approximation," in *International Conference on Machine Learning*（ICML），1995。

⊖　这款游戏由加布里埃尔·西罗利（Gabriele Cirulli）于 2014 年开发。

换示例。

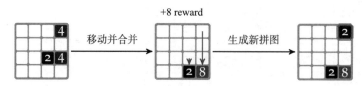

图 F-5　如图所示，向下的动作用于移动所有拼图，从而合并两个值为 4 的拼图，结果生成一
　　　　个值为 8 的拼图并获得 8 个点的奖励

一个常见的策略是选择棋盘上的一个角落并朝着这个方向在两个行为之间进行交替。这往往会对拼图进行分层，使得值较大的拼图位于角落，而新生成的拼图位于外围。

F.3　"推车-竖杆"问题

"推车-竖杆"问题（cart-pole problem）[一]，有时也被称为"竖杆"平衡问题（pole balancing problem），让智能体来回移动一辆推车。如图 F-6 所示，该推车有一个通过旋转接头连接到其上的刚性竖杆，因此当推车前后移动时，竖杆开始旋转。我们的目的是保持竖杆垂直平衡，同时保持推车在允许的横向范围内。在满足这些条件的每一个时间步骤中可获得 1 个奖励，每当不满足这些条件时，将转换到零奖励的终端状态。

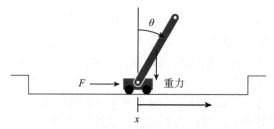

图 F-6　在"推车-竖杆"问题中，车辆必须在左右加速之间交替，以平衡"竖杆"。"竖杆"
　　　　不允许超过给定的角度，"推车"也不允许超出给定的限制

行为是向推车施加向左或向右的力 F。状态空间由如下四个连续变量定义，即"推车"的横向位置 x、"推车"的横向速度 v、"竖杆"的角度 θ 和"竖杆"的角速度 ω。该问题涉及多种参数，包括"推车"的质量 m_{cart}、"竖杆"的质量 m_{pole}、"竖杆"的长度 ℓ、力的大小 $|F|$、重力加速度 g、时间步长 ∇t、最大 x 偏差、最大角偏差，以及"推车"与"竖杆"之间的摩擦系数或"推车"与轨道之间的摩擦系数[二]。

给定输入力 F，"竖杆"的角加速度为：

$$\alpha = \frac{g\sin(\theta) - \tau\cos(\theta)}{\dfrac{\ell}{2}\left(\dfrac{4}{3} - \dfrac{m_{pole}}{m_{cart} + m_{pole}}\cos(\theta)^2\right)} \tag{F.1}$$

其中，

[一]　A. G. Barto, R. S. Sutton, and C. W. Anderson, "Neuronlike Adaptive Elements That Can Solve Difficult Learning Control Problems," *IEEE Transactions on Systems, Man, and Cybernetics*, vol. SMC-13, no. 5, pp. 834-846, 1983.

[二]　我们使用 OpenAI Gym 中实现的参数。具体请参考文献 G. Brockman, V. Cheung, L. Pettersson, J. Schneider, J. Schulman, J. Tang, and W. Zaremba, "OpenAI Gym," 2016. arXiv：1606.01540v1。

$$\tau = \frac{F + \omega^2 \ell \sin\theta/2}{m_{\text{cart}} + m_{\text{pole}}} \tag{F.2}$$

"推车"的横向加速度为：

$$a = \tau - \frac{\ell}{2}\alpha\cos(\theta)\,\frac{m_{\text{pole}}}{m_{\text{cart}} + m_{\text{pole}}} \tag{F.3}$$

通过欧拉积分进行状态的更新：

$$
\begin{aligned}
x &\leftarrow x + v\Delta t \\
v &\leftarrow v + a\Delta t \\
\theta &\leftarrow \theta + \omega\Delta t \\
\omega &\leftarrow \omega + \alpha\Delta t
\end{aligned} \tag{F.4}
$$

"推车-竖杆"问题通常将每个变量初始化为随机值。随机值从 $U(-0.05, 0.05)$ 中抽样，然后进行展开，直到超过横向偏差或角度偏差。

F.4 山地车问题

在山地车问题（mountain car problem）[⊖] 中，车辆必须向右行驶，最终驶出山谷。山谷壁足够陡峭，如果盲目地以不足的初始速度向目标加速行驶，会导致车辆停止并滑回。智能体必须学会先向左加速，以便在转向向上时获得足够的动力，从而爬上山坡。

状态是车辆的水平位置 $x \in [-1.2, 0.6]$ 和速度 $v \in [-0.07, 0.07]$。在任何给定的时间步长，车辆可以向左边加速（$a=-1$）、向右边加速（$a=1$）或不加速滑行（$a=0$）。每转一圈，我们将获得值为 -1 的奖励，当车辆通过 $x=0.6$ 到达山谷右侧时终止。该问题的可视化图示如图 F-7 所示。

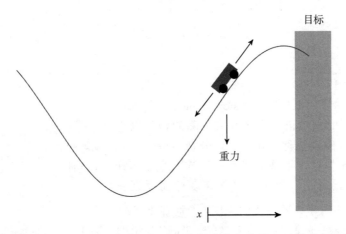

图 F-7 在山地车问题中，车辆必须在左加速和右加速之间交替，以便为上坡提供足够的动力。目标区域显示为灰色

在山地车问题中，所做的转换是确定性的：

$$v' \leftarrow v + 0.001a - 0.0025\cos(3x)$$

⊖ 山地车问题最初在以下文献中引入：A. Moore, "Efficient Memory-Based Learning for Robot Control," Ph. D. dissertation, University of Cambridge, 1990。关于具有离散的行为空间的山地车流行的、更简单的形式，首次在以下文献中提出：S. P. Singh and R. S. Sutton, "Reinforcement Learning with Replacing Eligibility Traces," *Machine Learning*, vol. 22, pp. 123-158, 1996。

$$x' \leftarrow x + v'$$

速度更新中的重力项是驱动动力不足的车辆返回谷底的原因。所做的转换被限制在状态空间的边界。

山地车问题是延迟回报（delayed return）问题的一个很好的示例。为达到目标状态，需要采取许多行为，这使得未经训练的智能体很难接受除一致的单位惩罚（consistent u-nit penalty）之外的任何处罚。最好的学习算法能够有效地将知识从到达目标的轨迹传播回状态空间的其余部分。

F.5 简单调节器问题

简单调节器问题（simple regulator problem）是具有单一状态的简单线性二次型调节器问题。该问题是一个具有单个实值状态和单个实值操作的马尔可夫决策过程。转移函数是线性高斯函数，因此根据高斯分布 $\mathcal{N}(s+a, 0.1^2)$ 得出后继状态 s'。奖励是二次型的，即 $R(s,a) = -s^2$ 并且与行为无关。本书中的示例使用初始状态分布 $\mathcal{N}(0.3, 0.1^2)$。

使用 7.8 节中的方法无法导出最优有限时域策略。在这种情况下，$\boldsymbol{T}_s = [1]$，$\boldsymbol{T}_a = [1]$，$\boldsymbol{R}_s = [-1]$，$\boldsymbol{R}_a = [0]$，w 从 $\mathcal{N}(0, 0.1^2)$ 中抽样得出。Riccati 方程的应用要求 $\boldsymbol{R}_a$ 是负定的，但实际上并不满足要求。

最优策略是 $\pi(s) = -s$，导致以原点为中心的后继状态分布。在有关策略梯度的章节中，我们学习了 $\pi_{\boldsymbol{\theta}}(s) = \mathcal{N}(\theta_1 s, \theta_2^2)$ 形式的参数化策略。在这种情况下，简单调节器问题的最优参数化为 $\theta_1 = -1$ 并且 θ_2 渐近接近于零。

简单调节器问题的最优值函数也以原点为中心，奖励按二次型递减：

$$U(s) = -s^2 + \frac{\gamma}{1-\gamma} E_{s \sim \mathcal{N}(0, 0.1^2)}[-s^2]$$

$$\approx -s^2 - 0.010 \frac{\gamma}{1-\gamma}$$

F.6 飞机防撞问题

飞机防撞问题（aircraft collision avoidance prob-lem）涉及决定何时向飞机发出爬升或下降的警告以避开入侵的飞机[⊖]。存在三种操作行为，分别对应于：无操作建议；以 5m/s 速度下降的指令；以 5/s 速度爬升的指令。假设入侵者正以恒定的水平速度迎面逼近我们。状态由飞机相对于入侵飞机的高度 h、垂直速度 $\dot{h}$、前一动作 a_{prev} 和潜在碰撞时间 t_{col} 来确定。图 F-8 说明该问题的解决方案。

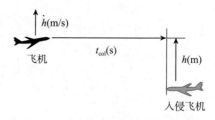

图 F-8　飞机防撞问题的状态变量

给定行为 a，状态变量按如下公式进行更新：

$$h \leftarrow h + \dot{h}\Delta t \tag{F.5}$$

$$\dot{h} \leftarrow \dot{h} + (\ddot{h} + v)\Delta t \tag{F.6}$$

⊖　这种阐述是以下文献中所描述问题的高度简化版本：M. J. Kochenderfer and J. P. Chryssanthacopoulos, "Ro-bust Airborne Collision Avoidance Through Dynamic Programming," Massachusetts Institute of Technology, Lincoln Laboratory, Project Report ATC-371, 2011。

$$a_{\text{prev}} \leftarrow a \tag{F.7}$$

$$t_{\text{col}} \leftarrow t_{\text{col}} - \Delta t \tag{F.8}$$

其中，$\Delta t = 1s$，v 从 -2、0 或 $2m/s^2$ 的离散分布抽样，相关概率为 0.25、0.5 和 0.25。$\ddot{h}$ 值的计算公式如下所示：

$$\ddot{h} = \begin{cases} 0, & \text{如果 } a = \text{无建议} \\ a/\Delta t, & \text{如果 } |a - \dot{h}|/\Delta t < \ddot{h}_{\text{limit}} \\ \text{sign}(a - \dot{h})\ddot{h}_{\text{limlt}}, & \text{其他} \end{cases} \tag{F.9}$$

其中，$\ddot{h}_{\text{limit}} = 1m/s^2$。

当 $t_{\text{col}} < 0$ 时采取行动，该事件终止。当 $t_{\text{col}} = 0$ 时，闯入者在 50 米范围内，惩罚值为 1；当 $a \neq a_{\text{prev}}$ 时，惩罚值为 0.01。

使用逆向归纳值迭代（7.6 节）可以在离散网格上有效地解决飞机防撞问题，因为动力学确定地减少了 t_{col}。最优值函数和策略的切片如图 F-9 所示。

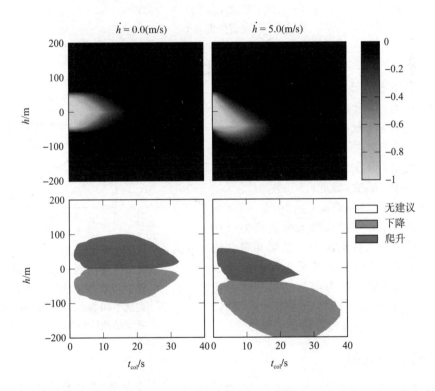

图 F-9 飞机防撞问题的最优值函数切片（顶部的图）和策略切片（底部的图）。当垂直分离率为 0 时，值函数和策略关于 0 都是对称的，但当垂直分离速率为非零时，值函数与策略是倾斜的。总之，在入侵飞机接近之前，我们的飞机不需要采取相应的行为

F.7 哭闹的婴儿问题

哭闹的婴儿问题（crying baby problem）⊖ 是一个简单的 POMDP，其中包含两个状

⊖ 本文中提出的哭闹婴儿问题是以下文献中关于原始的、更简单的哭闹婴儿问题的延伸：M. J. Kochenderfer, *Decision Making Under Uncertainty：Theory and Application*. MIT Press，2015。

态、三个行为和两个观测值。我们的目标是照顾婴儿，即可以通过在每一个时间步骤上选择如下三个行为：给婴儿喂食、给婴儿唱歌，或者无视婴儿。

随着时间的推移，婴儿会变得饥饿。我们不会直接观察到婴儿是否饥饿，而是通过观察婴儿是否哭闹来获得一个带噪声的观测值。状态、行为和观察空间如下所示：

$$\mathcal{S}=\{满足,饥饿\}$$
$$\mathcal{A}=\{喂食,唱歌,忽视\}$$
$$\mathcal{O}=\{哭闹,安静\}$$

喂食总会使婴儿吃饱。无视婴儿会使吃饱喝足的婴儿变得饥饿并确保饥饿的婴儿保持饥饿状态。给婴儿唱歌是一种信息收集行为，具有与无视婴儿相同的转移动态（transition dynamics），但在吃饱（不饿）时可能会停止哭闹，而在饥饿时更可能会哭闹。

转移动态如下所示：

$$T(满足\mid 饥饿,喂食)=100\%$$
$$T(饥饿\mid 饥饿,唱歌)=100\%$$
$$T(饥饿\mid 饥饿,忽视)=100\%$$
$$T(满足\mid 满足,喂食)=100\%$$
$$T(饥饿\mid 满足,唱歌)=10\%$$
$$T(饥饿\mid 满足,忽视)=10\%$$

观测动态如下所示：

$$O(哭闹\mid 喂食,饥饿)=80\%$$
$$O(哭闹\mid 唱歌,饥饿)=90\%$$
$$O(哭闹\mid 忽视,饥饿)=80\%$$
$$O(哭闹\mid 喂食,满足)=10\%$$
$$O(哭闹\mid 唱歌,满足)=0\%$$
$$O(哭闹\mid 忽视,满足)=10\%$$

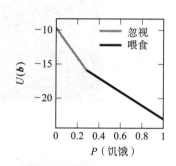

如果婴儿饿了，奖励函数会分配值为 -10 的奖励，与所采取的行为无关。给婴儿喂食的努力会增加额外值为 -5 的奖励，而唱歌会增加值为 -0.5 的奖励。作为婴儿的护理者，我们寻求折扣系数 $\gamma=0.9$ 的最优无限时域策略。图 F-10 显示了最佳值函数和相关的策略。

图 F-10　解决婴儿哭闹问题的最佳策略。这种无限时域的解决方案不建议为任何置信度状态唱歌。如图 20-5 所示，在这个问题的一些有限时域版本中唱歌是最佳的策略

F.8　机器更换问题

机器更换问题（machine replacement problem）是一个离散的 POMDP，在该问题中我们维护一台用于生产产品的机器[○]。这个问题被用于具有相对简单性以及最优策略区域的大小和形状的变化。如图 F-11 所示，对于某些特定时域的最优策略甚至具有不相交的区域，在这些区域中，相同的操作行为是最优的。

○　R. D. Smallwood and E. J. Sondik, "The Optimal Control of Partially Observable Markov Processes over a Finite Horizon," *Operations Research*, vol. 21, no. 5, pp. 1071-1088, 1973. 最初的问题公式包括残值资产（salvage values），或等于工作部件数量的终端奖励。在本书中，我们没有单独对终端奖励进行建模。通过在问题状态中明确包含时域，可以将终端奖励纳入我们的框架中。

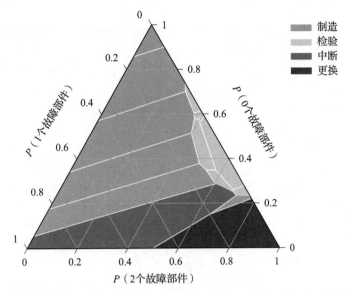

图 F-11　机器更换问题的 14 步优化策略具有制造最优的不相交区域。每个多边形对应于某
　　　　个特定 α 向量占主导地位的区域

　　机器正常工作时，可以生产产品。随着时间的推移，机器中的两个主要部件可能一起
或单独发生故障，导致产品出现瑕疵。我们可以通过检查产品或直接检查机器中的部件来
间接观察机器是否存在故障。

　　该决策问题的状态空间为 $\mathcal{S}=\{0,1,2\}$，对应于故障内部组件的数量。在每个生产周
期之前有以下四种操作行为：

1. 制造：制造产品，但不检验产品；
2. 检验：制造产品和检验产品；
3. 中断：中断生产、检查和更换故障部件；
4. 更换：中断生产后更换两个部件。

当检测产品时，我们可以观察产品是否有瑕疵。其他所有操作行为仅观察到无瑕疵产品。

　　机器中的部件在每个生产周期中有 10% 的机会单独发生故障。每一个故障部件都有
50% 的机会产生有瑕疵产品。无瑕疵产品获得 1 个奖励，而有瑕疵产品获得 0 个奖励。转
移动态假设部件故障在产品制造之前就已确定，因此在功能完备的机器上进行产品制造操
作行为不会有 100% 的机会产生 1 个奖励。

　　制造行为不会受到惩罚。检测产品的成本为 0.25。中断生产线检查机器的成本为
0.5，其间无法生产任何产品并且每损坏一个部件的成本为 1。如果更换两个部件，则成本
为 2，更换部件时不做检测，因此无检测成本。

　　表 F-2 给出了转移函数、观测函数和奖励函数。增加时域的最佳策略如图 F-12 所示。

表 F-2　机器更换问题的转移函数、观测函数和奖励函数

行为	$T(s'\|s,a)$			$O(o\|a,s')$		$R(s,a)$
	s'			o		
制造	$s\begin{bmatrix}0.81 & 0.18 & 0.01 \\ 0 & 0.9 & 0.1 \\ 0 & 0 & 1\end{bmatrix}$			$s'\begin{bmatrix}1 & 0 \\ 1 & 0 \\ 1 & 1\end{bmatrix}$		$s\begin{bmatrix}0.9025 \\ 0.475 \\ 0.25\end{bmatrix}$

（续）

行为	$T(s' \mid s,a)$	$O(o \mid a,s')$	$R(s,a)$
检验	$s\begin{bmatrix} 0.81 & 0.18 & 0.01 \\ 0 & 0.9 & 0.1 \\ 0 & 0 & 1 \end{bmatrix}$	$s'\begin{bmatrix} 1 & 0 \\ 0.5 & 0.5 \\ 0.25 & 0.75 \end{bmatrix}$	$s\begin{bmatrix} 0.6525 \\ 0.225 \\ 0 \end{bmatrix}$
中断	$s\begin{bmatrix} 1 & 0 & 0 \\ 1 & 0 & 0 \\ 1 & 0 & 0 \end{bmatrix}$	$s'\begin{bmatrix} 1 & 0 \\ 1 & 0 \\ 1 & 0 \end{bmatrix}$	$\begin{bmatrix} -0.5 \\ -1.5 \\ -2.5 \end{bmatrix}$
更换	$s\begin{bmatrix} 1 & 0 & 0 \\ 1 & 0 & 0 \\ 1 & 0 & 0 \end{bmatrix}$	$s'\begin{bmatrix} 1 & 0 \\ 1 & 0 \\ 1 & 0 \end{bmatrix}$	$s\begin{bmatrix} -2 \\ -2 \\ -2 \end{bmatrix}$

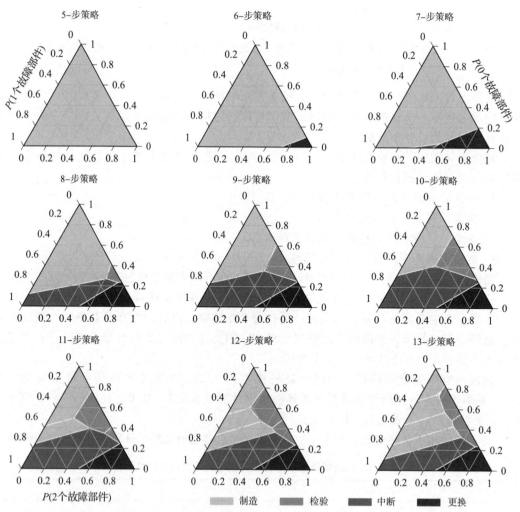

图 F-12　增加时域的机器更换问题的最佳策略。每个多边形对应于某个特定 α 向量占主导地位的区域

F.9　接球问题

在接球问题（catch problem）上，乔尼希望可以成功地接住父亲抛给他的投掷球。乔尼更喜欢接远距离的投掷球。然而，乔尼并不确定投掷距离与成功接球概率之间的关系。但他能够确定，无论他是投掷还是接球，成功接球的概率都是一样的。在回家之前，他有限定数量的尝试接球机会，以最大化他的期望效用。

如图 F-13 所示，将乔尼在距离 d 处成功接球的概率建模为：

$$P(接球 \mid d) = 1 - \frac{1}{1 + \exp\left(-\dfrac{d-s}{15}\right)} \qquad (F.10)$$

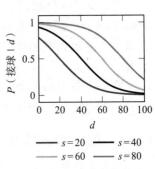

其中，熟练度 s 是未知的并且不随时间而改变。为保持事物的可控性，我们假设 s 属于离散集 $S = \{20, 40, 60, 80\}$。

成功接球的奖励等于距离。如果接球失败，则奖励为零。乔尼希望在有限次数的尝试中获得最大的奖励。对于每一次投掷，乔尼从离散集合 $a = \{10, 20, \cdots, 100\}$ 中选择一个距离。他从 S 上的均匀分布开始。

图 F-13　在 S 中，四种熟练程度的接球概率是投掷距离 d 的函数

F.10　囚徒的困境

囚徒困境是博弈论中的一个经典问题，涉及目标冲突的智能体。有两名囚犯正在受审。他们可以选择合作（cooperate），对他们共同的罪行保持沉默。他们也可以选择背叛（defect），将自己的罪行归咎于对方。如果两名囚犯都选择合作，他们都将服刑一年。如果囚犯 i 选择合作，而另一名囚犯 $-i$ 选择背叛，那么囚犯 i 降服刑四年，囚犯 $-i$ 则会被释放。如果两名囚犯都选择背叛，那么他们都将服刑三年[⊖]。

囚徒困境博弈中有两个智能体，$I = \{1, 2\}$。其行为空间为 $\mathcal{A} = \mathcal{A}^1 \times \mathcal{A}^2$，每个 $\mathcal{A}^i = \{合作, 背叛\}$。图 F-14 中的表格显示了每个人在每一种选择下的奖励情况。表格中的每一行信息表示智能体 1 的行为。表格中的每一列表示智能体 2 的行为。智能体 1 和智能体 2 的奖励显示在每个单元格中：$R^1(a^1, a^2)$，$R^2(a^1, a^2)$。囚徒困境博弈可以玩一次或重复任意次数。在无限时域的情况下，我们使用 $\gamma = 0.9$ 的折扣系数。

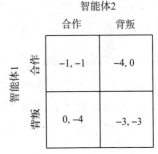

图 F-14　与囚徒困境相关的奖励

F.11　"石头、剪刀、布"问题

"石头、剪刀、布"（rock-paper-scissors）是一种在世界各地都常见的游戏。有两个智能体，他们可以各自选择石头（rock）、布（paper）或剪刀（scissors）。石头可以击败剪刀，结果是出石头的智能体将获得 1 个单位的奖励，而出剪刀的智能体则将获得 1 个单位

⊖　A. W. Tucker 为这款游戏命名并制定了故事的详细细节。囚徒困境基于 1950 年兰德公司的 Merrill Flood 和 Melvin Dresher 的原始问题进行构想。W. Poundstone 在以下文献中提供了一段历史描述：*Prisoner's Dilemma*. Doubleday，1992。

的惩罚。剪刀可以击败布，因此，出剪刀智能体将获得 1 个单位的奖励，而出布的智能体将获得 1 个单位的惩罚。最后，布可以打败石头，结果是出布的智能体将获得 1 个单位的奖励，而出石头的智能体将获得 1 个单位的惩罚。

我们有 $I=\{1,2\}$ 和 $\mathcal{A}=\mathcal{A}^1\times\mathcal{A}^2$，其中每个 $\mathcal{A}^i=\{$石头，布，剪刀$\}$。图 F-15 显示了与游戏相关的奖励，每个单元格表示 $R^1(a^1,a^2)$，$R^2(a^1,a^1)$。游戏可以玩一次或重复任意多的次数。在无限时域的情况下，我们使用 $\gamma=0.9$ 的折扣系数。

		智能体2	
	石头	布	剪刀
石头	0, 0	−1, 1	1, −1
布	1, −1	0, 0	−1, 1
剪刀	−1, 1	1, −1	0, 0

图 F-15　与"石头、剪刀、布"游戏相关的奖励

F.12　旅行者困境问题

旅行者的困境（traveler's dilemma）也是一种博弈问题，关于一架客机丢失了两名旅行者两个相同行李箱的博弈[⊖]。航空公司要求两名旅行者各自写下行李箱的价格，行李箱的价格范围从 2 美元（包括）至 100 美元（包括）。如果两名旅行者各自写下的价格相同，那么就按照此价格获得赔偿。如果两名旅行者写下的价格不同，则价格较低的旅行者获得价格再加 2 美元的赔偿，价格较高的旅行者获得较低的价格再减 2 美元的赔偿。换而言之，奖励函数如下所示：

$$R_i(a_i,a_{-i})=\begin{cases}a_i, & \text{如果 } a_i=a_{-i}\\ a_i+2, & \text{如果 } a_i<a_{-i}\\ a_{-i}-2, & \text{其他}\end{cases} \tag{F.11}$$

大多数人倾向于写下的价格位于 97 美元到 100 美元之间。然而，有点违背直觉的是，只有 2 美元的唯一纳什均衡。

F.13　"捕食者-猎物"六边形世界问题

"捕食者-猎物"六边形世界问题（predator-prey hex world problem）将六边形世界动态扩展到包括由捕食者和猎物组成的多个智能体。捕食者试图尽快捕获猎物，而猎物则试图尽快逃离捕食者。六边形世界的初始状态如图 F-16 所示。此游戏没有终端状态。

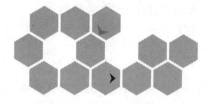

图 F-16　"捕食者-猎物"六边形世界问题中的初始状态。捕食者标记为灰色，猎物标记为黑色。箭头指示各智能体从其初始单元格采取的潜在行动

⊖　K. Basu, "The Traveler's Dilemma: Paradoxes of Rationality in Game Theory," *American Economic Review*, vol. 84, no. 2, pp. 391-395, 1994。

有一组捕食者 I_{pred} 和一组猎物 I_{prey}，其中 $I=I_{pred}\times I_{prey}$。状态包含每个智能体所在的位置，$S=S^1\times\cdots\times S^{|I|}$，每个 S^i 等于所有六边形位置。联合行为空间为 $\mathcal{A}=\mathcal{A}^1\times\cdots\times\mathcal{A}^{|I|}$，其中每个 $\mathcal{A}^i$ 由所有六边形的六个运动方向组成。

如果捕食者 $i\in I_{pred}$ 和猎物 $j\in I_{prey}$ 位于相同的六边形单元格，且 $s_i=s_j$，则猎物被吞噬。然后，猎物 j 被传输到一个随机的六边形单元格中，代表其后代出现在六边形世界中。否则，状态转移是独立的，就如原始六边形世界中所述。

如果一个或多个捕食者和一个或更多的猎物碰巧都位于同一个单元格中，那么捕食者可以捕获猎物。如果 n 个捕食者和 m 个猎物都位于同一个单元格，那么捕食者将获得 m/n 的奖励。例如，如果两个捕食者一起捕获一个猎物，那么每个捕食者都会得到 $1/2$ 的奖励。如果三个捕食者一起捕获五个猎物，那么每个捕食者将获得 $5/3$ 的奖励。移动的捕食者将受到 1 个单位的惩罚。猎物可以在没有惩罚的情况下移动，但猎物被吞噬时会收到 100 个单位的惩罚。

F. 14 包含多位护理者的哭闹的婴儿问题

包含多位护理者的哭闹婴儿问题（multicaregiver crying baby problem）是哭闹婴儿问题的多智能体扩展。对于每个护理者 $i\in\{1,2\}$，状态、行为和观测结果如下所示：

$$\mathcal{S}=\{饥饿,满足\} \tag{F.12}$$

$$\mathcal{A}^i=\{喂食,唱歌,忽视\} \tag{F.13}$$

$$\mathcal{O}^i=\{哭闹,安静\} \tag{F.14}$$

转换动态与原始的哭闹婴儿问题相类似，不同之处在于任何一个护理者都可以喂食以满足婴儿的需求：

$$T(满足\mid 饥饿,(喂食,*))=T(满足\mid 饥饿,(*,喂食))=100\% \tag{F.15}$$

其中，$*$ 表示所有可能的其他变量赋值。否则，如果这些行为不是喂食，那么婴儿就会像以前一样从吃饱状态转移到饥饿状态：

$$T(饥饿\mid 饥饿,(*,*))=100\% \tag{F.16}$$

$$T(满足\mid 满足,(*,*))=50\% \tag{F.17}$$

观测动态也类似于单智能体版本，但该模型确保两个护理人员对婴儿进行相同的观测，然而他们彼此选择的护理行为不一定相同：

$$O((哭闹,哭闹)\mid(唱歌,*),饥饿)=O((哭闹,哭闹)\mid(*,唱歌),饥饿)=90\% \tag{F.18}$$

$$O((安静,安静)\mid(唱歌,*),饥饿)=O((安静,安静)\mid(*,唱歌),饥饿)=10\% \tag{F.19}$$

$$O((哭闹,哭闹)\mid(唱歌,*),满足)=O((哭闹,哭闹)\mid(*,唱歌),满足)=0\% \tag{F.20}$$

如果行为不是唱歌，那么观测结果如下所示：

$$O((哭闹,哭闹)\mid(*,*),饥饿)=O((哭闹,哭闹)\mid(*,*),饥饿)=90\% \tag{F.21}$$

$$O((安静,安静)\mid(*,*),饥饿)=O((安静,安静)\mid(*,*),饥饿)=10\% \tag{F.22}$$

$$O((哭闹,哭闹)|(*,*),满足) = O((哭闹,哭闹)|(*,*),满足) = 0\%$$
$$\text{(F.23)}$$

$$O((安静,安静)|(*,*),满足) = O((安静,安静)|(*,*),满足) = 100\%$$
$$\text{(F.24)}$$

当婴儿饥饿时,两位护理人员都想帮助婴儿,那么对两位护理者都给予-10.0的惩罚。然而,如果第一个护理者选择喂食,第二个护理者选择唱歌,那么对于喂食行为,第一个护理者只会得到-2.5的额外惩罚,而第二个护理者会得到-5.0的额外惩罚。对于唱歌行为,第一个护理者得到-0.5的惩罚,而第二个护理者只得到-0.25的惩罚。

F.15　协作式"捕食者-猎物"六边形世界问题

协作式"捕食者-猎物"六边形世界(collaborative predator-prey hex world)是"捕食者-猎物"六边形世界的一个变体,其中涉及一群捕食者追逐一个单独移动的猎物。这一群捕食者必须共同努力去捕捉猎物。猎物可以随机移动到未被捕食者占据的相邻单元格中。

所有捕食者也只能对环境进行含噪声的局部观测。每个捕食者 i 检测猎物是否在相邻的单元格 $O^i = \{猎物,什么都没有\}$ 中。每个捕食者会因其移动行为而获得值为-1的奖励。如果捕食者中的一个或多个捕获了猎物,他们将获得值为10的奖励,这意味着这些捕食者与猎物位于同一个单元格中。然后,猎物被随机分配到一个新的单元格中,这意味着新猎物的到来,捕食者可以再次开始狩猎。

Julia

Julia 是一种免费开源的科学程序设计语言[⊖]。它是一种相对较新的编程语言，借鉴了 Python、MATLAB 和 R 等编程语言的灵感。在本书中之所以选择使用 Julia 语言，是因为 Julia 具有足够高的抽象层次[⊖]，因此可以紧凑地表达算法并具有可读性，同时运行速度也很快。本书与 Julia 1.7 版兼容。本附录介绍理解本书所包含代码所需的 Julia 语言相关概念，但省略了该语言的许多高级特性。

G.1 数据类型

Julia 语言内置了许多基本数据类型，可以用于将数据表示为真值、数值、字符串、数组、元组和字典。用户还可以定义自定义数据类型。本节将介绍如何使用一些基本数据类型，以及如何定义新的数据类型。

G.1.1 布尔类型

Julia 中的布尔类型（Boolean）记作 `Bool`，包括两个值 `true` 和 `false`。我们可以将这两个值赋值给变量。变量名称可以是任何字符串，包括 Unicode，但存在一些限制。

```
α = true
done = false
```

变量名称位于等号的左侧，要分配给变量的值则位于等号右侧。

我们可以在 Julia 控制台中进行赋值。控制台或 REPL（表示 read（读取）、eval（求值）、print（打印）、loop（循环））将返回对被求值表达式的响应。`#` 符号表示该行的其余部分是注释。

```
julia> x = true
true
julia> y = false; # 英文分号将抑制控制台的输出
julia> typeof(x)
Bool
julia> x == y # 测试相等性
false
```

Julia 语言支持标准的布尔运算符，示例如下：

```
julia> !x      # not （逻辑非）
false
julia> x && y  # and （逻辑与）
false
julia> x || y  # or （逻辑或）
true
```

⊖ 可以从 Julia 官网（http://julialang.org）获取 Julia 安装包。
⊖ 与 C++ 等程序设计语言相比，Julia 不需要程序员担心内存管理和其他低级细节，但允许在需要时进行低级控制。

G.1.2　数值类型

Julia 语言支持整数类型和浮点数类型，如下所示。

```
julia> typeof(42)
Int64
julia> typeof(42.0)
Float64
```

其中，Int64 表示 64 位整数，Float64 表示 64 位浮点值[一]。我们可以执行如下的标准数学运算。

```
julia> x = 4
4
julia> y = 2
2
julia> x + y
6
julia> x - y
2
julia> x * y
8
julia> x / y
2.0
julia> x ^ y  # 乘幂
16
julia> x % y  # 除法的余数
0
julia> div(x, y)  # 截断除法，返回整数
2
```

注意，即使 x 和 y 是整数，x/y 结果的数据类型也是 Float64。我们也可以在赋值的同时执行这些操作，例如，x+ = 1（x= x+ 1 的简写）。

我们还可以进行比较，示例如下。

```
julia> 3 > 4
false
julia> 3 >= 4
false
julia> 3 ≥ 4    # 也可以使用unicode符号，在控制台中键入 "\ge[tab]"
false
julia> 3 < 4
true
julia> 3 <= 4
true
julia> 3 ≤ 4    # 也可以使用unicode符号，在控制台中键入 "\le[tab]"
true
julia> 3 == 4
false
julia> 3 < 4 < 5
true
```

G.1.3　字符串

字符串（string）是一个字符数组。除了用于报告某些错误信息外，本书中很少使用字符串。String 类型的对象可以使用" 字符（英文引号）构造。例如：

[一]　在 32 位计算机上，像 42 这样的整数字面量被解释为 Int32。

```
julia> x = "optimal"
"optimal"
julia> typeof(x)
String
```

G. 1. 4 符号

符号（symbol）表示标识符。可以使用“:”（英文冒号）运算符编写符号，也可以通过字符串构造符号。

```
julia> :A
:A
julia> :Battery
:Battery
julia> Symbol("Failure")
:Failure
```

G. 1. 5 向量

向量（vector）是存储一系列值的一维数组。我们可以使用方括号构造一个向量，用逗号分隔每个元素。

```
julia> x = [];                      # 空向量
julia> x = trues(3);                # 包含3个true的布尔向量
julia> x = ones(3);                 # 包含3个1的向量
julia> x = zeros(3);                # 包含3个0的向量
julia> x = rand(3);                 # 包含3个位于0和1之间随机数的向量
julia> x = [3, 1, 4];               # 整数向量
julia> x = [3.1415, 1.618, 2.7182]; # 浮点数向量
```

我们可以通过数组解析（array comprehension）创建向量，例如：

```
julia> [sin(x) for x in 1:5]
5-element Vector{Float64}:
  0.8414709848078965
  0.9092974268256817
  0.1411200080598672
 -0.7568024953079282
 -0.9589242746631385
```

我们可以检查向量的类型，示例如下。

```
julia> typeof([3, 1, 4])             # 包含Int64类型数据的一维数组
Vector{Int64} (alias for Array{Int64, 1})
julia> typeof([3.1415, 1.618, 2.7182]) # 包含Float64类型数据的一维数组
Vector{Float64} (alias for Array{Float64, 1})
julia> Vector{Float64} # 一维数组的别名
Vector{Float64} (alias for Array{Float64, 1})
```

方括号用来对向量进行索引访问，示例如下。

```
julia> x[1]        # 第1个元素的索引为1
3.1415
julia> x[3]        # 第3个元素
2.7182
julia> x[end]      # 使用关键字end引用数组的最后一个元素
2.7182
julia> x[end-1]    # 返回倒数第2个元素
1.618
```

我们可以从数组中提取一系列元素。使用英文冒号符号指定索引范围，示例如下。

```
julia> x = [1, 2, 5, 3, 1]
5-element Vector{Int64}:
 1
 2
 5
 3
 1

julia> x[1:3]          # 提取前3个元素
3-element Vector{Int64}:
 1
 2
 5

julia> x[1:2:end]   # 提取奇数索引位置的元素（每隔一个元素）
3-element Vector{Int64}:
 1
 5
 1

julia> x[end:-1:1]  # 按相反顺序提取所有的元素
5-element Vector{Int64}:
 1
 3
 5
 2
 1
```

我们可以对数组执行各种操作。函数名称末尾的英文感叹号用于表示函数对输入参数进行了改变（mutate，即更改），示例如下。

```
julia> length(x)
5
julia> [x, x]                      # 拼接操作
2-element Vector{Vector{Int64}}:
 [1, 2, 5, 3, 1]
 [1, 2, 5, 3, 1]
julia> push!(x, -1)
6-element Vector{Int64}:           # 将一个元素添加到数组末尾
  1
  2
  5
  3
  1
 -1
julia> pop!(x)
-1                                 # 从数组末尾移除一个元素
julia> append!(x, [2, 3])  # 将[2, 3]附加到x的末尾
7-element Vector{Int64}:
 1
 2
 5
 3
 1
 2
 3
julia> sort!(x)
7-element Vector{Int64}:   # 对元素进行排序，改变原来的向量
 1
```

```
  1
  2
  2
  3
  3
  5
julia> sort(x);              #  对元素进行排序，创建一个新的向量
julia> x[1] = 2; print(x)    #  将第一个元素的值修改为2
[2, 1, 2, 2, 3, 3, 5]
julia> x = [1, 2];
julia> y = [3, 4];
julia> x + y                 #  向量相加
2-element Vector{Int64}:
  4
  6
julia> 3x - [1, 2]           #  向量乘以标量，然后减去一个向量
2-element Vector{Int64}:
  2
  4
julia> using LinearAlgebra
julia> dot(x, y)             #  using LinearAlgebra之后，可以使用函数dot（点积）
11
julia> x·y                   #  使用unicode字符的点积，在控制台中键入 "\cdot[tab]"
11
julia> prod(y)              #  y中所有元素的乘积
12
```

通常，需要将各种函数按元素应用于向量。这是一种广播（broadcasting）形式。对于中缀运算符（例如，"+""*"和"^"），可以使用英文句点"."作为前缀，以表示按元素广播。对于 sqrt 和 sin 等函数，则可以使用英文句点"."作为后缀，以表示按元素广播，示例如下。

```
julia> x .* y    #  按逐个元素的乘法
2-element Vector{Int64}:
  3
  8
julia> x .^ 2    #  按逐个元素的平方
2-element Vector{Int64}:
  1
  4
julia> sin.(x)   #  按逐个元素应用函数sin
2-element Vector{Float64}:
 0.8414709848078965
 0.9092974268256817
julia> sqrt.(x)  #  按逐个元素应用函数sqrt
2-element Vector{Float64}:
 1.0
 1.4142135623730951
```

G.1.6 矩阵

矩阵（matrix）是二维数组。像向量一样，矩阵是使用方括号进行构造的。我们使用空格分隔同一行中的元素，使用分号分隔不同的行。我们还可以使用范围来索引矩阵和输出子矩阵，示例如下。

```
julia> X = [1 2 3; 4 5 6; 7 8 9; 10 11 12];
julia> typeof(X)    # 包含Int64类型数据的二维数组
Matrix{Int64} (alias for Array{Int64, 2})
julia> X[2]         # 使用列优先顺序的第二个元素
4
julia> X[3,2]       # 位于第三行第二列中的元素
8
julia> X[1,:]       # 提取第一行中的所有元素
3-element Vector{Int64}:
 1
 2
 3
julia> X[:,2]       # 提取第二列中的所有元素
4-element Vector{Int64}:
  2
  5
  8
 11
julia> X[:,1:2]
4×2 Matrix{Int64}:  # 提取前两列中的所有元素
  1   2
  4   5
  7   8
 10  11
julia> X[1:2,1:2]   # 从x的左上角提取一个大小为2×2的子矩阵
2×2 Matrix{Int64}:
 1  2
 4  5
julia> Matrix{Float64}    # 二维数组的别名
Matrix{Float64} (alias for Array{Float64, 2})
```

我们还可以构造各种特殊的矩阵并使用数组解析，示例如下。

```
julia> Matrix(1.0I, 3, 3)              # 3×3单位矩阵
3×3 Matrix{Float64}:
 1.0  0.0  0.0
 0.0  1.0  0.0
 0.0  0.0  1.0
julia> Matrix(Diagonal([3, 2, 1]))     # 3×3对角线矩阵，对角线为3、2、1
3×3 Matrix{Int64}:
 3  0  0
 0  2  0
 0  0  1
julia> zeros(3,2)                      # 3×2零矩阵
3×2 Matrix{Float64}:
 0.0  0.0
 0.0  0.0
 0.0  0.0
julia> rand(3,2)
3×2 Matrix{Float64}:                   # 3×2随机矩阵
 0.41794   0.881486
 0.14916   0.534639
 0.736357  0.850574
julia> [sin(x + y) for x in 1:3, y in 1:2] # 数组解析
3×2 Matrix{Float64}:
  0.909297   0.14112
  0.14112   -0.756802
 -0.756802  -0.958924
```

Julia 语言支持以下矩阵运算，示例如下。

```
julia> X'                # 复共轭转置
3×4 adjoint(::Matrix{Int64}) with eltype Int64:
 1  4  7  10
 2  5  8  11
 3  6  9  12
julia> 3X .+ 2           # 乘以标量，然后加上标量
4×3 Matrix{Int64}:
  5   8  11
 14  17  20
 23  26  29
 32  35  38
julia> X = [1 3; 3 1];   # 创建一个可逆矩阵
julia> inv(X)            # 矩阵求逆
2×2 Matrix{Float64}:
 -0.125   0.375
  0.375  -0.125
julia> pinv(X)           # 伪逆（需要LinearAlgebra）
2×2 Matrix{Float64}:
 -0.125   0.375
  0.375  -0.125
julia> det(X)            # 行列式（需要LinearAlgebra）
-8.0
julia> [X X]             # 水平连接，等价于hcat(X, X)
2×4 Matrix{Int64}:
 1  3  1  3
 3  1  3  1
julia> [X; X]            # 垂直连接，等价于vcat(X, X)
4×2 Matrix{Int64}:
 1  3
 3  1
 1  3
 3  1
julia> sin.(X)           # 按逐个元素应用函数sin
2×2 Matrix{Float64}:
 0.841471  0.14112
 0.14112   0.841471
julia> map(sin, X)       # 按逐个元素应用函数sin
2×2 Matrix{Float64}:
 0.841471  0.14112
 0.14112   0.841471
julia> vec(X)            # 将数组转换为向量
4-element Vector{Int64}:
 1
 3
 3
 1
```

G.1.7 元组

元组（tuple）是可以包含不同类型的值的有序列表。元组由英文括号构造。元组与向量相似，但不能改变其内容（元组是不可变类型），示例如下。

```
julia> x = ()    #  空元组
()
julia> isempty(x)
true
julia> x = (1,) #  只包含一个元素的元组，元素后面要跟一个英文逗号
(1,)
julia> typeof(x)
Tuple{Int64}
julia> x = (1, 0, [1, 2], 2.5029, 4.6692) #  第三个元素为一个向量
(1, 0, [1, 2], 2.5029, 4.6692)
julia> typeof(x)
Tuple{Int64, Int64, Vector{Int64}, Float64, Float64}
julia> x[2]
0
julia> x[end]
4.6692
julia> x[4:end]
(2.5029, 4.6692)
julia> length(x)
5
julia> x = (1, 2)
(1, 2)
julia> a, b = x;
julia> a
1
julia> b
2
```

G.1.8　命名元组

命名元组（named tuple）类似于元组，但命名元组中的每一项都有自己的名称，示例如下。

```
julia> x = (a=1, b=-Inf)
(a = 1, b = -Inf)
julia> x isa NamedTuple
true
julia> x.a
1
julia> a, b = x;
julia> a
1
julia> (; :a⇒10)
(a = 10,)
julia> (; :a⇒10, :b⇒11)
(a = 10, b = 11)
julia> merge(x, (d=3, e=10))  #  合并两个命名元组
(a = 1, b = -Inf, d = 3, e = 10)
```

G.1.9　字典

字典（dictionary）是"键-值"对的集合。"键-值"对用双箭头运算符"⇒"表示。我们可以使用方括号来索引字典，就像数组和元组的索引访问一样，示例如下。

```
julia> x = Dict(); #  空字典
julia> x[3] = 4 #  将"键"3与"值"4关联起来
```

```
4
julia> x = Dict(3⟹4, 5⟹1)  #  创建一个包含两个"键–值"对的字典
Dict{Int64, Int64} with 2 entries:
  5 ⟹ 1
  3 ⟹ 4
julia> x[5]            #  返回与"键"5关联的值
1
julia> haskey(x, 3)  #  检查字典中是否包含"键"3
true
julia> haskey(x, 4)  #  检查字典中是否包含"键"4
false
```

G. 1. 10　组合类型

组合类型（composite type）是命名字段的集合。在默认情况下，组合类型的实例是不可变的，即其内容不能被更改。我们使用 struct 关键字，然后为新类型命名并列出字段的名称，示例如下。

```
struct A
    a
    b
end
```

如果添加关键字 mutable，那么其实例是可变的，示例如下。

```
mutable struct B
    a
    b
end
```

组合类型使用括号进行构造，我们在括号之间传递每个字段的值，示例如下。

```
x = A(1.414, 1.732)
```

双冒号运算符可以用来指定任何字段的类型，示例如下。

```
struct A
    a::Int64
    b::Float64
end
```

上述类型注解要求我们为第一个字段传递 Int64 类型的值，为第二个字段传递 Float64 类型的值。为紧凑起见，本书没有使用类型注解，其代价是会牺牲一定的性能。类型注解的使用，可以提高 Julia 的运行时性能，因为编译器可以针对特定类型来优化底层代码。

G. 1. 11　抽象类型

到目前为止，我们已经讨论了具体类型（concrete type），这是我们可以构造的类型。然而，具体类型只是类型层次结构的一部分。同时，还存在抽象类型（abstract type）。抽象类型是具体类型和其他抽象类型的超类型。

我们可以使用 supertype 函数和 subtypes 函数，探索图 G-1 所示 Float64 类型的类型层次结构。

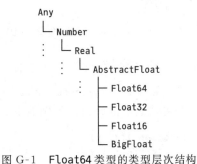

图 G-1　Float64 类型的类型层次结构

```
julia> supertype(Float64)
AbstractFloat
julia> supertype(AbstractFloat)
Real
julia> supertype(Real)
Number
julia> supertype(Number)
Any
julia> supertype(Any)          # Any位于类型层次结构的顶部
Any
julia> using InteractiveUtils  # 为了在脚本中使用subtypes函数，必须使用该模块
julia> subtypes(AbstractFloat) # AbstractFloats的子类型
4-element Vector{Any}:
 BigFloat
 Float16
 Float32
 Float64
julia> subtypes(Float64)       # Float64没有任何子类型
Type[]
```

我们可以定义自己的抽象类型，示例如下。

```
abstract type C end
abstract type D <: C end  #  D是C的抽象子类型
struct E <: D             #  E是组合类型，E是D的子类型
    a
end
```

G.1.12　参数化类型

Julia 支持参数化类型（parametric type），即接受参数的类型。参数化类型的参数在大括号内给出并用逗号分隔。我们已经在字典示例中观察到了参数类型，示例如下。

```
julia> x = Dict(3⇒1.4, 1⇒5.9)
Dict{Int64, Float64} with 2 entries:
  3 ⇒ 1.4
  1 ⇒ 5.9
```

对于字典，第一个参数指定"键"的类型，第二个参数指定"值"的类型。该示例具有 Int64 类型的"键"和 Float64 类型的"值"，从而使字典类型为 Dict {Int64，Float64}。Julia 能够根据输入推断出这些类型，但我们也可以明确指定数据类型，示例如下。

```
julia> x = Dict{Int64,Float64}(3⇒1.4, 1⇒5.9);
```

虽然可以定义自己的参数化类型，但在本书中，我们不需要这样做。

G.2　函数

函数（function）将其参数（以元组形式给出）映射到返回的结果。

G.2.1　命名函数

定义命名函数（named function）的一种方法是使用 function 关键字，随后跟函数名称和参数名称的元组，示例如下。

```
function f(x, y)
    return x + y
end
```

我们还可以使用赋值形式紧凑地定义函数，示例如下。

```
julia> f(x, y) = x + y;
julia> f(3, 0.1415)
3.1415
```

G.2.2 匿名函数

匿名函数（anonymous function）没有名称，但可以将其赋值给命名变量。定义匿名函数的一种方法是使用箭头运算符，示例如下。

```
julia> h = x → x^2 + 1  # 将带有输入参数x的匿名函数赋给变量h
#1 (generic function with 1 method)
julia> h(3)
10
julia> g(f, a, b) = [f(a), f(b)];  #  将函数f应用于a和b并返回一个数组
julia> g(h, 5, 10)
2-element Vector{Int64}:
  26
 101
julia> g(x→sin(x)+1, 10, 20)
2-element Vector{Float64}:
 0.4559788891106302
 1.9129452507276277
```

G.2.3 可调用对象

我们可以定义一个类型并将一个函数与该类型相关联，从而允许该类型的对象可被调用（callable）：

```
julia> (x::A)() = x.a + x.b       # 为前面定义的类型A添加不带参数的函数
julia> (x::A)(y) = y*x.a + x.b  # 添加带一个参数的函数
julia> x = A(22, 8);
julia> x()
30
julia> x(2)
52
```

G.2.4 可选参数

我们可以为一个参数指定一个默认值，以使该参数的指定成为可选的参数，示例如下。

```
julia> f(x=10) = x^2;
julia> f()
100
julia> f(3)
9
julia> f(x, y, z=1) = x*y + z;
julia> f(1, 2, 3)
5
julia> f(1, 2)
3
```

G.2.5 关键字参数

函数可以使用关键字参数（keyword argument），这些参数是在调用函数时命名的。关键字参数位于所有位置参数之后。在任何关键字之前放置一个英文分号，将这些关键字

与其他参数隔开，示例如下。

```
julia> f(; x = 0) = x + 1;
julia> f()
1
julia> f(x = 10)
11
julia> f(x, y = 10; z = 2) = (x + y)*z;
julia> f(1)
22
julia> f(2, z = 3)
36
julia> f(2, 3)
10
julia> f(2, 3, z = 1)
5
```

G.2.6　调度分派

可以使用双冒号运算符指定传递给函数的参数类型。如果提供了相同函数的多个方法，Julia 将执行最合适的方法。选择具体需要执行哪个方法的机制称为调度分派（dispatch），示例如下。

```
julia> f(x::Int64) = x + 10;
julia> f(x::Float64) = x + 3.1415;
julia> f(1)
11
julia> f(1.0)
4.141500000000001
julia> f(1.3)
4.4415000000000004
```

Julia 的调度分派使用具有与给定参数类型最匹配的类型签名方法，示例如下。

```
julia> f(x) = 5;
julia> f(x::Float64) = 3.1415;
julia> f([3, 2, 1])
5
julia> f(0.00787499699)
3.1415
```

G.2.7　解包

通常，需要使用解包运算符"…"将向量或元组的元素解包（splat）拆分到函数的参数中，示例如下。

```
julia> f(x,y,z) = x + y - z;
julia> a = [3, 1, 2];
julia> f(a...)
2
julia> b = (2, 2, 0);
julia> f(b...)
4
julia> c = ([0,0],[1,1]);
julia> f([2,2], c...)
2-element Vector{Int64}:
 1
 1
```

G.3 控制流程

我们可以使用条件求值和循环结构来控制程序的流程。本节提供本书代码中所涉及的控制流程语法。

G.3.1 条件求值

条件求值将检查布尔表达式的值，然后根据求值结果执行相应的代码块。最常见的方法之一是使用 if 语句。

```
if x < y
    # 如果x<y，那么执行此处的代码
elseif x > y
    # 如果x>y，那么执行此处的代码
else
    # 如果x==y，那么执行此处的代码
end
```

我们还可以使用包含问号和冒号语法的三元运算符（ternary operator，或三目运算符）。三元运算符检查问号前的布尔表达式。如果布尔表达式的计算结果为 true，则返回冒号之前的值；否则，将返回冒号后面的内容，示例如下。

```
julia> f(x) = x > 0 ? x : 0;
julia> f(-10)
0
julia> f(10)
10
```

G.3.2 循环

循环允许重复计算表达式。其中一种类型的循环是 while 循环。while 循环重复计算表达式语句块，直到满足 while 关键字后的指定条件。以下示例对数组 X 中的值求和。

```
X = [1, 2, 3, 4, 6, 8, 11, 13, 16, 18]
s = 0
while !isempty(X)
    s += pop!(X)
end
```

另一种类型的循环是 for 循环。for 循环使用 for 关键字。以下示例同样对数组 X 中的值求和，但不会修改 X。

```
X = [1, 2, 3, 4, 6, 8, 11, 13, 16, 18]
s = 0
for y in X
    s += y
end
```

in 关键字可以替换为=或 ∈。以下代码块实现相同的功能。

```
X = [1, 2, 3, 4, 6, 8, 11, 13, 16, 18]
s = 0
for i = 1:length(X)
    s += X[i]
end
```

G.3.3 迭代器

我们可以在循环和数组解析等上下文中迭代集合。为演示各种迭代器，我们将使用

collect 函数，该函数返回一个数组，该数组的每一个元素都是由迭代器生成的。

```julia
julia> X = ["feed", "sing", "ignore"];
julia> collect(enumerate(X)) # 返回计数和元素
3-element Vector{Tuple{Int64, String}}:
 (1, "feed")
 (2, "sing")
 (3, "ignore")
julia> collect(eachindex(X)) # 等价于1:length(X)
3-element Vector{Int64}:
 1
 2
 3
julia> Y = [-5, -0.5, 0];
julia> collect(zip(X, Y))      # 同时迭代多个迭代器
3-element Vector{Tuple{String, Float64}}:
 ("feed", -5.0)
 ("sing", -0.5)
 ("ignore", 0.0)
julia> import IterTools: subsets
julia> collect(subsets(X))     # 迭代所有的子集
8-element Vector{Vector{String}}:
 []
 ["feed"]
 ["sing"]
 ["feed", "sing"]
 ["ignore"]
 ["feed", "ignore"]
 ["sing", "ignore"]
 ["feed", "sing", "ignore"]
julia> collect(eachindex(X)) # 迭代集合的索引
3-element Vector{Int64}:
 1
 2
 3
julia> Z = [1 2; 3 4; 5 6];
julia> import Base.Iterators: product
julia> collect(product(X,Y)) # 迭代多个迭代器的笛卡儿积
3×3 Matrix{Tuple{String, Float64}}:
 ("feed", -5.0)      ("feed", -0.5)      ("feed", 0.0)
 ("sing", -5.0)      ("sing", -0.5)      ("sing", 0.0)
 ("ignore", -5.0)    ("ignore", -0.5)    ("ignore", 0.0)
```

G. 4　包

包（package）是 Julia 代码和可能的其他外部库的集合，可以导入这些库以提供附加功能。本节简要回顾我们在本书中构建的几个关键包。例如，如果要添加类似于 Distributions.jsl 这样的注册包，我们可以运行以下代码。

```
using Pkg
Pkg.add("Distributions")
```

为了更新包，我们执行以下代码。

```
Pkg.update()
```

为了使用包，我们使用关键字 using，代码如下所示。

```
using Distributions
```

G. 4. 1 Graphs. jl

我们使用 Graphs. jl 包（1.4 版）来表示图形并对其执行操作，代码如下。

```julia
julia> using Graphs
julia> G = SimpleDiGraph(3);  # 创建一个包含三个节点的有向图
julia> add_edge!(G, 1, 3);    # 添加从节点1到节点3的边
julia> add_edge!(G, 1, 2);    # 添加从节点1到节点2的边
julia> rem_edge!(G, 1, 3);    # 移除从节点1到节点3的边
julia> add_edge!(G, 2, 3);    # 添加从节点2到节点3的边
julia> typeof(G)
Graphs.SimpleGraphs.SimpleDiGraph{Int64}
julia> nv(G)                  # 节点（也称之为顶点）的数量
3
julia> outneighbors(G, 1)     # 列出节点1所指向的邻居
1-element Vector{Int64}:
 2
julia> inneighbors(G, 1)      # 列出指向节点1的邻居
Int64[]
```

G. 4. 2 Distributions. jl

我们使用 Distributions. jsl 包（版本 0.24）来表示、拟合和抽样概率分布。

```julia
julia> using Distributions
julia> dist = Categorical([0.3, 0.5, 0.2])  # 创建一个分类分布
Distributions.Categorical{Float64, Vector{Float64}}
    (support=Base.OneTo(3), p=[0.3, 0.5, 0.2])
julia> data = rand(dist)              # 生成一个抽样
2
julia> data = rand(dist, 2)           # 生成两个抽样
2-element Vector{Int64}:
 2
 3
julia> μ, σ = 5.0, 2.5;               # 定义正态分布的参数
julia> dist = Normal(μ, σ)            # 创建一个正态分布
Distributions.Normal{Float64}(μ=5.0, σ=2.5)

julia> rand(dist)                     # 从分布中抽样
3.173653920282897
julia> data = rand(dist, 3)           # 生成三个样本
3-element Vector{Float64}:
 10.860475998911657
  1.519358465527894
  3.0194180096515186
julia> data = rand(dist, 1000);       # 生成1 000个样本
julia> Distributions.fit(Normal, data)  # 使样本拟合正态分布
Distributions.Normal{Float64}(μ=5.085987626631449, σ=2.4766229761489367)
julia> μ = [1.0, 2.0];
julia> Σ = [1.0 0.5; 0.5 2.0];
julia> dist = MvNormal(μ, Σ)          # 创建一个多变量正态分布
FullNormal(
dim: 2
μ: [1.0, 2.0]
Σ: [1.0 0.5; 0.5 2.0]
)
julia> rand(dist, 3)                  # 生成三个样本
2×3 Matrix{Float64}:
```

```
 0.834945   -0.527494   -0.098257
 1.25277    -0.246228    0.423922
julia> dist = Dirichlet(ones(3))          #  创建一个Dirichlet分布Dir(1,1,1)
Distributions.Dirichlet{Float64,Vector{Float64},Float64}(alpha=[1.0, 1.0, 1.0])
julia> rand(dist)                          #  从分布中抽样
3-element Vector{Float64}:
 0.19658106436589923
 0.6128478073834874
 0.1905711282506134
```

G.4.3 JuMP.jl

我们使用 JuMP.jl 包（版本 0.21）来指定优化问题，然后可以使用各种解算器（例如 GLPK.jl 和 Ipopt.jsl 中包含的解算器）来求解这些问题。

```
julia> using JuMP
julia> using GLPK
julia> model = Model(GLPK.Optimizer)          #  创建一个模型并使用GLPK作为解算器
A JuMP Model
Feasibility problem with:
Variables: 0
Model mode: AUTOMATIC
CachingOptimizer state: EMPTY_OPTIMIZER
Solver name: GLPK
julia> @variable(model, x[1:3])               #  定义变量x[1], x[2], 和x[3]
3-element Vector{JuMP.VariableRef}:
 x[1]
 x[2]
 x[3]
julia> @objective(model, Max, sum(x) - x[2])  #  定义最大化目标objective
x[1] + 0 x[2] + x[3]
julia> @constraint(model, x[1] + x[2] ≤ 3)    #  添加一个约束
x[1] + x[2] <= 3.0
julia> @constraint(model, x[2] + x[3] ≤ 2)    #  添加另一个约束
x[2] + x[3] <= 2.0
julia> @constraint(model, x[2] ≥ 0)           #  再添加另一个约束
x[2] >= 0.0
julia> optimize!(model)                       #  求解
julia> value.(x)                              #  提取x中元素的最优值
3-element Vector{Float64}:
 3.0
 0.0
 2.0
```

G.5 实用函数

通过几个函数，可以让我们更紧凑地指定本书中的算法。使用字典和命名元组时，以下函数非常有用。

```
Base.Dict{Symbol,V}(a::NamedTuple) where V =
    Dict{Symbol,V}(n⇒v for (n,v) in zip(keys(a), values(a)))
Base.convert(::Type{Dict{Symbol,V}}, a::NamedTuple) where V =
    Dict{Symbol,V}(a)

Base.isequal(a::Dict{Symbol,<:Any}, nt::NamedTuple) =
    length(a) == length(nt) &&
    all(a[n] == v for (n,v) in zip(keys(nt), values(nt)))
```

```julia
julia> a = Dict{Symbol,Integer}((a=1, b=2, c=3))
Dict{Symbol, Integer} with 3 entries:
  :a ⇒ 1
  :b ⇒ 2
  :c ⇒ 3
julia> isequal(a, (a=1, b=2, c=3))
true
julia> isequal(a, (a=1, c=3, b=2))
true
julia> Dict{Dict{Symbol,Integer},Float64}((a=1, b=1)⇒0.2, (a=1, b=2)⇒0.8)
Dict{Dict{Symbol, Integer}, Float64} with 2 entries:
  Dict(:a⇒1, :b⇒1) ⇒ 0.2
  Dict(:a⇒1, :b⇒2) ⇒ 0.8
```

我们定义 SetCategorical 用于表示离散集合上的分布。

```julia
struct SetCategorical{S}
    elements::Vector{S} # Set elements (could be repeated)
    distr::Categorical # Categorical distribution over set elements

    function SetCategorical(elements::AbstractVector{S}) where S
        weights = ones(length(elements))
        return new{S}(elements, Categorical(normalize(weights, 1)))
    end

    function SetCategorical(
            elements::AbstractVector{S},
            weights::AbstractVector{Float64}
        ) where S

        ℓ₁ = norm(weights,1)
        if ℓ₁ < 1e-6 || isinf(ℓ₁)
            return SetCategorical(elements)
        end
        distr = Categorical(normalize(weights, 1))
        return new{S}(elements, distr)
    end
end

Distributions.rand(D::SetCategorical) = D.elements[rand(D.distr)]
Distributions.rand(D::SetCategorical, n::Int) = D.elements[rand(D.distr, n)]
function Distributions.pdf(D::SetCategorical, x)
    sum(e == x ? w : 0.0 for (e,w) in zip(D.elements, D.distr.p))
end
julia> D = SetCategorical(["up", "down", "left", "right"],[0.4, 0.2, 0.3, 0.1]);
julia> rand(D)
"up"
julia> rand(D, 5)
5-element Vector{String}:
 "left"
 "up"
 "down"
 "up"
 "left"
julia> pdf(D, "up")
0.3999999999999999
```

参考文献

1. P. Abbeel and A. Y. Ng, "Apprenticeship Learning via Inverse Reinforcement Learning," in *International Conference on Machine Learning (ICML)*, 2004.

2. J. Agar, *Science in the 20th Century and Beyond*. Polity, 2012.

3. S. Amari, "Natural Gradient Works Efficiently in Learning," *Neural Computation*, vol. 10, no. 2, pp. 251–276, 1998.

4. C. Amato, D. S. Bernstein, and S. Zilberstein, "Optimizing Fixed-Size Stochastic Controllers for POMDPs and Decentralized POMDPs," *Autonomous Agents and Multi-Agent Systems*, vol. 21, no. 3, pp. 293–320, 2010.

5. D. Amodei, C. Olah, J. Steinhardt, P. Christiano, J. Schulman, and D. Mané, "Concrete Problems in AI Safety," 2016. arXiv: 1606.06565v2.

6. P. Anand, "Are the Preference Axioms Really Rational?" *Theory and Decision*, vol. 23, no. 2, pp. 189–214, 1987.

7. D. Ariely, *Predictably Irrational: The Hidden Forces That Shape Our Decisions*. Harper, 2008.

8. S. Arnborg, D. G. Corneil, and A. Proskurowski, "Complexity of Finding Embeddings in a *k*-Tree," *SIAM Journal on Algebraic Discrete Methods*, vol. 8, no. 2, pp. 277–284, 1987.

9. M. S. Arulampalam, S. Maskell, N. Gordon, and T. Clapp, "A Tutorial on Particle Filters for Online Nonlinear / Non-Gaussian Bayesian Tracking," *IEEE Transactions on Signal Processing*, vol. 50, no. 2, pp. 174–188, 2002.

10. K. J. Åström, "Optimal Control of Markov Processes with Incomplete State Information," *Journal of Mathematical Analysis and Applications*, vol. 10, no. 1, pp. 174–205, 1965.

11. P. Auer, N. Cesa-Bianchi, and P. Fischer, "Finite-Time Analysis of the Multiarmed Bandit Problem," *Machine Learning*, vol. 47, no. 2–3, pp. 235–256, 2002.

12. T. Ayer, O. Alagoz, and N. K. Stout, "A POMDP Approach to Personalize Mammography Screening Decisions," *Operations Research*, vol. 60, no. 5, pp. 1019–1034, 2012.

13. H. Bai, D. Hsu, W. S. Lee, and V. A. Ngo, "Monte Carlo Value Iteration for Continuous-State POMDPs," in *International Workshop on the Algorithmic Foundations of Robotics (WAFR)*, 2011.

14. L. Baird, "Residual Algorithms: Reinforcement Learning with Function Approximation," in *International Conference on Machine Learning (ICML)*, 1995.

15. Y. Bar-Shalom, X. R. Li, and T. Kirubarajan, *Estimation with Applications to Tracking and Navigation*. Wiley, 2001.

16. D. Barber, *Bayesian Reasoning and Machine Learning*. Cambridge University Press, 2012.

17. A. G. Barto, R. S. Sutton, and C. W. Anderson, "Neuronlike Adaptive Elements That Can Solve Difficult Learning Control Problems," *IEEE Transactions on Systems, Man, and Cybernetics*, vol. SMC-13, no. 5, pp. 834–846, 1983.

18. A. G. Barto, S. J. Bradtke, and S. P. Singh, "Learning to Act Using Real-Time Dynamic Programming," *Artificial Intelligence*, vol. 72, no. 1–2, pp. 81–138, 1995.

19. K. Basu, "The Traveler's Dilemma: Paradoxes of Rationality in Game Theory," *American Economic Review*, vol. 84, no. 2, pp. 391–395, 1994.

20. R. Bellman, "Minimization Problem," *Bulletin of the American Mathematical Society*, vol. 62, no. 3, p. 270, 1956.

21. R. Bellman, *Eye of the Hurricane: An Autobiography*. World Scientific, 1984.

22. R. E. Bellman, *Dynamic Programming*. Princeton University Press, 1957.

23. A. Bemporad and M. Morari, "Robust Model Predictive Control: A Survey," in *Robustness in Identification and Control*, A. Garulli, A. Tesi, and A. Vicino, eds., Springer, 1999, pp. 207–226.

24. J. Bentham, *Theory of Legislation*. Trübner & Company, 1887.

25. U. Berger, "Brown's Original Fictitious Play," *Journal of Economic Theory*, vol. 135, no. 1, pp. 572–578, 2007.

26. D. Bernoulli, "Exposition of a New Theory on the Measurement of Risk," *Econometrica*, vol. 22, no. 1, pp. 23–36, 1954.

27. D. S. Bernstein, R. Givan, N. Immerman, and S. Zilberstein, "The Complexity of Decentralized Control of Markov Decision Processes," *Mathematics of Operation Research*, vol. 27, no. 4, pp. 819–840, 2002.

28. D. P. Bertsekas, *Dynamic Programming and Optimal Control*. Athena Scientific, 2007.

29. D. P. Bertsekas, *Reinforcement Learning and Optimal Control*. Athena Scientific, 2019.

30. D. P. Bertsekas and J. N. Tsitsiklis, *Introduction to Probability*. Athena Scientific, 2002.

31. M. Besançon, T. Papamarkou, D. Anthoff, A. Arslan, S. Byrne, D. Lin, and J. Pearson, "Distributions.jl: Definition and Modeling of Probability Distributions in the JuliaStats Ecosystem," 2019. arXiv: 1907.08611v1.

32. W. M. Bolstad and J. M. Curran, *Introduction to Bayesian Statistics*. Wiley, 2016.

33. B. Bonet and H. Geffner, "Labeled RTDP: Improving the Convergence of Real-Time Dynamic Programming," in *International Conference on Automated Planning and Scheduling (ICAPS)*, 2003.

34. F. Borrelli, A. Bemporad, and M. Morari, *Predictive Control for Linear and Hybrid Systems*. Cambridge University Press, 2019.

35. M. Bouton, A. Nakhaei, K. Fujimura, and M. J. Kochenderfer, "Safe Reinforcement Learning with Scene Decomposition for Navigating Complex Urban Environments," in *IEEE Intelligent Vehicles Symposium (IV)*, 2019.

36. M. Bouton, J. Tumova, and M. J. Kochenderfer, "Point-Based Methods for Model Checking in Partially Observable Markov Decision Processes," in *AAAI Conference on Artificial Intelligence (AAAI)*, 2020.

37. M. Bowling, "Convergence and No-Regret in Multiagent Learning," in *Advances in Neural Information Processing Systems (NIPS)*, 2005.

38. M. Bowling and M. Veloso, "An Analysis of Stochastic Game Theory for Multiagent Reinforcement Learning," Carnegie Mellon University, Tech. Rep. CMU-CS-00-165, 2000.

39. S. Boyd and L. Vandenberghe, *Convex Optimization*. Cambridge University Press, 2004.

40. R. I. Brafman and M. Tennenholtz, "R-MAX—A General Polynomial Time Algorithm for Near-Optimal Reinforcement Learning," *Journal of Machine Learning Research*, vol. 3, pp. 213–231, 2002.

41. D. Brockhoff, A. Auger, N. Hansen, D. Arnold, and T. Hohm, "Mirrored Sampling and Sequential Selection for Evolution Strategies," in *International Conference on Parallel Problem Solving from Nature*, 2010.

42. G. Brockman, V. Cheung, L. Pettersson, J. Schneider, J. Schulman, J. Tang, and W. Zaremba, "OpenAI Gym," 2016. arXiv: 1606.01540v1.

43. G. W. Brown, "Iterative Solution of Games by Fictitious Play," *Activity Analysis of Production and Allocation*, vol. 13, no. 1, pp. 374–376, 1951.

44. C. B. Browne, E. Powley, D. Whitehouse, S. M. Lucas, P. I. Cowling, P. Rohlfshagen, S. Tavener, D. Perez, S. Samothrakis, and S. Colton, "A Survey of Monte Carlo Tree Search Methods," *IEEE Transactions on Computational Intelligence and AI in Games*, vol. 4, no. 1, pp. 1–43, 2012.

45. J. A. Bucklew, *Introduction to Rare Event Simulation*. Springer, 2004.

46. W. L. Buntine, "Theory Refinement on Bayesian Networks," in *Conference on Uncertainty in Artificial Intelligence (UAI)*, 1991.

47. C. F. Camerer, *Behavioral Game Theory: Experiments in Strategic Interaction*. Princeton University Press, 2003.

48. A. R. Cassandra, M. L. Littman, and N. L. Zhang, "Incremental Pruning: A Simple, Fast, Exact Method for Partially Observable Markov Decision Processes," in *Conference on Uncertainty in Artificial Intelligence (UAI)*, 1997.

49. J. Chakravorty and A. Mahajan, "Multi-Armed Bandits, Gittins Index, and Its Calculation," in *Methods and Applications of Statistics in Clinical Trials*, N. Balakrishnan, ed., vol. 2, Wiley, 2014, pp. 416–435.

50. D. M. Chickering, "Learning Bayesian Networks is NP-Complete," in *Learning from Data: Artificial Intelligence and Statistics V*, D. Fisher and H.-J. Lenz, eds., Springer, 1996, pp. 121–130.

51. D. M. Chickering, "Learning Equivalence Classes of Bayesian-Network Structures," *Journal of Machine Learning Research*, vol. 2, pp. 445–498, 2002.

52. D. M. Chickering, D. Heckerman, and C. Meek, "Large-Sample Learning of Bayesian Networks is NP-Hard," *Journal of Machine Learning Research*, vol. 5, pp. 1287–1330, 2004.

53. K. Cho, B. van Merriënboer, C. Gulcehre, D. Bahdanau, F. Bougares, H. Schwenk, and Y. Bengio, "Learning Phrase Representations Using RNN Encoder-Decoder for Statistical Machine Translation," in *Conference on Empirical Methods in Natural Language Processing (EMNLP)*, 2014.

54. E. K. P. Chong, R. L. Givan, and H. S. Chang, "A Framework for Simulation-Based Network Control via Hindsight Optimization," in *IEEE Conference on Decision and Control (CDC)*, 2000.

55. B. Christian, *The Alignment Problem*. Norton & Company, 2020.

56. G. F. Cooper, "The Computational Complexity of Probabilistic Inference Using Bayesian Belief Networks," *Artificial Intelligence*, vol. 42, no. 2–3, pp. 393–405, 1990.

57. G. F. Cooper and E. Herskovits, "A Bayesian Method for the Induction of Probabilistic Networks from Data," *Machine Learning*, vol. 4, no. 9, pp. 309–347, 1992.

58. T. H. Cormen, C. E. Leiserson, R. L. Rivest, and C. Stein, *Introduction to Algorithms*, 3rd ed. MIT Press, 2009.

59. A. Corso, R. J. Moss, M. Koren, R. Lee, and M. J. Kochenderfer, "A Survey of Algorithms for Black-Box Safety Validation," *Journal of Artificial Intelligence Research*, vol. 72, pp. 377–428, 2021.

60. A. Couëtoux, J.-B. Hoock, N. Sokolovska, O. Teytaud, and N. Bonnard, "Continuous Upper Confidence Trees," in *Learning and Intelligent Optimization (LION)*, 2011.

61. F. Cuzzolin, *The Geometry of Uncertainty*. Springer, 2021.

62. G. B. Dantzig, "Linear Programming," *Operations Research*, vol. 50, no. 1, pp. 42–47, 2002.

63. C. Daskalakis, P. W. Goldberg, and C. H. Papadimitriou, "The Complexity of Computing a Nash Equilibrium," *Communications of the ACM*, vol. 52, no. 2, pp. 89–97, 2009.

64. A. P. Dempster, N. M. Laird, and D. B. Rubin, "Maximum Likelihood from Incomplete Data via the EM Algorithm," *Journal of the Royal Statistical Society, Series B (Methodological)*, vol. 39, no. 1, pp. 1–38, 1977.

65. S. L. Dittmer and F. V. Jensen, "Myopic Value of Information in Influence Diagrams," in *Conference on Uncertainty in Artificial Intelligence (UAI)*, 1997.

66. J. Duchi, S. Shalev-Shwartz, Y. Singer, and T. Chandra, "Efficient Projections onto the ℓ_1-Ball for Learning in High Dimensions," in *International Conference on Machine Learning (ICML)*, 2008.

67. M. J. Dupré and F. J. Tipler, "New Axioms for Rigorous Bayesian Probability," *Bayesian Analysis*, vol. 4, no. 3, pp. 599–606, 2009.

68. M. Egorov, Z. N. Sunberg, E. Balaban, T. A. Wheeler, J. K. Gupta, and M. J. Kochenderfer, "POMDPs.jl: A Framework for Sequential Decision Making Under Uncertainty," *Journal of Machine Learning Research*, vol. 18, no. 26, pp. 1–5, 2017.

69. C. Elkan, "The Foundations of Cost-Sensitive Learning," in *International Joint Conference on Artificial Intelligence (IJCAI)*, 2001.

70. P. H. Farquhar, "Utility Assessment Methods," *Management Science*, vol. 30, no. 11, pp. 1283–1300, 1984.

71. J. A. Filar, T. A. Schultz, F. Thuijsman, and O. Vrieze, "Nonlinear Programming and Stationary Equilibria in Stochastic Games," *Mathematical Programming*, vol. 50, no. 1–3, pp. 227–237, 1991.

72. A. M. Fink, "Equilibrium in a Stochastic n-Person Game," *Journal of Science of the Hiroshima University, Series A-I*, vol. 28, no. 1, pp. 89–93, 1964.

73. C. Finn, S. Levine, and P. Abbeel, "Guided Cost Learning: Deep Inverse Optimal Control via Policy Optimization," in *International Conference on Machine Learning (ICML)*, 2016.

74. P. C. Fishburn, "Utility Theory," *Management Science*, vol. 14, no. 5, pp. 335–378, 1968.

75. P. C. Fishburn, "The Axioms of Subjective Probability," *Statistical Science*, vol. 1, no. 3, pp. 335–345, 1986.

76. H. Freudenthal, "Simplizialzerlegungen von Beschränkter Flachheit," *Annals of Mathematics*, vol. 43, pp. 580–582, 1942.

77. M. C. Fu, "Gradient Estimation," in *Simulation*, S. G. Henderson and B. L. Nelson, eds., Elsevier, 2006, pp. 575–616.

78. D. Fudenberg and D. Levine, "Consistency and Cautious Fictitious Play," *Journal of Economic Dynamics and Control*, vol. 19, no. 5–7, pp. 1065–1089, 1995.

79. D. Fudenberg and J. Tirole, *Game Theory*. MIT Press, 1991.

80. D. Gaines, G. Doran, M. Paton, B. Rothrock, J. Russino, R. Mackey, R. Anderson, R. Francis, C. Joswig, H. Justice, K. Kolcio, G. Rabideau, S. Schaffer, J. Sawoniewicz, A. Vasavada, V. Wong, K. Yu, and A.-a. Agha-mohammadi, "Self-Reliant Rovers for Increased Mission Productivity," *Journal of Field Robotics*, vol. 37, no. 7, pp. 1171–1196, 2020.

81. F. L. Gall, "Powers of Tensors and Fast Matrix Multiplication," in *International Symposium on Symbolic and Algebraic Computation (ISSAC)*, 2014.

82. S. Garatti and M. C. Campi, "Modulating Robustness in Control Design: Principles and Algorithms," *IEEE Control Systems Magazine*, vol. 33, no. 2, pp. 36–51, 2013.

83. A. Garivier, T. Lattimore, and E. Kaufmann, "On Explore-Then-Commit Strategies," in *Advances in Neural Information Processing Systems (NIPS)*, 2016.

84. A. Geramifard, T. J. Walsh, S. Tellex, G. Chowdhary, N. Roy, and J. P. How, "A Tutorial on Linear Function Approximators for Dynamic Programming and Reinforcement Learning," *Foundations and Trends in Machine Learning*, vol. 6, no. 4, pp. 375–451, 2013.

85. M. Ghavamzadeh, S. Mannor, J. Pineau, and A. Tamar, "Bayesian Reinforcement Learning: A Survey," *Foundations and Trends in Machine Learning*, vol. 8, no. 5–6, pp. 359–483, 2015.

86. S. B. Gillispie and M. D. Perlman, "The Size Distribution for Markov Equivalence Classes of Acyclic Digraph Models," *Artificial Intelligence*, vol. 141, no. 1–2, pp. 137–155, 2002.

87. J. C. Gittins, "Bandit Processes and Dynamic Allocation Indices," *Journal of the Royal Statistical Society. Series B (Methodological)*, vol. 41, no. 2, pp. 148–177, 1979.

88. J. Gittins, K. Glazebrook, and R. Weber, *Multi-Armed Bandit Allocation Indices*, 2nd ed. Wiley, 2011.

89. P. W. Glynn, "Likelihood Ratio Gradient Estimation for Stochastic Systems," *Communications of the ACM*, vol. 33, no. 10, pp. 75–84, 1990.

90. P. J. Gmytrasiewicz and P. Doshi, "A Framework for Sequential Planning in Multi-Agent Settings," *Journal of Artificial Intelligence Research*, vol. 24, no. 1, pp. 49–79, 2005.

91. D. E. Goldberg and J. Richardson, "An Experimental Comparison of Localization Methods," in *International Conference on Genetic Algorithms*, 1987.

92. D. E. Goldberg, *Genetic Algorithms in Search, Optimization, and Machine Learning*. Addison-Wesley, 1989.

93. O. Goldreich, *Computational Complexity: A Conceptual Perspective*. Cambridge University Press, 2008.

94. I. Goodfellow, Y. Bengio, and A. Courville, *Deep Learning*. MIT Press, 2016.

95.　I. Goodfellow, J. Pouget-Abadie, M. Mirza, B. Xu, D. Warde-Farley, S. Ozair, A. Courville, and Y. Bengio, "Generative Adversarial Nets," in *Advances in Neural Information Processing Systems (NIPS)*, 2014.

96.　L. Graesser and W. L. Keng, *Foundations of Deep Reinforcement Learning*. Addison Wesley, 2020.

97.　A. Greenwald and K. Hall, "Correlated Q-Learning," in *International Conference on Machine Learning (ICML)*, 2003.

98.　A. Griewank and A. Walther, *Evaluating Derivatives: Principles and Techniques of Algorithmic Differentiation*, 2nd ed. SIAM, 2008.

99.　E. A. Hansen, "Solving POMDPs by Searching in Policy Space," in *Conference on Uncertainty in Artificial Intelligence (UAI)*, 1998.

100.　E. A. Hansen, D. S. Bernstein, and S. Zilberstein, "Dynamic Programming for Partially Observable Stochastic Games," in *AAAI Conference on Artificial Intelligence (AAAI)*, 2004.

101.　N. Hansen and A. Ostermeier, "Adapting Arbitrary Normal Mutation Distributions in Evolution Strategies: The Covariance Matrix Adaptation," in *IEEE International Conference on Evolutionary Computation*, 1996.

102.　A. Harutyunyan, M. G. Bellemare, T. Stepleton, and R. Munos, "$Q(\lambda)$ with Off-Policy Corrections," in *International Conference on Algorithmic Learning Theory (ALT)*, 2016.

103.　T. Hastie, R. Tibshirani, and J. Friedman, *The Elements of Statistical Learning: Data Mining, Inference, and Prediction*, 2nd ed. Springer Series in Statistics, 2001.

104.　M. Hauskrecht, "Value-Function Approximations for Partially Observable Markov Decision Processes," *Journal of Artificial Intelligence Research*, vol. 13, pp. 33–94, 2000.

105.　D. Heckerman, D. Geiger, and D. M. Chickering, "Learning Bayesian Networks: The Combination of Knowledge and Statistical Data," *Machine Learning*, vol. 20, no. 3, pp. 197–243, 1995.

106.　F. S. Hillier, *Introduction to Operations Research*. McGraw-Hill, 2012.

107.　J. Ho and S. Ermon, "Generative Adversarial Imitation Learning," in *Advances in Neural Information Processing Systems (NIPS)*, 2016.

108.　S. Hochreiter and J. Schmidhuber, "Long Short-Term Memory," *Neural Computation*, vol. 9, no. 8, pp. 1735–1780, 1997.

109.　A. L. Hodgkin and A. F. Huxley, "A Quantitative Description of Membrane Current and Its Application to Conduction and Excitation in Nerve," *Journal of Physiology*, vol. 117, no. 4, pp. 500–544, 1952.

110.　R. Hooke and T. A. Jeeves, "Direct Search Solution of Numerical and Statistical Problems," *Journal of the ACM (JACM)*, vol. 8, no. 2, pp. 212–229, 1961.

111.　R. A. Howard, "Information Value Theory," *IEEE Transactions on Systems Science and Cybernetics*, vol. 2, no. 1, pp. 22–26, 1966.

112.　J. Hu and M. P. Wellman, "Nash Q-Learning for General-Sum Stochastic Games," *Journal of Machine Learning Research*, vol. 4, pp. 1039–1069, 2003.

113.　A. Hussein, M. M. Gaber, E. Elyan, and C. Jayne, "Imitation Learning: A Survey of Learning Methods," *ACM Computing Surveys*, vol. 50, no. 2, pp. 1–35, 2017.

114.　IEEE History Center Staff, "Proceedings of the IEEE Through 100 Years: 2000–2009," *Proceedings of the IEEE*, vol. 100, no. 11, pp. 3131–3145, 2012.

115. J. E. Ingersoll, *Theory of Financial Decision Making*. Rowman and Littlefield Publishers, 1987 .

116. G. N. Iyengar, "Robust Dynamic Programming," *Mathematics of Operations Research*, vol. 30, no. 2, pp. 257–280, 2005 .

117. T. Jaakkola, M. I. Jordan, and S. P. Singh, "On the Convergence of Stochastic Iterative Dynamic Programming Algorithms," *Neural Computation*, vol. 6, no. 6, pp. 1185–1201, 1994.

118. E. T. Jaynes, "Information Theory and Statistical Mechanics," *Physical Review*, vol. 106, no. 4, pp. 620–630, 1957 .

119. E. T. Jaynes, *Probability Theory: The Logic of Science*. Cambridge University Press, 2003 .

120. F. V. Jensen and T. D. Nielsen, *Bayesian Networks and Decision Graphs*, 2nd ed. Springer, 2007 .

121. I. L. Johansen and M. Rausand, "Foundations and Choice of Risk Metrics," *Safety Science*, vol. 62, pp. 386–399, 2014 .

122. K. D. Julian and M. J. Kochenderfer, "Distributed Wildfire Surveillance with Autonomous Aircraft Using Deep Reinforcement Learning," *AIAA Journal of Guidance, Control, and Dynamics*, vol. 42, no. 8, pp. 1768–1778, 2019.

123. S. J. Julier and J. K. Uhlmann, "Unscented Filtering and Nonlinear Estimation," *Proceedings of the IEEE*, vol. 92, no. 3, pp. 401–422, 2004 .

124. L. P. Kaelbling, M. L. Littman, and A. R. Cassandra, "Planning and Acting in Partially Observable Stochastic Domains," *Artificial Intelligence*, vol. 101, no. 1–2, pp. 99–134, 1998 .

125. L. P. Kaelbling, *Learning in Embedded Systems*. MIT Press, 1993 .

126. A. B. Kahn, "Topological Sorting of Large Networks," *Communications of the ACM*, vol. 5, no. 11, pp. 558–562, 1962 .

127. D. Kahneman and A. Tversky, "Prospect Theory: An Analysis of Decision Under Risk," *Econometrica*, vol. 47, no. 2, pp. 263–292, 1979 .

128. S. M. Kakade, "A Natural Policy Gradient," in *Advances in Neural Information Processing Systems (NIPS)*, 2001 .

129. S. M. Kakade and J. Langford, "Approximately Optimal Approximate Reinforcement Learning," in *International Conference on Machine Learning (ICML)*, 2002 .

130. R. E. Kálmán, "A New Approach to Linear Filtering and Prediction Problems," *ASME Journal of Basic Engineering*, vol. 82, pp. 35–45, 1960 .

131. R. M. Karp, "Reducibility Among Combinatorial Problems," in *Complexity of Computer Computations*, R. E. Miller and J. W. Thatcher, eds., Plenum, 1972, pp. 85–103.

132. E. Kaufmann, "On Bayesian Index Policies for Sequential Resource Allocation," *Annals of Statistics*, vol. 46, no. 2, pp. 842–865, 2018.

133. M. Kearns and S. Singh, "Near-Optimal Reinforcement Learning in Polynomial Time," *Machine Learning*, vol. 49, no. 2/3, pp. 209–232, 2002 .

134. M. J. Kearns, Y. Mansour, and A. Y. Ng, "A Sparse Sampling Algorithm for Near-Optimal Planning in Large Markov Decision Processes," *Machine Learning*, vol. 49, no. 2–3, pp. 193–208, 2002 .

135. L. G. Khachiyan, "Polynomial Algorithms in Linear Programming," *USSR Computational Mathematics and Mathematical Physics*, vol. 20, no. 1, pp. 53–72, 1980 .

136. D. Kingma and M. Welling, "Auto-Encoding Variational Bayes," in *International Conference on Learning Representations (ICLR)*, 2013.

137. D. E. Kirk, *Optimal Control Theory: An Introduction*. Prentice-Hall, 1970.

138. M. J. Kochenderfer, *Decision Making Under Uncertainty: Theory and Application*. MIT Press, 2015.

139. M. J. Kochenderfer and T. A. Wheeler, *Algorithms for Optimization*. MIT Press, 2019.

140. M. J. Kochenderfer and J. P. Chryssanthacopoulos, "Robust Airborne Collision Avoidance Through Dynamic Programming," Massachusetts Institute of Technology, Lincoln Laboratory, Project Report ATC-371, 2011.

141. M. J. Kochenderfer, J. P. Chryssanthacopoulos, and P. Radecki, "Robustness of Optimized Collision Avoidance Logic to Modeling Errors," in *Digital Avionics Systems Conference (DASC)*, 2010.

142. D. Koller and N. Friedman, *Probabilistic Graphical Models: Principles and Techniques*. MIT Press, 2009.

143. A. Kolmogorov, *Foundations of the Theory of Probability*, 2nd ed. Chelsea, 1956.

144. H. Koontz, "The Management Theory Jungle," *Academy of Management Journal*, vol. 4, no. 3, pp. 174–188, 1961.

145. B. O. Koopman, *Search and Screening: General Principles with Historical Applications*. Pergamon Press, 1980.

146. F. Kschischang, B. Frey, and H.-A. Loeliger, "Factor Graphs and the Sum-Product Algorithm," *IEEE Transactions on Information Theory*, vol. 47, no. 2, pp. 498–519, 2001.

147. A. Kuefler, J. Morton, T. A. Wheeler, and M. J. Kochenderfer, "Imitating Driver Behavior with Generative Adversarial Networks," in *IEEE Intelligent Vehicles Symposium (IV)*, 2017.

148. H. Kuhn, "Extensive Games and the Problem of Information," in *Contributions to the Theory of Games II*, H. Kuhn and A. Tucker, eds., Princeton University Press, 1953, pp. 193–216.

149. S. Kullback and R. A. Leibler, "On Information and Sufficiency," *Annals of Mathematical Statistics*, vol. 22, no. 1, pp. 79–86, 1951.

150. S. Kullback, *Information Theory and Statistics*. Wiley, 1959.

151. H. Kurniawati, D. Hsu, and W. S. Lee, "SARSOP: Efficient Point-Based POMDP Planning by Approximating Optimally Reachable Belief Spaces," in *Robotics: Science and Systems*, 2008.

152. Y. LeCun, L. Bottou, Y. Bengio, and P. Haffner, "Gradient-Based Learning Applied to Document Recognition," *Proceedings of the IEEE*, vol. 86, no. 11, pp. 2278–2324, 1998.

153. R. Lee, M. J. Kochenderfer, O. J. Mengshoel, G. P. Brat, and M. P. Owen, "Adaptive Stress Testing of Airborne Collision Avoidance Systems," in *Digital Avionics Systems Conference (DASC)*, 2015.

154. J. Lehrer, *How We Decide*. Houghton Mifflin, 2009.

155. T. P. Lillicrap, J. J. Hunt, A. Pritzel, N. Heess, T. Erez, Y. Tassa, D. Silver, and D. Wierstra, "Continuous Control with Deep Reinforcement Learning," in *International Conference on Learning Representations (ICLR)*, 2016. arXiv: 1509.02971v6.

156. L.-J. Lin, "Reinforcement Learning for Robots Using Neural Networks," Ph.D. dissertation, Carnegie Mellon University, 1993 .

157. R. J. A. Little and D. B. Rubin, *Statistical Analysis with Missing Data*, 3rd ed. Wiley, 2020 .

158. M. L. Littman, "Markov Games as a Framework for Multi-Agent Reinforcement Learning," in *International Conference on Machine Learning (ICML)*, 1994 .

159. M. L. Littman, A. R. Cassandra, and L. P. Kaelbling, "Learning Policies for Partially Observable Environments: Scaling Up," in *International Conference on Machine Learning (ICML)*, 1995.

160. W. S. Lovejoy, "Computationally Feasible Bounds for Partially Observed Markov Decision Processes," *Operations Research*, vol. 39, no. 1, pp. 162–175, 1991 .

161. O. Madani, S. Hanks, and A. Condon, "On the Undecidability of Probabilistic Planning and Related Stochastic Optimization Problems," *Artificial Intelligence*, vol. 147, no. 1–2, pp. 5–34, 2003 .

162. S. Mannor, R. Y. Rubinstein, and Y. Gat, "The Cross Entropy Method for Fast Policy Search," in *International Conference on Machine Learning (ICML)*, 2003 .

163. H. Markowitz, "The Utility of Wealth," *Journal of Political Economy*, vol. 60, no. 2, pp. 151–158, 1952 .

164. Mausam and A. Kolobov, *Planning with Markov Decision Processes: An AI Perspective*. Morgan & Claypool, 2012 .

165. S. B. McGrayne, *The Theory That Would Not Die*. Yale University Press, 2011 .

166. R. C. Merton, "Optimum Consumption and Portfolio Rules in a Continuous-Time Model," *Journal of Economic Theory*, vol. 3, no. 4, pp. 373–413, 1971 .

167. N. Meuleau, K.-E. Kim, L. P. Kaelbling, and A. R. Cassandra, "Solving POMDPs by Searching the Space of Finite Policies," in *Conference on Uncertainty in Artificial Intelligence (UAI)*, 1999 .

168. D. A. Mindell, *Between Human and Machine: Feedback, Control, and Computing Before Cybernetics*. JHU Press, 2002 .

169. V. Mnih, K. Kavukcuoglu, D. Silver, A. Graves, I. Antonoglou, D. Wierstra, and M. Riedmiller, "Playing Atari with Deep Reinforcement Learning," 2013. arXiv: 1312.5602v1 .

170. N. Moehle, E. Busseti, S. Boyd, and M. Wytock, "Dynamic Energy Management," in *Large Scale Optimization in Supply Chains and Smart Manufacturing*, Springer, 2019, pp. 69–126 .

171. G. Molenberghs, G. Fitzmaurice, M. G. Kenward, A. Tsiatis, and G. Verbeke, eds., *Handbook of Missing Data Methodology*. CRC Press, 2014 .

172. A. Moore, "Efficient Memory-Based Learning for Robot Control," Ph.D. dissertation, University of Cambridge, 1990 .

173. A. W. Moore, "Simplicial Mesh Generation with Applications," Ph.D. dissertation, Cornell University, 1992 .

174. A. W. Moore and C. G. Atkeson, "Prioritized Sweeping: Reinforcement Learning with Less Data and Less Time," *Machine Learning*, vol. 13, no. 1, pp. 103–130, 1993 .

175. G. E. Moore, "Cramming More Components onto Integrated Circuits," *Electronics*, vol. 38, no. 8, pp. 114–117, 1965 .

176. O. Morgenstern and J. von Neumann, *Theory of Games and Economic Behavior*. Princeton University Press, 1953 .

177. R. Motwani and P. Raghavan, *Randomized Algorithms*. Cambridge University Press, 1995.

178. B. Müller, J. Reinhardt, and M. T. Strickland, *Neural Networks*. Springer, 1995.

179. K. P. Murphy, *Probabilistic Machine Learning: An Introduction*. MIT Press, 2022.

180. R. B. Myerson, *Game Theory: Analysis of Conflict*. Harvard University Press, 1997.

181. R. Nair, M. Tambe, M. Yokoo, D. Pynadath, and S. Marsella, "Taming Decentralized POMDPs: Towards Efficient Policy Computation for Multiagent Settings," in *International Joint Conference on Artificial Intelligence (IJCAI)*, 2003.

182. J. Nash, "Non-Cooperative Games," *Annals of Mathematics*, pp. 286–295, 1951.

183. R. E. Neapolitan, *Learning Bayesian Networks*. Prentice Hall, 2003.

184. A. Y. Ng, D. Harada, and S. Russell, "Policy Invariance Under Reward Transformations: Theory and Application to Reward Shaping," in *International Conference on Machine Learning (ICML)*, 1999.

185. A. Y. Ng and M. Jordan, "A Policy Search Method for Large MDPs and POMDPs," in *Conference on Uncertainty in Artificial Intelligence (UAI)*, 2000.

186. N. J. Nilsson, *The Quest for Artificial Intelligence*. Cambridge University Press, 2009.

187. N. Nisan, T. Roughgarden, É. Tardos, and V. V. Vazirani, eds., *Algorithmic Game Theory*. Cambridge University Press, 2007.

188. F. A. Oliehoek and C. Amato, *A Concise Introduction to Decentralized POMDPs*. Springer, 2016.

189. C. Papadimitriou and J. Tsitsiklis, "The Complexity of Markov Decision Processes," *Mathematics of Operation Research*, vol. 12, no. 3, pp. 441–450, 1987.

190. J. Pearl, *Probabilistic Reasoning in Intelligent Systems: Networks of Plausible Inference*. Morgan Kaufmann, 1988.

191. J. Pearl, *Causality: Models, Reasoning, and Inference*, 2nd ed. Cambridge University Press, 2009.

192. J. Peng and R. J. Williams, "Incremental Multi-Step Q-Learning," *Machine Learning*, vol. 22, no. 1–3, pp. 283–290, 1996.

193. J. Peters and S. Schaal, "Reinforcement Learning of Motor Skills with Policy Gradients," *Neural Networks*, vol. 21, no. 4, pp. 682–697, 2008.

194. M. Peterson, *An Introduction to Decision Theory*. Cambridge University Press, 2009.

195. A. Pinkus, "Approximation Theory of the MLP Model in Neural Networks," *Acta Numerica*, vol. 8, pp. 143–195, 1999.

196. R. Platt Jr., R. Tedrake, L. P. Kaelbling, and T. Lozano-Pérez, "Belief Space Planning Assuming Maximum Likelihood Observations," in *Robotics: Science and Systems*, 2010.

197. D. A. Pomerleau, "Efficient Training of Artificial Neural Networks for Autonomous Navigation," *Neural Computation*, vol. 3, no. 1, pp. 88–97, 1991.

198. W. Poundstone, *Prisoner's Dilemma*. Doubleday, 1992.

199. P. Poupart and C. Boutilier, "Bounded Finite State Controllers," in *Advances in Neural Information Processing Systems (NIPS)*, 2003.

200. W. B. Powell, *Reinforcement Learning and Stochastic Optimization*. Wiley, 2022.

201. W. B. Powell, *Approximate Dynamic Programming: Solving the Curses of Dimensionality*, 2nd ed. Wiley, 2011.

202. M. L. Puterman, *Markov Decision Processes: Discrete Stochastic Dynamic Programming*. Wiley, 2005.

203. M. L. Puterman and M. C. Shin, "Modified Policy Iteration Algorithms for Discounted Markov Decision Problems," *Management Science*, vol. 24, no. 11, pp. 1127–1137, 1978.

204. J. Robinson, "An Iterative Method of Solving a Game," *Annals of Mathematics*, pp. 296–301, 1951.

205. R. W. Robinson, "Counting Labeled Acyclic Digraphs," in *Ann Arbor Conference on Graph Theory*, 1973.

206. S. Ross and J. A. Bagnell, "Efficient Reductions for Imitation Learning," in *International Conference on Artificial Intelligence and Statistics (AISTATS)*, 2010.

207. S. Ross and B. Chaib-draa, "AEMS: An Anytime Online Search Algorithm for Approximate Policy Refinement in Large POMDPs," in *International Joint Conference on Artificial Intelligence (IJCAI)*, 2007.

208. S. Ross, G. J. Gordon, and J. A. Bagnell, "A Reduction of Imitation Learning and Structured Prediction to No-Regret Online Learning," in *International Conference on Artificial Intelligence and Statistics (AISTATS)*, vol. 15, 2011.

209. S. Ross, J. Pineau, S. Paquet, and B. Chaib-draa, "Online Planning Algorithms for POMDPs," *Journal of Artificial Intelligence Research*, vol. 32, pp. 663–704, 2008.

210. D. E. Rumelhart, G. E. Hinton, and R. J. Williams, "Learning Representations by Back-Propagating Errors," *Nature*, vol. 323, pp. 533–536, 1986.

211. G. A. Rummery and M. Niranjan, "On-Line Q-Learning Using Connectionist Systems," Cambridge University, Tech. Rep. CUED/F-INFENG/TR 166, 1994.

212. S. Russell and P. Norvig, *Artificial Intelligence: A Modern Approach*, 4th ed. Pearson, 2021.

213. D. Russo, B. V. Roy, A. Kazerouni, I. Osband, and Z. Wen, "A Tutorial on Thompson Sampling," *Foundations and Trends in Machine Learning*, vol. 11, no. 1, pp. 1–96, 2018.

214. A. Ruszczyński, "Risk-Averse Dynamic Programming for Markov Decision Processes," *Mathematical Programming*, vol. 125, no. 2, pp. 235–261, 2010.

215. T. Salimans, J. Ho, X. Chen, S. Sidor, and I. Sutskever, "Evolution Strategies as a Scalable Alternative to Reinforcement Learning," 2017. arXiv: 1703.03864v2.

216. T. Schaul, J. Quan, I. Antonoglou, and D. Silver, "Prioritized Experience Replay," in *International Conference on Learning Representations (ICLR)*, 2016.

217. P. J. H. Schoemaker, "The Expected Utility Model: Its Variants, Purposes, Evidence and Limitations," *Journal of Economic Literature*, vol. 20, no. 2, pp. 529–563, 1982.

218. J. Schulman, S. Levine, P. Moritz, M. Jordan, and P. Abbeel, "Trust Region Policy Optimization," in *International Conference on Machine Learning (ICML)*, 2015.

219. J. Schulman, P. Moritz, S. Levine, M. Jordan, and P. Abbeel, "High-Dimensional Continuous Control Using Generalized Advantage Estimation," in *International Conference on Learning Representations (ICLR)*, 2016. arXiv: 1506.02438v6.

220. J. Schulman, F. Wolski, P. Dhariwal, A. Radford, and O. Klimov, "Proximal Policy Optimization Algorithms," 2017. arXiv: 1707.06347v2.

221. S. Seuken and S. Zilberstein, "Memory-Bounded Dynamic Programming for Dec-POMDPs," in *International Joint Conference on Artificial Intelligence (IJCAI)*, 2007.

222. S. Seuken and S. Zilberstein, "Formal Models and Algorithms for Decentralized Decision Making Under Uncertainty," *Autonomous Agents and Multi-Agent Systems*, vol. 17, no. 2, pp. 190–250, 2008 .

223. R. D. Shachter, "Evaluating Influence Diagrams," *Operations Research*, vol. 34, no. 6, pp. 871–882, 1986 .

224. R. D. Shachter, "Probabilistic Inference and Influence Diagrams," *Operations Research*, vol. 36, no. 4, pp. 589–604, 1988 .

225. R. D. Shachter, "Efficient Value of Information Computation," in *Conference on Uncertainty in Artificial Intelligence (UAI)*, 1999 .

226. A. Shaiju and I. R. Petersen, "Formulas for Discrete Time LQR, LQG, LEQG and Minimax LQG Optimal Control Problems," *IFAC Proceedings Volumes*, vol. 41, no. 2, pp. 8773–8778, 2008 .

227. G. Shani, J. Pineau, and R. Kaplow, "A Survey of Point-Based POMDP Solvers," *Autonomous Agents and Multi-Agent Systems*, vol. 27, pp. 1–51, 2012 .

228. C. E. Shannon, "A Mathematical Theory of Communication," *Bell System Technical Journal*, vol. 27, no. 4, pp. 623–656, 1948 .

229. L. S. Shapley, "Stochastic Games," *Proceedings of the National Academy of Sciences*, vol. 39, no. 10, pp. 1095–1100, 1953 .

230. Z. R. Shi, C. Wang, and F. Fang, "Artificial Intelligence for Social Good: A Survey," 2020. arXiv: 2001.01818v1 .

231. Y. Shoham and K. Leyton-Brown, *Multiagent Systems: Algorithmic, Game Theoretic, and Logical Foundations*. Cambridge University Press, 2009 .

232. D. Silver, G. Lever, N. Heess, T. Degris, D. Wierstra, and M. Riedmiller, "Deterministic Policy Gradient Algorithms," in *International Conference on Machine Learning (ICML)*, 2014 .

233. D. Silver, J. Schrittwieser, K. Simonyan, I. Antonoglou, A. Huang, A. Guez, T. Hubert, L. Baker, M. Lai, A. Bolton, et al., "Mastering the Game of Go Without Human Knowledge," *Nature*, vol. 550, pp. 354–359, 2017 .

234. D. Silver and J. Veness, "Monte-Carlo Planning in Large POMDPs," in *Advances in Neural Information Processing Systems (NIPS)*, 2010 .

235. S. Singh, M. Kearns, and Y. Mansour, "Nash Convergence of Gradient Dynamics in General-Sum Games," in *Conference on Uncertainty in Artificial Intelligence (UAI)*, 2000 .

236. S. P. Singh and R. S. Sutton, "Reinforcement Learning with Replacing Eligibility Traces," *Machine Learning*, vol. 22, pp. 123–158, 1996 .

237. S. P. Singh and R. C. Yee, "An Upper Bound on the Loss from Approximate Optimal-Value Functions," *Machine Learning*, vol. 16, no. 3, pp. 227–233, 1994 .

238. R. D. Smallwood and E. J. Sondik, "The Optimal Control of Partially Observable Markov Processes over a Finite Horizon," *Operations Research*, vol. 21, no. 5, pp. 1071–1088, 1973 .

239. T. Smith and R. G. Simmons, "Heuristic Search Value Iteration for POMDPs," in *Conference on Uncertainty in Artificial Intelligence (UAI)*, 2004 .

240. E. Sonu, Y. Chen, and P. Doshi, "Decision-Theoretic Planning Under Anonymity in Agent Populations," *Journal of Artificial Intelligence Research*, vol. 59, pp. 725–770, 2017.

241. M. T. J. Spaan and N. A. Vlassis, "Perseus: Randomized Point-Based Value Iteration for POMDPs," *Journal of Artificial Intelligence Research*, vol. 24, pp. 195–220, 2005.

242. J. C. Spall, *Introduction to Stochastic Search and Optimization*. Wiley, 2003.

243. D. O. Stahl and P. W. Wilson, "Experimental Evidence on Players' Models of Other Players," *Journal of Economic Behavior & Organization*, vol. 25, no. 3, pp. 309–327, 1994.

244. G. J. Stigler, "The Development of Utility Theory. I," *Journal of Political Economy*, vol. 58, no. 4, pp. 307–327, 1950.

245. M. J. A. Strens, "A Bayesian Framework for Reinforcement Learning," in *International Conference on Machine Learning (ICML)*, 2000.

246. F. P. Such, V. Madhavan, E. Conti, J. Lehman, K. O. Stanley, and J. Clune, "Deep Neuroevolution: Genetic Algorithms Are a Competitive Alternative for Training Deep Neural Networks for Reinforcement Learning," 2017. arXiv: 1712.06567v3.

247. Z. N. Sunberg and M. J. Kochenderfer, "Online Algorithms for POMDPs with Continuous State, Action, and Observation Spaces," in *International Conference on Automated Planning and Scheduling (ICAPS)*, 2018.

248. R. Sutton, "Learning to Predict by the Methods of Temporal Differences," *Machine Learning*, vol. 3, no. 1, pp. 9–44, 1988.

249. R. S. Sutton, "Dyna, an Integrated Architecture for Learning, Planning, and Reacting," *SIGART Bulletin*, vol. 2, no. 4, pp. 160–163, 1991.

250. R. S. Sutton and A. G. Barto, *Reinforcement Learning: An Introduction*, 2nd ed. MIT Press, 2018.

251. U. Syed and R. E. Schapire, "A Reduction from Apprenticeship Learning to Classification," in *Advances in Neural Information Processing Systems (NIPS)*, 2010.

252. C. Szepesvári and T. Lattimore, *Bandit Algorithms*. Cambridge University Press, 2020.

253. D. Szer, F. Charpillet, and S. Zilberstein, "MAA*: A Heuristic Search Algorithm for Solving Decentralized POMDPs," in *Conference on Uncertainty in Artificial Intelligence (UAI)*, 2005.

254. W. R. Thompson, "On the Likelihood That One Unknown Probability Exceeds Another in View of the Evidence of Two Samples," *Biometrika*, vol. 25, no. 3/4, pp. 285–294, 1933.

255. S. Thrun, "Probabilistic Robotics," *Communications of the ACM*, vol. 45, no. 3, pp. 52–57, 2002.

256. S. Thrun, W. Burgard, and D. Fox, *Probabilistic Robotics*. MIT Press, 2006.

257. K. S. Trivedi and A. Bobbio, *Reliability and Availability Engineering*. Cambridge University Press, 2017.

258. A. M. Turing, "Intelligent Machinery," National Physical Laboratory, Report, 1948.

259. A. Tversky and D. Kahneman, "The Framing of Decisions and the Psychology of Choice," *Science*, vol. 211, no. 4481, pp. 453–458, 1981.

260. W. Uther and M. Veloso, "Adversarial Reinforcement Learning," Carnegie Mellon University, Tech. Rep. CMU-CS-03-107, 1997.

261. R. Vanderbei, *Linear Programming, Foundations and Extensions*, 4th ed. Springer, 2014.

262. H. van Hasselt, "Double Q-Learning," in *Advances in Neural Information Processing Systems (NIPS)*, 2010.

263. S. Vasileiadou, D. Kalligeropoulos, and N. Karcanias, "Systems, Modelling and Control in Ancient Greece: Part 1: Mythical Automata," *Measurement and Control*, vol. 36, no. 3, pp. 76–80, 2003 .

264. J. von Neumann and O. Morgenstern, *Theory of Games and Economic Behavior*. Princeton University Press, 1944 .

265. A. Wächter and L. T. Biegler, "On the Implementation of an Interior-Point Filter Line-Search Algorithm for Large-Scale Nonlinear Programming," *Mathematical Programming*, vol. 106, no. 1, pp. 25–57, 2005 .

266. C. J. C. H. Watkins, "Learning from Delayed Rewards," Ph.D. dissertation, University of Cambridge, 1989 .

267. D. J. White, "A Survey of Applications of Markov Decision Processes," *Journal of the Operational Research Society*, vol. 44, no. 11, pp. 1073–1096, 1993 .

268. M. Wiering and M. van Otterlo, eds., *Reinforcement Learning: State of the Art*. Springer, 2012 .

269. D. Wierstra, T. Schaul, T. Glasmachers, Y. Sun, J. Peters, and J. Schmidhuber, "Natural Evolution Strategies," *Journal of Machine Learning Research*, vol. 15, pp. 949–980, 2014 .

270. R. J. Williams, "Simple Statistical Gradient-Following Algorithms for Connectionist Reinforcement Learning," *Machine Learning*, vol. 8, pp. 229–256, 1992 .

271. B. Wong, "Points of View: Color Blindness," *Nature Methods*, vol. 8, no. 6, pp. 441–442, 2011 .

272. J. R. Wright and K. Leyton-Brown, "Beyond Equilibrium: Predicting Human Behavior in Normal Form Games," in *AAAI Conference on Artificial Intelligence (AAAI)*, 2010 .

273. J. R. Wright and K. Leyton-Brown, "Behavioral Game Theoretic Models: A Bayesian Framework for Parameter Analysis," in *International Conference on Autonomous Agents and Multiagent Systems (AAMAS)*, 2012 .

274. N. Ye, A. Somani, D. Hsu, and W. S. Lee, "DESPOT: Online POMDP Planning with Regularization," *Journal of Artificial Intelligence Research*, vol. 58, pp. 231–266, 2017.

275. B. D. Ziebart, A. Maas, J. A. Bagnell, and A. K. Dey, "Maximum Entropy Inverse Reinforcement Learning," in *AAAI Conference on Artificial Intelligence (AAAI)*, 2008.

276. M. Zinkevich, "Online Convex Programming and Generalized Infinitesimal Gradient Ascent," in *International Conference on Machine Learning (ICML)*, 2003.

机器学习：从基础理论到典型算法（原书第2版）

作者：（美）梅尔亚·莫里 阿夫欣·罗斯塔米扎达尔 阿米特·塔尔沃卡尔
译者：张文生 杨雪冰 吴雅婧 ISBN：978-7-111-70894-0

本书是机器学习领域的里程碑式著作，被哥伦比亚大学和北京大学等国内外顶尖院校用作教材。本书涵盖机器学习的基本概念和关键算法，给出了算法的理论支撑，并且指出了算法在实际应用中的关键点。通过对一些基本问题乃至前沿问题的精确证明，为读者提供了新的理念和理论工具。

机器学习：贝叶斯和优化方法（原书第2版）

作者：（希）西格尔斯·西奥多里蒂斯 译者：王刚 李忠伟 任明明 李鹏
ISBN：978-7-111-69257-7

本书对所有重要的机器学习方法和新近研究趋势进行了深入探索，通过讲解监督学习的两大支柱——回归和分类，站在全景视角将这些繁杂的方法一一打通，形成了明晰的机器学习知识体系。

新版对内容做了全面更新，使各章内容相对独立。全书聚焦于数学理论背后的物理推理，关注贴近应用层的方法和算法，并辅以大量实例和习题，适合该领域的科研人员和工程师阅读，也适合学习模式识别、统计/自适应信号处理、统计/贝叶斯学习、稀疏建模和深度学习等课程的学生参考。

推荐阅读

算法导论（原书第3版）

作者：Thomas H.Cormen, Charles E.Leiserson, Ronald L.Rivest, Clifford Stein
译者：殷建平 徐 云 王 刚 刘晓光 苏 明 邹恒明 王宏志
ISBN：978-7-111-40701-0 定价：128.00元

全球超过50万人阅读的算法圣经！算法标准教材。
世界范围内包括MIT、CMU、Stanford、UCB等国际名校在内的1000余所大学采用。

"本书是算法领域的一部经典著作，书中系统、全面地介绍了现代算法：从最快算法和数据结构到用于看似难以解决问题的多项式时间算法；从图论中的经典算法到用于字符串匹配、计算几何学和数论的特殊算法。本书第3版尤其增加了两章专门讨论van Emde Boas树（最有用的数据结构之一）和多线程算法（日益重要的一个主题）。"

—— Daniel Spielman，耶鲁大学计算机科学系教授

"作为一个在算法领域有着近30年教育和研究经验的教育者和研究人员，我可以清楚明白地说这本书是我所见到的该领域最好的教材。它对算法给出了清晰透彻、百科全书式的阐述。我们将继续使用这本书的新版作为研究生和本科生的教材及参考书。"

—— Gabriel Robins，弗吉尼亚大学计算机科学系教授

优化理论与实用算法

作者: Mykel J. Kochenderfer 等 译者: 吴春国 等 书号: 978-7-111-70862-9 定价: 129.00元

"本书设计精美,对经典方法和最新方法进行了全面回顾,使用Julia语言使得算法清晰而严谨。本书既可用作课堂教材,也是对现代优化算法的很好的总结。"

——Michel Trick,卡内基·梅隆大学运筹学教授

"通过精美的插图和生动的示例,读者将获得丰富的知识和独特的见解。示例代码段为读者进入Julia和优化算法的世界提供了一个简明而有用的入口。"

——Michel Saunders,斯坦福大学研究教授